# 品牌言说

基于中国乡村的品牌知觉

胡晓云◎著

## BRAND LANGUAGE

### BRAND PERCEPTION BASED ON
### CHINESE RURAL AREAS

ZHEJIANG UNIVERSITY PRESS
浙江大学出版社
·杭州·

**图书在版编目（CIP）数据**

品牌言说：基于中国乡村的品牌知觉 / 胡晓云著
. —杭州：浙江大学出版社，2023.10
ISBN 978-7-308-24305-6

Ⅰ.①品… Ⅱ.①胡… Ⅲ.①农产品－品牌战略－研
究－中国 Ⅳ.①F323.7

中国国家版本馆 CIP 数据核字（2023）第 194321 号

**品牌言说：基于中国乡村的品牌知觉**

胡晓云　著

| | | |
|---|---|---|
| **责任编辑** | 李海燕　徐素君 | |
| **责任校对** | 黄伊宁 | |
| **责任印制** | 范洪法 | |
| **封面设计** | 雷建军 | |
| **出版发行** | 浙江大学出版社 | |
| | （杭州市天目山路 148 号　邮政编码 310007） | |
| | （网址：http://www.zjupress.com） | |
| **排　　版** | 杭州好友排版工作室 | |
| **印　　刷** | 杭州钱江彩色印务有限公司 | |
| **开　　本** | 710mm×1000mm　1/16 | |
| **印　　张** | 39.75 | |
| **字　　数** | 715 千 | |
| **版 印 次** | 2023 年 10 月第 1 版　2023 年 10 月第 1 次印刷 | |
| **书　　号** | ISBN 978-7-308-24305-6 | |
| **定　　价** | 138.00 元 | |

# 自　序

# 品牌言说：基于中国乡村的品牌知觉

　　2013 年 8 月，浙江大学出版社出版了我的《安静思想——胡晓云自选论文集》。那本书中，我自选了 2000—2013 年间发表的研究论文，记录了我对品牌，特别是有关"农产品区域公用品牌""农产品品牌价值评估""品牌新农村（乡村）""城市品牌"以及普遍意义上的品牌的研究成果。

　　2013 年之后，由于更深入地扎进了中国"三农"领域进行品牌相关研究，我在"区域品牌"的研究框架中持续深入探索。基于对"区域品牌"的广义理解，对"区域品牌"进行了以"公共性"为主要维度的分类，在农产品、农业、地理标志产品等领域，继续研究并探索"区域公用品牌"的性质、类型、特征、品牌创建规律与方法、独特价值结构等，在乡村空间领域，继续研究并探索"区域公共品牌"的性质、类型、特征、品牌创建规律与方法、独特价值结构等，试图通过这些相关研究，让中国乡村的品牌监管者、运营者、使用者分清以政府作为品牌运营主体的"区域公共品牌"与以行业协会等作为品牌运营主体的"区域公用品牌"之间的根本差异性。

　　2014—2022 的 9 年间，我几乎每一年都要根据当时的政策环境、品牌竞争环境、品牌竞争趋势等，提出有关区域品牌特别是乡村全域品牌化、农产品区域公用品牌方面的学术观点与实践探索方面的心得，并大多以"言说"的方式呈现。例如，在各个论坛的演讲、在各个研讨会中的发言、各个针对相关部门的授课内容等，进行有关言说，并不只是以发表论文这种单一的渠道言说。

　　言说，从一般语言学的角度，大多被理解为基于一定的语言规范而进行的个体的语言表达，有时也以"言语""谈论""言论"等作为同义词。"言说"具有个性化运用语言、表达语言、实现个性呈现的特点，与规范的、普遍意义的"语言"概念不同。可以说，语言是言说活动中的公共部分，具有自身的规律和规则。但离开了人的个体表达，语言不复成为有意义的存在，因为语言本身并不会说话。语言借助人们的个性化的"言说"，表达自己的本性及其规则、范畴；而"言说"通过对语言的使用，让人成为人自身。

有学者从更高的层面理解"语言与言说"的关系，认为人们基于一般语言学对于"言说"的印象是狭义的。"言说"是有关一切的知觉，它基于一定的"语言"范畴，表达具有个性的思想、观点、意义等内容，因此，"言说"既是印象又是观念。

自从有了大卫·艾克等有关"品牌学"的奠基之作，全球有关品牌的研究成果已汗牛充栋，逐渐形成了"品牌学"的基本逻辑、规律、规则及其框架结构、实践案例。但是，正如"语言"与"言说"的关系一样，每一个品牌研究者的品牌思想、品牌观点，都会并应当会有其个性化差异。否则，品牌学就不可能成长并成熟，品牌理论也不可能日臻完善。我以为，"品牌学"理论开端尚不足百年，如果没有众人拾柴，品牌的火焰是不可能越来越旺，并普惠到人类社会的品牌化发展的。

因此，我为本书取名为"品牌言说"，以表示：本书的作者，也即是本人，拥有有关品牌研究的独立的言说立场、言说的问题意识、言说的态度、言说的学术性与专业性、言说的影响力。"品牌言说"，是我有关"品牌"的相关学术思想、观点、言论的表达，而相关表达，基于一个学者对"中国式现代化"的基本判断，对中国特色的基本判断，对中国乡村发展的基本立场。

## 言说的立场

有关品牌的理论，基于人类的消费需求，以及由此引发的品牌竞争。品牌学，是为了满足人类多元化的消费需求，创造更好的品牌利益，发现更高的品牌价值而存在的。

我的研究立场及出发点，是中国乡村如何借助品牌学及其品牌创造的力量，能够满足自身振兴与发展的需求，同时满足消费者发展的需要，让"原乡人、归乡人、新乡人、旅乡人"都能够在乡村获得需求的满足与更好的发展。从言说的问题意识而言，无论是作为人类生存场域的乡村发展，还是作为人类供给产业的农业及三产发展、人类个体存在的农人及其群体发展，都需要借助当下及未来国际通用的供给语言、竞争语言、创新语言——品牌学。唯有借助品牌学的相关理论，掌握相关语言体系，形成符合我国资源国情、竞争境况的品牌研究，才是有价值的，才能以学术引领社会发展。这也是本人作为学者存于世的社会价值。

对中国而言，乡村振兴是大课题。乡村发展才有中国发展，品牌强农才能农业强国。因此，2013—2022 年间，我提出"品牌乡村"（2013）、"品牌扶贫"（2015）、"乡村全域品牌化"（2019）等理念，探索以品牌战略解决中国乡村贫困问题的解决方案；探索符合中国特色的农产品区域公用品牌打造类型，如"全区域、全产业、全品类农产品区域公用品牌"整合、"单一产业（产品）区域公用品牌"突破、"区域品牌与产业品牌"联合等类型，以期达到探索"中国式农业品牌化""中国式乡村品牌化"的适用性需求。

## 言说的态度

因为意识到"乡村品牌化""农业品牌化"探索对于中国乡村脱贫、振兴、繁荣的公共性价值，因此我在提出一个观点、建议的时候，总是先做非常谨慎的学理研究，"言不可不慎也"（子贡）。如"中国农产品品牌价值评估"研究，我是在持续进行相关学理研究近十年（1995—2005）的基础上，在 2008 年形成模型之后，才在 2009 年发布模型、试发布评估成果，直至目前，坚持数十年。每一年的研究报告后面，是本人及团队有关"品牌言说"的态度：仰望星空，脚踏实地，谨慎、认真、探索、创新。

基于言说的立场及态度，我与团队的研究总是主动而非被动、引领而非跟从的。以社会需求为核心，问题意识先行，主动探索未来有关中国乡村发展与品牌研究的新的研究课题、研究价值和研究突破。

这一路走来，我与团队对于国际上所有相关品牌的理论及其实践探索，均抱着虔诚学习但谨慎应用的态度。因为，中国这一片土地，的确有其数千年以来累积而成的、独一无二的地理生态、文化历史、生活方式、消费价值等方面的特质，在全球有关品牌的"语言"系统中，我们可以厘清有关品牌特别是区域品牌、农产品品牌打造的基本逻辑，但是，必须得寻找、创新、探索出适用于这片土地、这方文脉的品牌创建与品牌运营方式，在反复论证品牌化对于中国乡村发展及其产业兴旺的价值的同时，探索中国式的乡村品牌化、农业品牌化的自身逻辑、自身规律、自有方法，实现中国式的"品牌言说"，这是至关重要的。

# 言说的学术创新

言说，不仅仅是个性表达而已，它是以一切的知觉作为背书的表达。根据休谟对知觉的定义可见，知觉分印象与观念两种，而印象又可分感觉印象与反思印象，言说基于印象与观念。

借助休谟对知觉的分类可见，有关品牌的言说，需要以对品牌、中国乡村、中国农业等的感觉印象、反思印象、观念这三部分为基本内容与基本形式。在我看来，感觉印象，基于似乎说不清、道不明的整体感知；反思印象，基于可知的、有意识的反思得到的观念感知；观念，则是经由整体感知、观念感知得到的相对稳定性的思想体系。

2006年提出"农产品区域公用品牌"的概念并进入纵深研究，是基于本人对中国农业"大国小农"的感觉印象、反思印象而提出的品牌思想。要应对"大国小农"的中国农业现状，必须与中国乡村的集体所有制相连接、与中国农业大多以"自然风物"为特色的产业基本现状相适合。

2014年，我在回答《农经》记者的提问时，继续强调"品牌决定中国农业的国际竞争力"的问题，并以台湾地区为例，推动倚仗中国丰富多彩的文化传承进行"文脉品牌"的打造，在学理上，推出"4D'S：品牌创造的品牌驱动力系统模型"，以推动"乡村品牌化""农业品牌化"向科学、适用的方向进行；2015年，提出"品牌扶贫"理念，推动"整合扶贫"纵深研究，深入实践"盐池滩羊"品牌提升探索，使之成为中国品牌脱贫的典型案例；以中国绿茶的代表品牌——西湖龙井为典型案例，推动我国农业品牌的品牌保护；以中小型农业潜力企业为对象，研究如何从"产业英雄"提升为"品牌英雄"；2016年，发表"品牌定义新论"，强调品牌是基于物质产品（或服务）、消费者的体验感知、符号体系及象征意义等要素的系统生产、互动沟通、利益消费而形成的独特的利益载体、价值系统与信用体系，以解除各种有关品牌的误读，并在互联网环境中探索中国农业品牌发展之路；2017年，系统化言说有关中国农业品牌建设的战略价值、实施程序、类型探索，并以中国茶叶品牌、果业品牌为突破口，推出富有针对性的学术模型、学术观点、品牌创建方法；2018年，立足城乡融合大背景，提出城乡融合发展的品牌化路径；2019年，系统化探索并提出有关地理标志产品品牌化的学术理念、创新观点、品牌方法的同时，在"第三届中国农业品牌百县大会"上，推出"乡村全域品牌化"的论断，并提供了系统研究成果；2020年，协同乡村品牌化、农业品牌化，推动"品牌运营"模式探讨；2021年，探索"乡村经营与乡村品牌化"的内在关系，并系统推出"品牌化、数字化"双轮驱动的乡村振兴、品牌发展模式；2022年，联动促进乡村农业发展的共富模式——农产品区域公用品牌，推出"区域公共品牌，乡村共富的创新模式"，继续强调以空间为范畴的"区域公共品牌"联动以产业为范畴的"区域公用品牌"的品牌协同对乡村振兴、农民共富的价值；并系统推出了"乡村品牌化：从发端到目标"十四个品牌观念与创新模式，以系统明晰"乡村全域品牌化"进程中的品牌规范、独特观念、差异化解决方案。

在我看来，学术，绝不是曲高和寡的闭门臆想之果；学术，也不是站在岸边指手画脚的无关痛痒的评论；学术，更不是落后于时代的延迟注解。学术，是学者投身于社会，发现需求、主动探索、理性思辨、科学总结的成果。

考证"学术"二字，其源于西汉司马迁的《史记》，后世演绎为系统的、专门的学问、学说、观点、主张、学风。一个学者，有自己成体系的学术观点与学术主张，并有扎实、谨慎的学术态度、创新的学术成果，就应当无愧于"学术"二字了。

# 言说的影响力

品牌学，是品牌科学，是研究品牌的结构及其运动的基本规律的科学；品牌学，是一门方法论学科，研究品牌创建、品牌传播管理、品牌运营、品牌发展等基本原理，提供有关方法论工具的学科；品牌学，是一门应用性学科，从商业竞争、区域竞争的实践中来，又回到实践中去，必须是理论与实践相结合的学科；品牌学，是一门综合性学科，是研究各种不同类型品牌的运行机理的学科。因此，一种品牌言说，如果只是自言自语，没有通过传播起到影响社会甚至改变社会的作用，言说就没有社会价值。

自2006年提出"农产品区域公用品牌"概念并进入纵深研究以来，2009年，农业部召开了"首届中国农产品区域公用品牌高峰论坛"，发布了我与团队的"中国农产品区域公用品牌价值评估"研究成果；2011年，农业部、浙江省政府、浙江大学、杭州市政府联合主办"中国农产品品牌大会"，发布了我与团队的"中国农产品区域公用品牌价值评估""中国农事节庆影响力评价"研究成果；2014 年，农业部的《2014 中国农业品牌发展研究报告》中，引用了我的研究成果，将"农产品区域公用品牌"作为重点工作推出；2015 年，我提出的"品牌扶贫"概念及方法，被国家扶贫中心引用；2017 年，中央一号文件提出要推进农产品区域公用品牌建设，支持地方以优势企业和行业协会为依托打造区域特色品牌，引入现代要素改造提升传统名优品牌。之后，有关"区域公用品牌""乡村品牌化""乡村品牌化运营"等"乡村振兴的有效战略选择"方向的研究成果得到多方引用、应用，我也受邀在中央电视台、新华社、新华网、各地政府、各产业协会各高校等主办的各种高端论坛上发表有关乡村振兴与品牌化、农业品牌化、区域公用品牌打造及其价值提升等言论，推动了中国式农业品牌化的进程。

《人民日报》《新华社》《农村工作通讯》等媒体发表的专题文章，称我为"中国品牌农业的拓荒者"。我以为，作为"拓荒者"，不仅要具有敢于创新的立场、态度、勇气，更要有持续深入的坚韧。近年来，我围绕农业品牌化、乡村品牌化进行着不停歇的言说。

我希望，我的品牌言说，不仅成为一种学术探索的个体表达，更具有推动中国农业品牌化持续发展、促进中国乡村振兴与繁荣的学术探索意义与实践应用价值。

不断言说的过程中，我也在不断地将言说付诸实践：2014 年至今，从"丽水山耕"开始的山地生态农业的"全区域、全产业、全品类地市级农产品区域公用品牌"的规划设计与推动运营，是我试图突破原来单纯的"一村一品"的模式，根据区域资源禀赋实施的针对性探索。

对"单一产业（产品）突破""多品类整合""区域联合""产镇融合""全域聚合"等品牌类型的实践探索，对地理标志品牌的独特性价值的发现与文脉品牌打造的探索，等等，都是我基于对品牌语言的知觉以及品牌知觉意义上的言说。

因此，这是一本有关中国的乡村品牌化、农业品牌化研究的自选言论集，是一个学者基于中国乡村的品牌知觉与品牌言论，时间跨度为 2014—2022 年，敬请阅读。

未来，我将继续探索，并持续实践我的品牌言说，敬请期待。

胡晓云

2023 年 4 月 8 日，于杭州云中居

# 目　录

## ◇ 2017 年度

◇ **2018 年度**

◇ **2019 年度**

◇ **2020 年度**

## ◇ 2021 年度

## ◇ 2022 年度

正如《安静思想——胡晓云自选论文集》中所收录的，自 2006 年始，笔者与团队基于之前在普遍意义上研究品牌的背景，深入中国农业品牌化研究，并公开发表了系列有关农产品品牌建设、农产品区域公用品牌价值评估等论文，更于 2007 年出版了中国农业品牌专著《中国农产品的品牌化——中国体征与中国方略》，2009 年成立了浙江大学 CARD（中国农村发展研究院的英文缩写，以下同）中国农业品牌研究中心，于 2011—2013 年出版了《品牌传播智慧》《品牌价值评估研究》《品牌代言传播研究》《中国农产品区域公用品牌发展报告》等专著，形成了系统的、独树一帜的中国农业品牌化理论研究成果。

与此同时，2007—2013 年，浙江大学 CARD 中国农业品牌研究中心与农业部及其相关部门、浙江省政府及其相关部门、杭州市政府及其相关部门等合作，于 2007 年，在杭州共同主办、召开了"浙江省农产品品牌建设高峰论坛"；于 2009 年，在北京共同主办、召开了"中国农产品品牌建设高峰论坛"；于 2011 年，在杭州共同主办、召开了"中国农产品品牌建设大会"。

系列论文发表、系列专著出版、系列会议召开，使得笔者与团队的研究成果得以产生影响力，并得到了农业部及其相关部门的高度重视。

2014 年，基于之前的研究积累，笔者持续发声，在《农经》杂志、中国农业品牌研究网(浙江大学 CARD 中国农业品牌研究中心官网)、农业品牌研究院微信账号、广告研究相关专业杂志等发表相关文章,谈品牌建设的基本问题,品牌建设对于中国农业国际竞争力的价值。其间,到访过台湾地区,并较为深入地研究了台湾农业的文创转型与文脉品牌打造。"4D'S:品牌创造的驱动力系统模型"于该年首次亮相于各种讲座,并在 2016 年正式发表于《现代广告》杂志。

2014 年 9 月 26 日,笔者与团队基于中国特色、丽水市山区农业而独创的"丽水山耕"多品类区域公用品牌的发布,开辟了前所未有的品牌类型,得到了区域政府、行业、研究机构的高度关注。

2014 年 12 月,农业部市场与经济信息司发布《中国农产品品牌发展研究报告》(2014),吸收了笔者及团队的相关研究成果,特别是有关"农产品区域公用品牌"的研究成果。

# 品牌建设决定中国农业国际竞争力

    品牌建设是中国农业改变经济增长方式,从资源经济、实体经济、价格经济向符号经济、关系经济、价值经济转型的重要战略,也是中国在国际竞争舞台上的最大机会与最独特优势。

    当前中国的品牌农业建设可谓热火朝天,几乎每天都不难找到最新的相关资讯或报道。这一现象固然值得高兴与肯定,但其热闹的背后是否存在隐忧? 对品牌农业的认识是否准确到位? 该如何克服? 针对这些疑问,《农经》记者专访了浙江大学 CARD 中国农业品牌研究中心主任、浙江大学传播研究所品牌研究中心主任胡晓云博士。

## 一、十大问题限制中国品牌农业建设

    《农经》:目前我国各地对品牌农业的建设热情普遍很高,许多地方和企业也取得了一定的业绩,对此您如何看?

    **胡晓云**:国内农业品牌的建设确已呈现如火如荼的景象,值得肯定,可喜可贺。我们多年的呼吁和研究得到了回报,很开心。但同时,我也看到了一些问题,这些问题在一定程度上限制了中国品牌农业的建设步伐与成效。

    《农经》:就您的了解,这些问题主要有哪些?

    **胡晓云**:当前,制约我国品牌农业建设的主要有十大问题:(1)相对缺乏将中国农业自主品牌创造作为国家战略的战略意识与国际竞争的洞察力;(2)创造品牌的自觉意识、引导性日渐加强,但专业性相对欠缺;(3)缺乏与农业品牌建设相适应的行政部门建制、支持平台设计与专业研究机构;(4)品牌经营拘泥于品牌的生产过程和销售扩张,对通过转变经济增长方式,以符号与文化价值赋予的方式创造形成符号经济、关系经济、价值经济的问题缺乏专业认识;(5)现有农业品牌的同质化现象日趋严重,特别是在品牌包装、品牌个性塑造、品牌文脉发掘等方面尤为突出;(6)特种资源的保护与管理意识较弱,品质管理的高标准追求意识淡漠,低价销售高价值资源与产品的现象比比皆是;(7)资源区域性与利益市场化之间、区域公用品牌与企业产品品牌之间的关系处理尚缺乏规律性探索;(8)品牌传播与危机管理意识与能力相对缺乏;(9)以工业思维、产业化思维替代农业品牌建设应具有的整合思维、跨界发展思维,一味强调规模化,缺乏对品牌差异化、独特性的正确把握;(10)缺乏对消费趋势特别是阶层化消费、符号消费等趋势的科学把握。

《农经》:就您看来,该如何破解这十大问题?

胡晓云:第一要坚定以农立国、以品牌强国的信念;第二要处理好政府引导与企业主导的关系,明确各自的角色定位;第三要处理好资源优势与消费趋势的关系;第四要加速培养农业品牌建设的专业人才,让专业的人做专业的事。

## 二、专业人才建设迫在眉睫

《农经》:正如您所说,我国目前的品牌农业建设存在许多问题,那么就目前的这种现状来说,您认为最急需解决的问题有哪些?

胡晓云:首先要解决的是意识或观念的问题,品牌农业的建设首先应当立足国际竞争视野,树立以农立国、以品牌强国的坚定信念。这种信念的树立最为重要。而最终要达到目的,亟须培养一批具有一定品牌创造与维护能力的专业化人才。

《农经》:那您对培养专业人才这方面,有什么建议吗?

胡晓云:专业人才的培养可根据个体情况,采用多种方式。在过去,各区域政府、企业等采用的更多的方式是请进来。比如我就为我国多个地区、省市进行过培训讲演。但是,要更进一步深入、系统地学习的话,一般可采用以下几种方式。

一是与高等院校进行合作培养。过去农口部门的人员因为学的是农业方面的知识,基本没有学习过品牌战略与传播管理等方面的系统知识,亟须补上这一课。基于处在品牌建设第一线人员的忙碌程度,可采用短期培训方式。

二是可采用典型案例观摩方式。让他们对具体的品牌建设有一个形象生动的了解,也可启发其思维。

三是可采用国际化合作培训方式。既可以开阔视野,亦可学其所长,补己所短,为中国品牌农业的走出去战略培养、储备人才。

《农经》:您能简要介绍一下目前国内相关培训体系和机构的状况吗?

胡晓云：目前，全国高校中唯一一家专门研究农业品牌的研究机构——浙江大学 CARD 中国农业品牌研究中心具有培训相关人才的能力。这一中心以浙江大学整合资源为背景，集合了品牌管理与品牌传播、品牌设计等诸多方面的师资，已经集中为农业部市场司、新疆维吾尔自治区、浙江省杭州市、山东省章丘市、四川省蒲江县等地举行过综合了前述三种方式的短期培训，效果很好。

以新疆为例，新疆维吾尔自治区政府聚集了新疆农口部门各级领导与员工、龙头企业品牌管理领导者等一起在浙江大学进行了为期 5 天的培训、典型案例组织观摩，得到各位学员的交口称赞。

目前，在专门人才培训方面，浙江大学 CARD 中国农业品牌研究中心还与台湾地区等进行了有机合作，设计了较为完善的培训系统，可提供多种形式的人才培训。

### 三、先天优势 vs 后天不足

《农经》：与其他行业的品牌建设相比，在您看来，农业品牌的建设有哪些独有或突出的特点？需要特别注意哪些问题？

胡晓云：品牌的重要特征是差异化，品牌战略其实就是差异化战略。而农业特别是农产品的特征是区域性特征明显、差异化突出。我国物产丰富，许多农产品都具有独特的产品、品种、工艺、文脉。因此，我国农业具有良好的打造品牌的基本优势，是能够打造具有国际竞争力的品牌集群的。

但是，目前的问题是，我们的农业相关部门与企业、合作社、农户等普遍缺乏正确的品牌建设策略与方法，对品牌建设的理解过于简单，甚至以为注册了一个区域的证明商标、注册了企业商标就算大功告成了，就算建设好了品牌。

其实品牌建设是一件专业性很强的事情，政府相关部门与企业要尊重专业、尊重品牌创造的科学规律，要让我们的品牌建设者具有国际商业文化意识，能够在专业化的前提下去打造品牌，而不是利用职能权力，简单地拍脑袋。我们应不再简单地只做一些商标注册、展会发布会等事情，而是应当更多地转变立场、洞察市场发展趋势、洞察消费者阶层之间的对应关系。品牌是符号，品牌也是消费者关系，品牌更是价值创造与价值消费，是借助差异化获得生存与发展的制胜法宝。

（本文首发于《农经》杂志 2012 年第 6 期，并由《中国乡村发现》于 2014 年 6 月转发，为作者回答记者王颖梅的专访文章。）

# 什么是品牌与品牌战略

## 一、品牌是什么？

品牌是基于物质产品、体验感知、符号体系等要素的系统生产、互动沟通、利益消费而形成的独特的利益载体、意义系统与信用体系。有关品牌的不同定义参见表 1。

**表 1　有关品牌的不同定义[①]**

| 定义提出者 | 定义内容 |
| --- | --- |
| 威廉·阿伦斯 | 品牌是指明产品及其产地，并使之与同类产品有所区别的文字、名称、符号或花式的结合体。 |
| 戴维·奥格威 | 品牌是一种错综复杂的象征，它是品牌属性、名称、包装、价格、历史、声誉、广告方式的无形总和。品牌同时也因消费者对其使用的印象，以及自身的经验而有所界定。 |
| 米歇尔·帕利特 | 品牌代表消费者在其生活中对产品与服务的感受，从而滋生的信任、相关性与意义的总和。[联合利华董事长迈克尔·佩里（Michael Perry）在伦敦广告协会上的演讲] |
| 奥美公司 | 品牌是消费者与产品之间的关系。 |
| 唐·舒尔茨 | 品牌是为买卖双方所识别并能够为双方带来价值的东西；<br>品牌不仅仅是一个名称或是一个符号、一个图形，它是消费者创造的一种公共关系。 |

---

① 参见胡晓云著：《现代广告学》，浙江大学出版社 2007 年版。

续表

| 定义提出者 | 定义内容 |
|---|---|
| 戴维·阿诺德 | 品牌就是一种类似成见的偏见。成功的品牌是长期、持续地建立产品定位及个性的成果,消费者对它有较高的认同,一旦成为成功的品牌,市场领导地位及高利润自然就会随之而来。 |
| 安东尼·特纳法 | 本质上讲,品牌是识别标志,是区分你的产品和你的竞争对手产品的标牌。品牌也是一种简约的标识、用容易识别和记忆的方式描述产品的重要特征,如形象、用途和价格。 |
| 美国市场营销协会 | 品牌是一种名称、名词、标记、符号或设计,或是它们的组合,其目的是识别某销售者的产品或劳务,并使之同竞争对手的产品和劳务区别开来。 |
| 菲利普·科特勒 | 品牌就是一个名字、名词、符号或设计,或是上述的总和,其目的是要使自己的产品或服务有别于其他竞争者。<br>品牌包含多方面的内容,至少有以下六个方面:属性、利益、价值、文化、个性以及用户。 |
| 戴维·艾克 | 一位品牌负责人如果想要让旗下品牌的认同具有广度和深度,必须将品牌当作:(1)产品;(2)企业;(3)人;(4)符号。 |
| 约翰·菲利普·琼斯 | 能为顾客提供其认为值得购买的功能利益及附加价值的产品。 |
| 岸志津江 | 品牌是消费者认识商品世界的方法。 |
| 日本品牌辞典 | 所谓品牌(英文为Brand),是指象征某一商品或服务的东西。不只是为了从商品和服务上将某商品或服务与另外商品或服务区别开来的商品名称、标志等,也包括消费者看到商品或服务时能够想起的周边形象的总体。 |
| 日本电通公司 | 品牌是以商品及其符号体系为基础的、集体共有的记忆符号组合。是达到认同、行动和相互关系的魅力源泉。<br>品牌并不属企业单方所有,而是和消费者等相关利益者共同拥有的公共物。是超越企业和消费者立场的共同拥有的共同物。品牌不只是企业方的行为,而是在企业和相关利益者之间的沟通程序中发生、发展的价值构筑。 |

    品牌，英文表述为 Brand。关于品牌起源，国际上呈现三种说法：其一，品牌起源于美国西部。品牌产生于美国西部的农场，人们在其饲养的牲畜上敲上印记，以证明"它是我的"（见图 1）；其二，品牌产生于欧洲的酒窖（见图 2）。在威士忌酒的橡皮桶上打上识别的印记。这两种说法，代表的是西方品牌研究者的观点（大卫·艾克，1994）。另一说则认为，品牌产生于中国陶器时代。认为作为西方市场营销学或西方广告学中的一个概念，其历史不到百年。但在东方，品牌作为一种思想、一种智慧、一种实践，已有数千年历史。中国品牌文化的历史可追溯到 9000 年前铭刻在陶器上的标记（见图 3）。因此，品牌的名称虽起源于欧洲，但关于品牌的行为起源于中国古代（八卷俊雄，2004）。虽然，中西方学者的考证由于其地理与文化因素的影响而产生了不同的结论，但关于品牌起源的初始化动机，各方的考证都集中到以下三方面：为了识别，为了防御，为了体现并保障权益。

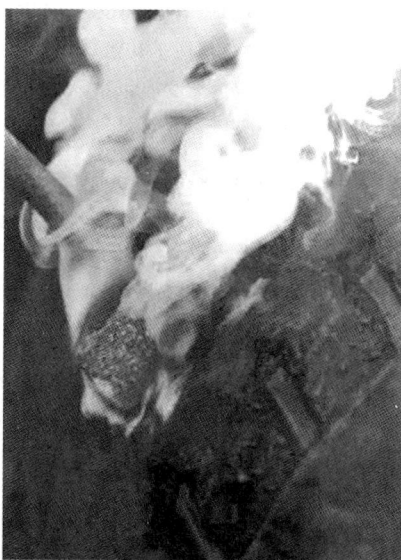

图 1　美国西部牲畜身上的烙印

    有关品牌的不同定义参见胡晓云的《品牌代言传播研究》（独著）、《品牌价值评估研究》（独著）、《中国农产品的品牌化——中国体征与中国方略》（合著）、《现代广告学》（合著）等专著，分别由浙江大学出版社、中国农业出版社于 2010 年、2013 年、2007 年出版。

图 2　欧洲地窖酒桶上的印记

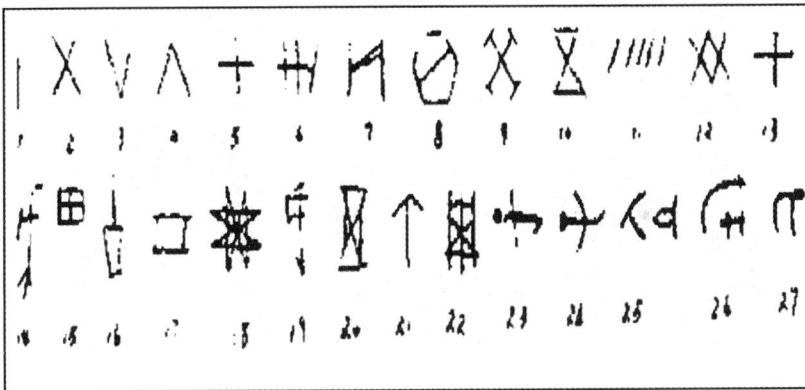

图 3　9000 年前铭刻在陶器上的标记

浙江良渚文化遗址(5300—4000 年前)出土的陶器上刻着的符号

## 二、品牌化是什么？

品牌化的过程，是基于对消费者需求的洞察而进行的物质产品、体验感知、符号体系等要素的系统生产与互动沟通的过程；是消费者体察产品所具有的利益与意义，并实施消费的过程；也是利益多方共同构筑信用体系，以提升产品、体验、符号等要素的整合价值的过程。

### 三、品牌化的目的是什么?

品牌化的目的,是通过各种相关要素的系统生产与互动沟通,形成具有独特差异化的利益载体、意义系统与信用体系,形成与消费者及相关利益者之间的独特消费关系,形成共同构建、共同拥有更具价值的独特品牌王国。

### 四、品牌战略特征是什么?

品牌战略,是借助物质、符号、意义等的生产,实现品牌差异化的战略。在迈克尔·波特的《竞争战略》中,三大竞争战略中的"差异化战略"即品牌战略。(见图 4)

图 4　品牌战略属于差异化战略

品牌创建的初始,只是出于识别、防御、权益保障的简单动机。随着品牌创建环境的变化,品牌已然成为市场竞争中的差异化战略。通过品牌创造实施差异化战略,能够让企业、单位、个人在信息越来越繁复的今天和未来,在市场竞争中脱颖而出。因此,借助品牌这架战车,实施差异化战略,令其驰骋并决胜在无边无际的竞争疆场,成为当今世界重要的战略武器。也因此,品牌创造,不是简单而处于战术层面的营销方法或工具。最近,宝洁公司撤销营销部门以便在全球更好地聚焦品牌的强劲信号也充分说明了这一点。

（本文于 2014 年 3 月首发于浙江大学 CARD 中国农业品牌研究中心官网，并发于浙江永续农业品牌研究院的"农业品牌研究院"微信公众号。围绕品牌相关疑问，在阐述了中国农产品的品牌化之重要性后，本文继续深入，为大家阐明关于品牌的四个基本问题：品牌是什么？品牌化是什么？品牌化的目的是什么？品牌战略特征是什么。）

# 我们正处于品牌经济时代

为什么在今天品牌创造显得如此重要？这是因为，我们正处于品牌经济时代。

品牌经济，是基于一定的资源体系、实体经济、规模经济等，进一步通过符号生产、关系生成、价值赋予等无形价值的生产过程，形成以独特价值为核心的经济形态。

品牌经济是以实体经济为基础的符号经济，以消费者心智占领为目的的关系经济，以产品与符号的意义构成与阐释为价值的价值经济。

传统的经济概念中，经济指的是整个社会的物质资料的生产和再生产，是社会物质生产、流通、交换等活动。经济是人类社会的物质基础，与政治是人类社会的上层建筑一样，是构建人类社会并维系人类社会运行的必要条件。

品牌经济是符号经济。符号经济，由彼得·德鲁克于1986年首次提出。他将经济系统分为两种，即实物经济和符号经济。所谓符号经济是指货币和信用，即资本的流动、外汇汇率和信用流通；实物经济即产品和服务的流通。并进一步分析了世界经济出现的新变化，即"符号经济已取代实物经济，成为世界经济的车轮，且大体上独立于实物经济，这是一个最为醒目而又最难理解的变化"[①]。符号经济是由经济符号的创造、运动所形成的，能够完成一定经济功能的经济系统，而新族群的诞生以消费符号为分界。

品牌经济是可以提升实体经济价值的符号经济，它非单纯地着眼于功能利益，更着眼于附加的符号意义。从礼花瓶、昵称瓶到歌词瓶、世界杯迷你瓶，用可口可乐的案例，可见品牌会与消费者构成关系，创造竞争力。

品牌经济是关系经济。只是物质资源占有，为物质形态的资源经济，以物

---

① 张平、张晓晶著：《直面符号经济》，社会科学文学出版社2003年版，第5页。

质资源的独特性为核心价值;占有消费者心智资源,为意识形态心智资源占有,形成更强有力的关系。如信仰建立将产生高价值的经济关系。

人们在生产、交易、消费过程中产生不同的经济关系。而不同的经济关系形成不同的关系链。不同的关系链,形成不同的经济价值。

品牌经济是增加资源经济价值的关系经济,不仅仅着眼于单纯的资源价值竞争,更着力于消费者心智资源的占领。品牌经济是超越价格等经济优势的价值经济,非单纯的以价格等优势满足消费,而更着眼于价值的提升与消费的满足。

品牌经济是价值经济。以价值为经济意义,而非以价格等其他因素为经济意义,获得经济意义的是价值。换句话说,以价值获得经济回报。

因此,品牌经济非以实有资源的低价销售为代价,而以符号生产构成意义关系,创造竞争的核心价值。如可口可乐的瓶盖系列海报、昵称瓶活动、歌词瓶活动等的产生与效果,充分说明了品牌经济特征。

可口可乐势不可当,一直用符号在诉求品牌感觉,构成消费关系。瓶子里的可乐好喝不好喝都已经不重要了!可口可乐使用的符号包括瓶盖、外包装、昵称、歌曲、条形码等。今天就为大家盘点一下可口可乐的这些酷设计、炫创意。

可口可乐创意第一弹:圣诞节礼花瓶。把瓶子玩出温馨,分享快乐。

https://v.qq.com/x/page/n01232mtgu0.html

可口可乐创意第二弹:昵称瓶。用年轻人的语言说话,乐趣横生。

https://v.qq.com/x/page/j0126w4ema3.html

可口可乐创意第三弹:歌词瓶。歌词瓶是否能延续昵称瓶的传奇? 这一次玩得更带劲! 分享可口可乐? 其实更想分享的是那一首歌。

https://v.qq.com/x/page/u0132gs6jva.html

与此同时,台湾地区推出了年份瓶,结合歌曲和年代,用两个维度来激发共鸣。"分享快乐 song,最好的歌词瓶。"系列作品请看 https://v.qq.com/x/page/w0130rtftir.html。

可口可乐创意第四弹:世界杯迷你瓶。世界杯,如此重要的时刻,除了啤酒还有可乐! 代表 20 个国家的不同迷你瓶,结合 Facebook 和 AR(增强现实)技术,收集瓶子,也收集更多友谊。

可口可乐百年海报中的瓶盖符号及系列作品,请看 https://v.qq.com/x/page/x01301kpkdj.html。

（本文于 2014 年首发于浙江大学 CARD 中国农业品牌研究中心官网、并发于浙江永续农业品牌研究院的"农业品牌研究院"微信公众号，阐述品牌经济时代及品牌经济三大特征相关观点。）

# 台湾农业的文创转型

　　台湾已去了多趟。与别处不同,去得多了,却不是腻了,而是感触更深,兴味更浓。

　　对于台湾农业品牌化的研究,在我们 2007 年出版的《中国农产品的品牌化》中即有相关成果。书中附录三以"中国台湾地区'精致农业'的品牌化"为题,专项研究了台湾"精致农业""微笑曲线""文脉发掘"等特色,且深入剖析了当时台湾地区的农业区域公用品牌——"台湾好米"。该品牌与"神户牛肉"、"ZESPRI"奇异果、"IDAHO 土豆"、"华盛顿苹果"、"吉尔罗伊大蒜"等一起,为我们倡导中国农业的区域公用品牌、母子品牌互动这两大品牌创造模式提供了有力佐证。2011 年,我将其区域公用品牌"台湾好米""梅子梦工厂"收入《品牌传播智慧》一书,前者聚焦其"精致农业"理念的品牌实验,后者着眼于"R&V"(现实与虚拟)的互动生存模式。

　　此次台湾涉农产业专题考察,感触更深的有二:农业品牌创造中对文脉要素的尊重、传承与创新;台湾农业的文创转型。本文先与各位分享"台湾农业的文创转型"。

　　产业文创化,文创产业化,这是近年台湾地区着重倡导的产业融合模式。该模式打破了以往对各次产业的机械分割,提倡以创意为核心,形成产业联动,提升产业整合价值。此次考察,得以亲自体验了台湾农业的文创转型。我们看到:多数涉农品牌,因循产业环境、消费环境的变化,以农产品为原点,利用产业的文创转型,形成了农业对于各个产业的系统影响力,构建了纵横整合多个产业的品牌产业链,获得了更广阔的品牌成长空间。

不禁想起 2007 年《中国农产品的品牌化》一书中我曾经的相关阐述①:

> 原点与系统影响力。对于中华民族而言,品牌创建将是一次新的万里长征。在新的万里长征途上:转变经济增长方式,突破原有发展思路和空间,以品牌化助力产业成长,创造崭新的品牌农业经济发展模式;以农产品品牌为原点,获得现代农业的系统影响力,应当是中国新农村建设的根本道路……中国农产品品牌战略对中国整个经济发展、工业化、城市化、农村现代化更体现出极具综合意义的系统影响力……以农产品品牌为原点,造就现代农业的系统影响力,不仅能够为中国的农村带来发展与繁荣,形成的新型产业链也能进一步推进我国工商业及其文化创意产业的共同繁荣。

上述文字可见,我当初的立足点,是以农产品品牌为原点,形成产业联动,重塑产业价值。看今日台湾农业的文创转型,已基本摒弃了原来以农产品生产和销售为立足点的农业产业立场,以农产品为由头(原点),以创意为核心,借助文创力量,实现文创转型,有效链接各次产业,形成产业整合联动的品牌体系,整合提升产业价值。

### 案例 1　清境农场

在优美的自然生态基础上,借助文创转型,在场景设计、活动创意、产品概念等方面提升农场的趣味性及其多重消费价值。动物泥塑装置,令儿童游客喜出望外;风车图腾设计,成为农场随处可见的人文景观;采用网络语言形成设计产品名称,"米田共"的戏谑,吸引了许多青少年。

### 案例 2　飞牛牧场

摒弃原来单纯的养殖业态,实现文创转型,成为链接 1～4 产业的家庭休闲、娱乐消费场所。从单纯的养殖场,成为少年儿童的动物知识教习场;从单纯的养殖场工具房,成为电视剧的拍摄基地、游人纪念照片的拍摄处;设立专门的儿童画房,引发家乡持久消费。

---

① 胡晓云等著:《中国农产品的品牌化——中国体征与中国方略》,中国农业出版社 2007 年版,第 3-4 页。

**案例 3　梅子梦工厂**

南投县的"梅子梦工厂"品牌，旗下只有几千亩梅子。该品牌运营者洞察到，消费者已然进入了"R&V"互动生存的时代。于是，他们将梅子作为原点，在区域资源、产业发展基础上，树立文创理念，构架文创体系。利用品牌设计、故事讲述、艺术再造等文创艺术，形成了一个具有归属感、娱乐精神、审美境界和自我实现的品牌世界，成为台湾地区的典范品牌。因为文创转型，梅子成了纪念品，梅子酒承载着各种在地故事，厂区成为休闲游览区，"梅之乡"的梅子减产但梅子产业却连年增收。"梅子梦工厂"，一个品牌融合了多重产业，青梅产业由单纯的农业种植，发展成为包括种植业、农产品加工业、休闲观光业和文化创意产业的新兴产业链，不仅为信义乡带来了巨大经营收益，也形成了独具特色的信义乡梅子产业文化（如图 1 所示）。

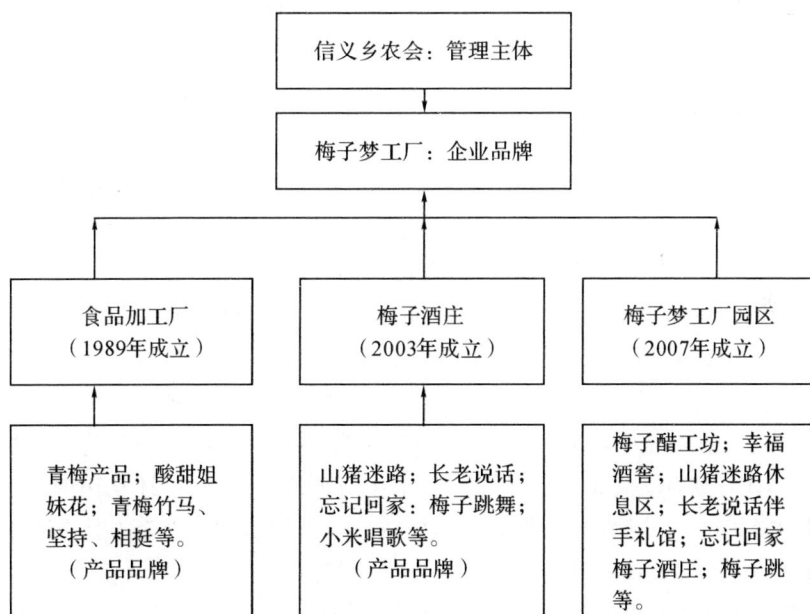

图 1　"梅子梦工厂"产业体系与主体品牌架构
（每个产品及其品牌名均以传统文脉为原点，将其文创化）

产品品牌"酸甜姐妹花"，以奉茶文化为文创原点；产品品牌"半路店"，以"半路店"传说为文创原点；系列产品"长老说话""小米唱歌""忘记回家""野猪迷路"等四种产品,其品名的故事性、瓶子设计感等,均显示了文创的核心价值。用淘汰的梅子加工工具改制成台湾梅子守护神——阿米努(布依族语,意为"全部"),摆放在园区游览入口,以显示企业精神——坚持在地,坚持健康、养生的传统工法:不眠不休七天,坚持采用龙眼干的古法烘焙。

在"坚持""相挺"两个文创概念下,形成了"坚持""相挺"两个产品品牌;织造了以"坚持""相挺"意涵为诉求的文化衫。企业领导人穿戴其衫接待客人、介绍产品,企业精神与品牌文化不言而喻。"相挺"产品品牌中。"相挺"概念为:布依族理解的"相互支持";产品包装设计形成两拳相握的形式感,表达相互支持的意味。"梅子梦工厂"对其的包装解释为:以台湾地方性特色语词——相挺,作为酒礼盒表达之直接意涵,婚礼中家长常用"携手相挺"鼓励新人信任携手努力开创幸福未来的祝福话语,也经常用于公开场合特定激励与凝聚团体共识的口号。相挺,酒礼盒不但可用于婚宴,亦可用作女方订婚回礼,表达感谢与分享之意;也可适用于台湾特定场合,表达感谢对方支持的最佳谢礼。双罐交互支撑的酒瓶合体造型,更有"相挺九九"的隐喻。

## 案例4　掌生谷粒

近年受到高度关注的台湾粮商品牌——掌生谷粒,是台湾农业利用文创创造品牌的最典型案例。

从2006年起,该品牌的发起人,探访台湾各地用心耕作的稻农,并以文字书写、影像记录的方式,表达对耕作的印象与感悟,发掘台湾农业的特质。而后,通过品牌包装的创意设计、诚恳感人的农家记录传播,建立起"掌生谷粒"的品牌个性与品牌印象。2009年,该品牌入围了网络人气卖家100强。同年5月,《天下》杂志社出版了《掌生谷粒——来自土地的呼唤》一书,使品牌得到了更具个性、更有文化价值的传播。除了出版纸质书本之外,还运用网络超链接、多文本特性,为消费者提供大量的影像、文字素材,使消费者在体验产品之前,便通过阅读、观看而对品牌产生了深切的好感。

事实证明,"掌生谷粒"品牌在传统产业中加入创意,并以创意为核心,实现文化再生、创造品牌的品牌经营模式,不仅迎合了精致消费、文化消费、象征消费时代,更使其成为产业创新的先驱者。(见图2、图3)

图 2　采用少数民族纺织的特色花布作为包装材质，"掌生谷粒"充满了浓浓的在地文化气息

图 3　古朴的牛皮纸包装、揉制而成的纸藤圈、外贴棉纸外衣，用书法手写产地、产品与生产者的故事等，"掌生谷粒"充满创意的包装，传递了品牌鲜明的个性、极其深厚的文化底蕴

这正如品牌创建者所陈言：

我们穿上了农业的灵魂，领悟文化创意的生命。

一个看起来是、摸起来是、吃起来是农产品的"掌生谷粒"，偏偏卖的就不是农产品而已！始自 2006 年来我们用尽一切气力，透过平凡平实平常的白米，想传达想呈现的真正价值，其实是台湾民众的生活风格。这包括了历史的文化风霜、地理的风土条件、人文的感官飞扬，以及最重要的是——台湾民众对待土地的友善态度。

原来，"掌生谷粒"是一个贩卖"台湾生活风格"的品牌。媒介是来自土地上的——也许无常、也许不完美、也许有遗憾，而确是真实的农业作品。在我们的眼中，农作物的价值不只是饱足口腹的粮食，它是天地人感情交流后的大地创作。不能忽视的事实是，古老的人类的文明，都发生在大河流域的两岸，因为那样的土地才能孕育人类的饮食，这就是农业的初始。所以我们的象形文字，是从认识虫鱼鸟兽、日月山川开始，在宇宙时间里刻写下承诺，要与环境天长地久。农业就是自然而然的文化与创意源头。

我们摸索了很久，企图从这样珍贵的价值中，创造一个新的乐土。终于，我们让"掌生谷粒"化身成"出版"农业作者作品的出版社。农友们专心顾好每一期的收成，就像作家负责耕耘文字；作品的设计包装、行销企划则交给有感情的专业团队！而劳动的生产者，仍是食物的拥有者。[①]

（本文于 2014 年首发于浙江永续农业品牌研究院的"农业品牌研究院"微信公众号，阐述台湾农业的文创化转型，强调品牌战略的文创价值赋能。后被众多媒体与自媒体如"媒体资源网""文创产业评论"等转载。）

---

① 掌生谷粒陈言，《我们希望的时代开场》，https://www.greeninhand.com/brand.story.php，2014 年。

# 台湾涉农品牌创造：尊重文脉 整合创新

前文已分享了台湾涉农产业专题考察后的感触之一：台湾农业的文创转型。台湾农业在文创转型方面做出了范例。某种意义上，台湾农业既学习了日本"精致农业"的运作经验，又在加强农产品的精细化、生态化发展的同时，更体现了在地适应性——以文创化带动产业整合，获得了更大的价值提升空间。

对于大陆农业，因各地的资源禀赋不同，也应当采用在地适应性发展。如浙江、江苏、福建、四川、云南、贵州等省份，同为人多地少、山多田少的资源特征，如何利用文创价值，将文创转型作为未来农业转型的重要战略之一，形成合适的农业发展战略？这是值得进一步研究和探讨的重要问题。

本文再谈考察感触之二。

台湾农业品牌创造：尊重文脉，整合创新。我认为，台湾农业的一个突出特征，是在品牌创造过程中，充分尊重文脉，有意识地传承文脉，且不静态地复制文脉，在文脉的基础上，努力实现整合创新，提升农业的消费价值。

"文脉"（context）一词，原指语言学中的上下文关系，又被引申为某一事物在时间或空间上与其他相关事物之间的联系。相关"文脉"分析研究，原着重于语境的特殊性，引申意义则强调一个事物和它事物之间的渊源关系。有学者曾简明地将其概括为"一种文化的脉络"，美国人类学家克莱德·克拉柯亨曾界定其为"历史上所创造的生存的式样系统"。德国的恩斯特·卡西尔，则曾以符号系统诠释文脉，并强调：人对外部事物意义的认知就是对符号意义的破译工作。而摆脱既有的符号形式特征的限制，以全新的形式与结构再诠释与发展其意义，才是文脉之所在。①

---

① 恩斯特·卡西尔著，甘阳译：《人论》，上海译文出版社 1985 年版，第 12 页。

文脉思想被 20 世纪 60 年代以后产生的后现代主义提到了相当的高度。后现代主义者看到了现代主义建筑和城市规划设计对文脉的漠视,试图恢复城市原有的秩序与精神,于是主张从传统、民间、地方的文脉中找到现代城市建筑的立足点。该思潮并非简单地将文脉传承理解为简单的复古行为,而是将文脉理解为激发创作的灵感或原材料,经过撷取、改造、移植等创作手段来实现新的创作,使建筑与文化与当代社会有机结合。①

当"文脉"一词与品牌相关时,我们强调的是一个品牌与其他品牌、事物、人等之间的各种渊源关系及其故事性。如日本的阿久津聪等强调,品牌的文脉包括有关品牌的联想、品牌的背景知识和信息、品牌商品的消费环境等。②

如何利用文脉创造品牌? 这是我们在 2007 年的《中国农产品的品牌化》一书中便设了专门章节讨论过的。

当时,在调研了大陆 29 个省份的农产品品牌建设情况之后,我们发现了较为严重的两大倾向:其一,许多农产品经营者并没有尊重文脉,在产品的包装设计、符号呈现、品牌个性的表达中,人为地令文脉断流、抛弃了文化传承,不仅导致产品的文化断层,也让消费者摸不着头脑;其二,一些农产品如茶叶经营者,努力地利用文脉、传承文脉,将文脉作为品牌的重要利益诉求。比如"贡品""万国博览会金奖"等,但在运用文脉过程中缺少对消费者的文脉心像和地域、产品的文脉的关联度之间的洞察与沟通,对文脉的运用缺乏时尚化演绎。于是,在该书中,我们强调,因为农产品的农耕文化背景,农产品品牌的创造,应当更加强调文脉的传承关系,利用文脉的力量提升品牌价值,并提出了如何尊重文脉、利用文脉的专业建议:演绎历史文脉、承袭地域文脉、挖掘产品文脉,并通过文脉资源的整合,传承文脉体系,创新文脉意义,加强时尚化表达,链接现实消费生活。③

此次台湾之行,令我欣喜的是,台湾农业在尊重文脉、整合创新方面为大陆涉农品牌创建提供了有效的借鉴。

首先值得肯定的是,在品牌创造过程中,台湾农人对文脉的超乎寻常的尊

---

① 肯尼迪·弗兰姆普敦著,张钦楠等译:《现代建筑——一部批判的历史》,中国建筑工业出版社 1988 年版,第 135 页。

② 阿久津聪、石田茂著,韩中和译:《文脉品牌——让你的品牌形象与众不同》,上海人民出版社 2005 年版,第 2 页。

③ 胡晓云等著:《中国农产品的品牌化——中国体征与中国方略》,中国农业出版社 2007 年版,第 142-151 页。

重。这种发自内心的尊重,在他们对天地、田畴、作物的感念中,在他们所有的品牌创造过程中,包括每一段文字表述中,都能够令消费者感受到。这种尊重,还体现在有限制的文脉中,台湾农人自觉自愿地被文脉所限制,并尊重文脉、强调文脉、依赖文脉、不遗余力张扬文脉。

其次,在利用文脉创造品牌的过程中,充分考虑了文脉传承与现代时尚之间的关系。如何将文脉在传承中得到时尚化?这是一个难题。许多农人无法处理,甚至使文脉成为与消费者沟通的障碍。但台湾农人平衡了两者之间的关系,让一个品牌既表达了历史、传达了文脉特征,同时又在形式感和符号体系中找到了与现代消费者的对应关系。

再次,文脉不是静态的,而是渐变在历史的长河之中。人们一边利用文脉,一边创造着新的文脉,才可以让文脉延续永远。台湾农人深刻明白这一点,在尊重文脉、协调文脉与时尚之间关系的同时,更侧重于将文脉作为灵感的源泉进行整合创新,将文脉及各种元素进行有机整合,创造出新的消费元素、新的消费可能。在新的创造中,成就新的文脉内容,令文脉适合时代趋势向前延续。

### 案例1 "掌生谷粒":其与消费者的交流文字,满溢着对土地的爱;其所有的符号呈现,均采用中国文化元素的时尚表达

在不知名的某一天里,我忽然明白,农作是大地的一场"偶然",即使日复一日、年复一年,我们也不会收成到相同的结果。农作反映到人生的无常。我们在餐桌上享用美食时,可有吃出自然在食材上深深刻下的记号和智慧。就像6月6日那天,谷子以鲜明的甜度记载了那阵36℃焚风掀起的魄力。

9月,二期的稻花会等着秋风来吹,预备授粉结谷,风有来是一回事,风没来会是另一个结果。农作的浪漫与残酷,站在田边听风的农夫,顺着天地的脾气耕作出每一期米谷蔬果的稀有价值。只是饮食的人懂不懂?

原来,大自然里掀起的一阵风,村上春树就书写了"听风的歌";乔治·温斯顿兴起演奏钢琴的"四季";有天赋的农夫则捕捉了大自然的"不完美",创作出那一次次的"偶然农作"。而饮食的我们,站在风中大概只会说出"哇,今天的风好凉哟!"这么浅白的感想吧。

我们要走访全台湾,找出天生的大地耕作者,还有与他们永远不

会再相逢的经典农作和懂得这种稀有珍贵风味的味蕾,分享;更要将人们对食物的赞美与期待传递给天视、天听。若我们要向一片土地发誓,那样的誓言,出发的起点,一定都是因为,爱。

范先生以他世代的务农经验,选择了花东纵谷区有口皆碑的优质良米,综合调配出他心中最好吃的饭! 就像人有不同的个性,米也一样。不同品种的米优缺点也都不一样,在这包米中因为高雄 139 号的甜与 Q、台粳 2 号的柔软与清芬、台粳 9 号的饱满与圆润,甚至每年夏季收割后,您会吃到这包米多了一种一期稻作没有的淡淡花果香——那是台农 71 号的特色! 因为大家贡献了自己的优点,满足了口感,让我们吃到一碗碗总和的幸福。[①]

### 案例 2 "东方美人茶":有意识地立足文脉传承,建立独特的文化场域

东方美人茶,是台湾名茶,在英国茶商将其献给维多利亚女王时,其黄澄清透的色泽与醇厚甘甜的口感,令女王赞不绝口,遂赐名为"东方美人茶"。

东方美人茶的茶品分类与茶品包装,不采用特级、一级等数字分级方法,均采用内外匹配的"中国科举制度"排行。排行中最高的为"御品"(现代陆羽,击节赞叹称),最低为"书僮"(有机乌龙,提神解渴是),中间各级为状元、榜眼、探花、举人、秀才,共有 6 级(见图 1、图 2)。

图 1　东方美人茶的包装分级设计,既实现了茶叶分级,又传播了科举文脉

---

① 胡晓云等著:《中国农产品的品牌化——中国体征与中国方略》,中国农业出版社 2007 年版,第 142-151 页。

一、有機烏龍，提神解渴是【書僮】
二、淡雅花香、如痴如醉為【秀才】
三、茶色鮮豔、條索分明成【舉人】
四、茶香四溢、果香撲鼻當【探花】
五、茶味甘醇、如花如蜜乃【榜眼】
六、茶湯渾厚、醍醐灌頂中【狀元】
七、現代陸羽、擊節讚嘆稱【御品】

图 2　东方美人茶对各品级茶的描述,均采用中国传统文化的表达方式

### 案例 3 "豆油伯":品牌命名及形象表达具有浓郁地方色彩

其品牌的命名及其形象表达具有浓郁的地方文脉特色。而地方文脉,有着独特的生命活力、文化个性,具有遗传影响内动力的地方文化精神,吸引了消费者的消费兴趣(见图 3～图 5)。

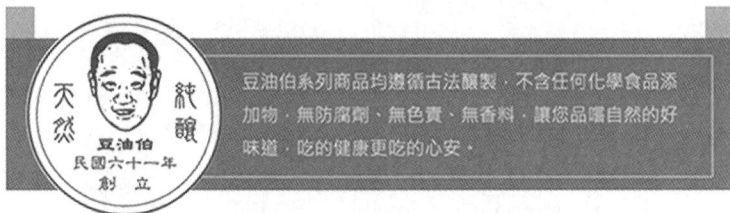

图 3 屏东六堆"豆油伯"的 logo 设计及其承诺：天然、纯酿

图 4 "豆油伯"品牌遵守 1500 年前东魏《齐民要术》记载的酿造酱油古法制作，且将客家文化作为品牌文化的核心延续

图 5 "豆油伯"品牌的网络互动界面设计

**案例 4 "鹿窑菇事":整合创新,形成传统文脉与时尚化的有机结合**

这个新品牌,在其价值观、生产方式上坚持传统文脉,而在产品休闲要素附加、渠道选择、网络互动、网络销售符号设计等方面,均着眼于文脉传承与时尚化的结合,形成整合创新(见图 6)。

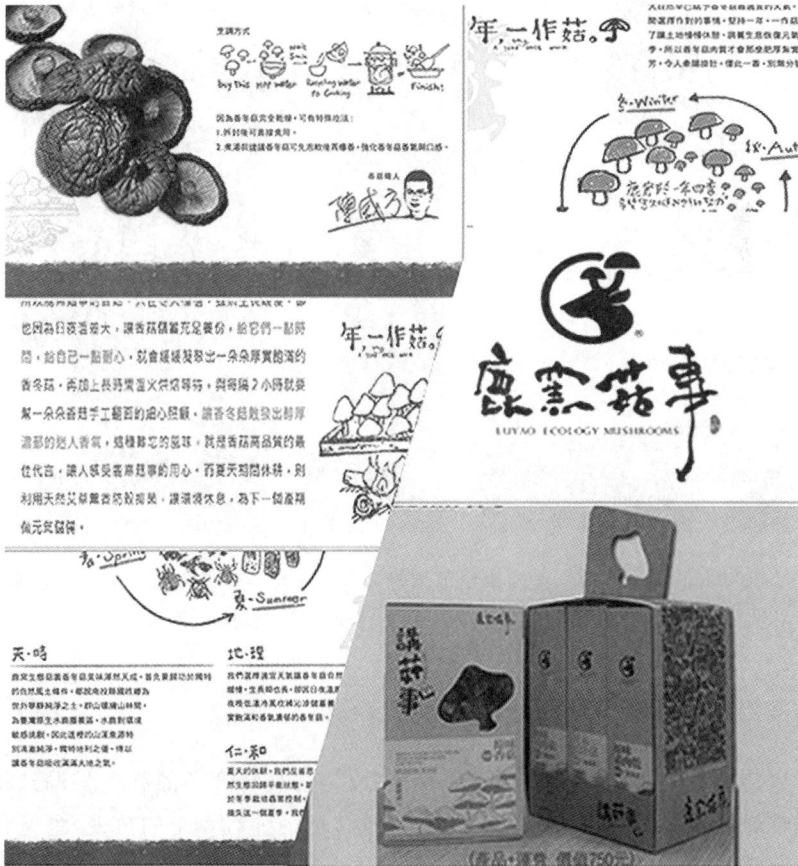

图 6 "鹿窑菇事"品牌网络互动系列组图

**案例 5 阿里山玛翡咖啡:着力体现少数民族文化特征**

高山咖啡品牌"玛翡",在全球排前八位。"玛翡"(mafeel),在邹族语言中意为"很好喝"。品牌的字体符号及象征人物具有鲜明的少数民族文化特征（见图7）。

图7 阿里山玛翡咖啡的外包装采用邹族标志与"yuyupas"（邹族语：吉祥平安）的结合，内包装上采用充满邹族文化特色的女性头像和手书"阿里山"背书

### 案例6 "老杨"：将创新精神融合传统美食

以传统工艺制作的"方块酥"为特色，成为嘉义特产。品牌主强调："将创新精神融入传统美食中，这是一种文化传承，是一种对乡土的热爱，也是我们持续坚持的理念。"（见图8～图10）

图 8　亲和、中国风的品牌标志

图 9　获得德国红点设计奖的阿里山玩味礼盒,结合台湾阿里山具有独特风味的高山乌龙茶、芥末、樱花、麻辣红椒等形成创新风味,且符号设计中西合璧、具象与抽象结合,体现了传统特产元素与国际视野、消费时尚的有机融合

图 10  "老杨"牌广告形式的自然、清新、精致表达，广告语的中文寓意，体现文化特色

### 案例 7  食养山房：整合传统文脉要素，创制独特品牌新境界

将传统文脉中的花道、器道、茶道、文道、香道、佛道、乐理、光影效果等进行交互融合，形成尊重传统文脉、基于传统文脉的各种要素整合创新，创制出出乎意料的品牌新境界（见图 11～图 16）。

图 11　食养山房山门外，野百合的春天，在静静地开放

图 12　进了山门，一盆素心兰静悄悄地迎候着消费者

图 13　宣纸、瓷器、素心兰、书法、草席、红木器具、书籍等,各种元素整合创新为新的消
费镜像

图 14　室外观月长条素席与室内景象,引发明月夜色的充分想象

图 15　金莲花,在众人关注下嫣然开放

图16 网络接触:食养山房,名人论禅的修道场

总之,台湾农业尊重文脉、整合创新,借助农产品的文化性、区域性特征,加强文脉利用,凸显文脉特征,提升文脉价值,创造品牌新境界的做法,值得大家学习、研究和互动。

(本文于2014年首发于浙江大学CARD中国农业品牌研究中心官网,并发于浙江永续农业品牌研究院的"农业品牌研究院"微信公众号,阐述台湾农业如何尊重文脉,实现整合创新的案例。后被众多媒体与自媒体转载,2014年被刊登于《广告人》杂志第9期。)

# 4D'S：品牌创造的品牌驱动力系统模型

品牌是一个独具价值的有机整合体，品牌战略是差异化竞争战略。如今，无论线上还是线下，品牌都犹如一辆战车，在实有或虚拟的喧嚣环境中纵横驰骋。它的使命不容置疑，就是必须在喧嚣的消费市场中，在同类及替代品的车阵里脱颖而出、勇往直前，直至理想的彼岸。那么，品牌如何才能脱颖而出？

我认为，要提高品牌竞争力，形成强势品牌，关键是在品牌战略规划中就需要创建、塑造品牌这个有机整合体的内在驱动力系统。品牌的内在驱动力足够强大，品牌才会有足够的竞争力。那么，品牌的内在驱动力应当由哪些要素构成呢？我以为，一个品牌的内在驱动力，应当由需求满足（消费品品质、消费者体验满足）、互动沟通（品牌主体与消费者、公众等相关利益者沟通的便利性、沟通的对等性）、个性表达（产品、服务、符号生产形成的品牌意义、品牌价值、品牌形象、品牌性格的个性差异）、价值共生关系（品牌、品牌主体、社会、消费者、股东、员工等各方共创、共赢、相互忠诚、共同成长）等四种驱动力互动整合构成。上述四项品牌竞争的内在驱动力，构成基本的品牌驱动体系。在品牌实战时，或全轮驱动、高速稳定安全地发展，或根据市场环境进行实时调整，形成四轮驱动力之间的有机整合、系统运行。该驱动力系统整合、互动支撑品牌赢得竞争，并偕同消费者等各方利益者走向价值共享、共同成长的理想境界。

当我们以"品牌是市场上纵横驰骋的战车"为逻辑起点，构建一个品牌的驱动力系统，可以发现，一个品牌的内在驱动力应当由需求满足、互动沟通、个性表达、价值共生关系互动整合构成，其英文可表达为"Four-wheel driving force system model of branding"（4D'S）。下面分别阐述各种驱动力的内在构成要素及其相关关系。

**一、需求满足(消费品品质、消费者体验满足),是指一个品牌通过安全、优质、特色的产品或服务,获得消费者的消费需求满足及体验满足程度而产生的驱动力**

这是品牌最基本的内在驱动力,是一个品牌在市场上奔驰、竞争、超越同类品牌并获得消费者价值共享的驱动原点。

在过去的研究中,营销学者麦肯锡曾在4P'S营销组合模型中提出"产品(product)"要素;劳特朋曾在其4C'S营销传播组合中提出"消费者需求(consumer's needs)"、从价格到消费者购买所愿意支付的成本(cost)等要素;菲利浦·科特勒指出品牌的含义可分成六个层次,其中包括产品属性、产品利益(功能性、情感性利益)要素;大卫·艾克提出将品牌作为"产品"时消费者对产品的观感(产品属性、产品范围、品质/价值、使用、使用者);奥美公司基于互联网营销传播的特殊性提出"利益原则"(Interests),并强调"一个品牌是消费者经历的总和";达彼斯"品牌轮"(Brand Wheel)提出了品牌属性["品牌利益",(brand benefits,消费者使用产品后的结果)]。

可见,上述相关模型均在其研究体系中加入了"需求满足"相关的要素。所不同的是,我认为的"需求满足驱动力"强调的是两个方面:消费品品质、消费者体验满足程度。即,基于消费品的安全、优质、特色的消费者需求的满足程度。满足程度高,则驱动力强;满足程度低,则驱动力低。好产品并不一定能够成为消费者的利益。关键问题是,一个品牌的产品或服务如何能够让消费者得到满意的消费或体验,满意的程度又如何?过去的研究,大多拘泥于产品本身,或产品是否源自、对应了消费需求,是否为消费者创造了利益。与丹·舒尔茨强调建构消费者—品牌关系的观点一致,"需求满足"驱动力强调的是,品牌如何通过产品或服务向消费者提供完美的解决方案,让消费者通过消费与体验解决其需求难题,达到高满意度。如农产品品牌创造中,有关需求满足的驱动力,可从产品的品种特色、工艺、品质、文化因子、性价比、文化特色等各个方面提供其消费利益,但其核心点依然是,它们是否提供了令消费者满意的、能高度满足消费者需求的解决方案。据"新生活世界模式"[①]所示,要满足消费者需求,提供令其满意的解决方案,首先需分析、洞察到消费者的需求或难题,品牌才能通过消费或体验的"需求满足(消费品及消费体验的驱动力)"

---

① 古田隆彦:《生活市场最先端ポスト性时代の読み方》,ビジネス社1987年版,第6页;转引自胡晓云:《中国广告:以"新生活世界模式"观照消费者》,《中国广告》2000年第1期。

产生驱动效力。

**二、互动沟通(品牌主体与消费者、公众等相关利益者沟通的便利性、沟通的对等性),是指品牌的产品或服务通过物流、信息流、媒体流、人脉互动接触、消费者态度与口碑等,与消费者之间产生的互动沟通程度而产生的驱动力**

这也是一个品牌的内在驱动力的基本构成部分。在过去的研究中,麦肯锡在其 4P'S 模型中提出"渠道(price)"要素,强调产品的销售渠道,着眼产品在渠道中的流动及渠道的频度、广度。劳特朋在其 4C'S 模型中强调产品流动到实现消费者购买的便利(convenience),从促销的单向信息传递到实现与消费者的双向交流与沟通(communication)。奥美公司在其 20 世纪 90 年代初的品牌管理模型——"360 度品牌管家"(360 Degree Brand Stewardship)中将"卖场通路"作为六大资产之一(其他资产构成要素为产品、形象、商誉、视觉、消费者)。新世纪以来,奥美公司基于互联网整合传播的理念,提出了互动原则(interaction)。其中,麦肯锡的研究单纯地针对产品的物流体系,劳特朋的研究则顾及了消费者购买的方便性、品牌与消费者双方的交流与沟通。而奥美公司则在 360 度品牌管理模型强调"卖场通路"效果的基础上,强调互联网环境中侧重品牌与网民之间的信息互动、对等交流。

在互联网环境中,品牌信息的交流再也不是"教堂式"的单方面传播或灌输,而是在一个类似"集市式"的网络江湖中,各自发出声音并期待交流互动。因此,要获得互动沟通的驱动力,必须在物流体系中提供消费便利性,在信息交流与互动中遵循"对等"原则,品牌再不可以"端着"。如果依然"端着",居高临下的宣教,不仅违反了交流双方对等原则,更会遭到新世代消费者的遗弃与规避。[1] 因此,"互动沟通(便利及其对等)驱动力",需要品牌放低身段,以平等的姿态与消费者接触、互动、沟通,并提供物流、信息流等方面的便利性。品牌的产品与服务可以通过物流、信息流、媒体流等的接触频度(多少通路及其接触终端)、接触个性差异(专卖、超市还是网络、O2O/O2M)、接触通路的影响力(亲和力、沟通力、终端品类度等)、接触通路的相关性(消费对接)、通路互动(如农产品品牌的三产联动)及消费者态度与口碑等,形成互动沟通的驱动

---

① 品牌密码:《90 后的品牌观:你若端着,我便无感》,网易财经综合,2014 年 7 月 17 日,http://www.money.163.com。

力,达到循环、持久的互动沟通关系。

**三、个性表达(产品、服务、符号生产所形成的品牌意义、品牌价值、品牌形象、品牌性格的个性差异与表达),是指一个品牌通过产品、服务、符号体系的生产,呈现品牌意义、彰显消费品及体验的个性、表达消费者的个性及价值倾向产生的驱动力**

该驱动力经由产品、服务、符号生产而产生,达到在产品物理属性基础上的品牌个性与意义、消费个性与价值差异等的象征表达。1955 年,奥美公司创始人大卫·奥格威在芝加哥对美国广告同业公会发表题为"形象和品牌——创意运作的新方法"的演说,他坚信,每一则广告都应对塑造品牌整体形象有所贡献,成为建立品牌声誉所做的长期投资,品牌形象塑造忌讳迎合所有人而丧失个性。他主张:"要给每个广告一种与之相称的风格,创造出其正常的个性特色,这才是最伟大的成功的奥秘所在。"[①]其后,奥美公司的 360 度品牌管家模型将"品牌形象""品牌视觉"作为品牌的六大资产之二。20 世纪80 年代,美国葛瑞公司提出"品牌性格哲学",与日本的小林太三郎的"企业性格论"异曲同工,两者提出了共同的理论建议:超越品牌形象论的品牌个性论(Brand Character,BC),从 BI(品牌形象)走向 BC(品牌个性)。他们共同认为,品牌形象论只强调形象的构成和表达,而品牌个性指的是品牌性格。品牌个性比品牌形象更深入、更立体,形象只是认同,而个性则可造就崇拜;由品牌个性而形成的认同与崇拜,可实现更好的品牌传播沟通;品牌个性的塑造必须是独特的、经久不衰的。要塑造具有品牌个性的品牌,创造独特的象征物是一条好途径。品牌个性是"有关品牌的人格特质的组合",是"与品牌相连的一整套人格化特征"[②],是品牌形象中最能体现差异、最活跃激进的部分。品牌个性论延伸了品牌形象论,更具有整体的形象体系和与人产生内在对应的追求,进一步在个性层面上与品牌使用者之间产生衔接,并产生情感价值。1991年,大卫·艾克的"品牌认同规划模型"提出,将品牌作为符号、将品牌作为人的品牌消费认同要素(将品牌视为符号,品牌的视觉影像和隐喻,品牌传统;将品牌作为人,个性是真实的、粗犷的、精力充沛的,与消费者呈现朋友关系)[③]。

---

① 朱丽安·西沃卡著,周向民、田力男译:《肥皂剧、性和香烟》,光明日报出版社 1999 年版,第374 页。

② 大卫·爱格著,沈云骢、汤宗勋译:《品牌经营法则》,内蒙古人民出版社 1999 年版,第 15 页。

③ 大卫·爱格著,沈云骢、汤宗勋译:《品牌经营法则》,内蒙古人民出版社 1999 年版,第 47 页。

之后,日本电通蜂窝模型提出符号、品牌个性、与其相对应的典型消费者等三要素,在蜂窝模型的六要素(其他要素为权威基础、功能利益、精神利益)中占据了重要分量。达彼斯的"品牌轮"中,四个要素(品牌特性、品牌价值、品牌利益、品牌个性)中的两个要素都与个性及其表达有关:品牌特质(brand attributes)指品牌的物理属性与功能特征,品牌个性(brand personality)指将品牌视作人的时候所具有的个性(达彼斯提案PPT)。

因此,个性表达(产品、服务、符号生产所形成的品牌意义、品牌价值、品牌形象、品牌性格的个性差异与表达)驱动力,借由产品、服务特色基础上的符号及意义生产,形成超越物质层面的精神的、灵性的品牌驱动力,彰显品牌权益,展示品牌个性,形成品牌信用度,赋予象征意义,产生消费者个性对应与表达。通过该驱动力,消费者的个性、意志、价值观等得到表达,消费品因此成为消费者的象征物,消费者因个性、价值观的一致而成为某一品牌的消费族群。

**四、价值共生(品牌、品牌主体、社会、消费者、股东、员工等各方共创、共赢、相互忠诚、共同成长),是指一个品牌与各利益方之间的价值共生关系所产生的驱动力**

这里所指的价值共生关系,是在需求满足、互动沟通、个性表达的同时,在品牌与消费者之间构成的特殊的新型关系。这一新型关系,不仅包括对某一产品或服务在消费与体验之后形成的需求满足关系,物流、信息流便利与沟通对等交流之后形成的互动沟通关系,通过产品、服务、符号生产及意义赋予而产生的双方个性与价值呈现关系,更有品牌与消费者之间的认知、认同、忠诚消费关系,是两者之间形成的,基于品牌价值的共生关系。这是一个品牌最为核心、最高级形态的驱动力,即价值共生关系驱动力。

过去的研究中,4P'S的"促销"要素,即是麦肯锡提出的构建产品与消费者关系的路径。通过广告等促销行为构建两者之间的友好关系,以达到产品的消费可能。4C'S理论,强调从促销的单向信息传递到实现与消费者的双向交流与沟通(communication),以达成双方的互惠、平等交流关系,形成消费可能。布莱克森(Blackston)于1992年的研究表明,要了解品牌关系互动的本真,不仅必须发现消费者如何看待一个品牌,也必须询问消费者相信品牌对他们的态度,两者之间是一种双向的交互,也是双方对关系的意见。福尼尔(Fournier,1994)通过品牌关系质量量表测量品牌关系的质量,其实验报告指出,品牌关系的质量能够被描述成以下几个面向(dimension):亲密

（intimacy）、承诺（commitment）、伙伴质量（partner quality）、依恋（attachment）、互相依赖（interdependence）、爱（love）。福尼尔指出，这些关系基于品牌行为，这种行为能够建立或者稀释关系的质量，从而影响品牌价值。2001 年，美国的艾略特·艾登伯格（Elliott Ettenberg）在其著作 *The Next Economy：Will You Know Where Your Customers Are?* 一书中提出了关系（relationship）、节省（retrenchment）、关联（relevancy）和报酬（rewards）的"4R"新论，侧重于用更有效的方式在企业和消费者之间建立起新型关系。事实上，产品的利益（功能性或精神性利益）和品牌个性通过品牌关系为中介实现转化，消费者和品牌透过品牌关系形成联结，如图 1 的品牌认知透镜模型、图 2 的品牌与消费者关系所示。

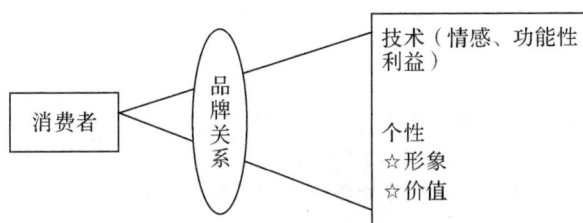

图 1  品牌认知透镜模型

李奥·贝纳（Leo Burnett）广告公司的品牌信任系统（Brand Belief System，简称 BBS）提出，真正的忠诚比购买行为更重要（见图 3）。BBS 将信徒（believer）定义成呈现信任态度和忠诚购买行为的消费者，而品牌与真正消费者之间的关系像伟大的人类关系，存在真实的亲情关系，相互的信任，甚至是一种很深的、持久的密切关系。系统中的品牌信任途径揭示：每个品牌的故事最终是为了保持品牌的连接，使它的信徒永存，不管随着时间的改变要面临多少挑战。日本电通蜂窝模型中的"品牌个性""典型消费者"对应关系，达彼斯的"品牌轮"中的"品牌价值"（Values）被解释为"品牌如何让人感受自我，以及让他人感觉我"，扬·罗毕凯的品牌资产标量（BAV，Brand Asset Valuator）提出，品牌独立于产品类别之外，在一个非常特殊的消费者认知过程中得以发展，构建品牌与消费者关系的首要任务是形成品牌差异性，差异性越强，品牌意义的强度越强。其次是相关性，可测量一个品牌对于消费者的个人适应性。其三是尊重——消费者对一个品牌的喜欢程度和把品牌放在重要位置。以及凯文·凯勒的 CBBE（Customer-Based Brand Equity）模型强调品牌识别，含义、响应、关系等。

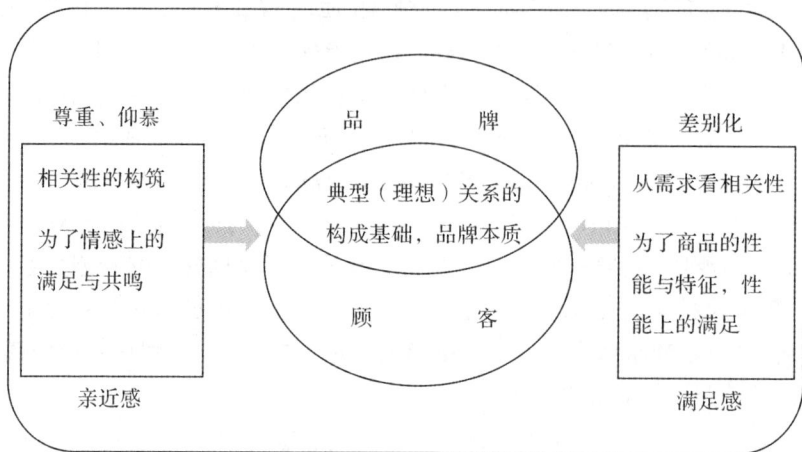

图 2 品牌—消费者关系

［胡晓云、谢冰心,日本电通蜂窝模型——品牌建构与管理的有效方案,香港《中国传媒报告》(*China Media Reports*)杂志,2004 年第 1 期(总第 7 期),第 25-38 页;转引自胡晓云著,《安静思想——胡晓云自选论文集》,浙江大学出版社 2013 年版,第 31-50 页］

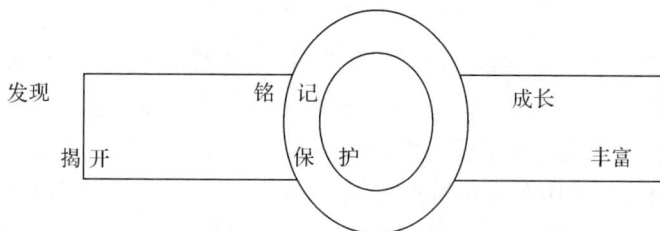

图 3 李奥·贝纳的品牌信任系统

上述研究都解释了品牌与消费者之间构成关系的重要性。在前人研究的基础上,我认为,价值共生(品牌相关者各方相互忠诚及共同成长的驱动力),更强调消费者对品牌的认知度、认同度、忠诚度等前提下的价值共生、成长伴随(价值分享)。也就是说,品牌与消费者之间的关系形成的驱动力,是价值共生、共同成长、永续发展的关系,而非仅仅止步于产品销售与消费。

品牌犹如一辆战车,在市场繁杂的氛围中奔驰、竞争、超越,如果能够拥有上述四方面驱动力,并根据一个品牌生命发展的阶段特征、品牌竞争的环境因素、品牌超越的各种可能性、品牌自身的驱动力均衡程度等进行实时调整,形

图 4　2015 年 9 月 12 日,胡晓云在中央电视台农业频道"首届中国农业品牌传播策略研讨会"上发表"中国农业品牌传播策略研究"演讲,推出"4D'S 品牌驱动力模型"

成各种驱动力(需求满足、互动沟通、个性表达、价值共生)之间的互动发展、整合发力,支持品牌快速、高效、顺畅地行驶在快车道上,则可与消费者形成价值共生关系,从而构建强大的品牌价值体系,创造品牌竞争奇迹。

（本文的模型框架部分于 2014 年在各种讲座中展示,并于 2014 年首发于浙江大学 CARD 中国农业品牌研究中心官网,后转发于浙江永续农业品牌研究院微信公众号"农业品牌研究院",全文于 2016 年发表于《现代广告》杂志第 2 期。）

在 2014 年 12 月发布的《中国农产品品牌发展研究报告》中,农业部市场信息司从中国农业现代化的高度理解农产品品牌化的意义。报告强调,品牌化是农业现代化的核心标志,要推进农业品牌化发展的制度设计,并根据笔者与团队有关"农产品区域公用品牌"的研究成果,高度重视"创立品牌发展的思想体系、理论体系""谋划农业品牌的顶层设计""奠定农产品区域公用品牌发展基础""创建我国农业公用品牌发展体系""探索建立农产品品牌目录制度""完善农业品牌培育保护和监管机制"。

基于以往的研究推动,更有中国农业主管部门高屋建瓴的方向界定,2015 年,中国农业品牌化进入新时代,在过去强调"农业产业化龙头企业"品牌打造的同时,更将打造农产品区域公用品牌作为重要的品牌化内容。

2015 年,笔者在以往研究成果基础上,进一步探索中国农业品牌化的趋势、方向、顶层设计等问题,并高度重视中国农业品牌化对"扶贫""脱贫"的价值分析研究、课题实验性探索。与此同时,形成了"2015 中国农业品牌化十大趋势预测""以品牌扶贫为核心,实现整合扶贫"的新理念、新课题探索;并针对中国农业、农人对品牌知识产权价值缺乏认识的普遍现象,针对中国茶叶区域公用品牌的顶级品牌"西湖龙井"的商标侵权案,与一线品牌运营协会代表展开对话,提出七个需要研究与解决的问题。

这一年,笔者与团队有关中国农业区域公用品牌、有关"品牌扶贫"的研究与实践探索,得到《半月谈》《人民日报》《农村工作通讯》等报刊的关注与肯定。

# 2015 中国农业品牌化十大预测

2015，新年新气象，中国农业的品牌化进程将呈现怎样的趋势？

一、农业品牌化进程全面进入深水区。相关政策体系、理论体系、制度体系将完善并得以应用。

二、农产品消费呈现品牌消费热潮。食品安全问题更加突出，并成为名副其实的"国问"；农产品的质量追溯体系进入全国性整合阶段；品牌成为消费承诺，更成为消费追求。

三、农业的发展与增长方式发生根本转变。追求多年的数量增长将被生态发展、质量提升、低耗高效所取代；农业品牌战略作为国家竞争战略受到前所未有的重视。

四、农业企业的品牌建设得到全面推进。在产业化、规模化、标准化、高科技参与等基础上，以符号生产、价值提升为主要目的的企业品牌化工程，将成为农业企业的年度重头戏。

五、区域公用品牌的竞争格局初现。各级政府及行业协会的品牌意识充分觉醒；以证明商标、集体商标为基础的区域公用品牌战略规划竞相制订并得以实施；区域之间的品牌竞争加剧，格局初现。

六、跨界人才促进农业品牌化进入快车道。工商业主、投资客、文创产业人士等纷纷跨界，成为新农人，将为中国农业的品牌化贡献创新价值。

七、各种农业品牌经营模式先后登场。以区域公用品牌与企业品牌互动的母子品牌结构为基础，品牌租赁、品牌并购、品牌控股、影子托权等品牌经营范式将全面进入农业领域，并大显身手。

八、数字品牌塑造成为新风尚。中国农业的品牌化与互联网化形成"双轮驱动"格局；全球消费市场促进数字品牌塑造的新风尚；已有的数字品牌将获得更大范围的消费忠诚，赢得更广泛用户的青睐。

九、农业品牌化服务将出现战略联盟机制。围绕农业品牌化系统工程所涉及的各种机构将互促互动、全面合作，形成新型战略联盟，提供系统化、一站式解决方案。

十、农业的丰富资源与独特文脉将奇货可居。物种资源、传统工艺、农耕文化等，经过挖掘、整理、提升、传播，将成为品牌创建中最稀缺的资源，形成品牌无形价值。

（本文于 2015 年 1 月首发于浙江大学 CARD 中国农业品牌研究中心官网"中国农业品牌研究网"，同时发于微信公众号"农业品牌研究院"，后被《营销界·农资与市场》杂志 2015 年第 3 期刊发。）

# 狮峰牌龙井商标侵权案 尘埃远未落定

浙江省茶叶集团诉杭州狮峰茶叶公司的狮峰牌商标侵权案,二审(终审)维持原判,似乎已尘埃落定。浙大 CARD 中国农业品牌研究中心主任胡晓云认为,该侵权案尘埃远未落定,该案例至少尚有七点需要思考的问题。

事件回顾:浙江省茶叶集团股份有限公司、杭州狮峰茶叶有限公司(以下分别简称浙江省茶叶集团、杭州狮峰茶叶公司)是杭州两大"茶叶巨头",前者拥有狮峰牌龙井商标,后者拥有狮牌龙井商标,均为浙江省驰名商标(见图 1、图 2)。2013 年,浙江省茶叶集团以自己持有狮峰牌商标为由,要求杭州狮峰茶叶公司停用"狮峰"两字,并赔偿其损失 25 万余元,但后者否认侵权,并当庭指责浙江省茶叶集团涉嫌虚假宣传。滨江区法院一审驳回了浙江省茶叶集团的全部诉讼请求,杭州市中院二审(终审)维持原判。

图 1 狮峰牌商标与狮牌商标

2015 年小寒日,杭城天气陡然降温。但关于狮峰牌龙井商标侵权案二审判决的结果,却让杭州的媒体及茶农们热血沸腾。

有媒体发出了标题为"龙井村狮峰山茶农们放心吧,自产自销的龙井茶,还能姓'狮峰'""'狮峰龙井'品牌之争尘埃落定千户茶农松口气""杭州茶叶巨头商标之争尘埃落定,法院支持原产地保护"等新闻。

图 2　浙江茶叶集团商标

阅读文字可见,媒体倾向不言自明,杭州狮峰茶叶公司大获全胜,浙江省茶叶集团以败诉告终。

至此,浙江省茶叶集团诉杭州狮峰茶叶公司的狮峰牌商标侵权案似乎已尘埃落定。

真的可以尘埃落定了吗?我认为,该侵权案尘埃远未落定。至少,我们应当再思考下列问题。

## 一、相关职能部门的商标注册审理规范问题

1983 年,明知民间已有约定俗成的"狮峰龙井",为什么,相关职能部门依然批准了"狮峰"牌商标注册?

商标注册的一个重要功能就是排他性,而本次浙江省茶叶集团败诉的一个重要法律根据是"法院认为,根据商标法实施条例第四十九条:注册商标中含有本商品的通用名称、图形、型号,或者直接表示商品的质量、主要原料、功

能、用途、重量、数量及其他特点,或者含有地名,注册商标专用权人无权禁止他人正当使用"。

法院还表示,"'狮峰'与龙井茶的联系有着悠久的历史和深厚文化底蕴,他人有权正当使用,用于描述其茶叶商品的产地、来源,不宜由某一企业独占,否则将排除和限制正当的市场竞争"。

## 二、商标权益的自我保护问题

在"狮峰"牌商标注册之后的数十年里,为什么浙江省茶叶集团至今没有在狮峰山(见图 3)上建立茶园基地?该企业与狮峰山的茶农之间是什么关系?是否购买与销售茶农的产品?为什么该企业一直没有提出对"狮峰龙井"字样的包装设计的侵权诉讼?这令我想起有的企业认定的"假冒的越多,品牌的知名度会越高"的品牌建设与管理的理念。

图 3　西湖龙井核心产区"狮峰山"

## 三、政策性指令与商标法的界限问题

西湖龙井茶历史上有"狮、龙、云、虎、梅"字号之分,但相关字号只是政策性归类,并没注册为商标,而"狮"后来又成了一个企业个体拥有的商标了。那么,"狮"牌狮峰龙井是否有将公共资源占为己有的嫌疑呢?

### 四、媒体的舆论导向与案件事实的关系问题

该商标侵权案的起因，是浙江省茶叶集团诉杭州狮峰茶叶公司在包装上使用"狮峰"二字，误导消费者。为什么在案件判决结论解释和媒体报道中，被告方换成了"千户茶农"？

事实上，浙江省茶叶集团的诉讼对象是杭州狮峰茶叶公司，而后者，是以购买并销售狮峰山茶农生产的茶叶为主要营业内容的企业。在各个媒体报道中出现的情绪性标题，是因为法院提供的说辞中偷换了概念，还是媒体为了新闻的阅读率和舆论导向而故意在偷换概念？

### 五、媒体从业者的相关知识素养问题

"狮峰龙井"只是一个产地概念，并没有注册任何形式的商标，也并未获得原产地保护标志，只是属于西湖龙井地理标志证明商标范畴内的主产区（见图4），但为什么在某些报道的表述中将"狮峰龙井"理解为品牌？而从产地概念与品牌论，西湖龙井是一个地理标志证明商标，"狮峰龙井""梅坞龙井"只是西湖龙井这一品牌下不同产区产出的龙井茶的约定称谓。但在媒体的表述中，三者却被并列表述，并发出"狮峰山产的龙井茶，却不能叫狮峰龙井"的疑问。

图4 产区基地

### 六、案件审理中的取证科学性问题

原告诉被告在包装设计上误导消费者,法院认为,杭州狮峰茶叶公司使用"狮峰牌龙井"或"狮峰西湖龙井"文字的行为(见图 5),用以表明其销售茶叶的产地及品种来源,并无不当。法院同时表示,在案件审理过程中,法院只征求专家、茶农茶商的意见。我的问题是,法院为什么没有征询消费者的意见?消费者是否受到误导?应该谁说了算?

图 5　狮峰牌龙井包装元素

### 七、案件结论的正面影响力问题

法院称,如果简单地以商标权应受到保护为由,而不允许当地茶农茶商使用或是限制使用"狮峰"的字样和图标等,势必会对龙井茶产业发展带来极为不利的影响。正如法院所表达的,的确,保护茶农权益是必须的。

但是,如果狮峰山的茶农们因为这次的胜利而依然没有知识产权保护意识,没有商标权益及其保护意识,继续使用"狮峰龙井"却没有认识到"狮峰龙井"只是一个产区概念……那么,案件结论事实上对提高茶农的现代市场理念、现代品牌经营理念并没有起到应有的作用。

或许,还会因为对"公共权益"、"原产地保护"、产区与商标的关系、证明商标与企业商标的母子品牌结构关系等方面的模糊不清,导致不利影响。

（本文于 2015 年首发于浙江大学 CARD 中国农业品牌研究中心官网"中国农业品牌研究网",同时发于微信公众号"农业品牌研究院"。）

# 深度解析"西湖龙井"地理标志证明商标的维权行动(一)

近年来,一场维护"西湖龙井"地理标志证明商标专用权的打假风暴席卷全国。然而,这场维权行动受到了层层阻碍。2014 年被打假后,广东茶商甚至集体放话"不敢再卖'西湖龙井'了"。

西湖龙井当前面临的侵权现状如何,为何在现阶段进行维权?外部如何打假,对内如何强化品牌保护?外界对西湖龙井打假方式和程序的质疑,如何解答?微信群邀请了杭州西湖区龙井茶产业协会会长商建农与浙大 CARD 中国农业品牌研究中心主任胡晓云,深度解析"西湖龙井"地理标志证明商标的维权行动。

**胡晓云:**今天的分享我觉得实际上是在分享一个关键词:品牌保护。品牌保护在其他的国家是非常重视的,比如说 Interbrand——全球最大的综合性品牌咨询公司,他的品牌价值评估当中,品牌保护是非常重要的评估数据,它在品牌的强度倍数中,占有百分之五的分量。从另外的角度来看这个问题,就是国际国内假冒都盛行。所以,就出现了黑色经济的说法,或者说是劣币驱逐良币的现象。

今天跟西湖龙井的商会长对话的起因有两个。一个是 2015 年 3 月 18 日,我去参加了四川蒲江茶文化高峰论坛。其中的对话环节,有一个广东茶商协会的成员,上来就声讨西湖龙井的维权行为,说是钓鱼维权。当时在场的专家异口同声地说维权行为肯定是对的,但是我的心里很吃惊,为什么这个维权行动会产生这样的结果?

第二个起因是浙大 CARD 中国农业品牌研究中心从 2010 年开始进行茶叶区域公用品牌价值评估。在今年的评估调研中发现了一个问题:西湖龙井的好感度在下滑。下滑的一个最重要的原因,就是维权打假引发的争议,使得西湖龙井一些负面的信息比较多,所以西湖龙井茶六年来首次与第一名失之交臂。

2014 年,西湖龙井的品牌价值是 56.53 亿元,安溪铁观音的是 56.16 亿元,西湖龙井的品牌价值比安溪铁观音高了 3700 万元。但是今年,安溪铁观音的品牌价值是 58.27 亿元,西湖龙井是 58.20 亿元,也就是说西湖龙井的价值比安溪铁观音低了 700 万元。

说实话,对这些好感度产生的原因进行分析之后,我们为西湖龙井感到委屈。为什么?因为是维权行为引发的一些负面的因素,导致了整体的负面因素的出现。这更引发了我们对中国品牌建设的思考:从无序竞争到有序竞争到依法维权,我认为这是非常重要的进步,但是为什么会出现负面的反应?今天的分享会,我想商会长会给大家带来很多的第一手资料、第一手信息,包括他所经历的困惑,他的痛苦,还有维权的下一步行动。

**问题一:西湖龙井是从哪一年开始打假的,为什么要打假?**

**尚建农:**西湖龙井茶从 2001 年开始实施《西湖龙井茶统一产地标识管理》,推广茶农用和销售用两种产地防伪标识。

茶农用防伪标识是根据承包茶园面积核定茶叶产量,每张标识标重 250 克,内含有茶农的信息,茶农姓名、所属村等。茶农直接销售时(称西湖龙井毛茶),在包装上加贴茶农标识,可以在全国任何地方拨打电话或上网就可以查询真伪。各茶叶企业根据收购茶叶时收取的茶农标识,毛茶加工成商品茶,凭茶农标识到技术监督局换成等量的企业销售标识(根据包装大小有 20 克、50 克、100 克、150 克、200 克和 250 克等不同重量的标识),加贴在销售的西湖龙井茶产品包装上,凭销售标识可溯源到生产企业。防伪标识如同西湖龙井茶的身份证。

杭州市西湖区龙井茶产业协会从 2013 年开始维权。在 2011 年 6 月 28 日之前,"西湖龙井"遍地都是,谁都可以叫自己的茶叶是西湖龙井,"西湖龙井"在流通领域被人侵权也不受法律保护,没有法律意义上的手段可以保护"西湖龙井"。杭州市人大 2001 年颁布的"杭州市西湖龙井茶基地保护条例"中的茶农产地防伪标识是我们自我保护、在市场上正名的唯一手段。

西湖龙井商标品牌正名之路实在曲折。2011 年 6 月 28 日"西湖龙井"地理标志证明商标注册成功,2012 年 4 月 27 日,"西湖龙井"商标被认定为"中国驰名商标",我们才有了维权的手段。注册商标后,考虑到宣传管理有个过程,我们特别提出两年过渡期,2013年前让市场上的通用包装自然消化,同时通过媒体加强宣传,让茶农、茶商和消费者知道"西湖龙井"是注册商标,不能随便使用了。

两年多来,我会先后对全国各地的流通市场中出现的假冒"西湖龙井"商标行为开展了维权工作,已发函、和解、起诉、调解、判决的侵权商户达几百家,全部案件都得到了法律的支持,收到了很好的维权和社会效果。特别是新《商标法》将商标侵权的法定赔偿额上限提高到了300万元,各地法院均参考此新规定,结合我会商标的知名度、被告的侵权情节等因素,支持了较高的赔偿额。

### 问题二:西湖龙井的维权,打假方法

强化内部管理。我会在"西湖龙井"商标注册后,出台了《西湖龙井证明商标使用申请办法》、《统一西湖龙井标识包装》和《协会会员守则》三个相关管理办法,建立了西湖龙井茶管理的专业网站,98家企业(合作社)提出了商标使用的申请并通过了协会的许可,组织开展了商标使用管理的进村入户宣传。完成了商标统一标识、统一包装试点等的实施工作,启动西湖龙井产区的电子管理系统和管理网络建设。

我们完善了产地防伪查询系统,启动勘测制作1:500的地理标识系统,建立"西湖龙井"地理标志证明商标电子管理系统,开发专用的软件和IC卡。一家一户通过当地茶叶专业合作社或村经济合作社,通过用IC卡定量定点换购包装和标识,进行网络联网管理。每年配合市场监管部门通过产品抽查、加工厂检查等形式保证产品质量,使用约谈、停证(许可证)的形式加强内部管理,确保被许可单位茶叶的质量达到标准要求。

努力做好外部维权。一是配合工商做好打假工作。各地工商在检查或处理消费者投诉案件时,需要我会鉴定。二是积极做好主动维权。2013年我会委托律师事务所开展"西湖龙井"证明商标的维权工作。

### 问题三:打假方法和内容

受托的律师事务开展维权的基本流程是,安排调查人员先进行市场调查,对发现有涉嫌销售假冒"西湖龙井"商标的商家制作详细名单,由律师事务所律师对其从各个方面(工商登记、侵权物品资料、涉案商户是否为协会会员等)进行核查,然后报我会审核同意,再申请公证处排期,依法对购买西湖龙井茶

叶的行为予以证据保全公证。

公证处在公证完毕后，将购买的物品予以封存并出具公证文书。律师事务所根据公证文书，向涉嫌售假的经营者发送律师函，告知其侵权事实，并在其确认相关事实的基础上，就此行为与我会受托律师进行协商处理，协商结果报我会，对于协商不成而又无证据证明其为合法使用的商户，我会以"一案一委"的方式委托律师向法院起诉，由法院依法裁决。

因此，我们取证是在公证处的全程跟踪、监督下完成的，与其他知识产权的取证方法一样，不存在"钓鱼式打假""引诱卖假"，处罚款是当地法院判决的。

### 问题四：目前维权的最大困难

目前维权的最大困难是当地的一些力量干涉司法公正。如广东省茶叶行业协会、广东省茶文化促进会和当地某些媒体等，一直以来给我们正常的维权说三道四，他们说的一些事拿不出事实证据。某些人为达到不被处罚的目的，聚集茶商到公证处、律师事务所闹事，广东两会（协会、促进会）还给我会发了《关于妥善解决西湖龙井粤地"打假"事件的函》，但这个函寄给国家工商行政管理总局、国际茶文化研究会、杭州市政府、杭州市西湖区政府和西湖区农业局等我会的上级政府主管部门，而不寄给我会。

广东省维权相关工作得到了人民法院和广大消费者的一致支持，很多侵权者都能认识到自己的错误，与我会达成谅解。但也有部分侵权者为了获取非法利益，采取了各种抵制维权的手段，相信其中有些涉案者在当地业界有相当的影响力，这在近期案件办理过程中时有体现。

他们首先通过媒体向依法保护商标的行为发难，典型的是《赢周刊·中国茶商》所发《西湖龙井维权案掀波澜》一文，偏离相关事实，提出"钓鱼式"维权之说，意图误导公众和司法机关。未能奏效后，他们利用行业协会的不当函件在各级司法机关进行展示作为证据，以期影响司法公正，达到釜底抽薪的效果。尽管其未能改变法律的公正判决，但也导致了不良的社会影响。

广东两会在未经核实调查又不直接与我会沟通的情况下，将违反事实和法律的内容致函各级部门，其发函的目的、行为方式和真实动机都值得商榷。无论从讲政治、讲事实还是讲法律的角度，都是极为不当的。

**问题五：如今的维权状况**

维权之路,我们会一直坚持下去。今年,我们将扩大维权范围,除西北、西南外,在各地均展开,方法不变,跟公安、工商一起打假。目前,在包装印制、销售企业做维权。广东也在加大力度,有几个二审,均是我们赢的,目前法院在强制执行。

**胡晓云**:维权行动的动机跟立场,肯定是对的,是为了维护品牌,维护消费者利益。但西湖龙井的这个维权行动使自己受到了伤害,某种程度上来说,有点遍体鳞伤。因为在外,遭到了广东茶商的群起而攻之,北京某些权威茶商也很愤怒,维护行为得罪了渠道商当中某些具有话语权的人。

这引发了我们对中国品牌建设的思考:从无序竞争到有序竞争到依法维权,我认为这是非常重要的进步,但是为什么会出现负面的反应?这是非常值得分析,非常值得思考,需要我们进一步去了解的一个问题。

(本文于 2015 年 2 月首发于浙江大学 CARD 中国农业品牌研究中心官网"中国农业品牌研究网",同时发于微信公众号"农业品牌研究院"。)

# 深度解析"西湖龙井"证明商标
# 的维权行动（二）

　　日前，农业品牌微信群邀请了杭州西湖区龙井茶产业协会会长商建农与浙大 CARD 中国农业品牌研究中心主任胡晓云，深度解析"西湖龙井"地理标志证明商标的维权行动。

　　在昨天的公众号文章中，商会长着重讲述了"西湖龙井"地理标志证明商标维权的艰难之路。如何去保护"西湖龙井"地理标志证明商标的维权行动？保护的关键是什么？今天，我们一起来看胡晓云与微信群其他群友们的精彩观点。

　　传播，让消费者知道，你在为他们的权益做努力！

　　**朱海洋**（《农民日报》浙江站记者）：商会长，面临这些中伤，以及这种群起而攻之的时候，有没有借用浙江媒体和浙江大学 CARD 中心去回应？

　　**商建农**（杭州西湖区龙井茶产业协会会长）：还没有借用浙江媒体。

　　**魏春丽**（浙江大学 CARD 中国农业品牌研究中心）：据我调查，网络上媒体对西湖龙井的报道中，广东媒体一直在挖"西湖龙井"的负面消息，那个阶段没有看到为"西湖龙井"说话的。

　　**胡立刚**（《农民日报》记者）：西湖龙井打假是否考虑从内部打起？

　　**商建农**：内部是管理，每年配合市场监管部门通过产品抽查、加工厂检查等形式保证产品质量，使用约谈、停证（许可证）的形式加强内部管理，确保被许可单位茶叶的质量达到标准要求。

　　**魏春丽**：内部整顿的消息没人关注与报道。

　　**朱海洋**：政府呢？我觉得政府应该承担起这个职能，为产业保驾护航。

　　**胡晓云**：在西湖龙井的问题上，我觉得政府应该规避，还西湖龙井一个纯粹市场的地位。现在还有一个问题，杭州市农委又成立了一个龙井茶管理协会,龙井茶管理协会跟杭州西湖区龙井茶产业协会如何共处,这才是一个大问题。管理协会的职责是什么？管理协会和产业协会的关系是什么？产业协会原来作为商标的所有者和使用者,他的权益和管理协会之间的关系如何处理？

**商建农**:两个协会差不多,功能基本一样。

**刘强**(蓝源家族财富管理):现在已经形成了龙井茶品牌的乱象,从根本上治理需要时间和企业、政府的合力。

**朱海洋**:我倒觉得,此事一分为二。并非说让政府出来说话,而是政府应当做好基础性工作,认清什么是不能缺位的,什么是不能越位的,什么是可以和市场一起形成合力的。

**胡晓云**:品牌保护实际上非常关键的是不仅仅保护品牌自身的利益,更是保护消费者的利益,是非常大义凛然的事情。但是,西湖龙井茶在维权过程当中,保护品牌跟茶农的利益,但没有获得消费者的认同,因为消费者不知道你们在为他们的权益做努力。其实,品牌保护的最重要的目的,就是形成与消费者之间的持续性之间关系,这种终极的关系才是品牌的核心价值。消费者的好感度,才是品牌价值与利益所在。

**蒋文龙**(《农民日报》记者):许多协会不愿打假,还希望别人来假冒,认为假冒越多,自己品牌的知名度和影响力越大,对此商会长怎么看？胡老师又怎么看？

**商建农**:品牌的起步阶段希望别人假冒。

**胡晓云**:2011年的时候,我和原来的杭州市副市长何关新先生有过一场对话。我曾经问他,为什么西湖龙井不打假？当时何市长跟我说,没有必要打假,来假冒西湖龙井的人越多,越说明西湖龙井是名茶。

另一个是阳澄湖大闸蟹德杨会长,他也曾说,自己肯定要做好防伪标记,但是同时有更多的假冒对阳澄湖大闸蟹来讲未免是坏事。

**魏春丽**:理解了,发展到西湖龙井这样已经完全不需要靠量来维护知名度的阶段,假冒产品必须打,否则损害的最终是正宗西湖龙井。

**胡晓云**:所以,在某一个阶段当中有很多的品牌主都有相对的共识:假冒并不一定是坏事,假冒能让品牌的知名度越传越远。但是这里面存在着严重的误区。其一,知名度是非常重要的品牌价值的标志,但并不代表知名度能持续维护消费者跟社会之间的关系;其二,真正地能持续性维持一个品牌(产品)跟消费者之间关系的,是另外一个指标,即"好感度"。"好感度"才能让消费者在消费态度上发生根本性改变,从其他品牌转移到你的品牌当中来,进而持续不断消费,这样才能给品牌带来它的品牌价值和品牌利益。

所以,从这个意义上来讲,某些品牌主用假冒伪劣的产品来缔造知名度,这是非常危险的一种做法,因为它会直接损伤到消费者对一个品牌的好感度。

所以打假维权肯定是对的,通过打假,如果能够和消费者产生进一步的关系,对我们维权的动机、维权的态度、维权的目标、维权的方法,甚至维权能够给消费者带来什么,这些问题都讲清楚的话,获得消费者的支持和认同,其实反过来会制约这些茶商。

所以我认为,西湖龙井接下去要做的,就是将维权的经历、维权的困惑和维权为消费者带来的益处传播出去。在后续的打假维权行动中,依靠传播来进一步扩大维权的影响力,获得消费者的支持,社会舆论的支持,正面的支持,从困境当中走出来,好感度肯定会得到逆转。通过打假维权,重建消费者信心。

**茶叔**(茶研观社):我是西湖龙井茶农,我想问一个问题。杭州很多茶企也在售假。这也是公开的秘密。比如很多品牌茶企业在网络的销量一年可以达到 10 万斤以上(茶叔在淘宝做的统计)。西湖龙井的产量才多少? 西湖龙井最大的市场痛点,就是假货泛滥,消费者根本不敢买。

**商建农**:500 多吨,今年在网络也打假了,去年网上打了几个,把平台一起起诉了,现在淘宝主动与我们联系了。

**胡晓云**:消费者不信任,这是最恐怖的。通过打假维权,重建消费者信心,重建消费者心目中的西湖龙井茶品牌家园,这是关键。

**刘强**(蓝源家族财富管理):比较难界定真假龙井茶。

**魏春丽**:没有防伪标志就是假的呗。

**商建农**:消费者只能按防伪标识区别。

**胡晓云**:从商标法的角度来看,西湖龙井的维权行为是非常正确的,是依法维权。现在的问题是什么呢? 就是社会上,特别是一些经销商,他们一没有商标法的意识;二是利益驱动,所以导致他们对依法维权行为产生了种种质疑。

这并不是说西湖龙井做错了,而正好说明西湖龙井做对了。他们在进行依法维权,他们在保护自己的品牌,他们在保护消费者的权益啊。所以,关键是传播,让消费者都知道你们在维权,而且内部的管理应当更加严苛,外部的维权行动应当更加坚持、强势。这样的话,不久的将来,西湖龙井一定能够回到原来的地位。

(本文 2015 年 2 月首发于浙江大学 CARD 中国农业品牌研究中心官网"中国农业品牌研究网",同时发于微信公众号"农业品牌研究院"。)

# 以品牌扶贫为核心，实现整合扶贫

10月16日，减贫与发展高层论坛在人民大会堂拉开帷幕。论坛上，习近平主席发表了主旨讲话，明确提出了着力加快全球扶贫进程、着力加强减贫发展工作、着力实现多元自主可持续发展，着力改善国际发展环境四项倡议。[①]

解决贫困应从根源着手。"授人以鱼，不如授人以渔。"以往扶贫项目，一般都是为贫困区域提供项目、物资、人才，只能解决一时的问题。如何让贫困地区产生持续不断的发展动力？

2015年7月，在浙江大学召开的云南景东县扶贫工作会议中，笔者胡晓云提出了从资金扶贫、知识扶贫、科技扶贫到以品牌扶贫为核心，实现整合扶贫的主张。

2015年，中央一号文件提出，继续深入加快农业现代化建设，将农产品品牌建设提到国家战略的高度。品牌化已成为中国农业现代化发展的新方向、新常态。"品牌扶贫"能够引导贫困地区的农业向品牌化方向发展，引导当地以品牌化应对如今的社会发展、区域竞争，满足社会需求，使当地以品牌方式挖掘农业资源，对接市场，提升农产品价值，促进经济增长。

近几年，浙江大学CARD中国农业品牌研究中心（以下简称"中心"）为部分地区进行"品牌扶贫"，积累了一些宝贵经验。"品牌扶贫"方式主要有以下几种。

## 一、品牌培训

景东是云南6个单一彝族自治县之一，境内山峦重叠，山区面积占95.5%，坝区只占4.5%，交通设施落后，没有机场、没有高速，也不通铁路。

---

① 新华社北京2015年10月16日电：携手消除贫困，促进共同发展——在2015减贫与发展高层论坛的主者演讲，习近平。

交通不便，这严重制约着当地的经济发展。2014年，全县生产总值只有54亿元，财政收入只有4亿元，但地方财政支出却需要23亿多元，农民人均收入也低得惊人。

但景东的生态环境得天独厚，孕育出优质的核桃，景东县是"漾濞核桃"的正宗产地。如何让景东核桃从群雄纷争中脱颖而出？突破口在哪里？抓手如何设计？

浙江大学中国农村发展研究院院长黄祖辉与中国农业品牌研究中心主任胡晓云赴云南景东考察，对景东核桃进行品牌"会诊"，开展调研指导、举办学术讲座，与县领导、企业家、农民进行座谈交流，就景东有机农业发展、品牌建设等建言献策，提升景东人民的品牌意识，带去最新的品牌发展理念和思路。

### 二、品牌规划

横山县地处陕西省北部，也是历史悠久的边塞重镇和革命老区。截至2014年，横山县仍然有5.2万贫困人口，占全县人口的14%。"横山羊肉"等独特的农牧业资源成为当地贫困群众脱贫的主要途径。

2015年，中国农业品牌研究中心协同华能集团共同为横山县进行"品牌扶贫"，探索"品牌扶贫"模式。中心从横山县农业产业的发展现状出发，确立以横山羊肉为品牌建设先锋，带动全县其余农业产业的发展，助力横山农户增收致富，推动横山农业转型升级，促进横山经济蓬勃发展。

位于贵州西部的威宁彝族回族苗族自治县是农业县，同时也是贵州省人口最多的国家级贫困县，属毕节市管辖。其洋芋种植历史悠久，发展潜力巨大，至今已有300多年的历史。目前，威宁常年种植洋芋面积在165万亩左右，年总产量在270万吨以上。2014年全县农民人均纯收入6206元，其中人均洋芋收入1200余元。

2014年，中心为毕节市打造了"乌蒙山宝·毕节珍好"农产品区域公用品牌（见图1）。之后，威宁县政府委托中心以"乌蒙山宝·毕节珍好"为母品牌，打造"威宁洋芋"区域公用子品牌（见图1），以"区域品牌＋企业品牌"的双品牌运作模式，推动"威宁洋芋"品牌的市场影响力，带动全县农业品牌发展，提升威宁洋芋的品牌溢价。

中心为各地区量身定制的区域公用品牌规划为各地农产品品牌发展指明了方向，成为农产品品牌发展的行动指南。

2015年，为扎实推进农产品品牌建设，为各地区域公用品牌与企业品牌

图 1　农产品区域公用品牌的标志

提供具体帮助和支持，中心和中国农业新闻网联合推出"农业品牌起飞行动"（见图2），通过与电商、资本、传媒、规划、咨询等机构的对接，为各地有困难、有需求的农产品企业创造有利条件，将在三年内助推 100 个农业品牌成长起飞，为"品牌扶贫"探索新模式。

图 2　2015 中国农业·产业英雄会

［本文于 2015 年首发于浙江大学 CARD 中国农业品牌研究中心官网"中国农业品牌研究网"，同时发于微信公众号"农业品牌研究院"，后被"时代头条"（http://toutiao.stutimes.com）、腾讯新闻等转载。］

# 农业品牌化：从"产业英雄"到"品牌英雄"

记者近期在采访中了解到，较早涉足农业规模化、产业化经营的浙江农民开始面临新课题：如何在众多农产品中体现自己的优质、安全和绿色？新型农业经营主体开始思考如何从"产业英雄"转身为"品牌英雄"。

但现实是，目前我国农业品牌化发展缓慢，甚至成为现代农业发展的"短板"。浙江大学中国农村发展研究院中国农业品牌研究中心（以下简称农业品牌研究中心）发布的报告显示，50 家农业龙头企业的品牌知晓度不足 10%。如何通过品牌区分、辨识进而引领发展，已成为初具产业化、规模化雏形的中国农业所面临的突出任务。

## 一、产品有口碑，农业缺品牌

在浙江宁波慈溪市观海卫镇靠海的一块盐碱地上，海归叶凯峰的"富叶农场"的两个圆形大棚格外显眼。进入大棚，一根根竖立的"柱子"上长满了青菜，地上只有一些管子，这引起参观者极大的好奇。叶凯峰说："现在搞农业，思路上要有创新，管理上要精细化。我们立体栽培的温度、湿度、营养液输送等，全是电脑控制，两个大棚，一个人看着就够了。"大棚里一年能轮种六次，再加上菜种在"空中"，占地一亩的大棚产量相当于六七亩地的产量。

几乎所有尝过立体栽培蔬菜的人都认为，这些菜比一般的菜更新鲜、更好吃，但叶凯峰仍然面临"赚吆喝不赚钱"的困境——立体种植青菜成本高，在销售上却难以与其他青菜区分，卖价上不去。叶凯峰说："产品有很好的口碑，打个品牌却是难上加难。"这既有农产品打造品牌本身的困难，也有整个行业认识不到位的原因。

农业品牌研究中心是目前国内高校唯一一家专门的农业品牌研究机构。该中心主任胡晓云告诉记者，从 2012 年到 2014 年间，中心在对 1200 多家农业龙头企业的研究中发现，这些企业在行业中影响力很大，但在消费市场知名度却很低，尤其是在"80后""90后"中，对其完全陌生的占比非常高。

胡晓云说："这就是农业产业品牌的现状。"中国农业分散经营的体制，加上对品牌的重要性认识不足、创建品牌能力有限，导致农业品牌化严重滞后。一些产业化、规模化程度较高的生产主体，尽管有塑造品牌的愿望，但往往缺少相关的知识和能力。

值得注意的是，在区域公用品牌和地理标志的广泛传播、大众认同度高的情况下，不少农业主体宁愿躺在光环之下"睡大觉"，也不愿自己打造品牌。一个典型的例子是"西湖龙井"，尽管有个别企业也在塑造品牌，但绝大多数相关主体都是在这个区域公用品牌之下生产、营销。随着假冒伪劣产品出现，"西湖龙井"的金字招牌被过度消耗和透支，公用品牌的价值相应降低，而企业品牌又没能建立起来。

胡晓云说："品牌化的本质是差异化，通过品牌引领，可以帮助企业在竞争中脱颖而出。"很多农业经营主体还没有走到这一步，或者说对如何实现农业品牌化知之甚少，无所适从。

## 二、电商带来的机遇和挑战

农产品电商的快速发展，给农业品牌化带来全新的机遇。农业品牌培育的难点在于缺乏便捷渠道和广泛传播，电子商务让这些都成为可能。阿里研究院高级研究员张瑞东表示，电商是新的营销工具和方法，与消费者容易形成良好的沟通。淘宝近年来涌现出不少年轻人喜爱的农业品牌，如三只松鼠、切糕王子等。这些电商品牌符合"80后""90后"的文化喜好。可以说，电商给传统农业企业带来了巨大机遇。

胡晓云认为，电子商务为农业品牌提供了腾飞的可能。在互联网环境下，农业品牌要真正落地，就一定要和电商深度结合。正因为这样，新型农业经营主体也面临品牌化方面的挑战：如果不能在电商平台打出品牌，那就很可能够不着农业产业化的"皇冠"，而只能成为品牌农业的初级生产者和提供商。

究竟是农产品电商带动品牌成长，还是农业品牌推动电商跃升，这是个"鸡生蛋蛋生鸡"的循环。张瑞东认为，农业企业的电商化需要品牌的支持，倘若没有品牌化引领，势必会陷入低价竞争的泥潭，其实核心的问题就是：优质、健康的农产品如何借助电商和品牌的力量让更多消费者可以便捷、放心地获得。

随着农产品电商的快速发展，"触网"的经营主体正以丰富的实践诠释农业电商化和品牌化之间的促进、融合关系。3 个月时间，257 万元的网上销售额，让"五原巴美"总经理赵帅看到了农产品网络市场的巨大潜力，以及培育农业品牌的可能性与巨大潜力，他决心加快品牌经营人才、技术的培养和开发。

### 三、打造"品牌英雄"

农业品牌正受到前所未有的关注。如何以品牌链接新型农业经营主体和对优质、安全农产品有需求的普通消费者，是各界关注的焦点。如何整合农业主管部门、研究机构、公益组织和农业经营主体等多方力量，推动农业品牌快速发展，是现代农业发展的当务之急。

与以往小规模经营为主的农户相比，近年来，种养大户、家庭农场、农民专业合作社等新型农业经营主体蓬勃兴起，为品牌农业的发展奠定了良好基础。他们有品牌和市场意识，示范带动能力强，也有条件按照打造品牌的要求实现规模化经营、专业化生产、标准化控制。当然，打造品牌是个系统工程，非一朝一夕之功，需要政府、社会、企业等多方面的努力。

这方面是有成功案例的。浙江春然农业科技有限公司就是通过创建"九号牧场"品牌进行市场营销，获得了良好的回报。经过 3 年的经营，猪肉售价从每斤 17 元涨到了每斤 35 元。"九号牧场"董事长赵春根认为，正是契合市场的农业品牌助推了企业快速发展，以安全、优质产品塑造、维护企业品牌，进而向产业链高端跃升。其中，品牌是双翼，电商是航道，金融则是引擎。

研究机构、公益组织举办的农业品牌培育活动也成为不少企业的启蒙课。浙大农业品牌研究中心近期举办了"2015 中国农业产业英雄会"，100 个来自农业各领域的"产业英雄"分享各自的农业品牌经营经验，一起研讨如何实现向"品牌英雄"转型，吹响了农业经营主体品牌培育的号角。

浙江益龙芳茶业有限公司董事长余华军说，以往做品牌，更多的是关注地域性品牌，忽略了企业自身品牌的塑造。他计划牵手研究机构的品牌运营专家，通过专业化打造，实现从"产业英雄"向"品牌英雄"的蝶变。

专家表示，我国农业已在规模化、市场化、标准化等方面取得长足进步，新一轮以"品牌化"为主导的农业发展浪潮方兴未艾。

（本文为《半月谈》记者王政于 2015 年 8 月 5 日对笔者的采访报道。话题从浙江大学 CARD 中国农业品牌研究中心主办的"产业英雄会"进入。《半月谈》是中共中央宣传部委托新华社主办的党刊。该文后由新华网等转载。）

# 浙大传媒学院胡晓云　情系农业品牌研究
# （当代英杰）

图1　胡晓云努力引导研究生走向与农业品牌研究、实践相关的领域。图为2015年教师节，胡晓云（左五）与研究生们合影

十年前的农业品牌研究领域，可用"蛮荒"一词来形容。但正是在一片蛮荒之中，胡晓云勇取地担当起"拓荒者"角色。十年来，她率领团队，不仅出版了《中国农产品的品牌化——中国体征与中国方略》《品牌价值评估研究》《中国农产品区域公用品牌发展报告》等200余万字的成果，还组织策划了首届中国农产品品牌大会、中国农产品包装设计大赛等十多场大型专业活动，联合创办了国内首家农业题材的品牌博物馆——中国茶叶品牌馆；与此同时，还为40余个"农字号"品牌完成了战略规划。

## 关注农业品牌建设

胡晓云是浙江大学教师，1994年开始研究广告，著述颇丰，仅国家级教材就出版了3部，曾获得"中国十大广告学人""中国杰出广告人"等诸多荣誉。但这时，意想不到的经历改变了她的研究方向。

原来，胡晓云曾应邀前往日本东京访学，后又赴港、澳合作科研，攻读博士学位。在国际化都市里，胡晓云看到，中国大陆出口的农产品尽管品质不错，价格却远远低于别国产品。另一方面，当时国内广告公司眼睛只盯着城市、工业，即使关注农村，其目的也不过是为了解决工业产品下乡，而非农产品上行。

作为一个长期研究广告传播和品牌战略的学者，2006 年，胡晓云在《中国广告公司的蓝海：关注三农，关注民生》的论文中严肃发问：中国广告为什么缺席需求日益旺盛的农业品牌建设？

胡晓云之问，在业内激起反响。但是，农业企业尽管数量众多，但大多十分弱小，根本没有能力创建品牌。进入农业品牌领域，能保证广告公司吃饱饭吗？

胡晓云认为，中国农业品牌化是大势所趋，这是由农业高度竞争和消费多元化所决定的。面对这一千载难逢的机会，谁能够提前做出预判，谁就能赢得市场的主动。

**探索农业品牌化之路**

要推动中国农业品牌化进程，必须有组织、有方法，还要搭建平台，策划活动，传播理念。胡晓云在浙江大学组建成立了中国农业品牌研究中心，又于2008 年 11 月，与农业部信息中心合作在北京举办了首届中国农产品区域公用品牌高峰论坛。

胡晓云认为，我国正式推行农业产业化是 1995 年。因此，尽管龙头企业和专业合作社等经营主体发展迅速，数量动辄以百万计，但这些主体十分弱小，尚处在"襁褓期"。品牌化要依靠量大面广的农业主体推动，显然困难重重。因此，中国农业品牌化不能照搬工业品牌的做法，也不能照搬欧美等大农场主的做法，而必须立足中国农业的现状特色，发挥政府职能部门、行业协会的作用，从产地特色、地理标志产品、原产地产品入手，创建区域公用品牌，与企业形成"母子品牌"结合、双方互促互动的母子品牌发展模式。母品牌为子品牌做品牌背书，为子品牌进入市场创造条件，子品牌解决企业品牌的个性化、产品法律责任等问题。

作为学者，必须用研究成果说话。胡晓云决定从农产品区域公用品牌的品牌价值研究与评估入手。最后，根据农业行业特点，她研制出由数百项指标构成的中国农产品品牌价值评估理论模型。并依据这一模型，对我国较具影响力的 500 余个区域公用品牌进行了价值评估。

作为重头戏，价值评估榜在首届中国农产品区域公用品牌高峰论坛发布，引起了业界关注，也让区域公用品牌先行、母子品牌协同发展的中国特色农业品牌战略深入人心，得到广泛传播。

从这年开始，胡晓云和她的团队每年坚持品牌价值评估与发布，并且在品牌价值的波动中，分析问题，提出品牌提升的解决方案。这一评估自始至终坚持公益导向，不向对方收取分文费用。

包装是品牌内涵的外在表现，是品牌价值提升的重要依托。但长期以来，中国农产品的包装设计专业化程度低。为了解决这一问题，胡晓云联合农业部优质农产品开发服务中心举办了中国农产品包装设计大赛。至今，大赛已经持续进行了三届。

**创立"农产品品牌联盟"**

农业品牌化不仅需要在理论上探明道路和方向，也需要在实践层面进行落地操作。胡晓云和她的团队摸索出一套农业区域公用品牌的战略规划方法，并根据品牌的不同生命周期分别实施。但规划只是品牌创建的顶层设计。农业品牌建设，贯穿着标准化生产、市场化营销的整个过程，其中如品质追溯、网络传播、活动推广、渠道选择、金融化运作、电子运营等，缺一不可。

一个现实的困难是，这些专业的运行机构都集中在一线城市，而农业品牌大多地处三、四线城市，因为信息不对称，双方无法进行有效对接。

在胡晓云的倡导下，中国农产品品牌建设联盟在杭州宣告成立。联盟整合了从品质管控到电商落地的一系列优质资源，为各地品牌创建提供一站式服务，推动中国农业品牌化真正落地。

十多年过去，如今，胡晓云以事实证明，投身农业品牌化，不仅有价值、有意义，而且具有广阔的市场空间。在她看来，通过农业品牌的输出，还能将中国文化有效地输送到世界各地。因此，未来还要以更加开放的胸怀，推动中国农业品牌国际化。

［本文首发于《人民日报（海外版）》2015 年 11 月 13 日第 10 版，属《人民日报》（海外版）"当代英杰"版的人物报道，后发于浙江大学 CARD 中国农业品牌研究中心官网"中国农业品牌研究网"，同时发于微信公众号"农业品牌研究院"，由腾讯新闻等转载。］

# 胡晓云，品牌农业拓荒者

2015 年 11 月 13 日，《人民日报》（海外版）"当代英杰"专题，记录了浙江大学 CARD 中国农业品牌研究中心主任胡晓云 13 年来对于农业品牌领域的探索。11 月 24 日，农业部主管、《中国农村》杂志社主办的国家经济期刊《农村工作通讯》刊登"胡晓云，品牌农业拓荒者"一文，将胡晓云十几载的农业品牌拓荒道路娓娓道来。

以下内容来源于《农村工作通讯》杂志社：

> 她有许多条路可以走，但却选择了最难走的一条，因为那是更需要她的路。
>
> ——摘自"2007 年中国广告年度人物颁奖词"

图 1　胡晓云，摄于 2015 年 9 月"庆安大米"调研期间

**一、农业还要做品牌?**

大多数人听到"农业品牌"的第一反应是怀疑。因为他们见到的水果、大米、青菜、猪肉等农产品基本上籍籍无名。

这时,胡晓云总会站在专业的高度不厌其烦地解释:品牌化是市场化经营的必然结果,尤其是农产品供过于求、竞争日趋激烈之时,以差异化营销为本质特点的品牌战略将得以快速推进。

诚如胡晓云预计,在她的专著《中国农产品的品牌化——中国体征与中国方略》(见图2)出版将近十年之际,中国农业的品牌化已如钱江潮涌,一浪高过一浪,不可阻挡。

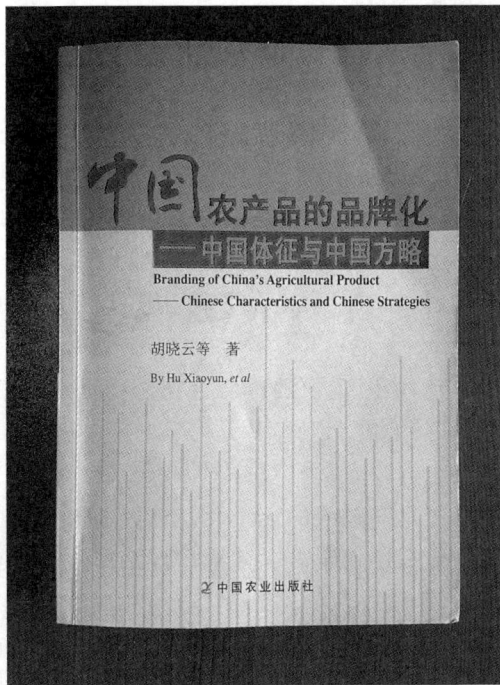

图 2　胡晓云等著《中国农产品的品牌化——中国体征与中国方略》,2007 年出版

而胡晓云的脚步也变得格外忙碌起来。单单 2015 年的 3 月至 10 月,胡晓云足迹所至,就有山东、陕西、云南、贵州等 10 多个省份,行程不下 2 万公里。几乎每个周末,她都有出差外省的安排。

如今，胡晓云创建的浙江大学 CARD 中国农业品牌研究中心（后文简称"中心"）本身已经成为影响巨大的品牌，吸引着社会的高度关注；而胡晓云，则因为在理论和实践上的拓荒，被誉为"中国农业品牌第一人"。

### 二、胡晓云不见了

1983 年，胡晓云杭州大学毕业，以优异的成绩留校任教。1994 年，进入广告教学领域。当时，厦门大学等校的广告学专业已经捷足先登，名闻天下。胡晓云硬是凭着一股拼劲，在短短几年时间赢得业界一席之地。她的论文不时见诸各种期刊；书店里，她的多部专著赫然在目；而各种高层次的专业活动中，她的发言总有自己的见解。因为贡献突出，她曾获得"中国十大广告学人""中国广告年度人物"等诸多荣誉。

但 2005 年之后，胡晓云突然销声匿迹，淡出中国广告界，连"中国广告节"等一年一度的业界重要聚会都难见她的身影。

胡晓云不见了！原来，她一头扎进了农业品牌领域。

在日本东京经济大学访学期间，日本的精致农业、"一村一品"等现象引起胡晓云高度关注。而连锁超市，无疑是全球农业以国家品牌背书的竞技场。她看到，大陆的农产品尽管价廉物美，但仍然乏人问津。作为一个研究广告传播、研究品牌多年的学者，如果只会坐在书斋中喝着洋咖啡谈论中国农村的贫穷，岂非失职？

另一方面，她也看到，当时国内的广告公司杀得天昏地暗，眼睛只盯着工业、服务业，对"农业品牌"的需求则大多无动于衷。胡晓云不禁发问：当 21 世纪来临，中国经济已在东方腾起；当中国广告业突飞猛进，成为亚洲第一大市场；当中国广告公司已经具有较强的本土化运作经验和对创意、策略、表现的现代运用，中国广告为什么还缺席需求日益旺盛的农业品牌建设？

《中国广告公司的蓝海：关注中国"三农"，关注民生期待》的刊发，引发了业界的关注，敏感如中央电视台广告部，迅速增订数十份刊有本文的《现代广告》杂志，进行认真研究。而一些人则提出质疑：进入农业品牌领域，能保证广告公司吃饱饭吗？因为一个药品企业的广告代理费一年就不下千万元，而农业企业尽管数量众多，但自顾无暇，做品牌无异于竹篮打水。

但胡晓云坚持认为，中国农业品牌化势在必行，是一个潜在的巨大市场。尽管投身其中所获利益可能一时不尽如人意，但面对屡见不鲜的农产品滞销和质量安全事故，中国广告界岂能袖手旁观？

不管别人如何议论,胡晓云执着地一头扎了进去。她要用自己的研究和实践证明自己的预言。

### 三、提出"区域公用品牌"先行战略

用"蛮荒"来形容 10 年前中国农业品牌的情状可谓恰如其分。当时,消费者刚从"吃饱"向"吃好"转变,对品牌的需求尚未引爆。农业主管部门则刚刚开始思考如何从"增量"向"提质"转型,对于品牌营销还十分陌生。

此间,中办、国办及农业部多次发出通知,要求各地高度重视农业品牌建设。但农业品牌具有边缘性特点,需要农业和传播两方面的专业知识。长期以来,学农的不懂传播,学传播的不了解农业,因此,"上头热下头冷",文件无法得到有效贯彻。

而这方面,浙江大学具有天然优势。作为教育部所属的综合性重点大学,浙大有着理工农医等 14 大类学科,十分便于在学科间进行整合创新。利用浙大"中国农村发展研究院(CARD)"这一开放性研究平台,胡晓云将传播和农经管理进行交叉结合,组建成立了"中国农业品牌研究中心"。这是迄今为止,我国高校、科研机构中唯一一家专门研究农业品牌的机构。

中国农业的最大特点是经营主体的高度分散,无论是农业龙头企业还是合作社、家庭农场,大多缺乏创建品牌的实力。面对这一现状,胡晓云分析认为,只有推行区域公用品牌,采取"母子品牌模式",以产业协会等创建的区域公用品牌,带动经营主体的"子"品牌,才能在市场营销上占据主动。

"区域公用品牌是一种公共背书,解决的是品牌的共性认知问题,如产地环境、加工工艺、品种特色、文化脉络等;企业主体品牌或产品品牌解决的是品牌的个性化、差异化认知问题。这正如国家品牌、行业品牌、企业品牌、产品品牌等之间的关系一样。"胡晓云阐述道。

那么,以什么作为突破口来推进这一战略?胡晓云广泛研究了国际品牌价值评估理论模型及指标体系,并研制出独具中国特色、农业特点的理论模型。并依据这一模型,对我国较具影响力的 500 余个区域公用品牌进行了价值评估。

2008 年底,首届以农产品区域公用品牌为议题的高峰论坛在京举办。论坛上,农产品区域公用品牌的价值评估结果隆重发布,吸引了全国 200 余人到京,共同探讨、交流、切磋。

品牌价值的发布犹如在中国农业领域投入一枚炸弹,许多人第一次知道

价值评估这一国际通行的概念。区域公用品牌先行战略由此深入人心，得到广泛传播。

这一年开始，胡晓云和她的团队每年坚持品牌价值评估与发布，至今已形成了庞大的数据库，为进一步深入研究品牌奠定了坚实的基础。"评估体系由多达数百项的指标构成。我们可以通过品牌价值数额的波动，分析判断每一个品牌的发展现状、面临问题，并提出具体的品牌价值提升与发展的解决方案。"胡晓云说。

评估从"综合"逐渐走向"专项"，茶叶、水果等价值评估榜不断推出，丰富完善了整个评估体系。更令人称道的是，这一评估自始至终坚持公益导向，不向品牌持有者收取分文费用。即使有人出重金，希望排名靠前，也均被严词拒绝。在胡晓云看来，品牌化是实现农业标准化、规模化，是确保农产品质量安全的有效抓手，作为一个学术机构，必须维护学术公正，坚守学术声誉，绝不能苟且行事。

**四、品牌规划的"独门绝技"**

鲜食葡萄是近年来全国各地争相发展的一个产业。随着种植面积的迅速扩大，销售压力日渐增加。陕西户县就面临着这一挑战：尽管面积不算太大，只有 6 万余亩，但眼看着周边地区来势逼人，户县领导不能不未雨绸缪。

如何让户县葡萄在日益激烈的竞争中占据主动？胡晓云团队应邀为其进行品牌规划。

农产品品牌的定位，一般从品种、历史、文化、生态环境等特点着手。户县葡萄在产品层面，无论规模还是品质都不占优势。但户县是闻名全国的"农民画之乡"，正是这批农民，晚上拿着画笔作画，白天则拿着锄头下地种葡萄，将每一颗葡萄都注入了艺术因子。根据这一文脉特色，规划石破天惊，将户县葡萄定位为"农作艺术品"，并提出区域特色显著的品牌口号："户县葡萄，粒粒香甜醉秦岭！"（见图 3）

当团队将规划方案汇报完毕，户县县长张永潮久久不语。正在大家忐忑不安之时，县长一拍桌子，大声说："太棒了！"文化和产业的紧密相融，让户县葡萄在市场上很快脱颖而出。

农产品品牌的创建不同于工业和服务业品牌，而农产品区域公用品牌与农业企业的产品品牌又有很大的差异。胡晓云和她的团队根据农产品区域公用品牌的基本特征，摸索、创造出了一整套独具特色的规划方法。而"户县葡

图3　户县葡萄品牌形象应用

萄"正是其作品之一。

"丽水山耕"是另一个不得不提的成功案例。丽水地处浙南山区，长期默默无闻，随着生态文明时代的到来，丽水的发展出现了新的转机。但"生态精品农业"的方向如何落地，应该有一个区域公用品牌做抓手。

依据丽水山区"九山半水半分田"的客观事实和延续多年的农耕文化特点，胡晓云团队以农业品牌的区域性、公共性特征为基础，与丽水市政府一起，探索打造一个全区域、全品类的农业区域公用品牌，并命名为"丽水山耕"，定品牌口号为"法自然，享淳真"，挖掘价值链，形成该品牌创造的整体战略规划体系。

"丽水山耕"品牌问世后，经过传播、推广，在长三角消费圈崭露头角，并受到丽水农企的热烈追捧。"绿盒电商"老总梁汀汀感慨："别人在城市里发展社区经销店举步维艰，我们则攻城略地，半年时间就在杭州建起了比较完善的体系，原因就在于'丽水山耕'发挥了品牌背书作用。"

如今，一年不到，加盟"丽水山耕"的农企已经达到近百家，其中90％的产品实现了意想不到的溢价。

## 五、合纵之道

品牌规划是品牌建设的龙头。但品牌的创建，实际上贯穿着标准化生产、市场化营销的整个过程，如果只有出色的品牌规划，而缺乏其他相关环节的密切配合，创建品牌等于空话一句。这些环节包括诸如品质追溯、传播、推广、渠道、金融支持等，当然，在网络时代，电商营销更是必不可少的工具。

另一方面，信息不对称也给农业品牌创建增加了新的难度。能否将中介服务机构联合在一起，在品牌创建中形成协同服务体系？这种协同对中介机构而言是一种市场的开拓；对品牌主体而言，则可提高效率、降低机会成本。

在胡晓云倡导下，"中国农产品品牌建设联盟"在杭州宣告成立。

依据农业品牌创建与管理的产业链特征，"中国农产品品牌建设联盟"纵向联合了品质管控至电商落地的一系列优质资源，形成整体服务能力，提供一站式全程服务。该一站式全程服务，以品牌规划为核心，将品质管控、质量追溯、产品标准化、品牌设计、品牌传播、网络声誉控制、互联网县域电商转型、网络品牌创建、金融服务等融为一体，提供全套无缝对接服务。在整个服务过程中，中心的推荐成为强大的信用背书，中心的规划成为一切的核心指导。

"赣南脐橙"是闻名全国的一个水果区域公用品牌，种植面积170多万亩。10多年来，政府连续举办"脐橙节"进行线下推介，并主导产区与销区对接，效果很好。但网络时代，如何进一步扩大市场、提高品牌美誉度？中心专门协助赣南果业局策划了"赣南脐橙网络博览会"，并将追溯、电商、网络传播等方面的专业服务机构进行整合，为"赣南脐橙"提供了一站式服务。

以往的线下博览会，参加人数不过20万。而线上博览会不仅降低了博览会成本，更吸引了超过500万网民的浏览。其中，进场人数超过100万，产品销售和品牌提升效果大大出乎赣州果业局预料。

## 六、在坚持、坚守中前行

任何一项事业的开创者都会面临种种挑战，但胡晓云坚定地认为，社会需要学者不仅能拿笔写论文，更能引领或满足社会发展的需求；学生不仅要会考试读原著，更需要成为既具批判精神又有解决问题能力的专业人士。随着中国农业品牌化时代的来临，中国社会对品牌研究与实践的人才需求越来越迫切。作为一个高校教师的关键，是培养真正具有社会担当意识与担当能力的学生。

每次外出调研考察，胡晓云都会尽量带上她的研究生，让他们有机会充分认识中国农村、中国农业、中国农民，以增强学生的社会责任感，培养他们对中国社会的关注与兴趣。"如今的学生，从课堂到课堂，对社会，尤其是对'三农'十分无知。在中国这样一个'三农'问题十分突出的国度里，这种倾向无疑十分危险。"

引领中国农业品牌，研究中国农业品牌，服务中国农业品牌。中心成立6年多，已经策划、举办了"中国农产品品牌大会""中国农产品包装设计大赛""中国农业产业英雄会"等多场具有全国性影响的活动。作为方法论揭秘的专著，《价值再造》一书，也于 2015 年 10 月份正式出版。包括其他农业品牌方面的著述、报告，胡晓云团队的研究文献，字数早已经超过百万。

十年拼搏，筚路蓝缕。胡晓云终于迎来中国农业品牌化风起云涌、大潮澎湃的一天。作为旗帜性人物，她已经将自己的过去抛诸脑后，而把目光锁定前方。目前，她正在完成农业部课题"中国农业品牌理论体系"，呼应各区域、企业对农业品牌规划的需求，足迹遍布中国大地。在她的计划中，"十三五"期间，研究中心将协同联盟单位，为各地开设 100 场公益讲座，为各区域、企业制订 100 个农业品牌规划，通过产品溢价，帮助农民实现 100 亿元的增收效益。

这是一项值得付出的事业，也是一个需要鼓起勇气，不断刷新自己的领域。此生，胡晓云已经注定将忙碌异常。许多的课题在等着她研究，许多的品牌在等着她规划，许多的学生在等着她指导。胡晓云坚信：只要坚持、坚守，品牌农业作为我国最具特色、最具文化底蕴的产业，必将在世界上绽放异彩。

［本文发表于《农村工作通讯》（2015 年 11 月 24 日），作者为《农民日报》记者常怀深，后发于浙江大学 CARD 中国农业品牌研究中心官网"中国农业品牌研究网"，同时发于微信公众号"农业品牌研究院"，由腾讯新闻等转载，属《农村工作通讯》人物报道。

《农村工作通讯》是由中华人民共和国农业部主管、《中国农村》杂志社主办的农业类专业学术期刊，是 20 世纪 50 年代，在社会主义建设的热潮中，中央农村工作部按照毛泽东主席的指示所创办的新中国第一本全国性农村综合刊物。2018 年 3 月，获得第三届全国"百强报刊"荣誉。］

# 2016 年度

经由 2015 年一年的厚积薄发,中国农业品牌化特别是中国农产品区域公用品牌建设出现了新气象。接续以往有关地理标志产品、商标品牌战略、"三品一标"(无公害产品、绿色食品、有机食品、农产品地理标志)、国家级农业产业化龙头企业建设等工程,中国农产品进入了明确的品牌化时代。原有的地标品牌、单一产品品牌、企业品牌等继续发展的同时,各地进一步创建不同类型的农产品区域公用品牌,如"烟台苹果""丽水山耕"等老品牌、新品牌经过系统规划、科学运营,开启了新形象,提升了农产品的聚合价值。

笔者在 2015 年初的"中国农业品牌化十大预测"中的第五项"区域公用品牌竞争格局初现"第七项"各种农业品牌经营模式先后登场""农业品牌化服务将出现战略联盟机制"等的确得到了验证。但是,第一项"农业品牌化进程全面进入深水区。相关政策体系、理论体系、制度体系将完善并得以应用"等预测并未得到验证。

2016 年 8 月 17 日,国家自然科学基金立项发布,笔者的"基于区域化、网络化视角的农业品牌价值体系建构与管理策略研究"立项,中国农业相关理论体系建设开始了新篇章。

2016 年初,笔者继续发布"2016 中国农业品牌化十大预测",推动中国农业品牌化的政策制度出台、相关资源集聚、"品牌扶贫"理念的落地实施。

当年,基于互联网消费趋势、数字化工具利用的可能性、农业品牌化对资本的渴求等,与阿里研究院一起探索"品牌化、电商化、金融化"联动,支持中国农业品牌建设的路径。并发表《互联网＋品牌农产品发展之路》《借助互联网化,创塑农业品牌》等文章。

基础研究方面,笔者发表了《"品牌"定义新论》一文,追踪溯源,并提出了独特的品牌定义:品牌,是基于物质产品(或服务)、消费者的体验感知、符号体系及象征意义等要素的系统生产、互动沟通、利益消费而形成的,独特的利益载体、价值系统与信用体系。

对中国农产品品牌中的茶叶品牌的研究,除了 2010 年开始每年在《中国茶叶》杂志发表的《中国茶叶区域公用品牌价值评估研究报告》《中国茶叶企业产品品牌价值评估报告》之外,2016 年,专门针对中国茶叶品牌打造,接受了多个媒体采访,提出了相关建设性理论参考。

基于以往对多个果业区域公用品牌规划、创建的经验,发表有关果业品牌创造的方法论,借助应邀参加日本东京亚太广告节的机会,笔者再度研究了日本品牌创建的新趋势,坚定了从农产品品牌化到全域品牌化发展的信心。

# 2016 中国农业品牌化十大预测

2015 年初,浙江大学 CARD 中国农业品牌研究中心主任胡晓云曾做过有关中国农业品牌化的十大预测。其中包括:农业品牌化进程全面进入深水区,农产品消费呈现品牌消费热潮,农业的发展与增长方式发生根本转变,农业企业的品牌建设得到全面推进,区域公用品牌的竞争格局初现,跨界人才促进农业品牌化进入快车道,各种农业品牌经营模式先后登场,数字品牌塑造成为新风尚,农业品牌化服务将出现战略联盟机制,农业的丰富资源与独特文脉将奇货可居等预测内容。

2015 年,中国农业的确全面进入品牌化时代,"以品牌化为现代农业核心标志"的理念得到广泛认同,各级领导在各种场合提倡打造农业品牌,引发农业的发展与增长方式开始发生改变,区域公用品牌的竞争格局出现,农业企业的品牌化程度得到提升,各种新农人成为农业品牌化的先锋分子,各种农业品牌经营模式初露端倪,数字品牌塑造崭露头角,农业品牌第三方服务联盟先后成立,农业的丰富资源与独特文脉被看重并注入大量资本。

2016 年,中国农业品牌化将呈现怎样的景象?其现状与趋势如何?以其多年深入研究及实践经验为基础,胡晓云对中国农业品牌化做出了又一个十大预测:

一、品牌战略成为核心战略。农业品牌化日趋成为农业转型升级、供给侧改革、消费需求满足的重要抓手。以品牌化倒逼规模化、标准化、信息化、良种化等现代农业要素的产业链构建、以品牌战略为核心的现代农业管理体系将逐步形成,政府职能部门及农业企业纷纷设立品牌管理专门机构。

二、农业品牌化新政迭出。随着农业产能过剩时代的到来,原来以扩大规模、提高产量为目标制定的政策体系将发生重大改变。农业品牌化新政特别是有关提高区域品牌化程度、加强品牌声誉、提升品牌溢价的落地新政将相继出台,农业品牌发展的政策支持力度将空前加大。

三、品牌扶贫成为扶贫新范式。作为一种"授人以渔"、持续性扶贫的扶贫新范式,品牌扶贫得到各级政府、工商企业、科研机构的重视。以品牌化为核心,与电商化实施双轮驱动、合力扶贫,提供品牌规划、参与品牌设计、培养品牌人才为扶贫新内容的品牌扶贫将体现出独特价值,为2020年的全面脱贫提供新思路、新方法。

四、品牌维权进入法治新时代。随着农业品牌特别是区域公用品牌的品牌影响力扩大、品牌溢价提升、渠道多样化渗透,品牌侵权现象日趋突出,电商更是重灾区。为维护品牌权益、保证消费者利益,更多品牌开始运用法律手段实施维权行动。品牌维权新时代,将使农业品牌获得较为健全的法律保护。

五、第三方服务成为热门领域。农产品品牌建设专业服务需求加大,越来越多的第三方服务机构进入农业领域,涉农品牌服务步入竞争新时代。为良莠不齐的第三方服务机构进行有关农业独特性、品牌建设科学性等方面的培训,显得尤为重要。

六、品牌运营机制出现新态势。以往"政府搭台 企业唱戏"的区域经济运营机制逐渐向多元化投入、跨界融合的整合模式发展。政企共同运营一个或多个品牌等多种品牌运营及利益联结机制正在兴起。在三产整合、农旅融合的新产业体系下,农业品牌创建模式不断得以创新,单一产业品牌模式逐步向整合品牌模式演进。

七、品牌化成为互联网营销的制胜权柄。互联网营销多年来以低价吸引消费者的局面将发生深刻改变,品牌化程度成为农产品互联网营销成败的重要因素。社群营销、微营销将扮演重要角色。个性鲜明、形象突出、情感聚焦的"小而美"品牌集群,将成为互联网营销的新生主力。

八、跨境电商推动地标农产品价值飙升。中国农产品与世界农产品在互联网世界呈现直接比拼。农产品区域公用品牌及其地理标志产品的品种、品质、文化独特性、区域文化及独特文脉价值等,将得到互联网消费者的青睐,逐步形成品牌喜好,并推动地标农产品的价值飙升。

九、品牌化与县域电商呈现互动格局。县域电商战略走出传统的资源思维、价格思维、产品思维,走向品牌思维。县域电商将纷纷注重顶层设计,通过县域品牌战略规划,形成品牌化与电商化互动发展格局,从而获得产品溢价,提升品牌价值,提高区域经济效益与社会效益。

十、农业品牌成为国家品牌的重要支撑。国家品牌与农业品牌之间的关联度日趋加强,农业品牌因其农耕文化特性、生活方式特质,在国家品牌塑造中的贡献度越来越高。各种不同性质、范畴、强度、个性、品类的品牌之间,逐步呈现互动和谐的品牌新生态。

　　〔本文于 2016 年初首发于浙江大学 CARD 中国农业品牌研究中心官网"中国农业品牌研究网",同时发于微信公众号"农业品牌研究院",随后被"中国农网"(http://www.farmer.com.cn)、《品牌研究》杂志转载、发表。"中国农网"(原中国农业新闻网)创建于 2004 年,是经国务院新闻办公室批准刊载新闻的综合性网站,是中央级综合性大报——"农民日报"建设的大型网上信息发布平台,是农业农村部权威涉农信息发布的重要窗口,是国家权威"三农"主流网络媒体平台。《品牌研究》杂志是经国家新闻出版总署批准的品牌研究期刊,1988 年创刊,现已成为关注国内外品牌建设的权威杂志。〕

# "品牌"定义新论

有关"品牌"的定义，汗牛充栋。但品牌到底因何而生？在其发展进程中，又如何实现了更深层次的演变？人云亦云，令人生疑。为了厘清概念，明确定义，清晰内涵，本文从品牌起源出发，洞察品牌创建动机，梳理历来有关品牌的定义，并根据当今品牌战略的性质分析，得出"品牌"定义新论：品牌，是基于物质产品（或服务）、消费者的体验感知、符号体系及象征意义等要素的系统生产、互动沟通、利益消费而形成的独特的利益载体、价值系统与信用体系。

## 一、问题的提出

曾有众多的专家、学者为品牌下过定义。但众说纷纭，令人无所适从。而相关疑问，则势必会影响到人们对整个学术体系及其应用实践的科学性判断。继而，更会影响到有关品牌创建的相关价值评判。因此，笔者认为，在当今品牌研究日盛，品牌创建与品牌管理如火如荼，品牌经济正越来越壮大的时代，回到源头，厘清概念、明确定义、清晰内涵，是非常有必要的。所以，我赞同《品牌研究》杂志的观点："让我们回到问题的开端，追溯'品牌'发展的源流和演变。"①前一期的《品牌研究》杂志，刊登了卢泰宏先生发表于1997年的署名文章。该文对"名牌"一词提出质疑，同时解释了品牌的内涵为："不仅仅是一个区分的名称，更是一种综合的象征；不仅仅掌握在品牌主的手里，更取决于消费者认同和接受；不仅仅是符号，更要赋予形象、个性和生命；不仅仅是短期营销工具，更是长远竞争优势和最后潜在价值的无形资产。总之，现代品牌的内

---

① 编者按，《品牌研究》，2016年第1期，第4页。

涵是综合的,它包含许多要素:它的目标是整体的、战略的。"[1]

文章不仅界定了品牌的内涵,提出了"现代品牌"的概念,强调应使用"品牌"一词,认为这是"正确迈向现代品牌战略的必要前提"。[2] 而同期发文的舒咏平教授,则提出了"品牌即信誉主体与信任主体的关系符号"[3]的论断。由此,我看到,关于品牌的定义,还在逐步完善的过程中,还需要大家进一步的讨论与明确。

## 二、品牌的词源学意义

(一)品牌的词源意为"烧灼"

本文首先从词源学的意义上解读"品牌"一词。品牌的英文表述为"brand",源于古斯堪的纳维亚语"brandr",意为"燃烧"[4],并延伸为"打上烙印"[5]。在各国,"品牌"一词的应用各有不同。如在日文中,"品牌"一词以日文与外来语并用的方式使用。日文"铭柄"二字代表商标或品牌,"ブランド"则是"brand"的外来语形式。在我国,明清时期便开始应用"字号""招牌""牌子"等字眼,表达与商标、商号、品牌等的相关之意。但直到20世纪80年代,才将英文"brand"译为"品牌"二字。

(二)品牌与其他相关词的词源意义区别

至今,多数国人依然分不清"商标""牌子""招牌""商号"等字眼与"品牌"的区别,将其理解为同一含义的词汇。但品牌与上述相关词汇之间,具有一定的词源学意义上的差异。根据世界知识产权组织(World Intellectual Property Organization,WIPO)的官方定义,商标指的是将某商品或服务标明是某具体个人或企业所生产或提供的显著标志。[6] 根据《中华人民共和国商标法》(2013修订版)的定义,商标指的是"任何能够将自然人、法人或者其他

---

① 卢泰宏:《"名牌"一次使用中的缺陷与问题》,《人民日报》(华南版),1997年12月31日,转引自《品牌研究》2016年第1期,第4-5页。

② 卢泰宏:《"名牌"一次使用中的缺陷与问题》,人民日报(华南版),1997年12月31日,转引自《品牌研究》2016年第1期,第4-5页。

③ 卢泰宏:《"名牌"一次使用中的缺陷与问题》,《人民日报》(华南版),1997年12月31日,转引自《品牌研究》,2016年第1期,第4-5页。

④ 凯文·莱恩·凯勒:《战略品牌管理》(第3版),卢泰宏,吴水龙译. 中国人民大学出版社2009年版。

⑤ 保罗·斯图伯特编:《品牌的力量》,中信出版社2000年版,第2页。

⑥ WIPO官方网站,http://www.wipo.int/services/en。

组织的商品与他人的商品区别开的标志"①。中国古代的"牌子"指的是企业或商家为商品所起的专用名号,类似于今天的"商标";"招牌"指的是悬挂在商店门前作为标志的牌子,一般上书店家的专用名号;"商号"指的是一个生产企业或生产者的字号或名称,其与"商标"在注册登记程序、功能作用、表现形式、专用权实现等方面均有所差异。一般而言,商标须与其生产的特定商品相联系而存在,一个商品生产经营者可以拥有多个商标;商号须与生产、经营某商品的特定企业相联系而存在,一个商品生产经营者只能有一个商号。②

因此,从词源学意义上看,"品牌"一词指的是,生产者在其生产的产品身上,用"烧灼"的方法"打上烙印",形成具有区分意义的标志。如果单从词源学意义上看,"品牌"与"商标"的确如出一辙。但"商标"与"品牌"之间呈现何种关系?商标可以替代品牌吗?我赞同"商标的概念范畴小于品牌,或者说,商标只是现代品牌中的一个组成部分"的观点③。而品牌起源的动机探究,可以佐证该观点。

### 三、品牌起源的形式与动机

(一)品牌起源于中国古代的刻画符号

关于品牌起源,国内外学术界呈现多种观点。美国的凯文·莱恩·凯勒、日本的八卷俊雄、我国的朱磊等教授均发现,从历史的角度来看,品牌起源于中国史前、古希腊、古罗马等文明古国的陶器刻画符号。中国半坡氏族的陶器、良渚文化的陶器上,都可以看到刻画的符号标记。"在中国古代的瓷器、古希腊、古罗马出土的陶罐,以及公元前 1300 年的印度商品上,都发现了这种标记。"④这些符号虽然没有今天的符号那么多彩、生动,更具辨识度,但人们为了记录陶罐的制作者而在陶器上刻画符号标记。因此,品牌的名称虽起源于

---

① 全国人大常委会:《中华人民共和国商标法》,2013。
② 全国人大常委会:《中华人民共和国商标法》,2013 年。
　国家工商管理局:《企业名称登记管理规定》,1991 年。
　《保护工业产权巴黎公约》,1979 年。
　全国人大常委会:《中华人民共和国公司法》,1993 年。
③ 卢泰宏:《"名牌"一次使用中的缺陷与问题》,《人民日报》(华南版),1997 年 12 月 31 日,转引自《品牌研究》2016 年第 1 期,第 4-5 页。
④ 凯文·莱恩·凯勒著,卢泰宏、吴水龙译:《战略品牌管理》(第 3 版),中国人民大学出版社2009 年版。

欧洲,但关于品牌的行为,应当起源于中国古代。①

可见,从时间上看,有关品牌的行为最早起源于中国古代匠人在陶器上的刻画符号行为,有关品牌的最初表现形式,是刻画符号,即一个刻画的标志。在欧美国家,则最早以"烧灼"的方式制造"烙印",形成"品牌"。这些刻画的符号与烧灼的烙印,其效果已具有了现代品牌的特质,即以符号生产创造同类产品的差异化的可能性。

如图1所示,中国古代的刻画符号,与现代的商标看上去几乎别无二致。因此,由于品牌起源于中国古代的刻画符号,起源于不同形式的符号标识,现代人很难辨析"brand"(品牌)、"trademark"(商标)、"logo"(标识)这三者之间的差别。而从词源学意义上分析,无论采用的是刻画行为还是烧灼行为,品牌起源的目的,是创造"logo"(标识)。logo 是希腊语"logotype"(标识)的缩写。一旦该"logo"(标识)被注册,形成法律效用,则成为"trademark"(商标)。

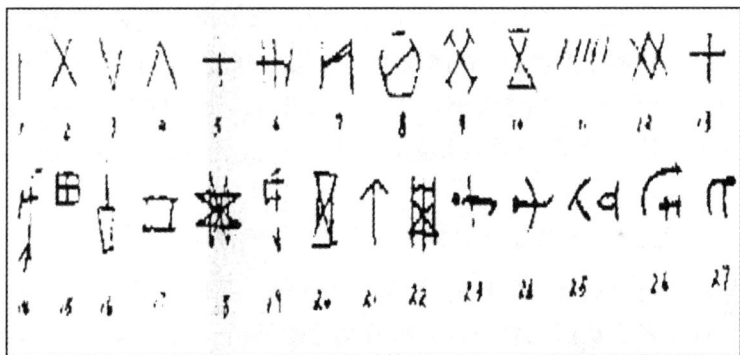

图 1 中国史前新石器时代铭刻在陶器上的标记
浙江良渚文化遗址(5300—4000 年前)出土的陶器上刻画着的符号②

中国史前新石器时代的先民们在陶罐上镌刻的符号,是制陶者或陶器使用者的标记符号。

从品牌起源的过程,我们可以得到另一个重要发现,"brand"一词的起始词性,在汉语中应是动词,即"刻画""烧灼"或"打上烙印",后来,渐渐地,人们将其作为一个名词使用。当人们要表现其动词状态时,用的是"branding"(品

---

① 朱磊:《品牌起源考》,《东方智慧与广告传播》(国际会议论文),2004 年。

② 王蕴智:《远古陶器符号摹记》,《书法报》1994 年。转引自朱磊:《品牌起源考》,《东方智慧与广告传播》(国际会议论文),2004 年 11 月。

牌化)这个词。

（二）品牌起源的动机

追溯、分析史前手工匠人的刻画、烧灼动机，我们可以看到，品牌起源的动机，基本有以下三个方面。

1. 为了识别区分，实现差异化

为了识别同类产品中不同的制作者、所有者。不管是中国先民在陶器上刻下的刻画符号、美国西部牲畜身上的烙印，还是欧洲地窖里橡木桶上的标识，等等，其初始动机均在于此。"品牌化的初衷是手工艺人和其他人用以标识他们的劳动果实，以便顾客能够轻而易举地认出它们。"[①]16世纪初，有一个欧洲的威士忌制造者将自己的名字烧灼在木制的酒桶上。该行为向消费者告知了酒的制造者，防止代用品产生。[②] 品牌的核心符号——商标（trademark）的产生与管理说明了这一点。商标产生于欧洲中世纪的行会，是行会为了严格规定行会内的生产者生产的产品品质的标准而做出规范，以表明行会的产品品质区别于其他生产者。[③] 在陶器上刻画符号、形成标志，也许并不一定是商业行为，但这些符号、标志能够使主人识别出自己生产的产品与他人产品之间的差异，获得"差异化"。这与目前的品牌认识基本一致，这也是品牌的商标起源。[④]

2. 为了品牌权益与品牌保护

符号刻画与烧灼行为的目的，同是为了区分产品的权属关系，确立产品的所有权与责任者。从浙江省余姚河姆渡文化遗址出土的文物中可见，约7000多年前，中国先民在陶器上也刻了"＋""⊕"。在当时，刻在陶器上的符号意味着一种标识，体现和陶器之间的所有关系，如某人的、某家的。[⑤] 欧美品牌历史告诉我们，在古代，欧洲有人将名称等刻在砖头一样的东西上，作为识别制造者的印记。在中世纪，欧洲同行业的产业组织使用商标保证与消费者的交流，并给制造商以法律保护。

---

① 凯文·莱恩·凯勒著，卢泰宏、吴水龙译：《战略品牌管理》(第3版)，中国人民大学出版社2009年版。

② 八卷俊雄：《东方智慧与广告传播》，《东方智慧与广告传播》(国际会议论文)，2004年.

③ 田村正纪. ブランドの誕生——地域ブランド化が実现の道筋[M]. 千仓书房，2013.

④ 朱磊：《品牌起源考》，《东方智慧与广告传播》(国际会议论文)，2004年。

⑤ 朱磊：《品牌起源考》，《东方智慧与广告传播》(国际会议论文)，2004年。

### 3. 为了向消费者承诺

为了便于消费者区分,减少选择困难,也考察生产者的诚信度。"物勒工名,以考其诚"这一制度,可以说是中国有关品牌监管制度的起源。证明该规制存在的实物,是在周朝齐国之都今山东淄博等地大量出土的战国时代陶器(前403—前221)。这些陶器上都刻着制造者的住址和名字。从那时开始,"制造者住址＋制造者名字"成为中国传统的品牌名称命名方法。① "品牌化的初衷是手工艺人和其他人用以标识他们的劳动成果,以便顾客能轻而易举地认出它们。"②

### (三)相关制度促进品牌化进程

在中世纪的欧洲,各种手工协会要求工匠们在自己制造的产品上增加标记。1266年,英国通过一项法令,要求面包师在每一块销售的面包上做记号,其目的是保证产品品质、不缺斤少两。1870年,美国国会制定了第一部联邦商标法。1906年,美国商标法进行对品牌保护更容易的修订。③ 中国的春秋战国时期,行使了"物勒工名,以考其诚"的规制。

规制规定生产者须在产品上刻上生产者或产地的名称,并设置"大工尹"职位考查产品质量。可见,古代相关行业行会的管理制度、国家相关法规等,都促进了产品生产与销售的品牌化(branding)进程。

综上可知,品牌起源的动机是:在产品身上镌刻或烧灼符号,通过符号生产过程,实现某一产品与同类产品的差异化,体现行会或政府对某产品的权益表征及其监管保护,体现产品生产者的诚信度、所有权,并给予消费者承诺,方便消费者选择甄别。

## 四、历来具有代表性的品牌定义

历来有关品牌定义的文献众多,但大多可归类为品牌符号论、品牌关系论、品牌情感论、品牌价值论四个方面的阐述。

### (一)品牌符号论

代表定义单位,是美国市场营销协会(AMA)。该协会将品牌定义为"是

---

① 朱磊:《品牌起源考》,《东方智慧与广告传播》(国际会议论文),2004年。

② 凯文·莱恩·凯勒,卢泰宏、吴水龙译:《战略品牌管理》(第3版),中国人民大学出版社2009年版。

③ 凯文·莱恩·凯勒,卢泰宏、吴水龙译:《战略品牌管理》(第3版),中国人民大学出版社2009年版。

用以识别一个或一群产品或服务的名称、术语、象征、符号或设计及其组合，使其与其他竞争产品或服务相区别"①；菲利普·科特勒在其相关著作中也有"品牌是一种名称、名词、标记、符号或设计，或是它们的组合运用，其目的是借以辨认某个销售者或某群销售者的产品或劳务，并使之同竞争者的产品和劳务区别开来"的论断。② 美国广告学者威廉·阿伦斯在其《当代广告学》中，曾定义品牌为"标明产品及其产地，并使之与同类产品有所区别的文字、名称、符号或花式的结合体。"③凯文·莱恩·凯勒也在其《战略品牌管理》一书中强调"品牌就是区别一个产品与别的产品的特征"④。

分析代表性定义可见，品牌符号论强调品牌是利用品牌名称、品牌术语、品牌符号或设计及其组合等符号生产的过程，构成一个产品或服务的差异化识别、差异化竞争的过程。品牌符号论的代表性定义，不仅体现了品牌产生动机中的"差异化"动机，更强调了"差异化"的目的——与竞争产品或服务的区分意义。因此，美国学者迈克尔·波特将品牌战略理解为差异化战略。

(二)品牌关系论

代表性定义者，有美国奥美公司、日本电通公司、美国西北大学的丹·舒尔茨教授及美国的大卫·艾克教授。奥美公司提出的"品牌是消费者与产品之间的关系"⑤，着力强调了"关系"概念，即产品、服务及符号体系如果没有产生被消费者所注意、所认知、所喜欢、所购买并反复消费等关系，它只是一个产品而不是品牌。日本电通公司认为，品牌是以商品及符号体系为基础的集体共有的记忆符号组合。是达到认同、行动和相互关系的魅力源泉。品牌并不属企业单方所有，而是和消费者等相关利益者共同拥有的公共物，是超越企业和消费者立场的共同拥有的共同物。唐·舒尔茨强调"品牌不仅仅是个名称或一个符号一个图形，它体现为与消费者之间的关系"⑥。大卫·阿诺也提出，品牌就是一种类似成见的偏见。成功的品牌是长期、持续地建立产品定位及个性的成果，消费者对它有较高的认同，一旦成为成功的品牌，市场领导地

---

① American Marketing Association Dictionary. Retrieved2011-06-29.

② 菲利普·科特勒，梅汝和等译：《营销管理——分析、计划和控制》，5 版. 上海人民出版社 1994年版。

③ 威廉·阿伦斯，丁俊杰，等译：《当代广告学》，7 版. 华夏出版社 2001 年版，第 93 页。

④ Kevin Lane Keller. *Strategic Brand Management*. Prentice Hall INC, 1998：2.

⑤ 奥美官方网站。http://www.Ogilvy.com.cn。

⑥ Don E. Schultz, Beth E. Barnes, *Strategic Brand Communication Campaigns*. NTC Business Books,1999：35.

位及高利润自然就会随之而来。① 大卫·艾克认为,"品牌是一个具有漫长旅程的东西。是消费者接触品牌产生的感触与体验,是不断积累反复变化的产品、服务与消费者之间的关系"②。

上述品牌关系论定义,超越了美国市场营销协会、菲利普·科特勒、威廉·阿伦斯等局限于符号系统差异化的竞争区分的观点,强调品牌是一个产品或服务、附着其上的差异化符号系统与消费者之间的关系。也就是说,当品牌方构建了一整套基于产品或服务的符号系统之后,尽管该系统具有识别性、差异性,但如果不与消费者构成关系,消费者没有看到、听到、感知到、体会到并认同、偏好或忠诚于该产品、服务、符号系统,那么,该产品、服务、符号系统只是一种识别系统,而非品牌。只有当它们与消费者产生了各种不同程度的关系,品牌才存在,并因与消费者的关系而存在和发展。

(三)品牌整合论

代表性定义者,是美国奥美公司的创始人大卫·奥格威。他曾经强调,"品牌是一种错综复杂的象征,它是品牌属性、名称、包装、价格、历史、声誉、广告方式的无形总和。品牌同时也因消费者对其使用者的印象,以及自身的经验而有所界定"③。也有学者提出,"品牌是消费者对于产品属性的感知、感情的总和,包括品牌名称的内涵及品牌相关的公司联想"④。美国品牌学者林恩·阿普肖(Lyun B. Upshaw)也认为,品牌是消费者眼中的产品或服务的全部,是人们看到的各种因素集合起来所生成的产品表现,包括销售策略、人性化的品牌个性以及两者的结合等,或是全部有形或无形的自然参与,如品牌名称、图案等要素。⑤ 日本品牌辞典的定义为,"所谓品牌(英文为 brand),是指把某一商品或服务与其他同类产品或服务相区别的概念。品牌也包括消费者看到商品或服务时的信息、传达的媒体特性、消费者的经验、意义思想等形象总

① 大卫·阿诺著,林碧翠、李桂芬译:《品牌保姆手册——13 个品牌产品推广重建范本》,时报文化出版企业有限公司 1995 年版,第 11-13 页。

② デービッド·アーカー著,阿久津聪译:ブランド論——無形の差別化を作る20 個の基本原則,ダイヤモンド社,2014 年 9 月 24 日,第一刷発行,14ページ。

③ 大卫·奥格威著,麦慧芬译:《大卫·奥格威自传》,海南出版社 2004 年版译者序。

④ Alvin A. Achenbaum. TheMismanagement of Brand Equity. ARFFifth Annual Advertising and Promotion Workshop,1993.

⑤ De Meyer A. & F. Erdows K. Removing Barriers in Manufacturing: Report in the 1990 EuropeanManufacturing Futures Survey. *European Management Journal*, 1991(9): 22-29.

体"①。

　　采用"品牌整合论"分析产品与品牌的区别可见,产品(product)指的是市场上任何可以让人注意、获取、使用或能够满足某种消费需求和欲望的东西。产品可以指实体产品、服务、商店、人、组织、地名、思想。② 产品具有五个层次,即核心利益层(Core Benefit Level)、一般产品层(Generic Product Level)、期望产品层(Expected Product Level)、延伸产品层(Augmented Product Level)、潜在产品层(Potential Product Level)。③ 但品牌具有产品所没有的、多维度满足消费者的利益。如附着在产品、服务、符号、体验之上的无形的、情感的、意义的、价值的内容,更重要的是,品牌将消费者、消费者的感知纳入自己的麾下,成为品牌王国关键的构成部分。"品牌是消费者对于产品属性的感知、感情的总和。"④"品牌不仅仅是一个名称或是一个符号、一个图形,它是消费者创造的一种公共关系。"⑤

　　2007 年,笔者也曾强调,品牌是一个整合体。它不只是标志或者产品本身,它是各种相关因素综合而成的整合体。品牌必须有商标,有其所属的产品或服务,但绝不仅仅是注册了一个商标,或者有一个所属的产品或服务。品牌是一个由品牌的相关属性、产品、符号体系、消费者群、消费联想、消费意义、品牌个性、通路特征、价格体系、传播体系等综合而成的整合体。该整合体起源于物质产品或服务生产基础上的符号生产的识别与差异化,起源于产品的权益保护与消费承诺,同时,它更是一个经由各相关利益者认同,并能够和谐共处的、包括消费者生活世界在内的整合体。⑥

　　上述有关品牌整合论的各个定义,皆认为品牌是一个"总和"或"综合"或"整合体",而非某一个别符号或元素。但各个定义中对品牌作为"总和""综合""整合体"的构成成分的界定与理解,却又各有不同。反复论证,觉得"品牌

---

　　① http://www.kotoba.ne.jp/word? p=ブランド。

　　② 凯文・莱恩・凯勒著,卢泰宏、吴水龙译:《战略品牌管理》(第 3 版),中国人民大学出版社 2009 年版。

　　③ 凯文・莱恩・凯勒著,卢泰宏、吴水龙译:战略品牌管理[M].3 版.中国人民大学出版社,2009.06.

　　④ Alvin A. Achenbaum. The Mismanagement of Brand Equity. ARF Fifth Annual Advertising and Promotion Workshop,1993.

　　⑤ Don E. Schultz, Beth E. Barnes. *Strategic Brand Communication Campaigns*. NTC Business Books,1999;35.

　　⑥ 胡晓云,张健康:《现代广告学》,浙江大学出版社 2007 年版,第 303 页。

整合论"有关定义,可能范围过分宽泛,给人以大而无当的感觉。似乎品牌是个筐,什么都可以往里装。品牌虽是战略层面的问题,这从迈克尔·波特①的《竞争战略》、凯文·莱恩·凯勒②、大卫·艾克③等品牌专家的研究中都可以得到确认。特别是大卫·艾克,强调今天与未来的品牌管理,已经从战术走向了战略。过去的品牌管理,大多是广告管理、广告代理等业务,但从品牌资产角度理解品牌管理的话,品牌管理的工作从战术到了描绘"品牌愿景"的战略层面。但是,是否所有相关的元素都往里装?大卫·艾克认为,品牌战略的作用,是要描绘"品牌愿景",成为未来产品、服务、品牌发展的指南。更广泛意义上,包括数据分析、市场洞察、大事件设计、成长、品牌投资组合、国际化战略等。④ 当然,这里所指的是品牌战略的管理内容。

（四）品牌价值论

代表性定义者为唐·舒尔茨、日本电通公司等。日本电通公司认为,品牌并不属企业单方所有,而是和消费者等相关利益者共同拥有的公共物,是超越企业和消费者的立场的共同拥有的共同物。品牌不只是企业方的行为,而是在企业和相关利益者之间的沟通程序中发生、发展的价值构筑。唐·舒尔茨则认为,"品牌是为买卖双方所识别,并能够为双方带来价值的东西"⑤。

上述有关"品牌价值论"的观点,在20世纪80年代之后,得到了品牌战略应用、品牌价值评估等方面的有力支持。有关品牌价值研究,也验证了品牌的核心是价值,品牌战略的核心是价值构筑、提升、再造或维护管理。⑥ 协同"品牌整合论"解释可见,品牌应当是一个具有独特价值的整合体。品牌通过产品、服务与符号生产,沟通消费者及相关利益者,提升产品的价值体系,形成独特的价值系统。也就是说,一个品牌的形成过程,应当基于一定的物质产品(或服务)生产、符号生产、意义生产等,同时依赖于消费者的体验感知,构建起

---

①　迈克尔·波特著,陈小悦译:《竞争战略》,华夏出版社2005年版。

②　凯文·莱恩·凯勒著,卢泰宏、吴水龙译:《战略品牌管理》(第3版),中国人民大学出版社2009年版。

③　デービッド·アーカー著,阿久津聡訳:ブランド論——無形の差別化を作る20個の基本原則,ダイヤモンド社,2014年9月24日,第一刷発行,14ページ。

④　デービッド·アーカー著,阿久津聡訳:ブランド論——無形の差別化を作る20個の基本原則,ダイヤモンド社,2014年9月24日,第一刷発行,14ページ。

⑤　唐·舒尔茨,海蒂·舒尔茨著,高增安、赵红译:《唐·舒尔茨论品牌》,人民邮电出版社2005年版,第8页。

⑥　胡晓云:《品牌价值评估研究——理论模型及其开发应用》,浙江大学出版社2013年版。

产品与消费者、相关利益者之间的良好关系,形成独特的价值系统。

**五、"品牌"新定义:一个独特的利益载体、价值系统与诚信体系**

根据上述相关文献研究,本文认为,在品牌已经由战术升华为战略管理的前提下,可以为"品牌"设定一个新的定义。该定义可从以下几个方面对"品牌"进行界定。

(一)品牌包含产品(服务)与消费者

品牌不仅仅包含产品或服务,同时也包含消费者。产品或服务的品质特征,消费者的各种特征及感知体验特征,符号生产及互动沟通的意义、表达、象征特征等,都是品牌个性、品牌联想、品牌价值的构成部分。正如日本电通公司的蜂窝模型①所表示的,一个品牌中,典型消费者与品牌个性两两相对。

(二)品牌借助于消费者的体验感知获得价值

品牌超越于产品(服务)的根本,在于消费者的认知、认同与忠诚。消费者的认知、体验感知等决定了对一个品牌产品(服务)的满意度及其评价。因此,品牌必须借助消费者对品牌的体验感知,获得对产品(服务)的认知、认同,甚至忠诚于某一品牌,重复不断地购买某一品牌。品牌也因此获得了品牌价值。

(三)品牌是一个各要素系统生产、互动沟通与利益消费的过程

品牌是有关产品(服务)、符号与意义、价值的系统生产过程,也是产品(服务)与消费者互动沟通的过程,同时也是消费者消费、评价品牌的产品(服务)的利益的过程。因此,品牌必须是一个独特的利益载体。

(四)品牌是独特的利益载体

品牌是在物质产品(或服务)、情感利益、意义价值等方面具有能够满足消费者或相关利益者利益的载体,其利益须具有竞争对手无法企及的独特性。该利益不仅包括功能利益、情感利益,同时也能够表达消费者的价值观与生活追求,体现消费者认同的生命意义与价值。"所谓的品牌为何物? 它不单单指名称、标志等,而具有比其大得多的内容。它是一个组织与消费者之间的契约,是坚守功能、情感、自我表现、人与人之间关系的契约……是消费者感触与体验的不断积累变化的关系。"②因此,品牌化过程,须创造消费者需求的利

---

① 胡晓云:《日本电通蜂窝模型——品牌建构与管理的有效解决方案》,浙江大学出版社 2013 年版。

② デービッド・アーカー著,阿久津聡译:ブランド論——無形の差別化を作る20個の基本原則,ダイヤモンド社,2014 年 9 月 24 日,第一刷発行,14ページ。

益,并使品牌成为利益载体,继而通过与消费者的互动沟通,使消费者体察产品所具有的利益与意义,并实施消费。

(五)品牌是独特的价值系统

品牌化(branding)的过程,即是通过符号化、意义化等,为产品或服务进行价值赋予或价值再造的过程。基于对消费者需求的洞察,品牌经营者进行物质产品、体验感知、符号体系等要素的系统生产,在物质产品或服务上增加无形价值,提升其意义,形成独特的价值系统。品牌价值系统不仅在品牌传播中得以呈现,也以品牌价值、品牌资产的形式呈现,更在产品或服务的溢价可能性上得到表现。一个品牌,须有独特的价值系统,才能有独特的品牌价值,才能产生品牌溢价,提升品牌资产。

(六)品牌是独特的信用体系

品牌化的过程,也是利益多方共同构筑信用体系,以提升产品、体验、符号等要素的整合价值的过程。品牌以商标注册为其权益的法律依据,形成一个品牌对消费者及相关利益者的承诺,获得品牌管理、品牌维权的权利。独特的信用体系可维系一个品牌的竞争优势,可向消费者提供消费信用保障,形成相互忠诚。

综上,本文认为,品牌,是基于物质产品(或服务)、消费者的体验感知、符号体系及象征意义等要素的系统生产、互动沟通、利益消费而形成的,独特的利益载体、价值系统与信用体系。

(本文发表于《品牌研究》杂志 2016 年第 2 期,后转发于浙江大学 CARD 中国农业品牌研究中心官网"中国农业品牌研究网",同时发于微信公众号"农业品牌研究院"。)

# "互联网＋品牌农产品发展之路"如何走？

2016年1月14日，由中央电视台农业频道(CCTV-7)主办的"2016农产品品牌大家谈"高峰论坛在四川蒲江举行，论坛主题为"互联网＋品牌农产品发展之路"。笔者做了题为"互联网＋品牌农产品发展之路"的主题演讲，提出："互联网＋品牌农产品"的成功，需要实现"品牌扶贫"与"电商扶贫"的融合扶贫。电商扶贫要以品牌化为引领，将品牌作为电商化的核心和灵魂，才能走得更远。

"互联网＋品牌农产品的发展之路"如何走？

一、首先，基于农业的区域性、公共性特征，采用"母子品牌模式"打造农产品品牌。区域公用品牌为母品牌，企业品牌/产品品牌为子品牌，构建母子品牌相互融合、相互促进的格局，通过区域公用品牌推动企业品牌/产品品牌的发展。

二、品牌需以消费需求为导向。在打造传统品牌时，通常以高姿态的方式，使消费者"仰望"品牌。而如今的互联网用户更侧重互动、对等的精神，因此打造品牌应该以用户思维来思考，利用互联网互动便捷特征，用对等、公平的态度，与消费者互动，形成亲和力、品牌黏性、忠诚度、情感互动依赖。此外，产品是物质的，品牌是体验的，产品要通过服务增强体验感。可利用互联网的符号设计、场景创造，创造特色消费场景，吸引消费者，维护体验快感、认同感。比如对物流包装进行反复测试，使消费者收到产品时，能感受到包装的质感好、稳固度高、可靠性强，且具有特色，进而对品牌产生好感度；另外，可与快递公司建立利益互相机制、与社区建立服务合作机制、加强售后理赔系统的及时性，以增加消费者体验快感。

三、价值再造提升。目前，互联网农产品营销中，价格仍是关键因素。互联网的公开性使得农产品营销往往打起"价格战"。打价格战使得农产品无法提升价值，产生的品牌溢价低。胡主任特别强调，打价格战，不仅不利于互联网农产品品牌发展,更是贱卖了祖宗留下的资源。不打价格战,不以价格取胜,而是通过符号生产打造品牌,赋予无形价值、挖掘文化、展示特色,在产品品质独特性基础上,创新产品价值、营造价值感,以价值与消费者对话,使其产生价值认同。

四、构建诚信体系。品牌发端源于诚信。"物勒工名,以考其诚。"互联网江湖,不是面对面的交易,是虚拟世界的品牌关系构建。虚拟世界中,诚信体系的建构尤为重要。数亿甚至全球的消费者都在看着一个企业、一个品牌的诚信度。凡诚信缺失的企业,只能蒙骗一时,盈利一时,最终失去消费者,失去市场,企业最终也会被社会淘汰。提高企业的诚信度,是一个系统工程,可通过建设追溯系统等途径,提升消费信任度,同时利用互联网消费信息公开特征,增加消费者口碑的正面影响力,杜绝负面影响力,迅速处理不良反应事件。

品牌是基于品牌主体与消费者经由物质生产、体验感知、符号体系等要素的系统生产、互动沟通、价值赋予而形成的独特的利益载体、价值系统与信用体系。利益载体,指的是创造满足消费者需求的物质、精神、文化、情感等方面的需求;价值系统,指的是品牌建设须在产品品质独特性的基础上,整合文化等资源体系、无形价值,构建、创造、提升品牌的价值系统;信用体系,指的是每一个品牌都需要有一套产品品质保障系统,并以符号表现产品的利益与价值,让消费者看到品牌符号就能够安心消费,减少选择困难,降低选择成本。

图 1　胡晓云在中央电视台"2016 农产品品牌大家谈"高峰论坛谈
"互联网＋品牌农产品发展之路"

［本文首发于 2016 年中央电视台 CCTV 节目官网（https：//tv.cctv.com），后发于浙江大学 CARD 中国农业品牌研究中心官网"中国农业品牌研究网",同时发于微信公众号"农业品牌研究院"。］

# 深入实施农业品牌战略，真正实现
# 农业供给侧改革

新年来了，新年热词当属"供给侧改革"。许多人都在解读、分析、猜测"供给侧改革"的主体内容。

有关人士发文猜度，2015 年底召开的中央农村工作会议，首度提及"农业供给侧改革"，可视为 2016 年中央一号文件的底本，即将公布的 2016 年中央一号文件，或以"农业供给侧改革"提纲挈领。

21 世纪宏观研究院认为，从供给侧的角度出发，下阶段农产品价格改革遵循的路径是统筹运用"黄箱"政策和"绿箱"政策，着力去库存、降成本和补短板。其中，通过推动一、二、三产业融合，提升农产品质量与品牌增值，将成为主要解决思路。

上述猜测令我振奋。这许多年来，我与中心团队给自己的重要使命，就是广泛地布道、实践，试图推动中国农业品牌战略的实施与深入。十多年如一日地坚持，到了即将阳光灿烂的时候。

但我也担忧。近来，遇见一些地方农口部门的领导，他们告诉我，都在积极地迎接"农业供给侧改革"，并已经积极部署有关改革方案。如何针对眼前的问题，去库存、降成本、补短板？如何找到一个正确而科学的战略，实现"农业供给侧改革"？接下来，会不会出现拔了茶树栽梨树，填了鱼塘种石榴等盲目的非市场行为？会不会将"农业供给侧改革"理解为依然是政府发动农民种什么的问题？

我认为，"农产品供给侧改革"的前提，是对目前存在问题的判断和解决方案的选择。

农产品生产结构的调整，不是盲目地调整产品结构，更重要的是根据消费市场中消费需求的变化，进行品质产品的生产。目前，中国农产品供给的现状是：安全性高、品质感强、特色显著的好产品少。一方面，低质低价的农产品堆积滞销；另一方面，高质特色产品遍寻不遇，无法满足消费需求。

农业及其农产品资源利用，不仅仅是一味地工业化、规模化扩张，而是品质化、精致化地利用区域地理、品种等资源，更侧重于挖掘区域特色、文化资源及消费者心理资源，如此才能满足多元、个性、特色消费需求。

农产品价格改革的思路，不是降价，而是以满足消费者需求的产品实现农产品的价值增值，创造农产品消费的价值感与溢价可能。如此，才能真正地去库存、降成本、补短板。

这个时代，已经超越了低价值消费时代，正处于以多元消费、个性消费、象征消费为特质的时代。面对这一时代的战略选择，应当是深入实施中国农业品牌战略。

为什么要实施中国农业品牌战略，这个问题是我数年来一直在各种不同层级、不同对象的讲座、授课中都必须谈到的。我认为，深入实施中国农业品牌战略，让品牌战略成为中国农业的新常态，其价值所在非常显著。在这里，复述如下。

（一）农业品牌战略是产业战略，更是国家战略。以农立国、品牌强国。农业是中国文化的渊源所在、农民占中国人口绝大多数、农村是中国人心之根本。品牌农业不仅可以解决农业产业的发展与竞争的战略问题，更能解决中国"三农"问题。解决了中国"三农"问题，让中国农民能够获得更好的收益、过着具有尊严与品质感的生活，便解决了中国发展的最大问题；以品牌农业进入国际市场竞争，不仅可以获得产品溢价销售，更能够同时实现附着在农产品上的中国文化输出与中国理念传播等多元效果。

（二）农业品牌战略是农业经济及区域经济战略，更是人类可持续性发展战略。品牌农业以安全生产、安全消费为基础条件，以"三品一标"、环境生态友好、物种独特性保护、产品利益的差异化开发、文化价值的提炼与升华等为农产品品质管控、品牌价值发掘的基本要求，对农业产业的生态化发展有着重要作用，为其他产业的健康生态发展、人类的消费品质提升奠定了原生基础，其品牌理想更体现了人类可持续性发展的战略要求。

（三）农业品牌战略是农业现代化战略，更是全社会融合发展、跨界发展的新产业生态战略。以品牌农业、品牌农产品为原点，可以形成基于独特文化与农产品的多次产业的互动、跨界和融合发展，形成良性的"接二连三跨四"新产业生态战略，形成六次产业的联动发展与繁荣。

（四）农业品牌战略是农产品营销策略，更是中国乡村复兴与嬗变的有效武器。乡村是城市的童年，实施品牌农业，挖掘中国"三农"的文脉价值，推动中国乡村复兴，让农业成为城市的有机构成部分，形成中国城市与乡村新型的友好互补关系，可解决中国乡村空心化、城市居民"解不了乡愁"等问题，提升城乡人民的生活品质。

（五）农业品牌战略，不仅仅是农产品供给策略调整，更是农业价值再造与提升战略。农业品牌战略能够使中国农业以品牌为核心，在规模化、标准化、良种化、科技化等方面进行科学配置，创造优质高效农业，创造农业品牌经济与农业品牌价值。品牌价值的再造与提升，可以使得中国农产品在国际竞争舞台上在不增加成本甚至降低成本的前提下，从低质低价到优质更优价，破除目前中国农产品成本高、产品溢价低的困局。

（本文于 2016 年首发于浙江大学 CARD 中国农业品牌研究中心官网"中国农业品牌研究网"，同时发于微信公众号"农业品牌研究院"，后被刊发于《中国合作经济》杂志 2016 年第 3 期。《中国合作经济》杂志于 1988 年创刊，由中华全国供销合作总社主办，是中国合作经济领域第一份面向国内外公开发行的杂志，它注重视角的宏观性、全局性和指导性，旨在服务新农村建设，促进中国合作经济发展。）

# 以品牌为核心，实现协同扶贫

2015 年 11 月 27 日，中国吹响了脱贫攻坚战的冲锋号。据媒体报道，中国目前仍有 7000 万人生活在贫困线以下，脱贫任务十分艰巨。面对这种形势，笔者提出"以品牌为核心，实现协同扶贫"的主张。

2014 年底，我与华能集团的唐凯先生在北京商定，通过"品牌扶贫"，为国家级贫困县陕西横山创造脱贫机会。之后的 2015 年，我们为横山县等多地提供了品牌战略规划，我更在多种场合强调"以品牌为核心，实现协同扶贫"的观点。

这并非跟风或做无谓的标新立异。这是我根据这些年在农业品牌方面的研究与实践而得出的重要结论。

为什么在实物扶贫、资本扶贫、产业扶贫、科技扶贫、项目扶贫乃至火热的电商扶贫的进程中，我还要提出"品牌扶贫"，提出另一种扶贫、减贫、消贫的可能性？

## 一、何为品牌扶贫？

我所指的"品牌扶贫"，指的是以为贫困地区进行品牌人才培养、设计有效的品牌战略规划，扶持其打造农产品区域公用品牌等方式，通过普惠式的产品溢价，提升区域经济价值，提高农民的精神气质与创新水平，实现扶贫、减贫、消贫目的的举措。

## 二、"品牌扶贫"的价值

（一）改变落后观念，选择有效战略

消除贫困，首先需要改变落后观念，选择有效战略。21 世纪的世界与中国，已处于品牌消费的市场环境，品牌经济的竞争时代。品牌战略，是 21 世纪竞争的制胜法宝，也是我国转变经济增长方式、社会发展方式的重要战略。市场越来越趋向于品牌消费的现实，要求我国应当通过品牌战略，发展品牌经济，实现"品牌强国"。中国贫困地区，同样面临着观念转变、战略转型的重大抉择。在新的竞争环境下，借助品牌战略，提升区域形象，提高区域及其产业的资源价值，提升产业及产品的溢价空间，才能达到降低成本、保护生态、长效发展的目的。

（二）消除资源浪费，创造品牌溢价

消除贫困，需要追问贫困缘由，挖掘新的生机。在过去，中国多数贫困地区都存在着产品丰富但品牌弱少的共同问题。长期以来，品牌化程度低下，产品溢价低。中国多数的贫困地区，都在西南、西北等西部、北部农村。这些区域，地处边陲或高原腹地，多有丰富的物种资源、传统农耕文化资源、区域特色自然资源，但其区域及各类产业、产品的品牌化程度极低。至今，这些地区绝大多数的产品，依然以原料为主体进入市场竞争，大面积低价出售区域的各类资源，无法得到品牌溢价，无法获得品牌价值。即便是在农村电商飞速发展的今天，这种现象依然存在。各地产品上网了，但低价抛售、低价竞争充斥网络。这一现象的严重性，使它不仅造成了区域独特资源的大量浪费，更导致了中国农村的贫困。实现"品牌扶贫"，可以借助品牌战略提升贫困地区产品的产业价值，提高区域及其他相关产业的品牌化程度，创造品牌溢价，提高农民收益。

（三）科学精准扶贫，实现多元消贫

消除贫困，必须提供精准的解决方案。中国贫困地区，无论政府还是个人，普遍缺乏创建品牌的政策体系、管理机制及其执行能力，缺乏应对品牌消费、品牌经济时代的体制机制、人才储备与实践经验。实施"品牌扶贫"，利用品牌知识培训、农产品区域公用品牌战略规划设计与指导、企业品牌创建人才培养及机制建设等，可以提高以品牌为核心标志的农业现代化程度，同时也可以改变贫困地区落后的、以生产为导向的执政理念与方法，有效提高区域资源管理的机制与水平；提升政府及其企业、合作社、农户的品牌管理能力、市场竞争水平。

更重要的是，在挖掘区域文脉、提升区域价值的品牌建设过程中，可以提升贫困地区内的组织、群体、个体的精神特质、文化气质，再造中国乡村的文明。从这个意义上，品牌扶贫不仅可以消除贫困地区人民的物质贫困、经济贫困，同时，更能够消除精神贫困，提高文化自信，提升精神风貌。

（四）多方协同扶贫，高效互动整合

品牌战略是基于实体经济、资源体系、消费关系而形成的差异化、个性化战略。既然是战略，就具有高屋建瓴的地位。品牌创建过程必须协同利用物质、资本、知识、科技、文化等各种资源。因此，品牌扶贫可以起到整合多种扶贫方式，协同作战，资源优化，合力共赢的整合扶贫效果。这一效果，是之前任何一种扶贫的路径与方法都无法企及的。

如过去的实物扶贫乃至项目扶贫，只能"授人以鱼"，并不能"授人以渔"；知识扶贫、科技扶贫，大多只能在单项技术培训方面做出努力；电商扶贫，虽然能够打破时空限制，拓宽销售渠道，培养电商技术，借助互联网赋能贫困地区的老百姓，但电商扶贫始终不能在更高程度上整合区域各种资源，形成区域内各界组织与人士群策群力、区域品牌与企业（产品）品牌互动发展、共振共赢的新型竞争矩阵。

"三只松鼠"等互联网品牌的成功案例证明，以品牌化为引领的电商化，不仅能够大批量地"卖货"，更能提供品牌溢价；浙江"丽水山耕"品牌的电商化证明，打造区域公用品牌，实施以品牌化为核心的电商化，更能培养整合区域资源、创造产品溢价的组织与个人，更能在协同作战中，以品牌赋魂，以电商赋能，双轮驱动，赢得更多的溢价可能，更大的经济效益，更长远的消费市场。

### 三、"品牌扶贫"的具体举措

"品牌扶贫"的具体举措可以有多种，已经由实践证明是可行的、有效的，有如下几种。

（一）传授品牌知识，培训品牌人才

通过讲座、授课等活动，进行品牌人才培训活动。通过培训，提升贫困地区政府部门人员、企业家、农户等的区域发展与品牌经营理念，提高他们的品牌创建与管理的知识水平，引导他们以品牌化为核心，实现对规模化、良种化、标准化、信息化、符号化等方面的正确理解，加强品牌运营的基本能力培养。

这许多年来，农业部管理干部学院、浙江大学 CARD 中国农业品牌研究中心、浙江大学农业技术推广中心、浙江大学继续教育学院等与各地合作探索品牌人才培养，讲授农业品牌创建的经典案例、解析品牌创建的科学程序，启迪贫困地区人员的品牌创建意识，传授相关经验，的确让贫困地区的人们发现了新的致富路径。近年，在全国各地掀起的区域政府、相关协会与企业（产品）、农户联合打造区域公用品牌、企业（产品）品牌的热潮也证明了，以人才培训为路径，转变落后观念，提升品牌经营能力的"品牌扶贫"举措，为人才成长、区域发展创造了新的机会。

（二）授人以渔，品牌规划先行

品牌创建，是一个战略性工程，必须要有科学、专业的，既有战略高度又有落地措施的品牌规划。但贫困地区当地政府与企业、农户，目前基本没有经验与能力完成战略规划任务。因此，相关专业机构接受委托，根据当地资源情况，为贫困地区提供一个或多个产业品牌、区域公用品牌或龙头企业的品牌规划，能够直接有效地带动贫困地区的产业发展创新。

浙江大学中国农村发展研究院及农业品牌研究中心曾连续为四川蒲江县做了现代农业产业规划、农业品牌战略规划、县域品牌战略规划，为蒲江县"以农立县，品牌强县"提供了重要的专业支持。在浙江丽水市实施生态精品农业的进程中，中心为其规划"丽水山耕"品牌，丽水市农发公司将品牌化与电商化结合运营，双轮驱动，对当地农产品的品牌溢价提供了良好的发展平台。中心为贵州毕节市规划的"毕节珍好"农产品区域公用品牌，也为当地农产品销售、企业的产品溢价提供了背书品牌的价值。目前，这几个品牌都运营正常，为当地的扶贫、减贫、消贫作出了另辟蹊径的重要贡献。

（三）品牌传播，汇聚公益力量

品牌传播是品牌建设中至关重要的步骤。在当今时代，没有传播就没有品牌，没有传播就没有品牌营销。一些贫困地区，资源丰富、产品优质，但就是无法突破时空障碍，为消费者所了解。

近六年来，中央电视台农业频道年年举办优质农产品"嘉年华"活动。该活动采用"品牌农业大家谈"高峰论坛论品牌、"嘉年华"线下品牌展、"嘉年华"晚会视频推介农产品品牌的系列活动，将品牌观点、品牌体验、品牌展示、品牌故事、品牌人物进行整体打包传播，并在人们过大年时播出。六年来，"嘉年华"活动成为中国农业品牌新观点、新品牌、新农人、新故事的综合传播平台，为许多贫困地区、落后地区、边远地区的农产品品牌赢得了世人的瞩目，提升了品牌形象，提高了品牌价值。中国农业新闻网品牌频道、《农民日报》品牌专刊、"农业品牌研究院"公众号等，都为中国农业品牌的传播与推介提供了公益平台。

（四）电商先行，对接大市场

贫困地区，大多是以农业为主业的地区。因此，通过"品牌扶贫"，可以打造农业品牌、提供品牌规划，以品牌化引领区域发展。同时，贫困地区，大多是边远地区或高原、山区腹地，交通不便，物流不畅，品牌扶贫的过程中，需要电商化先行。电商化，指的是利用互联网技术与互联网消费者资源，搭建起贫困地区生产的产品与互联网大市场甚至国际跨境市场的物流桥梁，并为贫困地区人民提供更多的就业可能性、产品体验与销售可能性的举措。目前，阿里、淘宝等利用区域电商化实现扶贫、减贫、消贫的案例已经证明了这一点。

总之，采用"品牌扶贫"，实现协同扶贫，可以引导贫困地区打造品牌经济，提升区域资源价值，富裕一方百姓，提升乡民素养，挖掘农耕文化，创新农业新文明，改变乡村困境，复兴乡村魅力，并进而形成城乡互动，创造城乡互补新格局，使我国贫困地区能够早日消贫。

［本文于 2016 年首发于浙江大学 CARD 中国农业品牌研究中心官网"中国农业品牌研究网"，同时发于微信公众号"农业品牌研究院"，后被刊发于《时代头条》(http://toutiao.stutimes.com)，《蒲公英文摘》(www.zhaoqt.net)。］

# 品牌是一杯香浓的茶

浙江是中国最大的产茶省份之一，出产西湖龙井、大佛龙井、安吉白茶等多种名茶。随着其他省市品牌的强势崛起，原本名列前茅的浙江茶产业面临着挑战。如何培育浙茶名牌？让浙茶的国际竞争力进一步提升？针对这些疑问，《浙江日报》记者近日专访了浙江大学CARD中国农业品牌研究中心主任胡晓云。

浙江茶叶品牌有意识的创建工作源远流长。20世纪80年代，浙江省就从知名品牌的角度开始较有规划地打造浙江省的茶叶品牌，浙江茶叶有了目前的格局，有多个在国内市场上具有一定影响力的品牌，如西湖龙井、大佛龙井、越乡龙井、安吉白茶、丽水香茶、金奖惠明茶等，一个茶品牌群体的影响力和品牌集群正在形成。

## 一、品牌培育还有哪些问题

浙江省的茶叶产业体现出一个显著特征，即区域公用品牌的影响力和品牌价值都较高，但茶叶企业的影响力相对较弱。以西湖龙井为例，多年来，其品牌价值、品牌影响力、品牌溢价能力，在绿茶中均首屈一指。但西湖龙井区域公用品牌范围内的企业品牌，其品牌影响力、品牌价值等指数显示，还是比较弱的。从某种意义上，小规模生产的特征制约了大品牌的诞生。除了规模较小外，浙江省的茶企也缺少茶叶品牌的塑造、传播和推广意识。

胡晓云表示，到目前为止浙江省多数茶企的品牌传播，依然基于物质层面的表达，更多地在产品的色香味形方面进行诉求。事实上，茶文化是中国文化中最具有特色的文化，打造茶品牌，应当在其物质层面传播诉求的基础上，侧重于茶文化的特色、个性、意义、价值，传播不同茶类、不同茶企的符号价值和消费者关系。

**西湖龙井**

西湖龙井，绿茶之冠，山水茶的完美结合。
这一季的西湖龙井，来自西湖龙井一类保护坞腹地，
环境最天然纯净，茶叶品质优良，加工细腻，
精心筛选，方得茶中精华。冲泡后，茶叶舒展，
姿态优美，茶汤滋味清甜爽口，
香气扑鼻，诚意推荐。

图1　西湖龙井茶

### 二、品牌效应不仅仅是规模

有人说，"中国七万家茶企不如一个立顿"。胡晓云认为，这句话重点强调的是规模化的问题，认为我们国内的茶企规模小而散，没有像立顿这样形成一个巨无霸的品牌。"单纯强调品牌的规模，并不符合品牌创建的价值目标。大型的企业集团是一种经营模式，可以获得规模效应。但中国茶产业的生产、加工、销售都基于小而散的前提。如何针对现状，形成大而强、小而美的多种差异性品牌构成的品牌体系，才是至关重要的问题。"胡晓云认为，立顿本来就定位为一个茶叶流通品牌，所以它强调的是整合利用各种茶叶资源，创造一个茶叶流通品牌，将茶作为快消品进行生产与销售，并以规模取胜。

立顿在打造品牌上的能力，确实是中国茶叶企业应该学习的。立顿非常重要的特点，就是它在打造品牌时，首先洞察了消费者的需求，从消费者需求出发，研究消费者的心理，然后在品牌形象设计、品牌个性塑造、品牌产品开发、品牌营销推广等方面做出品牌自己的个性，同时更能够深入消费者心智。

"我们要学习立顿的，不仅仅是规模的问题，而是如何站在消费者的立场去思考品牌创建的系列问题。我认为，这才是品牌战略的关键问题。"目前，许多中国茶企，包括茶叶区域公用品牌，存在着一个通病，即基本都是站在产品的立场进行传播，向消费者介绍茶的历史、资源、产品、山头，等等，而不是站在消费者的立场去思考问题，去提供消费者的需求理由。

每一个茶叶区域公用品牌或茶企品牌，要思考的问题是：在如今去中心化的个性消费趋势中，你的忠实消费者是谁？他们为了什么来购买你的茶叶，而他们又能够为你的品牌做些什么？品牌不仅仅是品牌主创造的，品牌的另一个重要的创造者，是消费者。一个品牌，拥有怎样的消费者，反过来，决定了一个品牌的调性、个性、品位。

### 三、做好茶业发展顶层设计

农产品品类繁多，但其中最具有文化价值的，值得更深入地去挖掘的产品品类就是茶叶。阿里研究院曾出过一个报告，报告中有两个结论值得重视。第一个结论，2015年，淘宝天猫平台的茶叶销售量达到88亿元；第二个结论，淘宝天猫平台茶叶消费主力军是年轻人，其中，18～29岁的消费者占43.25％，30～40岁的占18.32％。

"这正是我们茶叶品牌、浙江茶企的机会。过去，茶叶的消费者，多为懂茶人。他们将喝茶过程理解成玩茶的一种过程和享受方式。但在今天，茶文化已成为大众文化，茶的消费也日趋年轻化。我们必须抓住这样的机会，使绿茶真正进入年轻消费人群的心中，真正占领这个人群的心智，让他们觉得这起码是可以值得一试的，与咖啡文化不同的、具有东方儒释道融合特质的文化。让年轻人抛开价格要素，因为品牌的文化性而去探究一个品牌的意义与价值，并发现一个茶品牌的产品功能、品质特征、品牌个性。"胡晓云说，要打造具有国际、国内竞争力的强势品牌，需要进行专业化的符号经济的挖掘、符号经济的生产、价值经济的提升，需要大量有效的品牌塑造与传播的创新性的工作。

目前，浙江省在打造茶业大品牌上投入了许多关注，正在形成或落实顶层设计。"有关浙江茶品牌的顶层设计，必须与我国的国家品牌、中国茶产业品牌、各产区的区域品牌等产生很好的生态、互动关系。这种关系的构成，除了政府的作为与政府力量、协会等产业管理力量、企业力量之外，还应当借助专家的力量，在顶层设计方面做出突破。"

胡晓云说，要提高浙江茶产业的品牌化，提升品牌价值，提高品牌溢价，首先要根据互联网环境下的消费趋势，进行有效的资源整合和品牌价值的提炼与传播。茶企要真正从自说自话、孤芳自赏、顾影自怜的心态中走出来，适应消费趋势，倾听消费者的心声。

〔本文于 2016 年基于《浙江日报》记者的采访文章,首发于《浙江日报》,浙江大学 CARD 中国农业品牌研究中心官网"中国农业品牌研究网",同时发于微信公众号"农业品牌研究院",后被茶中网(http://www.chazhong.cn)等多个网站转载。〕

# 日本品牌创建的新趋势

2016 年 5 月 29 日—6 月 2 日，受国际广告周大会组委会与日本电通公司邀请，笔者赴日参加"亚洲广告周及高峰论坛"，回国后做了分享。

## 一、多元融合的国际化视野

世界广告大会原来一直在纽约和伦敦两个城市召开。2016 年第一次扩展到亚洲，在东京召开。会议筹备期间，日本电通公司邀请笔者参加会议，并做有关中国农业的品牌战略转型问题的交流。

这是真正国际性、世界性的会议。晚宴的所有元素聚集与所表达的，是多元融合。不仅是人种多元的融合，更重要的是各种文化的多元融合。晚宴场所设置在东京都港区的六本木增上寺。增上寺是净土宗寺院，也是江户幕府德川家的灵庙之一。这个寺庙，有德川家的渊源，背景是日本文化的代表之一——东京塔，塔的前面是增上寺，然后是一片空旷的场地。创意人群汇聚，还有爵士乐队助兴。

晚宴设计别具匠心，充分体现了东西方文化、宗教文化与日本时尚文化、后现代文化与传统文化、现代科技与本土文化的多元融合。

这次会议跟以往的世界广告大会设计一样，依然采用主题演讲和分会场小范围交流两种方式的结合。我想跟大家重点介绍一位讲师，他叫富永勇亮（见图 1）。

富永勇亮先生提出一个非常重要的观点，他认为做品牌传播、做广告应该有一个公式，这个公式就是：创意×技术×设计。他所指的创意×技术×设计，指的是，在成就一个品牌、做一个广告时，首先应当用创意构建思想，然后要乘以科技、设计的力量。

他用两个案例来说明观点，第一个案例关于无印良品，第二个案例关于如

图1　日本广告设计者富永勇亮

何用声音来表达一个城市的特质。

无印良品案例大家都知道,大音希声,大象无形。无印良品虽然有非常好的品质,它在技术设计上面更重要的是它的创意、它的思想。

用声音来表达城市,强调的是如何更进一步地用技术来表达。原来大家在呈现一个城市的形象时,基本上采用视觉来呈现,但是这次用听觉来呈现,完全用听觉来倾听这个城市的声音、这个城市的心声。

在他的表达中,我们可以看到,他和我们过去所强调的一些广告观点不同,他强调了创意,更强调了技术的作用。另一个项目,是关于松下空调如何利用技术表达爱的情感,达到更强的传播价值的案例(见图2)。

图2　用爱相互取暖吧

　　主题口号，如果翻译成中文，可以是"用爱来相互取暖吧"。这是一个非常有意思的实验性广告活动案例。在礼物的送出与接收的过程中，用感应器来感应人在表达爱时的热度，大约比平时高 0.8 度。广告实验活动中有技术力量的参与，但技术力量，首先服务于品牌情感的表达，并提出"心温"的概念，将松下空调的特殊功能进行了情感赋予、品牌情感提升——"心温"的存在与示范（见图 3）。

　　广告文案呈现了这个实验，并表达："因为客厅是集聚家人的爱的场所""实验见证了'心温'存在的事实。"（见图 4）

　　从主题讲演来看，亚洲广告周的基调，强调互联网时代的"创意＋技术＋设计"的力量、大数据的力量。特别是主题讲演的腾讯首席营销官（CMO）、日本 IBM 的首席执行官（CEO），两人基本上是更强调大数据的力量，迪士尼动漫也强调技术的力量。

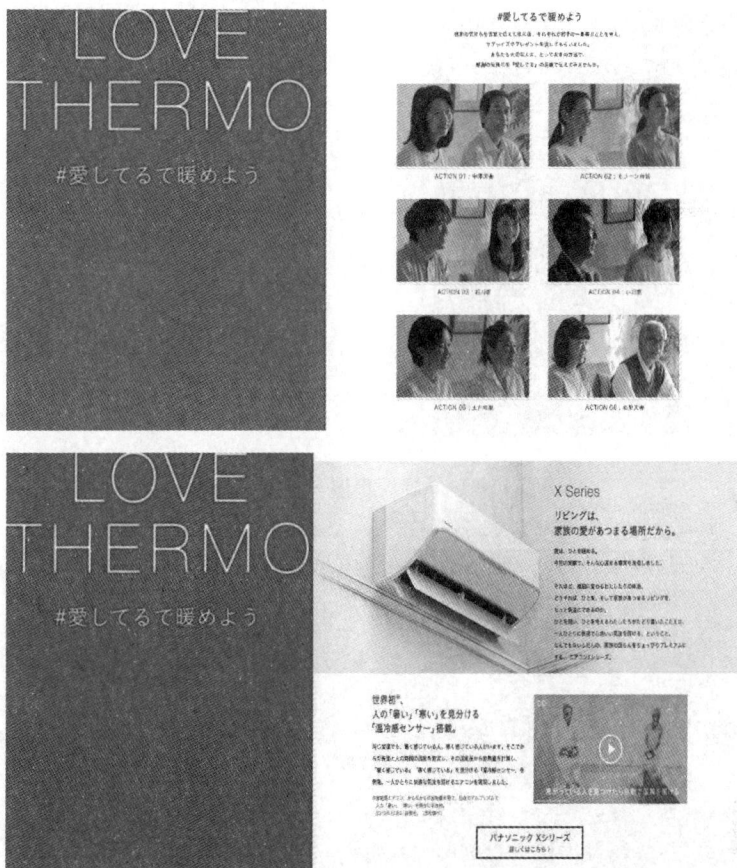

图 3　心温的技术测量（4 幅）

　　第一天的讲演，让我觉得在互联网时代，大家都在讲技术、大数据、大数据的运用，似乎有一种技术至上一边倒的感觉。但第二天上午，奥姆尼康的创始人和恒美的董事长，他已 81 岁，非常有意思，他出来唱了反调。

　　他说："人不能被工具所利用，人已经成为工具的工具，我们遇见了科技海啸。"（见图 5）这于我还是第一次听到这个词——科技海啸，我觉得非常恰当。让我感觉到他对当今的传播环境、人的观念改变，都非常精准地抓住了。他还说"其实人性是不变的"，这句话令我想起了恒美广告公司（DDB）的创始人伯恩巴克。老人思路清晰，同时也让我感觉到了他对伯恩巴克的崇拜，他也用了"其实人性是不变的"这一观点。伯恩巴克有一句名言就是："千百年来人性是

图 4　品牌广告的文案呈现

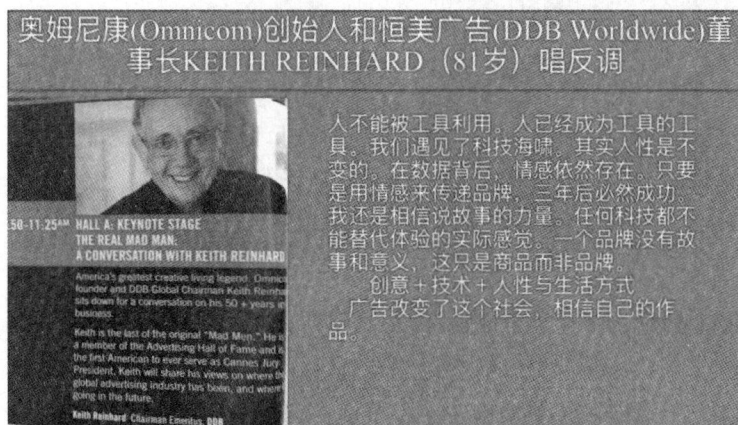

图 5　"我们遇见了科技海啸"

不变的，只要我们抓住了人性，那么我们就能够把广告做好，能够把沟通做好。"

　　这位 81 岁的老人强调说，在数据的背后，情感是依然存在的。只要是用情感来传递品牌，那么他相信，三年之后，一个品牌就必然能够成功。但是如果说一个广告没有情感的话，肯定是要失败的。这让我想到了一直比较喜欢的一本书，一本 2003 年就在国内由汕头大学出版社出版的一本老书。那本老书上，用荣格的原型心理学及无意识来研究品牌的力量，品牌和神话传说之间的对应关系。老人继续强调品牌必须要有情感,特别指出:"我还是相信说故事的力量,任何科技都不能替代体现的实际感觉。"和前面几位谈到的不同,他强调要打造好的品牌,不是"创意＋技术＋设计",而应是"创意＋技术＋人性与生活方式"。我特别崇拜这个老人,我觉得他是一个众人狂欢我独醒的老人。大家都在讲大数据,特别是日本 IBM 也好,腾讯也好,都在讲如何利用网络用户的所有数据,怎样达到广告传播的盈利目的时,老人用他非常清醒的头脑,用人性的立场,表达了独立的观点。

## 二、日本电通公司的新观点

我第一次到日本电通公司是 2002 年,那时,日本电通公司正好从旧大楼搬到新大楼,能够看到它非常壮观的新大楼后面的实力。当时日本电通公司正在强调品牌战略,对品牌蜂窝模型也非常自信,还创造了对话模型。这个对话模型,相当于今天我们说的程序化媒介购买。在那个时候,日本电通公司就已经通过对话模型形成了程序化的电子购买系统。

这一次看到,日本电通公司在组织体系上也有了新突破。

日本电通公司与美国公司不同之处在于,美国 4A 公司更多强调创意,而日本电通公司则更多强调的是营销。所以,原来电通公司的内部构架偏向市场营销局(见图 6)。

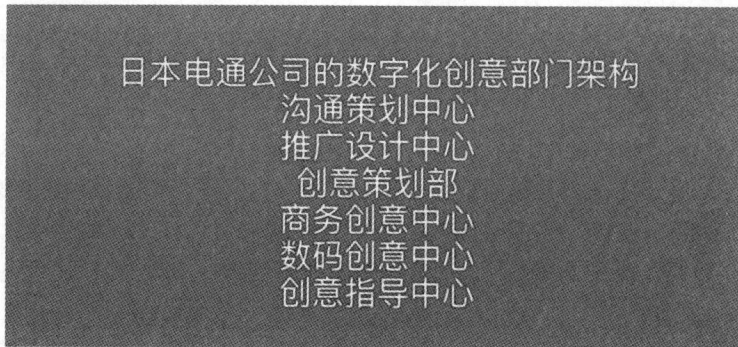

日本电通公司的数字化创意部门架构
沟通策划中心
推广设计中心
创意策划部
商务创意中心
数码创意中心
创意指导中心

图 6　日本电通公司的数字创意部门架构

这一次了解到,日本电通公司成立了日本电通数字化创意局。日本电通公司的数字化创意局的整个部门的架构是:沟通策划中心、推广设计中心、创意策划部、商务创意中心、数码创意中心、创意指导中心,等等。

　　看上去似乎有一些交叉。为什么会出现交叉的部门设计架构呢？这是因为日本电通公司的第4代社长吉田秀雄在美国学习带回来一个非常重要的代理制理念，叫做"一业一社"。"一业一社"对业务范畴有限制，限制他们在同一个行业当中的服务业务单位。虽说无法完全严格地按照"一业一社"来做，但要有所分工，按照项目执行。

　　佐佐木康晴（见图7）是日本电通数字化创意局的局长，从某种意义上来讲，他是日本电通公司数字化创意的一个代表性人物。他提出"情感数字化创意"的创意哲学（见图8）。

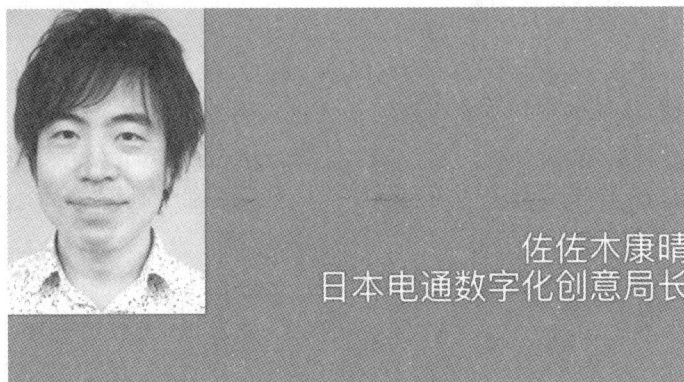

图7　日本电通数字化创意局长佐佐木康晴

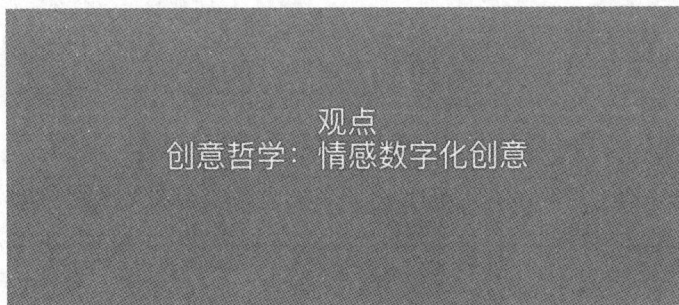

观点
创意哲学：情感数字化创意

图8　佐佐木康晴的创意哲学

　　他认为，今天很多的人、公司都在谈数据，都在谈大数据，但是好像就是把数据理解成为冰冷的东西，而和情感没有关系。这样是不行的，应该强调情感数字，所以他提出了"情感数字"这个概念，要采用"情感数字化创意"这种方式。

### 三、"发现区域优势,打造区域品牌"

2002 年,日本一桥大学的教授伊藤邦雄,与日本产经新闻共同发布了企业品牌价值评估模型。日本经产省也发布了日本企业品牌价值评估模型。当时我也就开始关注、研究品牌价值评估的模型开发。日本的品牌价值评估模型跟日本当季品牌打造注重企业品牌的情况是相匹配的。其当时的日本着力更多的是工业品牌、企业品牌和产品品牌。所以,其品牌经营或者说品牌创建、品牌管理、品牌研究和品牌价值评估,大都基于工业品牌、企业品牌、产品品牌角度。

但近十年,变化趋势更加明显了。过去,日本着力打造工业品牌、企业品牌、产品品牌,现在,日本正着力打造区域品牌、整合品牌,甚至以农产品品牌作为一种非常重要的区域品牌创建方法。

和过去还有一个不同的是,过去倡导的是"一村一品",现在倡导的是"全域品牌化"。

以前日本的学者也好,业界人士也好,更多地关注产品品牌和企业品牌,最近这些年,日本的学者和业界都更加倾向于对地域品牌的研究。

向大家介绍几本书,特别是日本北海道大学的田村正纪教授写的《品牌的诞生》(见图 8)。

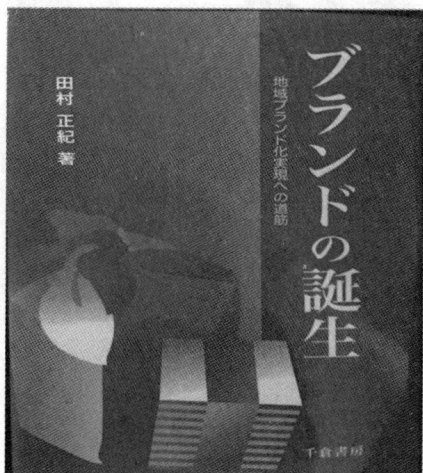

图 8　区域品牌的研究专著

这本书非常不错，它主要是针对日本的一些特产、日本的区域性特征和特产的文化性特征，强调如何打造区域的公用品牌。

《引出地域魅力——更新设计》《区域品牌创建案例集》（见图 9）两本书，介绍了许多比较成功的区域品牌的运营案例。这些案例当中，最顶尖的是熊本县的区域品牌创造。

图 9 《区域品牌创建案例集》

采用一个虚拟的品牌代言符号——熊本熊创造熊本县的区域品牌，将整个熊本县进行全域品牌化，获得区域经济的提升（见图 10、图 11）。

根据相关资料，我们大家都可以知道，只用两年的时间，熊本熊就为当地带来了 12 亿美元的经济效益、9000 万美元的广告和传播效果，创造了区域公共品牌的典型个案。

所以，在日本的银座、六本木等非常时尚的区域，正在做的一些传播工作，

图 10　日本熊本县的区域品牌打造

图 11　熊本县的品牌代言者"熊本熊"

或者宣传活动,许多都是有关区域品牌的推进。我们国内现在比较热的是县域品牌的打造,而日本在 20 世纪早已开始,现在,许多地区都开始全域品牌化,并实施相关推介活动。比如说爱知县、冲绳岛、鹿儿岛、北海道、长野县等,都已经在打造县域或岛屿的区域品牌。

日本各地在打造区域品牌时,有一个基本落脚点,或者说基本的资源体系就是从农产品开始,从特色的农产品开始(见图 12)。

关于区域品牌的打造,日本的经验非常值得我们学习,特别是区域品牌的认证,比如说北海道认证、本场本物等认证体系。日本和相关特产或地理标去产品论证等,与我国的"三品一标"(无公害、绿色、有机、地理标志)是完全不一样的。

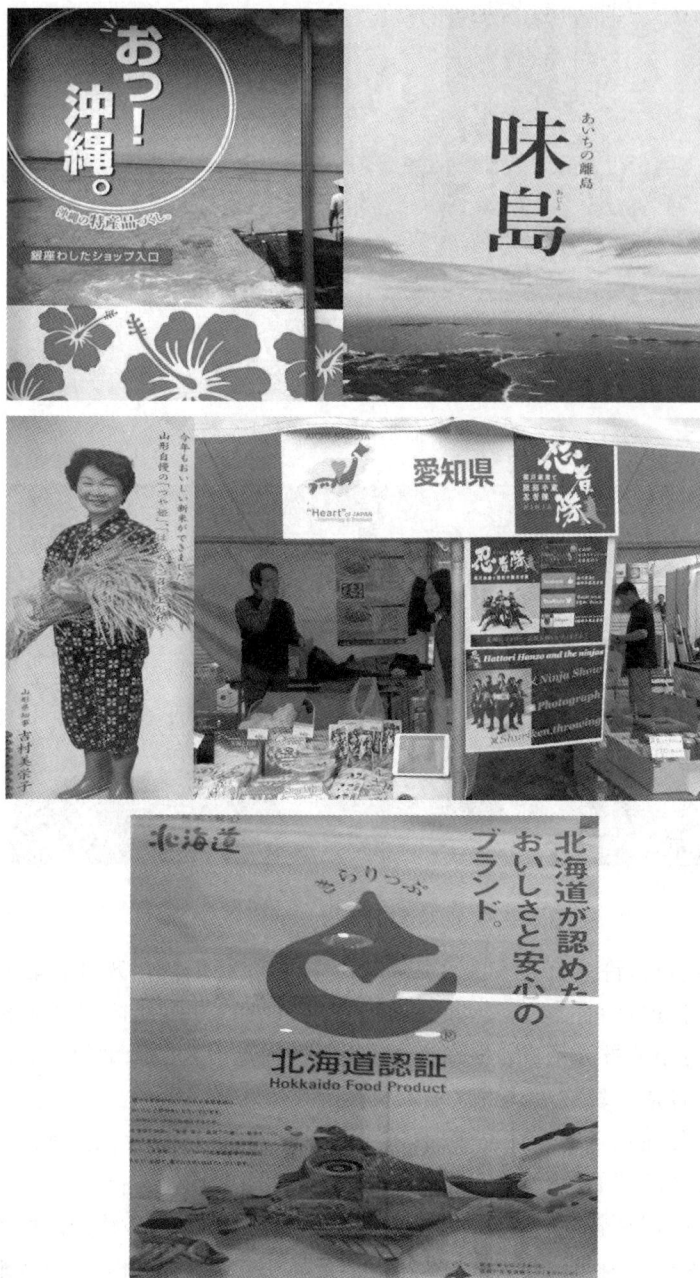

图 12　日本各地的区域品牌打造热潮（4 幅）

我特别考察了六本木的大米市场(见图 13)。

图 13　日本大米品牌销售终端市场

日本在大米品牌的打造上,基本上还是采用了产地品牌作为背书、企业品牌作为子品牌的区域品牌与企业、产品品牌的联合创建方法。我想建议大家跟我一起来思考一些相关问题。因为现在,我们国内对打造区域公用品牌有不同的看法。我个人认为,打造区域品牌其实是非常有价值的一件事。因为农业和其他如工业等行业不一样,我不赞同以工业思维、工业模式来对农业进行服务。

还有日本的"农旅融合"已做得脚踏实地。包括在全日空做的许多推介活动,如机上读物、机上广告等,都让我感受到,日本正在积聚所有力量,通过"农旅融合",实现资源整合,追求通过一个特色农产品,达到全域品牌化(见图 14)。

### 农旅融合,全域品牌化

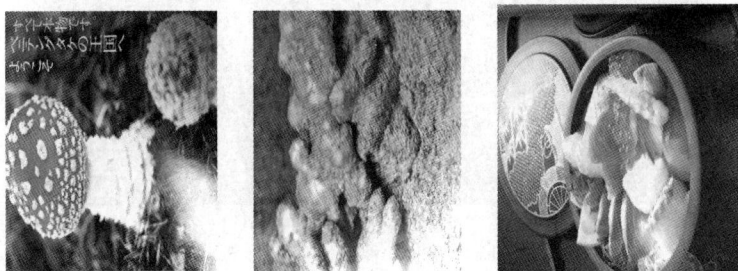

图 14　日本的农旅融合及全域品牌化

有关"农旅融合",有较多的案例。大家在图片中可以看到。我特别体验了"鹿儿岛游乐馆"。以鹿儿岛黑猪为核心农产品品牌,整合系列的鹿儿岛产品,整体推出全域品牌(见图 15)。

图15　日本鹿儿岛全域品牌化案例

　　日本正在通过品牌战略再造区域价值，通过品牌战略超越传统经济创造品牌经济。

　　在过去，日本更多的是通过工业品牌创建来创造品牌经济，但是现在，日本着力于区域经济发展，在一、二、三产业的联动发展方面进行突破，通过全域品牌化，创造区域品牌经济。历来各种不同经济形态参见图16。

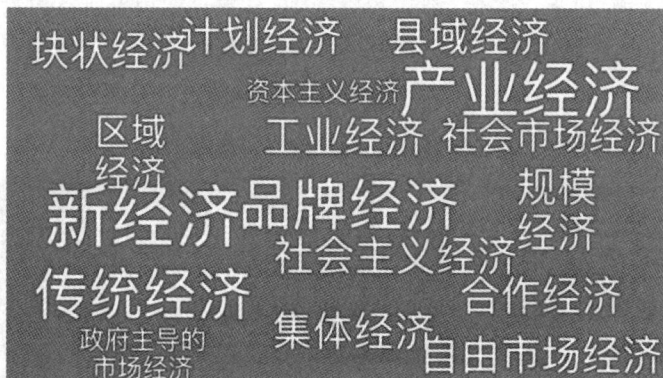

图16　历来各种不同经济形态

　　上述有关日本之行的三点见闻，请各位研究与参考。

　　（本文是于2016年笔者给研究生及团队的讲座内容，后整理成文后首发于浙江大学CARD中国农业品牌研究中心官网"中国农业品牌研究网"，同时发于微信公众号"农业品牌研究院"。）

# 中国果业品牌创造的价值发现与价值重塑

2016 年 8 月 31 日,中国果业品牌大会在西安隆重举行,笔者受邀参加大会并发表主题演讲《中国果业品牌创造的价值发现与价值重塑》。

我国已经真正进入了品牌农业时代。品牌农业,是"以农立国,品牌强国"的国家战略的核心支撑;是以"绿色有机生态"发展为追求的可持续生态发展战略;是以"农业增效、农民增收、农村更美"为目的的乡村复兴战略;是以农产品品牌为引擎,实现跨界融合的新产业生态战略;是以品牌竞争为核心战略的全球化应对战略。所以,今年以来,各地都在抓农业品牌化工作,做品牌规划,我们中心忙得不可开交。但是,对必要性、重要性都知道的同时,深层问题出现了。

品牌战略到底是一种怎样的战略(战略类别定位)? 品牌创建的核心目标(目标管理与程序指向)是什么? 品牌创建的动力系统(品牌驱动力与系统构成)是什么? 品牌战略规划之后应当怎么做(顶层设计与落地实现)? 不同产业基础水平的农业品牌应该如何做(品牌创建与管理模式的适用性问题)? 等等。

品牌战略,是竞争战略中的差异化战略。根据迈克尔·波特的《竞争战略》可见,市场竞争三大战略,有成本战略、专一化战略、差异化战略。品牌战略的战略类别定位是差异化。因此,品牌战略的关键目标,是通过品牌战略规划与实施,实现品牌的差异化,让产业、企业、产品在同质化的市场中跳出来,在竞争日趋恶化的环境中,与消费者实现独一无二、非我莫属的交流,在纷繁复杂的信息环境中,凸显自己的个性与价值。其战略核心是发现与重塑差异化,创造不一样的竞争可能。

品牌创建的关键目标,是品牌价值。通过差异化发现与重塑,发现价值、再造价值、创造特有的品牌价值,才能够让品牌产品快速、优价地实现市场销售,并支持区域经济发展,形成品牌生态价值链,提升品牌自身的独立价值。创造品牌的目的有多个层级:产品销售,产品溢价销售,支撑区域经济发展及区域形象塑造,创造区域公用品牌、企业或产品品牌的独立价值,通过品牌延伸,构建品牌生态价值链。所以,品牌不是战术,更不止于营销工具,而是一种特殊的战略体系。

品牌价值,成为品牌农业的核心指标。浙江大学 CARD 中国农业品牌研究中心,从 2008 年开始,用自主创新的价值模型进行评估。今晚,将发布中国果业品牌价值评估结果。计算起来,虽然与中国果品流通协会合作发布是第一次,但我们的评估发布已经是第八个年头了。

品牌战略,就是通过价值发现与价值重塑,创造差异化价值。用独一无二的价值优势而不是价格优势参与市场竞争,与消费者沟通。

那么,中国果业如何通过价值发现与价值重塑获得差异化价值?

许多年以来,我都在思考、整理、写作一本书,希望不久能够弄好。书名叫《农业品牌传播论——20 个差异化创造的基本法则》。具体到果业呢?今天,就用这点时间,讲一讲中国果业品牌差异化价值发现与价值重塑的方法。这些案例,前六个是中心这些年为果业品牌规划的部分成果。

过去,产品经济时代,人们注重的是产品物理价值的发现。果业,说得最多的产品利益点是甜、糖度高,甚至用精确的糖度来吸引消费者。最近几年,才开始注重"甜酸比"。比如 2011 年,中心为新疆维吾尔自治区做"十二五"农业品牌战略规划,调研过程中,新疆的朋友一个个都告诉我说,我们的哈密瓜、苹果、红枣、葡萄都特别甜。我说,如果新疆的水果特点就是特别甜的话,我不敢吃了。今天的消费者,在关注什么?甜,意味着发胖。现今的时代,男女老少都愁胖;甜,意味着糖尿病可能;甜,意味着糖尿病患者不能吃。从这张图 1 中就可以看到今天的消费者关注的点在哪里。

现代品牌经济、品牌消费时代,消费者食用水果,不仅仅注重营养,同时也在注重营养要素与自己身体素质的匹配。一些感性消费人群、高端理性消费人群,除了注重产品的品质之外,也许更注重品牌的无形价值。当我们要去看望长辈的时候,糖度低、纤维素高、口感绵的苹果也许是最受欢迎的;当我们去看朋友的时候,选择与朋友的生活品位相匹配的水果才是最重要的。所以,烟台苹果提出了"甜酸黄金比"概念。因此,打造品牌,首先要站在消费者立场,发现品牌的适用价值。那么,用什么方法、视角去发现适用价值?

根据我们这些年为各地果业品牌做品牌规划的经验,我认为,至少可以从

常见水果含糖量一览表　单位：克/100克

| 名称 | 含糖量 | 名称 | 含糖量 | 名称 | 含糖量 |
|---|---|---|---|---|---|
| 西瓜 | 4.0 | 杨桃 | 5.3 | 葡萄 | 8.2 |
| 新疆西瓜 | 6.1 | 枇杷 | 6.6 | 李子 | 8.8 |
| 甜瓜 | 3.5 | 樱桃 | 7.9 | 鸭梨 | 9.0 |
| 椰子 | 4.7 | 柠檬 | 7.9 | 菠萝 | 9.3 |
| 草莓 | 5.7 | 番石榴 | 7.9 | 蜜橘 | 9.4 |
| 白兰瓜 | 5.2 | 猕猴桃 | 8.1 | 橙子 | 9.8 |

低胆固醇食品的胆固醇含量　单位：毫克/100克

| 食品名称 | 含量 | 食品名称 | 含量 | 食品名称 | 含量 | 食品名称 | 含量 |
|---|---|---|---|---|---|---|---|
| 海参 | 0 | 羊乳 | 34 | 大黄鱼 | 79 | 牛油 | 89 |
| 鸡蛋白 | 0 | 小白虾 | 54 | 鸭肉 | 80 | 黄鱼 | 93 |
| 海蜇头 | 5 | 瘦牛肉 | 65 | 草鱼 | 81 | 桂鱼 | 96 |
| 酸牛奶 | 12 | 火腿肠 | 70 | 黄鳝 | 78 | 带鱼 | 97 |
| 牛乳 | 13 | 甲鱼 | 77 | 兔肉 | 83 | 鲫鱼 | 96 |
| 海蜇皮 | 16 | 瘦猪肉 | 77 | 鲤鱼 | 83 | 胖头鱼 | 97 |
| 脱脂奶粉 | 28 | 瘦羊肉 | 65 | 鲳鱼 | 86 | 猪油 | 85 |

尽量少吃

| 名称 | 含糖量 | 名称 | 含糖量 | 名称 | 含糖量 |
|---|---|---|---|---|---|
| 桃子 | 10.7 | 香蕉 | 11.9 | 苹果 | 13 |
| 盖柿子 | 10.8 | 柚子 | 12.2 | 无花果 | 12.6 |
| 杏子 | 11.1 | 柑橘 | 12.8 | | |

高胆固醇食品的胆固醇含量　单位：毫克/100克

| 食品名称 | 含量 | 食品名称 | 含量 | 食品名称 | 含量 | 食品名称 | 含量 |
|---|---|---|---|---|---|---|---|
| 猪肺 | 314 | 猪肝 | 368 | 鸭肝 | 515 | 虾皮 | 738 |
| 凤尾鱼 | 330 | 猪肾 | 405 | 鸭蛋 | 634 | 鸡蛋黄 | 1075 |
| 羊肝 | 323 | 鸡肝 | 429 | 鸭蛋黄 | 634 | 松花蛋黄 | 1132 |
| 牛肾 | 340 | 蟹黄 | 466 | 鸡蛋 | 634 | 鹌鹑蛋黄 | 1674 |
| 羊肾 | 354 | 咸鸭蛋 | 724 | 鹅蛋 | 704 | 鹅蛋黄 | 1813 |

最好不吃

| 名称 | 含糖量 | 名称 | 含糖量 | 名称 | 含糖量 |
|---|---|---|---|---|---|
| 鲜荔枝 | 16 | 柿饼 | 70.3 | 栗子 | 44.8 |
| 沙果 | 15.1 | 红果 | 22.1 | 干枣 | 72.8 |
| 鲜桂圆 | 16.1 | 甘蔗 | 20.7 | 葡萄干 | 56.2 |
| 扁柿子 | 18.6 | 鲜枣 | 23.2 | 干桂圆 | 62.8 |
| 香蕉 | 19.5 | 荔枝干 | 56.4 | | |

提　示

每日至少进餐三次，每餐最好主副食搭配，精粗粮搭配，精粗粮搭配的比例：6：4．提倡多干少稀，少吃油炸食品，在血糖得到控制的情况下可适当吃水果．而且要放在两餐的中间吃，不可饭后即食水果．

图1　消费者眼里的水果

以下几个视角去发现不同区域的果业品牌，适应不同消费市场的价值。价值发现与价值重塑的方法大致有发现产品特征、行业地位、地缘特征、产业特征、文化特征、管理模式、消费特征、态度特征八种。

## 一、发现产品特征，重塑品牌价值

这种方法是利用产品的品类或品质特点，进行价值系统的发现与梳理，进行核心价值的提取，通过符号生产与系统传播，重塑品牌价值。

蒲城酥梨是陕西蒲城县的特色产业。通过调研，我们发现酥梨产品的共性特征是“汁多甜润”，而蒲城酥梨的个性特征是“汁水丰多”。在当地有俗称“吃一口，流一手”。进一步研究发现，蒲城酥梨“多汁”的品质支撑体系有：500

米海拔适生地带;1米多厚黄绵土孕育;200多天无霜期生长,2200小时光照时数,2500多度有效积温,5项全方位栽培管理(全营养一体水肥,高光效树型修剪,针对性病虫防治,精细化花果管理,木浆纸优质套袋),品质支撑体系庞大,难以记忆,更难以留下深刻印象。根据蒲城酥梨的产品核心特征,进而独占同行关于梨的共性价值,表明产品主要特征"多汁",在酥梨产业同行中率先传达出消费者对于梨的共性需求"多润",既有润喉、润肺的功能需求,也有以表示感恩致谢、润心的情感需求,提炼出蒲城酥梨的核心价值为"多汁多润"。这一提炼简约清晰,抢占了酥梨的品类特征和消费者认知资源。

"蒲城酥梨,多汁多润"成为品牌口号。进一步,通过符号生产,用简洁、易记的方式,进行品牌价值重塑,到达消费市场。消费者因为这个润泽的符号、"多汁多润"的口号而印象深刻。

### 二、发现行业地位,重塑品牌价值

这种方法指的是,利用一个品牌在行业中原有的地位特征,进行进一步的价值发现与核心价值提取,然后通过符号生产与传播,凸显并巩固其行业地位,让消费者重新认知其独一无二的地位。

烟台苹果,在中国苹果产业中的地位独一无二。1871年,在中国,其第一个引进西洋苹果,并经过百年努力,成就了百亿品牌价值。

我们发现,烟台苹果的价值支撑体系十分显著。作为一个百年品牌,又经近年发展,烟台苹果在产品品质、产业水平、生态环境、品牌溢价、历史文脉等方面具有突出优势。借此,立体构成了烟台苹果的品牌价值支撑链:口感酸甜黄金比——皮薄汁多,鲜香脆爽,酸甜比例恰恰好;种植水平优先级——种植技术、管理水平,国内领先、世界一流;生态条件世界级——生态条件比拟华盛顿、青森等世界著名产区;品牌价值第一高——多年蝉联中国农产品区域公用品牌价值评估果品类第一;中国历史第一个——1871年由美国传入烟台,开创中国苹果之源。众多的第一个。核心价值当然成为"第一个"。老大地位,老大定位。核心价值抽取,主题口号为"中国第一个苹果,烟台苹果";辅助口号也即烟台苹果的行业定位为"中国苹果发源地"。"第一个"与"第一"不同,有足够证据证明,不违反广告法所说的"极端用词"。进一步,利用符号生产,将价值提炼、固化,获得价值重塑效果。

"第一个"必定有悠久的历史文化,有与消费者的生活深刻关联的记忆。进一步将品牌价值支撑体系进行符号化传播演绎,输入消费者认知。

### 三、发现地缘特征，重塑品牌价值

这种方法指的是，针对区域环境对果品的自然影响特征，借助地缘特征，发现品牌价值，提取核心价值，利用符号生产与系统传播，创造或重塑品牌价值。

威宁苹果生长在西南冷凉高地，贵州属地辖县。该地拥有得天独厚的自然、人文特色景观。自然特色以被誉为"高原明珠"的百里草海和记录乌撒历史的百草坪为代表。人文特色则有："一个信仰与文化改变社会的样本"的石门坎，"最原始最粗犷"的彝族戏剧撮泰吉，交相辉映的彝族、苗族、回族等少数民族特色节庆。

威宁苹果所在产区为西南冷凉高地产区，是中国南方的最优质苹果生产区，具有如下特色优势：纬度低，种植地位于北纬27°，纬度相对较低，年均温相比于北方产区较高；海拔高，种植地海拔在1900～2300米，高海拔以及昼夜温差大，带来了产区病虫害少的优势；温差大，威宁苹果整个产区表现出昼夜温差大、年温差小的特点；日照多，威宁地区年日照时数为1812小时，被誉为"贵州阳光城"。从品牌建构角度来看，这样"特立独行"且具有优势的产区格局，给威宁苹果带来了特色农产品品牌产区基础，这种地域优势对于构建品牌文化内涵有着极大的推进作用。

借此，提炼出威宁苹果的品牌价值支撑体系为：

果子不套袋，迎接最纯粹天然阳光。少施肥，不打药，不掺杂质。威宁苹果是一种纯粹的红；生长在1900～2300米海拔的高原、北纬27°的低纬度，由1812小时的年光照时间共同成就，威宁苹果是一种热烈的红；深藏于乌蒙山脉之间，由彝族独特而神秘的种植方式育成，威宁苹果是一种神秘的红；由自然农法养育，与山风、野花对话，威宁苹果是一种野性的红。

继而，通过价值提炼，提取价值体系、核心价值的符号表达体系。价值支撑体系的文字表达为：纯粹的红，畅享阳光，不施粉黛；热烈的红，扎根高原，自由奔放；神秘的红，彝族圣果，倾心孕育；野性的红，自然农法，天生天养。

基于独特的地缘优势及其威宁苹果"不套袋""外表红""纯天然""较早熟"的特色优势，选择"贵州"地理标志，结合"红"的概念，组成了威宁苹果的核心价值："贵州红"。

"贵州红"的概念，可以突出苹果品类的特性和凸显威宁苹果产品的优势，同时，贵州的旅游传播口号为"多彩贵州"，其中"红"是最重要的一彩。"贵州红"可以借力"多彩贵州"所建立的消费者认知基础,具有强势的传播力。

从威宁苹果的生长环境来看,威宁苹果远离喧嚣城市,也不在所谓"黄金纬度"上,它深藏于乌蒙山脉间,纯粹而神秘,就如隐藏在大自然的美好,等待世人用心发现。于是我们用"发现"这个词语,引导消费者注意。

辅助图形:采用彝族绚丽的红色,加上民族特色浓烈的蓝、黄等色调,描绘一幅载歌载舞、苹果丰收的景象;用画面定格了威宁苹果所表达的"贵州红",也代表着威宁人的热烈期盼。因为威宁苹果藏在深山人不知,所以我们从消费者拉动角度,将品牌口号设定为:"威宁苹果,发现贵州红!"

基于威宁苹果的地缘特征,在传播策略、消费者互动策略中,采用了与区域旅游联动的"农旅融合"策略,设计"发现之旅——发现贵州红",一举两得,让游客进入乌蒙山脉深处,发现"贵州红"代表——威宁苹果,并实现区域旅游的开发。实现一个产业带动一方经济,一个农产品成就区域形象的立体作用。

根据"纯粹的红""神秘的红""热烈的红""野性的红",形成威宁苹果四大特色产品,各有独特之处,涵盖市场各部分人群,同时也通过相应的吉祥物传达了威宁苹果"贵州红"的品牌核心价值(见图2)。

2013年时期的灵宝苹果产业,历史悠久(1921年引进种植史)、产业大县

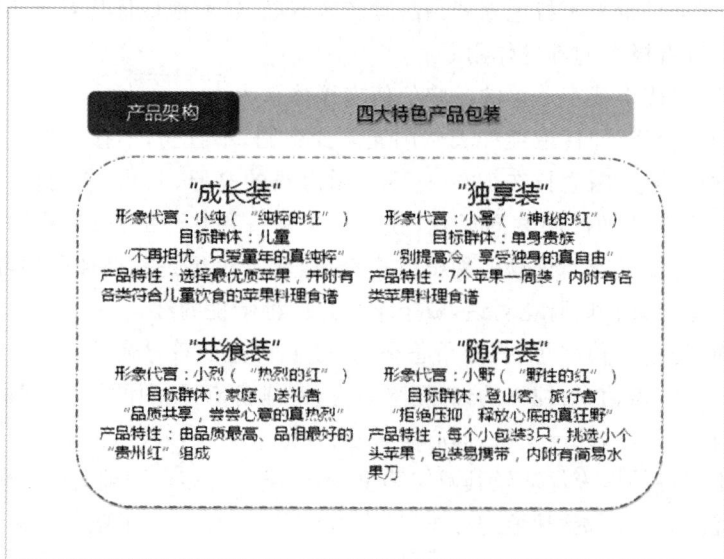

图 2　威宁苹果的特色产品包装系列

（90万亩、120万吨产量、27亿元年产值）、环境独特（优果主产区海拔800～1300米不等）、产业链相对完整但不均衡（生产组织小而散，销售组织小且单一、加工产能丰盈而原料果不足）、经济效益突出（人均收入4100多元）、品牌溢价不足（仅3％品牌果），是行业高知名、市场低认知的传统老产业。

分析它的生长环境，地缘特色可见，海拔所带来的高原特色相对显著。构建品牌传播支撑系统：历史，高原苹果发源地世代传承；气候，秦岭东端小气候精华滋养；土壤，九曲黄河金三角黄土孕育；生态，首批生态原产地品质保障；管理，优质产区高标准精心挑选。并将灵宝苹果定位为"来自黄土高原的好苹果"。品牌口号为"天赐高原好果"。

品牌标志的符号表达，着重于黄土高原的特质，并将苹果与高原进行嫁接处理，抢占高原苹果的差异化定位。字体、苹果形状、品牌口号"天赐高原好果"都整合体现"高原"特征（高原苹果，具有生态、特色的象征）。

吉祥物"小灵宝"，精灵、可爱。分级符号、优质产区符号、应用广告海报等，综合体现新的价值系统。

浙江温岭的葡萄，种植在南海边海岸滩涂上。温岭市地处中国大陆最东部，第一缕阳光普照地，纬度较低，三面临海；亚热带季风气候，海洋性气候影响明显，雨量充沛，光照适宜；温岭葡萄种植在海岸边，海涂土壤富含磷、钾等有利元素，葡萄含糖量高；温岭葡萄采用大棚设施栽培，具有聚热作用，物理升温装置，比省内其他产区提前10～20天上市。体现了优质葡萄庄园阳光、沙砾、大海的"3S"法则。

研究了温岭葡萄与海岸的关系，再链接温岭与阳光（新世纪第一缕阳光照到的地方）、葡萄、海岸的关系。将温岭葡萄定位为"阳光海岸 鲜食葡萄"。因为是"海岸葡萄"才可以有"3S"：阳光、大海、滩涂营养。品牌口号自然是"温岭葡萄，海岸葡萄阳光味！"其品牌价值支持系统为：海洋气候，北纬28°沿海气候滋养；海涂土壤，丰富磷钾海涂自然孕育；海滨阳光，海岸光照成就鲜甜风味；设施栽培，技术保障高效利用资源。其标志设计元素为海鸥、海浪、"海岸葡萄阳光味"口号，构建了与其他葡萄不同的差异化特色。

因此，"温岭葡萄"品牌战略是一个塑造"海岸葡萄"的战略过程，是通过占据"海岸葡萄"品类，深入挖掘"海岸葡萄"基因，创意凸显"海岸葡萄"的符号体系，从而大幅度提升品牌效益的过程。

结合"温岭葡萄"多品种、多色系的特点，整合成以颜色区隔的四个产品系列，分别为：紫气东来、红粉佳人、绿色心晴、缤纷阳光。

### 四、发现产业特征，重塑品牌价值

这种方法指的是，针对品牌自身的产业特征，及其对果品的品质特征产生的影响力，发现品牌价值，提取核心价值，利用符号生产与系统传播，创造或重塑品牌价值。

武功猕猴桃，产自陕西武功县，是陕西猕猴桃产业的后起之秀。总体种植规模比不上周至、眉县，但其产业的集聚程度、标准化、组织化、电商化管理特色显著。猕猴桃市场，国际有新西兰佳沛；国内近有眉县、周至，远有都江堰、蒲江等等，竞争态势险峻。

以产业特征为前提，抓取品牌价值的支撑体系。我们看到，除了农耕始祖、天时地利之外，武功猕猴桃更重要的是"下足了功夫"，且该功夫与其县名"武功"有天然连接。武功猕猴桃品牌的价值支撑体系是：在种植标准化上下功夫，建立猕猴桃生产标准，开发物联网，有效实现监测溯源；在管理规范化上下功夫，果园管理标准化、组织化、规模化，树立安全健康形象；在渠道电商化上下功夫，升级农产品销售模式，发展电商平台，开拓产品销路；在产业组织化上下功夫，利用金融化手段，向上下游延伸，形成产业联盟，壮大龙头企业；在果园循环化上下功夫，果园与养殖场结对，发展循环农业模式，打造西北农业典范。

基于此，构成了武功猕猴桃的品牌价值体系：农耕始祖。后稷教民稼穑圣地，中华农耕之源；天时地利。光照充足、土质肥沃、纳天地之灵气；规范管理。标准化组织化管理，技术规范领先；监测溯源。果园精准监测溯源，保障安心品质；匠心守护。严格规定采摘时间，充分沉淀营养。

其核心价值提取并表达为："下功夫，成好果！"这句品牌口号，不仅将武功猕猴桃与"功夫"在字面上进行链接，更进一步延伸品牌内涵，使消费者产生正面联想，强化了消费认知：武功猕猴桃，是武功人下足功夫才成就的好果。

基于品牌口号，武功猕猴桃的五大价值支撑点进一步提炼为武功猕猴桃"下功夫"的"一招五式"，阐释"下功夫，成好果"的具体内涵，一脉相承，增强传播力。在"下功夫，成好果"的核心价值中，"功夫"是核心重点，是和武功县内外兼具的链接点，亦是武功猕猴桃符号创意的出发点。将功夫元素和猕猴桃结合，通过拟人化的表达，进一步加深消费者对武功、功夫、品牌核心价值的认知。基于上，创意武功猕猴桃的品牌主形象"武功小子"，表现"下功夫，成好果"的产业特征。"武功小子"表情憨厚可爱、头戴斗笠、身披斗篷、招式过人，有武侠之风范;继承武功先人农业始祖后稷的敦厚、勤劳,大汉忠臣苏武的诚实、勇敢,才女苏蕙的创新、聪颖,个性鲜明,顺应了互联网时代下品牌符号的审美取向。

品牌 IP 形象"武功小子"、品牌名称、品牌口号,共同构成武功猕猴桃独一无二的品牌标志。"武功小子"也是目前市场上唯一以拟人化卡通人物为主的猕猴桃品牌标志,将成为武功猕猴桃进行差异化品牌竞争的有力武器。

### 五、发现文化特征,重塑品牌价值

这种方法指的是,针对产品出产地的文化特征,及其该地本土文化特征对果品的品质特征的影响,发现品牌价值,提取核心价值,利用符号生产与系统传播,创造或重塑品牌价值。

户县,西安近郊县。不太为人知,但是一个人杰地灵的地方。户县葡萄就种植在这里。户县葡萄,产业资源十分丰富,为其品牌价值提供了诸多可供演绎的因素,尤其是光照、水源、土质等生态环境资源,以及品种、栽培、情怀等人文培育资源,立体构建起户县葡萄的品牌价值支撑链。

黄金光照:北纬 34°秦岭北麓,年均光照 220 天,比世界闻名法国葡萄产区多出 30 天,让每一颗葡萄晒足阳光。

丰沛水源:36 条河流奔腾润泽,4 亿立方米地下水存量,让每一颗葡萄畅快痛饮。

透气砾土:南依渭河,北靠秦岭,丰富洪积扇提供天然沙石砾土,排水透气,让每一颗葡萄自由呼吸。

独特品种:自主科研育种,独有品种——户太 8 号,数十年优化选育,屡获国家金奖,自然优越品质。

生态栽培:种植过程继承传统农业作业精髓,吸纳现代生态农技要领,让每一颗葡萄健康生长。

虔诚匠心:千年农耕文明哺育,民风敦厚重诚守诺,耕作勤恳心怀敬意,虔诚培育每一颗葡萄。

品牌价值支撑链通过六大支撑点讲述了户县葡萄的品牌故事。进一步在品牌价值支撑基础上提炼户县葡萄的品牌核心价值。

如"海岸葡萄阳光味"一样,众多葡萄品牌描绘其核心价值时,多集中于口感、外观等产品本身特点,以致产品诉求同质化,消费者缺乏差异感知。另一方面,随着消费喜好、生活状态的多元化,消费者对口感、外观等葡萄产品的需求亦渐趋多元，单独诉求某一产品特点无法覆盖多元消费。户县葡萄的品牌核心价值需跳脱产品本身，挖掘独属户县葡萄的差异化内涵。

价值支撑链中的六大支撑点均是户县葡萄区别于国内其他葡萄产区的独特优势。光照、水源、土质等生态环境资源体现户县葡萄得天独厚、深受自然馈赠，品种、栽培、情怀等人文培育资源体现户县百姓对待葡萄百般呵护、用心照料。

但我们更发现，户县农民农忙时荷锄种植葡萄，农闲时用同一双长满老茧的手，执笔绘制农民画（见图3）。

图3　户县葡萄种植者的生活方式与文化特征

画家与农民种植葡萄具有同一种品质。画家，精雕细刻，耐心细致，执着坚毅，追求内心的感受，用画笔描绘对生活的向往。葡萄种植者，精耕细作，不急不躁，任劳任怨，不为浮尘所动，在劳作中寻找新的希望。

身处"中国农民画之乡"，可以说，户县葡萄亦受户县文化的艺术熏陶，更是户县人民像画艺术品一样种出来的。

将户县葡萄理解为大自然馈赠的艺术品（黄金光照、丰沛水源、透气砾土）、农民劳作的艺术结晶（独特品质、生态栽培、虔诚匠心）、户县农民画家种的（犹如描画艺术品一样培育葡萄），提炼户县葡萄的核心价值为：

### 农作艺术品

将户县葡萄比作农作艺术品，充分展现了品牌的差异化内涵：户县葡萄是大自然馈赠的艺术品，是农民劳作的艺术结晶，是深受画乡艺术氛围熏陶的农作艺术品。

在将核心价值符号化的过程中，消费者调查发现，"户县"作为一个区域名称，在全国范围内并不为消费者所熟知，故需借助一个具有广泛认知的概念带动户县葡萄的品牌传播。户县所处的秦岭山脉是中国的南北分界线，在我国的地理区划中具有十分重要的地位，为众多消费者熟知。因此，"秦岭"将作为户县葡萄品牌借力推广的背书，同时结合户县葡萄的产品特质，提炼户县葡萄的品牌口号为：

### 户县葡萄，粒粒香甜醉秦岭

此品牌口号具有四层内涵：其一，彰显区域特征，借助广为认知的秦岭占领消费认知；其二，表现产品特点，体现户县葡萄含糖量高、果香浓的突出特质；其三，加强消费联想，"醉"即陶醉，同时谐音"最"，体现户县葡萄在秦岭产区的优势地位；其四，便于品牌传播，通过叠音，口号朗朗上口易记忆。

户县葡萄的品牌主形象以"户县"的"户"字为创意原点进行演绎：通过三笔简单勾勒，描绘出三颗葡萄，亦构成"户"字，二者巧妙结合，形成独一无二的品牌识别符号；画笔笔触体现户县作为"中国农民画之乡"的文化底蕴和户县葡萄的核心价值——农作艺术品；字体上，将"户县葡萄"四字进行细节处理，更为鲜明地体现产品特点；色彩采用户县葡萄主栽品种——户太8号的深紫色，进一步体现产品特点。

基于精准传播的宗旨（精准接触、精准定向消费者），确立户县葡萄品牌传播的四大策略，即包装传播、体验传播、媒体场传播、媒体互联传播。

包装传播中，以包装内容凸显中国文化、户县文化特色，推出文化主题礼盒，如传统文化礼盒，民俗特色礼盒，选用农民画、鼓舞、道教文化等当地特有的符号元素，表现户县独特的民俗文化特征，并通过产品的特色包装，展示户县的旅游景点，实现农旅融合。同时，在葡萄成熟季节（8—10月），推出节庆主题礼盒装：七夕节（8月）推出"浪漫七夕，情定户县"主题礼盒；中秋节（9月）

推出"中秋佳节，团圆户县"主题礼盒；国庆节（10月）推出"普天同庆，相约户县"主题礼盒。

2015年，在全国水果市场不景气、全县其他农产品均出现滞销的情况下，户县葡萄在品牌推介之后销售良好，且平均溢价达到15％以上。

### 六、发现管理模式，重塑品牌价值

这种方法指的是，针对果品品牌出产单位的生产、品牌管理特征，及其该特征对果品的品质特征的影响，发现品牌价值，提取核心价值，利用符号生产与系统传播，创造或重塑品牌价值。

新疆是中国优质红枣核心产区，拥有众多享誉全国的红枣区域企业产品品牌。其中，农一师的红枣在品种、气候、加工等方面均无显著独特之处。其独特点在于，农一师红枣的种植者以及他们生产的产品品质。种植者为新疆生产建设兵团第一师，产品为兵团员工生产。经过消费者调研，我们发现，这一独特点，在消费者感知与心智判断上，形成了某种信赖感。当产品差异等其他因素不易被人感知时，基于管理模式的理性信赖与情感连结，能够成为品牌价值支撑体系的重要构成部分。

因此，构成该品牌的价值支撑体系为：自然保障。北纬40度，塔里木盆地，年日照2900小时，昼夜温差大，营养充分积累；纯净天山雪水，优异自然孕育好果；组织保障。军垦农业，统一技术指导、统一基础设施、统一农资要求、军事化管理、标准化生产，严明纪律种植好果；监管保障。全程质量安全监控，实现产品生产各环节可溯源，从源头到市场，严格检测，保障安心优果；良心保障。新中国军垦事业开创者，秉承"三五九旅"传统军垦精神，以军人品质，真心实意育良心好果。

品牌定位为："品质有保障，值得信赖的新疆红枣，军队种的红枣！"抽取、提炼核心价值为"军垦品质，五星保障"，品牌口号为"军垦品质，五星保障"，并进一步进行品牌价值的符号化表达。

### 七、发现消费特征，重塑品牌价值

这种方法指的是，针对消费者对品牌产品的品质特征、消费功能特征的认知与理解、需求与欲望，发现品牌价值，提取核心价值，利用符号生产与系统传播，创造或重塑品牌价值。

其实,前面六种价值发现与核心价值提取的方法,其后面的潜在检验者、对接者,就是消费者。这种方法,就是从消费者角度去理解一个品牌的价值,然后进行资源的对接。

从消费者出发,对接资源特征,创造消费者认知差异化的价值发现、重塑方法,是直接从消费者的消费期待、消费信仰、消费方式、消费关联出发发现价值、重塑价值的。

美国的华盛顿苹果就是从消费者的生活方式、核心关注点、苹果在生活中的角色等视角来进行品牌定位、品牌价值链构建的。从苹果到健康、生活方式、饮食、食谱;从苹果到消费对象、家庭、关注核心——儿童。实现真正地从消费者出发,进行品牌与消费者生活的高度关联。

以上,与大家谈了七种有关果业品牌创建的价值发现、价值重塑,达到每一个果业品牌价值差异化的方法。但打造品牌并非如此简单。前述的都只是做出了品牌识别系统,价值识别、利益识别、定位识别、形象识别、个性识别、文化识别、模式识别、关系识别等,要做的事还有许多。

品牌战略是一个系统工程,要有打持久战的准备。要利用科学的方法,创造品牌的驱动力系统,并且知道,不传播不存在,要根据农业品牌的特点,进行各种不同的传播对接,与消费者产生良好互动关系。品牌价值发现与价值重塑的方法还可以有。如发现态度特征、创造品牌价值的方法,即,通过表达品牌经营者的经营理念、经营态度创造品牌个性、品牌价值。典型案例是日本青森苹果的"木村秋则"代表性经营者的经营态度的发现与传播。可以有 8 种方法。

[本文是笔者 2016 年 8 月 31 日在中国果业品牌大会上的主题演讲,后整理发表于浙江大学 CARD 中国农业品牌研究中心官网"中国农业品牌研究网"、浙江永续农业品牌研究院微信公众号"农业品牌研究院",后被刊发于农业农村部主管的《农产品市场周刊》杂志。《农产品市场周刊》是全国首家发布农产品信息的专业性刊物,是全国农家书屋重点报刊。本文并被中国农村网(crnews. net)、中国农民网(http://www. chinafarmernet. com)、《中国广告》杂志等转载。]

# 借助互联网化，创塑农业品牌

2016年7月，在由农业部市场与经济信息司、农业部管理干部学院联合举办的"全国农业品牌建设专题培训班"上，笔者受邀为来自全国各地的学员做了题为"借助互联网化，创塑农业品牌"的主题报告。

大家知道，农业部于9月5—7日，在苏州召开了"互联网＋现代农业大会"。会上，提出了"信息化是农业现代化的制高点""'互联网＋'是现代农业发展的先导力量"等重要观点。国务院副总理汪洋出席会议并讲话，他强调，发展"互联网＋"现代农业，是提高农业发展质量和效益、促进农民增收的重大举措，是加强农村社会管理和服务的有效途径。要把信息化作为农业现代化的一个重要制高点，紧紧围绕农业现代化和农业供给侧结构性改革的目标任务，加快现代信息技术在农业农村领域的推广应用，推进"互联网＋"现代农业健康发展。

这意味着，互联网技术、互联网思维、互联网化农业，将作为中国现代农业的重要制高点与先导力量。

我赞同上述界定，并将交流题目定为：借助互联网化，创塑农业品牌。这个题目的命题用意，源自以下共识。

## 一、共识1：中国制造必须转型升级为中国品牌

毋庸多言，因为这是一个品牌消费的时代，这是一个以品牌为核心主题参与竞争、用品牌创新经济价值的时代。

国务院办公厅2016年连续发布了两个重要文件。4月4日的文件《贯彻实施质量发展纲要2016年行动计划》，45次提到"品牌"；6月10日，国务院办公厅文件《关于发挥品牌引领作用，推动供需结构升级的意见》中，开篇第一句便强调：品牌是企业乃至国家竞争力的综合体现，代表着供给结构和需求结构

的升级方向。

我欣喜。这是我们这许多年来的研究所希望看到的。政府能够看到品牌消费的趋势、品牌竞争的格局,集中力量,实现品牌突破。我认为,是非常有价值的决策。

这是一个消费者导向(C2B)的时代,消费者需求的满足与引导是根本。品牌时代的到来,是因为品牌消费趋势的形成。

根据人类学家的研究,21世纪,随着生活水平日趋提高,消费者已经进入了"新生活世界模式"。这个模式说明,消费者已经处于多元消费并存、象征消费盛行的消费结构当中。消费者既是"生物人",具有作为"生物人"的需求,但越来越盛行于进入"社会人""符号人"的"现实世界""象征世界"的消费。

品牌消费,属于人作为"社会人""符号人"的消费,在消费物的同时,更消费产品与服务的意义与价值。[相关研究成果参见日本古田隆彦专著《成熟消费社会的九个角度》(日文版),1987;胡晓云论文"21世纪的中国广告:以'新生活世界模型'观照中国消费者",2000年;胡晓云专著《安静思想》,2013]

多元消费、象征消费、符号消费的趋势与盛行,意味着品牌消费的趋势与盛行。中产阶级的崛起(2015年已达2.05亿)、脱贫攻坚战、迈入小康社会的目标等,均意味着品牌消费已经成为可能。而品牌消费,决定着品牌建设满足与引领消费需求的使命,促使了有别于传统经济的品牌经济形态的诞生。

与单纯地拘泥于物质资料的生产与再生产、物质资料消费的传统经济形态不同,品牌经济体现了以下三大显著特征:

其一,以基于物质生产的符号生产,提升实体经济的文化意义与无形价值,不拘泥于单纯的产品功能利益,更侧重于情感利益、文化意义、象征价值;其二,以基于消费者心智的互动沟通,增加资源经济的价值,协同消费者,共同创造、建立两者之间互动融合、相互忠诚,甚至融为一体的品牌世界;其三,以价值的聚合、再造、重塑等,超越价格竞争格局,创新品牌价值,从薄利多销到优质优价,直至优质更优价,形成品牌溢价。以品牌经济重新定义农产品,可以从一个土特产成为区域文化、形象的象征,甚至成为县域、乡镇、乡村的灵魂、游子乡思的物质载体。

**二、共识2:中国农业以品牌为核心标志,真正开始了品牌化时代**

几个相关问题,日渐获得共识:

其一,品牌是中国现代农业的核心标志。我常在各种场合讲,品牌农业具有六大战略意义：品牌农业是"以农立国，品牌强国"的国家战略的核心支撑；是以"绿色有机生态"发展为追求的可持续生态发展战略；是以"农业增效、农民增收、农村更美"为目的的乡村复兴战略；是以"优质高价、品牌溢价"为定位的资源价值提升战略；是以农产品品牌为引擎，实现跨界融合的新产业生态战略；是以品牌竞争为核心竞争战略的全球化市场应对战略。

其二，根据中国农业的产业特点、组织化程度特征，建立以区域公用品牌与产业、企业（产品、服务）品牌为结构的母子品牌互动发展模式（见图1），是符合中国特色的农业品牌生态结构创建模式。

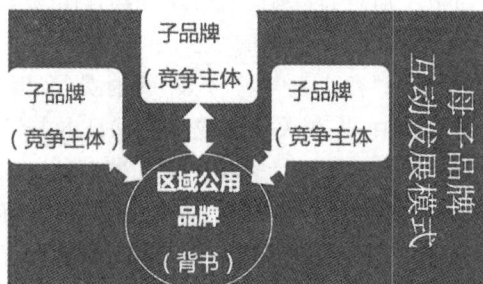

图1　中国农业品牌母子品牌互动发展结构模式

其三，根据农业的地理区域与文脉特征，建构以地缘品牌与非地缘品牌共存互补、互为背书的品牌生态体系，挖掘地缘品牌的特色优势，开拓非地缘品牌的现代化、时尚化优势，形成优势互补的品牌生态体系、品牌竞争市场格局、品牌价值链（见图2）。

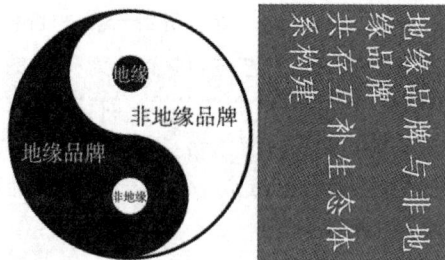

图2　中国农业品牌地缘与非地缘品牌共存互补发展结构模式

因此，中国特色的现代农业，根据消费者的消费趋势，根据经济形态从传统经济逐渐转型为品牌经济的时代特征，提倡"品牌为纲，纲举目张"（见图3）。

图 3　品牌为纲，纲举目张

在农业研发、农业生产、农业流通、农业销售、农业产业化等各个环节中要做的工作，如组织化、标准化、适度规模化、产业化、市场化、符号化、资本化、互联网化、国际化等，均应当围绕"品牌化"这个核心标志构成并运行。品牌意义上的各个"化"，均以品牌的构建、成长、价值提升为目标。如：标准化，不仅仅是产品的品质标准，同时更有品牌形象一致性、品牌利益统一化、品牌符号系统化等标准；规模化，以品牌的消费需求满足与引导为是否适度的标准；组织化程度，以是否符合品牌塑造为组织化要求的标杆，等等。在区域经济范畴来讨论，更有县域品牌、特色小镇品牌等，跳脱了企业、行业的机械划分，在全域品牌化的目标下进行所有相关内容与程序的控制与开拓。

因此，信息化（我更愿意称之为互联网化），应当成为中国现代农业品牌建设的重要部分（见图 4）。由此，我很赞同这次苏州"互联网＋现代农业"会议中，有关信息化是中国现代农业的"重要制高点""先导力量"等观点与界定。

为什么说，互联网化是中国现代农业的"重要制高点""是现代农业的先导力量"？创塑农业品牌，要以互联网化为重要制高点？可以"借助互联网化，创塑农业品牌"？

前面已经谈道：这是一个消费者导向的时代。消费者是根本。而今天的消费者，已然处身于 R&V（Reality&Virtuality，现实与虚拟）的生活方式之中。

图 4　以品牌为核心、协同各生产与营销环节的互联网化

### 三、共识 3:农业品牌的消费者,已然处身于"R&V"的生活方式

什么是 R&V 的生活方式? R&V,指的是人们生活在虚拟与现实交互链接的生活方式当中。

人的肉体处身于现实世界,但注意力在虚拟世界,且两者处于共时状态(手机应用,网购应用,游戏状态;游戏与现实的交互),甚而陷入数字化生存的环境,这是不容置疑的事实,这是今天的人们的生活方式。

互联网改变了人们的生活方式,同时也扩大了人们的生活疆域。

数字化生产(物联网、质量追溯)、数字化营销(电商、VR、跨境营销)、数字化消费(网购、数字化产品、数字化生存),乃至全球族(跨越国家疆界的生活与消费)出现。

从这个意义上,互联网不唯技术或工具,而是一种崭新的思维样式、生活方式、商业模式。借助互联网化,可以互联全球市场,沟通全球族群消费。

根据国际电信联盟的报告,2015 年,全球已有 32 亿人联网,而移动通信正在快速发展,全球手机用户数达到 71 亿,手机信号已覆盖全球超过 95% 的人口。

具体而言,我们看到:第一,互联网改变了人们的消费习惯。2006 到 2014 年间,网络零售交易额数年间增长了 105 倍,2006 年为 263 亿元,2014 年为 2.78 万亿元;社会零售总额的占比 9 年间提升了 42 倍,2006 年占比 0.3%,

2015 年占比 12.75%。

不唯国内市场，在国际市场，互联网同样支持跨境消费与跨境电商。2016年 5 月 17 日，中国电子商务研究中心（100EC. CN）发布的《2015 年度中国电子商务市场数据监测报告》显示，中国跨境电商交易规模为 5.4 万亿元，同比增长 28.6%。其中，跨境出口交易规模达 4.49 万亿元，跨境进口交易规模达9072 亿元。

而跨境消费趋势让我们看到，国内消费已经从标准化、大众化转型提升为个性化、多元化消费，因此进口跨境交易增长幅度大；出口电商，则面临从原料到品质到品牌的跨越考验。

第二，互联网改变了传统的供应链。C2B 的倒逼式传导，消费者决定营销流通环节、设计生产、原材料供应、品牌个性，等等；中间商服务化，传统中间商利用信息不对称获取利益的可能性越来越弱化；强调服务创新而非信息封闭；生产商柔性化，提倡生产量、生产时间、品种等方面的柔性化，强调多品种、数量控制、时间灵活，根据消费需求下生产指标、订单生产等。

第三，互联网导致产业跨界延伸。互联网技术整合，打破了传统的产业条块分割。互联网＋生产、金融、物流、采购、营销、大数据云计算、物联网、智能终端 APP、零售，等等。互联网成为一个可以全方位延伸的网状结构世界。如果技术允许，如果没有意识形态的控制，日渐可以"一网打尽"地球人的生产、生活，链接所有。

第四，"互联网＋农业"，则意味着：从生产方式角度而言，能够逐步从依赖劳动力投入的传统农业、应用大型机械的规模化农业、集成信息技术的精细化农业，逐步实施全流程把控的智能化农业；从农产品供需矛盾角度而言，则可以——

通过生产者与消费者似乎零距离的接触与互动、物联网或质量追溯体系等，使信息透明准确，改变传统农业消费者信任度差、无法构建信任关系的问题；利用充分的信息透明和互动，让产品与消费者对接，可以使产品从区域市场向全国市场、全球市场跨越，解决需求端与生产端之间信息不对称的局面；采用预售、集单提升等方式，利用快递物流等，提升流通速度，解决供应链效率问题；利用众筹、订单农业、大数据积累与分析，倒过来制订生产计划，解决传统农业生产的品种选择、规模决策缺乏计划性等问题。

所以，互联网＋农业，绝不仅仅是农业生产方式的改变，而是以互联网技术为智能化支撑，以互联网分享思维、用户思维为特征的，整合性的生活、生产、消费方式的革命。

**四、共识 4："互联网＋农业"，成为传统农业的革命，但尚未解决深层次问题**

在"互联网＋农业"的革命进程中，我们看到了惊人的数据：

第一，农产品网商数量增加。至 2015 年，单从阿里平台来看，经营农产品的卖家数量超过 90 万个，其中零售平台占比 97.73％，"1688"平台占比约为 2.27％。

第二，农产品整体销售量大。2015 年，单单阿里平台上完成的农产品销售额达到 695.50 亿元。其中，阿里零售平台占比 95.31％，"1688"平台占比 4.69％。

第三，农产品及食品总市场规模达到 9.3 万亿元。其中，初级农产品、精致茶、农副食品的占比高。

第四，农资电商也获得前所未有的网上发展。2015 年，阿里平台上，农资产品销售额接近 50 亿元，同比增长 83.24％。零售平台销售占比 93.97％，批发平台占比 6.03％。

但是，事实上，"互联网＋农业"在消费终端隐含着深层次的问题：

电商企业的商品溢价程度低，消费者狂欢之时，生产者滴血之日；互联网只成为企业的渠道策略之一，只解决了产品上网、网络渠道建设问题，但并没有解决产品销售，特别是品牌溢价问题；电商数量多，但无法整合力量，集聚出击。网络上的恶性竞争，特别是价格战，成为常态；与传统渠道比较，消费者的网络购买安全感不足，信誉感不强，信用问题没有得到真正解决。

我认为，关键问题在于：没有以品牌化为核心。没有真正从品牌战略出发，创建互联网环境下的强势品牌，只是以渠道的方式运用互联网；没有以品牌的方式，对接互联网，对接互联网的用户思维、消费者思维。

**五、如何真正实现"互联网＋品牌农业"？如何打造互联网农业品牌**

前面我已经强调过，这是一个互联网时代，同时，也是一个 C2B 的时代，消费者需求的满足与引导是根本。唯有满足并引导了消费者需求，生产者才有机会赢得成长或溢价的空间。

互联网化，包括：互联网技术（链接）、互联网思维（用户、分享）、互联网消费（自主选择、随时随地、便捷快速）、互联网世界（虚拟世界为主，现实世界为辅；现实世界的所有一切，为虚拟世界的满足与交互服务）。

互联网化的两大核心：用户，大数据。互联网化的主体核心：用户。与互联网之间，用户大致有以下两种可能。

第一种，目标明确的用户。已有品牌忠诚度，上网后，直奔自己心仪的品牌店铺。这些是网络原住民，在网上购物已经成为重要的生活方式，也是他们与品牌在虚拟网络世界交流的渠道。第二种，在网络上"逛"的用户。

G-ALIBA，互联网中消费者行为模型（见图5）说明：网民在互联网中"逛"，以"逛"为行为主体，边逛边看、边逛边挑、边逛边查信息、边逛边享受、边逛边购买。在逛的任何一个节点上，首先都需要与品牌产生接触，用眼接触、用时间享受、用心挑选。该过程中，几个方面的因素将诱发网民查看、浏览店铺，最终形成购买，甚至多次购买。而促使网民从"闲逛"到对某产品或品牌产生"执念"的四个基本原则：

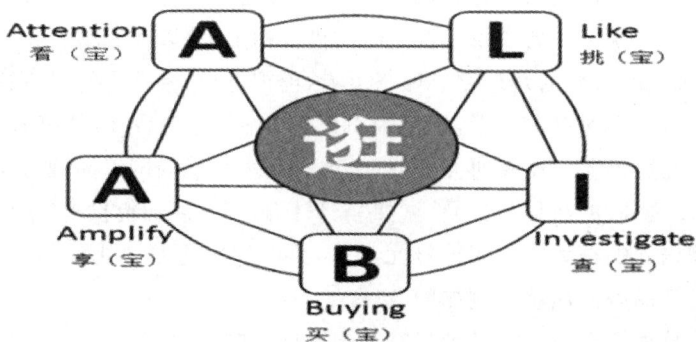

图5　G-ALIBA：互联网中的消费者行为模型

其一，创造深刻品牌印象。之前对某品类、某产品、某品牌的记忆与好感等，成为网民在"逛"之中寻找、进入店铺的重要因素。因此，需要店铺品牌在"逛"之前就能够植入消费者心智。

其二，创新独特个性诱惑。"逛"过程中，店铺的差异性、独特性成为诱饵；因此，需要利用品牌接触的方便性、品牌的独特个性创造，以狙击消费者的"逛"。同类产品，消费者的比较、选择因为容易而游移。

其三，充分互动建构依恋。"逛"进店铺后，需要有很好的互动交流，才能增加品牌的黏度。客服的语言方式、交流舒适度、售后服务的信任度等均需要满足其购物的体验性需求。

其四，强化价值缔造执念。利用购买后的售后服务、产品体验等，强化品牌的价值与价值感，令消费者产生品牌执念，认牌消费。

创造深刻品牌印象，是因为，品牌战略是创造认知的竞争战略（品牌是认知的利益载体、价值系统、信用体系，参见胡晓云论文《"品牌"定义新论》，2016年）；创新独特个性诱惑，是因为，品牌战略是差异化个性化竞争战略（品牌是差异化竞争战略，参见波特《竞争战略》，1996）；充分互动建构依恋：是因为品牌战略是构建消费者与产品的互动亲和关系的竞争战略（参见奥美公司：品牌是产品与消费者的关系；丹·舒尔茨：《重塑消费者与品牌的关系》，2015）；强化价值缔造执念，是因为品牌战略是创造忠诚的竞争战略。（参见大卫·艾克《管理品牌资产》，1990）

创造深刻品牌印象，上网前，预先提供品牌信息，预先创建品牌个性，预先形成品牌形象，实现线下的品牌背书。

创新独特个性诱惑。首先，创造品牌个性的人性化。人对人最感兴趣（歌德）。如"三只松鼠""新农哥""倪老腌""维吉达尼"等以人、动物为 IP 的品牌。其次，实现品牌形象的娱乐化。网络世界，虚拟世界，象征与符号创造的世界，需要以符号体系对接消费者，担任牵引作用的，不是产品，而是符号元素构成的店铺的品牌形象。相关研究证明，生动、可爱、喜感的网络品牌形象，能够吸引网民"闲逛"时的注目与喜爱。（如"三只松鼠"和"武功猕猴桃"案例。）再次，形成品牌内涵的精致化。用符号元素、形象设计构建精致化的品牌内涵。令消费者感觉品牌的质感。例如图 6。

强化价值缔造执念。品牌战略是创造忠诚的竞争战略。品牌需要强化服务体系，完善售后服务，提升服务体验；提升品牌价值，构建消费者的价值感；创造品牌忠诚，形成忠诚消费、习惯性消费、认牌消费。（武功猕猴桃案例。）

互联网化的核心要素是大数据。切糕王子案例、阿米家的酱等品牌的成长，都是利用大数据的互动价值产生的品牌效应。

创塑农业品牌，是一个系统工程。由于资源体系匹配、品牌生命周期、所处环境不同等，可以在不同程度上借助互联网达到品牌创造的目的。

第一种可能：可以将互联网作为媒体，实现农业品牌的故事传播场创设。

"褚橙"的品牌发生，更多地发挥了互联网的媒体特征。媒体人的思维、媒体人的话题炒作、媒体人的价值发掘。利用互联网的媒体属性，发动褚时健及"励志橙"话题，引发关注，达到注目，诱发好感和价值发现、价值传播。

第二种可能：可以将互联网作为渠道，实现品牌的互联渠道开发。

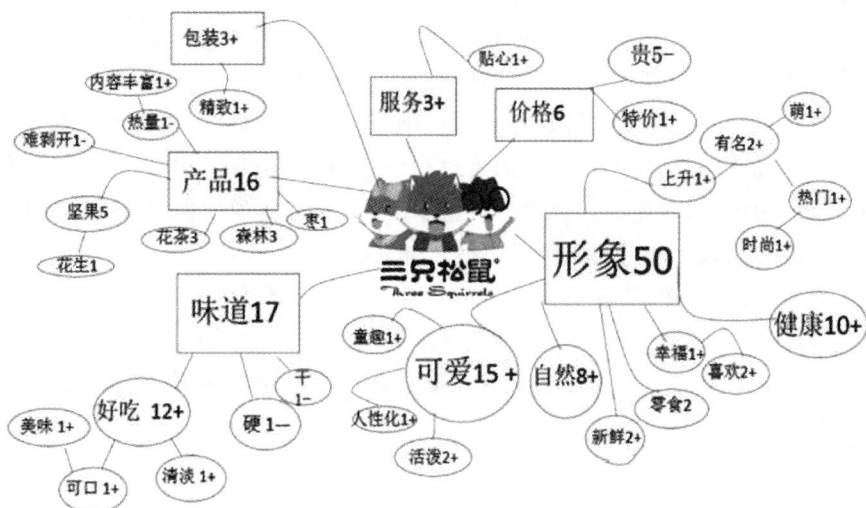

图 6 采用言语解析法得出的"三只松鼠"在网民心目中的品牌形象

艺福堂，在几乎所有的茶叶企业都依然热衷于专卖店的时候，他率先上网，形成了第一个互联网茶品牌，并理所当然地成为互联网茶行业的领导品牌。通过架构网络渠道，继而建立健康茶品牌理念，汇聚网民关注和集聚，形成茶的网络购买。

第三种可能：可以将互联网作为场域，实现品牌的场域经营与社区营建。

如八十号仓库等品牌，将互联网场域作为茶社区来经营，实现了社区品牌化经营，实现了传统茶的互联网化。互联网化的包装设计、互联网化的传播渠道、互联网化的传播内容、互联网化的茶品牌角色分享。

第四种可能：可以着重互联网的移动特征，创造移动互联网的社员品牌。

如初印茶社。通过公众号、视频传播构建品牌个性、产生品牌互动，形成社员环境，创设社员虚拟聚会，实现消费者的虚拟消费。

"互联网＋品牌农业"，还需要农口部门为核心的、各种资源体系、职能部门的互联协同。

协同质检部门，实现物联网、质量追溯体系建设；协同商务部门，以农业品牌化引领电商化；协同网络平台，实现全网销售与精准互联（特色中国、网易严选、京东优选）；整合区域电商与农产品企业，实现资源整合，实现品牌化为核心的互联网化；协同淘宝大学等，实现农村淘宝、农产品上行的互联网思维及其技术培训教育。

总结：(1)农业品牌时代真正来临，许多共识必须形成；(2)借助互联网化，创塑农业品牌，需要弄清互联网、网民的特征；(3)利用互联网，创造农业品牌的四个基本原则为：创造深刻品牌印象，创新独特个性诱惑，充分互动建构依恋，强化价值缔造执念；(4)品牌创建过程中，可逐步互联网化，并将之作为媒体、渠道、场域、社区等不同属性的对象来应用。(5)实现以农口部门、农业企业为核心的互联协同，创塑互联网环境下的农业品牌。

［本文是笔者在 2016 年由农业部市场与经济信息司、农业部管理干部学院联合举办的"全国农业品牌建设专题培训班"上的主题演讲。后被整理发表于浙江大学 CARD 中国农业品牌研究网(http://www.brand.zju.edu.cn))、浙江永续农业品牌研究院微信公众号"农业品牌研究院"。］

# 品牌化:中国现代农业的战略转型

10 月 21 日,首届"中国农业品牌百县大会"召开,笔者做了题为"品牌化:中国现代农业的战略转型"的演讲(见图 1)。

图 1　演讲照片

今天和大家交流的话题背景是,中国农业真正开始了品牌化时代,县域经济的发展必须转型为品牌经济的创造。2016 年,国务院接连发了三个文件,强调"品牌战略"。作为一个学者,我们要从学术层面来研究:为什么会出台一系列的政策？为什么要实施农业品牌战略？为什么县域经济需要从传统的经济形态转向品牌经济？

## 一、这是一个品牌消费的时代

首先,在座各位已经很清楚,我们现在已经处于品牌消费的时代。

"新生活世界模型",最早在我 2000 年发表的一篇论文中曾经予以充分阐述。在这个模型中,我们可以看到,人不仅仅是生物人,也不仅仅是社会人,在生活越来越好、奔向小康的成熟消费社会,我们不再只满足于吃饱喝足,作为符号人的特征越来越明显,象征消费、个性消费、多元消费已经出现。由此,我们可以理解:消费者为什么执着于对某一些品牌的消费? 为什么他们希望有更多的选择? 为什么当企业品牌能够给予消费者各种不同层面的选择的时候,消费者会认可、喜爱这个品牌? 为什么流行和个性化的张扬之间,既有博弈,又有非常和谐的共处?

因为,今天已经处在品牌消费的时代。消费者需要进行品牌的消费,彰显自己的个性;需要有更多的多元化选择,体现自己的个性。这是一个基本的前提,正是这个基本前提,催生了品牌经济时代的诞生。

在当下这样一个 C2B 的时代,消费者说了算,他想要进行品牌消费,那么企业、政府、产业体系就应该为此搭建一个平台。正是这个平台,使时代进入了品牌经济运行的轨道。

## 二、时代进入品牌经济运行轨道

过去,经济学家说,经济是整个社会物质资料的生产和再生产,但今天的品牌经济却不是。虽然品牌经济要基于一定的实体经济、规模经济、服务体系和资源体系,但更重要的是,它必须进一步通过符号的生产、关系的生成、价格的赋予来形成独特的价值。品牌经济的特征,概括而言,是提升实体经济价值的符号经济,是提升资源经济价值的关系经济,是超越价格竞争优势的价值经济。

### 第一,提升实体经济价值的符号经济

符号经济概念,早在 1986 年就已经由彼得·德鲁克提出。当时,他非常惊诧地发现,符号经济已经超越了实体经济,甚至以独立的经济形态存在。他惊叹这一惊人的变化。实际上,符号经济是由经济符号的创造、运动所形成,能够完成一定经济功能的经济系统。近年来,许多国际品牌先后更新 logo,就是在传播新的品牌价值理念,利用文化崇拜、产品品质、符号生产,实现国际市场的攻城略地。

我们看到,对同样功能的产品,消费者倾向购买品牌产品;可口可乐在外包装上添加了不同的文案后,销售业绩上升了 42%。我们需要深思其中的原因。但符号经济不是换衣经济,更重要的是包装背后的价值和意义。所以,只

换 logo、包装是远远不够的。只有具有意义、价值宣示的符号体系,才是真正的品牌经济,真正的符号经济。

**第二,增加资源经济价值的关系经济**

经济关系,即生产关系,在生产、交易、消费过程中产生的经济关系。不同的经济关系,形成不同的关系链。不同的关系链,形成不同的经济价值。

从品牌角度来看,产品是物质的,品牌是认知的,品牌必须进驻消费者心智,才能够真正成为品牌。我们不仅要创造经济,更重要的是把品牌植入消费者心里。

**第三,超越价格优势的价值经济**

产品不单要依赖于价格优势,更重要的是,能产生溢价。这个溢价,就从价值的创造和消费者价值感的创造上得来。庆安县的大米,通过品牌打造之后,今年每斤价格上涨 0.6 元,这就是品牌化赋予它的价值感。从这个角度来分析,过去一直强调规模化,确实很重要;但今天更关键的是,要实现差异化,走到消费者的心里去,即通过品牌,去创造超额的价值,进而创造超额的利润和超额的感受。

### 三、为什么是农业品牌战略?

为什么今天要讨论农业品牌战略,而不是工业品牌战略? 在我个人看来——

第一,与工业品牌相比较,中国农业品牌能够真正凸显中国特色。

我国幅员辽阔、地大物博、特产丰富,这是个很重要的背景。我们在学欧美国家的民主、公平意识时,实际上还有八个字必须学:以农立国,品牌强国。

第二,与工业品牌比较,农业品牌战略能够解决中国多重问题。比如:国家战略(以农立国,品牌强国)、可持续生态发展战略(三品一标、生态环境)、乡村复兴战略(农村更美、农业更强、农民更富)、新产业生态战略(三产延伸、跨界融合)、全球化应对战略(以品牌的方式进入国际竞争)、资源价值提升战略(优质更优价),等等,上述不同层面的问题与战略布局、方法论,都可以通过品牌化来倒逼完成。

第三,农业品牌战略能够倒逼农业现代化。当我们以品牌化为核心标志时,农业品牌化可以以品牌为纲,纲举目张。县域经济属于区域经济的范畴,是行政区划型区域经济,以县城为中心、乡镇为纽带、农村为腹地。解决县域经济问题,实施农业品牌战略恰如其分。

### 四、如何实现农业品牌战略

第一，理顺观念。在观念上，一定要理解：农业品牌战略的核心目标不是政绩，而是品牌价值。

我担心的并不是要去做政绩，而是政绩从哪里来？是把老百姓辛苦种出来的东西卖掉，而且卖出高价；通过区域品牌，创造区域的价值链；通过提升品牌价值，形成品牌溢价。品牌价值的实现，同时还可以让农民过得更好，这就是我们的终极目标。

第二，明确农业品牌战略的独特性。农业品牌战略和工业品牌战略有非常重大的产业差异，要打破工业思维的局限，寻找符合中国特色的品牌战略。在 2007 年出版的专著当中，我们对 29 个省份进行了研究和调研，发现了中国农业的产业特色。最后得出一个结论：打造中国农业的国家品牌，要以区域公用品牌作为抓手，形成区域公用品牌与企业品牌的母子品牌战略模式，构建科学的品牌生态体系，创造农业品牌经济。

为什么要得出这样一系列的结论？就是因为农业的资源是区域性的，农业的生产是公共性的，农业的组织化是千家万户的。借助区域品牌，可以集聚区域资源，从而实现区域公共资源的高度协同特征。从国际走势来看，一个国家的成长和一个国家的竞争力，强调靠城市品牌崛起，实际上就是靠区域品牌的崛起。所以从这个意义上来讲，区域公用品牌的时代已经到来。

第三，选择正确的品牌创造路径很重要。在农业、农产品的领域当中，刚才说了从母子结构来理解区域公用品牌和区域品牌的关系。以山东省为例，我们可以看到，在中国这个国家品牌旗下，"好客山东"属于山东旅游品牌，"烟台苹果"属于单产业农产品区域公用品牌、"聊·胜一筹"属于山东聊城市农业全产业区域公用品牌、青岛是城市品牌、张裕葡萄酒是企业品牌，当构建起这样的品牌体系之后，就可以看到一个区域经济由品牌生态构建的勃勃生机。

第四，要选择适合的区域公用品牌模式。从山东的例子可以看到，区域公用品牌也是有不同性质的。根据这些年来，中心对 70 多个品牌进行品牌规划的经验可见，三种区域创建模式可以去尝试。第一种，单产业突破，一个区域根据资源特色，集中力量以优势产业突围。实际上，全国各地有很多土特产、地理标志证明商标，存在着巨大的创造、再造、重塑单产业品牌的潜力。第二种，全产业整合，整个全产业实现资源整合，合力搭台。"丽水山耕"品牌就是其中一种，还有贵州毕节市的"毕节珍好"等。第三种，全资源的融合，整个全域实现品牌共建,通过品牌引领实现产业融合。比如说"浪漫山川",经过两年半时间的全域品牌化,2015 年 1 月 8 日,浙江省安吉县山川乡成为首个乡域的国家 4A 级景区。一个原本平常的山区乡,在打造全域化品牌之后,短时间里便取得了好成绩。再看日本的熊本县,当地地震时,许多人并不关心别的,却关心熊本熊。因为这只熊本熊代表了熊本县。这个农业县,因为县域品牌创造,两年时间创造了 12 亿美元的经济效益,还不包括那么多广告和宣传效益。这就是品牌的魅力,这就是全域品牌化体现的价值。

第五,选择适合区域公用品牌的运营模式。根据我们中心长期以来的研究可见,区域公用品牌有四种运营机制可以尝试:第一种,由政府部门主导,强力整合多方的资源,比如"陕果";第二种,由行业协会推动,协调品牌管理和推广,比如烟台苹果;第三种,由国资公司运营,搭建品牌建设的大平台,比如"丽水山耕";第四种,组建合资公司,比如说"陕西横山羊肉"。

第六,创造品牌的内在驱动力系统。每一个品牌进入市场竞争,就像一辆战车冲进车阵要冲到前面,最早到达目的地,成为百年品牌、强势品牌,我认为,应当具备以下四个方面的驱动力:第一方面,需求满足,即消费品及消费体验满足的驱动力,是指品牌通过产品、服务等满足消费者的消费及其体验的程度。第二方面,互动沟通,即传播、便利、对等的驱动力。"不传播,不存在。"如果我们有品牌、有产品、有产业,但没有经过传播,在整个市场环境当中,实际上它是不存在的。因为消费者没有认知,产品没有与消费者构建关系。品牌是产品和消费者之间的忠诚关系,只有通过传播,才能够构建这种关系。第三方面,个性表达,即符号及其意义的驱动力。品牌战略是差异化战略、个性化战略,通过符号体系及意义呈现,彰显消费品及体验的个性,表达消费者的个性及价值倾向。第四方面,价值共生,即相互忠诚及其共同成长的驱动力。一个品牌必须和消费者,以及整个市场之间达成价值共创、共生、共享的关系。"丽水山耕"的产品推出后,大家都很喜欢,今天已经供不应求。接下去丽水还要创造"丽水山居",把大家吸引过去,体验他们秀山丽水的山区生活,从而不断实现产品价值的共创、共生、共享,并实现品牌势能,价值延伸。

**演讲总结:**

1. 中国县域应当转型品牌战略,提升品牌价值,发展品牌经济;2. 充分认识品牌经济特征,明确品牌战略的关键目标是创造品牌价值,创造消费者价值感,创造溢价;3. 充分尊重农业产业特征与中国"三农"特色,创造区域公用品牌为平台、企业品牌为主体的母子品牌生态结构体系。4. 无论是农业区域

图1 《价值再造》案例分享书籍

公用品牌还是农产品企业品牌，都必须建构科学的品牌驱动力系统，才能打造真正具有竞争力的强势品牌。

（本文是笔者在2016年10月21日举行的"首届中国农业品牌百县大会"上的主题发言，后刊发于农业部主管的《农产品市场》周刊2017年第1期。）

# 胡晓云的农业品牌王国

"她有许多路可以走,但却选择最难走的一条,因为那是更需要她的路。"

这是采访完胡晓云老师后,在一份资料里找到的,是胡晓云老师获列2007年中国广告年度人物的颁奖词。此前,2003年,胡晓云还获得过"首届中国广告学人"荣誉,作为浙江大学品牌专家,胡晓云老师早已是研究广告传播、研究品牌方面权威,如果按原先的路走下去,她可能不会像现在这样辛苦。

看胡晓云老师的微信,看她主政的浙江大学CARD中国农业品牌研究中心、浙江大学传播研究所品牌研究中心发布的"工作报告和动态简讯"(公众号为"农业品牌研究院"),她总是在到处奔波与忙碌,不是在出差的目的地,就是在出差的途中,天南地北,四面八方传来胡晓云老师略带诗意的一段段记录旅途的感性而优美的文字及图片。

人是需要在一种状态下工作的。谁能在一种状态下工作,谁就信念长存,力量无穷。

没有谁要求胡晓云这样几乎不分白天黑夜"白+黑",不分工作日与休息天"5+2"地工作。除了教学任务外,她几乎把所有的时间与精力用到了中国农业品牌研究上,说她是中国农业品牌拓荒者,或者说中国农业品牌第一人,中国农业品牌研究之"皇后"等,并不为过。

中国农产品区域公用品牌价值评估及中国农业企业产品品牌价值评估,这两个模型的开发和使用,是胡晓云老师和她的团队为中国农业品牌发展树立的里程碑。

中国的农业,从洪荒时代的刀耕火种开始,从自给自足到进入集市交易,才有了商品的属性。在过去的计划经济时代,无论是大宗农产品,还是带有地方土特产性质的农副产品,应属于供不应求的短缺商品,农产品的品牌根本无从谈起,但其中也有些特产品范围内带有区域文化历史、人文属性的名品;如

图1　2015年胡老师为农业部"全国农业品牌建设培训班"授课

西湖龙井、烟台苹果、黄岩蜜橘，等等。即使有这些历史遗留下来的地方土特产名品，政府在很长一段时间内，把农业的重点放在解决"农产品的卖难"上。市场在不断变化，行情在起起伏伏，畅销了一哄而上，滞销了骂爹骂娘。政府不能主导市场，在这种依据行情组织农民生产的作业方式下，卖难还是在市场周期变动后频频出现在一些品类、一些区域。后来，政府又把主要的精力集中到产业模式的整合上，探求"专业合作社＋农户""龙头企业＋专业合作社＋农户"等等，推崇订单农业，把希望放在农业龙头企业身上，没有品牌、只有规模的龙头企业，也一样无法逃脱市场波动、行情跌涨对产业的影响⋯⋯

　　胡晓云老师的先生蒋文龙博士，长期以来任《农民日报》浙江记者站站长，应该可以称得上农业专家了。胡晓云对农业的关注是不是受了先生的影响？从品牌专家的角度来解读农业，这应该是农业的福分！我们知道，"农民、农业、农村"问题一直是历届政府所重视的。但是不少政府的领导在聚焦农业的时候，还只是停留在种什么、怎么卖、不要积压的层面，对如何进行产业规范，打造品牌，以品牌营销来稳固市场，实现溢价，提升产业效益，没有什么好的办法。属于种植领域的农业，也很少与交叉的营销、广告、品牌等专业学科的人才相交集。从中央到地方政府，偶尔也会有领导批示或文件提及打造农业品牌，但干农业的很少懂得品牌，知道品牌的，不懂得农业，因城市工业、商业的繁荣，有的根本无暇顾及农业。

　　胡晓云似乎是专为农业而准备的特殊人才，可以这样不顾一切地将自己的前途甚至大好年华奉献给农业，岂不是农业的福分？

　　博士与教授关于农业问题的家庭精彩对话，甚至激烈争论，给了胡晓云老师很多关于中国农业现状的信息。

2002年,在日本东京经济大学担任客座研究员时,她注意到日本的精致农业,"一村一品"的农业品牌,触动了胡晓云的内心,其实,胡晓云老师一直在思考,中国的农业如果也能走精细化、品牌化的道路该有多好呢!

图2　浙江大学 CARD 中国农业品牌研究中心与农业农村部联合主办
"中国农产品包装设计大赛"

真正触动胡晓云发奋研究农业品牌的,是2004年在澳门逛八佰伴的一次经历。她看到很多农产品陈列,水果专架里光苹果就有美国华盛顿苹果、日本青森苹果,也有大陆的烟台苹果。美国、日本都打出了品牌,可明明是烟台苹果,人家不把你当品牌,只标注产地中国,而且价格只有美国货的1/5。黄岩蜜橘一袋20多只,只有9个港币,而旁边的日本柿子4个却售卖45港币……自己是研究品牌的专家,我们的农业品牌在国际的地位让人痛心,让人汗颜。胡晓云写下了:

"再也不能喝着别国的咖啡,吃着别国的农产品,再来高谈阔论中国农业的落后,中国农民的贫困。"

这种使命与责任,是胡晓云与她先生蒋博士长期不断地探索农业问题,知问题所在,心所系,思所索,索所求,自然而然地承担……胡晓云认定"那是更需要她的路"!

2004,2005,2006,历时三年,横跨29个省(区、市)做的农业品牌调查,没有谁给选题,也没有预先立项的项目名义和经费。自己为自己立项目,自找经费,就这样,出版了专著《中国农产品的品牌化——中国体征与中国方略》。

没有调查，就没有发言权。胡晓云及她的团队依据翔实的第一手调研资料，对中国农业品牌现状进行了分析与研判，应用专业的品牌理论及品牌打造方法提出了打造国家战略层面的国家品牌，构建打造区域公用品牌为母品牌，打造企业产品品牌为子品牌并实现母子品牌共荣的三个层面的"品牌生态"。

图 3　在石柱县调研

这也是中国农业品牌发展史上具有里程碑意义的专著。胡晓云向业界提出了"中国农业要走品牌之路"的建议与倡议，"区域公用品牌"概念的提出，为政府选择区域优势产品发展农业找到了切实可行的抓手与方法，由解决农产品卖难变为让农产品卖好价，由数量农业向效益农业转变。

一直以来，很多人认为价格是行情引起的，胡晓云认为：撇开供求，影响价格的除了品质，还有品牌的溢价。

区域公用品牌，使农业在很多产品与区域，由没有品牌变成了有品牌，有的成了名品名牌。区域公用品牌，也成为很多政府发展、农业发展区域经济的重要抓手。原先很多人认为，打造农业品牌，是与政府无关的，有了区域公用品牌以后，没有人认为区域公用品牌的打造是与政府及部门无关的了。

胡晓云一头扎进去，就没有回头路，她也不打算回头。

她研究品牌，当然更比别的人知道，品牌是有独立价值的。品牌也是无形资产,经过评估,它是有价的,利用这些评估价值企业可以获得银行贷款……

胡晓云专门成立了浙江大学 CARD 中国农业品牌研究中心,以品牌评估为抓手,于 2008 年形成、2009 年发表了中国农产品区域公用品牌价值评估和中国农业企业产品品牌价值评估两个模型。2009 年 12 月 18 日,这是非常值得纪念的日子,浙江大学 CARD 中国农业品牌研究中心联合农业部市场司和信息中心首次联合发布了中国农产品区域公用品牌价值评估研究报告及 100强排行榜,并同时举行了"中国农产品区域公用品牌发展高峰论坛"。这个发布及排行榜,在国内引起了震动。其意义在于,打造农业品牌,特别是区域公用品牌,也是政府的事。

图 4　2009 年在北京召开的首届中国农产品区域公用品牌建设高峰论坛

回过头来看世界范围内的农业产品品牌,无论是日本,还是美国、加拿大等西方发达国家对农业的重视均要超过发展中国家和欠发达国家。他们都非常重视区域公用品牌的打造,如华盛顿苹果、日本神户牛肉、日本好米、加拿大蜂蜜等。我们对美国总是把目光停留在美国的高科技,但美国也曾提出"以农立国,品牌强国"。美国(爱达荷州)爱达荷土豆年销售额可达 25 亿美元,占全州生产总值的 15% 以上。

国外的先进经验,国内农业的散、小、弱,打造区域公用品牌是把农户农民组织起来的较好的方式之一。随着农业品牌价值评估的不断推进,由评估的一系列后台数据,胡晓云老师及她的团队自然而然地走上了品牌诊断之路,由

图 5　本书作者在"首届中国农产品区域公用品牌建设高峰论坛"上致辞

品牌诊断又进一步走到了品牌规划，凡涉及农业品牌问题，胡晓云再忙也不推脱，天南地北地到处飞，哪里有需要就出现在哪里，她微笑着告诉记者："我们是将论文写在大地上。"

从价值评估切入，到品牌诊断，到品牌规划，到最后因品牌规划需要而进行的相关产业链跨界资源的整合：如品牌策划，品牌设计，品牌，传播，资本导入，电商及互联网平台服务，等等。胡晓云皆倾其全力，动用其所有的资源，有点像聚光灯，照到哪里哪里就亮的味道。

种下的是理想，收获的是希望。

她是把农业品牌作为扶农帮农的"希望工程"来做，品牌扶贫，真是应了那一句"授人以鱼，不如授人以渔"。践行农业品牌的最终目的，就是实现效益农业，富裕农民，富裕农村。

品牌打造是一个系统的工程，有涉及产品质量的品控体系，有品牌符号识别的形象设计，有为建立销售体系的营销方法、渠道构建，有为扩大品牌影响的宣传传播，等等。在胡晓云老师的倡导下，在杭成立了"中国农业品牌建设联盟"，一站式为品牌主体提供包括以品牌规划为核心的，囊括品质管控、质量追溯、产品标准化、品牌设计、品牌传播、网络声誉控制、互联网页或电商转型、网络品牌创建、金融服务等环节的全程服务。

中心成立 7 年多，完成了 50 多家农业品牌规划及品牌整合。2015 年末出版的《价值再造》一书，是胡晓云团队研究农业品牌的文献与案例，也是揭秘农业品牌打造方法论的专著。

从最早的黄岩蜜橘，丽水山耕，烟台苹果，户县葡萄，千岛湖茶，天生云阳……一个又一个成功的品牌案例，胡晓云老师及她的团队为中国的农业品牌无论是区域公用品牌还是企业产品品牌创造了一道又一道亮丽的风景。

2010 年起，胡晓云开始了茶叶、水果等专项单品类的农产品的品牌价值评估。2010 年首次中国茶叶区域品牌价值评估报告发布，2011 年起中国茶叶企业品牌评估报告发布。2013 年出版了《品牌价值评估研究》，这是对农业品牌价值研究理论模型及其开发应用的专业论著。到今天，胡晓云及其团队已经完成对上千个农产品区域公用品牌的价值评估，评估覆盖了 30 个省、自治区、直辖市，其中大部分评估活动是连年参加。

胡晓云在采访中再三强调，一是所有的评估都是公益性的，一分钱的报名费都没有收取过。二是所有参加评估的品牌和企业都是自愿的。评估的目的，不是为了赚钱，是用科学性来引领产业的发展。

从综合的农业区域公用品牌和农业企业产品品牌评估，到专项单品类评估，或许还会有更多的专项单品评估会分离出来。农业品牌的时代已经来临，胡晓云及她的团队，由农业＋品牌，逐渐走出了一条只属于胡晓云的品牌＋的路子，在中国农业品牌化建设向品牌农业转变过程中，胡晓云为中国农业、农村发展贡献了她的学识与才华、青春与热血，这也是她自己选择的路。逢山辟路，遇水架桥，走着走着，走出了一条胡晓云式的品牌农业打造的康庄大道……

［本文作者为孙状云，《茶博览》《茗边》杂志主编，该文于 2016 年首发于《茗边》杂志，转发于浙江大学 CARD 中国农业品牌研究中心官网"中国农业品牌研究网"、浙江永续农业品牌研究院微信公众号"农业品牌研究院"，并被中国农民网（http://www.chinafarmernet.com）转发］

# 与胡晓云对话中国茶品牌

2016年6月上旬，由笔者领衔的课题研究成果《2016中国茶叶区域公用品牌价值评估研究报告》和《2016中国茶叶企业产品品牌价值评估研究报告》连续刊发在《茗边》，在业界引起了很大反响。《茗边》主编孙状云老师和笔者展开了一段关于中国茶品牌现状和未来发展建设的对话。

早在十年前，胡晓云老师在《中国农业的品牌化——中国体征和中国方略》一书中，就明确提出了打造区域公用品牌（母）与企业产品品牌（子），实现"母子品牌"共荣；打造民族品牌或国家战略的跨区域品牌，构建国家战略品牌（民族品牌）的区域公用品牌、企业品牌产品品牌三个层面的"品牌生态"的主张。

从2010年首次发布中国茶叶区域品牌价值专项评估研究报告、2011年开始发布中国茶叶企业品牌价值专项评估研究报告，七年下来，已被业内广泛认同，这是茶界唯一的、权威的第三方品牌价值评估体系。

从区域公用品牌的角度，参与打造的主体，基本上是名茶，历史名茶或文化名茶，以及近年来新开发的区域名茶。在区域公用品牌概念未形成之前，这些名茶不管是历史遗留下来的，还是新打造的，都带着区域经济的特征，被区域内的茶农共享。全国1000多个产茶县，"一县一品"，几乎县县都有名茶，在没有导入价值评估之前，这些名品名茶，甚至很多还没有进入区域公用品牌保护的法律程序，百花齐放，呈现一种散漫、无序的竞争状态。对全国名茶的排序，人们念念不忘的是全国十大名茶，相关产茶省（区、市）也有搞省级十大名茶的，如浙江省搞了两届全省十大名茶评比。只有排序，而没有估值。其实业界也是一直盼望有权威、公正、公平的评估机构给出品牌价值的评估，如西湖龙井、安溪铁观音等，这些品牌价值几何？

胡晓云领导的浙江大学CARD中国农业品牌研究中心，自2010年开始中国茶叶区域公用品牌价值评估、2011 年开始中国茶叶企业产品品牌价值评估，以模型数据呈现的形式，给出了品牌价值可折算为现金的具体数据。

正如胡晓云老师反复强调的，排名排序并不重要，重要的是每个品牌的主体，需要认真地去解读和分析评估报告所给出的数据，通过评估去发现品牌经营中的问题，找到品牌运营的短板，并形成解决问题的策略与方式。

胡晓云指出，通过 2010—2016 年七年间的评估发现，整个中国茶产业仍处于小而散的局面。单个品牌主体的市场集中度不高，但总体品牌的溢价能力在快速增长，这与品牌主体越来越重视品牌建设，对无形价值的提升有很大关系。

这些年，打造茶叶品牌，一些品牌专家给出了"大而强""小而美"两条路径，胡晓云认为："大而强"是站在国家战略的高度，品牌顶层设计需要有跨区域的国家品牌和民族品牌。这当中，企业要找准自己的位置，先安身立命，找到自身的特点与差异性，才能做强做大。在做强与做大的问题上，做强比做大更重要。适度规模、创新个性，才能满足多元化消费的个性需求。

胡晓云还指出：很多地方，特别是在区域公用品牌的打造上，缺乏创新，除了举办传统的节庆活动，组织产品及新闻发布会、茶友会、茶展会外，别无办法。一些品牌因为不注重宣传与传播，而导致了品牌强度得分较低。在 2016 年评估中，茶叶区域公用品牌的品牌"五力"（即品牌带动力、品牌资源力、品牌经营力、品牌传播力和品牌发展力）得分虽然相比前一年均有不同程度的提升，但品牌传播力的提升幅度较小；茶叶企业产品品牌的品牌"五力"（即品牌领导力、品牌资源力、品牌经营力、品牌传播力和品牌发展力）得分除了品牌传播力数据是下降的，其他四力均有所提升。这表明，茶品牌企业及茶区域公用品牌在 2015 年加大了对行业领导、文脉传承、资源保护与开发、品牌经营管理和市场拓展方面的投入，但在传播、宣传方面的投入及其效果仍显不足。传播即是营销，通过品牌传播才能构建一个品牌与消费者的关系，传播对打造品牌与提升品牌的影响力是不容置疑的。

胡晓云老师还指出，与别的行业比起来，茶界的很多品牌主体，没有现代社会分工的理念，几乎都是全产业链企业，从种植到加工到包装设计到营销传播，什么事情都自己干，术业有专攻，还是应当抓住自己的特长，利用专业团队的特长，共同发力，才能顶起一个好品牌。比如，龙冠龙井，与联想佳沃联合、与胡海卿团队合作，等等，都是一种现代化的分工合作模式，值得学习。比如说传播，微信公众号出现后，不少品牌主认为品牌传播可以完全通过企业自己的官网、微信公众号自媒体来完成，但从传播的公正性、客观性、信服力以及传播美誉度等效果来看，自己说永远替代不了第三方专业媒介的作用。

另外，特别值得提醒的是，品牌主体缺失对消费对象及消费群体的研究与关心。同样是茶产品，不同区域、不同口味、不同品种、不同文化基础、不同工艺的茶，消费者肯定有所不同。要先洞察消费者的内在需求，而不是先生产了再卖，这是区域公用品牌长期以来养成的以我为主的作业方式。目前的情势是，地缘产品，尤其是小区域山头茶的消费热衷形成，在互联网条件下，为消费者导向(C2B)的商业模式创造了便利。

最后，胡晓云老师说，中国茶，应当有一个国家层面的中国茶品牌战略设计，并根据不同的茶类、区域、工艺、文化等特色，完成源于消费者需求满足的国家级茶品牌生态结构。在这个具有文化力、资源力、各类品牌形成合力的品牌生态中，各个不同的区域公用品牌、企业品牌通过完成自己不同的使命，赢得不同的消费者、不同的市场，从而，赢得全球的茶消费世界。只要我们扎实研究，努力合作，整合资源，集体发力，深挖价值，构建新型产业链，相信以中国茶文化为背景的中国茶，将在全球市场赢得更大的世界，构筑更强的茶品牌王国。

[本文作者为孙状云，《茶博览》《茗边》杂志主编。该文于 2016 年首发于《茗边》杂志，转发于浙江大学 CARD 中国农业品牌研究中心官网"中国农业品牌研究网"、浙江永续农业品牌研究院微信公众号"农业品牌研究院"。]

2017 年,中央一号文件一锤定音:农业供给侧结构性改革成为当年重点任务。怎么改?用改革的办法来推动农业农村发展由过度依赖资源消耗、主要满足量的需求,向追求绿色生态可持续、更加注重满足质的需求转变,实现农业增效、农民增收、农村增绿。这一年,一号文件首次将笔者在2006 年提出的"农产品区域公用品牌"纳入文本,并推出"推进区域农产品公用品牌建设,支持地方以优势企业和行业协会为依托打造区域特色品牌,引入现代要素改造提升传统名优品牌"的部署。同时,农业部也提出,将 2017 年确定为农业品牌推进年,这些都昭示着:农产品区域公用品牌创建进入高歌猛进时代。因为,农产品区域公用品牌的打造有着无可替代的区域整合力和区域联动力特质。

这一年,基于国家自然科学基金项目研究,笔者形成了系统的有关农业品牌化的理论体系,并将之在不同的会议、不同的讲座、不同的媒体中发表。

从趋势预测到农业品牌建设的战略价值、基本突破、品牌信用、品牌类型、品牌特征等方面向社会发表了系列研究成果,对 2017 年高歌猛进的中国农业品牌化进程,中国农产品区域公用品牌建设起到了推波助澜的理论引领与解读的作用。

针对农产品地理标志品牌建设的特殊性、中国茶叶品牌的年轻化问题、品牌竞争问题等,提出了针对性理论观照与现实解决方案。

针对中国茶面临的国际竞争、品牌年轻化、区域公用品牌发展瓶颈等问题,这一年,笔者发表了三篇文章,"中国茶的国家战略与世界表达""中国茶,赢得新新人类,才能赢得未来""中国茶,期待你更强",进一步推动中国茶叶品牌化发展。

持续完善"品牌扶贫"研究与实践的同时,在"第二届中国农业品牌百县大会"上做题为"创造品牌传播力,重塑消费新关系"的主题演讲,针砭中国农业品牌传播中存在的八大现象,提出八个主张,并推出了"消费八识"与"品牌八识"模型。

# 2017 中国农业品牌化趋势预测

2015 年岁末，基于 2014 年末有关 2015 年的趋势预测，笔者对 2016 年的中国农业品牌化趋势进行过相关预测。当时，我从十个方面认为，2016 年，在我国，品牌战略成为核心战略、农业品牌化新政迭出、品牌扶贫成为扶贫新范式、品牌维权进入法治新时代、第三方服务成为热门领域、品牌运营机制出现新态势、品牌化成为互联网营销的制胜权柄、跨境电商推动地标农产品的价值飙升、品牌化与县域电商呈现互动格局、农业品牌成为国家品牌的重要支撑。

至今，2016 年的趋势判断大多成为现实，只是实现的程度有所不同。我十分欣喜。这说明，我国的农业品牌化战略被放到了国家战略的位置，为了解决"三农"问题，抓住了品牌战略，政、产、学、研都在努力协同，共创农业品牌经济。

那么，2017 年，中国农业品牌化将朝着怎样的趋势发展？请看我的判断。一家之言，期待互动。

**预测一：**中国农业国家品牌的战略体系初步形成

2016 年，品牌战略成为重要的国家战略，农业品牌越来越成为国家品牌在理念、文化、价值、外交等方面的重要载体。形成中国农业产业的国家品牌战略体系，成为当务之急。2017 年，相关部门将高度重视并积极决策，中国农业国家品牌的战略体系初步形成。

**预测二：**如何科学构建中国农业品牌生态圈成为热门话题

2016 年，农业品牌化新政迭出，创造了农业品牌化的良好环境。2017 年，依据中国农业的产业资源特色与农产品消费趋势，如何构建具有强势竞争力的科学品牌生态结构，形成不同类别、性质、强弱、特色等品牌有效互动的品牌生态圈，将成为热门话题。

**预测三：**中国特色的理论模式与实践机制得以集成与推广

经各方人士多年来的理论研究与实践探索，中国特色的农业品牌理论体系得以建构，品牌建设模式探索获得重要突破。2017年，相关理论体系将集大成并得以推行；"丽水山耕"等中国特色的区域公用品牌创新模式，有望在全国范围适合地区推广。

**预测四**：相关部委的整合协同、有序分工成为管理焦点

我国农业品牌化战略决策与实施，涉及多种资源与多部门分工协同。2017年，相关部委的整合协同、有序分工成为管理焦点。改变条块分割的管理结构，实现机构与资源的整合协同，创新管理体制，加快品牌化进程，是实现有序管理的关键。

**预测五**：跨越行政疆界的"大区域—强品牌"整合模式出现

过去，区域公用品牌以县域为基本区域范围。跨区域整合、农旅融合、农创竞合、虚实（网络与实体）结合的可能性，将催生品牌的延伸发展。2017年，农业品牌将从农产品单一品牌，到突破小区域、单产业，呈现更大范围整合，形成"大区域—强品牌"的整合品牌模式。

**预测六**："品牌扶贫"范式得到肯定并向内陆纵深突进

中国众多生态农产品与特色文化，大多存于西部或贫困地区。如何借助品牌创建，挖掘品牌资源，达到扶贫目的？经过2016年的尝试，"品牌扶贫"范式得到肯定，并将成为整合扶贫举措，得以进一步向内陆及西部地区纵深突进，与电商机构等协同解决扶贫问题。

**预测七**：农业品牌人才养成计划提出并设立长效机制

农业品牌战略的建构与实施，专业化程度要求高。加强农业品牌化，提升品牌运营管理水平是瓶颈；农业品牌化有旺盛需求，迫切需要农业品牌运营的专门人才。2017年，全国各类农业品牌人才养成计划提出，并将逐步设立长效的人才培养机制。

**预测八**：农业龙头企业集群的品牌重塑工程开启

区域公用品牌与企业（产品）品牌的有效协同，是关键问题也是难题所在。中国涉农企业应当从产业英雄转型升级为品牌英雄，才能真正成为市场主体，顶起中国农业的品牌脊梁。2017年，以农业龙头企业集群为代表的企业集群品牌的重塑工程将得以开启。

**预测九**：对第三方服务的体系化、网络化、法治化要求加剧

2015年始，新农人等跨界人才大举进入，相关服务出现战略联盟机制；2016年，农业品牌化的第三方服务成为热门领域；2017年，品牌农业对第三方

服务的体系化、网络化、法治化服务的要求加剧；战略引领、系统服务、专业背书、资源互动，将成为有效解决方案。

**预测十**：以地标产品为先锋的特色农产品品牌将集体出海走向国际市场

随着农业品牌化的纵深发展，农业的丰富资源与独特文脉受到高度关注，地标农产品的消费价值与文化意义日渐飙升。2017 年，相关机构将搭建有效的国际性平台，推动地标产品为先锋的中国特色农产品品牌集体出海，走向国际市场。

［本文于 2016 年底首发于浙江大学 CARD 中国农业品牌研究中心官网"中国农业品牌研究网"，同时发于微信公众号"农业品牌研究院"，随后被《中国农网》(http://www.farmer.com.cn)等转载。］

# 抓住价值核心，推动农业品牌创新发展

2017 年 4 月 12 日上午，在山东临沂召开的由人民日报《人民论坛》杂志社与临沂市人民政府联合主办的"2017 中国自主品牌（兰陵）峰会"上，笔者做了题为"抓住价值核心，推动农业品牌创新发展"的主题演讲。

今天是我第二次来到兰陵，四年前我曾来过兰陵演讲，同时做了"苍山蔬菜"区域公用品牌的战略规划。感谢苍山人民能够把农产品品牌建设做起来，做下去。我们今天除了谈农业品牌如何打造，更要谈如何落地的问题。我认为这次峰会探讨非常有价值。

对于农业品牌，今天我们应该去思考、去执行的，有以下几个问题。

**一、厘清品牌本质**

首先，品牌到底是什么？在传统经济学，或者传统管理学、管理营销学中，品牌只是一个营销的手段。但其实品牌的来源、根基和本质是信用，是通过产品生产基础之上的符号生产、意义生产、价值生产来生产现有经济。所以这是一个非常重要的前提，它不仅仅是一种工具或者手段，更是一种信用体系，通过信用体系产生信用经济。

**二、厘清品牌经济特征**

第二，当我们落地执行的时候，要思考这一类型的现有经济和其他类型的现有经济不同点在什么地方。我曾经做过总结，品牌经济是提升经济价值的符号核心。当一个品种独特、品质优良的产品生产出来，我们要进一步延伸它的生产体系时就会进行符号的生产。比如说 logo，这个符号后面存在非常重要的意义和价值。品牌生产不仅仅是产品本身的生产，还是微型价值的生产，这是第一个特点。第二个特点是增加资源经济价值的关系。中国每一个地方都有丰富的特产资源，但如果只打资源牌的话，必然不足以在市场上使用。关注点是要抓住消费者的心，构建与消费者的关系链。这个关系链有多强，落实到消费者的心中有多深，就能增加多少资源经济价值。

### 三、品牌以价值取胜

品牌销售会基于一定的价格优势，但品牌经济是超越价格优势的价值经济。作为这样一种特殊的经济形态，它不仅是符号经济，更是关系经济，还是价值经济。农产品适度规模化越来越高，我们需要解决的问题就是品牌价值的个性化，品牌形象的个性化和品牌文化的个性化。个性化要通过专业的顶层设计把它完成，并且不断强化改善。

品牌是战略体系，应该有百年大计。作为一个学者，当我看到中国农业产品与其他国家的农业产品放在一起时，有些产品的品质虽然非常好，但价格相对比较低，我就在想一定要让我们的农民更强，农村更富，农产品更具有竞争力。想要达到这个目标，就必须要有科学有效的农产品品牌研究体系、方法，有品牌的落地，否则一切都是空谈。

［本文是笔者于 2017 年 4 月 12 日上午在山东临沂召开的由人民日报《人民论坛》杂志社与临沂市人民政府联合主办的"2017 中国自主品牌（兰陵）峰会"上的发言，后发表于《人民论坛》2017 年第 5 期。］

# 中国农业品牌建设的六大战略价值

　　1980 年，我国翻译"brand"一词为"品牌"。2016 年，国家连发多个文件，强调"品牌""品牌战略"。2017 年，"一号文件"将"品牌"推到新高度，并提出培育国产优质品牌、推进农产品区域公用品牌建设、打造区域特色品牌、提升传统名优品牌、强化品牌保护、聚集品牌推广等举措。

　　37 年时间，"品牌"从一个词，一种可选择战略，成为国家战略。"以农立国，品牌强国"的理念，正成为共识，并席卷中国大地，从战略层面发端，试图改变着中国经济特别是中国农业经济的未来。

　　我们欣喜地看到，农业品牌化的推进正从"高度重视"，走向"实践落地"，各地政府闻风而动，各个企业整装待发。但我们也无比担忧，农业品牌化会不会陷于急功近利，浮于表面的喧哗？农业品牌化的价值对于中国农业及其国家的价值意义到底是什么？什么是品牌？应当如何科学创造品牌？如何构建品牌生态系统，创造品牌价值？如何真正抓住品牌战略，对农业供给侧改革产生巨大的能量？如果上述问题没有能够正本清源，或将出现与初衷大相径庭的结果。

　　2016 年 4 月 4 日，国务院下发《贯彻实施质量发展纲要 2016 年行动计划》，6000 字的文本 45 次涉及"品牌"。

　　2016 年 6 月 10 日，强调"供给侧改革中品牌的重要作用"；2016 年 10 月 17 日，国务院下发《全国农业现代化规划（2016—2020）》，强调提升品牌带动能力，打造一批公共品牌、企业品牌、合作社品牌、农户品牌。

　　2016 年 10 月 17 日，农业部关于抓住机遇做强茶产业的意见，提及创响一批有全球竞争力的茶叶品牌，打造区域公用品牌，壮大茶业企业品牌，强力推介茶叶品牌。

　　2017 年一号文件，提出要培育国产优质品牌；推进区域农产品公用品牌建设,支持地方以优势企业和行业协会为依托打造区域特色品牌,引入现代要素改造提升传统名优品牌;强化品牌保护;聚集品牌推广。

2017年农业部一号文件,提出深入实施农业品牌战略,强化品牌培育塑造,推进系列化、专业化的大品牌建设,将2017年确定为"农业品牌推进年"。

连下上述文件,强调品牌战略,并着力于农业品牌,这并非空穴来风,也并非"一阵风"的运动。这是因为,创建、提升、重塑中国农业品牌,具有不可替代的六大战略价值。

## 一、农业品牌战略能够支撑国家品牌战略

一个国家的品牌战略与国家形象,需要坚实的物质与文化的基础支撑。农业是中国文化的渊源所在,农民占中国人口绝大多数,农村是中国人心之根本。品牌农业,不仅可以解决农业产业的发展与竞争问题,更能解决中国"三农"问题,让中国农民能够获得更好的收益,过着具有尊严与品质感的生活;以品牌农业进入国际市场竞争,不仅可以获得产品溢价销售,更能够同时实现附着在农产品上的中国文化输出,实现中国理念与中国价值观的立体传播。因此,将"以农立国、品牌强国"作为国家核心战略,将农业品牌作为国家品牌的行业支柱,才能扎实提升国家品牌的竞争实力与竞争价值。

## 二、农业品牌战略是全球化应对战略

"品牌"由英文"brand"一词翻译而来。创造品牌,创建强势品牌是20世纪80年代中期开始国际通用的话语体系。全球化带来的不仅是全球市场,更有全球竞争。我国加入世贸组织后,大量国外品牌农产品涌入,我国农产品直接置身于国际市场的竞争。然而,当前,我国大多数农产品仍处于"有名品、无名牌"的窘境中。因此,今天的中国农业比任何时候都更加呼唤品牌。只有创建强势的中国农业品牌集群,立足于世界品牌之林,中国农业才能顺利进入全球品牌竞争的话语体系;以品牌战略应对世界,才足以应对全球竞争趋势。

## 三、农业品牌战略是可持续的生态发展战略

品牌农业,是以安全生产、安全消费为基础条件的农业;是以"三品一标"、环境生态友好、物种独特性保护、产品利益的差异化开发、文化价值的提炼与升华等作为农产品品质管控、品牌价值发掘的基本要求。品牌农业对农业产

业的生态化发展有着重要作用,为其他产业的健康生态发展、人类的消费品质提升奠定了原生基础,其品牌理想更体现了人类可持续性发展的战略要求。因此,农业品牌战略是可持续的生态发展战略。

### 四、农业品牌战略是乡村复兴战略

乡村是城市的童年。实施品牌农业,挖掘、提升、重塑中国"三农"的文脉价值,实现产业增效、农民增收、农村变美,推动中国乡村复兴,形成中国城市与乡村之间新型的友好互补关系,可解决中国乡村空心化、城市居民"解不了乡愁"等问题,在提升城乡人民生活品质的同时,进一步提升乡民素质,再造乡村环境风貌,用现代元素创造、提升、重塑乡村文化。

### 五、农业品牌战略是资源价值提升战略

农业品牌战略能够使中国农业以品牌为核心,在规模化、标准化、良种化、科技化、产业化、市场化、资本化、互联网化等方面进行科学有效的配置,创造优质高效农业,创造农业品牌经济与农业品牌价值。同时,它还可以集聚资源,通过对产品之外的文脉、工艺、人物、故事、精神等无形价值的发现,使产品优质高价,产生品牌溢价。特别是在中国贫困地区,有太多的优势资源,因为未能有效提炼与聚合,而无法转变为相应的价值资源,通过农业品牌战略,让品牌价值得到再造与提升,使得中国农产品在不增加成本甚至降低成本的前提下,从低质低价到优质更优价,破除目前中国农产品成本高、产品溢价低的困局。

### 六、农业品牌战略是新型产业生态战略

一直以来,农业作为第一产业而被限定。如果从品牌的视角看农业,农业不仅仅具有一次产业的特征,以品牌农业、品牌农产品为原点,它孕育并存在着多次产业延伸、产业跨越的巨大潜能。农业品牌战略,可以形成基于独特文化与农产品物质产品的多次产业的互动、跨界、融合发展,形成良性的"接二连三跨四"新产业生态战略,形成六次产业的联动发展与繁荣。在2007年出版的《中国农产品的品牌化——中国体征与中国方略》中,我就强调了"以农产品为原点,形成一、二、三产业的产业联动,创造品牌的集聚价值"等观点。所以,农业完全可以产生新的产业体系,产生更多的跨界融合。

（本文于 2017 年 3 月 3 日首发于浙江大学 CARD 中国农业品牌研究中心官网"农业品牌研究网"，后被刊发于《农村·农业·农民》杂志 2017 年第 4 期。《农村·农业·农民》杂志是由河南省人民政府发展研究中心和河南省农村发展研究中心主管主办、中共河南省委农村工作办公室协办的一份面向国内外公开发行的中原期刊。）

# 中国农业品牌建设的五项基本突破

当前，中国农业品牌建设，需要根据农业产业特别是中国农业的特殊性，实现五个基本突破。

**一、打破单一的工业思维局限，遵循农业产业特征，创建区域公用品牌与企业（产品）品牌互动共赢模式**

农业产业，特别是中国农业产业的区域化特征显著，组织化程度较弱，应当打破单一的工业思维局限，针对并遵循中国农业产业特征，借助区域整合力量、区域联动价值，创造区域公用品牌与企业（产品）品牌互动共赢的模式。

**二、打破机械的行政区划疆界，遵循农产品生长特征和区域文脉特征，创建跨区域、集聚共性特征的强势品牌**

以往，中国农业的品牌建设，多以县域及以下区域为基本范畴，机械实施"一县一品""一村一品"，造成了如今品牌多而杂、小且乱的局面。应当根据农产品的生长特性、区域文脉特征，打破机械的以"村""乡""县"为区域范畴的行政划分习惯，集聚农业地理文化共性、优势产业带资源，创造跨区域、集聚效应的强势品牌。

**三、打破唯规模量化模式，遵循生态链原则，创建强弱、大小、虚实、功能互补共赢的科学品牌生态系统**

以往，市场上更多的是着眼于龙头企业的老大定位，未来，应当正视品牌消费、互联网消费中"去中心化"的多元个性消费趋势，遵循生态链原则，立足资源禀赋，建设可持续的品牌生态系统，形成有机、有效、互补共赢的品牌生态链。

**四、打破农业第一产业的传统定位，遵循产业链互动原则，使农业真正成为区域经济的原生动力，使农业品牌成为国家品牌与产业联动的支柱体系**

农耕文化，是中国乃至世界的原生文化；农业产业，是中国乃至世界的原生产业。农耕文化是现代文明的母亲，农业产业是现代产业的父亲，其所具有的原生动力、原生价值，是现代文明、现代产业的原生基因。不拘泥、不限制，打破对农业产业的传统定位，遵循产业链互动原则，通过品牌战略，激发区域经济的原生动力，使农业品牌真正成为国家品牌与产业联动的自主体系。

**五、打破农业产业的传统交流格局，遵循品牌传播原则，以现代品牌的方式进入消费市场，赢得消费者心智**

传统农业"鸡犬相闻，老死不相往来"的生存方式与交流模式，与当代的传播环境、沟通需求已然格格不入。应当打破传统的交流格局，遵循品牌传播原则，借助现代元素与现代技术，利用符号传播、文脉传播、场景体验传播、媒体互联传播、消费体验传播等，扩大品牌知名度、提升品牌好感度、增强品牌互动性，让农业及其品牌真正走进消费者心里。

（本文于2017年3月首发于浙江大学CARD中国农业品牌研究中心官网"农业品牌研究网"，后被刊发于《中国乡村发现》杂志2017年第3期，转发于"农业品牌研究院"微信公众号。）

# 品牌是一个独具价值的有机整合体

从品牌起源史实,我们看到,品牌建设不是新鲜事儿,它是随着市场经济的诞生而产生,随着市场竞争而产生的竞争方略。

品牌在中国也不是新事物,老祖宗早就开始了不自觉的品牌建设。尽管由于历史断层,近现代时期中国品牌的建设大大落伍于发达国家。但情况并非如一些专家所言的"中国无品牌",许多品牌生命长达数百年的中华老字号,就是与消费者生活密切相关、消费者忠诚度高的品牌。

品牌是一种信用制度与信用体系,是权利所有与信用标志,品牌制度是信用制度,品牌经济是信用经济。

随着市场经济的进一步发展,全球化竞争加剧,竞争复杂性程度越来越高。品牌不再只是一种借助符号生产区分产品的方法与工具,仅仅一个标志不能够区分品牌的丰富性,也不能够应对复杂的竞争环境;同质化产品增多、供过于求的竞争生态出现,品牌必须建立与消费者之间的各种关系;品牌要有不可替代的利益与价值体系,令消费者产生价值感,才能创造品牌溢价。

各种有关品牌的定义同时佐证了上述判断。我们看到,关于品牌的定义越来越复杂,品牌所包容的内容越来越丰富,品牌的作用也越来越大。

从品牌符号论(利用符号生产区分产品的责任与利益)到关系论(建立产品与消费者的友好关系)、价值论(创造或重塑品牌的独特品牌价值),品牌内涵与外延越来越趋向于整合,品牌也越来越跳脱出方法论、工具化的地位,成为一个有机整合体。品牌也不单单是企业或品牌商的产物,而是企业、品牌商与消费者共建的有机整合体。每一个强势品牌,就是一个情感归属的象征王国。

品牌与产品到底有什么不同? 这是许多人问的。根据有关定义,产品指的是市场上任何可以让人注意、获取、使用能够满足某种消费需求和欲望的东西,产品可以指实体产品、服务、商店、人、组织、地名、思想[1],但品牌具有产品所缺的多维度的满足消费者的利益,如附着在产品、服务、符号、体验之上的无形的、情感的、意义的、价值的内容。

更重要的是,品牌将消费者、消费者的感知纳入麾下,令其成为品牌王国关键的构成部分。"品牌是消费者对于产品属性的感知、感情的总和。"[2]"品牌不仅仅是一个名称或是一个符号、一个图形,它是消费者创造的一种公共关系。"[3]产品是物质的、客观的存在,而品牌是基于物质产品(服务)感知的主观存在(偏见);产品着力解决物理功能与客观效用,而品牌着力解决情感与心理需求;产品可以用价格计算,而品牌有价格标示,但须拥有超越价格的价值。

因此,品牌不只是标志,或者产品本身,它是各种相关因素综合而成的有机整合体。正因如此,品牌得有商标,有其所属的产品,但绝不仅仅是注册了一个商标,或者有一个所属的产品;它是一个由品牌的相关属性、产品、符号体系、消费者群、消费联想、消费意义、品牌个性、通路特征、价格体系、传播体系等综合而成的整合体。该整合体起源于符号生产的产品识别与差异化,起源于产品的权益保护与消费承诺,同时,它更是一个经由各相关利益者认同,并能够有机融合、和谐共处的,包括消费者生活世界在内的整合体。

品牌通过产品与符号等的系统生产,沟通消费者及相关利益者,提升产品的价值体系,形成独特的价值系统。也就是说,一个品牌的形成过程,应当基于一定的物质产品(服务)生产、符号生产、意义生产、价值赋予等不同层次、不同内涵的生产过程,同时,须依赖消费者的体验感知,构建起产品与消费者、相关利益者之间的良好关系,形成独特的价值系统。

品牌是一个独特的利益载体。品牌是在物质产品、情感利益、意义价值等方面具有能够满足消费者或相关利益者利益的载体,且其利益须具有竞争对手无法企及的独特性。该利益不仅包括功能利益、情感利益,同时也能够表达消费者的价值观与生活追求,体现消费者体认的生命意义与价值。"所谓的品牌为何物? 它不单单指名称、标志等,而具有比其大得多的内容。它是一个组

[1]　凯文·莱恩·凯勒著,卢泰宏、吴水龙译:《战略品牌管理》(第3版),中国人民大学出版社2009年版,第4页。

[2]　Alvin A. Achenbaum,"The Mismanagement of Brand Equity",ARF Fifth Annual Advertising and Promotion Workshop, 1 February 1993.

[3]　Don E. Schultz, Beth E. Barnes, *Strategic Brand Communication Campaigns*, NTC Business Books, 1999.

织与消费者之间的契约，是坚守功能、情感、自我表现、人与人之间关系的契约……是消费者感触与体验的不断积累变化的关系。"①因此，品牌化过程，须创造消费者需求的利益，并使品牌成为利益载体，继而，通过与消费者的互动沟通，使消费者体察产品所具有的利益与意义，并实施消费。

品牌是一个独特的价值系统。品牌化过程，即是通过符号化、意义化、价值创造等，为产品或服务进行价值赋予或价值再造的过程。基于对消费者需求的洞察，品牌经营者进行物质产品、体验感知、符号体系等要素的系统生产，在物质产品或服务上增加无形价值，提升其意义，形成独特的价值系统。该价值系统，不仅以品牌价值、品牌资产的形式呈现，更在产品或服务的溢价可能性上得到表现。一个品牌，须有独特的价值系统，才能有独特的品牌价值，才能产生品牌溢价，形成品牌资产。

品牌是一个独特的信用体系。品牌化的过程，也是利益多方共同构筑信用体系，以提升产品、体验、符号等要素的整合价值的过程。品牌以商标注册为其权益的法律依据，形成一个品牌对消费者及相关利益者的承诺，获得品牌管理、品牌维权的权利。独特的信用体系可维系一个品牌的竞争优势，可向消费者提供消费信用保障，形成相互忠诚。

总之，品牌是基于物质产品、体验感知、符号体系等要素的系统生产、互动沟通、利益消费而形成的独特的利益载体、价值系统与信用体系，各种要素与体系的有机整合，形成独特的品牌竞争力。

倘若借助美国符号学家皮尔斯的符号三元理论②，我们可以看到，一个品牌有机整合的基本结构，如图1可见：

作为产品或服务的外在表征的品牌名称、品牌标志、品牌代言人、品牌外在包装设计等品牌形象表征部分；作为客体的产品或服务部分；作为消费者，一方面通过品牌形象表征系统认知品牌形象与个性特质，另一方面通过对产品或服务的体验而感知、解释、体会品牌的利益、内涵与价值。各方形成有机整合，获得消费者体验与认知的产品或服务的意义与价值，形成有机的品牌价值结构。

---

① デービッド・アーカー著，阿久津聡訳，《ブランドろん》，ダイヤモンド社，2014 年，第 1 页。

② Joseph Brent，Charles Sanders Peirce，*A Life*，Indiana University PRESS，1993：207.

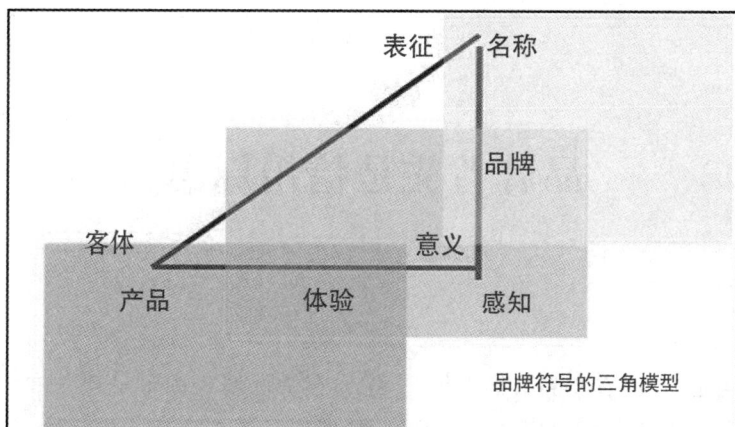

图 1　基于皮尔斯的符号三角模型建构的品牌结构模型

（本文于 2017 年首发于浙江大学 CARD 中国农业品牌研究中心官网"农业品牌研究网"，后被刊发于《农产品市场周刊》2017 年第 19 期，转发于微信公众号"农业品牌研究院"。）

# 品牌首先是信用标志

今年是"中国农业品牌推进年"。作为在中国高校中最早建立专门的"中国农业品牌研究中心"的我,一过了年,便接到了诸多电话。电话中最多的内容,是请中心团队进行品牌战略规划、品牌知识讲授、品牌课题研究。团队因此再接再厉,马不停蹄。但在交流过程中,我们也听到了各种消息。比如,有的领导紧急催促下属"赶紧设计 logo,征集广告语";有的领导,无论大会小会,都在呼吁利用行政手段,由政府直接进行资源合并,"兼并为一个大品牌";也有来访者诚恳地问:"品牌到底是什么? 设计一个 logo 吗?"也有的苦恼地说:"我们的某某品牌,有关领导说不漂亮,着急换包装",等等,不一而足。

这让我认识到,即便已经到了品牌消费与品牌竞争时代,品牌战略已经成为国家战略,但还是有许多人,并不明白有关品牌的基本问题。然而,如果基本问题没有解决,那么,后面的所有品牌运作,都可能会走向歧途。浪费资源不说,更会造成灾难性的后遗症。因此,关于品牌,得首先说清楚一个问题:品牌建设,不是换包装那么简单的"换衣工程",也不是设计几个 logo、用一两句话打开知名度即可。品牌,首先是诚信的标志。

**一、挖掘词源学意义可见:品牌生产,是通过产品生产基础上的符号生产,提供信用背书的行为**

品牌,英文表述为"brand",源于古挪威文"brandr",意为"燃烧(也翻译为:烧灼)",指的是工匠在制作完成产品之后,用烧灼的方法,在产品上烙上烙印。其烙印过程,即是产品生产之后的符号生产过程;其烙印,是通过符号生产,表明其产品出自哪位工匠之手,产品的所有权、品质责任、消费承诺等,均因此得到了显著区分。因此,从词源学意义可见,品牌建设过程,首先是通过符号生产,提供诚信背书的行为过程。

## 二、探究品牌起源可见：无论中方还是西方，品牌行为的产生前提，是确认产品的所有者与品质责任者，让消费者容易识别

关于品牌起源，国际上呈现多种观点。西方学者考证认为，"在中国古代的瓷器、古希腊、古罗马出土的陶罐，以及公元前 1300 年的印度商品上，都发现了这种标记。"①东方学者认为，品牌的名称虽起源于欧洲，但关于品牌的行为应当起源于中国古代。② 相关学者的研究说明，从历史角度来看，品牌起源于中国史前、古希腊、古罗马等文明古国的陶器刻画符号。在中国史前新石器时代，先民们为了记录陶罐的制作者而在陶器上刻画符号标记；16 世纪初，欧洲的威士忌制造者将自己的名字烧灸在木制的酒桶上。上述在产品身上刻画或烧灼符号的行为，向消费者告知了酒的制造者，防止代用品产生，也让消费者能够容易地识别产品、追踪到产品的制造者。这些刻画符号虽然没有今天的符号那么多彩、生动，更具辨识度，但其刻画动机、刻画效果均具有品牌建设特质，即，以符号生产创造同类产品的差异化的可能性，明确产品的品质责任者。

## 三、考证东西方最早的品牌规制可见：要求品牌行为产生的相关规制，是建立信用制度

中国早在春秋战国时期，便行使了"物勒工名，以考其诚"的规制。③ 规制规定生产者须在产品上刻上生产者或产地的名称，并设置"大工尹"职位考查产品质量。在中世纪的欧洲，各种手工协会要求工匠们在自己制造的产品上增加标记。1266 年，英国通过一项法令，要求面包师在每一块销售的面包上做上记号，其目的是保证产品品质、不缺斤少两。1870 年，美国国会制定了第一部联邦商标法。1906 年，美国商标法进行对品牌保护更容易的修订。④ 可见，古代相关行业行会的管理制度、国家相关法规等，均希望通过品牌行为建立产品销售与产品竞争的信用制度。

---

① 凯文·莱恩·凯勒著，卢泰宏、吴水龙译：《战略品牌管理》（第 3 版），中国人民大学出版社 2009 年版，第 39 页。

② 参见朱磊：《品牌起源考》，《东方智慧与广告传播》（国际会议论文），2004 年 11 月 11 日。

③ 春秋时期的典籍《礼记·月令》篇（成书于公元前 620 年前后）、《吕氏春秋》卷十《孟冬纪》（成书于公元前 240 年前后，由秦王嬴政的相国吕不韦主编）中均有记载。

④ 凯文·莱恩·凯勒著，卢泰宏、吴水龙译：《战略品牌管理》（第 3 版），中国人民大学出版社 2009 年版，第 39 页。

综上，无论中西，品牌都起源于市场经济竞争状态下的诚信背书。无论西方中世纪行会要求在产品身上烧灼或烙印标志，还是中国西周朝的规制"物勒工名，以考其诚"，都可以看到，品牌源于通过符号生产，构建产品区分度，形成诚信标志。通过这一诚信标志，消费者得到利益承诺，商标所有者获得所有权的维护，产品生产者提供了诚信保障。

因此，品牌首先是信用标志，品牌制度首先是信用制度，品牌经济也是信用经济。

（本文于 2017 年 3 月 9 日首发于浙江永续农业品牌研究院微信公众号"农业品牌研究院"，后转发于浙江大学 CARD 中国农业品牌研究中心官网"农业品牌研究网"，并被刊发于《农产品市场周刊》2017 年第 20 期。）

# 品牌战略，创造有意义的差异化

迄今为止，中国农业品牌研究中心已经为我国 80 余个区域公用品牌做了品牌战略规划。当品牌规划定稿，我们会见到以下的怪现象：或者，品牌规划被作为成功经验赠送给竞争对手；或者，一些政府部门将品牌规划作为学习资料印发，甚至在互联网传播。

对于这种怪现象，我要提醒的是：其一，品牌战略，是竞争战略。所以，它的价值是在竞争中出奇制胜，而非作为宣传资料，将未来的策略置于众目睽睽之下。

其二，品牌战略，是差异化竞争战略。同质化，是品牌战略的最大敌人。如果生产出同质化的产品，设计出同质化的品牌形象、个性，供给消费者同质化的价值与意义，那么，问题就出现了。

当前，我国供给侧的问题是产品同质化（品种、品质、工艺、技术）、符号设计同质化（包装模仿）、品牌个性同质化（品牌故事大同小异）、品牌形象同质化（同一个明星代言，同一个场合传播）、品牌价值同质化（能够供给消费者的价值也同质化，能够在其他产品中得到）。因此，供给侧改革，要改的是同质化供给。请思考规模化、标准化如何以品牌化为核心的问题。目前，我们正在力推的"大品牌"战略，是否已经不适合消费趋势？

## 一、品牌经营属于竞争战略范畴

战略，英文表述为 strategy，指的是进行全局谋划实现全局目标。战术，英文表述为 tactical，指的是实现目标的方法与手段。过去，人们大多将品牌经营理解为营销战术，与品牌相关的关键词汇为"品牌营销"。"品牌营销"指的即是以创建品牌的方式营销产品或服务。将品牌经营理解为品牌营销的时代，有关品牌创建的内容更多的是着眼于广告传播、品牌形象设计、销售渠道拓展、促销活动等方面的工作,因此,品牌经营(brand operation)曾被理解为营销战术中的一种战术类型。

20世纪80年代,人们在企业并购中发现了品牌价值及品牌资产的存在,并充分认识到,通过品牌经营塑造品牌、创造的品牌王国,是一种具有战略价值的资产。[①] 品牌经营的目标说明,品牌经营是战略而非战术。品牌经营须在品牌发展的战略层面上提供谋划纲领与解决方案。如消费者洞察、品牌类型选择、品牌定位、品牌个性提炼、品牌成长特征把握、品牌延伸、品牌全球化路径、品牌管理规划,等等,都属于品牌经营的范畴。"品牌战略"一词由此产生,并成为一个专有名词,一种有关品牌创建与管理的专有战略。品牌战略,英文表述为 brand strategy,即为了打造一个具有竞争力的品牌而产生的战略体系、战略规划、战略管理,品牌战略属于竞争战略。

**二、品牌战略是差异化竞争战略**

1980年,哈佛大学教授迈克尔·波特(Michael E. Porter)在其《竞争战略》(*Competitive Strategy*)一书中,提出了三大竞争战略:总成本领先战略(overall cost leadership)、差异化战略(也译为标歧立异战略,differentiation)、专一化战略(也译为目标集聚战略,focus)。其中,总成本战略是指企业在竞争战略选择中,利用规模效应与边际效应达到总成本领先的战略选择。该战略着眼于成本控制,着眼于总成本在产业竞争中的领先目标。专一化战略是指企业在竞争战略选择中,着眼于目标市场或产品、服务、技术等的专一化选择。该战略是需要主动放弃部分市场,紧紧盯住目标市场,获得目标市场的竞争优势而非全部市场份额的战略。差异化战略是指企业在竞争战略选择中,着眼于产品或服务等在同类产品、同类产业中的差异化,利用差异化形成自己的竞争优势或竞争能力的竞争战略。这里所指的差异化,并非只是罗瑟·瑞夫斯在1961年出版的《广告的现实》(*Reality in Advertising*)一书中提出的产品或服务本身的 USP(独特销售卖点,unique selling proposition),而指包括设计或品牌形象、技术特点、外观特点、客户服务、经销网络及其他各方面的独特性。迈克尔·波特强调,差异化战略是可以使企业成为产业中赢得超常收益的可行战略,利用消费者对品牌的忠诚以及由此产

---

① デービッド・アーカー著,阿久津聡译,《ブランドろん》,ダイヤモンド社,第5页,2014年9月第一次印刷。

生对价格的敏感度下降，构成"独特性"壁垒。但差异化战略与市场份额占领不可兼得，且存在成本高的风险。①

综上，品牌战略，是以品牌为独立价值与独立资产，并以品牌为核心，协同、整合其他资源进行品牌经营，以期获得更大的品牌竞争能力、更高的经济效益、更好的社会效益的战略。品牌战略通过差异化实现其竞争战略目标。

### 三、品牌战略，创造有意义的差异化

2013 年 12 月 8 日，受 WPP 集团委托，由华通明略公司开展的 2014 年 BrandZ™最具价值中国品牌 100 强排行榜结果发布。其报告指出，在"有意义的差异性"方面，中国品牌落后于国外竞争对手。报告分析，虽然在价格与"名气"方面，消费者站在中国品牌这边，但他们发现国外品牌在"有意义的差异性"方面更加强大。报告认为，有意义的差异性是构成强大品牌的关键要素，可提升消费者忠诚度，促进品牌价值增长。也表明中国品牌需要更加专注这一领域，以便更好地与国外品牌展开竞争。报告指出，实现"有意义的差异化"，是中国建设强大高价值品牌的关键。

作为差异化竞争战略的品牌战略，即是以物质生产、体验感知创造、符号生产等，创造并形成品牌的"有意义的差异化"价值的战略。其通过品牌经营创造的"有意义的差异化"价值一般表现为——

（一）价值观差异化

价值观差异化，是指一个品牌具有独特的、差异化的价值观体系。该价值观体系，不仅充分显示了品牌自身的愿景、价值倾向、品质标准、创新性等②，同时，其价值观具有其独特性，并成为消费者忠诚、社会正面评价的重要内容。不同的品牌价值观，集聚不同的品牌消费者，形成不同德行、不同价值体系的品牌。

（二）利益差异化

利益差异化，是指一个品牌在产品与服务同质化时代，为消费者提供具有独特利益的产品或服务。其利益不仅包括产品或服务的功能利益，同时更需

---

① 迈克尔·波特著，陈小悦译，《竞争战略》，华夏出版社 2003 年版，第 31-32 页。
② 参见デービッド·アーカー著，阿久津聡译，《ブランドろん》，ダイヤモンド社，2014 年，第 78 页。

要创造与产品或服务特色相关的独特的情感利益、自我观照利益、体验感知等[1]，以满足消费者不同的、独特的、差异化的利益需求。利益差异化的形成，由技术差异、服务差异、产品功能差异、产品渠道差异、产品情感赋予差异等多种差异作为基础[2]。

（三）形象与个性的差异化

形象差异化，是指一个品牌采用产品或服务的外形设计、包装设计、品牌形象塑造等符号生产过程，构建具有独特外形与个性的品牌形象。从品牌命名入手的品牌形象识别系统建设及其传播、消费者对品牌形象的独特认知与理解，都是构成品牌形象差异化的内容。形象差异化，以利益差异化为基础，并以符号生产、符号传播、符号理解为主要方法与手段。

（四）意义或价值的差异化

意义或价值的差异化，是指一个品牌基于产品或服务的利益差异、符号生产获得的形象与个性差异，进一步通过文脉挖掘、文化整合、意义生产，创造品牌独特的价值、独特的消费意义，实现"有意义的差异化"。

（五）消费者识别与感知的利益差异化

值得注意的是，在消费者至上时代，品牌的"有意义的差异化"，更着眼于消费者识别与感知的利益差异化。品牌战略的差异化战略体系，并非源于产品或服务本身的差异化，而是消费者的立场、态度、利益、形象、意义、价值等的差异化。

品牌起源的历史说明，品牌起源于消费者识别的差异化需求。在这一意义上，创建品牌的动机来源于各产品或服务的生产者，但品牌形象、品牌个性的形成，不仅仅有赖于品牌的商标注册者（品牌化的发动者），在品牌经由各个接触点进入社会体系的过程中，品牌的本质便慢慢地游离了发动者，而成为一道社会景观、一种生活方式、一个集合各种相关利益者的思想倾向、风格特征的符号体系与载体。因此，品牌属于品牌化的发动者，但品牌的存在与发展则同时更依赖于消费者及相关利益者。

综上可见，品牌创建的初始化动机，只是出于识别、防御、权益保障的简单动机。随着品牌创建环境的变化，品牌已然成为品牌主体在市场竞争中的差

---

[1] 参见デービッド・アーカー著，阿久津聡译，《ブランドろん》，ダイヤモンド社，2014年，第1页。

[2] 参见デービッド・アーカー著，阿久津聡译，《ブランドろん》，ダイヤモンド社，2014年，第117-118页。

异化战略。通过品牌创造实施差异化战略，能够让品牌主体在信息越来越繁复的今天和未来，在市场竞争中脱颖而出，提升品牌溢价。

［本文于 2017 年 3 月首发于"农业品牌研究院"（微信公众号）后转发于浙江大学 CARD 中国农业品牌研究中心官网"农业品牌研究网"。］

# 品牌战略成就品牌经济

在上篇专家观点中，中心的顾问顾益康先生就浙江农业发展，谈了品牌战略在农业供给侧改革中的必要性、重要性，并强调，必须打好组合拳，实施有效的品牌战略。

实施品牌战略的直接目的，是可以成就品牌经济。品牌消费时代的产生，促进了品牌经营及其品牌竞争战略的实施。而品牌经营及品牌战略的实施，可形成前所未有的品牌经济时代。那么，什么是品牌经济？与传统经济的区别是什么？三句话可以概括：品牌经济是超越了传统经济以物质生产为核心的经济形态，是以信用经济的典型形态——符号经济提升实物经济价值、以占领消费者心智创造新型经济关系、以意义阐述与价值构建创新经济价值的新型经济形态。

## 一、品牌经济的含义

### (一)"经济"的词源学意义

"经济"一词，在我国东晋时已被正式运用，属"经世济民"一词的简化使用，大意为治国方略。英文表述为"economics"，源自古希腊语"οικονομα"，其意为家政管理。从词源学意义上理解，"经济"一词的习惯性用语源于家庭管理、国家治理。这在古希腊色诺芬的《经济论》(*Oeconomicus or Economics*)中可见。该书不仅强调了农业在国计民生中的重要性，也将经济理解为家政理念。

传统政治经济学概念中，经济指的是整个社会的物质资料的生产和再生产，指社会物质生产、流通、交换等活动。经济是人类社会的物质基础，与政治是人类社会的上层建筑一样，是构建人类社会并维系人类社会运行的必要条件。"经济就是人类以外部自然界为对象，为了创造满足我们需要所必需的物质环境而不是追求享受所采取的行为的总和。"①

传统政治经济学中的"经济",是以有形的"物质"为核心的生产、流通、交换、消费的过程。

(二)品牌经济的含义

如前述,品牌是基于物质产品、体验感知、符号体系等要素的系统生产、互动沟通、利益消费而形成的独特的利益载体、价值系统与信用体系。换句话说,品牌包括物质产品与服务的生产与消费、消费者的感知体验过程及效果、符号体系的生产过程及消费效果等内容,既有有形的物质部分,更有无形的感知、体验、符号、意义、价值、信用等部分。

根据德国经济学家希尔德布兰德(Bruno Hildbrand)的划分,社会经济可分物物交换的自然经济时期,货币媒介交换的货币经济时期,信用为媒介的信用经济时期。而信用经济是社会经济的高级形式。②

如前述,信用及其信用体系的构建,是品牌产生的动机及其基础。品牌生产与交换、消费所产生的,不是物物交换的自然经济,也不是单纯以货币媒介交换的货币经济,而是以品牌承诺、符号系统体现的信用为介质的信用经济。

由此可见,品牌经济,是基于一定的资源体系和自然经济、货币经济等,进一步通过符号生产、关系生成、价值赋予等无形价值的生产过程,形成以独特价值为核心的信用经济。

## 二、品牌经济的三大特征

作为信用经济的品牌经济,呈现出三大特征:

(一)以符号经济提升实物经济价值

作为信用经济的特殊形态,品牌经济是可以提升实体经济价值的符号经济,它非单纯地着眼于产品(服务)的功能利益,更着眼于附加在产品(服务)上的符号意义。

卡西尔在其《人论》中强调,"我们应当把人定义为符号的动物来取代把人定义为理性的动物。只有这样,我们才能指明人的特殊之处,也才能理解对人开放的新路——通向文化之路"③,"符号化的思维和符号化的行为是人类生

---

① М. И. 杜冈—巴拉诺夫斯基,赵维良译:《政治经济学原理》,商务印书馆 1989 年版,第 3-6 页。

② 曾康霖著:《信用论》,中国金融出版社 1993 年版,第 205 页。

③ 卡西尔:《人论》,上海译文出版社 1986 年版,第 34 页。

活中最富于代表性的特征，并且人类文化教育的全部发展都依赖于这些的条件。这一点是无可争辩的。"①

实物经济的特征，是物物交换。而品牌经济，不仅仅有物质生产、交换、消费，更有非物质的符号及其意义、价值的生产、交换、消费。品牌经济，是基于实物经济的符号经济。

符号经济，于 1986 年由彼得·德鲁克首次提出。他将经济系统分为两种，即实物经济和符号经济。所谓符号经济是指货币和信用，即资本的运动、外汇汇率和信用流通，实物经济即产品和服务的流通，并进一步分析了世界经济出现的新变化，即"符号经济已取代实物经济，成为世界经济的车轮，且大体上独立于实物经济，这是一个最为醒目而又最难理解的变化"②。

符号经济是由经济符号的创造、运动所形成的，执行一定经济功能的经济系统。③ 品牌经济的创造与运动的过程，是品牌运营者基于一定的实物经济，进行符号生产与意义赋予的过程。通过基于好品质的实物（产品或服务）实现符号生产，其目的是产生差异化的品牌个性、品牌形象、品牌意义和品牌价值。"意义必须用符号才能表达，符号的用途是表达意义。反过来说，没有意义可以不用符号表达，也没有不表达意义的符号。"④

实物经济对符号经济有一定的限制作用，如资金的充足程度、产品与服务的品质程度。而符号创造形成的个性、形象、意义、价值等，在实物上附着、再造无形价值，继而，产生更高层次的符号经济价值。

如同样是茶产品，其品牌因为符号生产形成了不同的品牌个性与价值体系、价值感。

"符号是一种区分：它通过排他而构造自身。一旦被纳入到某种独特的结构之中，符号就将自身排列于它所固定的领域之中，服从于差异性，在体系的控制中分别指认了能指与所指。由此，符号给予它自身某种完整的价值：明确的、合理化的、可交换的价值。"⑤

上述品牌的符号设计（见图 1、图 2、图 3），在茶产品的基础上，利用符号生产，不仅仅区分了同类产品，更能够根据品牌的差异化战略，形成新的价值

① 卡西尔：《人论》，上海译文出版社 1986 年版，第 35 页。

② 张平、张晓晶等著：《直面符号经济》，社会科学文献出版社 2003 年版，第 1 页。

③ 张平、张晓晶等著：《直面符号经济》，社会科学文献出版社 2003 年版，第 4 页。

④ 赵毅衡："重新定义符号与符号学"，《国际新闻界》2013 年第 6 期，第 6-12 页。

⑤ 让·鲍德里亚著，夏莹译：《符号政治经济学批判》，南京大学出版社 2009 年版，第 145 页。

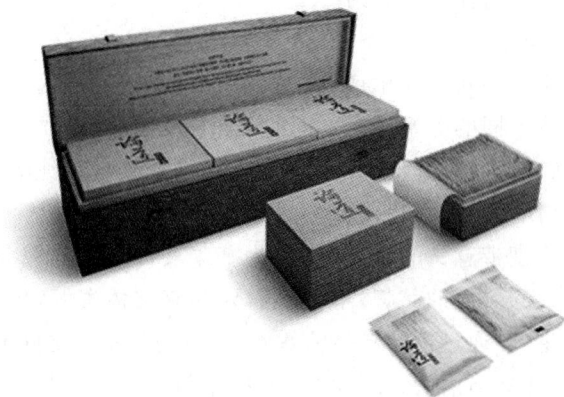

图 1　中国竹叶青茶，以中国元素进行茶品牌符号设计，表达"越平常，越非常"的茶道精髓与品牌文化

图 2　中国千岛湖茶，以蕴涵千岛湖元素的茶叶符号表达品牌个性与消费者诉求：千岛湖茶，一叶知千岛

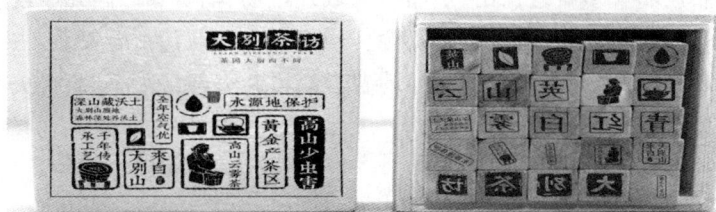

图 3　中国英山云雾茶大别茶访品牌，以毕昇造字元素进行包装符号与形式设计，体现了英山云雾茶的文脉特性

体系,并受到独有的价值体系的制约。

（二）以占领消费者心智创造新型经济关系

经济关系,即生产关系。在生产、交易、消费过程中产生的经济关系。不同的经济关系,形成不同的关系链。不同的关系链,形成不同的经济价值。

品牌经济是增加资源经济价值的关系经济,非着眼于单纯的资源价值竞争,更着力于消费者心智资源的占领。

"符号是被认为携带意义的感知。"[①]作为基于实体产品或服务,通过符号生产创造或再造意义、价值的品牌,不仅仅需要拥有实体资源,更需要通过符号与意义、价值的生产,通过传播链接消费者,形成与消费者之间的良好关系。

品牌通过传播建立与消费者之间的"关系船",然后获得品牌资产。整合营销传播指的是企业或品牌通过发展与协调战略传播活动,使自己借助各种媒介或其他接触方式与员工、消费者、投资者、普通公众等关系利益人建立建设性的关系,从而建立和加强他们之间的互利关系的过程。[②]

品牌是实体产品（服务）与消费者认知共同构建的产物。创造品牌经济必须建立在具有利益载体功能的物质资源、产品或服务上。但只有物质资源、产品或服务,不能建立与消费者、相关利益者之间的关系,无法产生消费者对物质资源、产品或服务的感知、认同、好感、消费与忠诚等良好态度与行为,就无法获得使用价值、交换价值、象征价值,无法获得品牌经济。

品牌经济是人们在生产、交易、消费过程中产生的新型的经济关系。而不同的经济关系形成不同的关系链。不同的关系链,形成不同的经济价值。

只是物质资源占有,为物质形态的资源经济,以物质资源的独特性为核心价值;占有消费者心智资源,为意识形态心智资源占有,形成更强有力的关系。如信仰建立将产生高价值的经济关系。"关系是有价值的。"[③]

中国农产品大多藏之深山,产品与区域外市场、消费者之间几乎没有建立关系,更不可能占领消费者的心智资源。构建农产品与消费者关系,占领消费者心智资源,成为未来中国农产品与消费者赢得新型经济关系、获得关系价值的重要命题。

---

① 赵毅衡:"重新定义符号与符号学",《国际新闻界》2013 年第 6 期,第 6-12 页。

② Duncan. Client Perceptions of Integrated Marketing Communication. *Journal of Advertising Research*, June 1993,31.

③ 大卫·努尔著,王震译:《关系经济学》,东方出版社 2009 年版:序言。

如褚橙原来藏之深山,后来经由本来生活的品牌运作,构建了"励志橙"形象,并植入消费者心智,成为"励志橙"。同时还且引发了"褚橙柳桃潘苹果"现象(见图4),引起人们的关注与热捧,形成了新型的产品与消费者关系,产生了一定程度的关系价值,并实现了相对溢价。

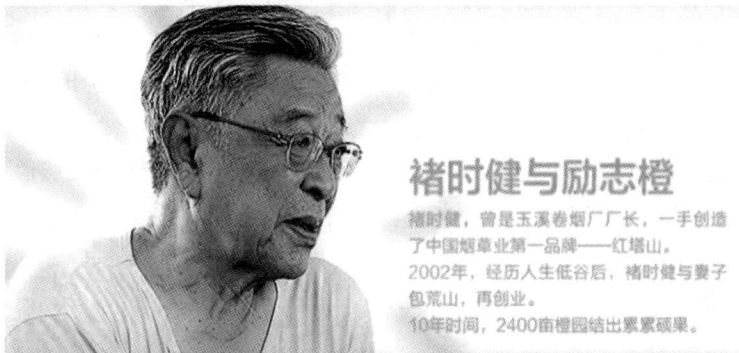

图4 "褚橙柳桃潘苹果",以知名人物符号为核心,创造品牌故事,形成品牌关系

### 三、以意义阐述与价值构建创新经济价值

"符号所具有的价值与商品的价值都具有价值的'本性'。"[①]品牌经济是价值经济。以价值而非以价格等其他因素为核心经济意义。换句话说,以品牌的价值与价值感获得良好的消费关系,继而进一步获得更高的经济效益。品牌经济是超越价格等经济优势的价值经济,非单纯的以价格等优势满足消费,而更着眼于对产品的价值提升与再造,着眼于消费者对一个品牌的消费满足感和价值感。品牌经济非以实有资源的低价销售为代价,而以产品与服务基础上的符号生产构成意义关系,彰显信用关系,体现价值优势,创造竞争的核心价值,达到优质更优价。

综上,品牌经济是以实体经济为基础的符号经济,以消费者心智占领为目的的关系经济,以产品与符号的意义构成与阐释为价值的价值经济。非以实有资源的低价销售为代价,而以满足消费者需求的优质产品、服务为基础的符号生产、关系生成、价值赋予等,创造竞争的核心价值,构成信用体系,表达消费承诺,成为消费信仰。

---

① 让·鲍德里亚著,夏莹译:《符号政治经济学批判》,南京大学出版社2009年版,第144页。

中国茶产业的成长历程及"竹叶青"茶品牌的成长历程,说明了传统经济与品牌经济的本质差别。

20 世纪 80 年代之前,在多数消费者的眼里,茶的主要功能是解渴。甚至有人说,那是一个搪瓷缸顶起一个茶产业的时代。名茶战略,引发了国人对茶产业的"色香味形"的标准化要求、文化战略等品牌化发展的意识与实践。但更多的名牌战略,依然基于产品本身的物理要素。2000 年,"竹叶青"茶品牌诞生。其在品牌诉求上立足茶道精神赋予、品牌个性构建,成为中国茶品牌运营的典范。2003—2004 年的竹叶青茶广告,诉求中心是"一杯'暗香浮动,秀色可餐'的竹叶青茶"(见图 5),抓住"香、色"两个产品禀赋要素,形成竹叶青茶的个性提炼,从所有绿茶中跳出来,实现差异化。

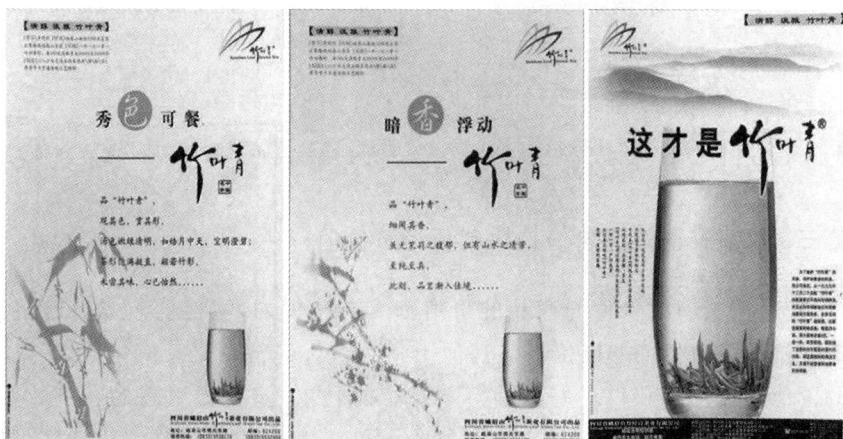

图 5　2003 年,竹叶青茶以"暗香浮动,秀色可餐"诉求实现产品层面的差异化诉求

而后,竹叶青茶聘请围棋手常昊担任形象代言人,用人物符号常昊、围棋符号、中国书法符号在包装设计、广告表现等方面一起联合表现"竹叶青茶"的"平常心"茶道精神。"竹叶青以其独产自峨眉圣域珍罕产区的历练之身,完美糅合中国历代清明中庸的处世哲学,将注重个体修为、内心修炼的个中要义,凝练为现代社会极具认同感和感召力的'平常心'理念。"①广告文案:

如果有些高度一辈子也到达不了,那就静静地欣赏吧;

---

① 竹叶青茶官网文章,2008 年 10 月 10 日,http://www.zhuyeqing-tea.com/enterprise/news/detail/5e5658033610b8d50136157907cc00de。

相守时给她幸福,分离……祝她幸福吧。

对于只看一半的人,另一半可能更精彩;

如果你感受到这样的目光,至少证明在你的头上还有大片的空间。

广告语:平常心,竹叶青

2012年开始,竹叶青茶以古力、聂卫平、吴清源等三位围棋大师为形象代言人,进一步诉求"平常心,竹叶青",实现品牌价值观差异化诉求(见图6、图7、图8、图9、图10)。

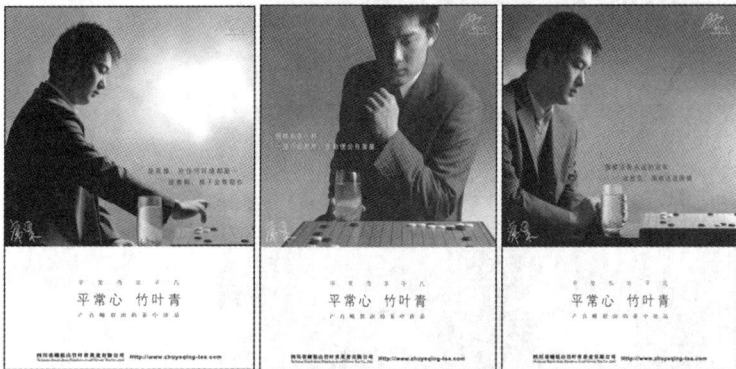

图6　竹叶青茶以常昊为形象代言人,诉求"平常心,竹叶青"实现品牌价值观差异化诉求

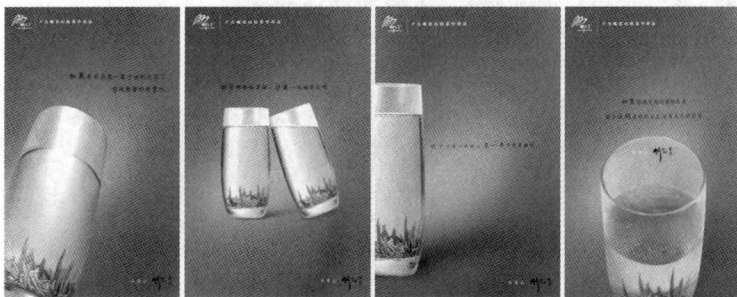

图7　竹叶青茶广告,诉求"平常心"品牌理念

竹叶青茶将茶、围棋、平常心茶道文化进行融合表达,使得竹叶青茶成为一杯进退有道、淡定人生的茶。2006年,"竹叶青"商标获得"中国驰名商标""中国名牌农产品",成为唯一参加摩洛哥顶级奢侈品展的中国品牌。2012

图 8　古力：生活，给了我智慧灵感

图 9　聂卫平：我只是战胜了自己

图 10　吴清源：人生一世，修行一世

年，"论道"成为中国驰名商标（见图 11）。竹叶青茶从农产品、土特产转身为茶道精神代表，创造了价值与价值感。消费者确信，这是一个拥有茶的精神特质——具有平常心的茶的品牌世界。

图 11 "论道"品牌,提升竹叶青茶的茶道精神

（本文于 2017 年 3 月首发于浙江大学 CARD 中国农业品牌研究中心官网"农业品牌研究网",后被各相关媒体转载。）

# 品牌战略规划及基本实施程序

当今，农业品牌化的推进正从"高度重视"，走向"实践落地"，各地政府闻风而动，各个企业整装待发。但我们也无比担忧，农业品牌化会不会陷于急功近利，浮于表面的喧哗？农业品牌化的价值对于中国农业及其国家的价值意义到底是什么？什么是品牌？应当如何科学创造品牌？如何构建品牌生态系统，创造品牌价值？如何真正抓住品牌战略，对农业供给侧改革产生巨大的能量？如果上述问题没有能够正本清源，或将出现与初衷大相径庭的结果。

我在授课或者接受咨询时，经常会听到这样的问题：如何做品牌战略规划？品牌战略到底如何去实施？当前，大家都知道了品牌战略的重要性，但依然无法进行顶层设计与战略实施，这令许多人都很焦心。

品牌战略的顶层设计，的确是非常专业化的工作，需要专业团队与品牌主体（无论是政府、协会，还是企业）分工合作，才能整合资源，形成最佳战略方案。

但是，品牌主体，需要懂得品牌战略的规划与基本实施程序，并了解不同实施阶段的作用与价值，才能够协同作战。

我常说，中国没有更多的具有国际竞争力的强势品牌，问题出在品牌主体的品牌意识、品牌战略决策、品牌战略实施的协同能力上。

前几日，《浙江农村信息报》记者采访我，让我总结"丽水山耕"农产品区域公用品牌的典范意义与成功经验。记得我说了这样一段话：

品牌是百年大计。"丽水山耕"品牌目前还不能说成功了，只能说开局很好（2016 年，一年销售 15 亿元，平均溢价 33%）。如果要总结开局好的原因，我认为是各方力量的有机整合，发挥了极致效应。其中，丽水市委、市政府的品牌意识与战略决策力，我们浙江大学 CARD 中国农业品牌研究中心团队的专业能力与创新精神，丽水农发公司的团队执行力，行业媒体与大众媒体的联袂传播力这四种力量,缺一不可。

品牌战略,目前更多地以品牌化、品牌创建、品牌塑造、品牌经营等词汇表述,英文则表达为 branding,指的是对产品或服务进行一系列的品牌战略建设与管理的过程。品牌战略的规划及实施程序,从战略到策略,从策略到方法及工具运用,是一个层次高、系统性强、涉及面广、效果要求立体化的系统工程。

### 一、品牌战略规划程序

（一）品牌战略环境测评

洞察品牌的目标消费者及消费趋势,判断产品、产业、品牌的竞争态势,寻找并确定差异化满足消费者的品牌核心价值、品牌系统价值链。已有的测评模型已经非常丰富。如波特五力模型、日本电通蜂窝模型等。可借助相关模型,进行有效的品牌战略环境测评。

（二）品牌战略目标确立

确定品牌的未来路径与目标。包括消费者目标、竞争目标、发展目标、价值目标四个方面。消费者目标,强调以消费者为中心,提供符合消费者本质需求的品牌产品（服务）、创造消费者体验价值,建立与消费者的特殊关系;竞争目标,强调成为同业中的引领者或提供特殊价值者（第一或者其他富有竞争力的地位）;发展目标,强调品牌发展的阶段性成长效果、生存与发展的协同延伸链、品牌资产与利润获得,百年品牌的终极目标选择;价值目标,强调品牌价值的不断累积,实现品牌价值与未来收益的最大化。

（三）品牌战略规划设计

战略的本质,就是解决问题。[1] 品牌战略规划应当根据品牌所处的现实状况与战略目标,选择不同的品牌战略、实施不同的品牌战略规划。以往,有多种战略模式可以借用,如经典性战略（在可预测的行业,进行分析、规划、实施,目标是做大品牌,战略实施稳定性高）、适应性战略（在不可预测的行业,实施适应性应对,应对并驾驭环境因素的不断变化,不断选择、不断推广品牌,没有一以贯之的战略规划,变是常态,创新是根本）、挑战型战略（建立愿景、蓝海

---

[1] 参见马丁·里维斯（Martin Reeves）、纳特·汉娜斯（Knut Haanaes）、詹美贾亚·辛哈（Janmejaya Sinha）著,王喆、韩阳译:《战略的本质——复杂商业环境中的最优竞争战略》,中信出版集团 2016 年版。

战略、颠覆经典、创造未来，创造新型价值体系，创造独特的消费者利益，并抢先快速发展，时机是品牌的生命）、重塑型战略（定义或重新定义产业规则，并吸引、协调、共同发展同业，如平台战略，改变行业竞争格局，形成新型协同生态系统；在品牌面临竞争力低下的落后局面时，实施转型、变革、提升、重塑，重塑品牌的竞争力与价值体系）。

由于消费与产业竞争的性质及其可预测性、产品与产业的可塑性、竞争环境的严苛性程度[①]等不同，进行品牌战略规划时需要充分分析各种传统战略规划的优劣势，并选择适合品牌自身资源的战略类型，进行战略规划。

我国的农业品牌战略规划，在目前的行业性质、预测性、可塑性、严苛性四方面来看，选择以重塑型为战略主体，协同经典型、适应型、挑战型战略，则更能够提供有效的解决方案。所以，外出演讲，我常常以"品牌价值重塑"为题，阐述如何在创建、提升品牌的同时，重在重塑品牌。所谓的"品牌定位""品牌核心价值提炼""品牌价值支撑体系建设"等，均基于此。

（四）品牌战略实施控制

品牌战略规划如果不实施，只是一纸空文。品牌战略，须由专业团队实施，实现品牌管理。在实施过程中，品牌战略决策者、目标制订者、战略选择者、策略提供者均需要协同作战，有效控制品牌战略的有效实施。在农业品牌战略规划实施过程中，政府、协会、企业、专业团队及第三方力量、合作社、农户、专业媒体与大众传媒等各方力量的有效协同，控制品牌战略实施程度、方向、科学性等，十分重要。

关于农业品牌战略规划的程序、特征、内容等，后面会专题涉及，敬请耐心等待。理论先行，明白了品牌战略、策略、方法与工具之间的逻辑关系，才能不人云亦云，才能真正成就百年品牌，而非一时哗众取宠，昙花一现。

## 二、品牌战略规划的实施程序

品牌战略规划的实施程序，应当基于消费者需求，研发、生产消费者需求的、品质良好的产品或服务。同时，进一步延伸品牌的生产环节，通过符号生产、关系生产、价值赋予或价值重塑等实施品牌战略。

---

① 参见马丁·里维斯（Martin Reeves）、纳特·汉娜斯（Knut Haanaes）、詹美贾亚·辛哈（Janmejaya Sinha）著，王喆、韩阳译：《战略的本质——复杂商业环境中的最优竞争战略》，中信出版集团 2016 年版，第 22 页。

（一）品牌识别系统创建与管理

品牌源于识别。因此，生产具有特色的产品（服务）、创造独特的系统符号并建构象征意义体系、管理识别系统的一致性、系统性，是品牌战略实施程序中重要的步骤。其中包括：

1. 品牌命名与商标注册

品牌命名与商标注册，是将一个符合消费需求的产品（服务）通过以标志为核心的符号系统的创造与注册，成为一个有法律保护、具有商标专用权，获得特定的品牌权益的行为过程。在中国，相关法规规定必须进行商标注册的商品，须经过商标注册。并且，获得注册的商标必须按照《中华人民共和国商标法》中的相关规定，具有明显的特征。经国家商标局核准注册的商标为注册商标，它包括商品商标、服务商标和集体商标、证明商标。就目前的情况来看，商品商标、服务商标一般由自然人、法人或企业申请；而集体商标、证明商标则一般由协会、科研机构、研发机构，甚至政府职能部门提出注册申请。在农产品品牌的商标注册中，由于地理特征依赖，比较工业品品牌有更多的证明商标和集体商标；在品牌命名上，也体现出了浓厚的地理色彩。农产品区域公用品牌，一般以集体商标或证明商标注册；农产品企业品牌或产品品牌，则一般以普通商标注册。

2. 品牌符号及意义系统设计

品牌就是一个符号，品牌与品牌之间的竞争就是符号之间的竞争。依照该符号，消费者可以放心购买；生产者则可以围绕该符号进行品牌的再生产和再创造。过去，人们以为品牌的符号表达仅仅是标志，因此，误解为商标就是品牌，只要注册了商标，就成就了一个品牌。但确切地说，品牌不仅是一个符号，更是一个符号与意义系统。

20 世纪 70 年代以来，国际上风行 CIS（企业形象识别系统）设计，其中的MI、BI、VI 三大子系统，表现了一个企业的理念符号系统、行为符号系统和视觉符号系统。理念符号系统的设计，强调对一个企业的目标、价值观、对社会的责任等方面的表达；行为符号系统的设计，强调对企业成员的行为特别是服务系统的符合企业形象和企业理念的表达；视觉符号系统的设计，则强调在标志、企业标准色、标准构图、设计应用等。当品牌战略在国际范畴越来越盛行之后，盛行在 20 世纪的 CIS，在新的时代体现为整合品牌传播（IBC，

Integrated Brand Communication)[①]下的品牌识别系统设计。

在品牌战略管理的相关理论中,关于品牌识别的典型模型有大卫·艾克的四层次模型。[②] 美国品牌专家大卫·艾克强调品牌识别的四个层次:品牌作为产品,其构成和表现元素是产品范畴、产品特性、产品质量及其价值、产品使用经验、消费者和原产地;品牌作为组织,其构成和表达元素为组织特性、区域或全球化品牌机构;品牌作为人,其构成和表现元素为品牌个性及其消费者的关系;品牌作为符号,其构成及其表现为视觉形象、标识和品牌历史等。而法国学者科普菲尔的模型则强调,品牌识别分为品牌体格(physique)、品牌个性(personality)、品牌文化(Culture)、品牌关系(relationship)、反映(reflection)、自我形象(selfimage)六个维度[③]。实际上,如果延续 CIS 的思考和操作模式,品牌识别系统由品牌理念识别(Brand Mind Identity)、品牌行为识别(Brand Behavior Identity)、品牌符号识别(Brand Symbol Identity)三部分构成,其中,品牌理念识别的核心是品牌价值、品牌利益、品牌关系、品牌个性,品牌行为识别系统的核心是产品的品质识别、员工行为表达及其口碑、产品终端服务体系,如销售点服务员的态度也属于行为识别。品牌符号识别系统可包括众多内容。包括标志、象征物、代言人、广告发布版式、产品包装设计等视觉系统符号,主题歌曲、有声商标等听觉符号,视听综合的品牌名称、品牌核心标语,提供嗅觉体验的特殊香味等。品牌符号及其意义系统的设计,能够使产品通过象征符号,与消费者的"眼耳鼻舌身意"等产生对接,令消费者获得差异化的品牌识别体系,使产品或服务产生一定的意义,并建立与消费者之间的象征关系,获得高度的品牌附加价值。

品牌识别系统的创建与管理,强调符号、理念、行为等形象与个性的一致性表达,强调外在符号形象对品牌内在核心价值的有效呈现,强调识别的系统性及系统内部各部分之间的协同整合。

(二)品牌传播与接触点管理

建立在消费需求基础上,所实施的独特的产品(服务)研发与产品(服务)生产、符号识别及意义系统的设计,均属于品牌经营者单方面的品牌识别系统

① Don E. Schultz Beth E. Barnes, *Strategic Brand Communication Campaigns*, NTC Business Books, 1999.

② 戴维·阿克(Aaker. D. A)著:《管理品牌资产》(*Managing Brand Eguity:Capitalizing on the Value of a Brand Name*),机械工业出版社 2007 年版。

③ Kapferer Jean-Noel, *Strategic Brand Management*. Kogan Page Limited,1992.

创建与管理过程。要使产品(服务)及符号、意义的识别系统与消费者产生联系,发生特定的关系,应当经过品牌传播与接触点管理过程。只有通过品牌传播,才能搭建起与消费者及其他相关利益者之间的关系;只有建立关系,才能获得真正的品牌资产。这正如汤姆·邓肯在品牌化过程图(见图1)中所描述的:通过传播,才能搭建关系船,获得消费者与相关利益者对品牌的支持,才能拥有品牌资产。从这个意义上,不传播,不存在,品牌由认知而产生价值。

```
┌──────┐      ┌──────────┐      ┌────────────┐      ┌──────────┐
│ 传播 │ ───▶ │ 品牌关系船 │ ───▶ │ 对品牌的支持 │ ───▶ │ 品牌资产 │
└──────┘      └──────────┘      └────────────┘      └──────────┘
```

图 1　汤姆·邓肯的品牌化过程图[①]

**品牌传播与接触点管理过程通常包括三个步骤:**

1. 品牌识别系统的有机整合。将品牌理念识别、品牌行为识别、品牌符号识别等按照品牌核心价值及核心理念进行有机、有效的整合。

2. 有效接触点的选择与管理。接触点,在本文指的是产品(服务)与消费者接触的场所或地点、品牌信息与消费者接触的媒体、场所与地点。接触点的选择与管理是否有效,直接决定了产品(服务)及其他品牌信息与消费者接触的有效性。在互联网时代,不仅需要选择传统的物流渠道,更需要选择互联网接触点、特色接触点,才能够使产品(服务)可与消费者、相关利益者产生全方位的有效接触。同时,各种品牌信息需要通过各种有效的品牌传播通道到达消费者,才能让一个品牌与消费者构建有效的关系。从传播效果管理的角度,分析传播接触点的有效性、传播内容的目的性、传播形式的互动性,并持续进行传播活动实施,才能达到接触点的有效选择与管理。

3. 监控传播过程。传播过程开始,品牌经营者所建立的品牌识别系统已经脱离品牌经营者的可控范畴,进入了与消费者之间互动的传播循环系统。在这个循环系统中,所有的传播内容、传播形式都直接与消费者见面,而传播之间的互动主动权则掌握在消费者手上。传播过程,是品牌识别系统转化为品牌形象的过程。消费者从传播的内容和形式中了解传播者的意图、核心价值、品牌承诺,并在自己的心目中形成一个模糊或清晰的品牌形象。因此,品

---

① 汤姆·邓肯等著,唐宜怡译:《品牌至尊:利用整合营销创造终极价值》,华夏出版社 2000 年版,第 16 页。

牌形象掌握在消费者心中。如果要有效地达到传播目的,不至于在传播过程中出现严重的信息误读、信息扭曲,就应当严格监控传播过程。

传播过程的监控,一般分事前、事中、事后三阶段。事前监控主要在整合品牌识别系统的过程中,着眼于识别系统的一致性目标;事中监控主要是在传播进程中,强调传播过程中的信息一致性表达;事后监控是在传播结束之后,强调对传播过程的效果把握,总结前一阶段的传播经验,并为下一阶段的传播延伸,提供有价值的数据支持和方向确定。

在信息时代,人们对事物的判断和评价往往"认知大于现实"[①],品牌传播将在该认知特征的作用下,起着前所未有的作用。消费者甚至将完全基于品牌传播而形成品牌认知、品牌个性理解、品牌态度及其对品牌的购买选择。因此,品牌传播与接触点管理过程是十分重要的品牌化过程。

(三)品牌价值管理

当产品(服务)及品牌符号与意义系统通过品牌接触点,实现了品牌传播,并被消费者所认知、体验、感知,产品(服务)与消费者之间便会产生特殊的关系。这种关系可以形成品牌的有效价值,也可以形成无效的甚至是负面的价值。当形成无效或负面的价值时,品牌的传播效果是失败的。而当传播形成了正面效果之后,品牌的正向品牌价值形成。一旦形成了品牌价值,就需要对品牌价值进行有效的、科学的管理。

品牌价值管理包括对品牌的核心价值以及相关价值体系的管理。品牌价值管理过程的规范性和品牌价值管理的有效与否,直接决定了品牌价值是否被稀释、被降低、被分化。

在利用品牌价值进行品牌延伸时,品牌价值管理的作用显得尤为重要。品牌延伸策略实际上是对品牌已有价值的延伸利用,而这一策略是否有效、是否会产生不良影响,都属于品牌价值管理的课题。

(四)品牌整合管理

品牌的整合管理包括品牌发展过程中的综合性内容,大致可分为:产品(服务)研发管理、产品生产过程管理、产品符号与意义系统管理、传播内容与过程管理、品牌价值管理、品牌创新管理、品牌保护与品牌延伸系统管理、消费者管理、品牌管理制度设计与管理、人力资源管理等众多内容。

品牌整合管理的整合性,不仅体现在协同整合各方资源,实现对一个品牌

---

① 丹·E.舒尔茨:《整合营销传播》,内蒙古人民出版社 1999 年版,第 11 页。

的全方位、系统管理,更可以进一步形成立体的产业扩展链,实现品牌溢出及溢出效应管理。①

（本文于 2017 年 3 月首发于浙江大学 CARD 中国农业品牌研究中心官网"农业品牌研究网",同时发于微信公众号"农业品牌研究院"。）

---

① 胡晓云等著:《中国农产品的品牌化——中国体征与中国方略》,中国农业出版社 2007 年版。

# 农业品牌及其类型

当前，农业品牌化过程中呼声最高、必要性最强的，是农产品品牌建设。这是因为，我国的农产品市场，已经出现了低端产品供过于求，消费者需求的品质产品缺乏、农产品溢价程度低等供给侧问题。然而，农业品牌，是以农业生产、经营过程及其成果为基础的品牌类型。它与农业的产业特征、产品特征、农业生产过程及其成果特征、农业产业链要素构成、与其他产业的相关关系特征等均具有密切的关系。

除了农产品品牌，农业品牌的范畴与类型还有许多。各种不同生产与经营内容、消费趋向、形态、性质、地缘属性的农业品牌，在以农产品为原点，延伸至二、三产业的跨界产业链中，呈现丰富的互动关系。

通过品牌化，立足消费者需求，重新审视我国的农产品市场供应情况，增加农耕文脉基础上的现代元素、现代意义、现代价值，实现农产品的低成本、高溢价，成为中国农业现代化的重中之重。

同时，我们必须看到，中国农业，应当快步进入全产业链、全方位的品牌生态时代。市场已经显示：假农资伤农、假农药害农、低层次服务欺农等乱象频现。这说明，除农产品以外的其他涉农产业，如农资（种子、化肥、农药）、涉农服务、农业综合产业等的品牌化，也已迫在眉睫。

## 一、农业

根据《现代汉语词典》解释，农业（agriculture）指栽培农作物和饲养牲畜的生产事业。[①] 在全球视野和历史角度看问题，每个国家、各个历史时期，人

---

① 中国社会科学院语言研究所词典编辑室编：《现代汉语词典》，商务印书馆 1979 年版，第 830 页、第 831 页。

们对农业范围的界定不一。在中国,狭义的农业一般指以土地为基本生产资料的种植业,广义的农业则包括林业、畜牧业、副业和渔业、观光农业、创意农业等相关产业。

农民(包括具有农民身份的农民、不具有农民身份的"新农人",下同)等生产经营者所进行的农业生产经营过程,实际上是人类对自然再生产过程的主动干预。特别是种植业、畜牧业、渔业,大多以土地、水资源等为基本生产资料,对自然环境有着天然依赖。通过生产经营获得的农产品,则因为对自然环境的依赖性,自然地存在着显著的区域性、季节性、周期性等特征。

农业属基础产业、第一产业,对二、三产业的发展,起着重要的基础性作用。随着产业融合、产业跨界联动,农业已经呈现出超越第一产业,延伸产业链,形成与二、三产业融合互动的新型产业链构建能力。因此,农业不唯是第一产业,它还是整个区域乃至社会的产业链构建的原生动力。与之相伴随的农耕文化,则不仅仅是以往农耕社会的文化结晶,也是现代文明发展与核心要素构成的重要基石。经过产业整合,农业可以利用现代技术与新型产业,形成传统农耕与现代化的结合,创造更广阔的互动产业空间;经过农耕文化与现代元素的杂糅融合,可以创造出传统文脉与现代文化的融合,形成既具传统文化特色又具现代性的新型文化体系。

## 二、农产品品牌

农产品(agricultural products)指农业中生产的物品,是由农民等农业生产经营者通过栽培农作物和饲养牲畜等生产经营活动而获得的物质成果。狭义范围的农产品指以土地为基本生产资料的种植业种植而成的大米、小麦、高粱及其蔬菜、瓜果、棉花、甘蔗等农作物初级产品及其初级加工品;广义范围的农产品则指通过林业、畜牧业、副业、渔业等生产经营过程而获得的如木材、山货、畜禽、水产品及其副业生产如竹编品、采集药材等获得的物品,包括初级产品与初级加工品。

作为"农产品",它的重要特征体现为"物质成果"。基于观光农业、创意农业而产生的农业观光旅游、休闲养生的体验经济形态与产业体系,它的重要特征则体现为服务基础上的"体验结果"。

农产品品牌,指由农民(包括新农人)等农业生产经营者,通过栽培农作物、饲养牲畜形成观光农业、创意农业等生产经营活动而获得的特定的产品(服务)品牌。该品牌是以农产品及其初级加工产品、农业生产、农产品消费过程产生的物质成果、体验性服务为基础,经由一系列相关符号体系的设计和传播,形成特定的消费者群、消费联想、消费意义、品牌个性、通路特征、价格体系、传播体系等因素综合而成的有机整合体。农产品品牌起源于农产品的独特识别与差异化,并经由各相关利益者认知、认同甚至忠诚、信仰,并包括独特的消费者生活世界在内。

因此,农产品品牌,是基于农业生产与经营所产生的物质产品与服务体系、消费者对农产品的体验感知、品牌符号体系与意义生产等要素的系统生产、互动沟通、利益消费而形成的,独特的利益载体、价值系统与信用体系。[①]

### 三、农业品牌

农产品品牌属于农业品牌范畴,但农业品牌比农产品品牌的范畴要大得多。农业品牌不仅包括农产品品牌,也包括农业生产经营全产业链过程中出现的系列不同类型的品牌,如农业服务品牌、农业产业品牌、农业企业品牌、农业商业(流通)品牌、农业综合品牌,等等。基此,农业品牌是基于农业生产过程所产生的农业生产资料、农业生产物质产品与服务体系、不同类别消费者对农业生产资料、农业生产物资产品与服务的体验感知、品牌符号体系与意义生产等要素的系统生产、互动沟通、利益消费而形成的,独特的利益载体、价值系统与信用体系。

### 四、农业品牌分类

#### (一)品牌生产与经营内容分类

从品牌的产品(服务)经营内容而言,农业品牌可包括农业生产资料品牌、农业生产产品品牌、农业生产服务品牌、农业综合品牌等。农业生产资料品牌,指的是包括机械、化肥、种子等属于生产资料的农业产品品牌,如大华、神农基因等种子品牌;中化化肥、金正大、史丹利等化肥品牌;先正达、拜耳、杜邦农化等农药品牌;农业生产产品品牌,指的即是如五常大米、烟台苹果、丽水山耕、中粮等农产品品牌;农业生产服务品牌,指的是包括第三产业的技术服务、信息服务、农家乐旅游休闲服务等品牌;农业综合品牌,指的是综合农业生产资料、农业生产产品、农业服务、农业旅游休闲、农业文化创意等内容的涉农

---

① 参见胡晓云:《"品牌"定义新论》,《品牌研究》2016 年第 2 期。

品牌。

（二）品牌消费趋向分类

从是否直接被消费者消费的角度而言,农产品品牌又可分为生产资料型农产品品牌、生活资料型农产品品牌。生产资料型农产品品牌更多地作为中间体发挥其作用,如棉花、木材等,它更多地体现材料的产地以及由产地带来的特殊的质地价值。如中国西部的棉花、油菜、榨糖的甘蔗等,中国东北部的木材、药材等,被称之为企业与企业间的供销关系(B2B)品牌。生活资料型农产品品牌是一般在产品的初级形态时就被消费者直接消费的品牌,属于 B2C 品牌,如蔬菜、大米、水产品、水果、花卉等。其中,有一部分生活资料型农产品品牌在作为初级形态消费的同时,也经由工业加工,成为经过不同层次加工的农产品加工品牌。由于农产品加工品牌中的加工层次不同,经过大机器深加工的农产品品牌实际上就成为工业品品牌。因此,在现代化的产业链中,农业品牌大多是工业品牌的产业前链。

（三）品牌形态分类

就农业品牌形态而言,农业品牌一般可包括农业产品品牌、农业企业品牌、农业服务(包括农业旅游)品牌及其产业化背景下的农业综合品牌。农业产品品牌以产品为基础与核心价值;农业企业指经营农业相关产品的企业,其企业品牌形态具有工业企业的一般特征,其中,流通类的农业企业品牌指在农产品及其涉农领域进行商业流通的品牌,它一般不如农业企业那样进行农业产品的生产和经营,而是以销售农业产品为主体的批发市场、零售市场、专卖店或连锁店等;农业服务(包括农业旅游)类品牌指针对涉农生产活动、涉农消费活动的服务性经营,包括农资、农药、农旅等服务性经营品牌;农业综合品牌指从品种、品质、生产管理直至一二三产联动经营的涉农品牌,具有其"从田头到餐桌""从生产到消费"一站式体系性服务的综合性品牌。

在中国农业产业化的发展过程中,综合型的农业品牌正在陆续出现,体现出农业在新时期的现代经营理念、经营模式和市场效率。如中粮集团品牌从基地生产到加工生产、市场销售"全产业链"模式,也得到实践。

（四）品牌性质分类

就品牌注册的商标性质而言,根据《中华人民共和国商标法》的分类,涉农商标可分为商品商标、服务商标、集体商标、证明商标。其中,以集体商标、证明商标注册的品牌,又可以称之为"区域公用品牌",以商品商标、服务商标注册的品牌,为企业品牌或产品品牌。

（五）品牌的地缘属性分类

根据农产品品牌在生产、流通、初级加工等环节中的不同业务内容与经营范畴，又可将农业品牌以地缘依附度进行区分，可划分为地域品牌、非地缘品牌。地缘，指的是由地理位置而形成的特征、关系等，因此也产生了诸如"地缘经济"（Geo-Economics），或称"区域经济""地区经济"等研究范畴。在这里，地缘品牌，指的是在生产区域、产品品质、生产工艺、品牌文化等方面均具有极强的地缘依附性的农业品牌。一般而言，持有地理标志产品保护、地理标志证明商标、地理标志集体商标等地理标志专用证明的农业品牌，其地缘依附性强，可以说，没有其地缘特征，便没有其存在的理由。如章丘大葱、金乡大蒜、吐鲁番葡萄等地缘性强的区域公用品牌；非地缘品牌，指的是在生产、经营、流通、初级加工等环节中，其业务内容与经营范畴并无强烈的地缘依附性的品牌。一般而言，流通品牌、加工品牌以及设施农业品牌的地缘依附性较弱。

现实当中，地缘依附性强的农业品牌与地缘依附性相对弱的品牌可以形成互动、互补、融合的产业链格局，形成新型产业生态体系。产品、产业品牌，多数为地缘品牌；流通、加工品牌可以为非地缘品牌。地缘品牌受惠于地缘，但也会受地缘因素的强力控制；非地缘品牌不能够得到地缘因素的高度背书，也可以不受地缘因素的控制。两者相辅相成，则可构建中国农业的科学品牌生态体系，成就品牌的整合力、集群力，创造强大的品牌农业产业体系。

综上可见，因农业生产、经营过程中的区域性、季节性、周期性特征，同时，因农业生产、经营的产业链延伸，农产品品牌、农业品牌体现出了丰富性特征。从不同角度进行区分，可以划分出许多不同内容、不同消费趋向、不同形态、不同性质、不同地缘属性的农业品牌。

目前，农业品牌化中呼声最高、必要性最强的，是农产品品牌建设。这是因为，我国的农产品市场，已经出现了低端产品供过于求、消费者需求的品质产品缺乏、农产品溢价程度低等供给侧问题。通过品牌化，立足消费者需求，重新审视我国的农产品市场供应情况，增加农耕文脉基础上的现代元素、现代意义、现代价值，实现农产品的低成本、高溢价，成为中国农业现代化的重中之重。

同时，我们必须看到，中国农业，应当快步进入全产业、全方位的品牌化时代。市场已经显示：假农资伤农、假农药害农、低层次服务欺农现象值得高度关注。除农产品以外的其他涉农产业，如农资（种子、化肥、农药）、涉农服务、农业综合产业等的品牌化，也已迫在眉睫。

（本文于 2017 年 3 月首发于浙江大学 CARD 中国农业品牌研究中心官网"农业品牌研究网"，同时发于微信公众号"农业品牌研究院"，后被刊发于《中国农垦》2018 年第 5 期，被中国农民网 http://www.chinafarmernet.com 等转载。）

# 中国茶的国家战略与世界表达

茶为国饮。古时茶马古道即是茶叶流通之道。闻名中外的丝绸之路运输的不仅是丝绸，更有茶叶。随着"一带一路"的深入推进，中国茶如何更好地融入世界竞争格局，成为时下茶界的热门话题。正值农业部在杭主办"首届中国茶叶国际博览会"之际，笔者撰文探讨中国茶如何让世界转身的问题。

一壶茶，浓缩了太多中国文化。万里丝路，亦是茶路，这条人类文明的大动脉上，茶、丝绸与瓷器凝结着"中国基因"，与世界对话。今天，在"一带一路"的新倡议下，中国茶产业再次迎来机遇。如何在国际市场、世界舞台上重振中国茶产业、复兴中国茶文化？这是一个重大命题。

我认为，在后工业化时代，必须提炼中国茶的核心价值及差异化价值体系，调整中国茶产业品牌竞争战略与传播体系，通过品牌诉求的中国元素、世界表达，对接国际化、年轻化消费市场，方能在竞争充分的世界茶业舞台上，获得更多的话语权和市场份额。

## 一、重要前提：中国茶的核心价值到底是什么？

实际上，到了今天，茶产业早已进入全球化竞争阶段。中国的茶产业，论规模、论产量，尽管雄踞世界首位，但对比投入成本和产出效益，我们会发现，后续发展压力非常大。

在中国，有两个农业产业的种植面积接近 5000 万亩，一个是苹果，另一个就是茶叶。前者功能性明确，大众的消费习惯已经养成。但茶叶既不是必需品，又具有很多替代品，同时还具有一定的文化倾向性。因此，茶叶看起来属于大众化的产品，却是小众化的消费。再加上在国内，茶叶消费人群年龄趋大，结构相对单一，因此，按照中国的茶叶产业规模，无论从产业的可持续发展角度，还是对农民增收而言，开拓国际市场都是一件亟须重视的事。

尽管中国茶产业早已对接过国际市场，但在茶产品与茶文化性的贸易与传播方面，这两者一直处于"两张皮"的状态。这种状况致使国际国内的茶贸易，由于国际竞争力不足，出现价格"倒挂现象"——同一品牌的茶，国内市场贵，国际市场便宜。需承认的是，在目前的国际市场上，中国茶叶品牌的溢价能力是欠缺的。因此，在杭州举办的中国国际茶叶博览会，让中国茶实现集体亮相，并与世界上其他国家的茶在同一平台上竞争，是非常有价值的。

但我认为，这里首先需要解决的一个前提是：中国茶到底是什么？如果把"中国茶"作为一个国家级产业品牌来打造，其核心价值、品牌特征、文化属性是什么？在国际市场上，在人们的生活方式中，在人们的消费中，中国茶又该以什么样的角色存在？如果这些问题不解决，"中国茶"在国际平台上的品牌传播就没有内容、没有故事，展示就没有统一的品牌形象与精神气质，也无法实现产品的消费植入。

在我看来，中国茶具有中华民族的精神特质，那就是"包容性"。在这片土地上，中国已有七大茶类（传统的六大茶类外加紫茶），有那么多传统的或新选育的品种，有那么多的产地和产地文脉，有那么多的生产工艺，还有那么多的饮用方式和场景嵌入。它们丰富多彩地存在着，各有各的个性特色，共同构成了繁荣、和谐的中国茶产业、茶文化体系。我认为，这就是中华民族的包容精神、博大胸怀，是中国茶性的表现，也是中国文化的重要特质。

品牌战略即差异化战略。中国茶的这种"包容性"，带来了多样性、个性化、去中心化。如果说，英国红茶塑造的是"休闲的下午茶时光"，新加坡的TWG茶呈现的是年轻时尚的拼配口味，那么，"中国茶"本身，不需要拼配，就为消费者提供了多样选择的可能性，就能满足消费者的多样需求，捍卫其选择权利，无需拼配，即可享用。

在这一意义上，我认为，在整体展示中国茶之前，需要先将"中国茶"的核心价值、文化特征、风格差异、价值支撑等一系列问题辨析清楚，并形成品牌文化、品牌故事、品牌价值链，为"中国茶"亮相世界构成重要的前提条件。

**二、竞争战略：以"集团军"形式走向国际市场**

既然要走向国际市场，除了核心价值等前提条件的确立，还需要有立足资源禀赋、俯瞰全球市场的竞争战略和传播策略。许多人持有这样的观点，认为市场竞争，企业说了算。企业作为市场主体，应该扛起品牌建设的大旗，我们应当采取打造"大品牌"的战略，来应对国际常规化的企业竞争局面。事实上，一些国家如印度、斯里兰卡、新加坡、英国等，都拥有茶叶企业大品牌。

但中国的资源禀赋不同。中国有特色不一的产地及其背后悠久而独特的文脉故事。因此，诞生了许多以产地为范畴的茶叶区域公用品牌。如果放弃这些产地品牌，而让品牌力量相对较弱的中国企业单枪匹马去闯国际市场，这既不符合中国茶产业的资源禀赋，也不符合中国茶产业的竞争力现实。

我认为，中国茶的国际竞争，应当抛弃工业企业由单个企业进入国际市场孤军奋战的模式，采取"集团军"战略，用"集群品牌"集群协同作战，以"中国茶"为中国茶产业的国家形象，并以产地为基础的区域公用品牌与企业品牌、产品品牌协同作战，形成具有不同资源融合、不同市场针对性的品牌方阵，排兵布局，集团作战，方能决胜千里。

在这种"集团军"战略模式中，各个方阵之间，可以用多种不同的维度进行划分。比如，根据不同的茶类、产区、工艺、文化、生活方式、宗教性、民族特质等。实际上，这种基于集群品牌模式的重新组合、排列，同时将消费者进行了精准定位。通过打造中国茶整体品牌形象，构成集群品牌生态，既整合了力量，又可以针对不同的区域市场进行落地营销。

### 三、品牌传播：中国元素，世界表达

一些人认为，中国茶经过了工业化时代，这才导致规模过大。在我看来，中国的茶产业至今仍未真正工业化，甚至还处于前工业化时代。因为直到今天，许多茶产区的茶生产还处于农耕文明时代，中国茶的多数产品依然由手工业生产而成，中国茶的标准化生产、精深加工技术参与不足，现代化程度较低。

与此同时，全球消费市场却发生了剧烈变革，特别是发达国家的消费者，已经步入了后工业化时代，他们追求个性化、差异化、附加价值、文化性，他们对于茶在生活的、价值的、象征的、符号上的追求，远超过对物质的单纯追求。如此看来，今天的中国茶产业，是用前工业时代的生产方式与诉求表达，来应对后工业时代的消费市场。显然，两者之间是有矛盾和对抗的。

但是，换个角度来思考问题，前工业时代的一大特征就是手工业，手工业的背后是人，人的背后是非标化，而非标化的背后则是个性化，正好符合了后工业时代的消费需求。关键是如何打通？这样一来，品牌传播中诉求表达的世界性、国际化、时尚化与年轻化，显得格外重要。

现在的中国茶在进行品牌传播时，普遍采取的诉求策略是什么呢？基本上，多是跟消费者讲"色香味形"的物质状态，再加上一些历史文化追溯。即使

在谈茶的文化性时,依然采取非常传统的方式,告诉消费者这是唐朝的、宋朝的贡品、御品。历史固然重要,但千篇一律的"贡茶论"反而令品牌远离了年轻人。在今天,中国茶品牌的传播策略与表达,不能停留在远古时代、前工业时代,而应当符合后现代的时代特征。

虽然说,茶首先是一种物质产品,但处于后工业时代的感性消费者,即便是在评价一款茶产品的"色香味形"时,由于其持有不同的审美倾向与价值观、拥有不同的生活方式、对茶与自身生活的角色理解不同,所产生的喜好也是多样的。因此,如果茶品牌的诉求表达单单停留在物质层面,便无法左右和洞察消费者的价值观,也无法进入消费者的内心,必须通过对接消费者的诉求,抓住人们的价值观和生活方式,才能真正实现沟通。

已有诸多案例实践以上观点。比如,我们将浙江省淳安县的"千岛湖茶"作为区域的角色和元素与千岛湖游客实现角色对接。当消费者处于旅游状态时,"千岛湖茶"不仅是千岛湖区域的代表性元素,它同时又是千岛湖的导游与区域特征表达。于是,有了"一叶知千岛"的品牌口号。我们将宗教特点和茶性特点的文化基因,融入"武当道茶",与当前"只要自由,不守规矩"的观念进行对接,提出了"朴守方圆,循心而行"的品牌口号,强调品牌态度,对接消费者的价值观倾向,在"道"的意义上,让"武当道茶"成为一种精神象征;我们将中英山县茶农以及8位企业家的情怀,注入"英山云雾茶"的"大别茶访",让消费者体味什么叫中国的茶农精神,什么是中国的民族性,什么叫中国精神。通过互联网视频传播的品牌角色、品牌态度、品牌精神特质,让"英山云雾茶"不仅超越了"色香味形"的物质层面,更通过生活方式、价值观、精神特质的表达与对接,体现了普世的意义。

武当道茶品牌形象片:https://v.qq.com/x/page/v03961yzq6w.html

千岛湖茶品牌形象片·景物篇:https://v.qq.com/x/page/x031467kf3y.html

英山云雾茶品牌形象片:https://v.qq.com/x/page/i03141e1dne.html

### 四、未来定位:国家形象的重要支柱产业

在过去的丝绸之路上,作为东方文明的代表,在与西方世界的对话中,茶叶始终是最为重要的载体。但那时,茶之所以能扮演如此重要的角色,是基于过去其他国家茶产品稀缺的状态。到了今天,在世界茶市场的竞争舞台上,已有企业大鳄、强势品牌存在。中国如何突破重围,重新占据世界茶品牌消费的

制高点，重画中国茶产业的世界版图？这是一个全新课题。"一带一路"倡议的提出，则提供了空前机遇。

我们能不能利用这种国家力量，在"一带一路"国家精准营销茶产业？我认为完全可行。比如，在四川雅安市，有一款"雅安藏茶"，专供藏族同胞饮用。藏族人长年吃牛羊肉，这种茶可以帮助消化。那么在中东地区、中欧地区亦是如此，当地人也习惯大量吃肉，能否对接这种生活方式，进行产品营销呢？当然可以，而且也已经有大量先例。

另一方面，如何让茶产品携带中国文化的基因，进行全球化的对接？从某种意义上，品牌消费是一种态度消费，甚至具有偏执消费的倾向，关键看一个品牌是否足够有能力，令消费者产生态度消费甚至偏执消费。茶与一般的农产品不同，它的文化性在农业产业中几乎是独一无二的。挖掘与发现、提升与重组、再造与设计"中国茶"的文化性，并用世界语言，普遍表达其文化性，当消费者认同了你的文化性，中国茶才能真正进入全球话语体系。因此，在中国茶的诉求表达、形象设计上，必须坚持中国特色底蕴基础上的国际化。否则，在"一带一路"背景下，中国茶仍然只能沦为原料，而不具备品牌附加值，不能够以品牌的方式进入国际竞争市场。

其中，龙头企业的作用当然至关重要。在过去，我特别不赞同中茶集团的定位——"世界的茶园"。中茶品牌，应当作为中国茶的旗帜，我觉得，这一点，中茶集团应当思考清楚，自己应当起到什么样的作用和价值。其他各区域的茶叶企业品牌也是如此。在全球视野下定位自身品牌，会令品牌发生质的变化。

另外，在"一带一路"的实践中，中国老字号的流通企业也将大有可为，将如吴裕泰、张一元等茶叶流通企业品牌带出去，形成更广阔的流通体系。

最后，我关注到中国城市的茶楼。这些茶楼，不仅是中国茶的消费场所，也是中国茶文化的表征系统，是各地区域的茶文化、生活方式的集散地。未来，可以通过组建茶楼协会基础上的产业联盟，在国内、国际上整体传播，使其变成一张地网，同时形成天网，将是强大的中国茶文化表达的力量。

一直以来，我们花了大量精力，用于中国文化形象和国家形象的塑造。而中国文化形象的表达、国家形象的塑造，都需要产业做支撑。中国茶，既具有产业特征，又蕴含文化属性。因此，传播中国文化，塑造中国形象，非茶产业莫属。可以借助"一带一路"，将中国茶定位为国家形象的重要支柱产业，并形成互动背书。我相信，将"中国茶"重新分享给世界，在给世界带去美好的同时，提升品牌价值，提高品牌竞争力，提高品牌溢价，并不困难。

（本文于 2017 年 5 月首发于浙江大学 CARD 中国农业品牌研究中心官网"农业品牌研究网"，同时发于微信公众号"农业品牌研究院"，后被刊发于《茶博览》2018 年第 7 期。）

# 中国茶，期待你更强！

2017 年 5 月 21 日，农业部主办的首届中国国际茶叶博览会上，新评选出的中国十大茶叶区域公用品牌受到了高度关注，并引发了热议。这十大品牌分别为西湖龙井、信阳毛尖、安化黑茶、蒙顶山茶、六安瓜片、安溪铁观音、普洱茶、黄山毛峰、武夷岩茶和都匀毛尖。

本文结合了笔者领衔课题组多年来的茶叶品牌价值评估研究数据，分析十大茶叶区域公用品牌的成长之路。

我们说，品牌创建或重塑的基本目的，是提高品牌价值，提升品牌溢价，创造品牌经济。而区域公用品牌，更多了一份为本区域品牌形象代言、支撑本区域品牌形象、形成以品牌为核心的新型产业生态链的使命。

我们看到，除了黄山毛峰、武夷岩茶，评上的中国十大茶叶区域公用品牌中的 8 个品牌，均参与了浙江大学 CARD 中国农业品牌研究中心主导的"中国茶叶区域公用品牌价值评估研究"专项研究。该评估自 2010 年起，一年一度，已连续开展了 8 年，涉及 10 年数据。其中，信阳毛尖、安化黑茶、蒙顶山茶、普洱茶、都匀毛尖 5 个品牌 8 度全程参与；安溪铁观音、西湖龙井分别参与了 7 次；六安瓜片仅在 2010 年参评；武夷岩茶虽未参评，但其代表性品牌——武夷山大红袍参与了品牌价值评估。2008 年，笔者领衔自主开发了"中国农产品区域公用品牌价值评估模型"（简称 CARD 模型）。其模型基本数理公式为：品牌价值＝品牌收益×品牌强度乘数×品牌忠诚度因子。其中，品牌强度乘数是一组因子的加权综合，由品牌带动力、品牌资源力、品牌经营力、品牌传播力和品牌发展力等 5 个二级指标构成。2009 年，中心运用 CARD 评估模型，与农业部信息中心联合，在中国首次发布了中国农产品区域公用品牌价值评估成果。2010 年，进一步开展了中国茶叶区域公用品牌价值专项评估活动。

从此次评上"中国十大茶叶区域公用品牌"的历年品牌价值状况可见，各品牌的品牌价值在近十年中均得到了不同程度的上升，最高价值已达 60 亿元，最低价值也达 21.77 亿元。有的品牌，其品牌价值增长数据快，如安化黑茶；有的品牌，品牌价值基数高，增长稳健。

下面，本文将分别对西湖龙井、信阳毛尖、安化黑茶、蒙顶山茶、安溪铁观音、普洱茶、武夷山大红袍、都匀毛尖等 8 个拥有 6 次及以上的品牌价值评估经历的"中国十大茶叶区域公用品牌"，展开品牌价值评估数据的对比分析，希望通过数据，解读这 8 个中国茶叶区域公用品牌近十年来的成长轨迹，并从数据中发现其成长的特色与目前面临的问题所在。

# 西湖龙井

西湖龙井，其名始于宋，闻于元，扬于明，盛于清，至现代，不仅作为一个产业存在，更成为杭州城市品牌建设的重要元素与行业支撑。2011 年，"西湖龙井"由杭州市西湖区龙井茶产业协会注册为地理标志证明商标，并于 2012 年获得中国驰名商标。《杭州市西湖龙井茶基地保护条例》划定西湖区、风景名胜区 168 平方公里范围为"西湖龙井茶基地保护区"。

在历年的中国茶叶区域公用品牌价值评估活动中，西湖龙井连续参与了 7 次评估。从西湖龙井公开发布的评估结果来看，其品牌价值呈现出稳定上升的趋势，每年上升近 2 亿元，到 2016 年，西湖龙井的品牌价值已达 60.03 亿元，相比 2010 年提升了 15.86 亿元，涨幅达到 35.91%；从品牌收益来看，在 2010 年至 2014 年的五度评估中，西湖龙井的品牌收益得到了持续上升，其中 2014 年的品牌收益达到了 36201.97 万元，到 2015 年评估时，品牌收益略有回落，为 34201.43 万元，但整体依然呈现出上升态势（见图 1）。

如图 2，比较西湖龙井的品牌忠诚度因子大小可见，2010、2013 年，西湖龙井的品牌忠诚度因子相对较高，均在 0.90 以上。2014 年，该因子数值跌至 0.81；2015 年有所回升，达到 0.89；2016 年，维持在 0.89；品牌忠诚度因子的大小由评估前三年的市场价格波动情况测算得出，2007—2012 年间数值表现出，西湖龙井的市场价格体系较为稳定，到了 2013 年，价格出现较大幅度变化，导致忠诚度因子明显下滑。

比较西湖龙井的品牌强度乘数可见，其"品牌强度乘数"一级指标中的二

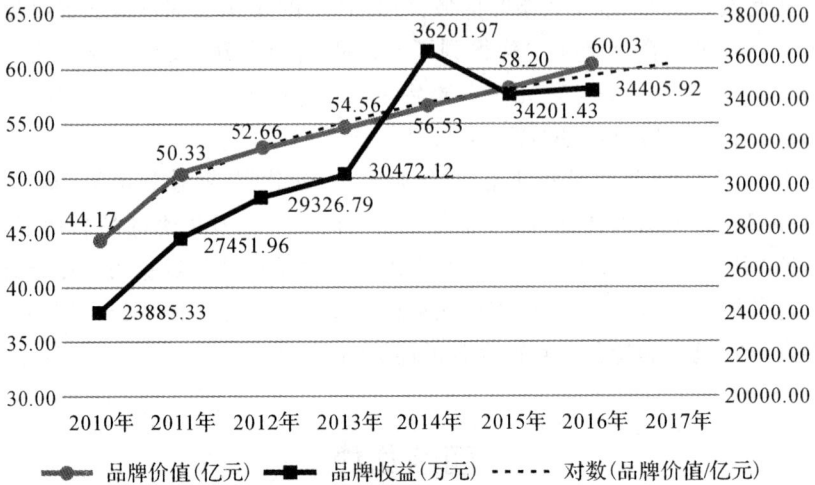

图 1　西湖龙井历年评估品牌价值与品牌收益比较

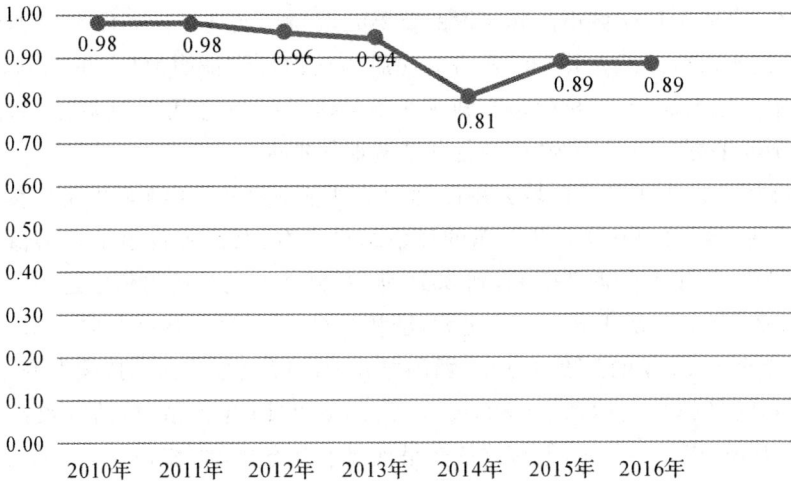

图 2　西湖龙井历年评估品牌忠诚度因子大小比较

级指标各数值均处于较高位置。具体而言,品牌资源力的表现突出,其历史资源、文化资源、环境资源均占优势,且产业发展中重视了历史文脉的挖掘与传承。但生产趋势和市场拓展等品牌发展力表现不足,处在品牌"五力"比较数据中的弱势地位(见图3)。客观而言,西湖龙井因其地域的限制,仅在西湖周边 168 平方公里范围内的茶园可生产西湖龙井,表明西湖龙井在产业规模上

■2010年 ■2011年 ■2012年 ■2013年 ■2014年 ■2015年 ■2016年 ■2017年

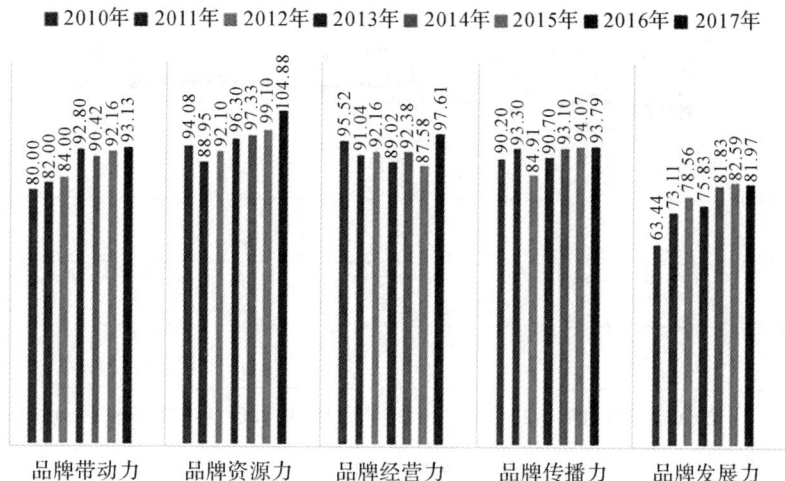

图3　西湖龙井历年评估品牌"五力"指数比较

无法有大的突破，品牌的持续发展就需要从品牌价值提升、后端渠道拓展、市场营销等方面去拉动、提升发展力。纵向比较可见，西湖龙井在不断地消除短板、提升优势，品牌发展力从2010年的63.44上升到了2016年的81.97，整体涨幅达到了29.21%。可见，品牌持有者在品牌的渠道拓展、市场营销方面做了重要的努力。

比较西湖龙井在品牌传播力三大指标上的表现可见，西湖龙井的品牌知名度、品牌认知度均表现突出，而好感度存在一定的差距（见图4）。2012年，西湖龙井的品牌知名度、品牌认知度分别为98.00和87.70，好感度仅为73.00，拉低了品牌传播力整体得分；2013年，尽管西湖龙井的知名度、认知度和好感度较之上一年度有所提升，但好感度仍然不足80。分析数据可见，出现这一反常现象，与西湖龙井的打假活动（2012年西湖龙井的开启全国范围内的打假风暴，大范围大力度打假，掀起利益受损方的发文抵制，造成了较大的负面影响，导致品牌好感度出现一定程度的下降）及西湖龙井假冒现象有一定的关系。之后，西湖龙井经过两年多的努力，在2014年评估中，品牌好感度得到了较大程度的回升，达到了92.50。但2015、2016年的评估数据显示，其知名度、认知度和好感度指数还有一定的上升空间。

作为具有悠久历史文化积淀、产品特色显著的茶叶区域公用品牌，西湖龙井创建强势品牌的机会令所有茶人羡慕。但西湖龙井需要努力提升品牌好感

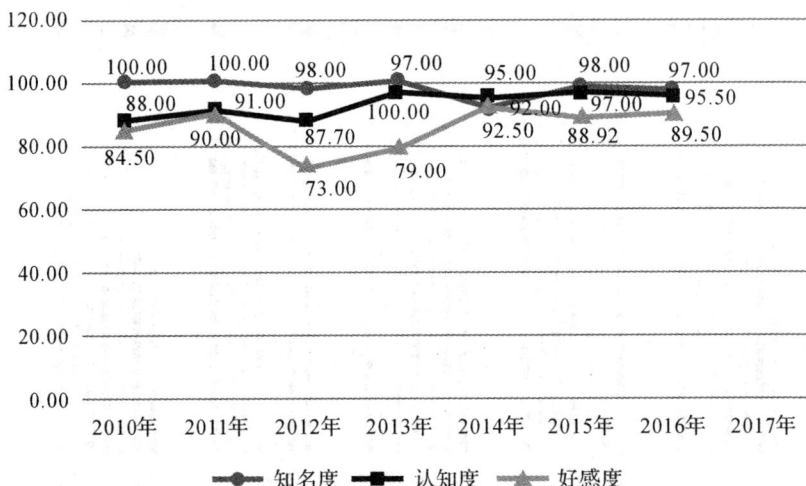

图 4　西湖龙井历年品牌知名度、认知度、好感度比较

度、品牌忠诚度。

# 信阳毛尖

信阳毛尖，创制于清代光绪末年，2003 年注册为地理标志证明商标，注册单位为信阳市茶叶协会。2016 年，该品牌的茶种植面积达到 210 万亩，是江北茶区生产规模最大的茶叶区域公用品牌。

比较信阳毛尖历年的品牌价值和品牌收益数据可见，尽管信阳毛尖的品牌收益存在较为明显的波动，尤其是 2013—2016 年间，其品牌收益持续下降，但品牌价值连年增加，从 2010 年的 41.39 亿元上升至 2017 年的 59.91 亿元，涨幅达 18.52 亿元，整体涨幅达到了 44.75%（见图 5）。

比较信阳毛尖历年的品牌忠诚度因子大小可见，2013 年评估时，信阳毛尖的品牌忠诚度因子降至历史最低值，为 0.74。随后四年的评估中，该因子持续呈现上升趋势，2017 年达到了 0.99。品牌忠诚度因子最大数值为 1，这说明，信阳毛尖近 3 年的市场价格体系没有出现大幅变化，品牌忠诚度因子持续接近 1 值，表现出该品牌 2007—2016 年的 10 年间，其市场价格虽有阶段性波动，但已逐渐达到了高稳定状态（见图 6）。

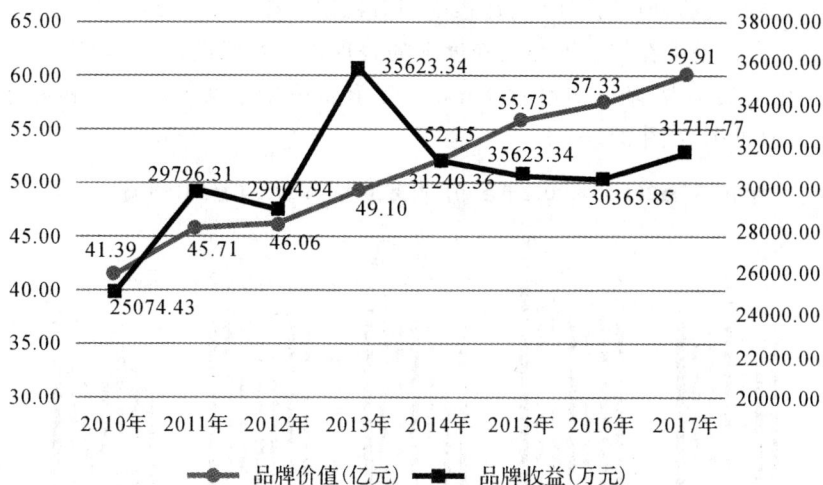

图 5　信阳毛尖历年品牌价值与品牌收益比较

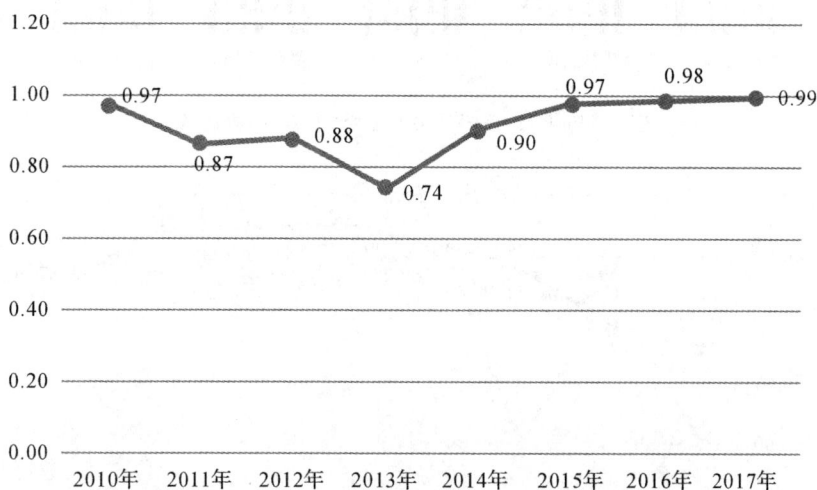

图 6　信阳毛尖历年评估的品牌忠诚度因子大小比较

　　比较信阳毛尖历年的"品牌强度"二级指标可见，相对而言，信阳毛尖的品牌带动力、品牌资源力、品牌经营力和品牌传播力等四个二级指标的数据均较为突出。其中，品牌发展力稍弱，但有明显的提升趋势，从 2010 年的 61.05 逐渐提升至 2017 年的 82.72，10 年间，整体提升了 35.50%。

　　进一步比较信阳毛尖的品牌传播力可见，10 年间，信阳毛尖的知名度有较为明显的波动，但其认知度、好感度相对稳定。在 2013—2016 年间的四次评估中，信阳毛尖在知名度和认知度上的表现优于好感度；但在 2017 年评估中，信阳毛尖的品牌认知度仅 86.32，低于品牌知名度（92.46）和好感度（87.00）（见图 7、图 8）。

■2010年 ■2011年 ■2012年 ■2013年 ■2014年 ■2015年 ■2016年 ■2017年

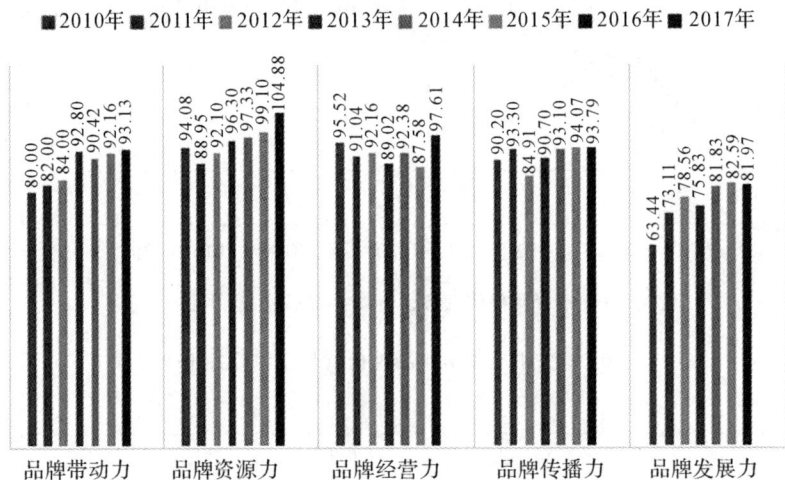

图 7　历年来，信阳毛尖的品牌"五力"指数比较

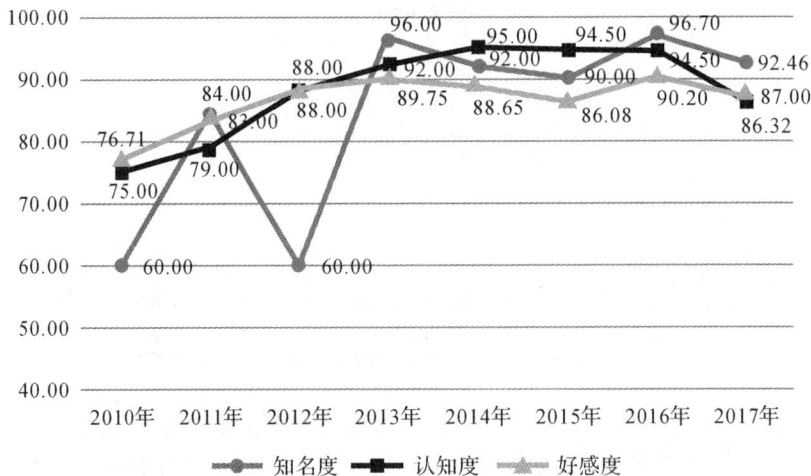

图 8　阳毛尖历年评估品牌知名度、认知度、好感度比较

作为江北区域目前单个品牌种植规模最大的茶叶区域公用品牌，信阳毛

尖的产业基础、文脉资源基础等都非常不错，已经初步具备创建强大品牌的基本素质。但目前存在的问题是：如何进一步提升品牌强度指数，提升品牌溢价，创造更大的品牌收益空间。数据显示，信阳毛尖更需要在品牌传播、品牌经营、品牌营销等方面加大力度，实现消费市场的突围。

## 安化黑茶

安化黑茶，自明朝创制，成为运销西北的"官茶"。2009年由安化县茶业协会注册为地理标志证明商标，2011年获列中国驰名商标，2016年种植面积31万亩，产量6.5万吨。

如图9，比较安化黑茶历年的品牌价值和品牌收益可见，近10年来，安化黑茶的品牌收益波动较大，从2010年的5423.00万元，一路上升至2013年的13757.35万元，2014年，陡然下降到不足亿元；2015年，又回到历史最高点，达到了17251.90万元；随后两年，又有所回落。与之比较，品牌价值相对稳定增长，从2010年的7.58亿元一路上升至2017年的21.77亿元。8年时间里，安化黑茶的品牌价值增加了两倍。

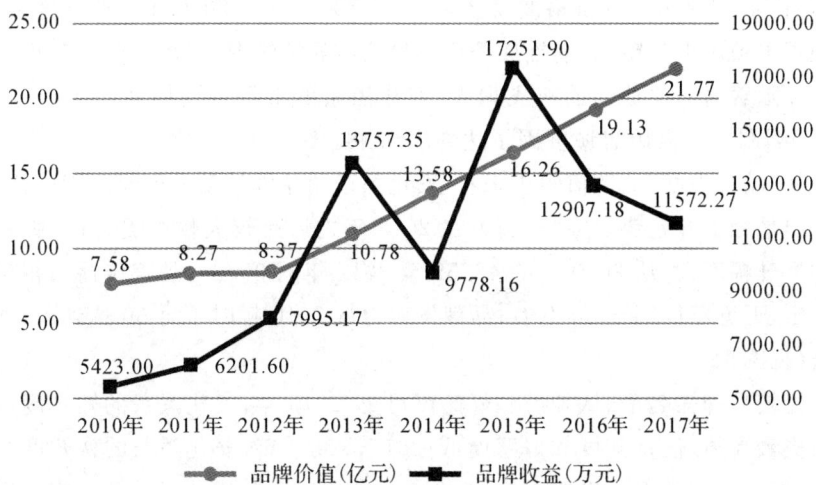

图9 安化黑茶历年品牌价值和品牌收益比较

安化黑茶的品牌忠诚度因子数值同样呈现过山车态势，且呈与品牌收益

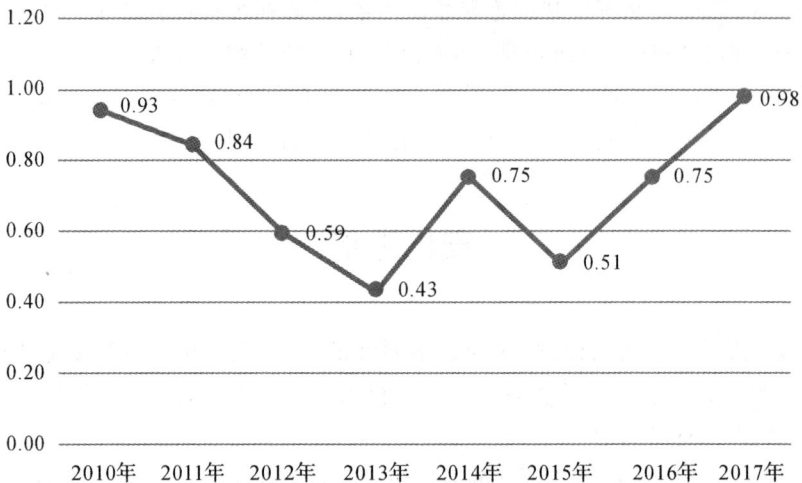

图 10　安化黑茶历年评估品牌忠诚度因子大小比较

变化曲线相反发展态势。2010 年,安化黑茶品牌忠诚度因子为 0.93;随后一路下跌,到 2013 年评估,安化黑茶的品牌忠诚度因子仅为 0.43;2014 年评估,该因子大小回升至 0.75;到了 2015 年又重新跌回 0.51。这表明,在 2010—2014 年间,安化黑茶的价格波动极大(见图 10)。这与 2010 年世博会之后,大量的资本锁定黑茶市场,助推黑茶市场价格的疯涨情况一致,安化黑茶也不能幸免。随着这一波炒作的灰飞烟灭,安化黑茶的市场价格体系趋于稳定,到 2017 年评估时,品牌忠诚度因子达到了 0.98。

从“品牌强度”的数值表现来看,安化黑茶的品牌带动力历年表现较佳,且呈现出平稳上升趋势;品牌资源力在 2012 年之后有较大幅度提升;品牌经营力的上升幅度大,从 2010 年的 46.52 至 2017 年的 95.96;品牌传播力相对较为稳定,近五年徘徊在 90 左右;品牌发展力从 2010 年时不足 60 达到了 90 的突破(见图 12)。

比较品牌知名度、认知度和好感度可见,2010 年,安化黑茶的知名度达到了历史最高值,但认知度和好感度低;2011—2013 年,安化黑茶的认知度有所提升,但其好感度得分仍然不足 80;2014—2016 年间,安化黑茶的品牌传播力 3 个指数呈现高位同步发展,好感度得分同时上升到了 90 分左右。2016—2017 年数据显示,安化黑茶的品牌知名度、认知度出现了一定程度的下降,好感度降后再升,维持在 91.77 分。

■ 2010年 ■ 2011年 ■ 2012年 ■ 2013年 ■ 2014年 ■ 2015年 ■ 2016年 ■ 2017年

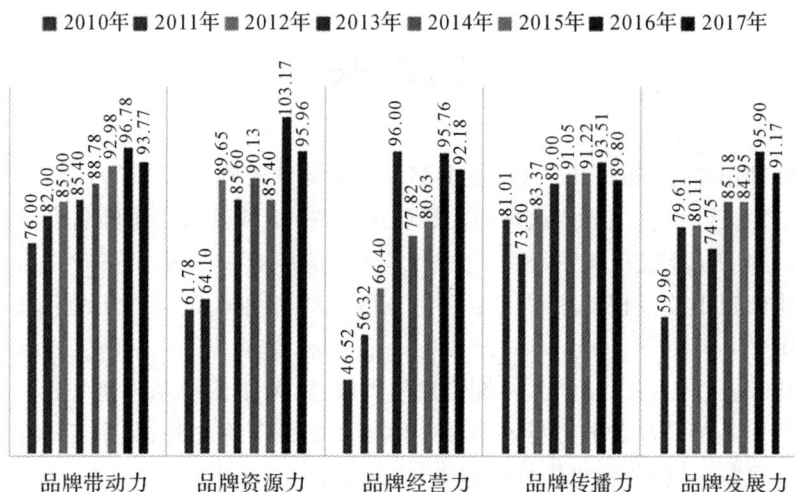

图 11　安化黑茶历年评估品牌"五力"指数比较

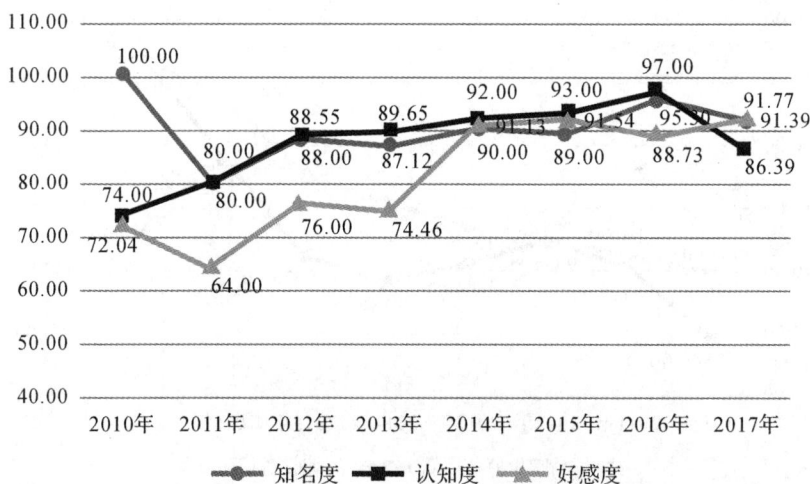

图 12　安化黑茶历年评估品牌知名度、认知度、好感度比较

　　数据说明，这 10 年间，安化黑茶的品牌经营力加强，其品牌价值的确呈现出强劲的持续上升势头。但应当注意其品牌忠诚度因子的波动、品牌收益下降的问题，应当通过维护科学的产品定价，实现有效的品牌传播活动，进一步提升品牌强度，稳定品牌收益，提高品牌价值。

# 蒙顶山茶

蒙顶山茶,种植历史久远,在多部书籍典藏中有所记载,2004 年,由雅安市名山区茶叶协会注册为地理标志证明商标,2012 年获批中国驰名商标。

2014 年,雅安市政府下发《关于加快雅茶产业发展建设茶叶强市的意见》,将蒙顶山茶授权使用扩大至全市范围。2016 年。蒙顶山茶的种植面积达到了 100 万亩。

比较蒙顶山茶历年的品牌价值和品牌收益,两条曲线基本呈现出一致的向上发展趋势。品牌收益除在 2013、2014 年略微下降之外,其余各年呈现连年上升之势,品牌价值也同样一路增长,从 9.90 亿元升至 26.66 亿元,增加了两倍。尤其是 2016 年的评估数据显示,蒙顶山茶的品牌收益和品牌价值分别较上一年度上升了 31.72% 和 35.78%(见图 13)。

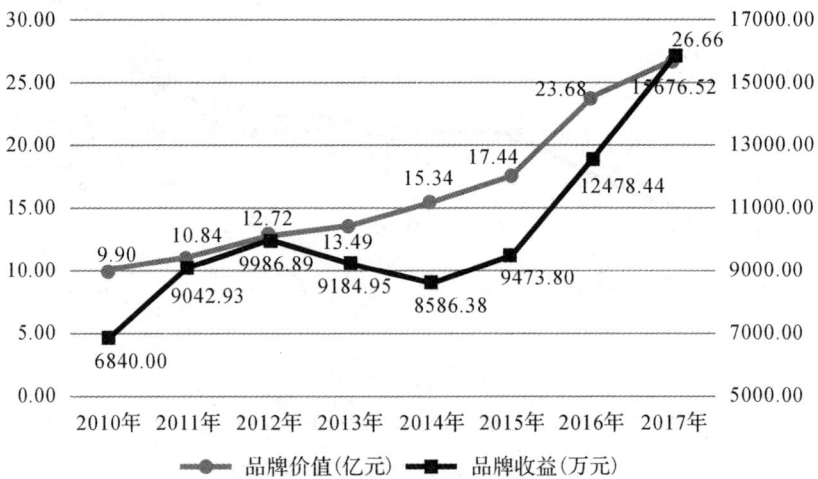

图 13　蒙顶山茶的历年评估品牌价值和品牌收益比较

比较蒙顶山茶的品牌忠诚度因子可见,八年评估,蒙顶山茶的品牌忠诚度因子曲线呈现出 S 型,2012 年,蒙顶山茶获得中国驰名商标,同时,品牌忠诚度因子大小呈现历史最低值,为 0.71。2015、2016 两年的评估数据显示,该因子大小达到了历史最高值,为 0.98。2017 年,该因子数值回落至 0.87(见图 14)。

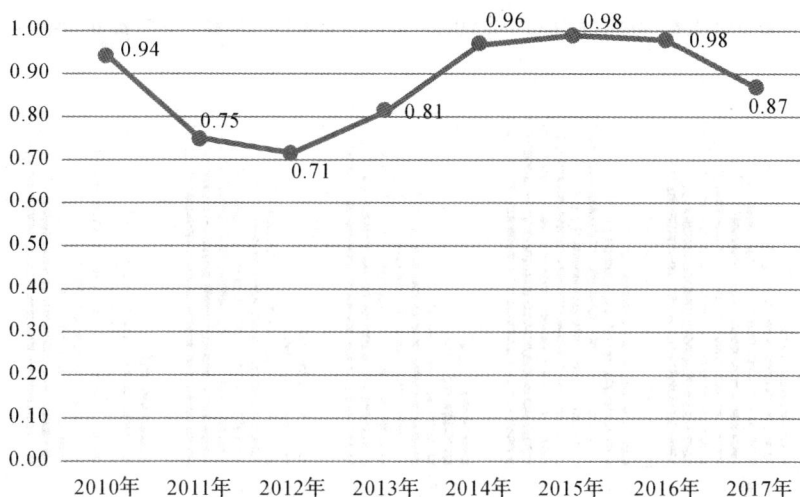

图 14 蒙顶山茶历年评估品牌忠诚度因子大小比较

从蒙顶山茶的"品牌强度"整体数值表现来看，蒙顶山茶在品牌资源力上的表现相对较佳，2017 年评估，其品牌资源力指数达到 102.18，远高于其他指标。数据显示，该品牌在环境资源、文化资源、历史资源的挖掘与传承方面达到了高位；品牌带动力和品牌传播力大体相当，2017 年评估得分分别为 92.63 和 92.36；品牌经营力有较大程度的提升，从 53.24 提升至 95.51，整体涨幅达到了 79.40%；品牌发展力从 59.34 逐渐提升至 93.92，中间虽有波动，但整体呈现出上升的态势（见图 15）。

比较蒙顶山茶的品牌知名度、认知度和好感度可见，数据呈现波动式上升态势。数据显示，2010 年，知名度仅为 40.00。2011 年，提升至 74.00，到 2016 年，该值已达 96.00。品牌认知度相对平稳，2010 年，认知度为 77.50，至 2016 年达到 101.00，2017 年略有回落，为 94.62。2011 年，其品牌好感度较低，仅为 55.00，到 2017 年，该指数升至 92.54，与知名度、认知度大体相当，均呈现高位（见图 16）。

数值说明，近十年来，蒙顶山茶的各项指标均在持续不断地快速增长，但在品牌带动力、品牌经营力、品牌发展力等方面还存有更大的提升空间。未来的蒙顶山茶，不仅要从历史、规模要效益，更要着力解决消费者的品牌价值感问题，提升价值与价值感，才能提高品牌溢价。

■2010年 ■2011年 ■2012年 ■2013年 ■2014年 ■2015年 ■2016年 ■2017年

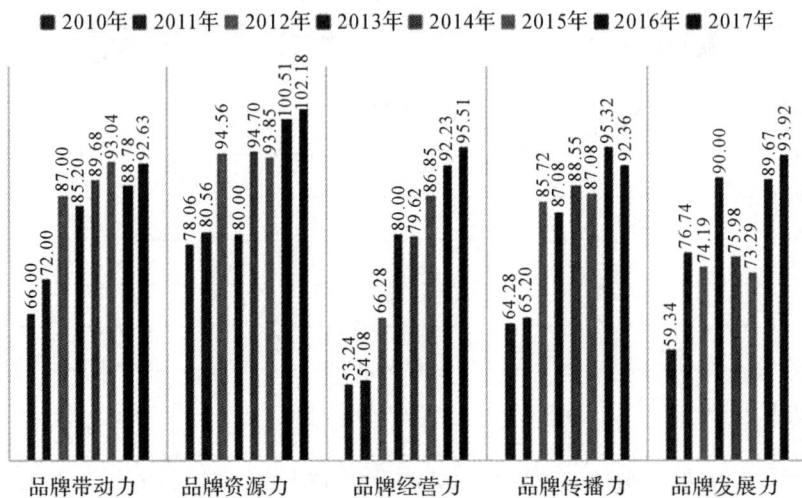

图 15　蒙顶山茶历年评估品牌"五力"指数比较

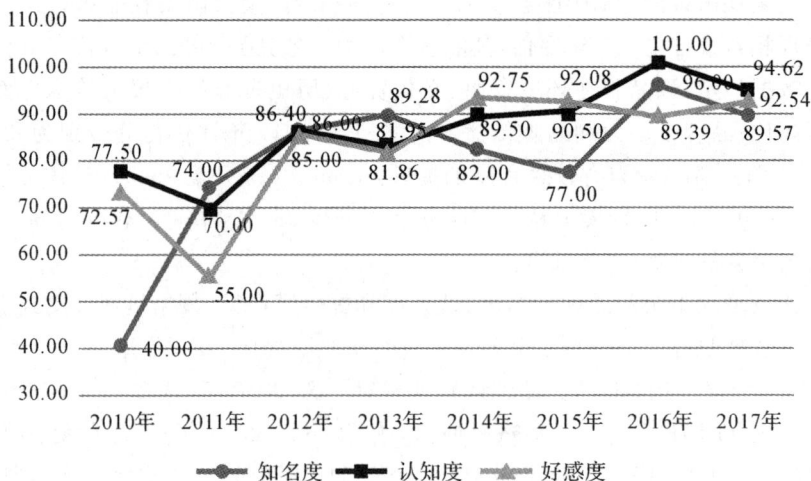

图 16　蒙顶山茶历年品牌知名度、认知度、好感度比较

# 安溪铁观音

安溪铁观音，始于唐末，盛于明清，2000年，由安溪县茶业总公司注册为地理标志证明商标，2007年被认定为中国驰名商标，是全国茶界第一枚中国驰名商标。

比较安溪铁观音历年的品牌收益可见，2010年，为24650.00万元，2011年，异常跳跃，达到121500.00万元，随后，又下降为59134.31万元，到2016年，品牌收益是39753.83万元。数据显示，该品牌在2008—2015年间的品牌收益呈现极度不稳定状态。该品牌的品牌价值相对平稳，2010年为44.01亿元，2011年上升至50.28亿元，到2016年，其品牌价值评估值达到了60.04亿元，9年间，整体提升了36.42%（见图17）。

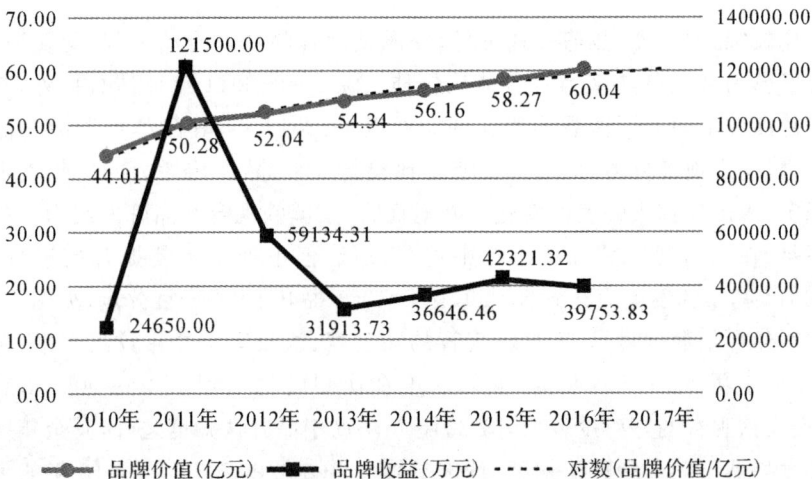

图17　安溪铁观音历年评估品牌价值和品牌收益比较

比较安溪铁观音的品牌忠诚度因子可见，与其历年品牌收益的变化曲线相反，2011年，安溪铁观音的品牌忠诚度因子从上一年度的0.96直线下跌至0.22；2012年，回升至0.47；2013年，恢复至0.92；2016年，再度急剧降至0.78。根据品牌忠诚度因子计算的数理构成可见，品牌忠诚度因子出现直线下跌或上扬，均因被评估前三年的产品市场价格波动状况引起。可见，2009年至今，安溪铁观音的市场价格体系不稳，导致忠诚度因子出现大起大落（见图18）。

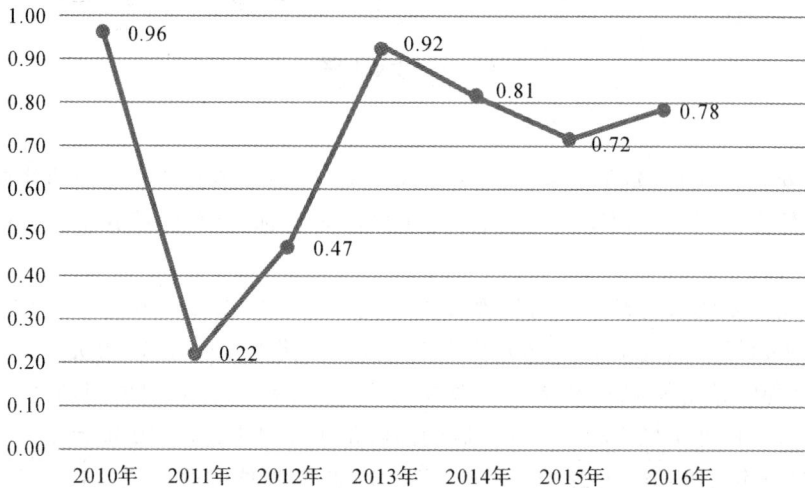

图 18　安溪铁观音历年评估品牌忠诚度因子大小比较

　　比较"品牌强度"数值表现可见,安溪铁观音的品牌带动力、品牌资源力、品牌经营力和品牌传播力等数值均较佳。除 2010、2011 年评估数据外,其他年度的品牌带动力评估数值均在 90.00 以上;2013 年,其品牌资源力和品牌经营力,均出现最低值,但随后又恢复到较高水平;品牌传播力的历年表现相对稳定,未出现较大幅度的变化。相对而言,安溪铁观音在品牌发展力上的表现不足,在"品牌强度"五项指标中得分最低,但也处于不断提升的过程中。2016 年,其品牌发展力达到 87.29,比 2010 年提升了 24 个百分点(见图 19)。

　　历年评估数据显示,安溪铁观音的知名度、认知度均处在较高水平,尤其在 2013 年和 2015 年评估时,其知名度和认知度均达到了 100.00。相对而言,安溪铁观音的好感度较低,除 2010 年略高于品牌认知度之外,其余年度的好感度均低于知名度和认知度,且该指数大小均在 90 分以下,2013 年的评估数值只有 78.25(见图 20)。

　　品牌忠诚度、品牌好感度、品牌发展力是一个品牌发展的核心指标。因此,未来的安溪铁观音,应当在品牌经营与品牌维护中,努力提升品牌好感度,提高品牌发展力,稳定品牌忠诚度。

■2010年 ■2011年 ■2012年 ■2013年 ■2014年 ■2015年 ■2016年 ■2017年

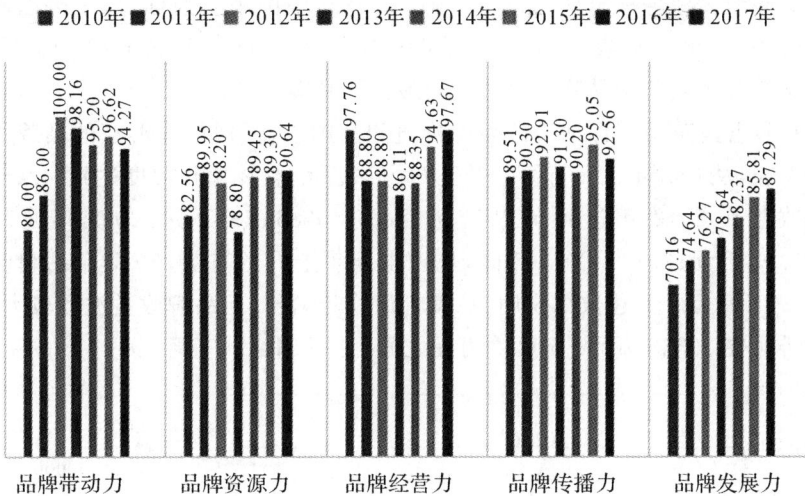

图 19　安溪铁观音历年评估品牌"五力"指数比较

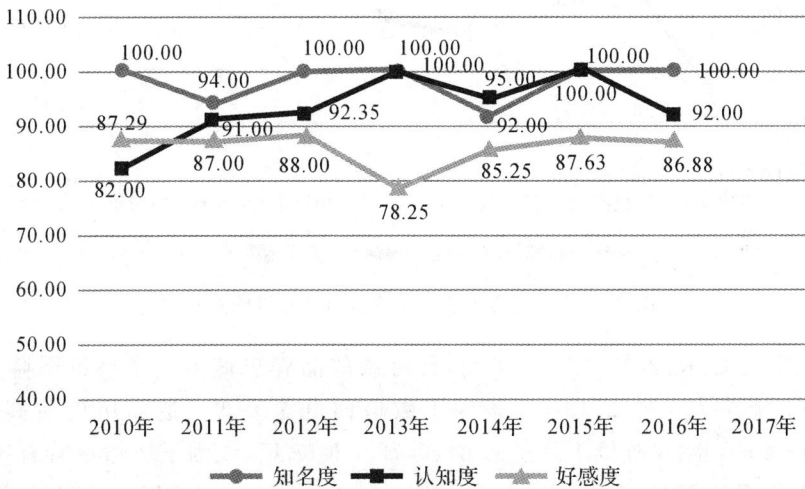

图 20　安溪铁观音历年品牌知名度、认知度、好感度比较

# 普洱茶

普洱茶历史悠久,因产地属云南普洱府而得名。2009 年,由云南省普洱

茶协会注册为地理标志证明商标,2012 年获得中国驰名商标,保护范围涉及云南省 11 个州市所辖 75 个县市区 639 个乡镇,2016 年种植面积 610 万亩,是我国茶叶区域公用品牌中种植规模最大的品牌。

比较普洱茶历年评估中的品牌价值和品牌收益可见,普洱茶的品牌价值稳定增长,从 38.84 亿元持续上升至 60.00 亿元,整体增长幅度达到54.48%;品牌收益在 2012 年达到历史最高值,为 40286.29 万元;2013 年回落至 29333.07 万元;2013—2016 年间,呈现出连年上升的态势;2017 年品牌收益 34454.88 万元。上述数据说明,品牌价值稳步增长,但品牌收益波动较大,且持续徘徊在 29333 万元～35232 万元之间(见图 21)。

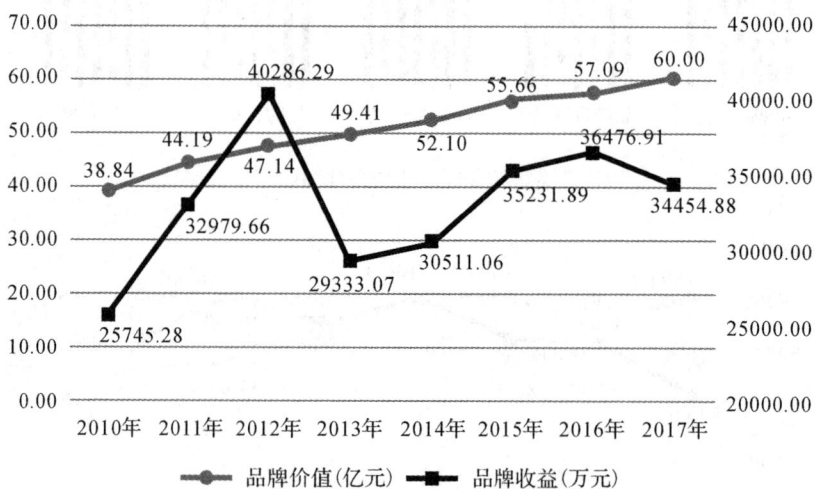

图 21　普洱茶历年评估品牌价值和品牌收益比较

图 22 显示,2010—2012 年间,普洱茶的品牌忠诚度因子持续下降,从 0.90下降至 0.62。2013 年,该因子数值回升至 0.91,达到历史最高值;2015—2016 年,又连续下降至 0.81、0.79。2017 年,该因子数值尽管有所回升,但仍不及 2013 年和 2014 年的数值。可见,2007—2011 年,普洱茶的市场价格波动大。从现象上看,普洱茶受资本青睐,经历了不分品牌、品质的疯狂炒作,对其品牌形象产生了较大的持续性的负面影响;2012—2014 年,普洱茶又经历了炒作,随着市场冷却,普洱茶价格明显下跌,导致了品牌忠诚度因子下降。

比较普洱茶历年评估的"品牌强度"五项指标可见,2010 年,普洱茶的品牌"五力"指数分别为 80.00、63.26、79.56、82.46 和 58.96,所有指标水平都

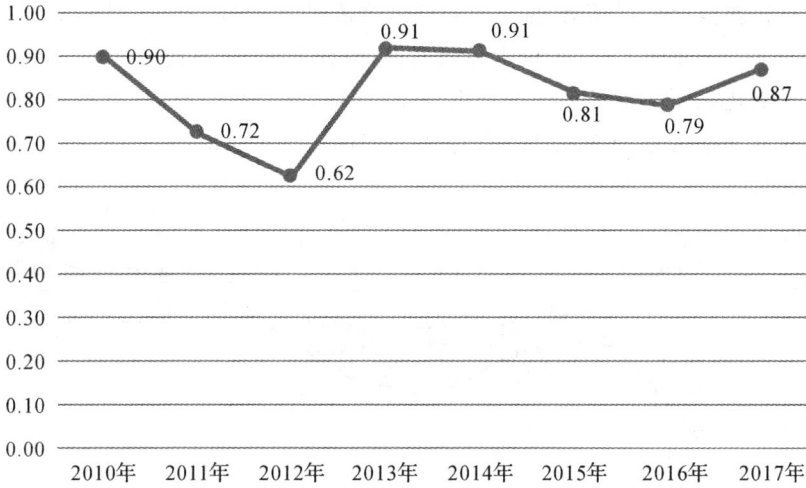

图 22　普洱茶历年品牌忠诚度因子大小比较

在 80 以下。经过 7 年发展，普洱茶的"品牌强度"五力指数均有不同程度的提升，分别为 102.89、104.58、100.40、101.03 和 90.00，分别增加了 28.61%、65.32%、26.19%、22.52% 和 52.65%。数据表明，2010—2017 年间，普洱茶品牌不断弥补短板，表现出强劲的未来持续收益能力，尤其是品牌带动力、品牌资源力、品牌经营力和品牌传播力，均突破了 100（见图 23）。

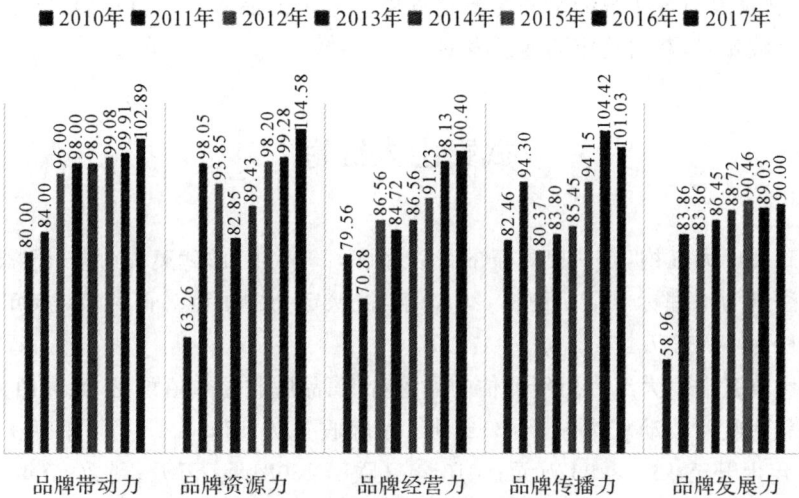

图 23　普洱茶历年评估品牌"五力"指数比较

比较普洱茶的品牌传播力三项指标数值可见，2010年，三项指数分别为100.00、69.00和79.39，表现为高知名度、低认知度、低好感度；2017年，该组指数分别达到了106.83、104.04和93.35，知名度和认知度均有所提升且超过100，但好感度仍有较大的提升空间（见图24）。

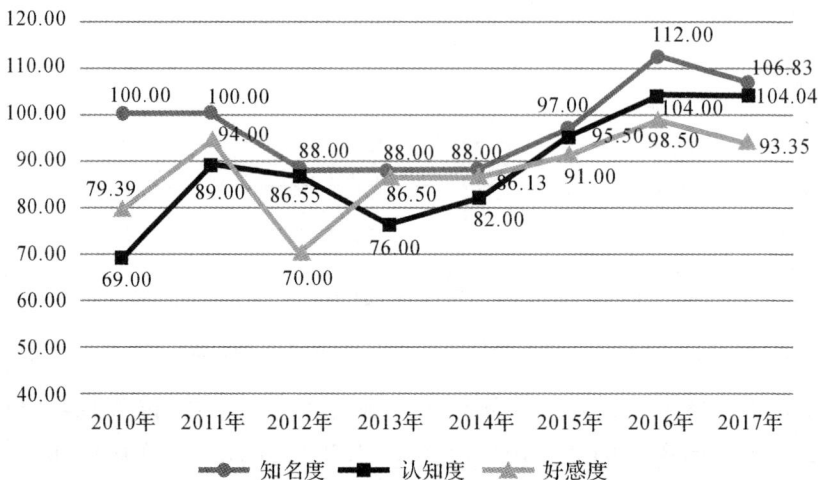

图24  普洱茶历年品牌知名度、认知度、好感度比较

数据说明，影响普洱茶品牌价值继续上升的是品牌收益、品牌忠诚度因子、品牌发展力等指数的水平与稳定程度。未来的品牌运营，应当对症下药，才能突破障碍，获得稳定高速的发展。

# 武夷山大红袍

武夷山大红袍，是武夷岩茶的代表品牌，2001年，由武夷山市茶叶科学研究所注册为地理标志证明商标；2010年，被认定为中国驰名商标；2016年，种植面积为15.32万亩。

比较武夷山大红袍历年评估的品牌价值、品牌收益数值可见，武夷山大红袍的品牌收益波动较为频繁：2010年，品牌收益为12093.13万元；2011年、2012年上升至16078.96万元；2013年又跌回13081.87万元；到2017年又微步上升为14261.42万元，但2017年的数值仅比2010年数值高出2168.29万元。其品牌价值稳中有升：2010年品牌价值为19.32亿元，每年递增1个亿，到 2017 年，其品牌价值评估数值达到了 26.94 亿元，10 年间，增加了 7.62 亿元（见图 25）。

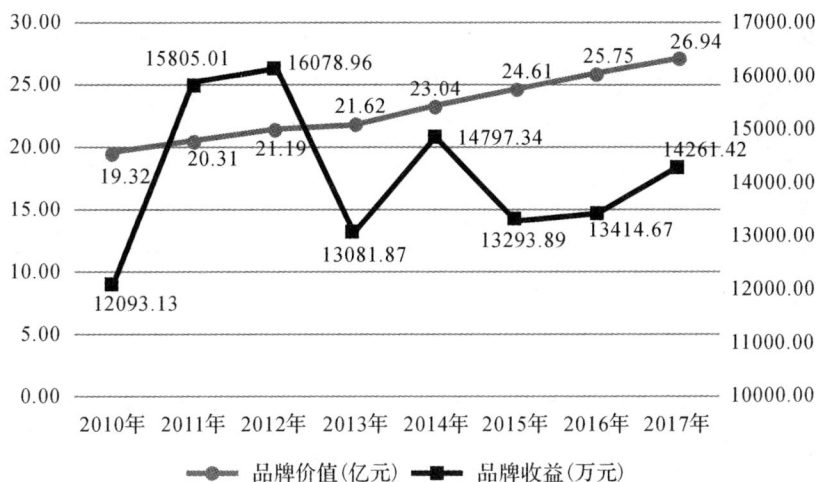

图 25　武夷山大红袍历年评估品牌价值和品牌收益比较

比较历年评估中的武夷山大红袍品牌忠诚度因子数值可见，前期波动，后期逐步趋于稳定。2010 年，其品牌忠诚度因子为 0.93，表现出 2007—2009 年，武夷山大红袍的市场价格体系较为平稳；2011 年、2012 年，该因子的评估值均为 0.70，表现出 2009—2011 年，该品牌的市场价格有较明显的变化。随后，价格体系回归稳定状态，2017 年的评估数值达到 0.97（见图 26）。

从历年的"品牌强度"五项指数比较可见，2010 年，武夷山大红袍的指数分别为 78.00、71.04、81.24、76.19 和 66.76，整体表现均不够理想，尤其是品牌发展力处在弱势地位。到 2017 年，该组指数分别达到了 94.42、95.70、95.81、90.59 和 90.14，"品牌强度"五项指标均达 90 以上，表现大体相当（见图 27）。

数据表明，10 年间，武夷山大红袍在品牌带动力、品牌资源力、品牌经营力和品牌发展力上均有不同程度的提升。同时也看到，2013—2017 年，武夷山大红袍的品牌传播力数值表现虽维持在一定的高度，但呈现出持续下降的趋势。

比较武夷山大红袍的品牌知名度、认知度和好感度评估数值可见，2010 年，该组指数分别为 60.00、88.00 和 79.46，低知名度、高认知度。随后，武夷山大红袍注重对品牌传播的有效提升，到 2013 年，武夷山大红袍的知名度达到历史最

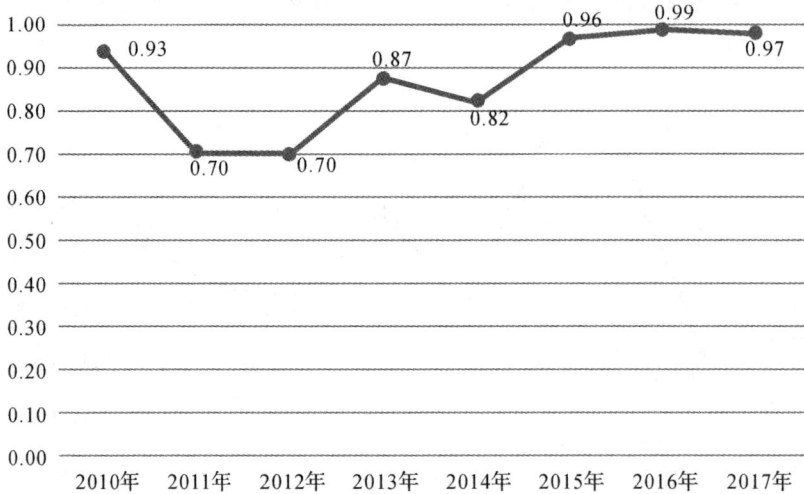

图26 武夷山大红袍历年评估的品牌忠诚度因子大小比较

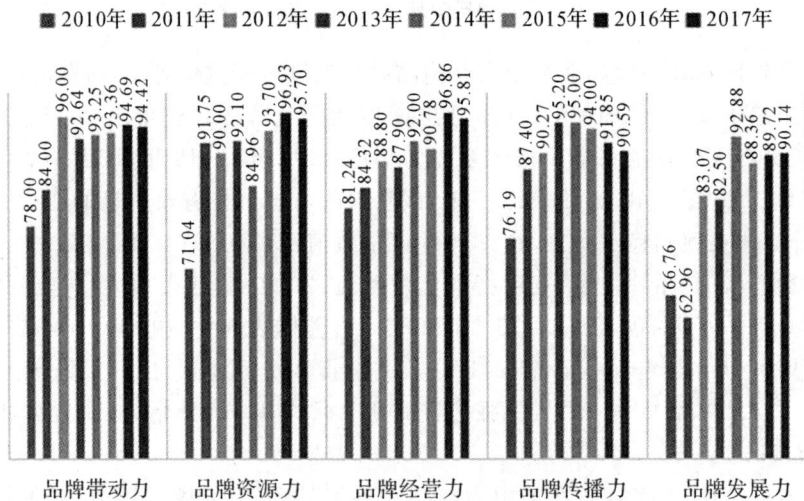

图27 武夷山大红袍历年评估品牌"五力"指数比较

高值，为98.00，认知度和好感度分别为95.00和93.25。在之后的四次评估中，武夷山大红袍在品牌传播上虽仍有较佳表现，但与2013年相比，整体略有下降；2017年，其知名度、认知度和好感度分别为93.01、88.60和90.46（见图28）。

数据表明，作为武夷岩茶的代表品牌武夷山大红袍，近10年的品牌价值

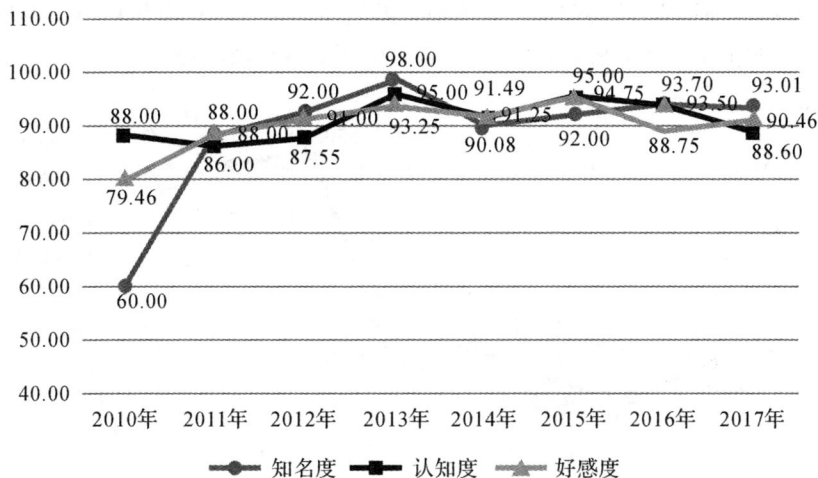

图 28　武夷山大红袍历年评估的品牌知名度、认知度、好感度比较

稳步提升，但品牌收益变动幅度大，还需持续稳定品牌忠诚度，提高品牌传播力，增强品牌强度。

# 都匀毛尖

　　都匀毛尖，于 2005 年由贵州都匀毛尖茶集团有限公司注册为地理标志证明商标。2013 年，黔南州委、州政府下发《关于进一步加快推进茶产业发展的意见》，提出统一全州茶产业，全力打造都匀毛尖的决策。2016 年，都匀毛尖证明商标成功转让给黔南州茶叶产业化发展管理办公室，由其统一管理，将都匀毛尖品牌的产品生产授权使用范围扩大至黔南州境内 13 个县（市、区）。2016 年，都匀毛尖的种植面积达到了 161 万亩。

　　比较都匀毛尖历年来的品牌价值和品牌收益评估数值可见，2010 年，都匀毛尖的品牌价值为 9.63 亿元，品牌收益为 8097.74 万元，之后一路稳步上升。至 2014 年，其品牌价值和品牌收益分别为 13.78 亿元和 8258.72 万元。到 2015 年，两个数值都有了较大幅度的飞跃，分别达到了 20.71 亿元和 13706.98 万元，较之上一年度，分别提升了 50.29％和 65.97％。2015—2017 年，两个数值的变化幅度有所减少，到 2017 年，品牌价值达 25.67 亿元，品牌收益为 14225.33 万元。与蒙顶山茶情况类似，都匀毛尖也在 10 年间发生了品牌使用范围扩张,从都匀市扩大至整个黔南州的情况。产业规模体量剧增的同时,客观上带动了品牌收益的提升,也影响了品牌价值的提升(见图29)。

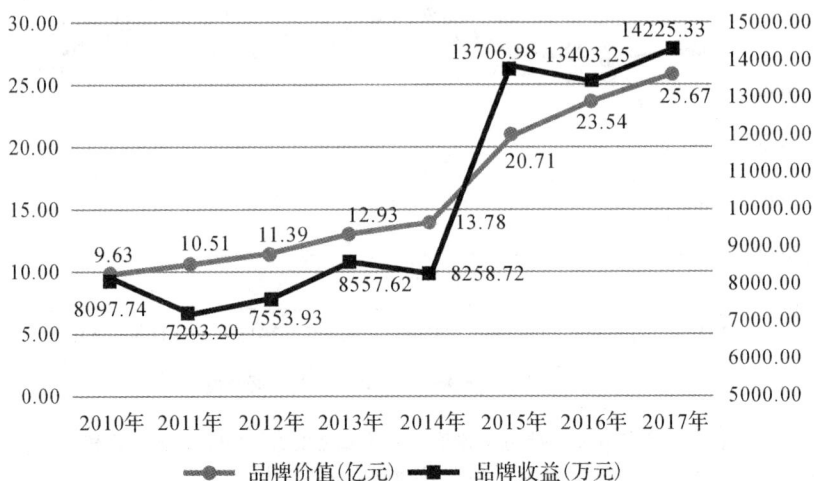

图29 都匀毛尖历年的品牌价值和品牌收益比较

比较都匀毛尖的品牌忠诚度因子数值可见,2010年该因子大小为0.85,2014年已上升至0.92,到2015年回落至0.80,2016年和2017年,都匀毛尖的品牌忠诚度因子得到重新提升,达到了0.94。这表明,2014年,都匀毛尖的价格体系出现了显著变化(见图30)。

比较历年都匀毛尖"品牌强度"五力指数可见,2010年,该五力的指数分别为70.00、55.02、54.36、68.11和47.08,"五力"之间存在较大的差距,且平均水平低。到2017年,该五力的数值已分别上升至88.74、95.21、94.33、90.65和86.97,分别上涨了26.77%、73.05%、73.53%、33.09%和84.73%。数值表明,从2010年到2017年,都匀毛尖在品牌强度的五项指数上均有长足发展,且不断克服短板,整体提升了品牌强度乘数,但与其他品牌比较,还有较大的上升空间(见图31)。

比较品牌知名度、认知度和好感度数值可见,2010年,都匀毛尖的三项指标数值分别为60.00、81.00和64.54,知名度、好感度得分均处于低位。2016年,都匀毛尖的品牌知名度和认知度分别为98.70和101.00,达到历史新高,但好感度仍仅有84.38。2017年,都匀毛尖的品牌知名度、认知度和好感度分别为88.17、92.17和91.29,相较上一年度,其知名度、认知度数值有较大回落,但品牌好感度得到了明显的提升。三项指标数值的变化,直接反映了各年

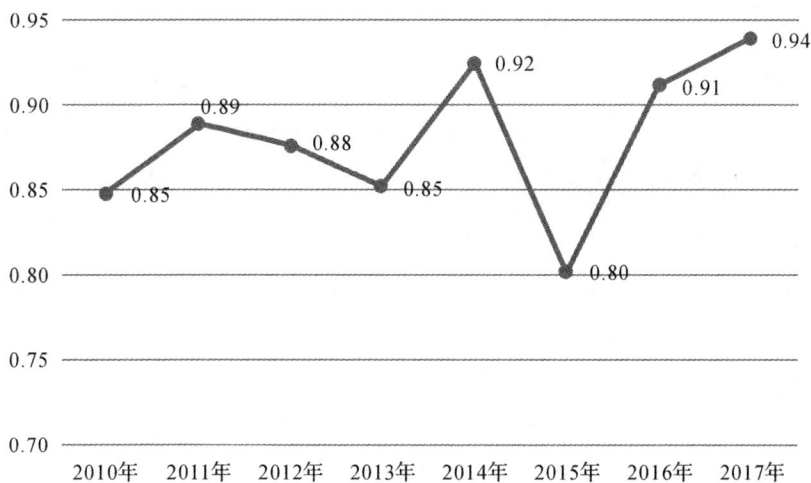

图 30　都匀毛尖历年评估的品牌忠诚度因子比较

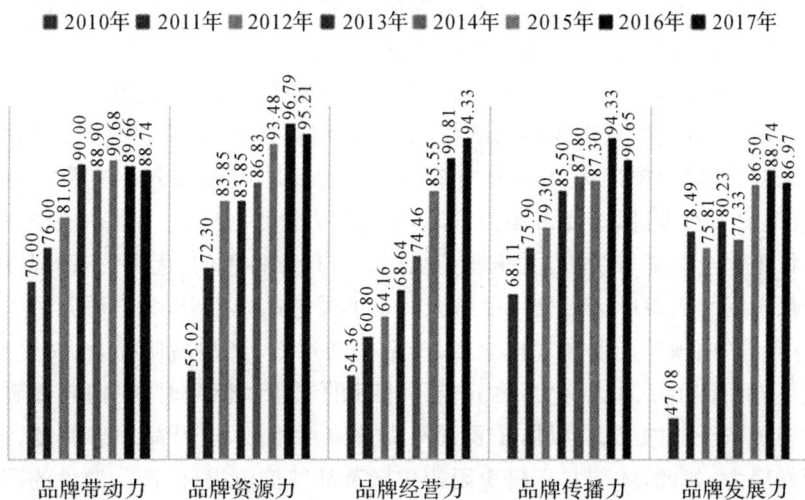

图 31　都匀毛尖历年评估品牌"五力"指数比较

里的品牌传播力度与品牌传播效果(见图 32)。

数据表明，10 年来，都匀毛尖呈现了品牌收益、品牌价值的跳跃式的上升与发展。这一变化，与产品生产授权范围的改变有着直接关系。同时，数据也显示，该品牌的品牌强度还可以有更大的提升空间。

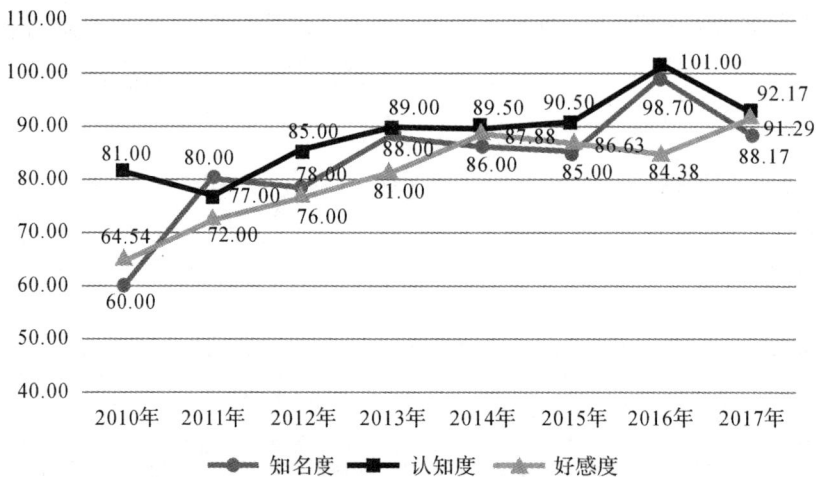

图 32　都匀毛尖历年评估的品牌知名度、认知度、好感度比较

中国地大物博，有特色的茶叶品牌众多，优秀的茶叶区域公用品牌也不只是以上的十大品牌，诸如安徽的祁门红茶，福建的福鼎白茶，浙江的安吉白茶、大佛龙井，江苏的洞庭山碧螺春，江西的庐山云雾茶，湖北的武当道茶，广西的梧州六堡茶，重庆的永川秀芽，福建的福州茉莉花茶等，均在区域内外拥有较高的影响力，成为中国茶叶品牌生态系统中重要的组成部分。随着"一带一路"政策的不断推进，茶叶市场的国际竞争愈发激烈，中国茶品牌的全球化战略即将进入全面部署阶段，主角就是众多具有地方特色的、优秀的茶叶品牌。

从中国十大茶叶区域公用品牌及其他的特色品牌身上，我们看到了，过去的 10 年间，中国茶产业在规模扩张、产业提质增效、产品品质提升、文化价值转化等方面作出了重大努力，也获得了很好的成绩。但同时，我们还要看到，目前中国茶产业的关键问题，是要提高品牌强度指数、提升品牌忠诚度、提高品牌发展力，如此，才能真正解决阻碍中国茶品牌价值提升、产品溢价的问题，才能真正提高品牌效益，提升品牌的国内外市场影响力。

（本文由笔者与魏春丽老师共同完成，2017 年 6 月首发于浙江大学 CARD 中国农业品牌研究中心官网"农业品牌研究网"，并同时发于浙江永续农业品牌研究院微信公众号"农业品牌研究院"，后被刊登于农业部主管杂志《农产品市场》周刊 2017 年第 26—28 期，并被中国农村网等转载。）

# 关于"品牌扶贫"问题研究

## 一、"品牌扶贫"概念的由来

农历 2014 年底,阳历 2015 年初,我与华能集团的唐凯先生在北京商定,以品牌的方式,通过"品牌扶贫",为国家级贫困县陕西省横山县创造脱贫机会。2015 年,中心与华能携手,完成了"横山羊肉品牌战略规划"。目前,以品牌化为核心,以标准化追溯系统为质量管理、牧民素质提升的计划,正在横山县进行。

2015 年 7 月 15 日,在浙江大学景东县对口扶贫会议上,我再次提出观点:"以品牌为核心,实行整合扶贫。"

2015 年 11 月,我撰写了"以品牌化为核心,实现协同整合扶贫"文章。文中强调,电商化、"互联网+"的前提,是品牌化。以品牌化来倒逼,协同电商平台及其他扶贫资源,形成整合扶贫。本文被收入了 2016 年阿里研究院出版的《电商消贫》一书。

之后,我更在多种场合强调"品牌扶贫"的观点。"品牌扶贫"概念也逐渐被相关研究与实践者引用。

那么,为什么,在实物扶贫、资本扶贫、产业扶贫、科技扶贫、项目扶贫乃至火热的电商扶贫的进程中,我会提出"品牌扶贫"的概念与模式,提出另一种扶贫、减贫、消贫的可能性?

这并非跟风或做无谓的标新立异。

## 二、何为"品牌扶贫"?

我所指的"品牌扶贫",指的是为贫困地区进行品牌人才培养,设计有效的品牌战略顶层设计,扶持其打造农产品区域公用品牌、母子品牌等,通过贫困地区内普惠式的产品溢价，提升区域经济价值，提高农民的精神气质与创新水平，实现消贫目的的战略选择与举措。

### 三、"品牌扶贫"的特殊价值

我认为，"品牌扶贫"具有比较优势，有其独特的价值。

（一）改变落后观念，选择有效战略

消除贫困，首先需要改变落后观念，选择有效的扶贫、消贫、发展战略。21世纪的世界与中国，已处于品牌消费的市场环境，处于品牌经济的竞争时代。品牌战略，是21世纪竞争的制胜法宝，也是我国转变经济增长方式、社会发展方式的重要战略。市场越来越趋向于品牌消费的现实，要求我国应当通过品牌战略，发展品牌经济，实现"品牌强国"。

中国的贫困地区，同样面临着观念转变、战略转型的重大抉择。在新的竞争环境下，借助品牌战略，提升区域形象，提高区域及其产业的资源价值，提升产业及产品的溢价空间，才能达到降低成本、保护生态、长效发展的"弯道超车"目的。

（二）消除资源浪费，创造品牌溢价

消除贫困，需要追问贫困缘由，挖掘新的生机。在过去，中国的多数贫困地区，都存在着产品资源丰富但品牌弱、少的问题。长期以来，单纯依靠自然资源发展经济，品牌化程度低下，低价销售特色产品，直接导致了中国农村的贫困。

中国多数的贫困地区，都在西南、西北等西部、北部农村。这些区域，地处边陲或高原腹地，有着丰富的物种资源、悠久的传统农耕文化资源、独特的区域特色自然资源，但其区域及各类产业、产品的品牌化程度极低。至今，这些地区绝大多数的产品，依然以原料为主体进入市场竞争。大面积的低价出售，导致区域资源无法得到品牌溢价，无法提升品牌价值。这种现象，即便是在农村电商飞速发展的今天依然存在。各地产品上了网，但因其尚未进行品牌化，直接以产品的方式冲进红海，低价抛售、低价竞争充斥网络。这一现象的严重性，不仅造成了区域独特资源的大量浪费，更无法从根本上解决中国农村的贫困。

实现"品牌扶贫"，可以借助品牌战略，提升贫困地区产品的产业价值，提高区域及其他相关产业的品牌化程度，创造品牌溢价，提高农民收益。

（三）科学精准扶贫，实现多元消贫

消除贫困，必须提供精准的解决方案。中国贫困地区，无论政府还是个人，普遍缺乏创建品牌的政策体系、管理机制及其执行能力，缺乏应对品牌消费、品牌经济时代的体制机制、人才储备与实践经验。实施"品牌扶贫"，利用品牌知识培训、农产品区域公用品牌战略规划设计与指导、企业品牌创建人才培养及机制建设等，可以提高以品牌为核心标志的农业现代化程度，同时也可以改变贫困地区落后的、以生产为导向的执政理念与方法，有效提高区域资源的管理机制与水平，提升政府及其企业、合作社、农户的品牌管理能力、市场竞争水平。

更重要的是，在挖掘区域文脉、提升区域价值的品牌建设过程中，可以提升贫困地区内的组织、群体、个体的精神特质和文化气质，再造中国乡村文明。从这个意义上，品牌扶贫不仅可以消除贫困地区人民的物质贫困、经济贫困，同时，更能够消除精神贫困，提高文化自信，提升精神风貌，达到"授人以鱼，不如授人以渔。扶贫必扶智"的目标。

（四）多方协同扶贫，高效互动整合

品牌战略是基于实体经济、资源体系、消费关系而形成的差异化、个性化竞争战略。既然是战略，就具有高屋建瓴的作用。品牌创建过程必须协同利用物质、资本、知识、科技、文化等各种资源。因此，"品牌扶贫"可以起到整合多种扶贫方式、协同作战、资源优化、合力共赢的整合扶贫效果。这一效果，是之前任何一种扶贫路径与方法都无法企及的。

比如过去的实物扶贫乃至项目扶贫，只能"授人以鱼"，并不能"授人以渔"。知识扶贫、科技扶贫，大多只能在单项技术培训方面做出努力。产业扶贫，可以在经济方面达到一定的减贫目的，但并不能够提高农民的文化自信与精神气质，不能够传承文脉并衔接现代文化。电商扶贫，虽然能够打破时空限制，拓宽销售渠道，培养电商技术，借助互联网赋能贫困地区的老百姓，但始终不能在更高程度上整合区域资源，形成区域内各界群策群力、区域品牌与企业（产品）品牌互动发展、共振共赢的新型互动发展模式。

"三只松鼠"等互联网品牌的成功案例证明，以品牌化为引领的电商化，不仅能够大批量"卖货"，更能提供品牌溢价。浙江"丽水山耕"品牌的实践证明，打造区域公用品牌，实施以品牌化为核心的生态化、电商化、标准化，更能培养整合区域资源、创造产品溢价的组织与个人，能在各方协同作战的过程中，以品牌赋魂，以电商赋能。不仅可以让一个区域的物质资源赢得更多的溢价可能、更大的经济效益、更长远的消费市场,更能够以品牌为核心,梳理社会治理结构,形成新型社会治理模式。

### 四、"品牌扶贫"的具体举措

"品牌扶贫"的具体举措可以有多种可能。已经由实践证明是可行的、有效的有如下几种。

（一）传授品牌知识,培训品牌人才

通过讲座、授课、示范等活动,进行品牌人才培训活动。通过培训,提升贫困地区政府部门人员、企业家、农户等的区域发展与品牌经营理念,提高他们的品牌创建与管理的知识水平,引导他们以品牌化为核心,实现对规模化、良种化、标准化、信息化、符号化等方面的正确理解,加强品牌运营的基本能力培养。

许多年来,农业部管理干部学院、浙江大学 CARD 中国农业品牌研究中心、浙江大学农业技术推广中心、浙江大学继续教育学院等机构,与各地合作探索品牌人才培养,讲授农业品牌创建的经典案例,解析品牌创建的科学程序,启迪贫困地区人员的品牌创建意识,传授相关经验,的确让贫困地区的人们发现了新的致富路径。

近年,在全国各地掀起的区域政府、相关协会与企业（产品）、农户联合打造区域公用品牌、企业（产品）品牌的热潮也证明,以人才培训为路径,转变落后观念,提升品牌经营能力的"品牌扶贫"举措,为区域新型人才成长、区域发展创造了新的机会。

（二）授人以渔,品牌规划先行

品牌创建,是一个战略性工程,必须要有科学、专业的,既有战略高度又有落地措施的顶层设计。但贫困地区当地政府与企业、农户,目前基本没有经验与能力完成战略规划任务。因此,相关专业机构接受委托,根据当地资源情况,为贫困地区提供一个或多个产业品牌、区域公用品牌或龙头企业的品牌规划,能够直接有效地带动贫困地区的产业发展创新,提供一个区域精准的解决方案。

浙江大学中国农村发展研究院及农业品牌研究中心曾连续为四川蒲江县做了现代农业产业规划、农业品牌战略规划、县域品牌战略规划,为蒲江县"以农立县,品牌强县"提供了重要的专业支持。在浙江丽水市实施生态精品农业的进程中,中心为其规划"丽水山耕"品牌,丽水市农发公司将品牌化与生态化、标准化、电商化结合运营,对当地农产品的品牌溢价提供了良好的发展平台。中心为贵州毕节市规划的"毕节珍好"农产品区域公用品牌,也为当地农产品销售、企业的产品溢价提供了背书品牌的价值。目前,这几个品牌都运营正常,为当地的扶贫、减贫、消贫作出了另辟蹊径的重要贡献。

(三)品牌传播,汇聚公益力量

品牌传播是品牌建设中至关重要的步骤。在当今时代,没有传播就没有品牌,没有传播就没有产品的市场价值。一些贫困地区,资源丰富、产品优质,但就是无法突破时空障碍,为消费者所了解。

六年来,中央电视台农业频道年年举办优质农产品嘉年华活动。该活动采用"品牌农业大家谈"高峰论坛论品牌、"嘉年华"线下品牌展、"嘉年华"晚会视频推介农产品品牌等系列活动,将品牌观点、品牌体验、品牌展示、品牌故事、品牌人物进行整体打包传播,并在人们过大年时播出。六年来,"嘉年华"活动成为中国农业品牌新观点、新品牌、新农人、新故事的综合传播平台,为许多贫困地区、落后地区、边远地区的农产品赢得了世人的瞩目,提升了品牌形象,提高了品牌价值。中国农业新闻网品牌频道、《农民日报》品牌专刊、"农业品牌研究院"公众号等,都为中国农业品牌的传播与推介提供了公益平台。

(四)电商协同,对接大市场

贫困地区,大多是以农业为主业的地区。因此,通过"品牌扶贫",可以打造农业品牌,提供品牌规划,以品牌化引领区域发展。同时,贫困地区,大多是边远地区或高原、山区腹地,交通不便,物流不畅,因此,在品牌扶贫的过程中,需要电商化协同。电商化,指的是利用互联网技术与互联网消费者资源,搭建起贫困地区生产的产品与互联网大市场、国际跨境市场的物流桥梁,并为贫困地区人民提供更多的就业可能性、产品体验与销售可能性的举措。

总之,采用"品牌扶贫",实现协同整合扶贫,可以整合区域资源,精准设计扶贫战略;引导贫困地区农业向品牌化方向发展,以品牌化满足社会需求;以品牌的方式挖掘农业资源,提升农产品及区域资源价值,创造新型的品牌经济。同时,不仅富裕一方百姓,还能提升乡民素养,挖掘农耕文化,创新农业新文明,改变乡村困境,复兴乡村魅力,并进而形成城乡互动,创造城乡互补新格局。

### 五、"品牌扶贫"的注意事项

（一）明确品牌扶贫的比较优势

"品牌扶贫"是"弯道超车、优势凸显、倒逼弱项、资源整合、整体提升"的观念扶贫、整合扶贫方式。因此，"品牌扶贫"需要观念先行，实现资源整合开发。如落后山地农业的精准扶贫，可以创建小而美、小而特的品牌，通过品牌，形成资源与文化的差异化与消费市场需求的匹配机会。

（二）与其他有效扶贫模式整合实施

电商扶贫、技术扶贫、产业扶贫、资金扶贫、项目扶贫等扶贫模式，都具有其不同的特色。在品牌战略构架下，有效利用扶贫资金、电商平台、技术参与、产业基础等，形成互动互补的整合协同作战，才能够真正发挥"品牌扶贫"特殊价值。

（三）突破"品牌扶贫"的机制障碍

"品牌扶贫"强调扶贫的立体、多元效果：观念扶贫，现代竞争知识扶贫，提高贫困地区自我造血机制的形成。"品牌扶贫"需要利用大量传播形成影响力，就需要一定的资金投入。扶贫资金的科学化管理与价值化使用成为重要问题。需要突破机制障碍，创新投入机制。

（四）注意区域内各方力量的有效配置

贫困地区政府的资源整合，专业团队的顶层设计规划，产业协会的有效管理，当地企业与农户脚踏实地的品牌化经营，各方力量有效配置、协同作战，才能真正以品牌的方式，整合区域资源，引导科学发展，创造品牌溢价，助推农户脱贫。

（本文于 2017 年 4 月首发于浙江大学 CARD 中国农业品牌研究中心官网"农业品牌研究网"，同时发于微信公众号"农业品牌研究院"，后被农业农村部《农产品市场周刊》等节选刊登。）

# 农产品地理标志产品，农产品的独特品牌基因

　　农业部长期着力提倡"三品一标"（见图1），各省市县（区）的政府、协会及其企业都会重视并努力申请、登记。但为什么农业部要提出"无公害产品、绿色食品、有机农产品、农产品地理标志产品"这一组合要求？本专题将对此，特别是对"一标"问题，提出观点：农产品地理标志产品，天然拥有独特的品牌基因，因此，推动并强调"三品一标"，不仅在产品的品质管理层次上提出了不同层级的要求，更在品牌创建的差异性、独特性方面提供了良好的品牌竞争的核心价值。

　　"三品"，指的是不同层次的经质量认证的安全农产品，且其认证管理机构均要求生产者有生产规程、质量控制追溯等制度。无公害产品认证为公益性认证，不收取费用，认证定位为"保障基本安全，满足大众消费"，认证初级使用农产品，产品质量要求达到我国普通农产品和食品标准要求，推行"标准化生产、投入品监管、关键点控制、安全性保障"的技术制度（禁止使用高毒农药）[中华人民共和国农业部、国家质量监督检验检疫总局，《无公害农产品管理办法》（农业部、总局2002年第12号令），2002年4月29日]。该认证采取产地认定与产品认证相结合方式，认证时进行产地环境、产品质量检测，认证有效期三年。"绿色食品"证明商标认证，由农业部所有并认证、授权使用。该认证定位于满足比无公害食品更高级的需求层次，认证产品指的是产自优良生态环境、按照绿色食品标准生产、实行全程质量控制并获得绿色食品标志使用权的安全、优质食用农产品及相关产品。该认证采用质量认证与证明商标管理相结合的方式，推行"两端监测、过程控制、质量认证、标志管理"的技术制度（允许使用推荐的农药、肥料、食品添加剂）等"绿色食品"标准进行环境与产品检测，认证有效期三年[参见中华人民共和国农业部《绿色食品标志管理办法》（2012年第6号令），2012年7月30日]。有机食品（有机农产品）认证（参见

图1　农业部着力提倡的"三品一标"专用标识

国家环境保护总局，《有机食品认证办法》，2001 第 10 号令，2001 年 6 月 19 日），强调与国际接轨，产品同样以初级及初加工农产品为主，按照有机农业方式生产、注重环境保护与生产过程监控、推行不使用化学投入品的农业可持续发展技术制度（禁止使用化学合成的农药、化肥、生长调节剂、饲料和饲料添加剂等物质），对产品质量安全不作特殊要求（销售时符合国家标准即可），国际上无通行标准，一年一认证。

　　"一标"，为地理标志产品（product of geographical indication），即 GI 产品。WTO（世贸组织）知识产权协议《与贸易有关的知识产权协议》（简称 TRIPS 协定）将地理标志定义为："地理标志是指证明某一产品来源于某一成员国或某一地区或该地区内的某一地点的标志。该产品的某些特定品质、声誉或其他特点在本质上可归因于该地理来源。"〔国家保护知识产权工作组办公室编：《与贸易有关的知识产权协议》（TRIPS 协议），《保护知识产权干部读本》，2006 年 3 月 18 日〕因此，地理标志是特定产品来源的标志。它可以是国家名称以及不会引起误认的行政区划名称和地区、地域名称与商品名称的结合表达，如"库尔勒香梨""涪陵榨菜"等。地理标志标明商品或服务的真实来源（即原产地的地理位置），标明该商品或服务具有独特品质、声誉或其他特点，标明该品质或特点本质上可归因于其特殊的地理来源。

## 一、我国三类地理标志产品认证及管理保护体系

在我国，目前存有三类地理标志产品认证及保护管理体系：国家工商总局认证及管理保护的中国地理标志 GI、国家质量检测检验检疫总局认证及管理保护的中国地理标志 PGI、农业部认证及管理保护的农产品地理标志 AGI。

（一）国家工商总局认证及管理保护的中国地理标志 GI

国家工商总局认证与管理保护的中国地理标志 GI。1985 年，中国正式加入《保护工业产权巴黎公约》，开始进入对原产地名进行保护的阶段。1987 年，国家工商总局商标局首次采用行政措施保护地标产品"丹麦牛油曲奇"，向世界表明，中国负责任地履行国际公约义务。1994 年 12 月 30 日发布《集体商标、证明商标注册和管理办法》（局长第 22 号令），将证明商品或服务原产地的标志作为证明商标纳入商标法律保护范畴。1995 年 3 月 1 日，开始接受地理标志注册申请。2001 年 10 月 27 日，全国人大常委会对《商标法》进行第二次修改。根据我国在加入世贸组织《工作组报告书》中的有关承诺，修改后的《商标法》第三条明确规定："本法所称证明商标，是指由对某种商品或者服务具有监督能力的组织所控制，而由该组织以外的单位或者个人使用于其商品或者服务，用以证明该商品或者服务的原产地、原料、制造方法、质量或者其他特定品质的标志。"第十六条规定："商标中有商品的地理标志，而该商品并非来源于该标志所标示的地区，误导公众的，不予注册并禁止使用；但是，已经善意取得注册的继续有效。"〔第十二届全国人民代表大会常务委员会，《中华人民共和国商标法（2013 年修正）》，国家工商总局门户网站：www. saic. gov. cn，2013 年 09 月 03 日〕这是我国首次以法律的形式对地理标志进行明确规定。2003 年，重新发布《集体商标、证明商标注册和管理办法》，地理标志明确纳入商标法律体系保护。办法第七条规定，以地理标志作为集体商标、证明商标注册的，应当在申请书件中说明三方面内容：该地理标志所标示的商品的特定质量、信誉或者其他特征；该商品的特定质量、信誉或者其他特征与该地理标志所标示的地区的自然因素和人文因素的关系；该地理标志所标示的地区的范围。办法第八条规定，作为集体商标、证明商标申请注册的地理标志，可以是该地理标志标示地区的名称，也可以是能够标示某商品来源于该地区的其他可视性标志。〔中华人民共和国国家工商行政管理总局令，第 6 号，《集体

商标、证明商标的注册和管理办法》,2003 年 4 月 17 日]地理标志(GI)的登记申请人,可以是社团法人,也可以是取得事业法人证书或营业执照的科研和技术推广机构、质量检测机构或者产销服务机构等。申请要求对地理标志产品的特定品质受特定地域环境或人文因素决定进行说明,并规定"申请以地理标志作为集体商标注册的团体、协会或者其他组织,应当由来自该地理标志标示的地区范围内的成员组成","申请证明商标注册的,应当附送主体资格证明文件并应当详细说明其所具有的或者其委托的机构具有的专业技术人员、专业检测设备等情况,以表明其具有监督该证明商标所证明的特定商品品质的能力"(第四、五条),办法同时规定,"前款所称地区无需与该地区的现行行政区划名称、范围完全一致","集体商标不得许可非集体成员使用"(第十七条),"证明商标的注册人不得在自己提供的商品上使用该证明商标"(第二十条)。

2007 年 1 月 30 日,国家工商总局商标局开始施行专用标志管理,其《地理标志产品专用标志管理办法》规定,专用标志的基本图案由中华人民共和国国家工商行政管理总局商标局中英文字样、中国地理标志字样、GI 的变形字体、小麦和天坛图形构成,绿色(C:70 M:0 Y:100 K:15;C:100 M:0 Y:100 K:75)和黄色(C:0 M:20 Y:100 K:0)为专用标志的基本组成色、专用标志与地理标志必须同时使用(见图 2)。

图 2　国家工商行政管理总局商标局发布的地理标志保护专用标志

截至 2015 年 12 月,中国地理标志注册量已达 2984 件。从地域分布来看,已注册地理标志数量最多的 5 个省份分别为山东(425 件)、福建(272 件)、湖北(249 件)、江苏(215 件)、重庆(201 件)。[国家工商行政管理局商标局,《中国已注册地理标志情况表(截至 2015.12)》,国家工商总局门户网站:

www. saic. gov. cn,2016 年 01 月 12 日]

（二）国家质量检测检验检疫总局认证及管理保护的中国地理标志 PGI

1999 年,国家质检总局开始原产地标记登记。中国地理标志 PGI 的认证与管理保护工作,于 2005 年 7 月 15 日开始施行。在当年发布的《地理标志产品保护规定》中,强调"地理标志产品,是指产自特定地域,所具有的质量、声誉或其他特性本质上取决于该产地的自然因素和人文因素,经审核批准以地理名称进行命名的产品"(国家质量检测检验检疫总局,《地理标志产品保护规定》,2005 年 6 月 7 日)。申请产品获得审核通过并公告后,申请单位的生产者即可在其产品上使用地理标志产品专用标志,获得地理标志产品保护。规定并同时废止了之前的《原产地域产品保护规定》。

根据国家质检总局的《地理标志产品专用标志使用申请》,在地理标志产品保护范畴区域的企业,申报地理标志的条件为:产品是具有鲜明地域特色的名、优、特产品;产品的原材料具有天然的地域属性;产品在特定地域内加工、生产;产品具有较悠久的生产加工历史或天然历史;产品具有稳定的质量。(国家质量检测检验检疫总局,《地理标志产品专用标志使用申请》,http://www. chinapgi. org/Reporting/82. html)申报材料必须说明:产品生产地域的范围及地理特征;产品生产技术规范(产品传统加工功能以及安全卫生要求、加工设备的技术要求);产品的理化及感官等质量特色,与生产地域地理特征之间的关系;产品生产、销售、历史渊源等。

根据国家质检总局《地理标志保护产品专用标志说明》(国家质量检测检验检疫总局,《地理标志保护产品专用标志说明》,2006 年第 109 号文,2006 年 8 月 1 日),标志的轮廓为椭圆形,淡黄色外圈,绿色底色。椭圆内圈中均匀分布四条经线、五条纬线,椭圆中央为中华人民共和国地图。在外圈上部标注"中华人民共和国地理标志保护产品"字样;中华人民共和国地图中央标注"PGI"字样;在外圈下部标注"PEOPLE'S REPUBLIC OF CHINA"字样;在椭圆形第四条和第五条纬线之间中部,标注受保护的地理标志产品的名称。印制标志时,允许按比例放大或缩小。外圆——长 12.9x,高 8.65x,颜色 C1,Y18。内圆——长 10.9x,高 6.65x,颜色 C84,M12,Y100,K1。外圆到内圆之间的距离——1x。地图全幅——长 7.1x,高 5.65x,从左到右渐变颜色——M1,Y2 到 M59,Y89。地图阴影——C1,Y1。主要岛屿一共 28 个红点,颜色:M26,Y36。经纬线颜色 C53,M7,Y48,K0。文字为中文华文中宋,字高 0.6x,颜色 C70,M68,Y64,K75;英文华文细黑,字高 0.5x,颜色同中文。地理标志产品名称置于第四至第五条纬线之间,华文行楷,颜色 C0,M0,Y0,K0。PGi 整体居中,字高:P 和 G:0.8x,i:0.9x,颜色从左到右渐变,M15,Y21 到 M32,Y48。

该地理标志保护产品,与国际市场接轨,由国家质量检测检验检疫总局根据《地理标志产品保护规定》实施监督与管理保护。

系列文件体现了"统一制度、统一名称、统一标志、统一注册程序、统一标准"的"五统一"原则。

(三)农业部认证及管理的农产品地理标志 AGI

为系统规范农产品地理标志的使用,保证地理标志农产品的品质和特色,提升农产品市场竞争力,2007 年 12 月 25 日,农业部令——《农产品地理标志管理办法》发布。办法所称农产品是指来源于农业的初级产品,即在农业活动中获得的植物、动物、微生物及其产品。办法所称农产品地理标志,是指标示农产品来源于特定地域,产品品质和相关特征主要取决于自然生态环境和历史人文因素,并以地域名称冠名的特有农产品标志。(中华人民共和国农业部令第 11 号,《农产品地理标志管理办法》,2007 年 12 月 25 日)办法第七条规定,申请地理标志登记的农产品,应当符合以下五个条件:称谓由地理区域名称和农产品通用名称构成;产品有独特的品质特性或者特定的生产方式;产品品质和特色主要取决于独特的自然生态环境和人文历史因素;产品有限定的生产区域范围;产地环境、产品质量符合国家强制性技术规范要求。办法第八条规定,申请人为县级以上地方人民政府根据下列条件择优确定的农民专业合作经济组织、行业协会等组织,必须具有监督和管理农产品地理标志及其产品的能力,具有为地理标志农产品生产、加工、营销提供指导服务的能力,具有独立承担民事责任的能力。2008 年 7 月,首批农产品地理标志(见图 3)产品 28 个获颁。

根据农业部官方信息,截至 2017 年 2 月底,AGI 发放数量已达到 2061 个,并在快速增长过程中。

从三类地理标志产品认证、保护与使用的有关规定、法律依据可见,PGI\GI\AGI 这三类地理标志产品认证,虽然认证机构不同、认证相关规定与制度有一定的差异性、有效年限不同,但在对地理标志产品的相关要求、技术制度、管理办法、标志使用等方面,依然存在着基本类似的特征。

图3  农业部农产品地理标志保护专用标志

图4  2017年农业部"全国农业品牌推进大会"展示

## 二、三类地理标志产品认证及管理保护体系的共性特征与差异比较

研究三类不同的地理标志产品认证、保护与使用管理的有关规定与法律可见,农产品地理标志产品具有生产区域性、产品独特性、品质差异性、品种稀缺性、工艺传承性、文脉悠久性、命名地缘性、使用公共性、两权分离性、特色专属性十大共性特征。同时,也存在着诸多不同之处。

(一)三类地理标志产品认证及管理保护体系的共性特征

1. 生产区域性

无论 PGI、GI,还是 AGI,均限定了产品生产的区域范畴。因此,能够获得三类地理标志产品登记的产品,都必须是在一定的区域范畴进行生产。而不同区域会有不同的风土、物种、工艺、人文等诸多方面的差异性。

2. 产品独特性

无论 PGI、GI,还是 AGI,均要求产品具有出自当地地域特点、人文因素的特色。因此,能够获得三类地理标志产品登记的产品,都必须是具有基于当地地域特点的产品特色。该特色,可以是品种独特性、品质风味差异性、原材料特色、特殊工艺、特殊人文因素等各种因素带来的产品品质独特性。

3. 品质差异性

由于生产区域性、产品独特性,自然带来了地理标志产品的品质差异性。所谓的"橘生淮南则为橘,生于淮北则为枳"即为此意。即便是同一科同一属的产品,由于地理条件、人文因素等不同,也会形成差异化的品质特征。

4. 品种稀缺性

由于生产区域性带来的地理条件、自然风土、生物品类、种质资源等差异,导致一些地区产生不同的品种。如同样是羊,宁夏盐池滩羊(见图 5)、内蒙古巴美肉羊、陕西横山羊、海门山羊、蒙山黑山羊、梁山青山羊、阿勒泰大尾巴羊等都是不同的、在其他地区没有的原生种质资源及稀缺品种。

5. 工艺传承性

地理标志产品登记限定了生产的区域范畴,而不同的区域范畴内,其社会演变、工艺发展都会体现其不同特征。一般而言,地理标志产品均有区域内先民们研究出来的不同的工艺手法,并通过师徒授艺、家传秘方等方式,得以传承。如龙井茶的"抖、搭、摺、捺、甩、抓、推、扣、磨、压"十大手法,即为历史传承及总结所得。

图 5　盐池滩羊品种独特

### 6. 文脉悠久性

一个区域有一个区域的文化特质，但凡地理标志产品，大多具有长期的种养殖历史，并在种植养殖历史发展进程中，形成了特殊的生产文化脉络。如四川雅安，在西汉时期便有吴理真在蒙顶山种茶的文字记录。自西汉至今，蒙顶山的种茶文脉源远流长。

### 7. 命名地缘性

除 GI 之外〔规定：可以是该地理标志标示地区的名称，也可以是能够标示某商品来源于该地区的其他可视性标志。（中华人民共和国国家工商行政管理总局令，第 6 号，《集体商标、证明商标的注册和管理办法》，2003 年 4 月17 日）〕，PGI、AGI 两类地理标志登记的产品，其产品名称均由农产品所生产的地理区域名称、农产品品类通用名称两者协同构成。如福州茉莉花、云阳红橙等，前两字为地理区域名称，后两字为产品品类通用名称。因此，其命名具有直接的地缘依附性、地缘联想性。看到产品名称便可联想到地缘特征，便于记忆、便于产生品牌联想。

### 8. 使用公共性

地理标志产品的生产，只要是在限定的区域内生产，其产品符合地理标志产品认证要求的、获得认证保护管理权力的机构（协会或者其他组织）认可的企业或农户、个人，都能够获得授权，拥有生产权益。因此，地理标志产品的生产区域，比区域公用品牌的范畴要大。而地理标志产品的生产授权，则是一个区域的农产品区域公用品牌建设的基本范畴。使用公共性,会给地理标志产品保护带来困难,同样,从区域公用品牌角度来看,避免"公用地灾难"是品牌保护中重要的管理原则。

### 9. 两权分离性

国家工商管理总局商标局的有关地理标志证明商标的界定是:由对某种商品或者服务具有监督能力的组织所控制,而由该组织以外的单位或者个人使用于其商品或者服务。这说明,地理标志证明商标的商标所有权、商标使用权两权分离。虽然 PGI、AGI 没有明确说明地理标志产品保护监管与使用的两权分离性,但由于其使用的公共性,依然存在着地理标志产品保护监管者、地理标志使用者(企业、合作社、农户等)之间的分离现象。地理标志证明商标注册与监管权、地理标志使用权分离,存在着"公用地灾难"出现的先天隐患。

### 10. 特色专属性

PGI、GI、AGI 三类地理标志登记的产品,均要求产品品质和特色主要取决于独特的自然生态环境和人文历史因素。因此,地理标志产品具有产品品质特色的专属性。专属性,即为独特性、稀缺性,具有独一无二的销售卖点。

#### (二)三类地理标志产品登记及管理保护体系的差异比较

当然,三类地理标志产品的登记及管理保护制度体系存在着众多差异。

### 1. 管理依据不同

农产品地理标志主要依据的是《中华人民共和国农业法》《中华人民共和国农产品质量安全法》。强调"国家对农产品地理标志实行登记制度。经登记的农产品地理标志受法律保护"(中华人民共和国农业部令第 11 号,《农产品地理标志管理办法》第三条,2007 年 12 月 25 日)。国家工商行政管理总局依据《中华人民共和国商标法》进行地理标志产品的注册与使用管理;国家质量检测检验检疫局、农业部以部门规章进行地理标志产品的登记、质量监控、专用标识使用管理。质监总局主要依据的是《中华人民共和国产品质量法》《中华人民共和国标准化法》《中华人民共和国进出口商品检验法》。三者的管理依据不同,管理权限不同,属于法律层面、部门规章层面等不同的管理制度体系。

### 2. 管理范畴不同

国家工商行政管理总局的地理标志证明商标、集体商标的管理范畴,除了我国国内的相关团体、协会与其他组织之外,也接受外国人与外国企业的申请

（须提供该地理标志以其名义在其原属国受法律保护的证明）；国家质量检测检验检疫局的地理标志管理范畴特别包括出口企业；农业部的农产品地理标志登记申请人为县级以上地方人民政府根据登记条件择优确定的农民专业合作经济组织、行业协会等组织。

3. 品质规范不同

农业部的农产品地理标志登记，除了申请人资质证明之外，要求提供产品典型特征特性描述和相应产品品质鉴定报告，产地环境条件与生产技术规范和产品质量安全技术规范、地域范围确定性文件和生产地域分布图、产品实物样品或者样品图片等。同时还要求建立质量控制追溯体系，要求地理标志产品登记证书持有人和标志使用人，对地理标志农产品的质量和信誉负责，并依据《农产品地理标志管理办法》的实施需要，配套组织制定了《农产品地理标志产品品质鉴定规范》等20多个配套技术规范。相对而言，国家工商行政管理总局令中，除了第七条对申请说明提出要求之外，没有明确的对质量和信誉负责的直接条款。质监局则在规定中也强调了技术规范与标准要求。三者的品质规范与标准要求存在内容与程度的明显差异。

4. 两权关系不同

地理标志证明商标使用，其商标持有权与商标使用权两权分离，商标注册者不可以使用商标［第二十条 证明商标的注册人不得在自己提供的商品上使用该证明商标。（中华人民共和国国家工商行政管理总局令，第6号，《集体商标、证明商标的注册和管理办法》，2003年4月17日）］，但集体商标只要是注册者集体成员即可使用，但"不得许可非集体成员使用"（第十七条）。农业部的农产品地理标志，须有登记证书持有人与经营单位或个人之间，"签订农产品地理标志使用协议，在协议中载明使用的数量、范围及相关的责任义务"（中华人民共和国农业部令第11号，《农产品地理标志管理办法》第十五条，2007年12月25日）。质监局的地理标志产品保护申请者为县市级人民政府提出建议，并认定协会或企业进行相关申请，地理标志使用者为地理标志产品产地区域内的企业。因此，不同管理体系的两权关系不同。

管理依据、管理范畴、品质规范、两权关系的不同，会导致不同的管理导向、管理效果。法律与部门规章的监管力度强弱显著不同，品质规范与两权关系的差异，使得引发"公用地灾难"的可能性不同。

### 三、利用地理标志产品的品牌基因，创造特色农产品区域公用品牌

综合考察三类地理标志的共性特征与差异性可见，地理标志产品拥有独特的品牌基因。在农产品品牌建设过程中，通过对地理标志产品特征的研究与把握，凸显其独特的、符合差异化竞争战略的品牌基因，可以创造富有特色的农产品区域公用品牌。

（一）抓住地理标志产品的区域性特征，选择创建特色农产品区域公用品牌

地理标志产品在产品生产、品质监管、产业规模、商标使用、文化背景、生产者等方面均具有区域共性特征。可以利用一系列的区域共性特征，创建单一产品品类、全品类的农产品区域公用品牌。区域公用品牌，与企业品牌、合作社品牌、农户品牌等普通商标意义上的品牌不同，它具有整合区域资源、联动区域力量的特殊能力。如果以地理标志产品为产业基础，创建区域公用品牌，并形成与企业品牌、合作社品牌、农户品牌等的母子品牌协同关系，创造区域与企业（合作社、农户）的品牌互动模式，能够最大限度地形成区域、产业、企业、农户的合纵连横，创造区域品牌新生态。

（二）抓住地理标志产品的独特性、差异性、稀缺性、专属性特征，创造具有差异化、专属性强的个性品牌

利用品种稀缺性，可以创造农产品品牌基于品种特色的独特品牌竞争力。中国地大物博，幅员辽阔，特色品种资源丰富。利用自然风土与生产工艺特征带来的产品品质差异性，可以形成品质差异化的品牌特征。利用悠久文脉的独特性，传承与演绎农产品品牌的文化特色与个性价值。利用地理标志产品的特色专属性，打造专属性强、无法复制的区域农产品品牌。

（三）利用地理标志产品的命名地缘性与特色专属性，建立与区域形象互动融合、互为支撑的区域品牌关系

命名地缘性、特色专属性，不仅体现了地理标志产品的地缘依附性、地缘联想性、地缘专属性，更可以借助区域名称及其知名度，提高一个农产品品牌的知名度、联想度、记忆度。品牌创建与管理过程中，还可以借助区域形象与区域特征，形成富有唯一性的品牌形象与品牌个性特征，并建立一个区域的品牌形象与农产品区域公用品牌之间互为背书、互为支撑的专属性、唯一性品牌关系。

（四）针对地理标志产品的使用公共性、两权分离性特征，加强品牌的品质管控，避免"公用地灾难"出现

中国目前的地理标志产品生产主体，多为千家万户。其中的企业、合作社，规模相对弱小与分散。以地理标志产品为基础建立起来的农产品区域公用品牌，面临着生产标准化难度大、商标所有权与使用权两权分离带来的矛盾状态。这一矛盾状态下，如果监管不力、生产主体的集体意识不强，会导致个体利益伤害整体利益的"公用地灾难"。对商标使用公共性、商标所有权与使用权两权分离的特殊性保持高度的警觉，加强品牌的品质管控，加强生产主体的公共利益意识与行为规范，可避免"公用地灾难"的出现，形成多方良好的协同关系。

总之，农产品地理标志产品的十大特征，是农产品品牌建设特别是农产品区域公用品牌建设独特的品牌基因。拥有独特、专属的地理标志特征的产品及其产业，要自觉利用地理标志产品认证保护产业的良性发展，并善于利用其特征，挖掘已有的品牌基因，凸显品牌特色，维护品牌优势，创造更高的品牌价值。

（本文于 2017 年 4 月首发于浙江大学 CARD 中国农业品牌研究中心官网"农业品牌研究网"，同时发于微信公众号"农业品牌研究院"，后被多个媒体节选刊登或转载。）

# 中国茶，赢得新新人类，才能赢得未来

20世纪80年代末期到90年代初期，"新新人类"一度成为创意界的流行语。在大众的认知里，这群人往往被贴上"新潮""年轻""不同于旧时代的人们"等标签，他们具有独立特征和艺术气息，喜欢标新立异，反抗形式主义，又极富创意。

到了今天，"新新人类"已不再是一种戏谑与调侃，反而成了个性化、时尚化的代名词，甚至开始引领潮流。同时，作为日渐庞大的主流消费人群，他们的喜好、取向，也成了众多品牌主关注的焦点、迎合的对象。

在《中国茶的国家战略与世界表达》中，我提出：全球消费市场发生了剧烈变化，特别是发达国家的消费者，已经步入后工业化时代，他们追求个性化、差异化、附加价值、文化性，他们对于茶在生活的、价值的、象征的、符号上的追求，远超过对物质的单纯追求。

品牌战略是创造认知的竞争战略，是差异化、个性化竞争战略，是互动亲和关系的竞争战略，是创造忠诚的竞争战略。我认为，中国茶要成为具有国际影响力与话语权的茶业品牌，就必须对接新新人类，赢得未来。在这方面，众多国际茶牌的实践，已充分证明：赢得新新人类，才能赢得未来！

## 一、伊藤园：绿色环保健康力量的品牌践行者

伊藤园是一家日本的饮料制造公司，以茶品、果菜饮料、咖啡等为主要产品，其中最负盛名的莫过于绿茶商品。每年，绿茶这款主打产品的销量差不多有1亿箱（1箱等于24瓶），按日本1.2亿人口计算的话，人均每年消费一箱。

人们记住伊藤园，并乐于购买其产品，除了统一的品牌形象表达和品牌个性外，更源于其长期致力于绿色环保。在制造绿茶饮料的过程中，伊藤园每年会产生4万～5万吨的茶叶渣。而利用茶叶渣回收利用系统，大部分可用于

制造肥料及饲料；另一方面，通过充分利用茶叶渣具有的除臭性和抗菌性，一部分茶渣还广泛应用于日常用品的制造。

目前，伊藤园已推出了厨房纸巾等纸制品、垃圾箱、鞋垫及凉鞋等近30种混入茶叶渣的产品，并时常推出相关公益主题活动，既吸引了公众目光，也树立起自身环保、绿色、健康的品牌形象。

启示与思考：如何利用产品包装、传播形象，保持品牌形象的一致性？品牌精神的人文关怀与一贯坚持非常关键！

### 二、TWG：新加坡刮来的摩登时尚风

发源于新加坡的TWG，2008年才创立，但创造了一个"茶叶奢侈品品牌"的全球扩张神话。迄今为止，在茶叶商品中，价值连城者已不在少数，但能称得上"奢侈茶品牌"的，目前，可能暂时还没有一个品牌比TWG离得更近。

TWG的品牌定位很明确——"第一、唯一的高端茶叶沙龙"。最初，其第一家茶沙龙 & 零售精品店在新加坡共和广场亮相后，所打出的口号就是"全球最好的奢侈茶品牌"。为了符合这一定位，它声称将欧洲最顶尖老牌厂商的调茶师、品茶师、制茶师、品牌设计师以及米其林主厨，以及最古老的欧洲制茶技术带到新加坡。

在店铺选址和设计上，TWG也颇有心得。TWG TEA沙龙与精品店，风格优雅且极富情致，店内装潢采用温润隽永的高级桃花心木与澄净的黄铜，搭配低调镜面的大理石地板，气派简约的落地窗、工艺精巧的水晶灯与古董镜相得益彰，完美传递出品牌传统与现代并存的优雅氛围。对于习惯喝茶的中国人来说，TWG首先带来的冲击是视觉与美学上的——欧式古典、富丽堂皇的店面装潢风格与产品包装风格，让普通人联想不到这家店与茶有什么关系。

尽管是奢侈品的定位，TWG还是提供了符合品牌个性的多样化茶产品线，其拥有超过800种的单品茶与手工调配茶。从全球45个原产地优质茶园直接收割回来后，再由手工配制成独特的调配茶。价格上，从每50克百元内到5000元以上不等，具有宽松的选择，扩大了消费者层面。

在取得了不错效果后，TWG还依托互联网开展线上业务，甚至还为热爱时尚的年轻人开发了一款APP，无论是作为寻找礼品还是闲暇时刻的消磨，通过这个APP，就可以轻松查找到消费者想要的那款茶，并且寻找到最近的TWG TEA门店，实现线上线下的全渠道品牌构建，从而带来更多新的机会。

启示与思考：如何依据自身优势寻找品牌定位？品牌定位决定了采用何

种方式和消费者沟通；进而是，和谁说？在哪里说？说什么？想和他建立什么样的关系？

### 三、TWININGS：一份"来自英国皇室"的伴手礼

TWININGS 由英国人托马斯·川宁（Thomas Twining）创立。1706 年，川宁先生以"Thomas"之名于英国开设咖啡馆，这正是 TWININGS 的前身。1837 年，英国皇室维多利亚女王颁布第一张"皇室委任书"，川宁茶被指定为皇室御用茶，该殊荣一直被沿袭至今。川宁茶曾分别于 1972 年和 1977 年两次获得"女王勋章"。

这样一个拥有辉煌历史的茶品牌，却能够在今天，依然引领着饮茶文化的新潮流，它的魅力在哪里？作为英国皇家御用茶品牌，川宁的品牌战略采用"端庄英伦范叠加清新可爱风"，这种范儿不仅体现在包装细节上，更体现在各种推广活动上。

调配茶，是英式茶的一大特色，川宁更是将调配茶做到极致。300 多年前，川宁茶在伦敦斯特兰德开始为人们定制茶叶。从 1706 年发展至今，川宁的调配师们已经调配出了近 200 种口味的红茶。无论你喜欢什么口味，提供私人定制服务的川宁，都有自信可以满足你。

川宁调茶大师在很多方面都是出类拔萃的。他们在茶叶购买和调茶领域都有超过 20 年的宝贵经验，更重要的是，他们每个人都兼顾了茶叶采购和调茶师两种角色。极少数的调茶大师还会被委以重任，授权走遍全球探寻和采购最优质的原料，正是这些调茶大师将采购的原料带回到川宁的茶叶工厂，加以精心调配，最终成就了川宁茶产品。

在中国市场策略上，川宁主打年轻白领女性，在节日营销的方式上，通过移动端，主打温情牌。比如，中秋节时，打出"今年嫦娥爱英伦"；母亲节时，打出"川宁，不一样的母亲节"；新年时，打出"臻享百年川宁，品味茶香新年"。

启示与思考：历史悠久品牌如何在新语境下保持品牌活力？传统工艺的传承与匠人精神如何再塑造？传统与现代、古老与年轻之间，又该如何平衡？

### 四、Tea Calendar：全世界第一款日历茶

品尝岁月的卡片茶包，你会给这个创意打几分？Hälssen & Lyon 直接将茶叶处理、压制成了海苔般的薄片，上面用可食用的材料印上日期，做成一年

的日历，每天撕下一片来，直接扔开水里就能泡成茶。看着茶片慢慢融开，就像一天的时间慢慢过去，人们在喝茶中品尝岁月的消逝（见图1、图2、图3）。

图1　日历茶设计

图2　日历茶

将日历和茶叶结合在一起的创意，似乎意外，但是 Hälssen& Lyon 就是有本事让它做得一点都不违和。这创意有多赞？横扫2013年戛纳国际创意节、伦敦国际广告节、纽约国际广告节，一共拿下了两座金奖、三座银奖、一座铜奖，实力证明了一切。

图 3　日历茶设计（2 幅）

Tea Calendar 天生就具备了话题营销的最重要的元素——新奇,不费吹灰之力就可以在世界各个网站上掀起一阵风潮。微博、百度贴吧、人人网、豆瓣小站……这些年轻人最喜爱的网站上,都可以见到有关于它的铺天盖地的话题,每个人都喜爱它,每个人都想拥有它。

启示与思考:好创意可以帮助古老品牌再次掀起消费热潮,而这种好创意,来自对消费者习惯的人性化洞察。

### 五、塔塔集团:从茶开始的饮品王国

塔塔全球饮料公司(原塔塔茶叶集团)是世界上第二大茶叶品牌供应商,每年销售额高达 7.13 亿美元,业务涉及品牌茶、散装茶、咖啡和其他饮料,其销售市场遍布全球,与 60 多个国家和地区有业务往来。此外,该集团旗下目前拥有以茶、咖啡、饮用水为大类的 14 个子品牌,不同的品牌有不同定位和侧重,满足全球不同市场和人群的需要。

不过,在塔塔完成换标以前,“塔塔”名称、品牌标志等本应标准化统一的视觉形象部分,在全球而言是杂乱的。在拉坦·塔塔成为塔塔财团第 4 代掌门人之后,即开始统一品牌形象战略。至 2010 年左右,基本上成员公司完成品牌名称和标志等的标准化。

统一品牌形象支撑着塔塔的全球化脚步。此后,在任何场合出现 TATA 的字样,均采用统一字体,将抽象化的字母 T 嵌在蓝色的椭圆里的图案,则成为“塔塔”的标志蓝色椭圆。另一种推动力,则是资本的扩张。

2000 年,塔塔斥资 4.35 亿美元收购了比它自身大三倍的英国泰特莱茶叶公司,这是印度公司历史上首次大规模跨国并购行为;2007 年,塔塔签署了收购波兰 Vitax 和 Flosana 商标的协议;2010 年,塔塔和百事可乐成立的 Nourish Co-Beverages 推出高端苏打水;2012 年,塔塔和星巴克成立合资企业,塔塔星巴克公司创新性地将茶和咖啡结合起来,推出了塔塔泰舒茶;2013 年,塔塔斥资 1600 万美元和浙江省茶叶进出口有限公司签约开展业务;2014 年,塔塔又全资收购了在澳大利亚的 MAP 公司。

启示与思考:统一的品牌标识和品牌形象是企业进行全球化战略的成功保证,如果说资本是硬实力,那么品牌就是软实力。

### 六、T2:创造年轻消费者的口碑与忠诚

T2 是澳大利亚最大的茶叶连锁店,2013 年以 750 亿美元的价格被联合

利华收购。目前,T2 在澳大利亚及海外拥有超过 60 家连锁店,每个月销售的茶叶可以大约泡 900 万杯茶。联合利华认为 T2 是澳大利亚创业故事中最神奇的一个,它带动了全新的一代人喝茶,开发了所有茶叶零售商最渴望的群体。

T2 的创始人一直试图打破人们对茶设下的各种规矩,进而总是将各种离奇的想法表现在新品种开发上。各种明亮色彩的茶具和装饰,在黑色的基调上显得异常抢眼,让消费者在门店中获得一种新鲜但又较高端的零售体验。T2 从来不打广告,全仰仗口碑和顾客的忠诚度。

T2 的定位以中高档茶叶为主,还原饮茶原本的样子,茶叶来源遍布世界各地。为了让更多的人了解茶、接受茶,T2 的门店被打造成了体验店的模式。好奇心驱使人们走进来看一眼,进来之后可以随意地拿起样品闻一闻,店内还有沏好的多种茶供消费者品尝。可以说,只要进了 T2 的门,能忍住不买,真的需要很强的自制力。

从店铺装修来说,每家店都以黑色木质墙面为基调,内部墙壁上贴满了中文旧报纸做的墙纸,以此来表现茶文化的起源。货架均为几乎占满整面墙的黑色的方格架,据说灵感来源于中药铺。在这些黑色的方格里按颜色摆满了各种茶叶和茶具,每个小方格都贴有一个黑色的小标签,用来说明这个格子里的茶叶品种。

如果消费者试喝之后觉得满意,就会一次性买走多种茶叶回去自己搭配着喝。不得不说,这是高明的场景营销。同时,所有的 T2 茶叶都是纸盒加塑料袋包装,一旦拆封,就需要装到密封性较好的茶叶筒里。这时,消费者可能就会顺便从旁边的茶具区里再顺便买上几个茶叶筒。T2 也提供各种礼盒套装,礼盒的包装设计都十分别致新颖。

另外,T2 还将茶点心(见图 4)也引入到产品体系中,打造"泛茶饮"概念(见图 5)。为人称道的是,T2 首先用传统与时尚结合的"形式感"吸引了原本对茶并不那么了解的人们,同时也用"形式感"将自己与超市的茶包明确区分。看着店员踩上梯子,为消费者取下放在架子高处的茶叶的整个过程,透露出小心翼翼地取下珍藏着的宝贝的信息。

启示与思考:如何吸引年轻一代来喝茶? T2 最大的奥秘便在于,在满足饮茶爱好者的同时,又能吸引新客户体验喝茶的乐趣。

目前,国际茶品牌已先后进入中国市场,并引起了"新新人类"的关注甚至追捧。中国茶如何应对逼上门来的竞争挑战? 还是那句话:洞察"新新人类"

图 4　T2 茶的点心设计

图 5　T2 打造"泛茶饮"概念

的生活方式与价值观，寻找与其声息相通的接触与对话，赢得新新人类，才能真正赢得未来。

（本文先由笔者在各种讲座中讲述，然后于 2017 年 5 月首发于浙江大学 CARD 中国农业品牌研究中心官网"农业品牌研究网"，并同时发于浙江永续农业品牌研究院微信公众号"农业品牌研究院"，后被刊登于农业部主管杂志《农产品市场》周刊 2017 年第 28 期。）

# 创造品牌传播力，重塑消费新关系

品牌传播是品牌建设过程中的重要环节，在品牌战略规划基础上，亟须跟上品牌传播与落地运营。在 2017 年 11 月 10 日举办的"2017 中国农业品牌百县大会"上，笔者做了题为"创造品牌传播力，塑造消费新关系"的演讲，深度剖析了当前中国农业品牌传播的"八大现象"，并提出了中国农业品牌传播的"品牌八识"基本传播模型，提出了"八大主张"。

## 一、回望 2016 主题

去年的"中国农业品牌百县大会"上，我的主题演讲的题目是："品牌化：中国现代农业的战略转型"，我特别强调：品牌化是中国现代农业的战略转型，并提出了多个相关观点。

（一）观点一：中国处于品牌消费时代

今天与未来，我们处于品牌消费时代。消费者通过品牌消费、多元化消费，彰显自己的个性。

在品牌消费新时代，消费者被分为"大众、小众、精众"等不同的消费阶层，不同的消费族群与阶层消费结构。

由于互联网的诞生与发展，消费者在互联网环境中维系着虚拟和现实并进的关系，游走在虚拟与现实之间。

（二）观点 2：时代进入品牌经济运行轨道

正是这个基本前提，催生了品牌经济时代的诞生。这些年，在探索品牌的符号化、品牌关系链构建和品牌价值感诱发时，我们强调，品牌通过符号生产创造意义的同时，必须进入消费者的心智，从而形成更加深入的价值关系，创造消费价值感，形成品牌符号化—品牌关系链—品牌价值感。

（三）观点 3：农业品牌战略的中国价值

如何发掘农业品牌战略的中国价值，如何选择适合中国的农业品牌战略，成为中国农业战略转型的重点。在七个宏观价值（国家战略：以农立国，品牌强国；可持续生态发展战略：绿色有机生态；乡村振兴战略：农业更强农村更美农民更富；新产业生态战略：跨界融合；全球化应对战略：品牌竞争；资源价值提升战略：优质优价品牌溢价；国民素质提升战略：安全品质保障）的前提下，"以品牌为核心，倒逼中国农业现代化"的方法论，对发掘农业品牌战略的中国价值，乃至推动整个中国农业产业的发展，有着决定性、革命性的意义。

（四）观点 4：选择适合中国的农业品牌战略

什么是适合中国的农业品牌战略？经过从 2004 年开始的长期研究，我们坚定地倡导母子品牌互动发展模式，并强调区域公用品牌与企业品牌、产品品牌的互动多赢发展。探索成熟的区域公用品牌的创建模式有以下三种：一是单产业突破，二是全产业整合，三是全资源融合。这些模式的实现，需要我们大家一起去探索，去创造，去获得共赢。

（五）观点 5：选择适合农业特征的品牌传播

去年，我给大家画了这样一张图：假设每个中国农业品牌就是一架飞向市场的战斗机，那么应当是怎样的一种传播模式呢？符号传播、文脉传播、场景体验传播、媒体互联传播、消费体验传播的整合传播，这是农业品牌传播的基本模式。

如何打造品牌？如何让品牌产生溢价？如何打造属于品牌的价值感？我们需要从消费者的需求出发，生产出满足消费者需求的产品；需要通过品牌传播链接消费者，让消费者和产品同坐在一条船上，共创品牌资产，共享品牌精彩。

多年的数据研究证明，品牌传播的投入和品牌传播力、品牌收益、品牌价值之间呈现出非常紧密的关系。传播是品牌的生命力，品牌必须通过传播产生生命力量，必须通过传播创造一系列的生命价值。

## 二、提出 2017 观点

（一）八种现象

分析目前中国农业品牌传播的基本特征，我们不难发现以下八种现象。

现象 1：传播对象捕风捉影，精准传播纸上画虎

如今的市场，高端产品和土特产品两极分化严重。究其根本，是传播对象

定位过于模糊。品牌的传播对象是谁？品牌的传播地点在哪儿？这些都是值得好好思索的问题。

现象2：符号传播方兴未艾，差异表征意义模糊

在品牌传播中，符号传播仍然存在着意义不明、表意模糊的现象。当品牌符号不被消费者关注时，属于产品背后的意义，自然难以发挥独有作用。

现象3：文脉传播老调重弹，面目老旧难近新人

在文脉传播时，我们常犯一个错误，那就是"老调重弹"。以茶叶为例，相比新加坡品牌"TWG"成功地把茶叶店开成奢侈品店，我国茶叶品牌一直过度强调茶叶悠久的历史和过去尊贵的地位，两者受新兴消费者的关注程度，高下立判。

现象4：场景传播节庆有余，产地自乐销地乏声

在场景传播中，我们更多关注的是农事节庆，却忽略了销地的声音。怎样以声音传播？怎样在感官上让产品去占领消费者的心灵？销地传播是更值得关注的问题。

现象5：媒体互联多方受限，单打独斗难成气候

目前，大部分品牌都单打独斗，缺乏顶层设计，缺乏整套的成本预测和效果评估。如何让农产品真正成为一个品牌？如何让城市的消费者购买我们的农产品？城市人所接触到的不同媒体和不同接触点中，自己农产品的身影是否在他们的视野中出现过？消费者的生活链中，有没有遇见你的品牌？

现象6：代言传播冷热参半，代言价值亟待计量

目前，中国农产品的国家品牌是由农业部部长代言的（见图1），这是一个轰轰烈烈、影响力非常大的壮举。反观一些基层的农产品区域公用品牌，我们仍然需要注意如何采取正确的代言方式。在选择代言时，我们要时常反问自己：代言的主要思维是什么？代言传播能够聚集力量，但如果选择的代言者和品牌没有关系，并不能够真正提升品牌价值的话，代言传播不仅发挥不了力量，反而会成为累赘。

现象7：消费互动产销两难，互联互通终成愿景

以"安徽阜阳土豆事件"举例，安徽有卖不掉的土豆，而消费者却买不到心仪的土豆。消费者和农产品之间的信息不对称，让互联互通成为愿景而不是事实。创造消费互动、互联互通，才有产销两旺。

现象8：新锐传播隔岸观火，近在咫尺海角天涯

新兴的传播路径与传播方法在其他产业、行业都格外流行，而农业品牌却

图1　中国农产品国家品牌的代言者——农业部部长韩长赋

仍然故步自封,没能让有价值的办法发挥其效用。

(二)中国农业品牌传播的基本模式

面对今天中国农业品牌传播的现状,怎样去创造、重塑消费者关系,将市场、价值、溢价的可能性牢牢掌控在自己手里?这成为大家关注的重点。

在过去的品牌传播过程中,我们基本上只停留在感官层面上,却忽略了消费者对某一种味道、某一种产品的特色、某一种产品的喜好,是由其的生活方式和价值观支撑的深层机制。这也是我想向大家强调的,中国农业品牌传播的基本模式——品牌八识。

从图2、图3中我们可以看到,将来的中国农业传播发展,可以通过诉诸视觉、听觉、嗅觉、味觉设备传递感官感受,让两个遥不可及的东西产生关联。同时,我们还要解决品牌的态度问题、潜在的消费问题、欲望的发现问题以及价值是否同源的问题。在消费者和产品之间价值相互认同的情况下,消费者才会认同产品。

在中国农业品牌传播的基本模式下,针对刚刚提出的八个现象,我向大家介绍一下我的"八个主张"。

主张1:传播对象分层定位,降低成本精准沟通

传播对象必须分层定位。在进行沟通传播的方案设计中,每个人的头脑里必须要有降低成本、精准沟通的理念。在当今的消费新市场中,有大众,有

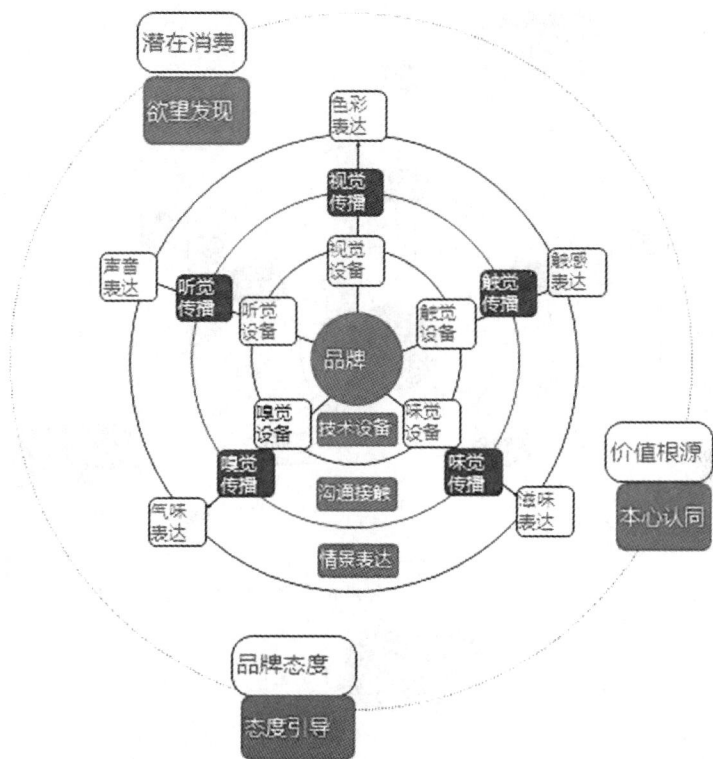

图 2　品牌八识

各种各样的小众，还有金字塔顶端的精众。在针对消费者的品牌中，我们首先要确定自己的对象在哪里。

目前，众多农产品都只是瞄准了大众或产地区域市场，消费对象模糊不清。其实，每一个族群都有独特的消费，每一个族群都有独特的接触点，要注意把握每个族群与媒介间不一样的关系，并与之对应，采取不同的传播策略、传播接触点与传播方式。

当一个品牌面对大众时，品牌就有必要依靠规模化取胜。如果从品牌溢价来看，我们要瞄准非常有个性的小众。如果我们瞄准更大的品牌溢价，那必须更加注意精众。在和精众人群对话时，要格外小心，他们精致且精选，能让你的品牌产生更大的溢价可能性和更强的潜在爆发力。精众、小众、大众与IBRAND\ibrand\BRAND 可以形成对应关系。

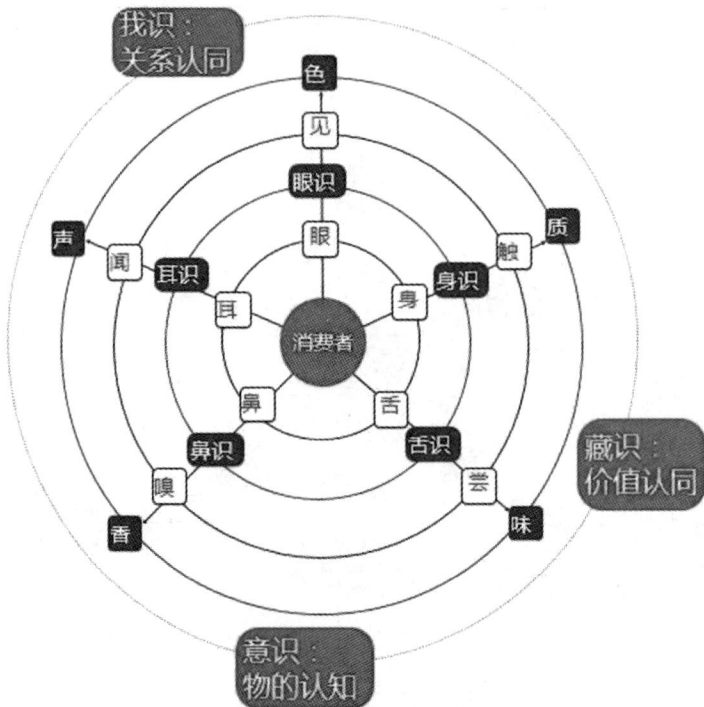

图 3　消费八识

主张 2：传播符号注重差异，表征个性提升价值

品牌战略是差异化战略，注重个性化的差异。农产品品牌进行符号表达时，相对而言，更具有文脉特征、地域风格，要显得更加具有个性特色，才能够体现每一个品牌独特的差异价值。品牌是符号的哲学，依靠差异化符号产生消费关注与消费价值。如这些年来我们团队创造的符号设计，是具有充分的差异化及其品牌张力的。

主张 3：传播文脉突破时限，调整表达链接新人

我们从历史走来，我们站在今天，我们要面向未来。但如果只是把我们的脚步停留在历史，我们站在今天，却不展望未来，我们就会失去未来。我们要不断挖掘文脉大胆创新。以熊猫举例，中国许多农业企业，还有一些农产品区域公用品牌，他们只会站在中国传统意义上去解释熊猫。而美国将熊猫塑造成了"功夫熊猫"，日本则在熊猫的基础上创造了"熊本熊"。事实证明，后两个

熊猫为各自不同的品牌创造了非常高的溢价。这种"链接新人"的方法值得我们学习借鉴，我们应当学习挖掘文脉、承继文脉与突破文脉的辩证法。

主张4：场景传播体验先行，产销互联消弭距离

我们不要将农事节庆、展销活动只变成农户的秀场，而忽视了消费者的参与感。赣南脐橙曾进行过这样的探索：它将产地搬到了互联网，通过互联网，不仅实现和多地人的对接，更缩小了产和销之间的距离。

主张5：生活媒体360°互联，整合传播无缝对接

只有将消费者的生活轨迹洞察清楚，了解生活圈的媒体，用360°媒体互联应对市场时，才能够实现真正的整合品牌传播。整合品牌传播是指与消费者的生活同节奏，并将其包围在品牌世界中，在每一个节点上，当消费者需要你的时候，无论他有意无意，都能够遇见品牌，让品牌成为生命中非常重要的构成部分。要让消费者成为品牌共生、共享的一部分，就必须先让消费者遇见你的品牌。

主张6：代言传播效果为先，创IP形象原创增值

当选择一个代言人的时候，我们一定要反复问自己，他到底能够带来什么。请一个成本代价非常高的明星时，一旦他出现问题，或爆出负面消息，整个品牌战略都要调整，这对品牌来讲，存在极大的风险。美国在1996年时曾评过20世纪最具品牌影响力的品牌形象，获胜的几乎全是虚拟的品牌代言人。这些虚拟的品牌代言人是由品牌设计者创造、掌控的。这意味着，它们能够被控制或根本没有负面信息。有人认为，IP形象就只是做个logo，或者只是做一个虚拟代言人的设计。其实，原创是根本，但只是一个IP的原创设计还远远不够，要做好IP形象，需要一直延续下去，一直讲故事。比如说武功猕猴桃，我们设计了一个IP形象，而这个形象，应当不断地焕发生命的精彩，讲武功小子的故事，才是有价值的。

主张7：消费诉求触角多元，物理精神双核击打

在今天消费去中心化的时代，消费者是非常多元的，如果单打一的话，很有可能会打不中，因此，品牌诉求需要根据阶层消费、多元消费的基本需求，实现物理功能和精神功能的双核击打。我们在做"武当道茶"品牌规划时，也反复思索，如何实现功能和精神的双核击打。最终，我们从道家、道教、武当道教与现代人的问题（只希望获得个人自由但不守规矩），提出了品牌态度："朴守方圆，循心而行。"通过品牌的价值观和态度，去对应今天的消费者，才能真正震撼消费者的心灵。

主张 8：适时利用新锐传播，海角天涯近在咫尺

在大部分地区，农产品还是在用比较传统的方式进行传播与展示，对于今天的消费者来讲，体验感不够。利用新锐媒介及传播路径和方法，去传播、展示自己的产品，一定能够产生更好的传播效果。当今，新型传播路径与传播方法很多，如智能传播（互联网大数据，人工智能应用）、IP 传播（原创，人性化传播）、移动传播（随时随地，自由自在）、社交传播（交互，人机对话，人际交流）、视频传播（互联网娱乐）、生活圈传播（分众传播，电梯楼宇广告）、族群传播（校园传播，精众传播）；场景传播（VR\AR、体验传播、场域传播）、娱乐传播（明星代言、娱乐节目、娱乐精神）、态度传播（价值观传播），等等。我们应当打破传统传播方式限制，利用新锐传播，重塑消费新关系。

如何利用新锐传播的策略与方式，创造品牌传播力，重塑中国农业的消费新关系？相信接下来出场的几位大咖会解答大家的疑问。

"八个主张，一个基本模式"是今天我想和大家交流的主要观点，谢谢！

［本文是笔者在 2017 年 11 月 12 日"第二届中国农业品牌百县大会"上的主题演讲。后于 2017 年 12 月首发于浙江大学 CARD 中国农业品牌研究中心官网"农业品牌研究网"，并同时发于浙江永续农业品牌研究院微信公众号"农业品牌研究院"，后由魏春丽老师整理刊登于农业部主管杂志《中国农民合作社》2018 年第 6 期，并被广西名优农产品品牌网（http://www.ncplh.cn）等转载。］

# 2018 年度

2018 年的中央一号文件,强调"实施乡村振兴战略"。

笔者基于本人以往对日本"全域品牌化"趋势、对"品牌新农村"的相关研究,提出"乡村振兴,品牌先行"的基本观点,努力推动"品牌新农村"(品牌乡村)相关理论研究成果的社会性转化。同时,进一步探索"品牌扶贫"理念的落地实践,跨界发声,提出"跨界融合创新,赋能区域品牌"等观点。

基于对"区域品牌"范畴的基本理解和"城乡一体化"的品牌联动意识,笔者以 2008 年发表的论文"城市品牌化建设主体的组织形态研究"、2010 年发表的论文"谁来治理共同的善?"[①]为基础,应邀撰文"十年探索,中国城市品牌建设主体再论"一文,探索同为区域品牌的城市品牌的运营主体问题。

这一年,区域品牌特别是区域公共品牌、区域公用品牌不同运营主体前提下的科学运营问题,成为笔者思考重点。

---

① 参见胡晓云著:《安静思想——胡晓云自选论文集》,浙江大学出版社 2013 年版。

# 振兴乡村，品牌先行

2018 年中央一号文件对实施乡村振兴战略进行了全面部署。笔者提出，"乡村振兴，品牌先行"，并强调，与三农相关的区域公用品牌，可以有三种创建或重塑、再造的模式：其一，以区域的优势产业突破的单产业品牌（如西湖龙井）；其二，整合区域农业全产业、全品类的产业综合区域公用品牌（如丽水山耕）；其三，融合全区域资源，实现全区域品牌化的区域公用品牌，县域品牌、特色小镇、品牌新农村（品牌乡村）。早在 2010—2013 年，笔者基于对国家品牌、城市品牌等的研究积累，基于对"安吉美丽乡村""浪漫山川"等品牌乡镇的品牌创建探索，率领研究生进行了"品牌新农村"（即品牌乡村、品牌小镇、品牌县域）等方面的深入研究，提出：建设社会主义新农村，有必要应用品牌理念与方法，打造"品牌乡村""品牌新农村"甚至"品牌小镇""品牌县域城市"，并发表有关研究成果。在今天"乡村振兴"的战略决策下，希望相关研究能够为相关实践者提供理论支持与实践参考。

## 一、"品牌新农村"的含义及其指标体系

我国《国民经济和社会发展"十二五"规划纲要》提出，要"加快推进社会主义新农村建设，促进区域良性互动、协调发展"，强调要"建设农民幸福生活的美好家园"。党的十八大提出要建设"美丽中国"的概念，要建设好"美丽中国"，首先应把社会主义新农村建设好。

近年来，随着新农村建设的深入，我国不少地区兴起了以建设"品牌新农村"为目标的新农村建设活动，这是新农村建设与发展的深化。与此同时，如何建立科学的"品牌新农村"建设指数及其测评体系问题也已提上议事日程。

（一）"品牌新农村"与新农村的品牌化

"品牌新农村"与一般的企业、产品、服务等品牌的性质和范畴不同，它以

某区域为品牌范畴。

2003年,知名品牌学者凯文·莱恩·凯勒将"地域"纳入品牌化范畴。他提出:"地理位置也可以品牌化。在这种情况下,品牌根据某个特定的地理名称确定。品牌的功能就是让人们认识和了解这个地方,并对它产生一些好的联想。"[①]日本博报堂定义:"区域品牌是将品牌理论应用于区域经营、区域创造的品牌类型。"[②]

区域品牌大多属于区域公共品牌、区域公用品牌,它不仅具有区域性(指以某一区域空间范围为界的品牌或在某个区域范围内生产的品牌)特征,同时更具有公共性(即品牌属于区域内全民、区域内相关企业或个人共同拥有)特征。

区域公用品牌体现出某一区域内的商品或服务与区域形象联合,共同提高区域内外消费者评价,使区域形象和区域商品或服务共同发展的品牌特征。城市品牌属区域品牌,也是区域公共品牌;一些具有地理标志或原产地保护的、以证明商标注册的品牌大多属区域公用品牌。

区域品牌根据区域大小和规模差异可分为跨国区域品牌、国家品牌、城市品牌、城镇品牌、村镇品牌,等等。国家品牌的概念最早出现在国际关系理论当中,欧洲学者彼得·V.哈姆提出了"国家品牌塑造"(State Branding)概念。他认为,如同一家大公司需要营销策略,国家同样需要投入资金塑造国家品牌,而现阶段人们所指的国家品牌主要涉及国家区域品牌、国家品牌形象、国家的品牌和国家级品牌四个方面。本文所指的国家品牌主要与前两个内涵相关,指的是以国家为地域范畴的区域品牌。同理,城市品牌的区域范畴一般以城市为地域范畴,"品牌新农村"则是指更小地域范围的、以行政村为基本单位的区域公用品牌。

"品牌是一种错综复杂的象征,它是品牌属性、名称、包装、价格、历史、声誉、广告方式的无形总和。品牌同时也因消费者对其使用者的印象,以及自身的经验而有所界定。""品牌就是一个名字、名词、符号或设计,或是上述的总和,其目的是要使自己的产品或服务有别于其他竞争者。""品牌是一个有关品牌的属性、产品、符号体系、消费者群、消费联想、消费意义、个性、通路特征、价格体系、传播体系等因素综合而成的整合体。"

本文所指的"品牌新农村",不仅仅指一个以村庄为基本地域范畴的物理

---

① 参见胡晓云、金雄锋:《"品牌新农村"的评价及决定要素》,《浙江大学学报·人文社会学科版》2013年第4期。

② 凯文·莱恩·凯勒著,卢泰宏、吴永龙译:《战略品牌管理》,中国人民大学出版社2009年版,第23-28页。

存在，更是一个以行政村为基本单位的区域属性与特质、个性化的符号体系、产品及消费群体、消费联想与消费意义、传播体系与接触管理等众多因素整合形成的品牌，并体现出基于消费者及相关利益者识别与感知的独特性。

品牌化的结果可将一个中国新农村区域与其他区域区别开来，创造出特有的品牌附加价值，并使其获得各相关利益者的认同，建构和谐共处的关系。因此，"品牌新农村"需要通过新农村的品牌化来实现。它是一系列的品牌创造行为及过程，包括对一个行政村实施符号化、法律保护、消费者关系构建与维护、品牌传播、品牌价值及品牌整合管理在内的全部过程。

建构"品牌新农村"建设指标体系不能局限在简单的品牌符号设计，须将其理解为包含中国农村以行政村为基本单位的区域内各相关因素的整合体系。

（二）"品牌新农村"建设的指标体系

1999年，经济学家林毅夫建议发起以实现农村自来水化、电气化、道路网络化为核心的"新农村建设"，他是我国公认的最早从经济学角度对"社会主义新农村"建设指标及体系提出建议的学者。

2005年，继温家宝总理第一次公开提出"社会主义新农村建设"之后，郭杰忠作了较为全面的界定："社会主义新农村，是指在社会主义条件或社会主义制度下，反映一定时期农村社会以经济发展为宗旨，以社会全面进步为标志的文明状态。"

2008年，左俊以中共中央十六届五中全会提出的"生产发展、生活宽裕、乡风文明、村容整洁、管理民主"这"20字方针"为基础，设计出"和谐新农村评价指标体系"，提供了较为完备的计算方法，并以此对湖南的新农村社会进行试评，得出较为具体的结论。

周曙东等人的"江苏省新农村建设评价指标体系"则是针对某一特定区域的指标建设。但上述研究成果多为"新农村建设"而非"品牌新农村"建设的指标体系。

近年来，国内已出现了不少围绕国家品牌、城市（镇）品牌、农产品区域公用品牌等方面进行研究的新成果，但对于农村这一区域的品牌化研究则很少见。曾平生的品牌"三部曲"（学习品牌知识、创立自有品牌、品牌整合升级三个步骤）、实施"一村一品"、扶持农业产业集群等策略，管碧筠和余明阳的"新农村品牌体系"等虽涉及品牌建设，但它们都没有涉及量化指标。

指数是一种能够表明社会经济现象动态的相对数。本文的中国"品牌新农村"建设指数，指一种能够表明与测评中国内地以行政村为基本单位的农村区域的品牌化程度的相对数。在分析研究了城市品牌建设指数、区域品牌识别系统、农村居民生活质量指标、农村宜居指数、农民幸福指数、小康社会发展指数、城市品牌的要素体系等相关文献之后,本文立足城乡差异、城乡一体化战略,将"品牌新农村"建设指数建构为品牌基础要素、品牌强度要素、品牌贡献要素三大子系统,同时强调新农村的建设绝非对城市建设的复制,两者之间应形成互动互补、共同繁荣的关系。

## 二、研究方法、假设与验证

（一）研究方法与假设

建构"品牌新农村"若建设指数仅靠一家之言,显然既不科学,也不客观。本文采用德尔菲法以验证文献研究和现实分析得来的假设指标体系。在指标权重确定时,结合应用了较为普遍的层次分析法（analytic hierarchy process）,指数所有的检测和计算过程都由专门的 AHP 软件——Yaahp 完成。

本文的研究假设实际上是假设指标体系的建构过程。根据"品牌新农村"的区域品牌及其农村范畴特征、指标体系建构目标、以往的文献研究结论,本文遵循可操作性、系统性、客观性、现实性、城乡互动互补等指标选取原则,同时参照上述各种相关指数体系,建构了假设指标体系。

（二）假设验证

本文对研究假设的验证过程分为两个环节。首先,通过德尔菲法对假设指标体系的适用性进行验证;其次,对各项指标的权重值进行确认。具体分为以下四个步骤:

1. 第一步验证。根据本研究涉及的内容和领域,在条件许可的前提下,课题组邀请了包括高等院校相关领域学者、知名品牌策划咨询机构管理策划专家、相关政府职能部门的专家型官员、对"品牌新农村"建设有见地的其他社会专家等在内的 15 位专家组成专家组Ⅰ。在征询专家意见的基础上,对意见进行汇总、整理和分析,并对假设指标体系进行修改,形成"品牌新农村"评价指标体系。

2. 第二步验证。成立专家组Ⅱ。专家组Ⅱ的选取规则与专家组Ⅰ一致,区别在于,专家组Ⅱ的任务是判断各项指标的重要程度,即为各项指标赋予权重值。通过综合各个专家对各项指标的权重值意见,计算出全部指标项的权重系数,进而将指标体系转化为指数体系。

3. 数据处理。对第二轮问卷利用演算软件 Yaahp 进行数据处理与分析,计算出各项指标的权重值，分析计算结果并得出相关结论，从而完成有关"品牌新农村"评价指数的假设验证过程。

4. 权重确定。对专家填写的对一二级指标两两对比矩阵的数据进行分析计算，获得一二级指标的不同权重；对三级指标采用以百分比形式分割二级指标权重的方法获得权重。

### 三、"品牌新农村"的指标体系与决定要素

表1是通过实践调研以及上述研究方法得出的"品牌新农村"建设指标体系、决定要素及其相应的指标与权重。该指标体系由品牌基础要素、品牌强度要素和品牌贡献要素这三大要素及其相应的指标组成。系统地将品牌理论引入新农村建设指标体系是本研究的突破点，指标体系中的品牌基础要素是"品牌新农村"建设的基础，品牌强度要素是核心，品牌贡献要素则是重要影响力及其价值体现。三大体系之间相辅相成，互为一体，共同衡量"品牌新农村"建设的科学性、个性化与竞争力。

表1 "品牌新农村"建设的指标体系、指标及其权重

| 一级指标 | 权重值 | 二级指标 | 权重值 | 三级指标 | 权重值 |
|---|---|---|---|---|---|
| 品牌基础要素 | 0.2499 | 村容村貌要素 | 0.0419 | 村容的整体性 | 0.0179 |
| | | | | 村容的独特性 | 0.0240 |
| | | 自然环境要素 | 0.0516 | 村内小气候的宜居度 | 0.0170 |
| | | | | 绿地覆盖率 | 0.0198 |
| | | | | 人均水资源拥有量 | 0.0148 |
| | | 经济发展水平 | 0.0597 | 人均GDP | 0.0157 |
| | | | | 第三产业占比 | 0.0169 |
| | | | | 人均GDP近三年增长率 | 0.0144 |
| | | | | 投资额近三年增长率 | 0.0127 |
| | | 村民要素 | 0.0304 | 村民素质 | 0.0155 |
| | | | | 村民生活水平 | 0.0149 |
| | | 自治管理要素 | 0.0302 | 村务议事的公开性 | 0.0056 |
| | | | | 村务决策的公平性 | 0.0053 |
| | | | | 村务办公的信息化程度 | 0.0038 |
| | | | | 村委会成员的学历水平 | 0.0041 |
| | | | | 村委会成员的村民满意度 | 0.0054 |
| | | | | 村委村民的关系和谐度 | 0.0060 |

续表

| 一级指标 | 权重值 | 二级指标 | 权重值 | 三级指标 | 权重值 |
|---|---|---|---|---|---|
| 品牌基础要素 | 0.2499 | 基础设施要素 | 0.0361 | 村内水泥道路里程 | 0.0069 |
| | | | | 电网普及度 | 0.0037 |
| | | | | 电话普及度 | 0.0037 |
| | | | | 电脑网络普及度 | 0.0062 |
| | | | | 医疗设施 | 0.0053 |
| | | | | 邮政物流设施 | 0.0039 |
| | | | | 教育体系设施 | 0.0064 |
| | | 品牌认知度 | 0.0891 | 品牌新农村的知名度 | 0.0500 |
| | | | | 品牌新农村的理解度 | 0.0391 |
| | | 品牌美誉度 | 0.0985 | 品牌新农村的美誉度 | 0.0985 |
| 品牌强度要素 | 0.3319 | 品牌忠诚度 | 0.0733 | 内部村民的忠诚度 | 0.0250 |
| | | | | 外部相关利益者的满意度 | 0.0269 |
| | | | | 重复光顾率 | 0.0214 |
| | | 品牌资源潜力 | 0.0710 | 品牌资源的独特性 | 0.0401 |
| | | | | 品牌专有资产 | 0.0309 |
| 品牌贡献要素 | 0.4183 | 区域经济贡献力 | 0.1723 | 年上缴税收总额 | 0.0596 |
| | | | | 中外知名企业数量 | 0.0676 |
| | | | | 外来务工人数与本地人口比 | 0.0450 |
| | | 区域文化贡献力 | 0.1144 | 特色文化设施与传承 | 0.0515 |
| | | | | 特色文化产品 | 0.0629 |
| | | 区域形象影响力 | 0.1316 | 对上级区域的形象影响力 | 0.0823 |
| | | | | 对区域内邻村形象的影响力 | 0.0494 |

（一）品牌基础要素

"品牌新农村"的品牌基础要素项的指标选择主要涉及新农村经济和社会发展的硬性指标。按照社会主义新农村建设的要求,这一部分指标是支持新农村品牌和品牌价值存在及提升的基础,是新农村品牌建设与发展的前提条件。而新农村品牌的有效创建和管理又可以反过来促进基础要素指标的良性发展,进而提升"品牌新农村"的竞争力。这一部分的指标主要包括以下六个主题层。

1. 村容村貌要素。村容村貌是品牌符号体系的重要组成部分,也是其功能、文明内涵最直观的外在表现。村容村貌指标来源于社会主义新农村建设"20字方针"中对"村容整洁"的具体要求,但它又不局限于传统的农村整洁干净程度,而更多的是衡量一个"品牌新农村"在村容建设等方面的规划设计风格与水平。作为新农村的外在形象，村容村貌形成的第一印象能够影响和决定人们对某一新农村及其内涵的认知。村容村貌要素是"品牌新农村"建设指标中极为重要的因素之一，分为村容的整体性和村容的独特性两项三级指标。

村容的整体性是指村容规划、建筑的整体性。一个成熟的"品牌新农村"应有明确的品牌核心内涵，它是全村各方面工作的主线。村容村貌作为品牌视觉符号体系的重要组成部分，必须在整体上通过相对一致的风格呼应"品牌新农村"的主题要求。村容的独特性是指"品牌新农村"的村容建筑风格是否呈现自身特色与个性。正因为村容的规划设计与品牌内涵息息相关，所以风格的独特性、与其他村庄之间的差异性就显得尤为重要。特征明显的村容风格能够帮助人们感知新农村品牌的形象及其内涵，并留下深刻记忆。

2. 自然环境要素。自然环境是人们周围的各种自然因素的总和，如大气、水、植物、动物、土壤、岩石矿物、太阳辐射等。自然环境是每个"品牌新农村"所有社会活动的基础，与村民的生活、未来旅游者对该村的生态和宜居度等方面的评价休戚相关。"品牌新农村"必定要达成人与自然良性、和谐、生态的互动发展，以损害自然环境而获得经济发展的策略与"品牌新农村"建设宗旨完全相悖。因此，自然环境要素是评价"品牌新农村"发展的重要基础要素。本研究将该指标细分为村内小气候的宜居度、绿地覆盖率和人均水资源拥有量三项三级指标。

一个乡村的"小气候"既受它所处区域的大范围气候影响，也会因具体情况甚至人的活动而产生变化。自然环境的优良与否首先反映在村内小气候是否宜居上。"宜居度"作为评价人居环境的一个新视野，已成为研究热点，而气候是"宜居度"的重要组成部分。这一指标的测评将通过比较气温、降水、光照等基本气候指标与气象学中的适宜指标来评判。绿地覆盖率是一个具有普遍适应性的社会生态环境指标，能综合衡量社会生态环境总体状况。水资源与森林资源一样，也是社会生态环境的重要指标。

3. 经济发展水平。促进农村的经济发展是"品牌新农村"建设的重要任务。此指标项的设置参照我国"社会主义新农村建设指标"中的"生产发展"相关指标，其内涵包括现有的经济状况和成长潜力两部分。为有效衡量该指标，本研究选取了人均GDP、第三产业占比、人均GDP近三年增长率、投资额近三年增长率等四项可测度的三级指标。

人均GDP近三年增长率指标反映该"品牌新农村"近年来的经济发展势头与潜力。第三产业占比直接反映村产业结构的合理程度，也从另一个角度反映了"品牌新农村"经济的增长方式和发展潜力。投资额近三年增长率是基于投资在农村经济及其发展中的重要作用,可反映该新农村的经济活力与经济发展前景。

4. 村民要素。人是"品牌新农村"建设主体,人的发展也是其出发点和归宿。因此,村民要素是"品牌新农村"建设的核心要素,由村民素质和村民生活水平两项三级指标构成。

村民素质是指村民的身体素质、村民结构的合理程度、受教育水平、基层民主参与意识、对外来人口和事物的包容度等。村民的身体素质指村民的整体健康状况,是村民要素中的最基本要素。

村民结构的合理程度、受教育水平决定了该新农村的后续发展动力。村民基层民主参与意识指村民参与村内政务的意识。村民参与村内政治的积极程度,既反映其对新农村发展方向的关心程度,又在一定程度上体现"管理民主"的程度。村民对外来人口和事物的包容度指一个新农村对外来人口及生活方式、外来事物乃至外来文化的包容力,反映了新农村的开放度。村民生活水平指村民用以满足物质、文化生活需要的水平和能力,是对一个"品牌新农村"村民生活各个方面的综合评价。健全的"品牌新农村",其村民生活水平的提升须与经济发展、社会进步相同步。

"品牌新农村"的村民生活水平要素包括人均住房面积、治安状况、农村社会养老保险覆盖率、离婚率、村民人均消费水平、村民收入公平程度、恩格尔系数等内容。其中,住房面积、农村社会养老保险覆盖率、离婚率、村民人均消费水平以及恩格尔系数等几项指标是较客观的可测指标;治安状况可反映出新农村村民的安全感;村民收入公平程度也关乎村民的生活心态,是反映其生活水平的重要指标。

5. 自治管理要素。加强农村基层组织建设,健全充满活力的村民自治机制,完善村务公开和民主议事制度,是建设"品牌新农村"的组织基础。该主题层由村务议事的公开性、村务决策的公平性、村务办公的信息化程度、村委会成员的学历水平、村委会成员的村民满意度、村委村民的关系和谐度六项三级指标构成。

村务议事的公开性指一个新农村在政令实施、财务运作等方面的公开程度。政务公开化是基层民主的重要体现。一个充满活力、团结奋进的新农村必定拥有一个尊重民意的组织系统。村务决策的公平性指村委会在处理纠纷,协调村民、相关组织、村委会自身以及与其他农村等之间的相互关系时所表现出的公平的工作态度和方式。村委会决策的公平程度与其在村民中的公信力息息相关，是任何一个管理班子所不能忽视的重要因素。

村务办公的信息化程度反映政府办公的现代化程度，即在办公活动中对电脑信息技术的应用程度。信息化被认为是现代社会的重要标志。村委会成员的学历水平测量村民自治单位成员中高中以上学历者所占比重。

人才是组织的智库，能提升基层组织的战斗力，学历水平在一定程度上反映了人的知识才能。村委会的村民满意度指村民对村委会管理班子在任期间的满意程度，此项指标实际上是对村委会管理组织能力和态度的双重考察。村委村民的关系和谐度指村委会班子与村民之间干群关系的和谐度。村委在村务政令的实施与执行当中是否合法合理，是否真正关心村民的所思所想，都是能否营造和谐干群关系的重要因素。

6. 基础设施要素。基础设施是指为村内生产和村民日常生活提供公共服务的物质工程设施，是用于保证其社会经济活动正常进行的公共服务系统，是社会赖以生存发展的一般物质条件。

该指标下设七项三级指标。村内水泥道路里程是指一个新农村地域范围内的水泥硬化道路的总里程。与外界连接的交通运输条件是新农村经济发展的基础，"要致富，先修路"，充分反映了道路建设的重要性。电网普及度指一个新农村通电户数占全村总户数的比重。此项指标不仅与村民生活息息相关，还与新农村的生产发展紧密相关。随着信息化的发展，电话普及度（包括固定电话与手机）、电脑网络普及度、邮政物流设施等都逐渐成为反映农村发展水平的重要指标。这三项指标与公路一起，将新农村与外界相联系，使其从各方面融入大环境，共享发展资源。医疗设施具体指一个新农村卫生所的级别，能综合考察一个新农村的医疗设施水平。教育体系设施指一个新农村的学校与文体活动设施的数量。

(二)品牌强度要素

与以往新农村指标体系不同，本指标体系重在建构新农村建设的品牌化指标。这一部分是"品牌新农村"评价的核心部分。"品牌新农村"品牌强度要素的二级指标由品牌认知度、品牌美誉度、品牌忠诚度和品牌资源潜力等四项三级指标构成。

1. 品牌认知度。该指标用于衡量消费者对一个品牌的内涵及价值的认识和理解的程度，涵盖品牌知名与品牌理解两项指标，是建设良好的品牌联想和培养品牌忠诚度的前提。"品牌新农村"的知名度指消费者认识或记忆该新农村这一区域品牌的能力。将之转化为在相关利益者中知晓某"品牌新农村"的人数占总（样本）人数的比例，从而让抽象的知名度指标具备测度量化的可能。"品牌新农村"的理解度是指消费者对该"品牌新农村"的品牌特点、个性的理解程度。仅知晓品牌名称与购买决策之间并不存在直接的联系，只有对品牌个性及内涵有充分的了解，才有可能从心理上认同品牌、喜欢品牌。

2. 品牌美誉度。指在知晓"品牌新农村"的消费者中，对"品牌新农村"给予正面评价的人数占总（样本）人数的比例，体现为好感和信任程度。它是品牌与消费者之间关系塑造的重要组成部分，在品牌知名度的基础上，测量美誉度能进一步测评新农村的品牌化态势。

3. 品牌忠诚度。该指标用于衡量消费者对品牌的依赖程度，用于反映消费者转向其他品牌的可能性，是品牌资产的核心。在某种意义上，品牌忠诚度是可以直接促进品牌销售的重要指标。"品牌新农村"的品牌忠诚度测量主要采用行为测量与满意度相结合的方法，通过设置内部村民的忠诚度、外部相关利益者的满意度、重复光顾率等指标来呈现品牌忠诚程度。

内部村民的忠诚度指"品牌新农村"内部村民对其的拥护、配合、关注和喜爱的程度。"品牌新农村"首先要得到内部村民的充分拥护和支持，因为村民是"品牌新农村"的核心消费者。

外部相关利益者的满意度是指消费"品牌新农村"的消费者及相关利益者对体验和消费的满意程度。外部消费者及相关利益者对"品牌新农村"的好感度或满意度是"品牌新农村"维持生命力的源泉。

重复光顾率指以旅游、产品购买等形式重复消费该"品牌新农村"的人次比重。重复光顾率以一种极为具体而有说服力的方式反映出消费者的信任和忠诚。

4. 品牌资源潜力。该指标用于考察品牌持续发展的能力，与消费者对品牌的品质认知相关联。品质认知度指消费者根据特定目的对产品或服务质量的感知状况，常常建立在与品牌相联系的产品特征等基础因素之上，如可靠性、性能等。品牌的诞生始于差异化的需求，只有拥有自身特色的"品牌新农村"，才能在消费者心中占据一席之地并获得持久忠诚。因此，品牌资源的独特性是能够给"品牌新农村"内外消费者或相关利益者提供清晰的品质感知的重要指标，也是一个"品牌新农村"能够持续拥有生命力的关键所在。同时，"品牌新农村"专属的品牌资产也是品牌发展的强大潜力。因此，品牌资源潜力指标下设品牌资源的独特性和品牌专有资产两项三级指标。

品牌资源的独特性是从该新农村的历史、文化、生态和经济等各方面的独特资源出发的综合评估。如历史资源是关于"品牌新农村"的相关事件、记载、阐释、说明等，能够表达品牌历程的长期性、特殊性的资源。该指标体现"品牌新农村"的年龄及独特的历史价值、环境资源价值。文化资源则指新农村长期积累起来的凝聚和寄托品牌情怀的各类文化资源，以民间艺术、风俗人情、名人故居等形式呈现出独特的人文价值。品牌资源独特性需重点考察个性资源集中度、核心亮点认可度这两项重要指标。个性资源集中度是指一个新农村独特品牌资源的集中程度，包括能否形成集群优势、是否具备规模发展的可能性等。核心亮点则指资源的独特点，核心亮点认可度是指"品牌新农村"的相关利益者如村民、外界旅行者等对该村资源的核心独特点的认可度。

"品牌新农村"建设须深入挖掘自身独特的品牌资源，在实事求是的基础上进行明确定位，充分合理地利用品牌资源。如果盲目占位，夸大区域优势，不仅不能扩大"品牌新农村"的影响力，反而会因失去差异化和区域文化约定，而稀释品牌竞争力。

品牌专有资产具有抑制或防止竞争对手侵蚀消费群的品牌忠诚度的独特的品牌价值，如专利权、商标和渠道关系等均属此列。这类品牌资产的必备条件是与品牌高度关联，必须是不能轻易转移的资产。其内容包括非物质文化遗产、专利、企业/产品品牌数量、区域形象识别系统等。

非物质文化遗产指联合国教科文组织在《保护非物质文化遗产公约》中规定的被各群体、团体、有时为个人等视为文化遗产的各种实践、表演、表现形式、知识体系和技能及其有关的工具、实物、工艺品和文化场所等。专利则指首创发明并独自享有该发明的受保护的权利。新农村形象识别体系主要包括三项：理念识别，指得到全体村民共同认可和遵守的价值准则与文化观念，具体表现为某种文化标语、民间谚语等；行为识别，指在共同理念的指导下形成的明确的组织管理、生活生产行为模式；视觉识别，指统一、完善的视觉识别系统，如新农村 logo、标准字、标准色彩、应用系统等视觉识别体系。

（三）品牌贡献要素

品牌贡献要素是指"品牌新农村"的成长对其所处的村本身、上级及周边区域（镇、县、邻村）的贡献度。区域品牌同企业品牌一样，都存在于一个特殊的生存发展环境中。一个"品牌新农村"与其上级区域如镇、县等之间的关系，从品牌意义上理解，相当于产品品牌与其背后的企业品牌的关系，是一个整体之下的小单元；它与邻村等区域联合在一起，相当于一个企业品牌下的品牌群。因此，一个"品牌新农村"不仅要为本村的经济、文化、形象等影响力产生贡献度，其发展也离不开所处区域品牌的支撑。同时，一个"品牌新农村"的成长壮大也相应地会给其所处的上级及兄弟区域品牌提供一定的正向影响力。考察子品牌对母品牌、兄弟品牌之间的反馈效应，是品牌研究中的重要组成部分，本文的品牌贡献要素部分主要包含区域经济贡献力、区域文化贡献力和区域形象影响力三个层面。

1. 区域经济贡献力。该指标是指"品牌新农村"对其自身及上级区域在经济方面所作的贡献。经济贡献是最直观反映"品牌新农村"建设成果的指标，包括年上缴税收总额、中外知名企业数量、外来务工人数与本地人口比等三项。

年上缴税收总额指标反映"品牌新农村"的经济能力和对区域经济作出的贡献。"品牌新农村"的税收额度越大，说明其经济实力越强，对区域的经济贡献也越大。中外知名企业数量是一个地区经济发展的重要表征。这类企业的存在本身就是重要的经济增长源，且由其带动发展起来的相关产业，如餐饮、服务等也将刺激大范围内经济发展的提速。外来务工人数与本地人 KI 比是指新农村容纳的外来（非本地户口）就业人数与该村中本地人口的比值。此项指标考察"品牌新农村"发展过程中所能容纳的外来就业人数，从一个侧面反映出"品牌新农村"的经济发展水平和开放程度。

2. 区域文化贡献力。"品牌新农村"的原有文化资源及因建设"品牌新农村"而形成的宝贵文化资源，不仅对村区域可产生强大的文化贡献，并成为区域内的共同财富，也可对其所处的镇、县及其邻村等上级与兄弟区域形成贡献力。不同的"品牌新农村"继承与发扬原有的及形成新的有价值的文化资源的要素不同，对自身及其所处上层区域的文化贡献力也不同。本项指标通过特色文化设施与传承、特色文化产品来衡量。

"品牌新农村"的特色文化设施与传承要素包括用以保护和承载民间文化的图书馆、博物馆、大型雕塑等设施，可据此考察其对文化资源的保护与传承力度。特色文化产品考察"品牌新农村"对其历史文化资源的开发现状，具体考察是否合理利用历史文化资源，进一步开发特色文化产品，用特色物质文化的形式延续、发展传统来创造新文化产品。

3. 区域形象影响力。区域形象是人们对该区域整体形象的综合感知与评价，是影响区域生存、竞争和发展的重要因素。一个"品牌新农村"若能在提升自身形象的同时，对上级等区域形象的改善作出贡献，往往会起到为本村和本区域吸引人才与投资、提高发展效率的良好效果，促进区域经济、文化建设的进一步发展。因此，"品牌新农村"对本村及其上级区域、区域内邻村在形象方面的贡献，成为衡量其建设成果的重要指标。此项指标也由两项三级指标构成。

对本村及上级区域的形象影响力指品牌建设对该"品牌新农村"本村及上级区域（如乡镇区域）的形象提升所产生的影响力，主要通过"品牌新农村"为本村及上级区域带来的形象美誉度提升、旅游人次增加等可测要素来考察。

对区域内邻村的形象影响力是指该"品牌新农村"对区域内邻村的形象影响力，主要通过形象美誉度对比考察该形象贡献。这样的对比可以鲜明地反映出"品牌新农村"塑造在提升自身形象、带动其他临近区域形象方面的效果，而自身形象提升本身就是对区域整体形象的加分。

### 四、"品牌新农村"建设指标及权重的进一步讨论

从本研究的权重系数构成看，在"品牌新农村"的三大决定要素中，品牌贡献要素的权重值最高，品牌强度要素次之，品牌基础要素最低，表明在新农村建设过程中我们所关注的重点应有所转移。

基础要素权重值最低，这与相关文献中的研究结论有所不同。随着中国农村经济的逐步发展，涉及一个农村建设最基本的硬性指标要素已不再是"品牌新农村"概念下所关注的重点。这表明在"品牌新农村"的范畴下，基础要素指标是必备要素，但非"品牌新农村"建设的重要或核心指标。

在"品牌新农村"建设评价体系及要素论证结果中，品牌强度要素的权重值远高于基础要素。这反映出在新农村建设中，能否通过建构品牌来实现附加价值的问题受到普遍的重视。尽管"品牌新农村"战略尚未在我国普遍推行，但这一举措是符合市场规律的。品牌强度要素是基于"品牌新农村"内外消费者的认知独特性而获得的要素。在新农村建设的过程中，努力塑造品牌，创造符号、关系和价值经济形态，应该成为新农村建设的重要目标。

品牌贡献要素权重值最高。这表明任何一个区域的发展都不是孤立的，一个"品牌新农村"的建设需要对其所处的上级、平行区域在经济、文化和形象等各方面形成贡献力，产生联动效应；在对其所处区域或相邻区域产生带动作用的同时，也利用了区域范围内显在的、潜在的品牌资源。这就回到了"关系"这一关键词上，创建"品牌新农村"需要营造关系，这种关系不仅仅是与消费者的关系，也是与所有相关利益者之间的关系，而 0.4183 的高权重让我们看到

了这种关系的重要性。

各项二级指标的权重值构成与一级指标趋同，进一步证明了上述观点。至于更为细化的三级指标权重，则呈现出一些要素权重的变化。最高的两项分别是"品牌新农村的美度"（0.0985）和"对上级区域的形象影响力"（0.0823），远高于其他指标项。前者的权重值之所以如此突出，说明其重要性得到普遍认可；后者则验证了品牌基于消费者及相关利益者对其形象认知这一品牌理论。因此，"品牌新农村"在形象提升、形象影响力方面的贡献度及其表现是极其重要的指标。

反观三级指标权重值最低的三项，分别是"村务办公的信息化程度""电网普及度"和"电话普及度"，其权重值分别是 0.0038、0.0037 和 0.0037。这三项指标的重要性之所以偏低，符合当前农村尤其是发达地区农村的发展趋势。这是因为在中国农村新的发展时期，更高效率的无纸化办公、户户通电和家家通电话（包括固定电话、手机）即将成为基本要求，传统的缓慢、昏暗、闭塞的农村印象早已不再符合今天的发展需求和消费需求。这几项指标所表达的内涵是，它们的完成度不能成为影响一个新农村品牌化程度的重要因子，但如果连这些指标都不能实现，新农村的建设与发展将不可能令人满意。

同时，我们也看到，随着农村发展及其他领域的进步，"品牌新农村"建设的各项指标项及权重有可能发生变化。比如，随着农村人口手机占有量的增大，以及具有随时随地通信方便性和较低使用环境要求的移动无线终端技术的完善，在一些农村地区，以手机为主要载体的移动无线终端存在互补甚至替代以 PC 机为主要载体的固定有线网络终端的可能性。这时，包含固定电话和移动电话终端的"电话普及度"这一指标的权重可能会出现上升态势，或者移动无线终端与网络有线终端在农村区域将形成新的权重关系。

［本文首发于《浙江大学学报》（人文社科版）2013 年第 5 期，后经作者调整，于 2018 年初发于浙江大学 CARD 中国农业品牌研究中心官网"中国农业品牌研究网"，同时发于微信公众号"农业品牌研究院"。］

# 中国茶如何更好融入世界竞争格局

中国茶，从世界茶之母，到标志性的饮品元素，从中国文化的象征符码，再到中国经济的重要一脉，随着茶的身份越来越多元，茶的角色也得以不断衍化。近年来，中国茶频频亮相外交舞台，与世界对话。而今，在"一带一路"倡议下，如何在国际市场、世界舞台上，重振中国茶产业、复兴中国茶文化？中国茶又该如何更好融入世界竞争格局？这是一个重大命题。

按照中国的茶叶规模，无论从产业的可持续发展，还是对农民增收而言，开拓国际市场都是一件迫在眉睫的事。必须提炼中国茶的核心价值及差异化价值体系，调整中国茶产业品牌竞争战略与传播体系，通过品牌诉求的中国元素、世界表达，对接国际化、年轻化消费市场，方能在竞争充分的世界茶业舞台上，获得更多的话语权和市场份额。

实际上，茶产业早已进入全球化竞争阶段。尽管中国茶产业很早就对接国际市场，但在茶产品与茶文化性的贸易与传播方面，一直处于"两张皮"状态。可以说，在目前的国际市场上，中国茶叶品牌的溢价能力是欠缺的。

中国茶到底是什么？如果把"中国茶"作为一个国家级产业品牌来打造，其核心价值、品牌特征、文化属性是什么？在国际市场上，在人们的生活方式中，在人们的消费中，中国茶又该以什么样的角色存在？如果核心价值、文化特征、价值支撑等一系列问题不解决，"中国茶"在国际平台上就没有内容、没有故事，展示就没有统一的品牌形象与精神气质，也无法实现产品的消费植入。

在中国，有六大茶类，那么多的产地、品种、工艺和饮用方式，它们丰富多彩地存在着，且各有各的个性特色，共同构成了繁荣、和谐的中国茶文化体系。也正是因为中国茶的这种包容性，带来了多样化、个性化、去中心化。因此，中国茶无需拼配，就能满足消费者的多样需求和选择权利，大家尽情享用这些特质。

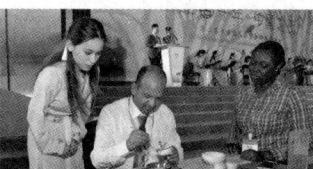

图 1　本文在《农民日报》刊发

而同样，当中国茶作为人的形象时，它是神秘的东方君子，包容谦和，静和文雅；当中国茶作为产品时，它具有独特的静心养生功能，能够满足多样、个性和小众消费；当中国茶作为组织时，不同的企业家、茶人、宗教表达汇聚，丰富而繁荣；当中国茶作为象征符号时，它是"和而不同"的精神境界。因此，综合中国茶的历史文化、经济、政治的背景与表现，可以将核心价值提炼为"东方养生哲学"，品牌概念则为"和而不同"。

当建立了中国茶的核心价值与品牌印记后，下一步就是想方设法走向国际市场，与国际市场对接、互动，和而不同。策略当然各有不同，但我主张的是，将"中国茶"这一茶产业国家品牌作为品牌树冠的同时，构建中国茶"集群品牌"的模式构架，因为这条路最符合中国茶的资源禀赋，也最符合当今消费互联网化、多元化、个性化、小众化的趋势。

在这种"集团军"战略中，实际上是以"中国茶"作为国家形象，同时，以产地为基础的区域公用品牌与企业品牌、产品品牌协同作战，形成具有不同资源融合、不同市场针对性的品牌方阵。各个方阵之间，可以多种不同的维度进行划分。比如，根据不同的茶类、产区、工艺、文化、生活方式、宗教性、民族特质等。这种基于集群品牌模式的重新组合、排列，同时将消费者进行了精准定位。通过打造一个个集群品牌，既整合了力量，同时可以针对不同的区域市场，进行落地营销。

与此同时，在今天，中国茶如何进行世界表达？这是一个全新课题。我认为，既要寻找具有独特民族性、具有差异化的中国茶品牌形象与个性，又要有世界性沟通价值的表达元素与表达方式，即能够与世界价值观、茶消费趋势对接，甚至引发新趋势。

"一带一路"倡议的提出，则提供了空前机遇。我们可以利用国家力量，利用"一带一路"政策，在共建国家，精准营销茶产业。挖掘与发现、提升与重组、再造与设计"中国茶"的文化性，并用世界语言，表达其文化性，当消费者认同了其文化性，中国茶才能真正进入全球话语体系。因此，在中国茶的诉求表达、形象设计上，必须国际化。否则，在"一带一路"背景下，中国茶仍然只能沦为原料，而不具备品牌附加值，不能够以品牌的方式进入国际竞争市场。

过去，我们讲"色声香味质"是五官体验产生感官效果，但作为有思维的人类，不会停留于"五感体验"，还有对品牌的态度问题、潜在的消费问题、欲望的发现问题以及价值是否同源的问题。因此，光创造场景、创造体验、创造态度，光发掘人与物的对应关系，是不够的，关键在于通过价值观的诉求与同构，获得消费者的本心认同、价值认同，才能够真正影响到品牌态度、品牌意愿、品牌忠诚。

我们期待，在世界茶品牌的园林中，除了英国的川宁、立顿，澳大利亚的T2，新加坡的TWG，日本的伊藤园，印度的塔塔，还有更多中国的品牌；我们期待，因为中国茶的崛起与复兴，让中国不仅能够缔造中国茶的品牌经济，传承中国的茶文化，同时，能够以茶为媒，令世界转身向东，充分领会中国文化的包容与独特，推动实现世界共同体的博大理想。

（本文首发于农业农村部主管的《农民日报》2018年5月24日04版，后转载于浙江大学CARD中国农业品牌研究中心官网"中国农业品牌研究网"，同时发于微信公众号"农业品牌研究院"。）

# 品牌扶贫带来了什么？

京东打造扶贫品牌是一种新的扶贫思路，从近两年的实践来看，它不仅是可行的，也被证明是有效的，在实物扶贫、资本扶贫、产业扶贫、科技扶贫、项目扶贫等进程中，开辟了一条新的扶贫通路。

与以往的多种扶贫模式相比，品牌扶贫究竟是一种怎样的扶贫路径？它为何会成为京东等一些扶贫企业的新选择？它是如何实现模式和路径升级的？在扶贫、减贫、消贫上，又存在怎样的特殊价值？

## 一、迎接品牌经济时代

浙江大学 CARD 中国农业品牌研究中心主任胡晓云在 2014 年曾提出"品牌扶贫"的概念，这与京东打造扶贫品牌的思路有异曲同工之妙。

2016 年 3 月 19 日，京东集团在辽宁康平县开展扶贫招工活动。

在她看来，品牌扶贫指的是为贫困地区进行品牌人才培养、设计有效的品牌战略规划，扶持其打造农产品区域公用品牌，通过普惠式的产品溢价，提升区域经济价值，提高农民的精神气质与创新水平，实现扶贫、减贫、消贫目的的举措。

这一扶贫新模式有着深刻的经济和社会发展背景。

21 世纪的世界与中国，已处于品牌消费的市场环境，处于品牌经济的竞争时代。品牌战略是 21 世纪竞争的制胜法宝，也是我国转变经济增长方式、社会发展方式的重要战略。

近年来，党和国家高度重视质量建设、品牌建设。2017 年，中共中央、国务院发布《关于开展质量提升行动的指导意见》，对质量强国建设、质量品牌发展提出具体要求和制度措施。

在大趋势下，市场越来越趋向于品牌消费，这要求我国应当通过品牌战略，发展品牌经济，实现"品牌强国"，而中国贫困地区，同样面临着观念转变、战略转型的重大抉择。

胡晓云认为，在新的竞争环境下，必须借助品牌战略，提升区域形象，提高区域及其产业的资源价值，提升产业及产品的溢价空间，才能达到降低成本、保护生态、长效发展的"弯道超车"目的。

中国社科院信息化研究中心主任汪向东向《财经国家周刊》记者表示，近年电商企业积极投入电商扶贫，有不少新的探索和创新，京东的品牌扶贫便是其中之一。

他说，以电子商务促进供给侧改革，促进农村一、二、三产业融合发展和转型升级，是发展农村电商的一个重要诉求。京东开展的品牌扶贫，是助力帮扶对象实现产业升级，提升产品价值与贫困户收入的新探索。

"虽然产业扶贫在我国已做了多年，而由电商企业主导农村产业的品牌扶贫，还是新的尝试。"汪向东说。

**二、解决农村电商扶贫痛点**

品牌扶贫究竟能够带来什么？

汪向东认为，一方面它符合农村产业走质量兴农、绿色兴农道路和促进小农户与现代农业有机衔接的要求，它不是简单地停留在帮助贫困地区销售既有的产品，而是以品牌化建设，提升当地产业的档次。

2016 年 3 月 8 日，京东集团与河北滦平县签署精准扶贫战略合作协议。

2016 年 9 月 27 日，京东集团"重走长征路，扶贫万里行"电商精准扶贫党建活动在江西省井冈山市隆重启动，京东向井冈山当地学校捐赠款项及物资。

另一方面，它又发挥了电子商务企业自身的优势，以大市场的需求和数据为依据，以大平台的流量为保证，从而使他们开展的品牌扶贫建立在可靠的市场基础之上。

"品牌扶贫的探索，对被扶贫地区以及对改进国家的产业扶贫工作，都是很有价值的。"汪向东说。

胡晓云认为，除了改变观念，适应品牌经济时代的战略转型，品牌扶贫在消除资源浪费、创造品牌溢价方面也有巨大的价值。

她认为，消除贫困，需要追问贫困缘由、挖掘新的生机。过去，中国多数贫困地区都存在产品丰富但品牌弱少的共同问题。品牌化程度低下，是导致中国农村贫困的原因之一。

"中国多数的贫困地区都在西南、西北农村，这些区域多地处边陲或高原腹地，有着丰富的物种资源、传统农耕文化资源、区域特色自然资源，但其区域及各类产业、产品的品牌化程度极低。至今，这些地区绝大多数的产品，依然以原料为主体进入市场竞争，大面积低价出售区域的各类资源，无法得到品牌溢价，无法获得品牌价值。"胡晓云说。

即便是在农村电商飞速发展的今天，这类现象依然存在，各地产品上网了，但低价抛售、低价竞争充斥网络。这不仅造成了区域独特资源的大量浪费，更无法从根源上解决中国农村的贫困。

实现品牌扶贫，可以借助品牌战略提升贫困地区产品的产业价值，提高区域及其他相关产业的品牌化程度，创造品牌溢价，提高农民收益。

### 三、精准多元的扶贫策略

从京东的诸多实践案例来看，打造扶贫品牌无疑是一种精准而多元的扶贫策略。

胡晓云认为，消除贫困必须提供精准的解决方案。在中国贫困地区，无论是政府还是个人，普遍缺乏创建品牌的政策体系、管理机制及其执行能力，缺乏应对品牌消费、品牌经济时代的体制机制、人才储备与实践经验。

实施品牌扶贫，利用品牌知识培训、农产品区域公用品牌战略规划设计与指导、企业品牌创建人才培养及机制建设等，可以提高以品牌为核心标志的农业现代化程度，同时也可以改变贫困地区落后的、以生产为导向的执政理念与方法，有效提高区域资源管理的机制与水平；提升政府及企业、合作社、农户的品牌管理能力、市场竞争水平。

更重要的是，在挖掘区域文脉、提升区域价值的品牌建设过程中，可以提升贫困地区内的组织、群体、个体的精神特质、文化气质，再造中国乡村的文明。

"从这个意义上，品牌扶贫不仅可以消除贫困地区人民的物质贫困、经济贫困，同时，更能够消除精神贫困，提高文化自信，提升精神风貌。达到'授人以鱼，不如授人以渔；扶贫必扶智'的目标。"胡晓云说。

在多元扶贫层面，品牌扶贫还可起到整合多种扶贫方法，以品牌创建为核心，实现协同扶贫的整合效果。因为品牌战略是基于实体经济、资源体系、消费关系而形成的差异化、个性化战略，在具体创建品牌过程中必须协同利用物质、资本、知识、科技、文化等各种资源。

"这一效果是之前任何一种扶贫的路径与方法都无法企及的。"胡晓云认为，过去的实物扶贫乃至项目扶贫，只能"授人以鱼"，并不能"授人以渔"；知识扶贫、科技扶贫，大多只能在单项技术培训方面做出努力；电商扶贫，虽然能够打破时空限制，拓宽销售渠道，培养电商技术，借助互联网赋能贫困地区的老百姓，但往往不能在更高程度上整合区域各种资源，形成区域内各界组织与人士群策群力，区域品牌与企业（产品）品牌互动发展、共振共赢的新型竞争矩阵。

### 四、品牌扶贫怎么扶

作为一种全新的扶贫模式，品牌扶贫自然对具体的工作方法有全新的挑战和要求。

汪向东说，京东是我国电商扶贫的排头兵之一，作为电商巨头，他们在开展品牌扶贫探索的时候，尤其是当前初期阶段，难点可能不在销售，而在于如何推动当地品牌产品的开发和相关产业链、供给链的组织和运营。

"真正的品牌，不是一阵风，它要真正在消费者心目中确立起来，就需要经过市场长期优胜劣汰的检验和人们口碑的积累，需要相关各方的合作。"汪向东说。

胡晓云认为，品牌扶贫具体举措多样，目前一些企业已经在实践中探索出多种比较行之有效的做法。

第一种是传授品牌知识，培训品牌人才。

具体而言，即通过讲座、授课、示范等活动，进行品牌人才培训活动。通过培训，提升贫困地区政府部门人员、企业家、农户等的区域发展与品牌经营理念，提高他们的品牌创建与管理的知识水平，引导他们以品牌化为核心，实现对规模化、良种化、标准化、信息化、符号化等方面的正确理解，加强品牌运营的基本能力培养。

第二种是授人以渔，品牌规划先行。

胡晓云说，品牌创建是一个战略性工程，必须要有科学、专业的，同时既有战略高度又有落地措施的顶层设计。但贫困地区当地政府与企业、农户，目前基本没有经验与能力完成战略规划任务。

因此，相关专业机构接受委托，根据当地资源情况，为贫困地区提供一个或多个产业品牌、区域公用品牌或龙头企业的品牌规划，能够直接有效地带动贫困地区的产业发展创新，提供给一个区域精准的解决方案。

第三种是品牌传播，汇聚公益力量。

品牌传播是品牌建设中至关重要的步骤。在当今时代，没有传播就没有品牌，没有传播就没有产品的市场价值。一些贫困地区，资源丰富、产品优质，但就是无法突破时空障碍，为消费者所了解。

第四种是电商协同，对接大市场。

在胡晓云看来，贫困地区大多是以农业为主业的地区。因此，通过品牌扶贫，可以打造农业品牌、提供品牌规划，以品牌化引领区域发展。

同时，贫困地区，大多是边远地区或高原、山区腹地，交通不便、物流不畅，因此，在品牌扶贫的过程中，需要电商化协同，利用互联网技术与互联网消费者资源，搭建起贫困地区生产的产品与互联网大市场、国际跨境市场的物流桥梁，并为贫困地区人民提供更多的就业可能性、产品体验与销售可能性。

（本文首发于2018年6月14日《财经国家周刊》，是记者敖祥菲对笔者有关"品牌扶贫"问题的相关采访文章。后转载于浙江大学CARD中国农业品牌研究中心官网"中国农业品牌研究网"，同时发于微信公众号"农业品牌研究院"。）

# 跨界融合创新　赋能区域品牌

为"推动高质量发展、创造高品质生活",发掘浙江地方独特味道、打造优质生态产品品牌,在浙江省农业厅、省商务厅、省质监局、省农民合作经济组织联合会(省供销社)的指导下,浙江日报报业集团联合百度(中国)于2018年8月23日在杭州举办"2018中国(浙江)区域品牌创新峰会",下文为主题演讲内容。

各位新朋老友,大家下午好。很高兴能够与大家一起参加2018中国区域品牌创新峰会。下面,我就会议的主题"跨界融合创新　赋能区域品牌"与大家分享我的一些观点。

先来谈谈本次峰会的话题背景,我认为,峰会的背景可以用四大态势概括。

## 一、话题背景:四大态势

### (一)消费态势

其一,看消费态势。我们看到,全球乃至中国的消费态势从过去单纯的功能性消费需求,走向了立体、多元、个性、象征性的消费需求。这就意味着,品牌消费成为可能并已经成为重要态势。

### (二)竞争态势

其二,看竞争态势。我们看到,全球乃至中国的竞争态势,从过去着眼于单个企业、单个产品的竞争,走向了立体、多元、个性、象征性、产业性、区域性竞争。这就意味着,品牌竞争乃至区域品牌竞争已成为可能并成为重要态势。例如最近国家与国家之间的贸易战,在国家的层面直接发起竞争与经济战。

### (三)经济态势

其三,看经济态势。我们看到,全球乃至中国的经济态势,已经从过去的计划经济、产业经济转向了品牌经济。这就意味着,以符号、关系、价值为特征的品牌经济已然成为经济的重要形态。

而品牌经济的特征有三:一是提升实体经济价值的符号经济。不单纯注重产品功能,同时注重消费意义。二是增加资源经济价值的关系经济。不单纯利用已有的自然资源与人力资源,而是占领消费者的心智,建立资源与消费者的有效关系。三是超越价格竞争优势的价值经济。不单纯采用价格诉求,薄利多销,而是注重资源节约,提升资源价值,创造品牌价值,让产品优质更优价。

(四)传播态势

其四,看传播态势。有效的品牌营销必须寻求科学的传播。而今,媒体形态层出不穷,媒介信息瞬息万变,信息利用者喜新厌旧、追逐热点、寻求刺激但应接不暇。这就意味着,整合品牌传播势在必行,已诱发全媒体、融媒体传播出现。在上述四大态势环境中,打造区域品牌是明智的选择。

## 二、打造区域品牌的优势

(一)整合力量,协同作战

如果只是由企业打造单个的企业品牌、产品品牌,单枪匹马,重复投资,成本高,效果弱,而打造区域品牌可以整合全区域的力量,协同作战,包括政府、协会、企业等等,创造 1+1 大于 3 的奇迹。

(二)整合资源,创新价值

每一个区域,都有得天独厚的资源,有的区域资源还异常丰富。如果让资源散在,就无法集中创新价值。将区域资源进行整合,将散在的资源用区域品牌为抓手,则散在状态的资源才能串起美丽的"珍珠项链",创造新的价值,形成新的溢价空间。

(三)整合认知,有效传通

今天的消费者,每天在铺天盖地的信息环境中生存,了解、记忆信息其实十分困难。打造区域品牌可以整合区域信息资源,一种声音,一个形象,整合信息内容,清洁信息环境,让消费者更容易认知、记忆品牌信息,整合认知,有效传通,达到有效的区域整合品牌传播的目的。例如,日本熊本县。一个农业县,过去从来没有引起过重视。但在打造县域品牌,推出"熊本熊"卡通代言之后,获得了巨大成功。

因为打造区域品牌的上述优势,会议提出了"跨界融合创新,赋能区域品牌"的命题。

### 三、概念解析：何为区域品牌

但是，什么是区域品牌？到今天为止，还有许多人在问。什么是区域品牌？区域品牌包括哪些品牌？什么是区域公用品牌？区域公用品牌又包括哪些品牌？众说纷纭，各有阐述，但大多挂一漏万。

我想，必须将这个基本问题弄清楚，才能够真正地达到"跨界融合创新，赋能区域品牌"，要不然，不知道该赋能给谁，又如何赋能。

（一）区域品牌

1. 区域品牌的不同界定

（1）产品竞争时代的界定

关于区域品牌的概念辨析，在过去产品竞争时代，多数业内人士，将其理解为"产品在某区域销售"，与全球品牌（国际品牌）、全国性品牌形成比较。实际上，这里所指的"区域品牌"，是"区域性品牌"，指产品只在某区域销售并形成区域市场的品牌。

（2）区域竞争时代的界定

在区域竞争时代，区域品牌有了新的解读。区域品牌是什么？区域品牌包括哪些类型？从表1中可见，许多学者、专家曾对其做过研究与解释。从1999—2018年有关管理学、营销学、经济学、传播学等相关学科的研究文献中可见，各有千秋，但也可梳理出基本倾向于地理区域带来的联想，大部分从品牌联想、品牌识别出发。有的是研究行政区划定义下的区域品牌。更多地，是从产业集聚品牌出发进行探讨。但对区域品牌的概念、区域品牌的类型分析莫衷一是。

表1　有关区域品牌的代表性概念梳理

| 作者 | 核心定义 |
| --- | --- |
| 波特<br>（1990） | 区域品牌是区域经济发展的产物，其是一种"准公共产品"（quasi-public goods），对该区域内企业的竞争优势有着共同的促进作用。 |
| 科特勒等<br>（1999） | 区域品牌是根据某个特定的地理名称命名和塑造的，其功能就是让人们认识和了解这个地方，并对它产生积极、独特和正面的品牌联想。 |

| 作者 | 核心定义 |
| --- | --- |
| 孙宏杰<br>（2002） | 区域品牌是指在某个行政地理区域范围内形成的具有相当规模和较强生产能力、较高市场占有率和影响力的产业产品。 |
| Rainisto<br>（2003） | 区域品牌是一个地区区别于其他地区的所特有的魅力和标志，培育区域品牌的核心是构建区域品牌识别系统。 |
| Kavaratzis 等<br>（2005） | 区域品牌是产品或服务的品牌集合体和集功能、情感、关系和战略要素的多维组合，其作用于公众的大脑中，进而产生一种独特的联想。区域品牌成功的关键是在品牌和消费者之间建立一种联系。 |
| 蒋廉雄、朱辉煌、卢泰宏<br>（2005） | 区域品牌是最复杂的品牌概念，区域品牌的对象几乎无所不包；区域产品具有复杂性和独特性；区域本身既是产品，又是品牌；文化作为区域产品，也可成为区域品牌的独特属性，以及区域发展的杠杆因素。 |
| 杨建梅、黄喜忠、张胜涛<br>（2005） | 区域品牌一般具有明显的地域属性，是浓郁的地方文化和地方特色产品相结合的产物，是随着消费者对这种产品的认可和喜欢，其知名度、美誉度、忠诚度逐渐提升而凝结为富于情感价值的特别区域产品指代。 |
| 张挺、苏勇等<br>（2005） | 区域品牌是受众对一个区域（地理区域/行政区域），包括城市、地区、国家等核心价值和特色的认知，是一个区域与受众关系的载体。 |
| 胡大立、谌飞龙、吴群<br>（2006） | 区域品牌是"集群区域品牌"的简称，指以某地域及其内部的优势产业而合作命名的特定地区名称，它是包括集体名称、集体商标、地理标志和原产地标记等多种形式在内的综合体系。 |
| 胡晓云<br>（2007） | 作为品牌的一种重要类型，区域公用品牌是指特定区域内相关组织和机构所共有的，在品牌建立的地域范围、品牌品质管理、品牌使用许可、品牌行销与传播等方面具有共同诉求与行动，以联合提高区域内外消费者的评价，使区域产品与区域形象共同发展的品牌。 |

**续表**

| 作者 | 核心定义 |
| --- | --- |
| Allen (2007) | 区域品牌应该是公司品牌的扩大化,区域品牌是代表一个地区形象或特色的产品或服务品牌。 |
| 董雅丽、白会芳 (2007) | 区域品牌是地域内企业品牌集体行为的综合体现,也是该地区的标志和象征。 |
| 徐鹏、赵军 (2007) | 区域品牌就是特指某个地区的特色"产业集群",它象征着该产业集群的历史与现状,是区域产业集群的代表;其也是一个识别系统,这个识别系统是由区域(地名)和产业(产品)名称为核心构成的;它在法律上表现为证明商标或集体商标。 |
| 孙丽辉等 (2009) | 区域品牌是以地理区域命名的公共品牌的统称,是涵盖了国家品牌、城市品牌、目的地品牌、地理品牌、集群品牌等多种类型的区域品牌。 |
| 石荣丽,刘迅 (2011) | 区域品牌是以产业集群为载体,大批聚集在同一区域长期进行生产经营而形成的带有区域特色的众多企业品牌的有效综合体,并为产业集群内所有企业共享的品牌。 |
| 牛永革 (2014) | 区域品牌主要指两个方面:相对全球品牌、全国品牌而言,其品牌影响力波及的地理范围比较小,尤其是指产品销售的区域;区域品牌是指一个地区的整体特征和形象。 |
| 熊爱华、邢夏子 (2017) | 区域品牌是在一定的区域范围内,由具有较大规模、较大影响力的、能够提供具有特色的产品或服务的产业集群及其所形成的具有标识作用的名称、符号、形象的综合。 |
| 区域品牌实验室 (2018) | 区域品牌不仅是传播本身,也不只是物理特征本身(风光、建筑等),区域品牌是在人们脑海中形成的认知,并且这种认知可以产生可测量的品牌效果。 |

### 2. 我的界定

借由上述学者的相关理论研究成果,根据我近二十年以来对于各种品牌类型的研究与实践,我认为可以最简要地表述如下:

区域品牌,指的是人们对一个区域整体、区域产业、区域产品等的印象、认知及其评价,也即是人们或消费者与一个区域整体、区域产业、区域产品等之间的相互关系。区域品牌与普通的企业品牌、产品品牌之间最关键的差异是区域品牌具有"准公共品"特征,对区域整体、区域产业、区域产品形成直接的品牌影响,能够使区域产业、区域产品与区域整体达到共同发展。

从这个概念可见,区域品牌并不是当年单纯的产品竞争时代指的产品在某区域销售,也并不像有的学者所理解的,仅仅是指城市品牌。如杭州、丽水山耕、好客山东、烟台苹果、永康五金等区域品牌,品牌主通过品牌命名与品牌logo及其消费体验,让一个区域整体、区域产业、区域产品等与消费者建立关系,让消费者对其产生印象、认知、评价,这就是区域品牌。如果没有产生印象、认知、评价,建立关系,那么,它们只是一个城市、一个产业、一个产品而已,不是一个品牌,也不是一个区域品牌。而上述这些,都代表着一个区域品牌,是区域整体形象、区域产业发展、区域产品品质的保障。

随着区域品牌建设的发展,从以空间打造品牌的理念与实践开始,区域品牌已经呈现出了复杂的结构关系,包含着多种区域品牌类型。

(二)区域品牌类型

根据是否具有公共性、具有何种程度的公共性的标准,区域品牌可以分为两大类:区域公共品牌、区域公用品牌。

1. 以是否具有、具有何种程度的公共性为基准划分

(1)区域公共品牌

公共,英文表述为Public,指公有的、公用的,即共同拥有,共同使用。由英文相关文献可见,学者在探讨如国家品牌、城市品牌等区域品牌时,一般都与公共外交(public diplomacy)相关,行文中多强调官方(official)、政府(government)、控制(govern)的主导性,认为此类品牌需要考虑多主体利益(take into account),由多主体共同呈现(present/make)。因此区域公共品牌是基于特定地理区域范畴,由官方或政府控制、主导的品牌,此类品牌由区域内多主体共同拥有,并共同创造、共同使用、享受品牌带来的利益,由多主体在政府主导下实现共同的品牌建设。区域公共品牌是区域内多主体共同使用的品牌,因此也属于区域公用品牌。

(2)区域公用品牌

公用,英文表述为public\communality\for public use等,指共同分享、共同使用。在英文有关葡萄酒产业、区域产业品牌、强调产品共性与品牌个性等相关文献中可见,行文强调的重点不在"public",而在使用"public use/share",同时,部分文献且使用"commonality"一词。因此,区域公用品牌是基

于特定地理区域范畴，由产业集群、产品类别等形成的，由行业协会组织拥有并运营品牌，由区域范畴之内的产业相关机构与个人多主体共同创建、共同使用、共同享受品牌带来的利益，由多主体在行业协会组织等主导下实现共同的品牌建设的品牌。此类品牌的商标所有权、经营权、使用权分离，对区域公共性的影响，是通过产业发展、产品形象等形成的，而非直接的区域公共性政务服务，因此不能与区域公共品牌相提并论。

由此可见：

区域公共品牌不仅公共且公用，公共拥有品牌权益，公共创造品牌价值，公共使用品牌，公共分享品牌利益，并强调政府或官方机构对品牌的控制性，具有多主体创建品牌、多主体分享品牌、多主体呈现品牌的特征。区域公共品牌针对的是公共区域、公共服务领域，同时是区域内所有组织与个人公有、公用的品牌。

区域公用品牌，其品牌所有权与品牌使用权分离，品牌所有权属行业协会等运营组织所有，品牌使用权由行业协会等组织授权符合标准的产业、产品生产经营者使用。区域公用品牌针对的更多是产业品牌、产品品牌等生产经营领域，只有区域内相关的行业协会等组织拥有品牌所有权，只有区域内获准授权者才能共用、共建、共享的品牌。

**2. 以区域划分为基本点，已形成四种区域品牌类型**

区域品牌，最重要的是具有区域性特征。根据区域划分标准，目前，国内外已经形成了四种类型的区域品牌：

（1）位于特定地理区域范畴之内，以行政区划为划分基准的区域品牌——区域公共品牌

1）品牌类型：此类区域品牌的品牌类型包括国家品牌、城市品牌、县域品牌、乡镇品牌（特色小镇）和乡村品牌（新农村品牌）等。

2）品牌注册：此类品牌，有的，并不实行商标注册，所以在法律上属于虚拟性品牌，在品牌运营与品牌关系上，则属于实有品牌；有的采用集体商标注册，成为区域性集体商标品牌。

3）品牌识别：基本上以区域名称为品牌命名。

4）品牌运营主体：品牌运营决策者及主体多为政府，由政府为核心及主导力量，协同各种社会力量（包括学者、媒体、产业等）进行品牌建设。

5）品牌归属：区域内常驻机构与人口公有公用、共创共享的区域品牌。

因此，此类区域品牌具有显著的区域公共性特征，品牌创建属于政府公共

服务的重要构成部分,品牌为区域政府与区域内企事业单位、人民共同所有、共同使用、共担责任、共同分享。因此,可称之为"区域公共品牌",也是"区域公用品牌"。

(2)基于特定地理区域范畴之内,以特定区域内的产业集聚为基本前提,以特定区域内的产业集群为基准的区域公用品牌——区域单一产业品牌

1)品牌类型:多为区域产业品牌,品牌的形成大致分两种不同的情况:

A. 有的品牌,基于特定地域原有的产业资源禀赋(特殊物种、特殊工艺、特殊自然条件等),然后进行发展与再造,属于有中生有的品牌,如永康五金。

B. 有的属于后天创造的品牌,与特定区域的原有产业自然禀赋、人文因素并无天然关联,如嵊州领带等。

2)品牌注册:此类区域品牌,有的注册为商标,有的并不注册商标,因此存在着虚拟、实有并存的现象。

A. 有的品牌,是基于社会公众及消费者对产业印象、认知与评价的虚拟品牌,在法律上并没有相关的商标注册与保护;严格意义上,还不是一个具有法律保护的品牌。

B. 有的品牌,以行业协会组织牵头注册并拥有相关集体商标或证明商标。

C. 有的品牌,拥有特殊的地理产品保护标志、行业标志等,具有一定的法律保护与约束。

3)品牌识别:基本以"区域名称＋产业类别名称"作为品牌命名。如"永康五金""嵊州领带""广东陶瓷"等。

4)品牌运营主体:行业协会组织等。由其进行品牌注册、品牌运营与授权管理、标准控制等。

5)品牌归属:属于行业协会组织等,由协会授权区域内符合相关标准的生产经营者共同使用商标,共同责任、共同分享品牌利益。

此类区域品牌多为区域公用品牌。品牌体现出区域性、公用性、商标所有与商标使用分离性等特征。但它不具有区域公共性,特别是区域公共性政务服务性质,行业协会可以拒绝不符合标准的生产经营者使用品牌。当然,当品牌强大,将对区域经济发展、区域形象产生正向作用。

(3)基于特定地理区域范畴之内,以特定区域内特定的自然资源(环境、物种等)与人文因素(文化或工艺特色等)为基础,以产品品类划分为基准,并多以证明商标注册的区域公用品牌——区域单一产品品牌

1）品牌类型：这类品牌基本以地理标志产品（原产地产品）的特色物种、特色人文因素（工艺等）为基础，形成单一产品品类的区域单一产品品牌。如烟台苹果、西湖龙井等。

2）品牌注册：一般由行业协会、事业单位等注册地理标志证明商标。

3）品牌识别：以"产地名称＋产品品类名称"作为品牌命名。

4）品牌运营主体：由经过行业协会组织授权，在特定地理区域内、基于特定区域文化或工艺特色、达到相关标准的生产经营者使用。

5）品牌归属：行业协会组织拥有商标所有权与运营权，协同政府推动与引导，授权区域内符合产品标准的生产经营者共同使用商标，共同责任、共同分享品牌利益。

此类区域品牌多为区域公用品牌，体现品牌范畴区域性、品牌资源公共性、商标使用公用性（协会成员）、商标所有与商标使用分离性等特征。但它不具有直接的区域公共性特别是区域公共性政务服务性质，行业协会可以拒绝不符合标准的生产经营者使用品牌。当然，一旦品牌强大，将对区域经济发展、区域形象产生正向作用。

（4）基于特定地理区域范畴之内，以区域内的自然资源、人文因素、产业、产品、生产经营者综合划分为基准，并以集体商标注册的区域品牌——区域产业整合品牌

1）品牌类型：以全区域内涉农全产业、全品类、合格生产经营者划分为基准的，注册为集体商标的区域品牌。

2）品牌注册：一般由行业协会注册为集体商标。此类品牌过去没有，经过我国的探索并取得了有效的进展。以"丽水山耕"品牌为代表。这是属于丽水市特定地域范畴内，基于丽水特定区域文化或工艺特色，以丽水农业全产业、全品类、丽水市区域内相关生产经营者为生产主体的区域品牌。

3）品牌识别：以能够表现其品牌特征的品牌命名。也可以采用"产地名称＋品类名称"的命名办法。

4）品牌运营主体：行业协会为主，协同政府、企业、合作社、农户等合格的生产经营者共同运营。

5）品牌归属：协会拥有商标所有权与经营权，协同政府推动与引导，授权合格的生产经营者共同使用商标、共同责任、共同分享品牌利益。

此类区域品牌不仅侧重于区域性，有特定区域的范畴划分，更有加入相关产业协会的生产主体——协会成员，被相关协会授权使用商标。

从表 1 可知,以往,有关区域品牌的概念相对比较模糊,也基本没有清晰区分区域公共品牌与区域公用品牌,因此,人们经常会在一个文本中见到"公共"与"公用"两个词汇通用的情况。事实上,由于是否具有、何种程度具有公共性及其公共性政务服务的行政性质问题,应当区分"公共"与"公用"不同的品牌性质、不同的公共程度。而"区域公用品牌"并不一定具有"公共性及其公共性政务服务"特征,它更多体现的是产业和市场特征。

弄清两者的区别,才能够清晰认识,政府在区域公共品牌建设中必须占主导、主体地位,而在区域公用品牌建设上,政府只能够起引导、推动作用,区域公用品牌建设的主体应是行业协会组织等社会中介组织或市场组织。

从表 1 可知,以往,上述四类区域品牌并没有"区域品牌"这一共同的概念界定,也没有清晰的划分。

近年来,"区域品牌"越来越产生了约定俗成的学术应用。如 2018 年 7 月 12 日召开的"2018 区域品牌发展国际论坛",以"区域品牌"命名,虽然学者们谈的更多的是城市品牌。2014 年之前,前三类区域品牌已经在国际以及国内开展了多个角度、多个层面的品牌建设,第四类则因"丽水山耕"品牌的出现而先后出现。

(三)区域品牌的共性与个性

由上述有关区域品牌概念、区域品牌分类及其类型可见,比较普通商标前提下的产品品牌或企业品牌,区域品牌具有以下共性特征。

1. 区域性

无论哪一种区域品牌,都具有区域性特征。品牌均源于特定地理区域,产于特定地理区域,限于特定地理区域,回馈于地理区域,对区域经济的发展产生整合价值,对区域品牌形象产生一定的影响力,超越了单个企业、产品品牌的单一力量。

2. 公共性

无论哪一种区域品牌,均具有公共性特征,但公共性的内涵与外延有所不同。其一,资源公共性。无论哪一种区域品牌,其依赖的区域自然与社会文化环境、区域资源禀赋传承,都具有公共性特征,不是一家一户的资源,而是区域内自然环境、长期不断创造形成的人文因素及其产业因素,区域内组织与个人都能够共享的资源。其二,区域公共性。区域公共品牌的根本属性是区域公共性。区域公共性,决定了区域公共品牌的共有、共用、共创、共享机制,不仅仅是公用。第二、三、四类区域公用品牌在享用区域公共服务时,也拥有区域公共性特征。其三,权利公共性。区域政府打造区域公共品牌的使命与公共服务责任,决定了区域内所有组织与个人共同拥有、共同使用、共同创建、共同分享的权利。但在权利公共性问题上,区域公共品牌与区域公用品牌的内涵有所不同。第二、三、四类区域公用品牌不具有公共拥有品牌所有权的权利公共性。

### 3. 公用性

无论哪一种区域品牌,均具有品牌使用的公用性特征,但使用的标准与要求程度有所不同。区域内的相关组织、企业、个人等,只要居于区域内达到相关标准要求,即可被授权使用区域公共品牌。当然,即便是区域公共品牌,为了保证品牌发展效果,品牌的使用权利等也会受到一定的约束。如杭州市城市品牌的城市标志,就规定了四个领域的应用权限,个人不可以使用城市标志。区域公用品牌,则必须达到相关标准、加入相关行业协会、遵守相关要求,才能获得公用的权利。因此,区域公共品牌与区域公用品牌的公用程度、公用权益均有所不同。

### 4. 共责性

无论哪一种区域品牌,均具有品牌建设的共责性特征。但共责的主体与协同者、程度与要求、责任轻重则各有不同。区域公共品牌的品牌建设核心是政府机构,政府协同区域内组织、个人进行品牌建设。比如国家品牌建设,公民人人有责,但主责者是政府。而基于区域产业、区域产品、区域生产经营者的区域公用品牌,其品牌建设主体是行业协会等组织,由协会协同政府、加入协会的成员单位与个人共同守责。区域政府须支持并推动协会的品牌建设工作,加入协会的成员单位与个人须严格遵守协会制订的品牌标准与品牌要求,共同维护品牌荣誉,才能共享品牌利益。

### 5. 共享性

无论哪一种区域品牌,均具有区域内或协会内成员共享品牌利益的特征,但区域公共品牌与区域公用品牌的共享程度有所不同。只要是区域内的组织与个人,都能够共同享受区域公共品牌带来的品牌效益。只要是加入相关行业协会的第二、三、四类区域公用品牌的相关组织与个人均可享用品牌的使用权和品牌带来的溢价空间。但由于商标所有权与商标使用权分离,商标所有权不具有公共性,由商标所有权属产生的品牌价值、品牌资产等并不具有共享性。因此,不同区域品牌的共享程度差异较大。

## 四、区域品牌的生态结构系统

无论将区域品牌分界为区域公共品牌与区域公用品牌两种类型,还是将其分类为区域公共品牌、区域单一产业品牌、区域单一产品品牌、区域产业综合品牌四种类型,这些品牌都统称为"区域品牌"。作为区域品牌的各种类别,它们之间并非处于均等的水平,或毫无相关关系。应当说,它们之间关系密切,且具有科学的生态结构系统(见图2)。

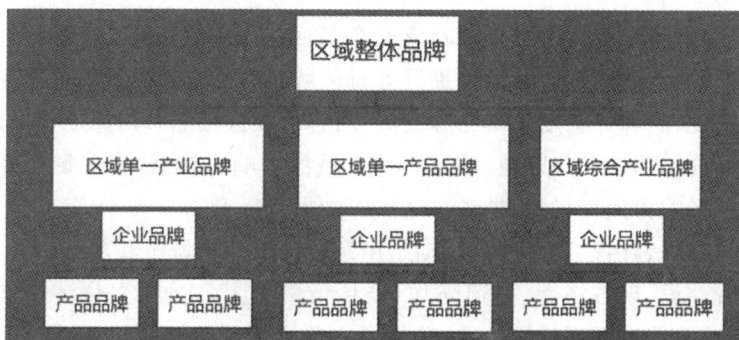

图2　区域品牌及其与企业品牌、产品品牌之间的生态结构关系

(一)区域整体品牌对其他区域品牌具有品牌背书作用

区域整体品牌,以行政区划为区域基础,打造一个区域整体的品牌形象,创建一个区域的差异化品牌价值。可以说,是覆盖整个区域的外在形象与品牌内涵整合构成的品牌。它的范畴大于其他三种类型的区域品牌,同时也通过打造区域整体品牌,为其他三类区域产业、产品品牌提供有效的区域品牌背书。例如,从全球角度而言,一个国家品牌也是一个区域品牌。不同的国家品牌能够起到不同的品牌背书作用。如"美国制造""德国制造""日本制造""中国制造"等,所体现的,就是不同国家所具有的不同的品牌意义与品牌价值。因此,打造区域整体品牌具有"四两拨千斤"的作用。同理,一个城市品牌、县域品牌、乡镇品牌、乡村品牌,都对区域内的产业、产品等品牌起到背书作用。而无论区域单一产业品牌、区域单一产品品牌还是区域综合产业品牌,对区域整体品牌都具有某一方面的品牌贡献。

如日本熊本县的区域整体品牌对区域产业、产品销售等带来了史无前例的品牌背书，促进了区域整体、区域产业与产品的销售与发展。

（二）区域单一产业、单一产品、产业综合品牌等对区域整体品牌具有不同程度的品牌贡献

直接贡献：成功打造区域单一产业品牌、区域单一产品品牌、区域产业综合品牌三类品牌，能够提高区域内产业、产品的品牌价值，提升区域内产业、产品的品牌溢价，可直接为区域经济的发展作出贡献。

间接贡献：通过提高上述三类区域产业、产品品牌的品牌形象与品牌价值，共同提高区域品牌形象，共同改善区域品牌生态，共同改变区域人民的生活水平。

如"好客山东""烟台苹果""永康五金""丽水山耕"等区域产业品牌、产品品牌的产业经济收益、产品溢价提升等对区域经济具有直接的提升作用，而其品牌知名度、品牌好感度及其品牌发展，对各所在区域品牌形象的提升起到间接但重要的作用。一些区域，甚至因其区域的影响力较低，而区域产业、区域产品品牌影响力大，反过来带动了区域影响力的提升。

如，以"好客山东"为统领，带动了山东境内十七个城市和数十个县市区的地域品牌建设，泉城济南、逍遥潍坊、亲情沂蒙、运河古城、文化济宁、江北水城、好运荣成等一系列地域品牌，显示了齐鲁地域文化的丰富多彩。围绕"好客山东"打造的"贺年会""休闲汇"两大节事品牌，成为传承民族文化、拉动综合消费的强大引擎。

以"丽水山耕"品牌为产业统领，直接带动了丽水市九区县农产品的品牌溢价，三年平均销售溢价30％～33％；同时，该品牌提升了丽水市的区域整体形象，提高了品牌好感度，铺垫了消费认知。

（三）区域单一产业、单一产品、产业综合品牌之间相互背书、相互贡献

同一区域、同一产业及相关产业的区域产业品牌与区域产品品牌之间具有直接的品牌背书、相互贡献关系；同一区域、不同产业及不相关产业的区域产业品牌与区域产品品牌之间具有间接的品牌背书关系。如"好客山东"区域产业品牌对山东区域内的旅游产业、旅游产品及其相关产业与产品（如旅游商品）产生背书作用，而"好品山东"则会对"好客山东"在区域产业、产品上形成支持，相互背书、相互贡献。"丽水山耕"品牌对该市的区域旅游品牌"丽水山居"的打造创造了很好的社会基础。当然，反之，也会出现相互牵制，相互产生负面影响力的问题。

（四）区域品牌整体对企业品牌（企业拥有的产品品牌）具有背书作用

区域整体品牌、单一产业品牌、单一产品品牌、产业综合品牌等区域品牌，无论是否具有公共性特征，都会对区域内，特别是同产业的企业品牌及其企业拥有的产品品牌产生品牌背书作用。如果区域品牌具有正面品牌价值、品牌影响力，则会产生正面作用，为企业品牌及其拥有的产品产生正面的品牌背书；如果区域品牌有负面的品牌影响，则会产生负面作用。如"中国制造"曾经一度因其价格低、产品精巧享誉市场，后来，因假冒伪劣产品问题，对中国制造的产品产生了极大的负面背书。而"这就是德国"的国家品牌给德国企业品牌、产品品牌带来了很好的品牌溢价效应。"日本制造"也给日本的产业、产品带来很好的品牌背书和品牌价值。因此，无论是哪一种区域品牌，都会因其区域性、公共性、公用性、共责性等产生必然联想，产生必然的品牌背书关系。只有将不同类型的区域品牌都打造成富有正能量的品牌，才能对企业品牌及产品品牌带来正向的品牌背书效果。当然，好的企业品牌、产品品牌也可能反过来对区域整体品牌及其他三类区域品牌都产生一定的品牌支持力。当企业品牌及其企业所有的产品品牌强大起来，会超越区域局限，成为全国性甚至全球性品牌，这时，它们对区域品牌的正面影响力、支持力就更大了。同理，如果企业品牌及其产品品牌在外有负面影响力，也会同时负面影响到区域品牌整体的品牌生态系统。

### 五、农产品区域品牌

（一）农产品区域品牌是区域公用品牌

农产品区域品牌在特定地理区域内产生。其品牌产业、品牌产品生产于特定的地理环境、地域人文因素之中。农产品区域品牌的商标注册、商标所有，均隶属于行业协会。商标使用者为涉农企业、合作社、农户等，他们被批准加入协会，成为会员单位，并被授权生产标准产品，并标准化使用商标。一般情况下，由行业协会注册的品牌商标，根据品牌性质不同，可注册为地理标志证明商标、地理标志集体商标。商标归行业协会注册所有，授权符合条件的区域内涉农企业、合作社、农户等标准化使用，形成具有区域性、公用性、共责性、共享性但商标所有与商标使用分离的区域公用品牌特征。

由于农产品区域品牌对区域整体品牌形象提升、区域经济发展、区域内农业产业发展的多重品牌贡献，使它具有"准公共品"特质。但农产品区域品牌与以行政区域为划分基准的国家品牌、城市品牌、县域品牌、乡镇品牌、乡村品牌等区域公共品牌不同,它属于特定行业的产业、产品品牌建设,具有产业经济及品牌经济的属性,而非政府服务产品。因此,农产品区域品牌是一种区域公用品牌,而非区域公共品牌。

(二)农产品区域公用品牌建设的核心主体

作为区域公用品牌,农产品区域公用品牌的品牌建设核心主体为行业协会,由其协同区域政府、区域内企业、合作社、农户等开展品牌建设。作为核心主体的行业协会,应担当起品牌建设的关键任务,通过品牌注册、品牌授权、品牌管理、品牌传播等一系列品牌建设系统工程,创建品牌,提升品牌价值,提高品牌溢价,为协会成员谋求区域产业、区域产品的市场价值及社会价值。

行业协会要充分调动并征得区域政府力量的积极支持。区域政府是区域公共品牌建设的核心主体,在与农业关联的区域整体品牌如县域品牌、乡镇品牌、乡村品牌的品牌建设中,如何协调区域公共品牌与农产品区域公用品牌的关系,如何提高农产品区域公用品牌对区域整体品牌的有力支持,如何发动涉农企业、合作社、农户等加入行业协会协同打造品牌等,都需要区域政府力量的全力推动。但区域公共品牌的创建是政府公共服务的重要构成部分,政府是品牌建设的核心主体,而农产品区域公用品牌归属行业协会。因此,政府只需要共同决策,推进发展,但在品牌建设中,不应当越俎代庖。

(三)农产品区域公用品牌的建设协同者

农产品区域公用品牌建设的协同者,可以分为三个圈层。以行业协会为核心主体,协同者包括第一层级的直接协同者:区域政府及其政府相关职能部门(区域政府及其农业局、工商局、质监局、商务局等)、行业协会组织中的会员单位与个人(包括企业、合作社、农户等);第二层级的间接协同者:区域内其他相关及非相关产业、企业、合作社、农户、区域成员等组织与个人,区域内各种媒体部门(电视台、电台、网络媒体、自媒体等)、销售网络等;第三层级的间接协同者:区域外的各级政府及其相关职能部门、区域外的行业协会及其相关组织与个人、区域外的各种媒体部门及销售网络等。

当然,品牌建设协同者也可根据品牌建设的模式及其合作关系产生不同的协同结构,直接或间接,看品牌建设主体对各种协同力量的理解与合作,而消费者的协同及其口碑传播,将产生重要的作用。因此,千万不能忘记,消费者是最重要,也是最关键的品牌建设协同者。

无论是内部协同者、外部协同者还是消费者,通过协同建设,对品牌具有足够的理解,对品牌具有长期的信心与愿景,形成良好的口碑,这是协同的关键要素。

（四）农产品区域公用品牌的三种创建方法

根据长期以来的品牌建设经验，及其近年来在农产品区域公用品牌创建方面的积极探索，我认为，我国农产品区域公用品牌建设已有了三种成熟的创建方法。

1. 农产品区域单一产业品牌

农产品区域单一产业品牌是基于特定地理区域范畴之内，以特定区域内的农产品产业集聚为基本前提，以特定区域内的产业集群为基准的区域公用品牌。品牌类型：多为区域产业品牌，品牌形成一般基于特定地域原有的产业资源禀赋（特殊物种、特殊工艺、特殊自然条件等），然后进行发展与再造。也可以是后天引进或创造的品牌，与特定区域的原有产业自然禀赋、人文因素并无天然关联，但随着农业产业的规模化、产业化发展，形成了规模化产业、一定的产业资源与产业集聚。此类品牌，有的注册为商标，有的并不注册商标，因此，存在着虚拟、实有并存的现象：有的品牌，是基于社会公众及消费者对产业印象、认知与评价的虚拟品牌，在法律上并没有相关的商标注册与保护；严格意义上，还不是一个具有法律保护的品牌；有的品牌，以行业协会组织牵头注册并拥有相关集体商标或证明商标；有的品牌，拥有特殊的地理产品保护标志、行业标志等，具有一定的法律保护与约束。农产品区域单一产业品牌的标志识别基本以"区域名称＋产业类别名称"作为品牌命名。此类区域品牌的运营主体多为行业协会组织等，由其进行品牌注册、品牌运营与授权管理、标准控制等。品牌归属于行业协会等组织，由协会授权区域内符合相关标准的生产经营者共同使用商标、共同责任、共同分享品牌利益。

此类品牌多为区域公用品牌。品牌体现了区域性、公用性、商标所有与商标使用分离性等特征。但它不具有区域公共性政务服务性质，行业协会可以拒绝不符合标准的生产经营者使用品牌。当然，当品牌强大，将对区域经济发展、区域形象等均产生正向作用。如 2013 年创建的"苍山蔬菜"品牌，即为农产品单一产业区域公用品牌，集聚了苍山区域内蔬菜产业的所有蔬菜品类，基于苍山丰富的蔬菜生产资源、蔬菜产业集聚资源，打造"苍山蔬菜"品牌。

2. 农产品区域单一产品品牌

此类品牌是基于特定地理区域范畴之内，以特定区域内特定的农产品自然资源（环境、物种等）与人文因素（文化或工艺特色等）为基础，以产品品类划分为基准,并多以证明商标注册的区域公用品牌。

这类品牌基本以地理标志产品(原产地产品)的特色生态、特色人文因素(工艺等)为基础,形成单一产品品类的区域单一产品品牌。如烟台苹果、西湖龙井等。一般由行业协会、事业单位等注册地理标志证明商标。品牌识别以"产地名称+产品品类名称"作为品牌命名。品牌运营主体以行业协会为核心主体,由经过行业协会组织授权,在特定地理区域内、基于特定区域文化或工艺特色、达到相关标准的生产经营者使用。行业协会组织拥有商标所有权与运营权,协同政府推动与引导,授权区域内符合产品标准的生产经营者共同使用商标,共同责任、共同分享品牌利益。

此类农产品区域单一产品品牌多为区域公用品牌,体现出品牌范畴区域性、品牌资源公共性、商标使用公用性(协会成员)、商标所有与商标使用分离性等特征。但它不具有直接的区域公共性产品,特别是区域公共性政务服务性质,行业协会可以拒绝不符合标准的生产经营者使用品牌。当然,如品牌强大,将对区域经济发展、区域形象提升等均产生正向作用。

3. 农产品区域产业综合品牌

农产品区域产业综合品牌是基于特定地理区域范畴之内,以区域内的自然资源、人文因素、产业、产品、生产经营者综合划分为基准,并以集体商标注册的区域公用品牌。此类品牌类型以全区域内涉农全产业、全品类、合格生产经营者划分为基准。品牌注册一般由行业协会注册为集体商标。此类品牌过去几乎没有,经过我国近年来针对中国农业特色的有效探索,取得了有效的进展。此类品牌以"丽水山耕"为代表。"丽水山耕"品牌是属于丽水市特定地域范畴内,基于丽水特定区域文化或工艺特色,以丽水农业全产业、全品类、丽水市区域内相关涉农生产经营者为生产主体的区域公用品牌。其品牌识别以能够表现其品牌特征的品牌命名,有较大的创意空间。品牌运营主体是行业协会为核心主体,协同政府、企业、合作社、农户等合格的生产经营者共同运营。协会拥有商标所有权与经营权,协同政府推动与引导,授权合格的生产经营者共同使用商标、共同责任、共同分享品牌利益。此类区域品牌不仅侧重于区域性,有特定区域的范畴划分,更有加入相关产业协会的生产主体——协会成员为品牌的产业、产品基础,被相关协会授权使用商标。

**六、跨界融合创新,赋能区域品牌**

从前面谈的五个方面,其实大家都已经可以总结出来一个道理,要打造各种不同的区域品牌,的确需要跨界融合创新,才能赋能区域品牌,提升区域品牌价值,提高区域影响力,创造区域品牌的溢价效果。

我认为,要做到跨界融合创新,赋能区域品牌,可以在以下四个方面做尝试。

(一)创意赋能区域品牌

我们一直在强调,品牌战略是差异化战略。要做到差异化、独特性,令一个品牌能够具有独特的品牌价值,必须跨界融合创意能力。因为创意能够标新立异,创意能够创新战略,创意能够"旧要素新组合",创意能够"情理之中,意料之外",创意能够使一个区域品牌真正让消费者"走心",实实在在走到消费者心里。

区域品牌建设,需要跨界联合品牌专业化创意团队,而不是自己关起门来闭门造车。专业的事专业的团队来做,进行政府购买、协会委托、企业合作,完善区域品牌的顶层设计与战略规划,形成象征符号体系,创新区域整体、产业、产品价值。

(二)传播赋能区域品牌

传播就是营销,营销就是传播,没有传播就没有营销。邀请经典传媒机构、新老媒体参与区域品牌建设,整合各种传播媒介,注重网络时代的视频赋能,实现真正的整合品牌传播。

区域品牌传播中,最关键的三部曲是:构建品牌传播组织机构、形成象征符号体系、创造接触点管理。目前,中国各区域正在构建品牌建设机构,但针对传播及其媒体运用的专门机构还是不多;区域产业、产品的规模化生产,在许多年的工业理念、规模效应呼吁下,有了长足的发展,形成了具有一定价值的产品物理功能、产业规模效应,但无形价值的整理与建设,通过象征符号凸显无形价值的功课做得还远远不够;各种推介会、博览会多如牛毛,但与消费者的接触点管理还处于非常初级的阶段,精准接触、精准沟通、精准交流的品牌接触点管理,乃至网络新媒体、社交媒体的专业化应用,都需要相关专业机构的赋能。

(三)技术赋能区域品牌

品牌建设过程不只是品牌形象的符号化过程,而具有诸如品种良种化、品质标准化、品牌差异化等全方位的建设要求。借助各种新技术,诸如追溯新技术、营销新技术、品种研发新技术、传播新技术,等等,赋能区域品牌,才能令区域品牌的品牌内涵更加扎实丰富、产品品质更加符合消费需求,品牌传通更加精准顺畅。如"丽水山耕"品牌，刚上了小程序，传播与营销效果据传都非常好。如第六届中国玉米产业博览会上，"公主岭玉米"隆重发布了新的品牌形象，现场观看者 4 万余人，通过直播观看者达到 301 万人次，视频点击 10 多万人次。

（四）产业融合赋能区域品牌

从消费者消费的阶层化角度思考问题，实现针对不同消费阶层、不同生活方式的产业融合，提升区域品牌的系统服务价值。如农旅融合、传播媒体融合、媒体与各种产业的融合发展等，产业融合可以生发巨大的整合力量、创造性力量，以此赋能区域品牌，创造更好的品牌价值。

比如刚刚说到的"公主岭玉米"，是一个区域单一产品品牌，随着产品品牌的成长，延伸到旅游产业，目前预想，明年就有玉米地旅游、体验，甚至文化园的消费功能，创造产业融合价值。

浙江省要打造一万个星级村，这一万个星级村，应当是融合全资源的区域公共品牌，通过产业融合赋能，形成资源整合、产业融合，满足消费者对一个星级村的系统需求，才能得到乡村品牌的差异化竞争、差异化发展，形成差异化品牌价值。

品牌建设是一种竞争战略，需要在理论上梳理清楚基本问题，在实践中实现各种资源要素的融合创新赋能，才能真正达到应有的目标。

由于时间关系，我就谈如上内容，后面会有各跨界人士做专门探讨。

［本文是 2018 年 8 月 23 日笔者在"2018 中国（浙江）区域品牌创新峰会"上的主题演讲内容，后发于浙江大学 CARD 中国农业品牌研究中心官网"中国农业品牌研究网"，同时发于浙江永续农业品牌研究院微信公众号"农业品牌研究院"，并被重庆市农业产业化网（http://www.cqnync.cn）、网易号等转载。］

# 发现文脉价值，提升品牌溢价

  2018 年 11 月 17 日 10 时，由中国美术学院主办，以"超快现象与品牌传播""传统文化与品牌塑造"为主题的首届国际品牌文化创新论坛，在中国国际设计博物馆开幕。笔者受邀出席论坛，并做了题为"发现文脉价值，提升品牌溢价"的主旨演讲。

  演讲重点阐述了在品牌塑造的过程中，如何发现、挖掘、继承、改造、创新文脉价值，并借助现代传播方式传播文脉价值，以文脉为品牌的价值核心，进行品牌塑造，创造品牌价值，提升品牌溢价。

  很高兴，能够应邀参加"首届国际品牌文化创新论坛"，在美丽的中国美术学院，一起激荡品牌文化，探索品牌未来。我的分享话题是"发现文脉价值，提升品牌溢价"，以衔接会议主题之二："传统文化与品牌塑造"。

  的确，品牌塑造过程中，传统文化不可或缺，并且，我的研究与实践经验告诉我，如果善于挖掘、发现、利用传统文化，将能够为品牌创造有历史感的、鲜活的个性化生命，获得与消费者沟通的特殊语言、特殊故事、特殊情结，共享品牌特殊文化。而传统文化，以"文脉"的方式流传下来，并进入今天的生活与品牌塑造中。因此，我想与大家专题讨论关于文脉的问题。

  首先，我们了解几个概念。

## 一、相关概念辨析

（一）文脉（context）

  "文脉"（context）一词，原指语言学中的上下文关系，又被引申为某事物在时间或空间（场景）上与其他相关事物之间的联系。相关"文脉"分析研究，原着重于语境的特殊性，引申意义则强调一个事物和它事物之间的渊源关系。有学者曾简明地将其概括为"一种文化的脉络"。美国人类学家克莱德·克拉柯亨曾界定其为历史上所创造的生存的式样系统。德国的恩斯特·卡西尔,则曾以符号系统诠释文脉,并强调,人对外部事物意义的认知就是对符号意义的破译工作。而摆脱既有的符号形式特征的限制,以全新的形式与结构再诠释与发展其意义,才是文脉之所在。

(二)文脉主义(contextualism)

文脉思想被 20 世纪 60 年代以后产生的后现代主义提到相当高度。他们看到了现代主义建筑和城市规划设计对文脉的漠视,试图恢复城市原有的秩序与精神,主张从传统、民间、地方的文脉中找到现代城市建筑的立足点。该思潮并非将文脉传承理解为简单的复古行为,而是将文脉理解为激发创作的灵感或原材料,经过撷取、改造、移植等创作手段来实现新的创作,使建筑与文化与当代社会有机结合。[①]

(三)文脉品牌(context branding)

当文脉与品牌链接在一起,日本的学者认为,品牌的文脉包括有关品牌的联想、品牌的背景知识和信息、品牌商品的消费环境等。

(四)品牌文脉(brand context)

我在 2007 年出版的专著《中国农产品的品牌化——中国体征与中国方略》中强调,品牌文脉,是指一个品牌的脉络体系与根脉渊源。这里所指"品牌的脉络体系",是有关品牌本身的联想、背景知识和信息、品牌商品的消费环境等,与日本学者所理解的意义一致。这里所指的"根脉渊源",是一个品牌生产的地域背景、文化特色、价值独特性等。

(五)品牌构筑程序(branding procedure)

我们都知道,品牌构筑的程序,基本有以下四大板块:建立品牌识别(符号识别、个性识别、意义识别、价值识别),形成品牌认知(品牌形象认知、利益认知、情感认知、自我关系认知、价值认知——品牌意涵理解),产生品牌态度(品牌偏好、价值发现、自我表达——品牌态度一致性),激发品牌行为(品牌消费行为、促成口碑、品牌忠诚——品牌行为的正向互动)。

在品牌塑造过程中,要达到品牌传播要素的形成(品牌识别)、品牌认知关系的构成(品牌认知)、品牌态度的一致性(品牌态度)、品牌行为的正向与互动性,并提升品牌溢价,其关键点是:在建立品牌识别的过程中,要发现、挖掘、传承、改造、创新文脉价值;在形成品牌认知、诱导品牌态度、激发品牌行为的过

---

① 参见詹克斯著,李大夏译:《后现代建筑的语言》,中国建筑工业出版社 1996 年版。

程中，其关键点是传播品牌文脉的意涵。

在这系统工程中，品牌识别勾勒品牌符号、品牌个性、品牌形象的差异化，品牌传播链接品牌、企业、产品与消费者、所有相关利益者。而文脉的传承与创新，不仅能发现文脉的特殊价值，还将对品牌战略实施、品牌创意设计、品牌个性化生命形成产生重要的作用。

（六）文脉心像（context heart image）

根据以消费者为中心的品牌塑造原则，要发现文脉价值，形成文脉对品牌构筑的作用程序，首先要研究、发现消费者的文脉心像，然后看品牌本身是否有相关的文脉资源，并进行相关整合、传播表达，并经由消费者认知、印证（confirm，消费者认可这一文脉对自身的价值），由此，形成品牌的独特价值。

这里的文脉心像，指的是消费者心目中有关品牌的文脉资源与文脉消费价值倾向。

（七）农业品牌塑造

2004 年始，我们通过文脉挖掘（context mining）、文脉传承（context inheritance）、文脉改造（context transformation）、文脉创新（context innovation）等方法，在品牌特别是农业品牌的塑造过程中，创造了多个品牌独特的品牌文化，以提升品牌的个性化特色，形成无形价值溢价可能。

因为，从 2004 年开始，我从普遍意义上的品牌研究，专题进入农业品牌领域深耕。在研究与实战中深切感受到，对于农业品牌而言，文脉不仅仅是品牌本身有关的脉络或渊源，更是品牌发生、生长的"语境"（包括地域文化、地理特色、价值观等）。如果我们能够发现一个品牌的文脉，挖掘文脉价值，对于提升农产品品牌溢价有着特殊意义。

农产品品牌建设与工业及其他品牌建设有其本质的不同，农产品依赖于特定的农耕文化、特定的区域文脉、特定的自然与社会环境。可以说，农产品品牌构筑（branding），其品牌价值观（brand values）、品牌文化意涵（brand culture implications）、品牌个性（brand personality）及其差异化（differentiation）等方面，较之工业品牌，更可以从有到有，通过文脉挖掘、文脉传承、文脉改造、文脉创新，创造品牌文化，提升品牌溢价。接下来，我想分享一些案例。

## 二、相关案例分享

(一)案例1:重庆市农产品区域公用品牌

### 1. 探寻消费者文脉心像里的重庆

在重庆市农产品区域公用品牌的塑造过程中,我们首先去研究、考察重庆市在消费者心目中的文脉资源与文脉价值是什么。同时,深入考察重庆市下辖的县区,特别是出产具有独特价值的农产品县区的文脉资源(产业资源、文化资源、生活方式等),我们发现——

(1)山河手笔

从地理视角来看,没有一个城市像重庆这样,群山叠嶂,江河遍布,山地丘陵占全区面积的98%。大开大合的高山大川是重庆人生活的场所,也是重庆农产品的产地。因此,重庆农产品区域公用品牌应是重庆山河的手笔。

(2)文脉渲染

重新梳理重庆的历史文化经历,我们发现,没有一个城市像重庆这样,文脉别样:巴国文明,战时陪都,红色基地,西部引擎,民族多样,文化多元,波澜壮阔的历史在这片神奇的热土划时代上演。因此,我们认为,重庆农产品区域公用品牌,应是重庆文脉的渲染。

(3)生活印记

重新观察重庆人的生活样式,我们发现,没有一个城市像重庆这样,将日常生活演绎成传奇:棒棒军、川江号子、朝天门、穿楼轻轨、魔幻立交、楼顶公路……当然,最不能少的,更是那一锅麻辣鲜香的重庆火锅。因此,我们认为,重庆农产品区域公用品牌,应是重庆生活的印记。

(4)滋味印象

重新梳理重庆的农产品资源优势和产业优势,我们发现,没有一个城市像重庆这样,有如此丰富的特色农产。但这些特色农产,在过去的岁月里,却隐匿在都市耀眼的光环之下,没有被挖掘、被外人关注与消费。重庆各县区农人的勤劳智慧与山地立体气候的结合,孕育了重庆农产品的万千滋味。因此,我们认为,重庆农产品区域公用品牌,应是重庆滋味的映像。

### 2. 文脉聚焦:巴味渝珍,统辖重庆独特农产品

于是,我们筛选了重庆市下辖各县区的特色农产品及其背后的文脉特征,将重庆特色农产品进行全产业整合,并提炼出"巴味渝珍"这一品牌名称,统辖

重庆市出产的独特农产品，我们从重庆的文脉中发现了两个核心点：浓墨重彩，淋漓痛快。

无论是重庆市各县区本身的文脉还是消费者的文脉心像，都将认可：重庆人，活得浓墨重彩，吃得淋漓痛快。而能够活得浓墨重彩，基于他们历来的生活态度和价值观；能够吃得淋漓痛快，基于他们的优质农产和以火锅为标志性元素的饮食文化。

由此，"巴味渝珍"这个品牌的文脉资源与文脉心像得以聚焦，得以融合，得以握手言欢。

从传播和与消费者沟通的角度看，我们索性将核心价值转换成通俗易懂的品牌口号："巴味渝珍，活得浓墨重彩，吃得淋漓痛快。"

### 3. 符号设计：产品包装辅助图形

为了更加凸显重庆特色，我们在产品包装的辅助图形上做了演绎。与重庆的山川地貌和产业类别呈现对应的关系。

"巴味渝珍，活得浓墨重彩，吃得淋漓痛快"，这就是重庆人的生活态度，重庆人的生活方式，重庆农产品的独特价值。

### （二）案例2：武功县猕猴桃产业品牌

### 1. 探寻名不见经传的武功县文脉

武功县，位于陕西省。名不见经传，少外人知。但他们发展了一个产业——猕猴桃产业，也希望打造品牌。

这些年，我国的猕猴桃产业，发展迅捷，竞争激烈。武功猕猴桃产业，规模小、种植晚、没有市场影响力，且面临国际、国内、省内（家门口的眉县猕猴桃、周至猕猴桃）等的重重围剿。如何突出重围？

研究武功猕猴桃的地理区位、产业规模、品种基础、文脉资源，我们发现，武功猕猴桃的文脉资源极其丰富。

历史文脉：后稷教民稼穑之地，大汉忠臣苏武故里，大唐李世民诞生地；地域文脉：武功文化，农业文化，古镇文化；产品文脉：光照充足，土壤肥沃，产品干物质积累多，规模化组织化程度强等。

但研究消费者"文脉心像"可以看到，人们最好奇的，莫过于"武功"这一县名：武功是怎么来的，武功的人是否都会武功？如果能将武功和猕猴桃产业相结合，在传播上能否具有突破性意义？武功与猕猴桃产品生产、消费功效之间是否可以关联？

## 2. 文脉聚焦：下功夫，成好果

我们将文脉聚焦于消费者的文脉心像：武功、功夫。武功猕猴桃产业虽然在产业规模、种植历史方面比不上邻县竞争者，但因其后起与努力，在耕作标准化、管理规范化、渠道电商化、产业组织化、果园循环化等方面下功夫，因此，其价值观是：下功夫，成好果！

## 3. 符号设计

基于"武功""功夫"的文脉基础，符号设计时我们创造了一个 IP 形象——武功小子。

该"武功小子"，既有文脉中后稷的勤劳勇敢、苏武的诚实守信，也隐喻了生产武功猕猴桃的果农的品质，同时，也对应了消费者的文脉心像：其一，下功夫，才能成好果；其二，武功猕猴桃能够让消费者成为一个健康壮实的人。

武功小子必须有独特的武功秘籍，我们创造了"功夫五式"。

第一式：农耕始祖——后稷教民稼穑圣地中华农耕之源；

第二式：天时地利——光照充足土质肥沃，纳天地之灵气；

第三式：规范管理——标准化组织化管理，技术规范领先；

第四式：监测溯源——果园精准监测溯源，保障安心品质；

第五式：匠心守护——严格规定采摘时间，充分沉淀营养。

"武功小子"源于武功县的文脉基础，品牌设计更将文脉人性化、IP 化，使得武功猕猴桃具有了生龙活虎的品牌核心价值。未来，武功县还可以借助"武功小子"这个 IP，在传播方面创造更大的价值。

### （三）案例 3：户县葡萄产业品牌

## 1. 探寻户县文脉与消费者"文脉心像"

陕西的户县，是沪太 8 号葡萄品种的开发地。但由于品种外售，使得户县葡萄失去了品种基础上的品质独特性，在家门口的西安市场，已出现混乱的竞争局面，想开发上海市场，又怕品牌影响力不够，左右为难。

考察户县及葡萄产业的文脉资源，我们发现——

历史文脉：文王故里、汉唐京畿、建制 2200 年、全真祖庭重阳宫、最早国家铸币厂；地域文脉：西安近郊、秦岭北麓，农民画之乡；产品文脉：种植规模 6 万亩，葡萄品种"户太 8 号"。

考察户县的各种文脉资源，探寻消费者"文脉心像"，我们认为，在诸多优势资源中，有三个文脉资源值得重视与运用：

其一，户县作为中国四大"农民画之乡"之一的文脉基础，是最具价值，最具独特性，也最具消费说服力的。

因为，我们在农民和画家之间展开联想之后发现，两者之间具有许多共通之处：其一他们都用一丝不苟的匠心，精雕细刻、精耕细作；在他们的内心深处，对生活永远都充满着向往。因此，户县农民所种的葡萄绝不是普通的葡萄，而是"农作艺术品"。在户县，农民作画犹如种葡萄；种葡萄则犹如绘画。那种艺术的气息，无疑渗透进了葡萄园！

其二，户县属于西安城郊县，城市灯影下黑，县的知名度低，但其葡萄种植于秦岭山脉，而秦岭，是中国消费者人人皆知的地标。

其三，户县葡萄上市的季节，正好吻合了数个中国节庆时间。

2. 符号设计

其一，在符号体系设计上，我们将"户"字和葡萄相结合，形成识别度高的标志，再将葡萄的形状植入品牌名称和品牌定位的文字之中，最后将主形象和户县农民画进行结合，给出了"户县"和"葡萄"两个元素紧密结合的画面。让读者一目了然，形成对"户县葡萄"的记忆。同时，在其下注释品牌副口号"农作艺术品"，对户县葡萄进行品质定位，并开发消费者的品牌想象，为什么说是"农作艺术品"？

其二，将品牌主口号提炼为"粒粒香甜醉秦岭"，牵引消费者将品牌联想与秦岭产生结合，了解这是秦岭山脉生产的葡萄。

logo与辅助画面构成：以秦岭山麓为背景的陕西户县农家，正在喜气洋洋地收获葡萄，画风是户县农民画。

其三，根据户县葡萄上市季节与相应的中国节庆时间，进行民俗特色包装传播，推出文化主题礼盒，如传统文化礼盒、民俗特色礼盒，选用农民画、鼓与舞、道教文化等当地特有的符号元素，表现户县独特的民俗文化特征，并通过产品的特色包装，展示户县的旅游景点，实现农旅融合。同时，在葡萄成熟季节（8—10月），推出节庆主题礼盒装：七夕节（8月）推出"浪漫七夕，情定户县"主题礼盒；中秋节（9月）推出"中秋佳节，团圆户县"主题礼盒；国庆节（10月）推出"普天同庆，相约户县"主题礼盒。

3. 逆势上扬，品牌溢价作用凸显

2015年，在全国水果市场不景气，户县全县其余农产品均出现滞销的情况下，户县葡萄在品牌规划实施、品牌推介开始后，销售良好，且平均溢价15%以上。

（四）案例4：武当道茶区域公用品牌

1. 武当道茶：背靠名山，禀赋独特

十堰位于中国秦巴山区汉水谷地，与鄂、豫、陕、渝四省市交界，是著名道教圣地——武当山的所在地。武当道茶便生长于此，群山环绕、汉江润养，昼夜温差大、阳光漫射时间长、云雾缭绕、几无外来污染的生态环境，孕育了武当道茶"形美、香高、味醇、有机"的产品品质。武当山是地理意义上成就武当道茶品质的一座山，更是精神意义上成就其文化价值的一座山。

2. 辩证统一的品牌价值表达——朴守方圆，循心而行

如何将武当道茶的文化基因进行品牌价值表达？中国的茶文化是将儒、道、佛糅合其中，集茶道、茶德、茶艺等于一体的文化体系。武当道茶的文化基因中，道家文化是基础，基于道家文化的辩证哲学，是其品牌价值表达的重点，而这一辩证，便体现在"武当"与"道"两个词上。

经过调研发现，消费者对于"武当"和"道"两者产生了差异较大的认知联想：受武侠小说、影视剧及自然风光的多重影响，消费者对于"武当"的认知集中于洒脱、自在，本质是遵从主观意志，追求自由生活；而消费者对"道"的认知则集中于道法自然、自然规律，"道"即法则、规律，世间万物，从自然宇宙的运行，到社会生活的发展，都需要遵循规律。

一方面是追求自由，一方面是遵循法则，二者如何实现统一的品牌价值表达？以追求自由为导向的自由主义思潮，是当今世界的一大主流思潮，它自17世纪诞生，在20世纪末蔓延全球，由此产生了20世纪末世界格局的巨大变化。自由主义的泛滥也为当代社会带来了一系列严重的负面事件，在每个人过分追求自我、崇尚自由的时候，社会的运行与发展都会出现问题。自由需要有前提、有代价，这个前提与代价便是法则与规律，以此为基础的自由才是理性的自由主义、积极的自由主义。从《汉穆拉比法典》开始，人类文明的数千年延续，也是遵循着法则得以为继，这就是自由的代价与前提。

由此，确立武当道茶的品牌核心价值，即品牌口号为：朴守方圆，循心而行。

（五）品牌构筑程序

前面谈到的是有关品牌识别形成中如何挖掘、传承、改造、创新品牌文脉，以对应消费者"文脉心像"，创造品牌文脉新价值，也提到了传播品牌文脉意涵的重要性。

事实上，在整个品牌构筑过程中，品牌传播占据重要的位置。可以说，没有品牌传播便没有品牌的认知与态度、行为的产生。

因此，发现了品牌文脉，并形成了品牌识别系统之后，如何在品牌传播中进行文脉传播，形成消费者的品牌文脉认知、品牌文脉价值判断、品牌文脉消费行为同样是一个重要命题。

（六）农产品品牌传播模型

我曾在 CCTV 农业频道的一个论坛中提出了一个有关农产品品牌的品牌传播模型。在该模型中，我将品牌传播中的品牌比拟为一架驶向消费者，并与消费者共存共荣的战斗机。品牌方通过以文脉传播为主轴的符号传播、场景体验传播、媒体互联传播、产品消费体验传播等传播方式，与消费者共存共荣，飞翔在竞争市场。

模型中，我将"文脉传播"作为传播主轴。这里的"文脉传播"指的是将对应了消费者"文脉心像"的品牌文脉进行内容化、故事化、结构化传播，并以此为母体，生发出基于"文脉传播"（context communication）主轴的各种指向性传播方式：符号传播（symbolic communication）、场景体验传播（communication through experiential scene）、媒体互联传播（communication through shared media networks）、产品消费体验传播（communication through experiential consumption），以此从各个角度全方位、360 度地应对消费者的"文脉心像"（context heart image）与"消费心像"（consumption heart image）。

1. 主轴——文脉传播

文脉传播，充分挖掘、传承、再造、创新文脉，并结合内容传播、故事性传播的策略与方法传播对应消费者"文脉心像"的品牌文脉。

农产品品牌具有区域性文脉特征。不同区域的农产品，具有独特的文化、品种、工艺、生产者特征等，构成一个农产品品牌的文脉基础。

农产品文脉传播，将文脉作为传播内容与传播形式，在后续的场景体验传播、媒体互联传播、消费体验传播中，作为核心内容得以整合传播，在原有文脉的基础上，再造农产品的品牌文脉与品牌价值。如丽水山耕的品牌文脉传播系列海报（见图 3）。

2. 机首——符号传播

符号传播（symbolic communication），其能指系统包括品牌标志、品牌名

图3　丽水山耕品牌文脉传播系列海报

称、标准色彩、辅助图形等符号系统的生产与传播。所指系统包括品牌个性、品牌内涵、品牌特色差异、品牌价值意义、品牌愿景等。

符号传播的对象：目标消费群为核心的相关利益者。

具体传播应用包括：

对内传播，品牌符号体系的品牌内部系统应用；对外传播，品牌形象及产品包装设计。将产品做成无所不在的广告，形成产品包装传播系统为排头兵的符号传播体系；在左翼、右翼、尾翼的场景体验传播、媒体互联传播、消费体验传播中得以沿用、延伸。

如烟台苹果，原来的 logo 与后来的 logo 比较可见，后者符号的意义更清晰，识别性强。灵宝苹果也是如此，提炼并体现了"高原好果"的品牌利益。

### 3. 左翼——场景体验传播

场景体验传播（communication through experiential scene）中的场景，原指戏剧、电影中设计的场面。在今天场景营销（scene marketing）的潮流中，场景体验传播指的是设计与消费者生活场景相关联的体验场景，并通过在该场景中的消费者体验、消费者互动，形成传播效果。

在"中国农产品品牌传播模型"中，我特指集聚品牌相关元素，设计一个有利于消费者进入、沉浸、感受、体验的场所，形成该场所内的农产品物流、消费者人流、品牌信息流、消费口碑流四大流的互动区间，形成场景内外的互动传播，将一个场景作为一个综合媒体场，实现"眼耳鼻舌身意"全方位整合品牌传播的场域。

农业品牌的场景传播形式可包括基地传播、产业链传播、产地或销地、网络的农事节庆传播专卖店或体验店的连锁传播（终端场域传播）、会展传播、原产地农旅融合传播（休闲农业旅游场所，如农家乐专柜设置传播）等。

浙江千岛湖的"淳牌有机鱼"，将生产环节转换成为消费环节"巨网捕鱼"，将各个产业链条节点转换成为消费场景（见图4）。

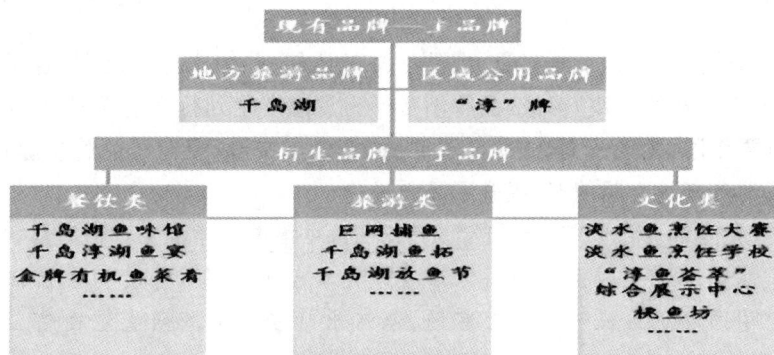

图4　中国第一条有机鱼："淳"牌有机鱼的产业链传播

### 4．右翼——媒体互联传播

媒体互联传播包括以下五种。

1）行业媒体背书传播：行业权威性。硬性广告，公关传播，节目植入营销传播等。CCTV-7、农民日报、中国农业新闻网品牌农业频道等。农资品牌。

2）行业专有平台传播：行业互动性。新发地批发中心展示与新闻发布会，中国农业展览馆新品展示与发布会，中国精品农产品馆品牌展示与发布会，中国茶叶品牌馆展示与发布会等。

3）大众媒体营销平台传播：品牌影响力。央视系列、卫视系列、门户网站、区域报、户外媒体等。

4）农产品网络平台互动传播：品牌互动性。淘宝网——特色中国馆、本来生活网、京东等。

5）社交媒体互动传播：精准交互性。微信公众号传播、品牌官网传播、企业家个人微博传播、特色游戏传播等。

### 5．尾翼——消费体验传播

消费者也是品牌的要素之一，消费者同时是具有说服力的传播者。消费体验传播包括：

消费者的消费体验、消费过程、消费口碑的传播与再传播（如网络社员品牌，网红现象）。将消费者体验感受、过程、口碑等通过多种直接或间接的渠道进行传播（如网络视频传播）。

## 结束语

从品牌文脉识别系统建设，到品牌文脉认知、品牌文脉态度（契合国人的"文脉心像"，接受度高）形成，品牌消费行为意愿产生到行为达成，都是文脉在起着重要作用，发现了文脉、挖掘了文脉、聚合了文脉、奠定了品牌文脉特征，吸引了消费者的文脉消费，提升了品牌溢价。

（本文是笔者于 2018 年 11 月 17 日在由中国美术学院主办的首届国际品牌文化创新论坛上的主题演讲。后收录于会议论文集，并转发于浙江大学 CARD 中国农业品牌研究中心官网、浙江永续农业品牌研究院微信公众号"农业品牌研究院"等。）

# 十年探索，中国城市品牌建设主体再论

城市品牌，是作为区域公共品牌的"准公共品"，城市品牌化的过程，是一个强调城市相关利益者的"共同的善"的过程，以公共价值为终极目的。然而，正是由于城市品牌的"公共属性"，导致了城市品牌打造主体的多元和复杂性，进而导致城市品牌建设主体不明，使得不少城市在品牌化的过程中走入了误区。十年前，我将目光投向中国城市品牌化建设主体的组织形态研究，表达了对于中国城市品牌打造主体的反思；十年后的今天，城市品牌建设主体不明的问题，依然值得我们关切和思考。

## 一、主体不明，"共同的善"或成"公用地灾难"

城市品牌建设是创造"共同的善"，原则上理应需要全城的组织、个人共同建设，所以建设主体应当有所明确，否则，极易产生"共同的善"无人管的"公用地灾难"。

目前，一些城市在品牌建设的决策与实施过程中，主体基本只有城市党委与城市政府及其职能部门，而其他的多元主体或是无法与其他主体形成合力，或是在城市品牌打造中缺席。在这种"强政府主导模式"之下，城市品牌塑造工作确实会存在"集中力量办大事"的优势，但是负面影响也不容忽视。譬如，城市品牌建设持续性不够、战略性不强、工程政绩化、沟通行政化、品牌雷同化等。

### （一）持续性不够

政府出于城市综合发展的考虑将品牌的塑造纳入工作范畴，但却很少会成立专门化、专业化的城市品牌组织机构，统御一个城市品牌的规划与设计、传播与推广，以及持续性管理等工作，而更多将城市品牌的建设工作融入城市旅游局、宣传部、规划局等部门的工作之中。这就导致我国许多城市将城市发展战略规划和城市品牌打造混为一谈，将城市的经济发展、市政建设、旅游发展等和建立城市品牌联系在一起，从而导致城市品牌建设无合力、无定力，缺乏持续性。新领导上任、新班子成立后，前后两套班子之间往往缺乏具有延续性的城市品牌定位，城市品牌打造会随着新一任领导班子的变化而发生明显转向。

（二）战略性不强

许多城市在品牌塑造过程中缺乏对整体进程的科学管理和长期的战略性规划，多数是策划性、战术性的。大多时候，或者换个符号、喊句口号、做一个电视广告宣传就暂停了，或者某国际赛事结束就停顿了，或者新领导上任就换定位了。在这种缺乏规划的"游击战"模式下，焉能有高度聚焦和清晰明确的城市品牌？

（三）工程政绩化

城市品牌建设成为城市党委与城市政府的政绩工程，城市党委与城市政府唱独角戏，包揽城市品牌建设决策与实施的全过程。没有引发城市内企业与社会组织、城市居民的共同参与。"共同的善"，由此仅仅成为政绩的表达方式。

（四）沟通行政化

品牌战略是市场竞争战略，要以消费者为中心，进行城市品牌定位，表达城市品牌诉求。但一些城市依然以行政思维及其立场左右城市品牌建设，导致城市品牌传播表达行政化。如昆明市，2018年提出打造"国际春城花都""历史文化名城""现代健康之城"三个品牌。诉求点繁杂，只能说是城市愿景或城市特点，并非最能沟通消费者的表达方式。

（五）品牌雷同化

同质化和缺乏鲜明的区域特色，成为当下中国城市品牌建设中的一个常见问题。其原因就在于基于城市发展规划，而非基于区域已有特色的城市品牌定位。城市品牌定位要把功能性和城市特有基因两个方面融合起来，形成差异和个性，这样才有持久的生命力，才能在复杂的市场竞争中脱颖而出。如果一窝蜂地出现"生态城市""田园城市"，则背离了品牌战略的差异化战略初衷。

## 二、再提"银河系—圈层"结构，建设城市"共同的善"

中国城市品牌建设的主体，要避免城市党委与城市政府唱独角戏、变为政绩工程的现象，也要防止"共同的善"衍变成"公用地灾难"的可怕结果。因此，中国城市品牌建设，应当以城市政府及其职能部门为核心主体，以社会组织与市场组织（包括企业、社团组织、城市媒体机构、品牌设计与运营专业机构等）、城市居民（包括意见领袖、一般城市居民）等为共同主体，建设城市"共同的善"。

譬如，在杭州市城市品牌建设过程中，以城市党委、政府及其相关职能部门为核心主体（城市党委与城市政府、品牌促进会、杭州市旅委等，联动杭州市宣传部门），以阿里巴巴等企业、浙江大学休闲研究中心、专家团及城市居民为全员主体，形成了多界联动的局面。同时，在确定城市标识等重大决策中，不仅邀请专家、意见领袖参与，更是二度"问计于民"，并联动本地媒体连续报道，杜绝了"公用地灾难"，形成了全员投入城市品牌建设的热潮。全员参与，全体联动，全资源整合，不仅提高了杭州城市品牌的影响力，更提升了城市居民的责任感、参与感与自豪感，让其自觉成为城市品牌的建设者、维护者、传播者。

但是，从目前中国整体的城市品牌主体实践来看，前面提到的"强政府主导模式"依然占据主流。我在2008年首次提出了一个面向城市品牌消费者和相关利益者的"市场导向型"城市品牌主体组织架构——"银河系—圈层"结构模型（如图1），期望打破单一的政府主导下"自上而下"的"金字塔模型"的藩篱，并由此避免其带来的弊端。

在"银河系—圈层"模型中，城市品牌由"城市品牌外在形象"与"城市品牌内涵构成"两个部分组成。"城市品牌的外在形象"是城市品牌的外部相关利益者通过媒体信息接收、直接接触对城市品牌形成的感受、印象。"城市品牌内涵构成"包含了城市品牌塑造的各个主体，它们分别是当地政府及其职能部门、企事业单位、专业机构、专家团、传媒及市民等。以城市当地政府及其职能部门牵头，多主体各司其职、相互合作，确保城市品牌的创建和管理得以顺利进行。

在城市内部，"街道层面"及其上层的"社区层面"也是城市品牌建设的两个主要层面。各"社区层面"和"街道层面"的圈层轨道上，分布着数量不一的黑色圆，它们代表了城市品牌的子品牌体系，包括城市企业品牌与产品品牌、文化品牌、个人品牌，等等。

城市多元主体合力、城市和它所属的各子品牌之间相互互动，形成一种整合力量，体现一个整合形象，重塑一个城市特有的品牌和它的个性魅力。

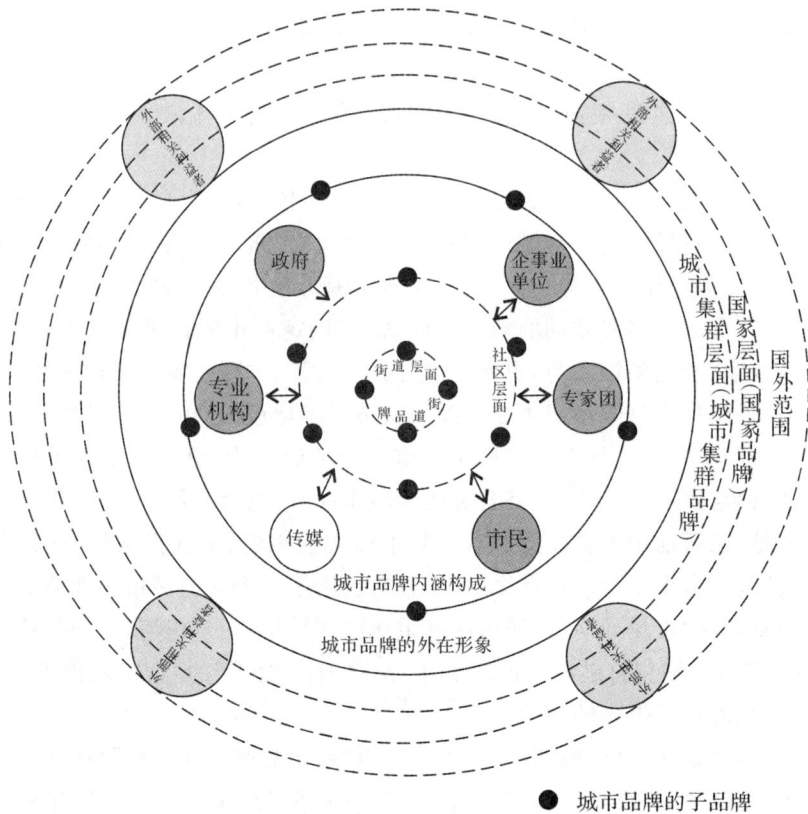

图 1 城市品牌的银河系—圈层模型（胡晓云，2008）

### 三、多方联动塑造城市品牌，打造健康生态

在今天看来，我国一些城市品牌的建设并未运用十年前我们的研究建议。根据目前不少城市品牌建设只注重城市党委与政府部门，而没有倚仗城市子品牌（品牌企业、品牌组织与个人），更没有整合城市传媒、城市意见领袖、域外消费者等多元主体的现实情况，我提出以下几点弥补性建议。

（一）对城市传媒机构的主体意识引导与主体功能利用

在城市品牌建设中，城市传媒机构具有毋庸置疑的品牌传播职能。各个城市都有各种基于纸质、电子、互联网的城市传媒，如何整合城市传媒的功能，将其纳入城市品牌建设的整合品牌传播（IBC）系统，形成城市品牌一种声音、一个形象的传播，可以系统影响城市内外的城市品牌消费者，传输城市品牌理念，构建城市品牌形象。城市传媒如何自觉意识到自身对城市品牌建设的职能，又如何整合城市传媒达到既具有共性又充分发挥个性的系统传播，这些问题需要深入研究。

（二）对城市中各种意见领袖的主体意识引导与主体功能利用

二级传播理论说明了城市意见领袖在城市品牌建设中具有重要的作用。同时，城市意见领袖也是城市品牌的重要消费者。因此，邀请城市意见领袖代表城市品牌发出声音，并成为城市品牌建设主体的有机构成，将具有相当的说服力。如墨尔本、杭州、上海、北京等城市都做过相关尝试。由于意见领袖的主体参与意识与参与程度不同，所做的贡献也不同，广泛邀请，深度参与而不仅仅是在电视广告中做一个代言人，效果势必更好。

（三）邀请专业机构实现城市品牌建设

一些城市之所以会出现城市品牌定位与调性的行政化、雷同现象，与城市政府领导越俎代庖，超越自己的知识结构，直接实现品牌设计有关。一些城市的政府领导有一定的创意能力，便不屑邀请专业组织加盟，或者将专业组织作为下属机构而非专业参谋，采用行政化合作与管理，致使专业组织的创造力与专业能力得不到重视与发挥。因此，城市政府部门要有合作的姿态，尊重专业，尊重知识，尊重创新，才能够共同打造出一个富有感染力的城市品牌，才能创造"共同的善"。

（四）邀请消费者代表加入决策队伍

2008年，我赴日本学术交流，介绍了当时我在日本、中国两地开展的杭州市城市品牌建设效果研究成果。其中，谈到二度"问计于民"时，日本早稻田大学的学者龟井昭宏建议，应该问问域外的消费者。是的，城市消费者具有不同层次、不同地区甚至国度、不同的人口统计学特征，城市消费者比一般的产品消费者更加多元、立体、复杂。但消费者是城市品牌建设的中心，必须倾听消费者的声音，洞察消费者对城市品牌的需求，形成城市品牌利益点与消费者深层次需求的对应关系。因此，邀请消费者代表（市民代表之外的域外消费者）加入决策队伍，提出建设性建议，是很有必要的。

十年求索，中国城市品牌建设得到了前所未有的重视，也取得了不容忽视的成绩。作为区域品牌建设中的一种品牌模式，城市品牌有其独到的价值，在国家竞争、区域竞争中，已经成为锐利的、战略性的武器。期待中国城市品牌的建设能够充分理解城市品牌的特质,充分认识到城市品牌建设主体的多元性、复杂性、联动性与整合性,调动各类主体的积极性,成就品牌的独特价值,提升城市影响力,提高城市价值,体现城市的人类关怀。

（本文首发于《国际品牌观察》2018年第10期,后转发于浙江大学CARD中国农业品牌研究中心官网、浙江永续农业品牌研究院微信公众号"农业品牌研究院"等。）

# 2019 年度

2019 年,全国各地的农业品牌化特别是农产品区域公用品牌的创建与运营逐渐进入深水期。具体运营中,区域品牌及其特征、区域品牌的内涵、分类、运营模式等问题,亟须理论梳理与界定,否则,各品牌的运营者无法厘清概念、辨析问题,难以科学地运营品牌。

笔者应需撰文《概念辨析:区域公共品牌与区域公用品牌》,从区域品牌的来历,到区域品牌的不同类型、不同主体、不同运营模式,进行了差异性理论分析。

这一年,中央一号文件指出,健全特色农产品质量标准体系,强化农产品地理标志和商标保护,创响一批"土字号""乡字号"特色产品品牌。笔者团队与农业农村部中国绿色食品中心合作研究"地理标志产品的品牌化"课题、主持国家自然科学基金资助项目"基于区域化、网络化视角的农业品牌价值体系建构与管理策略研究",深入研究地理标志产品的品牌化问题,推出系列专题文章,并发于《国际品牌观察》杂志。该杂志由中华人民共和国商务部主管,在国际上有着相当的影响力。

同时,就在这一年,笔者在"第三届中国农业品牌百县大会"的主旨演讲中推出了"乡村品牌化""乡村经营与乡村品牌""乡村品牌生态结构"

等基本概念与理论体系,引发人们对区域品牌中的"区域公共品牌"的关注,旨在推动产业区域公用品牌的同时,进一步促进县域品牌、乡镇品牌、村庄品牌等基于区域空间的品牌的诞生与健康发展。

# 概念辨析：区域公共品牌与区域公用品牌

新年开工的日子来了，有关单位与人士渐渐回归工作状态。有关品牌战略的政策、计划、行动指南等都在纷纷发布，有关品牌战略特别是区域品牌战略的探讨重新进入议题。

而在有关的政策、计划、行动指南及相关文章、言论中，我依然看到人们对区域品牌、区域公共品牌、区域公用品牌等相关概念的混用。

利用品牌化，实现品牌对于乡村振兴、"三农"发展、农业产业促进等方面的赋能，这是我们在新年里要抓的核心任务。如果不能够厘清"品牌区域化"的重要性，在中国农业现代化进程中构建区域品牌与企业（产品与服务）品牌生态结构的价值，区域品牌的公共与公用的差异性等问题，也许会对具体的品牌政策、计划制订、品牌运营带来一定的知识障碍。因此，我决定再度就相关概念进行重新说明，希望能够对区域品牌实践有所裨益。

（一）区域品牌

1. 区域品牌的不同界定

（1）产品竞争时代的界定

关于区域品牌的概念辨析，在过去产品竞争时代，多数业内人士将其理解为"产品在某区域销售"，与全球品牌（国际品牌）、全国性品牌形成比较。实际上，这里所指的"区域品牌"，是"区域性品牌"，指产品只在某区域销售并形成区域市场的品牌。

（2）区域竞争时代的界定

在区域竞争时代，区域品牌有了新的解读。区域品牌指的是什么？区域品牌包括哪些类型？许多学者、专家曾对其作过研究与解释。从 1999—2018 年间，有关管理学、营销学、经济学、传播学等相关学科的研究文献中可见，各有千秋，但也可梳理出基本倾向于地理区域带来的联想，大部分从品牌联想、品牌识别出发。有的是研究行政区划定义下的区域品牌。更多的是从产业集聚品牌出发进行探讨。但对区域品牌的概念、区域品牌的类型分析莫衷一是。

借由众多学者的相关理论研究成果，根据我近20年来对于各种品牌类型的研究与实践，我认为，可以简洁地表述如下：

区域品牌，指的是人们对一个区域整体、区域产业、区域产品等的印象、认知及其评价。也即是人们或消费者与一个区域整体、区域产业、区域产品等之间的相互关系。区域品牌与普通的企业品牌、产品品牌之间最关键的差异，是区域品牌具有"准公共品"特征，对区域整体、区域产业、区域产品形成直接的品牌影响，能够使区域产业、区域产品与区域整体达到共同发展。

从这个概念可见，区域品牌并不是指当年单纯的产品竞争时代的产品在某区域销售，也并不像有的学者所理解的，仅仅是指城市品牌。

如图1所示的这些区域品牌，品牌主通过品牌命名与品牌logo及其消费体验，让一个区域整体、区域产业、区域产品等与消费者建立关系，让消费者对其产生印象、认知、评价，这就是区域品牌。如果没有产生印象、认知、评价，建立关系，那么它们只是一个城市、一个产业、一个产品而已，不是一个品牌，也不是一个区域品牌。而上述这些，都代表着一个区域品牌，是区域整体形象、区域产业发展、区域产品品质的保障。

图1　各种不同的区域品牌案例

随着区域品牌建设的发展，从空间也可以打造品牌的理念与实践开始，区域品牌已经呈现出了复杂的结构关系，包含着多种区域品牌类型。

（二）区域品牌类型

根据是否具有公共性、具有何种程度的公共性为标准，区域品牌可以分为两大类:区域公共品牌、区域公用品牌。

1. 以是否具有、具有何种程度的公共性为基准划分

(1)区域公共品牌

公共,英文表述为 public,指公有的、公用的,即共同拥有,共同使用。在英文相关文献可见,学者在探讨如国家品牌、城市品牌等区域品牌时,一般都与公共外交(public diplomacy)相关,行文中多强调官方(official)、政府(government)、控制(govern)的主导性,认为此类品牌需要考虑多主体利益(take into account),由多主体共同呈现(present/make)。因此,区域公共品牌是基于特定地理区域范畴,由官方或政府控制、主导的品牌,此类品牌由区域内多主体共同拥有品牌,并共同创造、共同使用、享受品牌带来的利益,由多主体在政府主导下实现共同的品牌建设。区域公共品牌是区域内多主体共同使用的品牌,因此也属于区域公用品牌。

(2)区域公用品牌

公用,英文表述为 public\communality\for public use 等,指共同分享、共同使用。在英文有关葡萄酒产业、区域产业品牌、强调产品共性与品牌个性等相关文献中可见,行文强调的重点不在"public",而在使用"public use/share"。同时,部分文献且使用"commonality"一词。因此,区域公用品牌是基于特定地理区域范畴,由产业集群、产品类别等形成的,由行业协会组织拥有并运营品牌,由区域范畴之内的产业相关机构与个人多主体共同创建、共同使用、共同享受品牌带来的利益,由多主体在行业协会组织等主导下实现共同的品牌建设的品牌。此类品牌的商标所有权、经营权、使用权分离,对区域公共性的影响,是通过产业发展、产品形象等形成的,而非直接的区域公共性政务服务,因此不能与区域公共品牌相提并论。

由此可见,区域公共品牌不仅公共且公用,公共拥有品牌权益,公共创造品牌价值,公共使用品牌,公共分享品牌利益,并强调政府或官方机构对品牌的控制性,具有多主体创建品牌、多主体分享品牌、多主体呈现品牌的特征。区域公共品牌针对的是公共区域、公共服务领域,同时是区域内所有组织与个人公有、公用的品牌。

区域公用品牌,其品牌所有权与品牌使用权分离,品牌所有权属行业协会等运营组织所有,品牌使用权由行业协会等组织授权符合标准的产业、产品生产经营者使用。区域公用品牌针对的更多是产业品牌、产品品牌等生产经营领域,只有区域内相关的行业协会等组织拥有品牌所有权,只有区域内获准授

权者才能共用、共建、共享品牌。

2. 以区域划分为基本点，已形成四种区域品牌类型

区域品牌，最重要的是具有区域性特征。根据区域划分标准，目前国内外已经形成了四种类型的区域品牌。

(1)位于特定地理区域范畴之内，以行政区划为划分基准的区域品牌——区域公共品牌

1)品牌类型：此类区域品牌的品牌类型包括国家品牌、城市品牌、县域品牌、乡镇品牌(特色小镇)、乡村品牌(新农村品牌)等。

2)品牌注册：此类品牌，有的并不实行商标注册，所以在法律上属于虚拟性品牌，在品牌运营与品牌关系上，则属于实有品牌；有的采用集体商标注册，成为区域性集体商标品牌。

3)品牌识别：基本上以区域名称为品牌命名。

4)品牌运营主体：品牌运营决策者及主体多为政府，由政府为核心及主导力量，协同各种社会力量(包括学者、媒体、产业等)进行品牌建设。

5)品牌归属：区域内常驻机构与人口公有公用、共创共享的区域品牌。

因此，此类区域品牌具有显著的区域公共性特征，品牌创建属于政府公共服务的重要构成部分，品牌为区域政府与区域内企事业单位、人民共同所有、共同使用、共担责任、共同分享。可称之为"区域公共品牌"，也是"区域公用品牌"。

(2)基于特定地理区域范畴之内，以特定区域内的产业集聚为基本前提，以特定区域内的产业集群为基准的区域公用品牌——区域单一产业品牌

1)品牌类型：多为区域产业品牌，品牌的形成大致分两种不同的情况。

A. 有的品牌，基于特定地域原有的产业资源禀赋(特殊物种、特殊工艺、特殊自然条件等)，然后进行发展与再造，属于有中生有的品牌，如永康五金。

B. 有的属于后天创造的品牌，与特定区域的原有产业自然禀赋、人文因素并无天然关联，如嵊州领带等。

2)品牌注册：此类区域品牌，有的注册为商标，有的并不注册商标，因此存在着虚拟、实有并存的现象。

A. 有的品牌，是基于社会公众及消费者对产业印象、认知与评价的虚拟品牌，在法律上并没有相关的商标注册与保护；严格意义上，还不是一个具有法律保护的品牌。

B. 有的品牌，以行业协会组织牵头注册并拥有相关集体商标或证明

商标。

C. 有的品牌,拥有特殊的地理产品保护标志、行业标志等,具有一定的法律保护与约束。

3)品牌识别:基本以"区域名称＋产业类别名称"作为品牌命名。如"永康五金""嵊州领带""广东陶瓷"等。

4)品牌运营主体:行业协会组织等。由其进行品牌注册、品牌运营与授权管理、标准控制等。

5)品牌归属:属于行业协会组织等,由协会授权区域内符合相关标准的生产经营者共同使用商标、共同承担责任、共同分享品牌利益。

此类区域品牌多为区域公用品牌。品牌体现出区域性、公用性、商标所有与商标使用分离性等特征。但它不具有区域公共性,特别是区域公共性政务服务性质,行业协会可以拒绝不符合标准的生产经营者使用品牌。当然,当品牌强大,将对区域经济发展、区域形象产生正向作用。

(3)基于特定地理区域范畴之内,以特定区域内特定的自然资源(环境、物种等)与人文因素(文化或工艺特色等)为基础,以产品品类划分为基准,并多以证明商标注册的区域公用品牌——区域单一产品品牌

1)品牌类型:这类品牌基本以地理标志产品(原产地产品)的特色物种、特色人文因素(工艺等)为基础,形成单一产品品类的区域单一产品品牌。如烟台苹果、西湖龙井等。

2)品牌注册:一般由行业协会、事业单位等注册地理标志证明商标。

3)品牌识别:以"产地名称＋产品品类名称"作为品牌命名。

4)品牌运营主体:由经过行业协会组织授权,由特定地理区域内、基于特定区域文化或工艺特色、达到相关标准的生产经营者使用。

5)品牌归属:行业协会组织拥有商标所有权与运营权,协同政府推动与引导,授权区域内符合产品标准的生产经营者共同使用商标,共同责任、共同分享品牌利益。

此类区域品牌多为区域公用品牌,体现出品牌范畴区域性、品牌资源公共性、商标使用公用性(协会成员)、商标所有与商标使用分离性等特征。但它不具有直接的区域公共性,特别是区域公共性政务服务性质,行业协会可以拒绝不符合标准的生产经营者使用品牌。当然,当品牌强大,将对区域经济发展、区域形象产生正向作用。

(4)基于特定地理区域范畴之内,以区域内的自然资源、人文因素、产业、

产品、生产经营者综合划分为基准,并以集体商标注册的区域品牌——区域产业整合品牌

1)品牌类型:以全区域内涉农全产业、全品类、合格生产经营者划分为基准的,注册为集体商标的区域品牌。

2)品牌注册:一般由行业协会注册为集体商标。此类品牌过去没有,经过我国的探索并取得了有效的进展。以"丽水山耕"品牌为代表。这是属于丽水市特定地域范畴内,基于丽水特定区域文化或工艺特色,以丽水农业全产业、全品类、丽水市区域内相关生产经营者为生产主体的区域品牌。

3)品牌识别:以能够表现其品牌特征的品牌命名。也可以采用"产地名称＋品类名称"的命名办法。

4)品牌运营主体:行业协会为主,协同政府、企业、合作社、农户等合格的生产经营者共同运营。

5)品牌归属:协会拥有商标所有权与经营权,协同政府推动与引导,授权合格的生产经营者共同使用商标、共同承担责任、共同分享品牌利益。

此类区域品牌不仅侧重于区域性,有特定区域的范畴划分,更有加入相关产业协会的生产主体——协会成员,被相关协会授权使用商标。

以往,有关区域品牌的概念相对比较模糊,也基本没有清晰区分区域公共品牌与区域公用品牌,因此我们经常会在一个文本中见到"公共"与"公用"两个词汇通用的情况。事实上,由于是否具有、何种程度具有公共性及其公共性政务服务的行政性质问题,应当区分"公共"与"公用"不同的品牌性质、不同的公共程度。而"区域公用品牌"并不一定具有"公共性及其公共性政务服务"特征,它更多体现的是产业特征、市场特征。

弄清楚两者的区别,才能够清晰地认识到,政府在区域公共品牌建设中必须占主导、主体地位,而在区域公用品牌建设上,政府只能够起引导、推动作用,且区域公用品牌建设的主体是行业协会组织等社会中介组织或市场组织。

以往,上述四类区域品牌并没有"区域品牌"这一共同的概念界定,也没有清晰的划分。

近年来,"区域品牌"越来越产生了约定俗成的学术应用。如2018年7月12日召开的"2018区域品牌发展国际论坛",以"区域品牌"命名,虽然学者们谈的更多的是城市品牌。2014年之前,前三类区域品牌已经在国际以及国内开展了多个角度、多个层面的品牌建设,第四类则因"丽水山耕"品牌的出现而先后出现。

（三）区域品牌的共性与个性

由上述有关区域品牌概念、区域品牌分类及其类型可见,比较普通商标前提下的产品品牌或企业品牌,区域品牌具有以下共性特征。

1. 区域性

无论哪一种区域品牌,都具有区域性特征。品牌均源于特定地理区域,产于特定地理区域,限于特定地理区域,回馈于地理区域,对区域经济的发展产生整合价值,对区域品牌形象产生一定的影响力,超越了单个企业、产品品牌的单一力量。

2. 公共性

无论哪一种区域品牌,均具有公共性特征,但公共性的内涵与外延有所不同。其一,资源公共性。无论哪一种区域品牌,其依赖的区域自然与社会文化环境、区域资源禀赋传承,都具有公共性特征,不是一家一户的资源,而是区域内自然环境、长期不断创造形成的人文因素及其产业因素,区域内组织与个人都能够共享的资源。其二,区域公共性。区域公共品牌的根本属性是区域公共性。区域公共性,决定了区域公共品牌的共有、共用、共创、共享机制,不仅仅是公用。第二、三、四类区域公用品牌在享用区域公共服务时,也拥有区域公共性特征。其三,权利公共性。区域政府打造区域公共品牌的使命与公共服务责任,决定了区域内所有组织与个人共同拥有、共同使用、共同创建、共同分享的权利。但在权利公共性问题上,区域公共品牌与区域公用品牌的内涵有所不同。第二、三、四类区域公用品牌不具有公共拥有品牌所有权的权利公共性。

3. 公用性

无论哪一种区域品牌,均具有品牌使用的公用性特征,但使用的标准与要求程度有所不同。区域内的相关组织、企业、个人等,只要达到相关标准要求,即可被授权使用商标。但必须达到标准,遵循有关规则。即便是区域公共品牌,为了保证品牌发展效果,品牌的使用权利等也会受到一定的约束。如杭州市城市品牌的城市标志,就规定了四个领域的应用权限,个人不可以使用城市标志。区域公用品牌,则必须达到相关标准、加入相关行业协会、遵守相关要求,才能获得公用的权利。因此,区域公共品牌与区域公用品牌的公用程度、公用权益均有所不同。

### 4. 共责性

无论哪一种区域品牌，均具有品牌建设的共责性特征。但共责的主体与协同者、程度与要求、责任轻重则各有不同。区域公共品牌的品牌建设核心是政府机构，政府协同区域内组织、个人进行品牌建设。比如国家品牌建设，公民人人有责，但主责者是政府。而基于区域产业、区域产品、区域生产经营者的区域公用品牌，其品牌建设主体是行业协会等组织，由协会协同政府、加入协会的成员单位与个人共同守责。区域政府须支持并推动协会的品牌建设工作，加入协会的成员单位与个人须严格遵守协会制定的品牌标准与品牌要求，共同维护品牌荣誉，才能共享品牌利益。

### 5. 共享性

无论哪一种区域品牌，均具有区域内或协会内成员共享品牌利益的特征，但区域公共品牌与区域公用品牌的共享程度有所不同。只要是区域内的组织与个人，都能够共同享受区域公共品牌带来的品牌效益。只要是加入相关行业协会的第二、三、四类区域公用品牌的相关组织与个人即可享用品牌的使用权，获得品牌带来的溢价空间。但由于商标所有权与商标使用权分离，因此商标所有权不具有公共性，由商标所有权属产生的品牌价值、品牌资产等并不具有共享性。因此，不同区域品牌的共享程度差异较大。

（本文于 2019 年 2 月首发于浙江大学 CARD 中国农业品牌研究中心官网、浙江永续农业品牌研究院微信公众号"农业品牌研究院"，后被芒种品牌管理机构等自媒体转载。）

# 地理标志产品如何实现品牌化

2019 年 7 月 22 日,由国家知识产权局主办、贵州省市场监督管理局(省知识产权局)承办的地理标志精准扶贫西部宣讲团贵州站活动在贵州省委组织部人事干部学院拉开帷幕。活动的主题是"提升地理标志运用水平,助力特色产业发展,力促贵州贫困地区实现脱贫攻坚"。作为此行中唯一的学界代表,笔者做了题为《地理标志产品如何实现品牌化》的主题讲座,演讲内容分为三部分。

## 一、地理标志产品为什么要实现品牌化

三种地理标志产品都尚未成为真正意义上的品牌,应当通过品牌化过程,发现、保护、传承、重塑地理标志产品的形象、功能与价值,链接消费者的品牌消费,应对市场上的品牌竞争,创造新型的品牌经济,因为,时代已经处于 3B 时代,而地理标志产品的品牌化,能够通过"品牌扶贫",带来更高的扶贫效益。

## 二、地理标志产品的品牌基础与品牌化缺位

通过对地理标志产品的共性特征、核心特征的分析,通过对品牌、品牌经营、品牌战略独特性等方面的分析,我认为,地理标志产品具有先天的品牌基因,但因为品牌化缺位,品牌化程度不够,导致一些地理标志产品沉睡着,某些地理标志产品濒临品种灭绝,一些地理标志产品运营困难,希望进一步通过地理标志产品的品牌化进程,达到基于"地理标志产品扶贫"基础上的"品牌扶贫"。我欣慰地看到了"庆元香菇""福鼎白茶"等地理标志产品在品牌化进程中取得的卓越成果。

### 三、地理标志产品如何实现品牌化

对中国地理标志产品特别是农产品地理标志产品的品牌化特征，针对性地给出相关理论范式与现实解决方案。

（一）选择单一产业的区域公用品牌类型

基于地理标志产品的十大共性特征、四大核心特征，基于地理标志产品的品牌，应当选择单一产业与单一品类的区域公用品牌与相关企业品牌、产品品牌的品牌结构模式，实现一个区域品牌经济的单兵突破与单一品类产业品牌集群的构建与品牌相关延伸。单一产业区域公用品牌与农业部一直以来推动的"一村一品"、商业部推出的"一县一品"有一定的差异，前两者强调特色产业化与特色电商化，而基于地理标志产品的单一产业区域公用品牌建设，则强调特色品牌化。

（二）发现—坚守—传承—重塑地理标志产品的品牌价值

1. 要义之一：抓住并有效表达区域性特征。以长白山人参、盐池滩羊、庆安大米这三个地理标志产品的品牌化案例，阐述如何挖掘、发现、传承、重塑地理标志品牌的相关策略、路径与方法。

2. 要义之二：着力文脉传承与文脉再造。在介绍了文脉、文脉品牌、文脉主义、品牌文脉这几个不同的概念及其理论背景之后，通过"武当道茶"品牌形象片介绍了文脉传承与文脉再造的具体策略与方法。

3. 要义之三：以文脉传播为主轴进行整合品牌传播。地理标志产品是由特定地域、特定品质特征、特定地理生态环境、特定历史人文因素形成的，因此要抓住文脉特征，进行文脉传播为主轴的整合品牌传播。以重庆"巴味渝珍"、运城苹果、长白山黑木耳、公主岭玉米等为例，介绍了如何在品牌构筑程序中提炼并强化文脉价值、如何在品牌传播中对应消费者"文脉心像"等问题。

4. 要义之四：地理标志产品的品牌运营控制。根据地理标志产品的特征，对品牌运营控制有更高难度、更需要协调利用的要求。要构建区域公用品牌与企业品牌、合作社品牌等之间的良好生态关系，建立产品稀缺性与产业规模化的平衡关系，形成区域公用品牌共性与企业品牌个性之间的互动关系，着力品牌核心价值维护与品牌延伸的博弈关系，并提出了关键的理念突破：地理标志产品并非意味着只是单一而初级的产品，应当以其为原点，创造或再造品牌价值链，形成突破初级产品局限的产业品牌价值生态与价值链条。

［本文是笔者于 2019 年 7 月 22 日在由国家知识产权局主办、贵州省市场监督管理局（贵州省知识产权局）承办的"地理标志精准扶贫西部宣讲团"贵州站活动的主题讲座。后整理转发至浙江大学 CARD 中国农业品牌研究中心官网、浙江永续农业品牌研究院微信公众号"农业品牌研究院"，后被芒种品牌管理机构等自媒体转载。］

# 中国农业区域公用品牌的类型探索

2019 年 12 月 20 日,2019 中国区域农业品牌发展论坛暨 2019 中国区域农业品牌年度盛典系列活动在北京举行。全国政协十三届农业和农村委员会副主任、中国农业经济学会会长陈晓华,全国政协十二届经济委员会副主任石军,中国品牌建设促进理事长、国家原质检总局副局长刘平均,浙江大学 CARD 中国农业品牌研究中心主任、浙江永续农业品牌研究院院长胡晓云,中国品牌建设促进会副理事长、秘书长郑志受等嘉宾受邀出席,笔者以"中国农业区域公用品牌类型探索"为题做了主题演讲。

论坛发布了"2019 中国区域农业品牌年度人物",笔者获得"2019 中国区域农业品牌年度人物"称号。

图 1　笔者做"中国农业区域公用品牌类型探索"主题演讲

各位新老朋友,大家下午好。

很高兴,在寒冷的冬天,能够聚集在温暖的会议现场,大家一起探索,一起精彩。

感谢《中国品牌》杂志社,感谢张超先生,让我有机会与大家交流。接下来我想将我们这些年来有关"中国农业区域公用品牌类型"的探索与各位分享,以求得各位专家的共同探索与理解。

## 一、探索的基本立场

无论是学术探索还是探索现实问题解决路径,都需要先解决探索的基本立场问题。在我看来,学习欧美并不等于步欧美后尘,国际化并非欧美化。寻找适合国情的中国道路与中国方略,用适合中国的品牌化道路实现乡村振兴,这是我们探索的基本立场。

## 二、探索的基本前提

无论是学术探索还是探索现实问题解决路径,都需要先确认探索的基本前提。关于中国农业区域公用品牌的探索,基本前提有三。

其一,是为了中国农业能够顺应国际品牌创建与竞争趋势;其二,要针对中国农业产业及生产特征;其三,要针对当今消费认知及消费驱动特征。由国际品牌创建与竞争趋势可见,不同类型品牌的竞争与协同生态早已呈现,区域品牌化趋势已然形成。在过去单一的产品品牌、产品加企业品牌竞争的同时,开启了城市品牌、国家品牌等不同区域范畴的品牌竞争,不同产业的区域品牌竞争。

所以,我们看到了前所未有的不同品牌共存、共生的图景。

我们看到,中国农业特征与欧美国家不同。中国农业产品具有自然之子、风土之物和文脉表征三大特征。

中国虽然幅员辽阔,物种繁多,物产丰富多样,但在土地集体所有制和千家万户生产的现实条件下,农业产业组织化程度低,产业规模小,标准化程度低,具有区域、公用、多、小、非标的特征。

中国农业产区,70%产区农业为山区(丘陵/高原)农业,无法实现大规模一体化生产,农业产区生活水平大多较低(贫困县),地理区域特征显著但外界影响力弱,具有多、小、散、特、贫、弱的特征。

我们也看到,当下我国消费者的品牌消费习惯已十分明显。在农业品牌化中我们能看到,消费者对农业品牌的欣赏和消费,更多的是产区的认知、产区的消费和产区的忠诚。今天消费者的消费驱动也和过去完全不一样,他们不仅仅是生物人,还是社会人和符号人,所以从这个意义来讲,立体、多元、个性、符号、象征,这样的消费驱动已然形成。

### 三、探索的三种基本类型

针对中国农业特征,我们探索了符合中国农业特征的品牌化模式,在2006年的文章和2007年的专著当中,我们提出了"农产品区域公用品牌"的概念。

农产品区域公用品牌是特定区域内相关机构、企业、农户等所共有,在生产地域范围、品种品质管理、品牌使用许可、品牌行销与传播等方面具有共同诉求与行动,以联合提高区域内外消费者评价,使区域产品与区域形象共同发展的农产品品牌。

进一步,我们提出了农产品区域公用品牌的类型创建模式,提倡"母子品牌协同"模式(见图2)。有人曾经站在欧美的农业品牌塑造背景来谈中国农业的问题,反对区域公用品牌创建的探索,我认为这是不符合前述三大基本前提的。

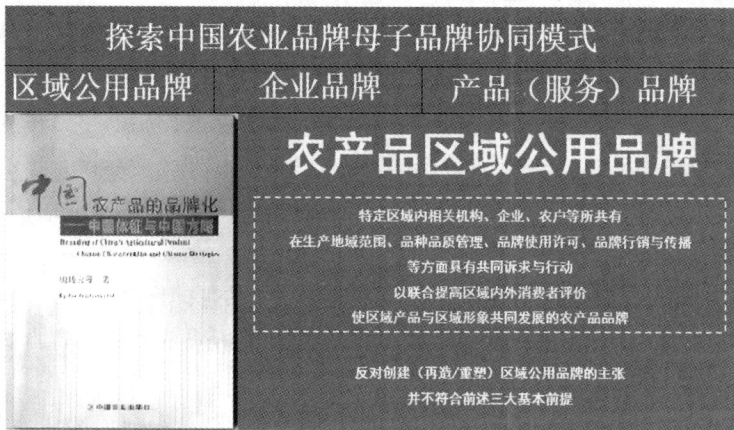

图 2　农产品区域公用品牌的协同模式

根据农业特别是中国农业的特征,我们于2006—2018年间,不断进行实践探索,并总结了农业区域公用品牌创建的三种类型:单产业突破、全产业整合、全资源融合(见图3、图4)。

图3 2005—2016年探索结晶　　　　图4 2007—2018年探索结晶

（一）单产业突破的农业区域公用品牌类型探索

单产业突破的农业区域公用品牌，强调品类思维的人也叫它"单品类农业区域公用品牌"。但由于农业的单品类多品种、同品类植物繁多的特征，有时，单品类也只是大类称谓。如"苍山蔬菜"所在地兰陵县，有110万亩蔬菜，一年四季生产多种蔬菜，是有名的"中国蔬菜之乡"，所以我们就为之创建了"苍山蔬菜"这一蔬菜品类品牌。

单产业突破在我国已经有非常好的基础，有产业发展基础如"一村一品""一县一品"；有规模与标准化基础：上万至几百万亩的种植面积；有消费影响力基础：长期消费习惯与产品影响力；有区域产品特征基础：像地理标志产品（人无我有、人有我特），适合不同区域范畴，特别是具有上述基础的县域农业区域公用品牌的创建、再造或重塑，以"地名＋品类"注册证明商标品牌。这方面，我们在国际市场也可以看到，比如"爱达荷土豆"，它就是一个地理标志证明商标。而且国外很多成功的案例都是单品类、单产业的区域公用品牌，这些案例证明，单产业突破能够形成规模化、标准化生产，整合化营销，统一打造品牌，节省成本，是一种非常有价值的模式。

（二）全产业整合品牌类型探索

但单产业品牌打造模式并不能满足我国这片土地上的现实需求，我们进行了另一种模式的探索。2014年，"丽水山耕"作为国内首例全区域、全产业整合的农业区域公用品牌，也叫全（多）品类区域公用品牌进入市场。"丽水山耕"诞生的前提是，相对单品类农业区域公用品牌而言，丽水市的"生态精品农产品"区域共性特征显著，具有全产业整合农业区域公用品牌的基础；其次，丽水市区域地理性特征显著（山区丘陵地形、生态有机绿色的环境）；再次，它的产业与产品呈现多、小、散、特、高的特征，产区经济不发达甚至相对贫困，产区整体知名度与产品影响力较弱，体现了山区农业的多、小、散、特、高、贫、弱的特质。具有这些特征的地区，由于贫和弱，其实无法一一打造单品类区域公用品牌，但这种地区是具有区域整体突出共性特征的，所以某种意义上来讲，这种全区域、全产业整合的品牌打造方式，它是在困境中寻找路径突围（见图5）。

图5　全产业整合品牌类型探索

全区域、全产业整合农业区域公用品牌，一般可以以集体商标注册，以协会或农合联等为运营主体，形成政府推动—协会或农合联为主体并运营—企业会员单位—产业合作社—农场—农户等的系统整合，所以我们称之为全产业的整合。

全产业整合农业区域公用品牌创建的关键点，在于"整合"二字。整合并表达区域特征，整合区域内农业产业、产品、机构，形成整合的产业资源结构、核心产品体系、子品牌生态结构。在这里，请不要机械地理解"全区域/全品类"概念，不达标准、不属特色产品、没有消费需求的产品不可以纳入品牌的产品体系。最终，应当通过整合，形成全产业品牌内在的生态结构。

在整合原则上，要坚持区域特色，人无我有，人有我优，人优我特。品牌名称不一定是"区域名＋品类名"，可以有更多的创意表达。比如说"新奇士"的集体商标，它的品牌名称 Sunkist 含义就是"太阳亲吻过的地方"。

（三）全资源融合品牌类型探索

第三种模式，就是全资源融合的区域公用品牌。它实际上是借助乡村全域品牌化带动农产品的品牌销售与溢价，用乡村全域公共品牌＋全区域农产品的商品化与品牌化的方式，利用普通商标、证明商标、集体商标、专利与认证的多重背书，创造区域公用品牌。这在日本就有先例。日本熊本县采用的是县域区域公共品牌＋熊本熊全县域产品区域公用品牌的方式，是非常成功的。在我国，目前全资源融合的区域公用品牌还比较少，但在 2011、2012 年我们就进行了相关尝试。2013 年，我们探索完成了"浪漫山川"乡域区域公共品牌＋全乡域农业产品的旅游商品化。2015 年，安吉山川乡成为中国首个乡域AAAA 级景区。

可以看到，无论是哪一种农业区域公用品牌类型，其存在价值在于证明、认证、背书某区域或某区域相关成员的优质特色农产品，能够提携区域内农业企业、合作社、农场、农户等共同成长，并与区域形象互为背书。问题在于，我们该如何理解、把握以及科学地规范管理和运营这三种不同类型的区域公用品牌。这里有两个走向，一个是创造并实际运营一个区域公用品牌；另外一个走向，就如"绿色食品"证明商标一样，去证明或背书一个区域的产品是有价值的产品，这是两种不同的路径。我们的探索并未就此止步，而是永不停歇的，因为我们认为，没有探索，就发现不了真理。

当下，中国实际上已经走进了"乡村经营""城乡融合发展"的新时代，中国应当实现"乡村全域品牌化""城乡互动品牌化"。乡村经营要在乡村建设（新农村建设）的基础上，顺应国际通行的乡村振兴战略，通过乡村品牌化，构建品牌新生态，才能实现"乡村品牌价值"。唯有通过乡村品牌化，才能发现、实现乡村品牌价值，这是我的基本观点。因此，在 2018—2019 年的多个论坛中，我都在强调，乡村品牌化是乡村振兴的有效战略选择。在 2019 年 12 月 6 日中国农业品牌百县大会上，我提出了"乡村全域品牌化"的概念，也提出了整套的品牌基本类型与生态结构体系。

2019 年，我们在乡村全域品牌化问题上进行了一些探索。比如，浙江衢州地区的"全域联合"的品牌协同方法。将衢州区域形象品牌"衢州有礼"与农产品区域公用品牌"三衢味"进行品牌联合，共同打造互为表里、相互依存的品牌联合体。"衢州有礼"是"三衢味"的形象表达，"三衢味"是"衢州有礼"品牌的物质载体和产品体验。

杭州市余杭区永安稻香小镇进行全域资源协同，以"稻"产业为核，集聚、整合八村落资源，创建全域公共品牌，来联动产业公用品牌，协同乡村运营商品牌，链接音乐、文创以及著名企业品牌。

虽然我们做了一些探索，并获得了"中国美丽乡村"背书下进一步实现乡村品牌化的部分理论与实践成果，但乡村全域品牌化问题还需要更深入的研究与实践，希望大家一起来，一起探索，一起精彩！

（本文是笔者于 2019 年 12 月 20 日在《中国品牌》杂志社主办，北京召开的"2019 中国区域农业品牌发展论坛暨 2019 中国区域农业品牌年度盛典"上的主题演讲，后整理转发至浙江大学 CARD 中国农业品牌研究中心官网、浙江永续农业品牌研究院微信公众号"农业品牌研究院"，后被芒种品牌管理机构等自媒体转载。）

# 超越同质化　　创造差异化

2019 年 11 月 22 日,笔者应邀参加第五届中国果业品牌大会,并做"超越同质化、创造差异化"的主旨演讲。

我们知道,中国果业发展迅速,从原来的供不应求,已经变成了供大于求。一个不得不承认的事实是:中国果业中的多个品类已经出现了红海竞争。比如柑橘,近年来在全国各地特别是西部地区扩种,一个省便有 600 万~700 万亩的种植面积,几近饱和。比如苹果,现在再也不只有一个烟台苹果了。据官方数据显示,我国目前苹果种植面积达 4000 万亩,年产量 5000 万吨。在这次参与品牌价值评估的中国果业区域公用品牌中,苹果产业区域公用品牌有 22个,柑橘产业区域公用品牌有 26 个。在市场竞争加剧的同时,由于现代技术参与、工业化规模思维的干预与引领,在中国的土地上,不仅可以生产上好的车厘子、苹果、葡萄、石榴等外来水果品种,还能够培育出自己的品种,并实施大规模种植了。这也导致中国果业的地理区域、品种、品质特征、品类稀缺性等正在被人为消解,代之而起的,是在北方寒冷地带的大棚里,可以生产品质很好的热带水果;在南方炎热地带的大棚里,可以看到北方的水果。

## 一、中国果业的十大同质化现象

放眼中国果业,我们可以看到,技术参与、规模生产导致了中国果业一系列的同质化现象,具体体现在以下十个方面。

(一)品类同质化。全国柑橘种植面积近 5000 万亩,苹果种植面积 4000万亩,规模化种植带来果品品类的高度同质化。

(二)品种同质化。以苹果为例,苹果占比 65% 以上的品种为红富士,全球苹果新品种 12 种,但只有一种是烟台苹果研究所培养出来的"烟富 2"。

(三)技术同质化。农业生产技术的相互学习,如矮砧密植技术,正在被重视与扩大影响力。

（四）产地同质化。一个产地区域的面积规模扩大。例如烟台苹果即有280万亩左右的种植面积，洛川苹果从1947年的6亩扩大为2019年的53万亩。

（五）品质同质化。品种、技术、投入品的同质化，抵抗着区域风土的差异性。

（六）符号同质化。果业种植主体开始注重产品包装设计与品牌建设，但设计公司量贩，设计雷同化，导致符号同质化。

（七）认知同质化。水果是大众消费品，只有品质高、稀缺性强、价格高、价值高的水果才是小众消费品。而国内大众消费者的水果认牌消费习惯尚未养成，从品类决定消费的思维模式（买苹果还是买梨？）依旧主导着消费者的购买判断；随着品质生活提升，水果从选购品成为必需品，消费量大，但认知依然受品类、国度、产区的影响。

（八）营销方式、传播模式同质化。当前果品品牌在营销传播策略的选择与制定上存在盲目从众、模式化复制、手段趋同等问题，导致品牌价值同质化日益凸显。

（九）价值同质化。上述同质化，导致了水果的价值同质化，在品类与产地之外的价值表达几乎没有。像水果连锁店，例如百果园"好吃的水果"，价值诉求就落在口感的层面。

（十）品牌同质化。从以上内容过渡到品牌，自然而然，品牌同质化现象也就出现了。

但消费的本质是差异化。人之所以为人，应当作为一个与他人相区别的个体存在，有独立的存在感和对价值的自我理解，这使得消费世界呈现为一个多中心、多层次、多元化的状态与模式。

从"新生活世界模型"（胡晓云，2000）可见，当今与未来的消费者正处于或将处于立体、全景式消费需求当中。他们不仅是生物人，更是社会人、符号人。农产品所面临的消费者，已经具有立体、多元、个性、象征性的消费需求。即便是一杯茶，不仅需要满足其作为生物人的消渴需求，同时也应当满足其作为社会人的交流、沟通的需求，情感满足需求，作为符号人的价值表达、个性表征的需求。我经常说，"喝酒，是与神对话；喝咖啡，是与朋友对话；喝茶，是与自己对话"，而这个"自己"，是多种多样的可能性的自己。

同样，品牌的本质，也是通过差异化满足不同的需求。通过烙印、刻画等

图1 第五届中国果业品牌大会，笔者做"超越同质化、创造差异化"主旨演讲

方式，将自己从同类产品中区分开来，跳脱出来，向消费者承诺独特品质与独特价值。这就是品牌行为诞生的初心。

因此，品牌战略是差异化战略，是在同质化竞争中创造差异，创造不同，以此创造竞争优势。中国果业，如果任其同质化蔓延，将导致同类产品恶性竞争、无法满足消费者多元、多层次、多视角需求。为了令产业对应消费需求，不让产业在同质化红海竞争中陷入困境，我们必须要巩固竞争优势，在红海中寻找蓝海，从而立于不败之地。而这个蓝海，就是超越同质化，创造差异化。那么，如何超越同质化，创造差异化呢？

## 二、如何创造中国果业的差异化

我们要用品牌思维而非产品思维来看待问题。产品差异是基本差异，但不一定是核心差异，或者说根本差异。因为产品是物质的，而品牌是认知的。创造物质产品差异的同时，创造消费认知、消费态度差异，才是品牌的核心差异。那么，又该如何创造品牌核心差异呢？许多方法平时我们也有在用，并且也取得了良好的效果。

（一）创造产区风土差异。例如灵宝苹果，"天赐高原好果"，强调产区风土、海拔高度，以此来应对消费者"高原产好果"的认知预设。整个 logo 设计的字体、苹果形状、苹果线条、构图、品牌口号"天赐高原好果"都在体现"高原"特征,而高原苹果,具有生态、特色的象征。又如新奇士橙,生造一个词语"Sunkissed",太阳亲吻过的,体现的是阳光这一项重要的风土特征。商标设计时,也是体现风土(阳光与海洋)。

(二)创造品类细分差异。在大品类中细分出一个特殊的品类来。如承德国光苹果。国光苹果其实不是国有品种,它也是一种原产于美国弗吉尼亚州的苹果栽培种,培育于1700年代末期,被我国引进并完成了本土化栽培,2010年已成了地理标志产品,20世纪80年代成为消费极品。坚持品类细分而不是随大流换富士,成就"小国光"独特品类特征。

(三)创造品种迭代差异。如象山柑橘,建设了"象山柑橘品种资源库",数百个新品种储备,让品牌能够一直处于品种新奇的位置。所以,即便"红美人"已经在西部各省出现了大面积栽种,象山人依然可以笑傲江湖。今年的"象山红美人"迭代品种,不与西部争江湖,已经给消费者惊喜。日本青森苹果也是如此。日本青森县是富士苹果的诞生地,但它目前已经拥有40多个非富士系的苹果品种,比如"世界一号",一直处于世界苹果老大地位。

(四)创造品质特征差异。如SOD苹果。SOD即超氧化物歧化酶(super oxide dismutase,SOD),是人体中不可缺少的具有特殊生物活性的酶,它能分解自由基,是保护健康细胞不受自由基侵害的安全网。SOD是人类对抗自由基的第一道防线,是一次性清除体内自由基最有效的酶,它能够提高人体的免疫能力,延缓衰老,抵抗疾病,激发青春活力。通过生物技术将SOD酶置于对人体无害的芽孢杆菌中,通过芽孢杆菌再转入苹果果实内,使得苹果果实内富含SOD。SOD苹果系高科技绿色纯天然生态果品。用SOD新技术,体现超越同类的特殊功能。

上述差异,依然立足于在产品本身及其生长过程中的特征,寻找并表达其品牌差异性。但是,除了产品差异,作为一个品牌,要成为一个竞争中的强势品牌,需要进一步寻找或创造新的差异点,并予以表达,让消费者认知、接受它,从产品转向消费者认知的肯定。如何创造超越产品本身的品牌差异性?

(五)创造品牌核心符号差异。品牌最初就是通过同类产品中的商标、命名来区分自己,获得差异,让消费者认识并成为诚信标志的。因此同样是苹果,我们要以差异化的符号来区分产地、区分标志物、区分苹果品相。品牌差异在商标注册时就要努力实现。

(六)创造品牌形象与个性差异。除了核心符号形象之外,其IP形象、品牌个性差异,能够提供拟人化差异。消费者对人最感兴趣,因此将品牌形象拟人化,创造差异,这也是对品牌资产的长期投资。

要创造品牌形象与个性差异,首先需要品牌方根据品牌本身特质与消费者喜欢的特质,进行品牌形象识别设计。之后,通过品牌传播,如广告、包装设计等,令消费者接触、解读到相关形象与个性。相关研究表明,消费者喜欢一个品牌的广告、形象与个性,则对品牌会产生好感。对品牌产生好感,则会产生消费行为,甚至忠诚消费。如新奇士,在不同的时代、不同的市场,除了核心符号、核心价值不变外,其形象表达并不一样。这是为了应对不同时期、不同区域市场、不同文化的消费者。

(七)创造品牌态度差异。2019 年 10 月 12 日,美国营销专家菲利普·科特勒在北京发表了题为"营销的未来"的主题演讲。演讲中,他谈到市场营销的导向,已经从产品导向到了社会价值观导向,并提出一个关键词"品牌行动主义(Brand Activism)"。

"品牌行动主义"指的是针对企业目前面临的品牌信任危机,捐款弥补无济于事。一个品牌,要根据社会与公众的愿望,展示其品牌价值观,对社会问题有态度、有担当,承担起"使社会更美好"的责任,并行动起来。科特勒提出"品牌行动主义"的目的,是试图超越企业社会责任(Corprate Social Responsibility, CSR)。它的概念与做法:企业获得利润后通过慈善等回报社会;超越企业共享价值(Corporate Shared Value)的概念与做法:企业只是和利益相关方共享企业所产生的价值。通过对社会关注事件、热点痛点问题的价值表达、态度干预,承担起一个品牌的社会公义责任。在表达价值、干预事件、承担社会公义责任的同时,获得一个品牌的好的品牌声誉。而品牌声誉,是新时代营销的重要特征。科特勒强调,一个品牌必须就有关社会问题表达自己的态度,才能够获得消费者的认可,以品牌声誉取胜,提高品牌价值。日本青森苹果,除了拥有先进的品种、技术之外,近年来,持续在讲述"奇迹的苹果"的故事(见图 2),塑造了一个挑战现代苹果种植方法的果农——木村秋则。木村秋则的事迹,被传送、被质疑、被肯定,人们因此更明白了:青森苹果之所以有这样的品类地位,是因为有木村秋则这样的人,拥有这样的品牌态度。木村秋则自然而然地成为青森苹果品质的代言人。社会问题有许多,在环保、有机、质量等问题上发声,都可以体现品牌态度。在中国的苹果界,也有一个"木村秋则",他就是宝鸡市凤翔县的曹儒先生(见图 3)。"曹儒"牌 SOD 苹果,频频获得大奖。但这个"中国的木村秋则",还没有能够得到媒体的高度

オリジナル・サウンドトラック　**音楽：久石 譲**

图 2　日本青森苹果的传播

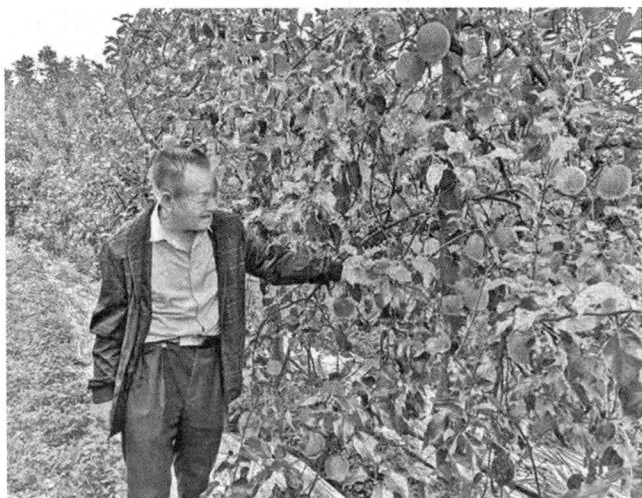

图 3　中国宝鸡苹果的曹儒先生被誉为"中国的木村秋则"

关注,仍需要增强传播力度。

(八)创造品牌角色差异。塑造一个品牌在消费者生活中的角色,成为消费者生活中一个无法替代的角色,能够使品牌与消费者共同生活、共同成长,两者相生相伴,相濡以沫,一直捆绑在一起。如"新奇士",从向消费者推介"太阳亲吻过的橙",到"一个可以喝的橙子",到"食谱",到"烹饪课堂",到"柠檬食谱大赛",到"新奇士健康食谱",新奇士绝不仅仅是一个橙子,而是一个人、一个家庭,甚至众多家庭的健康顾问。

"一个橘子……就是一个橘子……只是一个橘子。当然,除非这个橘子碰巧是新奇士,一个80％的消费者知道和信任的名字。"新奇士种植者合作组织前任CEO拉赛尔·L.翰林这番话道出了"新奇士"品牌的价值。新奇士由此达到了品牌价值差异化、品牌竞争差异化,成为不可替代的、同类无法超越的品牌。

总的来说,中国果业想超越同质化、创造差异化,需要打破品类同质化,品种同质化,技术同质化,产地同质化,品质同质化,符号同质化,认知同质化,营销方式、传播模式同质化,价值同质化和品牌同质化造成的同质竞争,以风土差异化、品类差异化、品种差异化、品质差异化、品牌核心符号差异化、品牌形象与个性差异化、品牌态度差异化、品牌角色差异化等方式,实现品牌价值差异化和品牌竞争地位差异化,创造品牌差异竞争,成为不可替代、不可超越的强势品牌。

中国果业已经进入红海竞争的时代,要想办法挣脱同质化竞争态势,超越同质化,创造差异化。只有独一无二,才具有牢固的竞争地位。

过去,在众多方面,都体现了同质化现象,未来,可以在上述八个方面进行差异化创造,通过各种不同类型、不同方法甚至立体、多重的差异化创造,创造并体现独一无二的品牌存在价值,让品牌立于不败之地,真正成为强势品牌。

(本文是笔者于2019年11月22日应邀参加第五届中国果业品牌大会,并做的"超越同质化、创造差异化"主旨演讲。后整理转发至浙江大学CARD中国农业品牌研究中心官网、浙江永续农业品牌研究院微信公众号"农业品牌研究院",后被芒种品牌管理机构等自媒体转载。)

# 潇湘茶:如何挖掘文脉价值,提升品牌溢价

2019 年 11 月 23 日,笔者受邀参加 2019 首届潇湘茶文化节开幕式与潇湘·中国茶叶品牌文化论坛,并做了主旨演讲。

尊敬的刘仲华院士、各位茶界新老朋友,大家下午好。

感谢刘院士的盛情邀请,能够让我在冬天里感受到春天里的茶香、深厚的大湘西茶文化,也让我看到了大湘西茶的区域整合与区域协同,用"潇湘茶"形成了集团军阵营,并让区域特色得到充分保留与充分体现。

这些年来,我一直在各种场合与茶界交流一个观点:中国茶应当在"中国茶"的国家品牌架构下,实现品牌集团军组合结构,用品牌集团军的方式冲出海去。而"潇湘茶"以罗霄山脉为主线,打破行政格局,以"大湘西"为概念,覆盖 55 个县,打造品牌集团军,这是一种难得的尝试。

因为今天论坛的主题是中国茶叶品牌文化,所以我选择了这个题目:"发现文脉价值,提升品牌溢价。"

选择这个题目,也与最近我接触的两件茶事有关。

## 一、两件茶事引发的思考

2019 年 10 月 7 日,我造访了被公认的茶改革者——新加坡茶叶品牌 TWG 在上海的旗舰店。店堂里,茶品琳琅满目、马卡龙香味满溢,许多上海的老绅士、新派时尚人士络绎不绝,买茶、品茶,舒适悠闲地坐饮与选品。仅一个空的茶叶罐,大的要 1 万多人民币,小的也要 150 元一个。但打开一罐西湖龙井茶,我发现茶叶的质地并不太好,但售价也要 150 元 50 克。

但事实上,TWG 成功地把自己开成了"茶叶中的奢侈品店"。

这不禁让我思考,这个品牌为何会有如此魔力?为什么?大家去想过吗?

我想,首先这是 TWG 做到了以符号系统营造时尚文化,在传承茶文化的

同时创造现代流行文化。其次,每一个人都能在这里找到属于自己的一壶茶,以拼配选择的多样性迎合消费市场上的多元文化与多元需求,满足了现代消费文化"消费者需求至上"的理念,"成功把茶叶店开成了奢侈品店"。再次,消费者随时随地可以买到全球特色茶与独一无二的拼配口味茶,像是"薰衣草之吻""启明星茶"等,获得了跨越国界的时尚向往。

第二件茶事是在 2019 年 11 月 8 日,中华茶奥会于杭州龙坞茶镇开幕。在茶叶品牌包装设计与品牌形象片大赛上,我看到我们的茶品牌设计者与茶人们,都在努力地将文脉与现代消费链接在一起,用文脉来提高品牌的文化价值。

比如福建"品品香"品牌的香朵朵茉莉花茶,提出了自己的概念:"喝出花样年华。"其包装概念以华尔道夫酒店为背景,描绘出女性穿旗袍、喝茉莉香片的形象与场景,令人马上想到 20 世纪三四十年代的老上海(见图 1)。以独特的文化脉络呈现出香朵朵茉莉花茶的品牌调性:追求靓丽、幸福、永远年轻的心态,展现出品牌的时尚和品位。

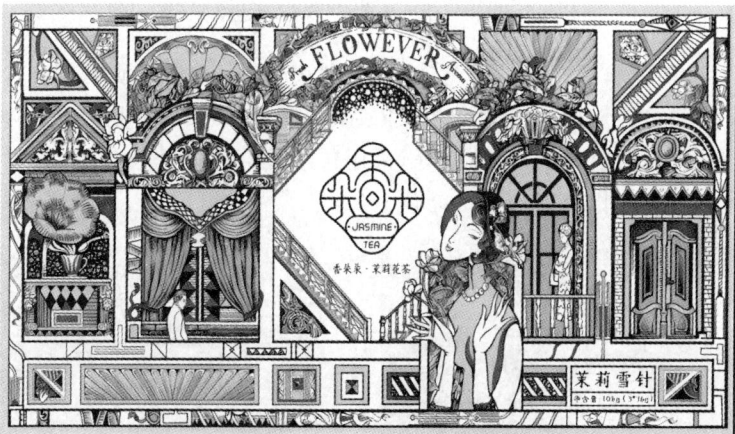

图 1　品品香·香朵朵茉莉雪芽包装设计

再看初印茶社的无量山熟普。通过上溯无量山所在地的原始宗教文化与表征特色文化的元素应用,挖掘、提取云南历史与宗教文化的渊源特征以及云南少数民族服饰文化中的纹样,构建了无量山熟普产品的包装设计第一视觉元素,呈现出包装设计的独特风格,体现无量山普洱茶的文化特征。(见图 2)

竹叶青茶的"论道"系列包装由香港著名设计师陈幼坚设计,灵感来源于

图 2　初印茶社·无量山熟普的包装设计

峨眉高山，以"峨眉山"山形进行艺术化抽象表达，从山形线条处开启木盒的方式，带来强烈的视觉冲击（见图 3）。茶文化包含着伟大的中国文化思想、哲学观。设计中选用《道德经》徐徐铺开，采用传统锦盒般的修长比例，将哲学与美学融合，彰显其文化特征和消费品位。

图 3　"竹叶青"茶品牌的"论道"系列包装设计

福鼎白茶的"大沁·白茶"，与"盒马鲜生"合作推出网红款"有仙气"，针对"白骨精"人群，将古代名画中的生活样式搬到包装上，渲染了"人在山里即是仙"的茶、人特征，体现了现代人的文化气息与文化根脉。对现代的"白骨精"进行文脉链接，与现代工艺进行无缝对接。（见图 4）

安吉白茶的"美婨"产品品牌，借助英式下午茶背景，配合传统茶艺中的优

图 4　大沁白茶"有仙气"外包装设计

雅手型，中西结合，呼应"美妳"品牌形象。（见图 5）

图 5　"美妳"品牌外形设计

柒月普洱茶饼，以人类亲情作为产品与包装设计的起点，以一个父亲对一个女儿的爱，表达了家文化、浓郁的亲情，形成了一种基于爱女亲情至上的独特定制产品。就像酒中的"女儿红"一样，"柒月普洱茶饼"从某种意义上，就是茶界的"女儿红"。（见图 6）

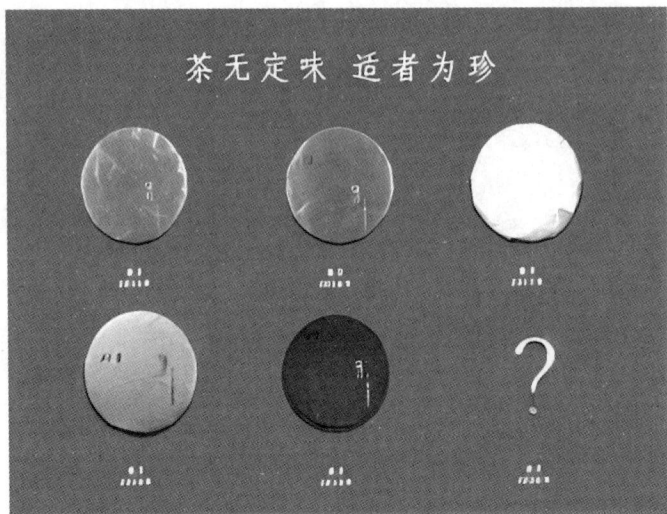

图 6 "柒月普洱茶饼"的系列年份包装设计

当人们的生活与需求已经呈现多元化、象征性、符号化、多阶层消费时，上述探索都具有重要的价值。其价值不仅仅是提升了一个品牌的品牌文化，也满足了消费需求，也从另一方面创造了新的文化意义，传承并创造了新文脉，以促进未来的茶文化形成。

## 二、茶的身份变迁与消费演化

但是，当我们回到本源，茶原本只是一片东方树叶。

中国是茶树的原产地，中国西南地区是茶树原产地的中心，中国也是世界上最早发现和利用茶的国家。据考证，茶树起源至今已有 6000 万—7000 万年历史。我国古代文献中有许多关于茶的记载，并大多将茶的发现时间定为公元前 2737—2697 年。作为"茶的故乡"，世界上许多国家的饮茶、种茶习惯，均直接或间接地从中国传入。世界各国称茶为"Cha"或"Tea"，即是中国茶传到外国时，由中国语言翻译而来。中国的英文名"china"，除了被翻译成"瓷器"之外，在茶人中广泛流传的另一种说法，是由"茶"的读音转化而来。作为一个统一的多民族国家，同样的"茶"字在发音上也有方言差异。（见图 7）

"茶"字的起源，最早见于我国的神农氏的《神农本草》一书，东汉时集成。它是世界上第一部药物书。在湖南长沙马王堆汉墓的随葬品中，也发现了茶

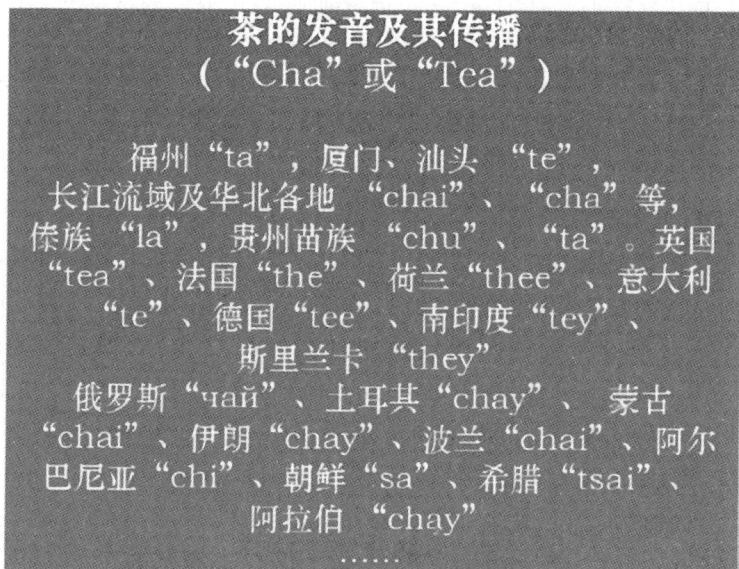

图 7　茶的发音及其传播路径

叶和记载有茶的别称"槚"的简文、帛书。自古更有"神农尝百草,日遇七十二毒,得茶而解之"的传说。

至于茶的身份与角色,在历史发展的过程中也经过了一系列变迁,拥有了多重角色。我认为中国茶之路走过三部曲。

(一)首先,是茶的初始身份。从生物学意义上讲,它只是中国地域生长的一片东方树叶,是具有药用、饮用功能价值的树叶。茶作为产品,即拥有了药饮、茶饮的功能身份与饮品元素。茶从一片树叶,成为药用、饮用的茶饮料。

在生产、饮用茶的过程中,不知不觉地,形成了茶的生活方式与文化表征。茶因此成为宗教的伴生物,形成了宗教与茶的特殊关系。儒家与茶,讲礼:温、良、恭、俭、让;道家与茶,讲自然:虚、静、恬、淡,天人合一;佛教与茶,讲修行:禅茶一味,梵我一如;中国茶道,讲物我玄会;日本茶道,讲和敬清寂,等等。

(二)茶因此也成为文学的对象,拥有了第二重身份:文化功能身份。茶作为中国文化符号,是中国文人吟赋作诗的重要道具;中国皇家闲情逸致的个性表达;中国茶人专心研磨的审美对象;中国人礼尚往来的情致雅品;中国人生活方式的跨阶层元素;中国人宗教精神的表征物;中国人价值观的隐喻体系……不一而足。茶不仅仅是百姓的"柴米油盐酱醋茶",也成为中国文人墨客的座上宾，"琴棋书画诗酒茶"。茶因此拥有了几千年的茶文化，并与酒文化、咖啡文化形成消费者阶层、消费场合、消费意义与价值的比较。

（三）茶还有第三重身份——经济功能身份。茶是中国重要的国际贸易商品，是中国经济的重要一脉。茶的经济价值可以基于物质产品形成，基于相关体验形成，基于加工品形成，基于文创衍生品形成，基于金融身份形成。

中国茶，是世界茶种、茶产业、茶文化的发源地，是世界茶的母亲。至今，中国茶在世界茶产业中种植面积第一、产量第一、销售额第三，产业地位不言而明。茶是中国重要的国际贸易商品，早在公元16世纪，中国已有茶叶出口的历史。历史上，俄罗斯的第一片茶叶由中国传入，中俄万里茶道更为两国经贸往来开辟了重要商务通道。17世纪，湖北羊楼洞的青砖茶在俄国、欧洲已经培养出一个庞大的消费群体，逐渐风靡俄国，乃至整个欧洲。尤其是西伯利亚一带以肉奶为主食的游牧民族，"宁可一日无食，不可一日无茶"。中国茶，成为中国文化使者，中国经济国际化的重要一员。2016年，陆羽国际茶业交易中心上线，意味着茶的金融属性被开发、被确定。茶成为金融的符号象征产品。

不同的茶品牌也对应不同的消费人群，具有差异化的符号意义，象征着消费者的品德与身份（见图8）。如立顿，作为茶的快消品，象征年轻人生活方

图8　各种茶叶品牌的诞生与存在

式;中国名茶,象征经典茶消费模式;千岛湖茶,专门针对游客核心人群;大益茶,诉求"茶有大益"的概念;八马赛珍珠,以态度同构,"用恒心,做好茶",等等,不一而足。

茶的身份变迁与消费演化,说明了茶在越来越多的角度满足人们的需求。根据人类学家的研究,21世纪,随着生活水平日趋提高,消费者已经进入了"新生活世界模式"。这个模式说明,消费者已经呈现出多元消费并存、象征消费盛行的消费格局。消费者即是"生物人",具有作为"生物人"的需求,但消费者中越来越盛行进入"社会人""符号人"的"现实世界""象征世界"的消费。品牌消费属于人作为"社会人""符号人"的消费,在消费物的同时,更消费产品与服务的意义与价值。

因此,从茶的身份变迁与消费演化出发,我们共同聚焦于品牌战略。因为品牌战略就是利用符号生产、关系生成、价值构建产生差异化、提升竞争价值的战略。在茶的身份变迁与消费演化中,茶文化起着重要的溢价作用。

### 三、茶品牌打造:如何挖掘文脉价值

但一个不争的事实是,大部分的中国茶品牌一直拘泥在色、香、味、形的基本产品诉求,如何发现文脉价值,提升品牌溢价,成为一个新问题。

"文脉"(context)一词,原指语言学中的上下文关系,又被引申为某事物在时间或空间(场景)上与其他相关事物之间的联系。相关"文脉"分析研究,原着重于语境的特殊性,引申意义则强调一个事物和它事物之间的渊源关系。有学者曾简明地将其概括为"一种文化的脉络"。美国人类学家克莱德·克拉柯亨曾界定为"历史上所创造的生存的式样系统"。德国的恩斯特·卡西尔则曾以符号系统诠释文脉,并强调人对外部事物意义的认知就是对符号意义的破译工作。① 而摆脱既有的符号形式特征的限制,以全新的形式与结构进一步诠释与发展其意义,才是文脉之所在。

文脉思想被后现代主义提到相当高度。他们看到了现代主义建筑和城市规划设计对文脉的漠视,试图恢复城市原有的秩序与精神,主张从传统、民间、地方的文脉中找到现代城市建筑的立足点。该思潮并非简单地将文脉传承理解为复古行为,而是将其理解为激发创作的灵感或原材料,经过撷取、改造、移植等创作手段来实现新的创作,使建筑与文化与当代社会有机结合。"各个部

---

① 恩斯特·卡西尔著,甘阳译:《人论》,上海译文出版社1985年版,第12页。

分、各种式样及辅助系统（在以前文脉中曾存在过的）都用于新的创造的综合之中。"①

日本的阿久津聪等提出"文脉品牌"的概念，强调品牌的文脉包括有关品牌的联想、品牌的背景知识和信息、品牌商品的消费环境，等等。我们认为，品牌文脉是一个品牌的脉络体系与根脉渊源。当"文脉"一词与品牌相关时，我们强调的是一个品牌与其他品牌、事物、人、环境、历史、文化等之间的各种渊源关系及其故事性。

从茶叶品牌的构筑程序来看，首先是建立品牌识别，包括符号识别、个性识别、意义识别、价值识别等一系列品牌传播要素；随后，使消费者形成品牌认知，包括形象认知、利益认知、情感认知、价值认知等品牌认知关系；之后，消费者产生品牌偏好、价值发现、自我表达等与品牌认知一致的品牌态度；进一步，激发消费者的品牌行为，例如品牌消费、口碑传播、品牌忠诚等品牌行为正向互动。在此过程中，建立品牌识别的关键点在于挖掘、传承、改造、创新文脉价值，而形成品牌认知—品牌态度—品牌行为的关键点，在于传播品牌文脉意涵。

文脉对品牌创造的作用程序，其核心是文脉心像，即消费者心目中有关品牌的文脉资源与文脉消费价值倾向。根据以消费者为中心的品牌塑造原则，发现文脉价值，首先要去研究、发现消费者的文脉心像。然后看品牌本身是否有相关的文脉资源，可以进行相关整合、传播表达，并经由消费者认知印证，即消费者认可这一文脉对自身的价值。进而，形成品牌的独特价值（unique value）。

因此，对于中国茶品牌如何挖掘文脉价值，提升品牌溢价的问题，可以在两方面下功夫：探寻消费者"文脉心像"里的茶文化要素，链接消费者"文脉心像"里的多元文化需求。但究竟该如何链接？我认为要从"消费八识"入手。

消费者与茶产品之间，本来属于两个互不相关的世界。消费者通过"五官"可产生"五感"。所谓的"五感"，指的是由消费者的眼、耳、鼻、舌、身这五个感官形成的对外界的感觉体系。在这方面，我国茶品牌已经做得很好，诉求"色香味形"，达到了淋漓尽致的程度，例如西湖龙井，诉求"色绿、香郁、味甘、形美"。

---

① 肯尼迪·弗兰姆普敦著，张钦楠等译：《现代建筑：一部批判的历史》，中国建筑工业出版社1988年版，第135页。

随着科学技术的进步,品牌可利用一系列新型的视听设备,深入满足和延伸"五官"与"五感"程度。消费者凭借"五官"以及相关延伸"五官"的技术手段感知茶,并与其产生各种不同层次的关系。其行为轨迹一般是:观其色(色彩、场景诱惑)、闻其香(香气诱惑)、品其味(味蕾作用,味觉诱惑)、感其质(触摸茶质地,触觉感知)、听其声(口碑及其他传播形式,煮茶泡茶的声音,品茶环境的声音等)。

据此,茶品牌可以利用诱人的视像传播,如茶产地场景、喝茶场景、煮茶的声音等,充分利用人的"视听感知"(眼识、耳识)与"通感"(根据画面、声音而想象产生的香、味、触感)表达。在这方面,我国茶品牌也已经做得不错,在众多的茶事活动中,将茶的"色香味形触"与"器道""花道"相关联,充分调动在场人群的多重感官体验。消费者基于"五官"以及受各种技术设备与手段的诱导或影响,产生了"五识",即眼识、耳识、鼻识、舌识、身识,达成"五感沟通"基础上对一个品牌的基本判断。

消费者的"五识"行为是眼见、耳闻、鼻嗅、舌尝、身触。茶产品强调"色香味形"有其深刻的道理,运用茶产品的"色香味形"抓取消费者的感官,形成感官体验基础上的品牌印象,同时进一步叠加技术手段,进行茶品牌的色彩表达、场景营造、声音表达、气味传达、滋味呈现、触感体现,满足并延伸其"五识"。如赵李桥的"川"字号,采用了"触"的"身识"触感设计,让手触摸产品,产生不一般的体验与品牌确认、品牌关系,在茶的国际贸易中独树一帜(见图9)。消费"五识"行为沟通结果是色、声、香、味、质。因此,茶品牌运作可以强调"色声香味质"的原生体验,并同时开发五感营销体验传播、场景营销传播(VR 出现)。

TWG 是 2008 年诞生于新加坡的年轻公司。创始人 Taha Bouqdib 来自摩洛哥律师世家,他表示:"作为一个世界国际奢华茶叶品牌,TWG TEA 沙龙与精品店是传统与现代并立的象征,也是完美承接过去、现在与未来的桥梁。"

为了符合这一定位,他将欧洲最顶尖老牌厂商的调茶师、品茶师、制茶师、品牌设计师以及米其林主厨进行组合,把古老的欧洲制茶经验、技术带到了新加坡,将品牌定位为"第一、唯一的高端茶叶沙龙"(见图 10)。TWG TEA 的门店也大多设在高档购物中心。

TWG 有着符合品牌个性的多样化茶产品线,例如散装茶叶、罐装茶叶、袋泡茶、泡袋冰茶、高级定制茶以及限量纪念款、设计师合作款等。超过 800 种的单品茶与手工调配茶来自全球 45 个原产地,从当地优质茶园直接收割回

图 9 "川"字号的触感设计

来茶叶，再由手工配制成独特的调配茶。价格从每 50 克百元内到 5000 元以上不等。虽是奢侈品的定位，价格却具有宽松的选择，扩大了消费者层面。

图 10 TWG 的产品外形设计

　　TWG TEA 沙龙与精品店风格优雅且极富情致，店内装潢采用温润隽永的高级桃花心木与澄净的黄铜，搭配低调镜面的大理石地板；气派简约的落地窗和工艺精巧的水晶灯与古董镜相得益彰，完美传递品牌传统与现代并存的优雅氛围与感官体验（见图 11）。TWG TEA 甚至还为热爱时尚的年轻人开

发了一款 APP，并诉求："无论是作为寻找礼品还是闲暇时刻的消磨，这款
APP 都能满足你。""你可以通过这个 APP，查找到你想要的那款茶，然后寻找
到离你最近的 TWG TEA 门店。"

图 11　TWG 的店铺空间与调性设计

然而"色声香味质"是五官体验产生的感官效果。作为有思维、有情感的
人类，不会只停留于"五感体验"。"五感体验"后，会进一步产生意识，即"六
识"。"六识"是对产品的意识，对品牌的态度。该品牌态度是有关茶的物的态
度，例如好看（条索、色泽）、好香（香气）、好喝（口味）等判断。

为了强调"五感"得来的正面的产品意识或品牌态度，品牌需要创造场景
和体验，以终端场景（茶产地展示、茶品牌馆）结合全方位体验设计进行传播。
例如柏联普洱茶庄园、庄园茶"时光仓"或茶山朝圣之旅，是庄园奉献给客人的
极其特别的茶文化度假体验，提供普洱茶溯源、朝圣、品茶、制茶、藏茶的原生
态之旅。下榻柏联精品酒店，在万亩古茶园中朝圣茶山，祭祀茶祖；游览翁基、
糯干古村寨，到茶农家里品茶；在制茶坊压制普洱茶，存放在茶仓，作为一份珍
贵的生命的收藏；品尝有机茶餐，体验茶 SPA；探访快乐的拉祜村寨，纵情歌
唱、狂欢……通过渲染气氛、模拟真实，让消费者体验茶的色声香味质。

此外，品牌还需要创造态度。如东方美人茶，通过讲述台湾"东方美人茶"

的故事，推动消费者做自发的口碑传播（见图 12）。

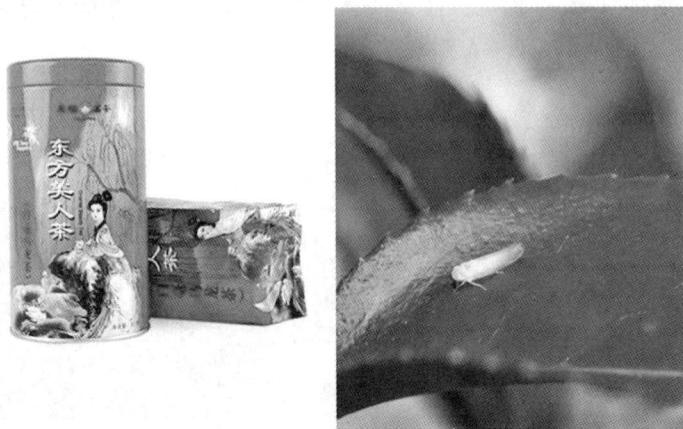

图 12　一只"小绿叶蝉"与"东方美人茶"的故事

　　进一步，我们要挖掘消费"七识"——与消费者的关系。上述"六识"强调的是品牌态度，是意识、认知到产品的存在与感知特征，并形成好恶感和态度。而"七识"即"我识"。这之后，消费者将判断茶与人之间的关系，即我与茶是怎样的关系。通过挖掘潜在的消费，发现欲望，探究人性，并形成对应关系——"我即是茶、茶即是我"，实现人与茶对应。无论是千岛湖茶的"一叶知千岛"（见图 13）、安溪铁观音的"好喝一身轻"，还是武阳春雨的"温润你的日子"（见图 14），都是明确了茶在"我"生活中的角色定位，将茶品牌在无形中嵌入消费者的生活方式、生活态度以及生活场景之中。

图 13　作为 1300 万千岛湖游客的导游身份角色的"千岛湖茶"

图14 作为"温润你的日子"生活角色存在的"武阳春雨"茶

在"五识"与"五感"及"意识"（六识）、"我识"（七识）产生的后面，掌控这一切的，影响这一切的，是"八识"——"藏识"。"藏识"，即人的本心本源所在，人的价值根源所在，人感觉、认知万物时的方向盘。这时，只是创造场景、创造体验、创造态度和发掘人与物的对应关系，是不够的。只有价值观的诉求与同构，获得消费者的本心认同、价值认同，才能够真正影响到品牌态度、品牌意愿和品牌忠诚（见图15）。

如竹叶青茶，从佛念与茶道出发，提出"平常心"品牌理念（见图16），让茶从"一杯解渴的茶"（柴米油盐酱醋茶），到一杯"色香味形兼具的茶"（名茶的评判标准），再到一杯竹叶青茶：2004年，一杯"暗香浮动，秀色可餐"的竹叶青茶，从所有绿茶中脱颖而出；2005年，一杯具有"平常心"的竹叶青茶，用符号系统创造不同的茶境；2006年，"竹叶青"茶商标获得"中国驰名商标""中国名牌农产品"，是唯一参加摩洛哥顶级奢侈品展的中国品牌；2009年，竹叶青进一步提出一杯懂得"越平常，越非常"茶道精髓的茶……竹叶青茶的品牌世界，从竹叶青茶的产地及其生产特质出发，确立品牌核心价值，提出"平常心"的品牌理念并进一步与茶道关联，并借助代言人（围棋国手常昊、国家围棋队）的精神特质与围棋棋道精神，让消费者确信，竹叶青茶是一个拥有茶的精神特质、具有茶道精髓的品牌世界。

所以，当竹叶青茶的诉求出现偏差时，人们马上可以识别出来，品牌态度在改变。

2010年，"喝一杯中国茶，回敬黑珍珠耀世光华""用一杯大师级杰作，回敬钟表大师一生造诣""用一杯中国茶，回敬德意志的严谨理性"，这一组系列

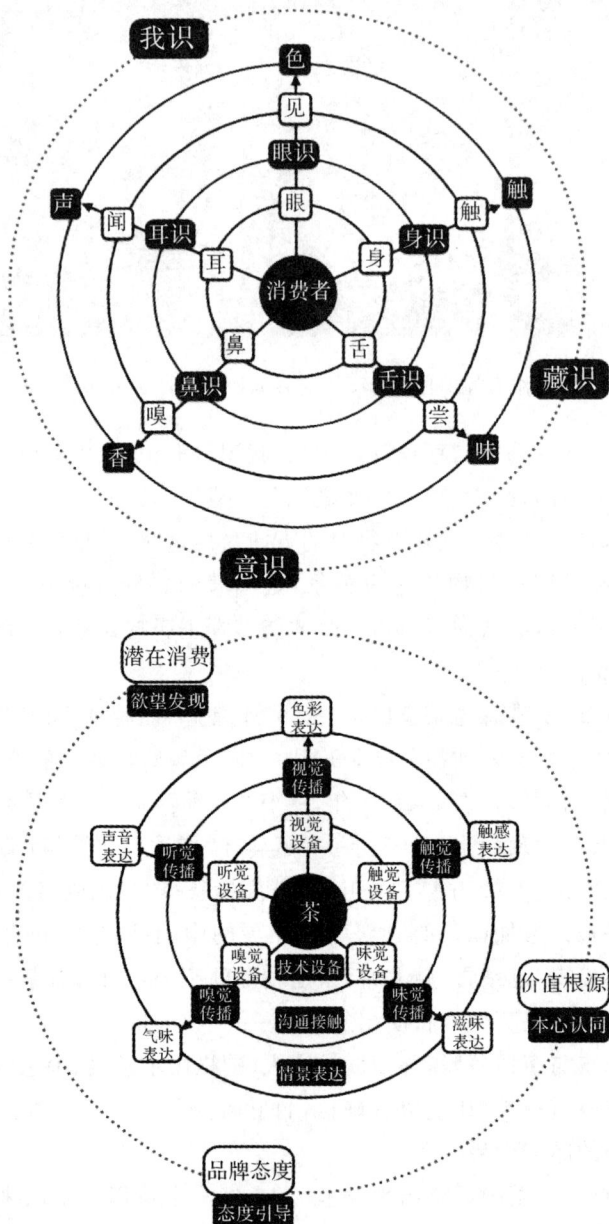

图 15　"消费八识"与"品牌层级"(胡晓云,2016)

图 16　竹叶青茶的品牌理念诉求："竹叶青，平常心"

海报，表达了攀比、分别心，不具有"平常心"。海报诉求内容特别是"回敬"一词，有一种挑战心，而非"平常心"海报诉求内容与"竹叶青"品牌一贯的"进退有道，平常心"的品牌态度产生了偏差（见图 17）。

　　我们再来看武当道茶。中国的茶文化是将儒、道、佛糅合其中，集茶道、茶德、茶艺等于一体的文化。在武当道茶的文化基因中，道家文化是基础。基于道家文化的辩证哲学，基于武当道的"苦修"精神，基于当前一些人群"只要自由，不要规则"的价值观，武当道茶提出"朴守方圆　循心而行"的品牌口号。"方圆"即规律、法则，"朴守方圆"是天地万物对自然规律的遵循，是人类社会对公序法则的遵守。只有在这一前提下，人类个体再依循内心的想法，实现个人价值的追求与释放，即"循心而行"。"朴守方圆"与"循心而行"在此实现了辩证统一，这是对中国文化海纳百川、兼容并举的一个注解，也是武当道茶品牌自身的辩证哲学，更是将茶品牌与消费者世界观、人生观、价值观进行链接、互动、对话的有效尝试。武当道茶和人类社会一样，只有遵循自然规律的洗礼，才能自由自在地生长。

　　当我们回溯茶的历史，以文化性为特征的茶产业、茶品牌，拥有无数可以

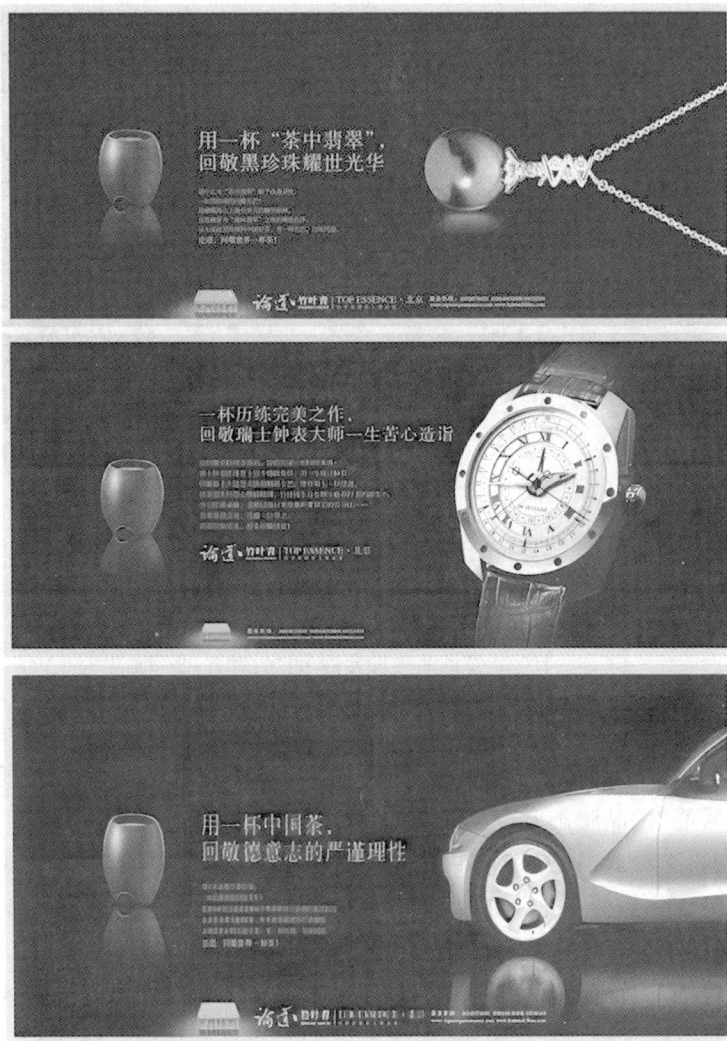

图 17    "竹叶青茶"曾经偏离品牌理念的广告诉求

挖掘、可以发现、可以传承、可以链接、可以创新的文脉类型。而价值观是最深邃的文脉渊源，找到"文脉心像"中的价值观，链接"文脉心像"中的价值观，不仅可以满足，也可以创新、引领茶文化的消费，并进一步创造超越于茶的生物功能的文化功能与经济功能。在茶品牌的传播过程中，也可以用"文脉传播"为主轴，创造更有价值的文脉品牌（见图 18）。

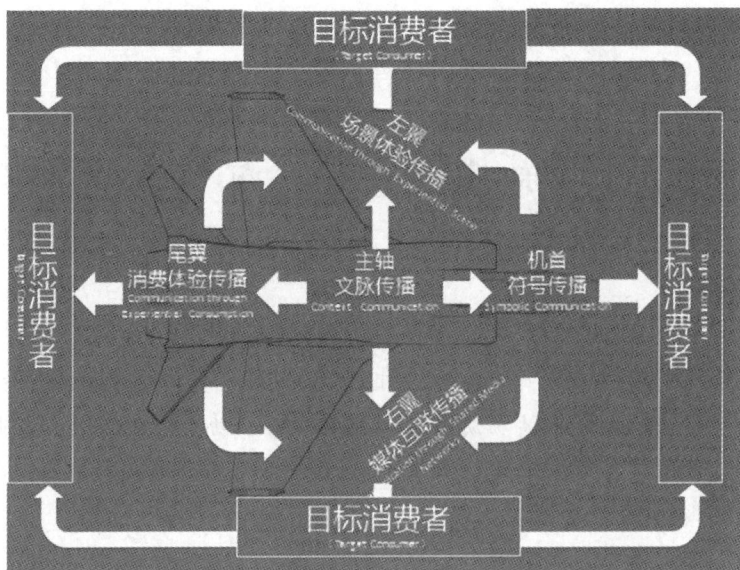

图 18　以文脉传播为主轴的品牌传播模型(胡晓云,2015)

　　(本文是笔者于 2019 年 11 月 23 日受邀参加 2019 首届"潇湘茶文化节"开幕式与"潇湘·中国茶叶品牌文化论坛"的主旨演讲。后整理转发至浙江大学 CARD 中国农业品牌研究中心官网、浙江永续农业品牌研究院微信公众号"农业品牌研究院",后被芒种品牌管理机构等自媒体转载。)

# 构建品牌新生态　整合品牌新价值

12月6日，由浙江大学CARD中国农业品牌研究中心、浙江大学城乡创意发展研究中心、浙江永续农业品牌研究院联合主办的"2019中国农业品牌百县大会"在浙江大学紫金港校区召开。笔者做了"构建品牌新生态　整合品牌新价值"的主题报告，以下是报告全文。

各位前辈、各位领导、各位嘉宾，新老朋友们，大家上午好。

特别激动，真的，一年不见了。谢谢大家不远万里，远道而来，我谨代表我们团队欢迎大家。

刚才，三位前辈、领导跟大家交流了他们的观点，他们的理论指引、实践探索，对我们团队的未来探索和实践，对在座各位未来的理论研究与实践探索都是很有价值的，非常感谢。

他们的交流，让我回想到三年前的事。第一届也就是2016年这一届，我演讲的主题是"品牌化：中国现代农业的战略转型"。在那次会议上，我提出了五个观点。这五个观点应当说在这之前和之后大家都在验证，至于这五个观点有没有价值，观点说服力如何，大家肯定应该知道了。2017年第二届中国农业品牌百县大会，针对当时中国农业品牌传播中的八大现象，我推出了"消费八识与品牌层级"与"八大主张"。我强调，在中国农业品牌建设中，要"创造品牌传播力量，重塑消费新关系"。

接下来，我想跳出单纯的农产品品牌建设问题，融入中国乡村振兴进程中，谈谈如何在乡村振兴中，"构建品牌新生态　整合品牌新价值"。

## 一、话题背景

这个话题，基于我在2016年发表在《品牌研究》杂志的论文《品牌定义新论》。在该论文中，我定义"品牌是基于物质产品、体验感知、符号体系等要素的系统生产、互动沟通、利益消费而形成的独特的利益载体、价值系统与信用体系"。在这个定义中,大家可以看到,品牌事实上是由品牌主体、品牌产品与相关利益者共同创造的生命体,是独特的生命体,是利益载体,是价值体系,是信用体系。品牌作为一种独特的生命体,有其内在的生长逻辑。这个生长逻辑,是品牌自在的逻辑,并且需要顺应这个逻辑去发展、研究、探讨。对于农业品牌而言,应当遵循这个逻辑,让农业品牌被识别、被传播、被喜爱、被忠诚,以提高农业(农产品)市场竞争力,提升品牌溢价,实现产业兴旺,提高农民收益(见图1)。

| 2006—2016年间 推动中国农业(农产品)品牌化 | | | | |
|---|---|---|---|---|
| 活下来 | 个性存在 | 个性成长 | 受到尊重 | 实现独特价值 |
| 被生产 | 被识别 | 被传播 | 被喜爱 | 被忠诚 |
| 产品服务生产 符号生产意义 文化提供价值 | 识别产品价值 识别品牌态度 识别品牌意义 | 发展产品价值 发展产品意义 发展品牌态度 | 尊重品牌 存在 尊重品牌态度 尊重品牌价值 | 忠诚品牌产品 认同品牌态度 坚实品牌态度 |
| 提高农业(农产品)市场竞争力—提升品牌溢价—实现产业兴旺—提高农民收益 | | | | |

图1　根据品牌成长基本逻辑推动中国农业(农产品)品牌化

在2006—2016年这10年的历程当中,根据我国当时农产品的现状,包括供大于求、三多一少等问题,我们探索出一条农产品区域公用品牌与企业品牌、产品品牌协同创建品牌的模式,并探索、总结了农业区域公用品牌创建(再造或重塑)的三种模式(见图2)。

这几年,我们就三种模式进行了一系列的探索。探索过程中有一些典型案例,这些案例对在座的各位应该有所影响。与此同时,我们在2006年时撰文、2007年时出版的专著当中,专门有一个章节是关于地理标志农产品的研究。我们认为,地理标志农产品是最能够体现中国农业地大物博、物产丰富、文脉基础浓厚这一状态的;在2017—2018年间又进一步进行专项深入研究,研究也得到中国绿色食品发展中心的支持,大家一起研究,一起发表相关的著作和论文(见图3)。

但是,实际上,这一路过来,还是有一个遗憾的。这个遗憾是,当时在我们团队的研究中,不仅仅只有一条线路,还有另外一条线路,就是研究建设品牌

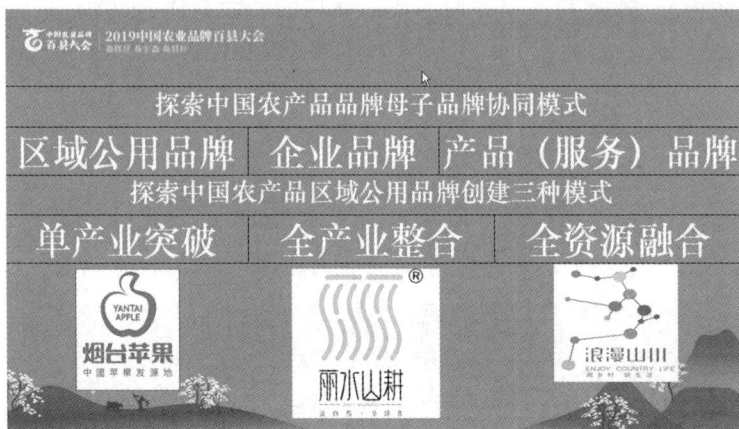

图 2　探索农产品母子品牌协同模式与区域公用品牌三种创建模式

图 3　地理标志农产品的品牌化是农产品品牌化的核心问题

新农村(用今天的话说,就是品牌乡村)。我们在 2013 年的《浙江大学学报》上发表了题为《"品牌新农村"的评价及其决定要素》的论文。论文发表之后,自认为应当引起更大的反响,但是没有。我们在理论探索的同时,也在安吉"美丽乡村"打造的前提之下,对安吉的山川乡等进行了乡村品牌化的实践探索。两年半时间之后,事实证明,"浪漫山川"于 2015 年成为中国首个乡域 4A 级景区。因此,关于"品牌新农村"或者今天说"乡村品牌化"的研究应当也是非常有价值,更具有现实应对性的(见图 4)。

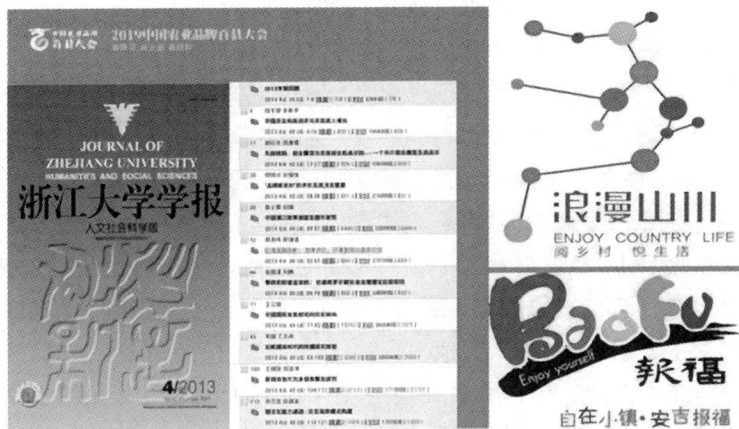

图 4　关于"乡村品牌化"的研究与实践

我们关于"农产品品牌化"的研究与探索,得到了政府及其相关组织的关注,更多的人将目光聚焦在"农业品牌化",特别是"农产品区域公用品牌"方面。无论是单一产业的突破,还是全产业整合,都是农产品区域公用品牌的创建模式探索。

但是,大部分人却忽略了我们在"乡村全域品牌化"方面的理论探索与应用实践。

基于 2011—2012 年进行的两个关于"美丽乡村"如何进一步通过品牌化,创造"美丽乡村"基础上的"美丽经济"的实践,2013 年在《浙江大学学报》发表了《"品牌新农村"(那时,乡村振兴叫"新农村建设")的评价及其决定要素》,提出一整套的"乡村全域品牌化"的要素标准,但这篇论文也被忽视了。

(一)品牌乡村有关研究被忽视的原因

为什么会出现这样的情况? 个人认为有两个原因:

1. 农产品品牌化已经迫在眉睫。农产品品牌化能够在提倡产业化、规模化之后,相对快速地解决产品销售、产品溢价与产业兴旺问题,而这是我国供给侧改革中迫在眉睫的问题。

2. 乡村品牌化意识未到。第二个问题是时机未到。虽然浙江以安吉为起点,已经在创建"美丽乡村",但即便在浙江,"美丽乡村"如何转型提升为"美丽经济",政府大量投入与实际产出、与乡村的可持续发展等问题,当时也尚未引起高度重视。

从这个意义上来讲,在两个板块的研究中,第一个板块得到非常高的重视，第二个板块相对来讲重视程度还是不够。

但是，"品牌强农"只意味着用品牌的方式解决产业问题吗？

事实上，当我们将品牌作为一个生命体来思考时，当我们用品牌战略的逻辑体系来思考时，我们应该看到，农业（农产品）品牌并不是一个孤立的存在。它的诞生、存在与发展，会受到各方因素的制约。

（二）品牌时代的发展走势

从这个意义上，必须去看整个时代发展的走势，顺应国际品牌竞争与创造的大趋势。在打造单一的企业品牌、产品品牌的同时，协同全区域的品牌化，创造品牌新生态，构建品牌新价值。

这是一个大趋势。中国乡村在应对整个国际大趋势 3B（品牌消费、品牌竞争、品牌经济）的时代，应该解决如何创造品牌新生态，构建品牌新价值的问题。其他的领域，特别是国家品牌、城市品牌的竞争领域，在大的概念体系的区域品牌竞争领域，大趋势早已呈现，但在乡村振兴领域没有出现，也没有人特别去提到这个问题。所以，中国乡村应当去实现乡村的全域品牌化，通过全域品牌化来解决更大层面、更高层面上的，更体现整体协同的品牌发展问题。因为中国已经走进了"乡村经营"新时代。

## 二、乡村经营与乡村品牌化

2003 年 6 月 5 日，习近平在题为"大力实施'千村示范万村整治'工程开创我省农村全面建设小康社会的新局面"的"浙江省千村示范万村整治"工作会议上的讲话中提出，要根据各自的区位优势和经济条件，充分发挥各方面积极性和创造力，着力体现区域特点和地方特色，积极探索不同风格、不同特色的乡村建设模式。要树立经营村庄的新理念，把发展特色农业、特色工业、特色观光休闲业与建设特色村庄结合起来，把农村特色经济、绿色产业发展提高到一个新水平。

由此，浙江省率先开始了乡村经营。但那时的"乡村经营"还只是落实在乡村建设上。浙江省 2008 年开始建设"美丽乡村"。虽然距离国际上其他发达国家［1982 年法国的"法兰西最美乡村联盟"（64 家"法兰西最美乡村"，而今已达 150 多家）；2003 年意大利等国设立的"世界最美新村联盟"，在国际上进行最美乡村联盟运动；2006 年 4 月，在日本的北海道美瑛市等人口 1 万以下的 7 个市集合进行"日本最美乡村联盟"运动，"再造乡村"。该联盟的目标，指向守护日本乡村的景观、环境、文化，形成个体的特色，向世界展示日本乡村的魅力,创造日本乡村地域品牌。]迟了两年,但自安吉开端的"美丽乡村"建设轰轰烈烈。而今,浙江全省已经有了以省委办公厅、省政府办公厅名义发文,命名杭州市余杭区等11个县(市、区)为2018年度浙江省美丽乡村示范县;以省"千村示范万村整治"工作协调小组办公室名义发文,命名了100个2018年度浙江省美丽乡村示范乡镇、300个美丽乡村特色精品村。目前,"美丽乡村"已走向全国,并成为"美丽中国"的坚实基石。

乡村经营实际上使得整个乡村的建设出现了非常重要的转型。这个转型就是从建设到经营。乡村品牌化,就是在经营时,将乡村用品牌的方式进行经营和营销,去营销乡村特定的场域。在这个场域中,所有空间、时间、文化习俗、物品、故事、人物等一系列的东西,都用品牌经营的方式呈现,达到"美丽经济"的目的。

目前,乡村能够营销并营销最多的三大产品体系:

其一,宜居(居住乡村当地的在地幸福感、归属感、存在感、获得感。如"美丽乡村——浙江安吉",清新空气、闲暇时间、休闲状态、满目青翠、自然与人类的和谐相处;安吉白茶与安吉竹编"一青二白"的产业支撑与农家乐收益;江南村落文化与文脉、习俗等);其二,旅游(旅游者对乡村体验的惊喜、浪漫、怀旧、归属感、愉悦感、栖息地向往);其三,美食(旅游者与当地人共同拥有的体验喜悦:特殊地域所有的特殊的食材、烹饪工艺、饮食方法、饮食文化)。

而要营销并提升上述特定产品的溢价,就要创造(再造、重塑)、表达、交易、消费经过乡村经营的乡村价值,要去发现、挖掘甚至去创造、再造、重塑乡村品牌价值。如此,才能够把乡村经营做起来,才能够使我们的乡村产生可持续的发展。

今天的中国,都在建"美丽乡村"。有一个问题肯定出现了,即机械统一、相互模仿、完全雷同化、同质化的美丽乡村已经出现。当这些乡村出现时,我们应该了解,"美丽乡村"只是第一个层面上的乡村差异化举措,但如果仅仅停留在这样一个层面上还是不够的。因为在座各位都知道,即便"美丽"也是有千姿百态、千变万化的美丽,所以要通过差异化的品牌战略,实现更高层面的个性化和差异化,才能够凸显独特的乡村价值,才能够真正实现乡村经营,才能够真正实现可持续发展。

通过乡村全域品牌化,构建品牌新生态,发现和实现乡村品牌价值,打造乡村品牌,实现乡村振兴,这是我2017—2019年在各种会议上表达的基本观点,现在拿出来,再次跟大家一起来探讨。

### 三、乡村品牌化的基本类型与生态结构

乡村品牌化，指的是人们对一个乡村区域整体、区域产业、区域产品等的印象、认知及其评价。也即是消费者与一个乡村区域整体、区域产业、区域产品等的相互关系。

乡村品牌化不单单指狭义的乡村（村庄）品牌化，指的是以农业为主导产业的县域及其乡镇、乡村等广义的乡村含义下的全域品牌化。

不要把我们的目光停留在狭义的乡村和狭义的村庄概念上。实际上，如果把视野打开来看，理论上界定乡村时，是强调以农业为主导产业的区域，县、乡镇、村庄，都应当属于乡村的范畴。所以，从广义上来讲，乡村品牌化不单单指狭义的乡村（村庄）品牌化，指的是以农业为主导产业的县域及其乡镇、乡村等广义的乡村含义下的全域品牌化。

乡村品牌化应当有其基本类型和基本生态结构（见图 5），第一个层级基本上有四个类别，第二个层级可以有更多的类别。在全域品牌化的前提下，基本类型可分为四大类型：区域公共品牌、区域公用品牌、企业品牌与个人或群体品牌等。

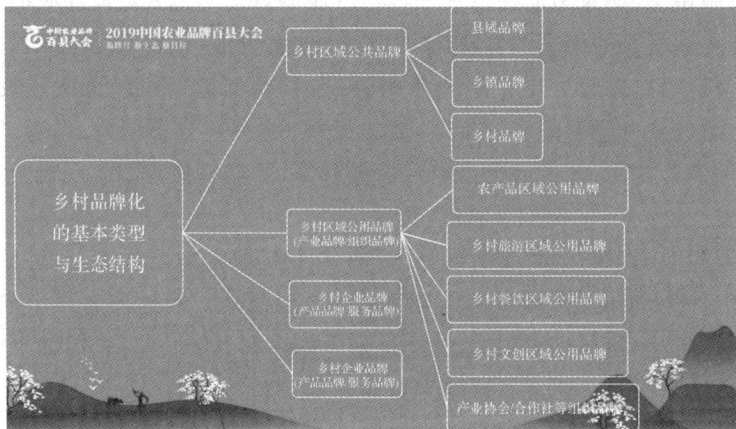

图 5 乡村品牌化的基本类型与基本生态结构

（一）乡村全域公共品牌

指位于特定乡村区域范畴之内，以行政区划为划分基准的区域公共品牌。Public，指公有的、公用的，即共同拥有，共同使用。强调政府或官方机构对品

牌的主导、主体及控制性,具有多主体分享品牌、多主体呈现品牌的特征。

区域公共品牌针对的是公共区域、公共服务领域,同时是区域内所有组织与个人公有、公用的品牌,具有准公共品的特征,也是乡村区域政府公共服务的一个重要内容。其建设主体都应当是政府及其相关的职能部门,而不是推及其他。所以,这是政府应当承担起来的责任。

县域品牌、乡村品牌、乡镇品牌这三种类型的品牌都是乡村全域公共品牌,也是乡域形象品牌,是政府主导创建的品牌,体现政府公共服务功能,支持乡域内各类品牌的发展。

(二)区域公用品牌

有更多类别,这个类别的特征是,它们是支持乡域公共品牌的产业品牌。所以,其品牌主体一般前提下应是协会、相关的组织机构,而不是政府。现在,有一些政府作为品牌主体在打造产业区域公用品牌,这个现状有待商榷。产业区域公用品牌应当是以协会(浙江有的地区采用农合联组织)、联盟等为主体,授权区域内符合标准企业等使用品牌商标,带动区域内产业内企业品牌和产品服务品牌成长,属于产业背书品牌。品牌的体系、类型和区域公共品牌不同。

(三)乡村企业品牌(产品品牌、服务品牌等)

它是以企业主为品牌主体的品牌,以乡域公共(形象)品牌、乡域产业品牌为背书并支撑其品牌发展。这些品牌借助原产地乡域公共(形象)品牌/产业公用品牌,获得企业(产品、服务等)品牌的发展,并核心支撑起原产地形象品牌/产业品牌的发展。

(四)个人品牌或群体品牌

这类品牌在其他国家,特别是日本这个国家的农业产业品牌创建与传播中属于非常核心的要素。即可以自成品牌,更多地作为一个区域公共品牌、产业区域公用品牌、企业(产品、服务)品牌的核心要素品牌。但在中国的乡村品牌创建与品牌传播中,这类品牌非常缺失。个人品牌和群体品牌/组织的品牌,以个人或群体为品牌主体,以乡域公共(形象)品牌为背书并支撑其品牌发展,以乡域产业品牌为背书并支撑其品牌发展,核心支撑原产地形象品牌、产业品牌、产品品牌、服务品牌的发展。比如,山西凤翔县的曹儒先生。

但是,目前,我国的乡村品牌化基本结构没有形成,还没有形成以乡村区域公共品牌,乡村区域公用品牌,乡村企业品牌(产品品牌、服务品牌),乡村个人品牌、群体品牌组成的基本结构;也没有形成各品牌类型之间的相互依存、相互支持、相互合作的区域品牌协同竞争生态。甚至是浙江安吉,中国美丽乡村的发源地，虽然在"中国美丽乡村"基础上做了一些探索，并获得了一定的成果，如乡村区域公共品牌，形成了"中国美丽乡村"背书下的进一步品牌化，但基本类型、各品牌之间的互动协作仍需要加强。

### 四、乡村品牌的生态化管理

乡村品牌化需要构建体系化品牌生态结构，实现体系化品牌生态管理。

（一）改变过去"乡村建设"的传统模式，以品牌战略为乡村经营战略

传统乡村建设路径从乡建规划、设计施工、招商引资、投资商进入再到品牌建设，品牌规划进入的时机十分滞后。如果从乡村品牌经营的战略和路径思考，应当是品牌规划先行，然后是品牌运营商入驻，再是乡建设计施工、对外招商、各类品牌与产业协同联动发展，进行可持续的发展运营。这两种不同的程序与运行结构，看上去好像没有大的差异，实际上有着重大差异（见图6）。

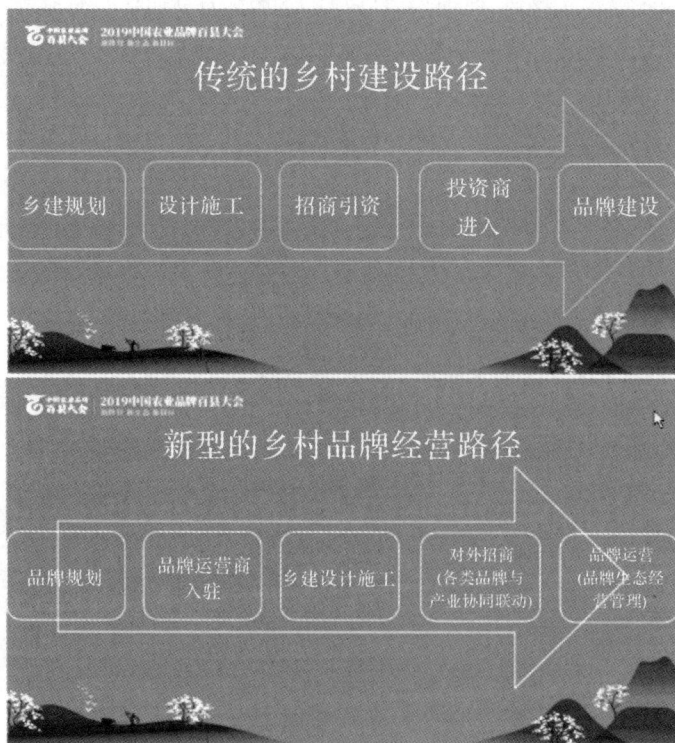

图6　传统的乡村建设与新型的乡村品牌经营程序差异

（二）因地制宜，创造独特的乡村品牌生态结构

乡村品牌化的基本类型与品牌生态结构做出来之后，可能有些地区会完全按照这样的模式去做。但请大家注意，要因地制宜，根据当地的资源特征进行品牌类型选择与品牌生态结构设计。比如前面张华荣主任谈到的地理标志农产品，就可以是乡村品牌化的核心价值。它的品牌化可能会成为一个地区在乡村整体品牌化，乡村形象构造，产业品牌、企业品牌、个体群体品牌塑造等系统中一个非常聚焦的元素。只要抓住一个核心元素，整体资源全部聚集到一个点上，就可以创造出更新的品牌生态价值来。所以，品牌生态结构不在于大而全，而在于整体的特色、个性的呈现，结构之间资源的整合、资源的创造和新型的生态互动结构的产生。

（三）品牌互动，创新乡村品牌生态价值

各类品牌之间有必要产生品牌互动，创建乡村品牌的生态价值。这个生态价值要在各种不同品牌的关系中创新，形成不同品牌类型的相互依存、相互支持、相互溢价的生态结构关系，才能创新乡村品牌生态价值。如果任凭乡域公共（形象）品牌、乡域公用品牌、产业品牌和个体品牌、企业品牌之间内斗、恶性竞争，可能"公用地灾难"就会出现。

这两年，我们团队除了一直在做相关的理论探索，做农产品区域品牌规划实践探索之外，同时也在进行乡村全域品牌化的新探索。

（四）探索案例

（1）全域品牌与产业品牌的联合品牌推动模式。创建全域公共品牌，联动产业公用品牌，带动企业产品品牌。衢州虽然是地级市层面的市，但全域以农业作为主导产业。我们将两个品牌进行联动和协同，把衢州区域公共品牌"衢州有礼"与衢州农产品区域公用品牌"三衢味"进行品牌联合，共同打造互为表里、相互依存的品牌联合体。"衢州有礼"是"三衢味"的品牌形象表达，"三衢味"是"衢州有礼"品牌的物质载体和品牌体验的落脚点（见图7）。

（2）产村融合品牌打造模式。另一个探索，是整合乡域共性资源，以稻为核心点，联动八个村的资源，打造"永安稻香小镇"（禹上稻乡）的探索。虽然只尝试了一个多月，但效果显著。该实践案例用新的表达、新的战略、新的路径达成新的目标，从品质杭州到美丽余杭，到"禹上田园"及其"永安稻香小镇"（见图8）等多个不同类型的乡村品牌互动及城市品牌、企业品牌、产品品牌联动，形成了品牌新生态，创造了品牌新价值。

乡村品牌化是乡村振兴的有效战略选择，乡村品牌化需要我们去充分思

图7 "衢州有礼"区域公共品牌与"三衢味"区域公用品牌

图8 永安稻香小镇

考和进一步探索。我希望，未来的日子里，就像农产品品牌化的研究与实践过程一样，大家能够继续一起探索，一起精彩，让中国能够通过乡村品牌化经营，真正实现品牌强农、品牌强国、乡村振兴的目标。谢谢大家！

（本文是笔者于2019年12月6日在"第三届中国农业品牌百县大会"上的主旨演讲。后整理转发至浙江大学CARD中国农业品牌研究中心官网、浙江永续农业品牌研究院微信公众号"农业品牌研究院"，后被芒种品牌管理机构及其各地政府及农业相关部门等自媒体转载。）

# 如何正确处理不同区域品牌的关系

12月10日，由中国城镇化促进会民宿发展专业委员会、丽水市政府主办的首届中国民宿区域公用品牌大会在丽水召开。大会以"品牌赋能 乡村振兴"为主题，市委副书记李锋、省农业农村厅副巡视员吴金良、中国城镇化促进会副主席王志发先后致辞。笔者胡晓云应邀为大会做总结发言，以下是发言全文。

各位新老朋友、丽水的父老乡亲，大家下午好。

能够再次来到秀山丽水，与大家一起探索，真是生命中非常值得沉浸、值得留恋、值得回味的美好时光。

作为教师，一直以来，说得多听得少。但今天，我整整听了一天的会。

感谢大会主办方，感谢小马哥，感谢所有演讲者，让这一天不仅充实，而且充满了思想的光辉、专业的探索。其中的真知灼见、落地践行经验，相信对今天所有在场或不在场的朋友们，提供了非常宝贵的指引。

2014年至今，丽水市通过"丽水山耕"品牌（见图1）的推出与经营，共同探索了一条"绿水青山就是金山银山"的乡村振兴战略路径。用区域品牌战略作为两山的桥梁，将丽水的生态价值、乡村价值转换、提升为品牌价值、消费价值、经济价值。

图1　丽水山耕品牌核心符号（胡晓云等，2014）

今天，我又看到了，从丽水山耕，到丽水山居，以丽水的"山"的生态、文脉、人物、风情等为特色，挖掘丽水生态价值、乡村价值的系统化行动，正在丽水如火如荼地进行，产业区域公用品牌集聚之势正在形成。

作为"丽水山耕"品牌的顶层设计者之一，我希望，未来的日子里，以"丽水山耕"品牌率先开始的丽水"山"字系品牌化探索，能够形成系统化谋划，相互支持、相互提携，共同创造丽水更美好的品牌世界，让丽水的所有美好，走向更远更广阔的世界。

12月6日，我们浙江大学CARD中国农业品牌研究中心为主办单位，召开了"中国农业品牌百县大会"。在会上，我推出了一整套的"乡村品牌化生态结构体系"。

在这套体系当中，我提出，乡村品牌化，是乡村振兴的有效战略选择；乡村品牌化，要具有独特科学的因地制宜的品牌生态结构；乡村品牌化，需要乡村全域公共品牌、产业区域公用品牌、企业品牌、个人品牌之间的互动成长。

作为"区域公用品牌"的提出者，有几个问题，我想借此机会辨析一下。

### 一、无论是"丽水山耕"还是"丽水山居"，都有别于区域公共品牌，是产业区域公用品牌

丽水市城市品牌，"秀山丽水，养生福地"，是区域公共品牌，是政府主体的，具有公共品特征的品牌，是政府公共服务的重要组成部分。

而"丽水山耕""丽水山居"是产业区域公用品牌，是集体商标注册的，以协会为主体授权使用为特征的品牌。区域公共品牌与区域公用品牌在经营主体、品牌经营模式等方面具有重大差别。因此，基于在产业区域公用品牌打造过程中，政府、协会、产业主管部门、企业主、农户之间的关系需要去理顺，应当各司其职，互动协同。

### 二、作为区域公用品牌的六个关键词

（一）区域。丽水山居将集聚并基于丽水市内的基础（自然文化历史）资源、产业资源。

（二）公用。这就决定了，必须有良好的内部管理、外部一致性形象、价值呈现、独特的品牌灵魂，才能不至于出现"公用地灾难"。

（三）品牌归属。品牌在法律上属于联合会，但事实上属于消费者，是消费者认知的产物。需要内部建设，包括标准设计。但品牌是认知的产物。品牌

的内部建设与标准设计都需要得到消费者的认可，真正对应消费者的内在需求，才能成为消费者生活之选，才能成为消费者喜欢的品牌，成为强大的品牌。

（四）品牌战略，是差异化战略。区域公用品牌的公用性与每一个民宿品牌的个性化，是未来需要去充分研究的问题。没有"丽水山居"民宿的个性化，就没有消费者的消费理由。现在做得多的是形式的个性，但更重要的是民宿内容、灵魂、精神、腔调、人性光辉的个性，人消费是在消费自己。

（五）乡村。"丽水山居"是一个挖掘山乡价值的品牌，是属于乡村的区域公用品牌。有一个学者曾经说过，乡村价值与城市价值的重要区别，是乡村价值具有个性化与差异化。丽水乡村的核心价值是什么？只是生态、自然、传统文化吗？肯定不是。如何挖掘丽水乡村的个性化价值，创造品牌个性化价值，是未来需要深入研究的问题。

（六）母子品牌关系。要注意母子品牌关系的梳理与建构，要把握好区域共性与个性之间的关系。区域公用品牌立足于丽水的生态环境与人文特色，整体具有区别于其他地方的共性区域特征。但同时，品牌也要凸显子品牌的个性化与差异性，达到共性与个性的和谐。

### 三、作为产业区域公用品牌，要成为区域整体形象品牌的强大支撑者

在将来，丽水市是怎样的一个区域？这里是否美好，是否令人向往，是否能成为一个特色显著的、具有强大吸引力的品牌社区？需要丽水山耕、丽水山居等品牌强大的支撑力度。因此，任重道远，要有长期作战的准备。

区域公用品牌，特别是立足全区域的这样一种基于中国特色、中国农业特色、丽水山区特色、丽水乡村特色的品牌，能否实现我们的初衷，要仰仗在座的各位了。

从2014到2019，五年时间，丽水坚持生态立市、品牌化经营，发生了翻天覆地的变化，我们看到，美好正在接踵而来。

但同时，我们也看到，人多了，车多了，宁静的山乡开始渐渐喧哗了。

发展与坚守，是一个哲学的命题。发展什么，坚守什么，在考验着我们的定力。

请坚守初心，保护好这片生态、温暖的土地与文脉，保护好来之不易的品牌化道路探索成果。

最后，祝福丽水的品牌化道路越走越宽广，祝福丽水越来越美好。

（2019 年 12 月 10 日，由中国城镇化促进会民宿发展专业委员会、丽水市
政府主办的首届中国民宿区域公用品牌大会在丽水召开。大会以"品牌赋能
乡村振兴"为主题，笔者应邀为大会做总结发言。本文整理发言内容并首发
于浙江大学 CARD 中国农业品牌研究中心官网、浙江永续农业品牌研究院微
信公众号"农业品牌研究院"，后被芒种品牌管理机构等自媒体转载。）

# 欧美国家的地理标志产品保护及品牌化发展模式

## 一、地理标志含义界定

不同国际条约与地方立法文件对地理标志的定义不尽相同,曾采用过"原产地名称""来源标识""货源标志"等一系列称谓。我国学者对地理标志的称谓也存在一定差异,例如将地理标志称为"产地标志""地理标识"等。因此在讨论当前国际适用的地理标志保护模式之前,首先要梳理其在不同国际条约下的界定范围与标准,具体如表1、表2所示。

表 1 不同国际条约对地理标志及相关称谓的界定(1)

| 称谓 | 《巴黎公约》 1883 年 | 《马德里协定》 1891 年 | 《商标商号示范法》(BIPI,WIPO 前身) 1966 年 | 《原产地名称示范法》WIPO 1975 年 | 补充 |
|---|---|---|---|---|---|
| Indication of Source (货源标记/来源标识) | 1. 规定将货源标记作为工业产权这种重要的知识产权的保护客体加以对待(《巴黎公约》第一条第二款) 2. 公约的成员国应该在货物进口时对假冒某种特定的货源标识的商品予以扣押(《巴黎公约》第十条) | 凡是带有虚假性或欺骗性标记的商品,其标记系本协定所适用的国家之一,或者其中一国的某地直接或者间接地标志为原产国或原产地的,上述各成员国应该在进口时予以扣押 | 用来标志产品或服务来源于某个国家、国家集团、地区的任何表达或标记(sign) | 任何用来标志某产品或服务来源于某个国家、地区或某个特定地方的任何表达或标记 | Indication of Source 是关于地理标志使用最早的法律术语,并得到了 BIRPI 与 WIPO 的认可与正式使用,是表明产品来源的法律术语 |

表 2　不同国际条约对地理标志及相关称谓的界定(2)

| 称谓 | 国际条约 | 界定 | 补充 |
|---|---|---|---|
| Appellation of Origin<br>(原产地名称) | 《里斯本协定》<br>1958 年 | 指某个国家、地区或地方的地理名称,用于标志某产品来源于该地,其质量和特征完全或主要取决于地理环境,包括自然因素和人文因素(《里斯本协定》第二条第一款) | Appellation of Origin |
| Geographical<br>Indications<br>(地理标志) | 《贸易知识产权协定》<br>(TRIPS)<br>1994 年 | 指表明某货物来源于某成员的领土或领土内的某个地区或地方的任何标志,该货物所具有的特定质量、声誉或其他特征主要取决于其地理来源(TRIPS 第二十二条第一款) | Geographical Indications 与 Indication of Source,Appellation of Origin 并列成为正式的国际社会在普遍意义上的使用,通常可以涵盖后两者的称谓 |

　　从现行不同国际法规对于 Indication of Source(货源标记/来源标识)、Appellation of Origin(原产地名称)和 Geographical Indications(地理标志)的定义来看,三者之间密切相关但又略有差别。Appellation of Origin(原产地名称)对于产品的要求最为严格,Geographical Indications(地理标志)注册条件放宽,纳入了"声誉"作为考量因素,因此,原产地名称可视为地理标志中的一类,适用于满足质量和特征双重要求的产品。货源标记/来源标识与地理标志相比则覆盖范围更广,除"产品"外还将"服务"囊括其中,并且只表明某地理来源,对标记物的质量、特征、声誉等要素均无特定要求。因此,地理标志可视为特殊的货源标记/来源标识。原产地名称、地理标志和货源标记/来源标识三者之间的关系可用图 1 表示。

　　目前《巴黎公约》《马德里协定》《里斯本协定》以及《与贸易有关的知识产权协议》(TRIPS)等涉及地理标志或原产地名称保护的国际条约,均被纳入世界知识产权组织(WIPO)的管理范畴。地理标志(GI)被视作知识产权的一种形式,获得了欧盟以外众多国家的重视与讨论。根据有关数据显示,截至 2018 年 12 月,共有来自 63 个国家和地区,合计 136014 个地理标志通过注册。

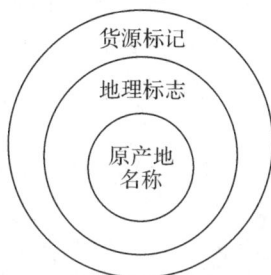

图 1  原产地名称、地理标志、货源标记关系示意

## 二、地理标志保护的欧美模式及其差异

从地理标志保护的历史传统以及当前世界各国采取的地理标志立法体系来看,目前存在"欧洲式专门法""美国式商标法"以及"专门法—商标法混合"三种不同的地理标志保护模式。其中,前两者为当前主流的地理标志保护模式,但两者之间存在较大的立法与理念差异,受两种类似且不同的法律概念保护:原产地名称和商标,以及主观认知与客观关联、"声誉"与"风土"的核心理念差异。Terrior(风土)指产品的地理来源与其质量或属性之间存在的因果关系,这奠定了欧洲式专门法地理标志保护模式的理念基础。原产地名称强调产品与"风土"的紧密联系,但在商标的情况下,这种关系不是必要的。

(一)欧洲式专门法地理标志保护模式

欧洲国家具有悠久的农业保护传统与地理标志保护历史,最早可追溯到15 世纪。法国将原产地名称定义为"一个国家、地区或地方的地理名称,该名称被用来表示源于该地方的产品,产品的质量或特征归因于其地理环境,包括自然和人文因素"。其于 1905 年颁布的《1905 年 8 月 1 日法》对原产地名称施以法律保护,是法国第一部关于地理标志的一般法,也是欧洲最初的食品地理标志保护制度之一。之后历经一百多年演化完善,并受到了意大利、葡萄牙等南欧"罗马文明"国家的纷纷效仿,最终形成"罗马式注册保护模式"。欧洲式专门法地理标志保护模式即起源于此,又被称为"the European sui generis schemes"。目前,以欧盟为首的 80 多个国家和地区采用该模式,通过专门立法对地理标志实施保护。

欧盟于 1992 年通过了 2081/92 号理事会条例,建立起欧盟范围内农产品和食品的地理标志保护统一制度(但不包括葡萄酒、烈酒和芳香葡萄酒),是欧盟农产品质量政策的主要支柱，也为欧洲式专门法地理标志保护模式确定了整体框架。该法规定义了"受保护的原产地标记"(PDO)和"受保护的地理标志"(PGI)两个"地理标志"类型(见图2)，两者之间的区别在于产品与其地理来源之间的联系紧密度不同。

图 2　PDO 和 PGI 的专用标志示意图

目前，欧洲式专门法保护模式内部分工明确。PDO 与 PGI 的对象均为欧盟内的食品、农产品(1152/2012 号条例、664/2014 号条例、668/2014 号条例)和葡萄酒(479/2008 号条例、555/2008 号条例)。PDO 的条件最为严格，要求产品的质量或特性必须主要或完全归因于其地理来源的自然和人文因素，农产品和食品整个生产、加工和制备过程中的每个环节(包括原材料的生产和加工)均须在规定的原产地区域内进行。对葡萄酒而言，意味着葡萄必须完全来自葡萄酒被酿造的地理区域。PGI 的条件略微放宽，且将声誉(reputation)纳入考量，即要求"产品特定质量、声誉或其他特征与其地理来源之间存在因果关系，且产品生产、加工和制备过程中至少有一个阶段在规定地理区域内进行"。葡萄酒产品使用的葡萄至少 85％必须完全来自实际酿造葡萄酒的地理区域。

自 2008 年起，欧盟引入地理标志(GI)以保护产自某一国家、地区或区域的烈酒(110/2008 号条例、716/2013 号条例、2019/787 号条例)或芳香葡萄酒的名称(251/2014 号条例)，所贴标志与 PGI 相同，要求产品的特定质量、声誉或其他特征主要归因于其地理来源。对大多数产品而言，其蒸馏或制备中的至少一个阶段要位于该区域内，但原料产品不需要来自该地区。此外，对所有酒类产品而言，是否标明 PDO/PGI 标签是可选择的，但农产品和食品则必须标注。

由于"风土"是欧盟地理标志保护制度的核心理念,因此申请欧盟地理标志保护须证明产品满足地理标志"风土"的条件以及欧盟制订的产品规范。申请者在产品规范中要详尽说明产品的所有特性、生产方法、生产过程和生产的地理区域等,在地理标志注册通过后即成为名称使用的法定条件。

在地理标志的使用保护层面,申请方需要指定具有特定资质的第三方检查机构监管产品品质,负责整个供应链认证和检查。各欧盟成员国要指定执行官方控制的主管职权部门,验证产品是否符合相应的产品规格,监督地理标志在市场上的使用是否符合法律规定并处理滥用、模仿和误导性使用等问题,核实地理标志产品是否符合质量计划的法律要求。考虑到欧洲式保护模式下地理标志的审核、批准以及标准的制定均由国家行政机关所掌握,不少学者认为欧洲式专门法地理标志保护模式具有明显的公权属性。

总体而言,欧洲式专门法保护模式属于非排他性的知识产权保护模式,地理标志作为集体性标记,其使用权被赋予指定生产区域内所有符合产品规范的生产者,即使他们不是最初申请地理标志注册的协会成员。

(二)美国式商标法地理标志保护模式

在欧盟以外施行普通法的发达国家,例如美国、加拿大、澳大利亚等,则采取以商标体系为地理标志保护提供法律框架的保护模式,即"美国式商标法"地理标志保护模式,又称为"盎格鲁—美国证明商标模式"。

与欧盟的专门立法不同,美国将地理标志认定为商标的子集,对地理标志的法律保护依据来源于法律法规的集合,包括作为主要法律依据的《兰哈姆法》即商标法,以及普通法、州法、联邦行政规章等,并将"服务"纳入地理标志保护范畴。为表述方便,下文将以"商品"指代美国地理标志保护制度下的"产品/服务"。

"美国式商标法"保护模式与"欧洲式专门法"保护模式实行不同的立法体系。形成差异的根源之一,在于对地理标志的核心要素——"产品与产地的关联性"理解不同,即地理标志的关联性是基于消费者主观认知还是"产品—环境"的客观关联。

"风土"的概念将产品品质与其地理来源相连接,地理标志实为提供产品品质可靠的认证机制。但按照美国商标法原理,消费者的认知至关重要,因此要从消费者主观认知出发看待商品品质以及地理标志的功能。在此视角下,地理标志"唤醒"的是消费者将商品品质与其地理来源相联系的主观认知,其来源于与商品相关的"声誉"而非"风土"。商品的声誉可能来自风土,也有可能是不受风土影响的独立要素。因此产地来源与商品之间的关联性不再是风土而是声誉，声誉与普通商标的商誉无异，进而地理标志与商标之间的功能差异也就不复存在。

美国为地理标志提供普通商标、集体商标或证明商标的法律保护，并以证明商标为主。由于前两者对消费者不具有"首要意义"——（表明）商品"真实"的地理位置，因此以普通商标或集体商标注册需证明该地理标志具有独特性，即"第二含义"——（表明）商品生产或制造的来源。在"美国式商标法"保护模式下，地理标志具有两种不同的法律属性，一是作为"真实"标明商品地理来源的地理名称或标志，在此情况下，美国商标法为防止其私有化，只允许作为证明商标注册；第二种是作为"地理描述性术语"，如果其对消费者而言具有"第二含义"，具有识别商品（生产或制造）来源的能力，可作为普通商标或集体商标申请注册。

与欧洲地理标志保护申请标准相比，在美国无论是证明商标还是普通、集体商标，其申请注册的条件均较为宽松。协会、工会、合作社或其他有组织的集体团体可作为"集体"注册人申请集体商标保护，一般自行拟定商标使用条款，集体商标的使用权归属与标明的来源皆为集体内所有成员。协会等集体组织作为地理标志集体商标的所有者，"不能在集体商标名下销售自己的商品或服务，但可以宣传或推销其成员在商标下销售或提供的商品或服务"。申请证明商标只需递交文件材料证明产品的地理来源即可。商标的竞争对手和消费者等与证明商标"准确性"和"高标准"关系最为紧密的人群，负责确保标准制定者保持必要的授权质量。作为主管部门的美国专利商标局（USPTO）无需制定任何有关产品质量或特征的认证标准以审查证明申请。

由于美国商标制度的基本特点之一是商标权使用产生制，因此即使地理标志未经美国专利商标局注册，只要"地理名称的使用受到控制和约束，使其可靠地向购买人表明使用该名称的商品完全来自特定地域"，也可在普通法上成立证明商标，作为未注册证明商标受到保护。

美国商标法和普通法均禁止使用"虚假"的地理标志和名称，并且商标法重视地理标志的"独特性"。因此，如果区域外生产者使用地理标志并作出误导性描述或使用"虚假"地理标志，则直接触犯法律，构成不正当竞争。但在实际操作中，由于对"虚假"的判定不在于地理标志自身，而是从消费者认知角度考量其是否传递了"虚假"信息，从而误导和混淆了消费者判断。如果"虚假"地理标志的注册与使用不会对消费者产生误导作用，则通常不会受到商标法的禁止。地理标志"通用化"/"去地方化"的使用,例如使用地理标志的同时标明商品的真实来源,或在地理标志后带有"种类""类型""风格""模仿"等词语,在美国并不构成欺诈,反而被视为传递了有用的商品信息。如果地理标志由于长期使用丧失了地理区域指示的功能,变成了某种商品的通用名称,则任何生产者都可以自由地把它用作自身商品的名称。

以上种种,暴露出"美国式商标法"地理标志保护模式存在一定漏洞、隐患与争议。因此可以说,"美国式商标法"模式为地理标志提供的保护力低于"欧洲式专门法"模式。

但在美国法律环境注重商标而非地理标志的同时,各个地理标志商标获得者,会根据自身的发展需要和市场发展的规律,进行地理标志商标基础上的品牌化运营。如新奇士,是地理标志集体商标(见图3),在其发展过程中,作为集合了众多合作社、果农的新奇士品牌运营者,协会为打造品牌的统一形象、统一调性不断进行品牌传播,让品牌深入消费者心智,在同类产品中脱颖而出,成为强大的、具有国际范围的品牌影响力、市场占有率的品牌。爱达荷土豆,是地理标志证明商标(见图4)。作为该地理标志证明商标的运营者"土豆联盟",统一品牌形象与产品包装、设计原创吉祥物、持续不断地做品牌相关话题、建设土豆博物馆、延伸土豆基地旅游与体验消费等等,利用品牌化运作,通过长期的品牌化运营,使之成为代表爱达荷州获得高经济效益的品牌。

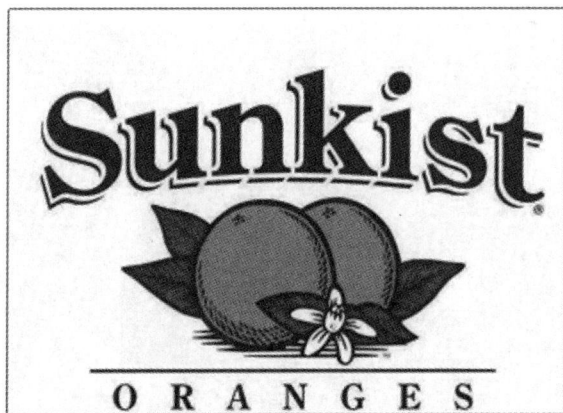

图3 新奇士橙 logo(地理标志集体商标)

除上述两种模式外,目前,国际社会还存在行政产品审批计划(Administrative Product Approval Schemes)等关注商业实践的地理标志保

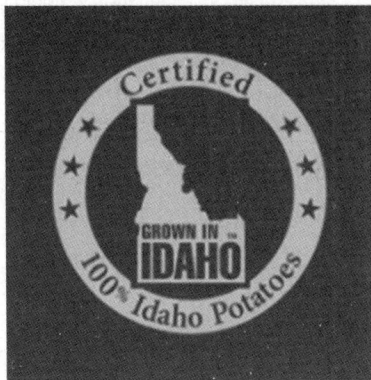

图 4    爱达荷土豆标志（地理标志证明商标）

护方法，以及"部门规章或专门立法—商标法"混合式的地理标志保护模式，采用该种模式的国家有中国、日本、韩国、瑞士等。

（本文首发于《国际品牌观察》2019 年第 9 期，是基于农业农村部中国绿色食品中心"地理标志产品的品牌化研究"、国家自然科学基金资助项目"基于区域化、网络化视角的农业品牌价值体系建构与管理策略研究"的成果之一，由笔者与万琰博士共同执笔完成。）

# 中国地理标志产品的品牌化基础

## 一、三类地理标志产品的共性特征

（一）生产区域性

无论 PGI、GI，还是 AGI，均限定了产品生产独特的区域范畴。因此，能够获得三类地理标志保护的产品，都必须是在特定的区域范畴内进行生产。而不同区域会有不同的风土、物种、工艺、人文等诸多方面的差异性。

（二）品类单一性

无论 PGI、GI，还是 AGI，均限定了品类的单一性，如占比 99％以上的地理标志农产品，都是单品类的初级产品，如烟台苹果、户县葡萄、西湖龙井、长白山人参等。

（三）产品独特性

无论 PGI、GI，还是 AGI，均要求产品具有出自当地地域特点、人文因素的特色。因此，能够获得三类地理标志产品保护的产品，都必须是具有基于当地地域特点的产品特色。该特色，可以是品种独特性、品质风味差异性、原材料特色、特殊工艺、特殊人文因素等各种因素带来的产品品质独特性。因此，地理标志产品具有产品品质特色的专属性。专属性，即为独特性，具有独一无二的销售卖点（USP）。

（四）品质差异性

由于生产的独特区域性、产品的独特环境、工艺等特征，自然带来了地理标志产品的品质差异性。所谓的"橘生淮南则为橘，生于淮北则为枳"即为此意。即便是同一科同一属的产品，由于地理条件、人文因素等不同，也会形成差异化的品质特征。

（五）工艺传承性

地理标志产品限定了生产的区域范畴，而不同的区域范畴内，其社会演变、工艺发展都会体现其不同特征。一般而言，地理标志产品均有区域内先民们长期探索、留存下来的不同的工艺手法，并通过师徒授艺、家传秘方等方式得以传承。如龙井茶的"抖、搭、摺、捺、甩、抓、推、扣、磨、压"十大手法，即为历史传承及总结所得。

（六）文脉依赖性

一个区域有一个区域的文化特质，但凡地理标志产品，大多具有长期的种养殖历史，并在种养殖历史发展进程中，形成了特殊的、悠久的生产文化脉络。如四川雅安，在西汉时期便有吴理真在蒙顶山种茶的文字记录。自西汉至今，蒙顶山的种茶文脉源远流长。可以说，地理标志产品的物质生命与其文脉相辅相成，相互成就，无法分割。

（七）命名地缘性

除 GI[规定：可以是该地理标志标示地区的名称，也可以是能够标示某商品来源于该地区的其他可视性标志。（中华人民共和国国家工商行政管理总局令，第 6 号，《集体商标、证明商标的注册和管理办法》，2003 年 4 月 17 日）]之外，PGI、AGI 两类地理标志保护产品，其产品名称均由产品所生产的地理区域名称、产品品类通用名称两者协同构成。如福州茉莉花、云阳红橙等，前两字为地理区域名称，后两字为产品品类通用名称。因此，其命名具有直接的地缘依附性、地缘联想性。看到产品名称便可联想到地缘特征，便于记忆、便于产生品牌联想。

（八）使用公用性

地理标志产品的生产，只要是在限定的区域内生产，其产品符合地理标志产品认证要求的、获得认证保护管理权力的机构（协会或者其他组织）认可的企业或农户、个人，都能够获得授权，拥有生产权益。因此，地理标志产品的生产区域，比区域公用品牌的范畴要大。而地理标志产品的生产授权，则是一个区域的农产品区域公用品牌建设的基本范畴。使用公共性，会给地理标志产品保护带来困难。同样，从区域公用品牌角度来看，避免"公用地灾难"是品牌保护中重要的管理原则。

（九）两权分离性

国家工商管理总局商标局的有关地理标志证明商标的界定是：由对某种商品或者服务具有监督能力的组织所控制，而由该组织以外的单位或者个人使用于其商品或者服务(同上)。这说明,地理标志证明商标的商标所有权、商标使用权两权分离。虽然 PGI、AGI 没有明确说明地理标志产品保护监管与使用的两权分离性,但由于其使用的公共性,依然存在着地理标志产品保护监管者、地理标志使用者(企业、合作社、农户等)之间的分离现象。地理标志证明商标注册与监管权、地理标志使用权分离,存在着"公用地灾难"出现的天然隐患。

(十)政府背书性

无论 PGI、GI,还是 AGI,均要求县以上的相关部门审核推荐,协会或相关组织、企业等申请,依据各管理办法,经由省地标机构初审—专门组织专家评审—农业农村部或原质监局、原商标局准予登记保护。整体流程可见,地理标志农产品具有政府及相关专业机构的多重背书。

## 二、三类地理标志产品保护体系的差异

三类地理标志产品的保护制度体系存在着四大差异。

(一)管理依据不同

农业部主要依据的上位法是《中华人民共和国农业法》《中华人民共和国农产品质量安全法》。强调"国家对农产品地理标志实行登记制度。经登记的农产品地理标志受法律保护"。国家工商行政管理总局依据《中华人民共和国商标法》进行地理标志产品的注册与使用管理;国家质量检测检验检疫局、农业部以部门规章进行地理标志产品的注册、质量监控、专用标识使用管理。质监总局主要依据的上位法是《中华人民共和国产品质量法》《中华人民共和国标准化法》《中华人民共和国进出口商品检验法》。三者的管理依据不同、管理权限不同,属于法律层面、部门规章层面等不同的管理制度体系。

(二)管理范畴不同

国家工商行政管理总局的地理标志证明商标、集体商标的管理范畴除了我国国内的相关团体、协会与其他组织之外,也接受外国人与外国企业的申请(须提供该地理标志以其名义在其原属国受法律保护的证明);国家质量检测检验检疫局的地理标志管理范畴特别包括出口企业;农业部的农产品地理标志登记申请人为县级以上地方人民政府根据下列条件择优确定的农民专业合作经济组织、行业协会等组织,2018 年,推荐第一批 100 个农产品地理标志产品与欧盟达到互认。

（三）品质规范不同

农业部的农产品地理标志产品认证，除了要求提供申请人资质证明之外，还要求提供产品典型特征特性描述和相应产品品质鉴定报告，产地环境条件与生产技术规范和产品质量安全技术规范、地域范围确定性文件和生产地域分布图、产品实物样品或者样品图片等，还要求建立质量控制追溯体系，要求地理标志产品登记证书持有人和标志使用人对地理标志农产品的质量和信誉负责，并依据《农产品地理标志管理办法》的实施需要，配套组织制定了《农产品地理标志产品品质鉴定规范》等 20 多个配套技术规范。相对而言，国家工商行政管理总局令中，除了第七条对申请说明提出要求之外，没有明确的对质量和信誉负责的直接条款。质监局则在规定中也强调了技术规范与标准要求。三者的品质规范与标准要求存在内容与程度的明显差异。

（四）两权关系不同

地理标志证明商标使用，其商标持有权与商标使用权两权分离，商标注册者不可以使用商标（第二十条），证明商标的注册人不得在自己提供的商品上使用该证明商标。但集体商标只要是注册者集体成员即可使用，但"不得许可非集体成员使用"（第十七条）（同上）。农业部的农产品地理标志产品，须有登记证书持有人与经营单位或个人之间，"签订农产品地理标志使用协议，在协议中载明使用的数量、范围及相关的责任义务"。质监局的地理标志产品保护申请者为县市级人民政府提出建议，并认定协会或企业进行相关申请，地理标志使用者为地理标志产品产地区域内的企业。不同管理体系的两权关系不同。

管理依据、管理范畴、品质规范、两权关系的不同，会导致不同的管理导向、管理效果。法律与部门规章的监管力度强弱显著不同，品质规范与两权关系的差异，使得引发"公用地灾难"的可能性不同。

### 三、中国地理标志产品的品牌化基础

（一）先天具备差异化特征，适用差异化竞争战略

从品牌起源角度来看，无论东方，还是西方，品牌的起源都是用烧灼或镌刻等方式，在物件上留下一个标记。留下这个标记的目的很简单直接：区分，通过符号创造差异。

品牌起源于区分（差异），通过符号标志区分产品的所有者和制作者，以及通过区分，形成权利维护和信用保障，明确所有权归属，明确责任归属并给予

消费者承诺。可以说,品牌是权利所有与诚信标志,品牌经济是典型的信用经济。

从上述十大基本特征中的生产区域性、产品独特性、品质差异性、品种稀缺性、工艺传承性、文脉依赖性、命名地缘性等七个方面的特征可见,GI\PGI\AGI 产品均具备先天的差异化特征。

哈佛大学商学院教师迈克尔·波特在他享有全球盛誉的《竞争战略》中提出,竞争战略有三个选择,分别是总成本领先战略、差异化战略和专业化战略。品牌战略从本质上讲,是差异化战略的一种。因此,从品牌战略角度来看,品牌战略首先是一种竞争战略,它在竞争中产生,为了利于竞争而采用,并历久弥新。品牌战略强调的是差异化竞争,力图从符号、个性、文化、品质、渠道、定位、人格等一个或多个方面去塑造、传播差异性,以形成消费者的差异化认知;通过区分形象、个性、内涵、价值、消费意义、产品特质、消费者等方式,实现品牌的塑造与价值赋予。无论是 GI、PGI,还是 AGI 产品,因其先天具有多方面的差异化特征,拥有选择差异化竞争战略的基本条件。

综合考察三类地理标志的共性特征与差异性可见,地理标志产品拥有独特的品牌基因。通过对地理标志产品特征的研究与把握,凸显其独特的、符合差异化竞争战略的品牌基因,可以创造富有特色的地理标志产品品牌。

(二)多数中国地理标志产品尚未成为真正的品牌

但事实是,根据笔者对目前得到登记保护的地理标志产品(农产品地理标志产品 2594 个)的调查研究,多数地理标志产品虽具有品牌化基础,但还不是真正意义上的品牌,更不是现代意义上的品牌。这是因为,它们在以下几方面的问题仍未解决:

1. 多数地理标志证明商标与集体商标虽然已经受到商标法规的保护,但商标的品牌化依然不够;地理标志农产品也是一种知识产权,但它只是依照《农业法》等得到的部门行政登记保护,是否需要进一步的商标保护,强调其独占性?

2. 多数中国地理标志产品虽然拥有了基本的品牌符号(命名、少数有标志),但还没有建构系统的品牌识别体系,形成清晰而富有意义的品牌识别。

3. 多数地理标志产品因其历史悠久,产品独特,在相关区域内已被口口相传,得到了一定的口碑与消费评价,但并没有通过系统的品牌传播、品牌接触与体验,构建与现代消费者的关系。

4. 多数地理标志产品虽然有独到的产品功能与消费利益,但并没有通过系统的价值挖掘、价值发现、价值再创、价值延伸，形成现代意义上的品牌价值与品牌溢价，创造新型的品牌经济价值链。

因此，只有当地理标志农产品得到法律层面独占意义的知识产权保护，并利用系统符号构建了意义系统，利用现代传播与体验构建了新型消费关系，利用价值创造、再造、延伸产生溢价，创造品牌经济价值链，才能够说，一个地理标志农产品变成了名副其实的品牌，而且可能是强势品牌了。

（本文是笔者首发于《国际品牌观察》2019 年第 10 期的文章，是农业农村部中国绿色食品中心"地理标志产品的品牌化研究"、国家自然科学基金资助项目"基于区域化、网络化视角的农业品牌价值体系建构与管理策略研究"的成果之一。）

# 中国地理标志产品的品牌化适用路径

前文所述的中国地理标志产品的十大基本特征,可将其进一步凝练为四大核心特征,即区域性、独特性、公用性和背书性。

区域性特征,指地理标志产品具有区域地理属性,被限制在一定的区域生产,是区域自然生态环境与区域历史人文因素共同作用下的特定产物。因此,地理标志产品的产业规模会受到区域范畴的限制,形成相对的产量规模化控制,并衍生出品种稀缺、产品限量、品类单一等特征;独特性特征,指地理标志产品包含独特的地理范畴、区域自然生态环境、区域历史人文因素以及品质标准管理、工艺、品种、生产者、风土等,都具有独一无二的特质;公用性特征,指地理标志产品的生产资源(区域风土、工艺、品种、品质特征、历史文脉等)具有公共资源特性、生产权利具有公用性〔所有经过审批通过的被授权者(区域内的企业、农户等)在其相关产品的包装设计、企业品牌宣传上可以使用,地理标志证明商标、地理标志集体商标、地理标志产品授权,均属于集体性私权)〕特征;背书性特征,指地理标志产品的生产者通过被审核、评审的过程及授权使用的权利获得,得到了县级及以上政府、组织、专家甚至农业农村部、国际知识产权局、商标法、中欧地理标志互认等多重信用背书,且其产品名称是区域名称与品类名称的结合。

因此,中国地理标志产品的品牌化,可以根据上述十大基本特征与四大核心特征,进行品牌化适用路径的多方探索:抓住地理标志产品的区域性、公用性特征,在品牌类型上,选择创建或重塑特色显著的单一品类区域公用品牌;抓住地理标志产品的独特性(产品独特性、品质差异性、品种稀缺性、工艺传承性)特征,创建或重塑具有差异化、专属性强、消费对象精准度高的个性品牌;针对地理标志产品由区域性带来的独特文脉及文脉依赖性(独特生产者、生活方式与价值观、文化脉络故事)特征,创建或重塑具有独特的人物、故事、生活方式、价值观的文脉品牌；利用地理标志产品的多重背书性特征及其命名地缘性所带来的区域、政府、专家、相关组织背书性等特征，创建或重塑与区域公共品牌相联动的地域联合品牌。

**一、抓住区域性特征，创建或重塑富有地域特色的单一品类区域公用品牌**

如前述，能够获得我国三类地理标志登记、注册的产品，都必须在一定的区域范畴内进行生产。而不同的区域会有不同的风土、物种、工艺、人文等诸多方面的个性差异。

基于地理标志产品在产品生产、品质监管、产业规模、商标使用、文化背景、生产者等方面的区域共性特征，同时，基于地理标志产品的单一品类特征，可以在品牌类型上，选择创建或重塑特色显著的单一品类区域公用品牌，并使之成为单一品类基础上的产业内相关企业品牌与产品品牌的母品牌、产业背书品牌、产业延伸品牌，形成产业品牌内在生态结构。"橘生淮南则为橘，生于淮北则为枳"，地理标志农产品区别于工业品和服务产品的最大特征是，始终与种植、养殖、生产它的一方水土不可分割。正是这一区域不可复制的自然资源如地形地貌、气温、水质、土壤、光照、昼夜温差等因素和特有的人文特征如种植模式、管理技术、加工工艺等因素，共同决定了地理标志产品的"特定质量、信誉或者其他特征"。

区域公用品牌，与普通商标意义上的企业品牌、产品品牌有所不同，它具有整合区域资源、联动区域力量的特殊能力，进而普惠地理标志产品的相关生产主体，带动区域经济发展，提升区域品牌形象。以地理标志产品为产业基础，充分挖掘和利用其区域性特征，创建区域公用品牌，并通过构建科学合理的管理机制，形成与企业品牌、合作社品牌、农户品牌等协同的母子品牌关系，创造区域与企业（合作社、农户等）的品牌互动模式，能够最大限度地形成区域、产业、企业、农户的合纵连横，创造区域品牌新生态。

长期以来，地理标志产品通过创建或重塑成为单一品类区域公用品牌，得到广泛的市场认同，并成为某品类的顶级品牌的，不胜枚举。如烟台苹果、长白山人参、库尔勒香梨、马家沟芹菜等。

## 二、抓住先天的独特性，创造具有独特差异化、专属性强的个性品牌

三类地理标志产品在登记、注册过程中，都要求产品或服务具有独特的品质、声誉或其他特点，而该品质和特点本质上可归因于其特殊的地理来源。这意味着，无论 PGI、GI、AGI 的哪一个，其产品必然拥有基于品种、品质、风味、材料、工艺、人文等各种因素带来的独特性。即便是同一科同一属的地理标志产品，也会由于上述因素，而形成显著的差异化品质特征。

如，同样是苹果，甚至同样是引进富士品种的苹果，在不同的区域生长，其品质特质会发生微妙的变化。如山东烟台苹果、河南灵宝苹果、陕西洛川苹果、甘肃静宁苹果、新疆阿克苏苹果，其甜度、酸甜比、脆度、固形物质、果型大小等都会发生独特差异。

同样，由于生产区域的地理条件、自然风土、生物品类、种质资源等差异，在漫长的历史条件下，该区域自然形成或人工引进培育更具适应性的生物品种。同样是羊，宁夏盐池滩羊、内蒙古巴美肉羊、陕西横山羊、江苏海门山羊、山东蒙山黑山羊、重庆大足黑山羊、山东梁山青山羊、新疆阿勒泰大尾巴羊等均为其他地区没有的原生物种资源和稀缺品种。

由于地理标志产品的产品独特性、品质差异性、品种稀缺性、工艺传承性等特征，形成了地理标志产品的特色专属性，即只属于该产品的外形、品质、气味、口感、食用方法等方面的特色，是该产品先天具有的独一无二的销售卖点。

借助地理标志产品独一无二的利益点，创建或重塑具有差异化、专属性强的个性品牌，是值得实践的适用路径。因为，地理标志产品由于受到区域范畴的限制，不一定拥有大规模的生产能力，且其长期以来的地域性消费，导致一些地理标志产品的区域市场偏好显著。有的地理标志产品，因其地域性强的口味、气味等特征，拥有一批"好这一口"的拥趸，但并没有更广泛的消费需求与消费潜力。因此，应当利用其特色专属性，打造无法复制的、精准满足小众消费者的个性品牌，进一步深挖市场，抓住核心消费者，提升品牌溢价。

## 三、针对其文脉依赖性，打造文化特色显著的文脉品牌

三类地理标志产品的登记、注册，均要求其品质特征主要源自特定区域的特定地理生态环境与历史人文因素，地理标志产品大都具有悠久而独特的产品文脉，形成了相当的文脉依赖性。这种文脉依赖性，会将区域文化、产品文脉甚至生活方式、价值观等烙印在产品身上，甚至有可能成为产品重要的消费

内核。如西湖龙井的十大炒制工艺手法、蒙顶山茶与吴理真种茶的故事、烟台苹果与传教士的渊源、长白山人参与赶山人的传说等，几乎每一个地理标志产品都有其独特的文脉可以去发现、挖掘、表达。针对地理标志产品由区域性带来的独特文脉及文脉依赖性特征，创建或重塑具有独特的人物、故事、生活方式、价值观的文脉品牌，成为一种可能，甚至是创建文脉品牌的有效路径。

当然，因其年深日久，有的地理标志产品虽文脉悠久，但其文脉内容已不适应当下消费者的生活方式与价值观，甚至与现代的、时尚的、国际化的消费者产生消费习惯、消费观念等方面的冲突。品牌化进程中，可以基于独特文脉基础，对相关文脉进行提升、重塑或再造，以适应当下消费者，并与消费者形成共同的文脉偏好、文脉消费，进而形成具有更高品牌溢价的文化基础。

**四、利用地理标志产品的命名地缘性与政府背书性，建立区域联合品牌**

在 PGI、GI、AGI 三类地理标志产品的登记、注册要求中，GI 规定地理标志产品名称"可以是该地理标志标示地区的名称，也可以是能够标示某商品来源于该地区的其他可视性标志"。尽管如此，除极少数例外，如白洋淀荷叶茶（安新县）、槟榔江水牛（腾冲市）等采用的是以产品生产的河流湖泊来命名，其余的地理标志产品的命名均采用了产品所在区域的名称，与区域命名具有一致性。而 PGI 和 AGI 两类地理标志产品的登记与注册，则直接规定其产品名称须由产品所生产的地理区域名称、产品品类通用名称两者协同构成，如福州茉莉花、云阳红橙等。

地理标志产品的命名具有直接的地缘依附性、地缘联想引导性。消费者看见产品名称便可联想到地缘特征，便于记忆，便于产生品牌联想。如一看到、听到库尔勒香梨、哈密瓜、吐鲁番葡萄，便会想到新疆大漠孤烟直、长河落日圆的独特景致，新疆人民载歌载舞的民风民俗。

地理标志产品的竞争，在物质和功能的竞争层面上，是产品本身的竞争；在消费者心智和区域形象的竞争层面上，是产区的竞争。当其面向市场、面对消费者时，无一不是承载着区域形象和消费者的区域认知。从这个意义上，以区域形象与区域认知，以与区域同名的地理标志产品为基础，打造区域联合品牌，将一个区域的区域公共品牌与一个地理标志产品的产品品类区域公用品牌进行联合，携手共进，可以自然延续已经积累的商品信誉和区域形象。

充分利用地理标志产品的命名地缘性与区域政府、组织、专家等多重背书的特征,借助区域名称及区域知名度、区域的正面影响力,提高地理标志产品品牌的知名度、联想度、记忆度和联合影响力。在品牌创建与管理过程中,还可以借助区域形象与区域特征,塑造富有唯一性的品牌形象与品牌个性特征,建立区域的品牌形象与地理标志产品区域公用品牌互为背书、互动融合、相互支撑的专属性、唯一性品牌关系,构建区域联合品牌。

该区域联合品牌,由区域公共品牌(如国家品牌、城市品牌、县域品牌、特色小镇品牌、特色村落品牌等)与地理标志产品基础上的产品品类品牌、产业品牌、相关企业品牌及其集群等构成、相互联动的地域联合品牌集群,并形成品牌的联合传播、互为背书、互为支撑的联合品牌效应。在国际市场,也可以通过传播欧盟互认机制,产生品牌背书效应。

综上,地理标志产品的十大共性特征、四大核心特征是其品牌化的独特优势,特别是地理标志产品创建或重塑单一品类区域公用品牌独特的品牌基因。拥有独特、专属的地理标志特征的产品及其产业,要自觉利用地理标志产品登记、注册、保护的机会,发展地理标志产品品牌,善于利用其特征,挖掘已有的品牌基因,凸显品牌特色,维护品牌优势,从而创造更高的品牌价值。

**参考文献**

[1] 中华人民共和国农业部令第 11 号,《农产品地理标志管理办法》,2007 年 12 月 25 日。

[2] 国家质量检测检验检疫总局:《地理标志产品保护规定》,2005 年 6 月 7 日发布,《国家质检总局公报》,2005 年第 11 期。

[3] 中华人民共和国国家工商行政管理总局令第 6 号,《集体商标、证明商标的注册和管理办法》,2003 年 4 月 17 日。

(本文是笔者首发于《国际品牌观察》2019 年第 10 期的文章,是农业农村部中国绿色食品中心"地理标志产品的品牌化研究"、国家自然科学基金资助项目"基于区域化、网络化视角的农业品牌价值体系建构与管理策略研究"的成果之一。)

# 中国地理标志产品如何转型为区域公用品牌

如前文所述，借助品牌化运营，进一步保护并发展地理标志产品的生命，提升其价值，创造持续的品牌影响力与独特生命力，成为为区域经济发展提供独特价值的品牌等理念，相关部门在 2004 年左右便达成了共识。

但如何实现地理标志产品向品牌的有效转型？随着品牌消费、品牌竞争、品牌经济时代的到来，迫切需要破题。因此，2004 年之后的十多年间，各方人士也在理论、实践、政策提出等方面进行努力并有了重要突破。在理论方面，2007 年，胡晓云在其《中国农产品的品牌化——中国体征与中国方略》中提出"农产品区域公用品牌"概念，强调根据农产品特别是地理标志农产品的特点，打造区域公用品牌；在政策制定方面，2014 年，农业部《中国农产品品牌发展研究报告》采用了"农产品区域公用品牌"等相关概念及理论内核，提出"品牌是现代农业的核心标志""农业区域公用品牌……需要农业部门统筹规划、主导推动，打造代表我们国家现代农业水平的国家品牌"等观点与举措；2017年，中央 1 号文件首次提出"推进区域农产品公用品牌建设"，同时提出要"开展特色农产品标准化生产示范，建设一批地理标志农产品和原产地保护基地"。"支持地方以优势企业和行业协会为依托打造区域特色品牌，引入现代要素改造提升传统名优品牌"等具体措施。

## 一、区域品牌

（一）区域品牌的不同界定

（1）产品竞争时代的界定

关于区域品牌的概念辨析，在过去产品竞争时代，多数业内人士将其理解为"产品在某区域销售"，与全球品牌（国际品牌）、全国性品牌形成比较。实际上，这里所指的"区域品牌"，是"区域性品牌"，指产品只在某区域销售并形成区域市场的品牌。

(2)区域竞争时代的界定

在区域竞争时代,区域品牌有了新的解读。区域品牌指的是什么？区域品牌包括哪些类型？从表1中可见,许多学者、专家曾对其做过研究与解释。从1999—2018年间有关管理学、营销学、经济学、传播学等相关学科的研究文献中可见,各有千秋,但也可梳理出基本倾向于地理区域带来的联想,大部分从品牌联想、品牌识别出发。有的是研究行政区划定义下的区域品牌,更多的是从产业集聚品牌出发进行探讨。但对区域品牌的概念、区域品牌的类型分析则莫衷一是。

**表1　区域品牌代表性概念梳理**

| 作者 | 时间 | 核心定义 | 出处 |
|------|------|---------|------|
| 波特 | 1990 | 区域品牌是区域经济发展的产物,其是一种"准公共产品"(quasi-publicgoods),对该区域内企业的竞争优势有着共同的促进作用。 | 国家竞争优势 |
| 科特勒等 | 1999 | 区域品牌是根据某个特定的地理名称命名和塑造的,区域品牌的功能就是让人们认识和了解这个地方,并对它产生积极、独特和正面的品牌联想。 | Country as brand, product, and beyond：A place marketing and brand management perspective |
| Rainisto | 2003 | 区域品牌是一个地区区别于其他地区的所特有的魅力和标志,培育区域品牌的核心是构建区域品牌识别系统。 | Success Factors of Place Marketing |
| Kavaratzis等 | 2005 | 区域品牌是产品或服务的品牌集合体和集功能、情感、关系和战略要素的多维组合。这几种要素组合起来集体作用于公众的大脑中,进而产生一种独特的联想。区域品牌成功的关键是在品牌和消费者之间建立一种联系。 | Place Branding：A Review of Trends and Conceptual Models |

续表

| 作者 | 时间 | 核心定义 | 出处 |
|---|---|---|---|
| 蒋廉雄<br>朱辉煌<br>卢泰宏 | 2005 | 区域品牌是最复杂的品牌概念，区域品牌的对象几乎无所不包；区域产品具有复杂性和独特性；区域本身既是产品，又是品牌；文化作为区域产品，也可成为区域品牌的独特属性，以及区域发展的杠杆因素。 | 区域竞争的新战略：基于协同的区域品牌资产构建 |
| 杨建梅<br>黄喜忠<br>张胜涛 | 2005 | 区域品牌一般具有明显的地域属性，是浓郁的地方文化和地方特色产品相结合的产物，是随着消费者对这种产品的认可和喜欢，其知名度、美誉度、忠诚度逐渐提升而凝结为富于情感价值的特别区域产品指代。 | 区域品牌的生成机理与路径研究 |
| 胡大立<br>谌飞龙<br>吴群 | 2006 | 区域品牌是"集群区域品牌"的简称，指以某地域及其内部的优势产业而合作命名的特定地区名称，它是包括集体名称、集体商标、地理标志和原产地标记等多种形式在内的综合体系。 | 企业品牌与区域品牌的互动 |
| Allen | 2007 | 区域品牌应该是公司品牌的扩大化，公司品牌是代表一个公司形象和特征的产品或服务品牌，相应地，区域品牌是代表一个地区形象或特色的产品或服务品牌。 | Place Branding: New Tools for Economic Development |
| 董雅丽<br>白会芳 | 2007 | 区域品牌是地域内企业品牌集体行为的综合体现，也是该地区的标志和象征。 | 论区域品牌的形成机制 |
| 徐鹏<br>赵军 | 2007 | 区域品牌就是特指某个地区的特色"产业集群"，它象征着该产业集群的历史与现状，是区域产业集群的代表；同时，区域品牌也是一个识别系统，这个识别系统是由区域（地名）和产业（产品）名称为核心构成的；它在法律上表现为证明商标或集体商标。 | 产业集群的区域品牌资产增值研究 |

| 作者 | 时间 | 核心定义 | 出处 |
|---|---|---|---|
| 孙丽辉等 | 2009 | 区域品牌是以地理区域命名的公共品牌的统称，是涵盖了国家品牌、城市品牌、地区品牌、目的地品牌、地理品牌、集群品牌等多种类型区域品牌的概念。 | 国外区域品牌化理论研究进展探析 |
| 石荣丽 刘迅 | 2011 | 区域品牌是以产业集群为载体，大批聚集在同一区域长期进行生产经营而形成的带有区域特色的众多企业品牌的有效综合体，并为产业集群内所有企业共享的品牌。 | 企业集群升级中的区域品牌塑造分析 |
| 区域品牌实验室 | 2018 | 区域品牌不仅是传播本身，也不只是物理特征本身（风光、建筑等），区域品牌是在人们脑海中形成的认知，并且这种认知可以产生可测量的品牌效果。 | 区域品牌实验室 |

（二）区域品牌的界定

借由上述学者的相关理论研究成果，根据近20年来对于各种品牌类型的研究与实践，我可以最简洁地表述如下：

区域品牌，指的是人们对一个区域整体、区域产业、区域产品等的印象、认知及其评价。也即是人们或消费者与一个区域整体、区域产业、区域产品等之间的相互关系。区域品牌与普通的企业品牌、产品品牌的关键性差异，是区域品牌具有"准公共品"特征，对区域整体、区域产业、区域产品形成直接的品牌影响，能够使区域产业、区域产品与区域整体达到共同发展。

从上述概念可见，区域品牌并不是当年单纯的产品竞争时代指的产品在某区域销售。品牌方通过品牌命名与品牌 logo 及消费体验，让一个区域整体、区域产业、区域产品等与消费者建立关系，让消费者对其产生印象、认知、评价，这就是区域品牌。如果没有产生印象、认知、评价，建立关系，那么，它们只是一个城市、一个产业、一个产品而已，不是一个品牌，也不是一个区域品牌。一个区域品牌，是区域整体形象、区域产业发展、区域产品品质的价值外化与信用体系。

随着区域品牌建设的发展，从空间也可以打造品牌的理念与实践开始，区域品牌已经呈现出了复杂的结构关系，包含着多种区域品牌类型。

## 二、区域公用品牌

（一）区域公用品牌的特征

根据是否具有公共性、具有何种程度的公共性为标准，区域品牌可以分为两大类：区域公共品牌、区域公用品牌。

公用，英文表述为 public\communality\for public use 等，指共同分享、共同使用。在英文有关葡萄酒产业、区域产业品牌、强调产品共性与品牌个性等相关文献中可见，行文强调的重点不在"public"，而在使用"public use/share"的同时，部分文献也使用"commonality"一词。因此，区域公用品牌是基于特定地理区域范畴，由产业集群、产品类别等形成的，由行业协会组织拥有并运营品牌，由区域范畴之内的产业相关企业与个人多主体共同创建、共同使用、共同享受品牌带来的利益，由多主体在行业协会组织等主导下实现共同的品牌建设的品牌。

此类品牌的商标所有权、经营权、使用权分离，品牌所有权属行业协会等运营组织所有，品牌使用权由行业协会等组织授权符合标准的产业、产品生产经营者使用。区域公用品牌针对的更多是产业品牌、产品品牌等生产经营领域，只有区域内相关的行业协会等组织拥有品牌所有权，只有区域内获准授权者才能共用、共建、共享品牌。对区域公共性的影响，是通过产业发展、产品形象等形成的，而非直接的区域公共性政务服务，因此区域公用品牌具有公用性、共建性、共享性，但在其"公共性"方面，最多只能成为"准公共品"，不能与区域公共品牌的"公共性""公益性"相提并论。

（二）区域公用品牌的类型

1. 基于特定地理区域范畴之内，以特定区域内的产业集聚为基本前提，以特定区域内的产业集群为基准的区域公用品牌——区域单一产业品牌

（1）品牌类型。多为区域产业品牌，品牌的形成大致分两种不同的情况：

有的品牌，基于特定地域原有的产业资源禀赋（特殊物种、特殊工艺、特殊自然条件等）进行发展与再造，属于有中生有的品牌，如永康五金（见图1）；有的属于后天创造的品牌，与特定区域的原有产业自然禀赋、人文因素并无天然关联，如嵊州领带、好客山东（见图2）等。

（2）品牌注册。此类区域品牌，有的注册为商标，有的并不注册商标，因此，存在着虚拟、实有并存的现象。

有的品牌，是基于社会公众及消费者对产业印象、认知与评价的虚拟品

图 1　区域公用品牌——区域单一产业品牌（永康五金——集体商标）

图 2　区域公用品牌——区域单一产业品牌（好客山东旅游品牌——普通商标）

牌，在法律上并没有相关的商标注册与保护；严格意义上，还不是一个具有法律保护的品牌。

有的品牌，以行业协会组织牵头注册并拥有相关集体商标或证明商标。

有的品牌，拥有特殊的地理产品保护标志、行业标志等，具有一定的法律保护与约束。

（3）品牌识别。基本以"区域名称＋产业类别名称"作为品牌命名。如"永康五金""嵊州领带""广东陶瓷"等。

（4）品牌运营主体。行业协会组织等。由其进行品牌注册、品牌运营与授权管理、标准控制等，由入会企业进行产品生产与工艺、技术等的投入与经营。

（5）品牌归属。属于行业协会组织等，由协会授权区域内符合相关标准的生产经营者共同使用商标、共同责任、共同分享品牌利益。

此类区域品牌多为区域公用品牌。品牌体现出区域性、公用性、商标所有与商标使用分离性等特征。但它并不具有区域公共性特别是区域公共性政务服务性质，行业协会可以拒绝不符合标准的生产经营者使用品牌。当然，品牌强大后将对区域经济发展、区域形象产生正向作用。

2. 基于特定地理区域范畴之内，以特定区域内特定的自然资源（环境、物种等）与人文因素（文化或工艺特色等）为基础，以产品品类划分为基准，并多以证明商标注册的区域公用品牌——区域单一产品品类品牌

（1）品牌类型。此类品牌基本以地理标志产品的特色物种、特色自然生态环境、特色人文因素（工艺等）为基础，形成单一产品品类的区域单一产品品牌。如烟台苹果（见图3）、武功猕猴桃（见图4）等。

图3　区域公用品牌之一——区域单一产品品牌（地理标志证明商标）

图 4　区域公用品牌之一——区域单一产品品类品牌(地理标志证明商标)

(2)品牌注册。一般由行业协会、事业单位等注册地理标志证明商标。

(3)品牌识别。以"产地名称＋产品品类名称"作为品牌命名。

(4)品牌运营主体。由经过行业协会组织授权,由特定地理区域内、基于特定区域文化或工艺特色、达到相关标准的生产经营者使用。

(5)品牌归属。行业协会组织拥有商标所有权与运营权,协同政府推动与引导,授权区域内符合产品标准的生产经营者共同使用商标,共同责任、共同分享品牌利益。

此类区域公用品牌,体现出品牌范畴区域性、品牌资源公共性、商标使用公用性(协会成员)、商标所有与商标使用分离性等特征。但它不具有直接的区域公共性特别是区域公共性政务服务性质,行业协会可以拒绝不符合标准的生产经营者使用品牌。当然,当品牌强大,将对区域经济发展、区域形象产生正向作用。

3. 基于特定地理区域范畴之内,以区域内的自然资源、人文因素、产业、产品、生产经营者综合划分为基准,并以集体商标注册的区域品牌——区域产业整合品牌

(1)品牌类型。以全区域内的涉农全产业、全品类、合格生产经营者划分为基准,注册为集体商标的区域品牌。

(2)品牌注册。一般由行业协会注册为集体商标。此类品牌过去没有,经过我国的探索并取得了有效的进展。以"丽水山耕"品牌为代表(见图 5)。这是属于丽水市特定地域范畴内,基于丽水特定区域文化或工艺特色,以丽水农业全产业、全品类、丽水市区域内相关生产经营者为生产主体的区域品牌。

(3)品牌识别。以能够表现其品牌特征的品牌命名。也可以采用"产地名称＋品类名称"的命名办法。

图 5　区域公用品牌之一——区域农业全产业全品类品牌（集体商标）

（4）品牌运营主体。行业协会为主，协同政府、企业、合作社、农户等合格的生产经营者共同运营。

（5）品牌归属。协会拥有商标所有权与经营权，协同政府推动与引导，授权合格的生产经营者共同使用商标、共同责任、共同分享品牌利益。

此类区域品牌不仅侧重于区域性，有特定区域的范畴划分，更有加入相关产业协会的生产主体——协会成员，被相关协会授权使用商标。

从表 1 可知，以往，有关区域品牌的概念相对比较模糊，也基本没有清晰区分区域公共品牌与区域公用品牌，因此，我们经常会在一个文本中见到"公共"与"公用"两个词汇通用的情况。事实上，由于是否具有、何种程度具有公共性及其公共性政务服务的行政性质问题，应当区分"公共"与"公用"不同的品牌性质、不同的公共程度。而"区域公用品牌"并不一定具有"公共性及其公共性政务服务"特征，它体现更多的是产业特征、市场特征。

### 三、转型区域公用品牌，获得更好的保护与发展

地理标志产品应当实现向区域公用品牌的转型，以获得更好的保护与发展。用品牌化的方式获得双重信用背书，进一步顺应品牌消费时代，获得消费

者忠诚消费。

（一）根据地理标志产品特征，选择单一区域公用品牌类型

单一区域公用品牌，包括单一品类、单一产业的区域公用品牌，即是上述的第一二种区域公用品牌类型。该品牌类型基于特定地理区域范畴之内，以特定区域内特定的自然资源（环境、物种等）与人文因素（文化或工艺特色等）为基础，以单一产品品类划分为基准，并多以地理标志证明商标注册。

经过许多年来有关地理标志产品的登记、注册、保护、发展和"一村一品""一县一品"等相关推广活动的开展，我国各地已经拥有了众多规模化、标准化、品质保障相对完善、市场反应相对稳定的地理标志产品。这些地理标志产品具有如前述的十大基本特征、四大核心特征，因此，创建或重塑区域公用品牌的基本前提条件已经具备，但由于过去没有经过系统的品牌化运营，尚未提升、转型为区域公用品牌。

以利用已有的资源禀赋，以最低成本、最高效益的方式进行品牌化发展为宗旨，地理标志产品可以选择单一品类的区域公用品牌类型进行品牌化经营。

基于地理标志产品的单一品类、单一产业的区域公用品牌突破模式，强调在一个区域选择一个优势显著的单一产品品类基础上的单一产业、单一产品品类进行品牌化突破。这与之前日本推的"一村一品"，我国农业部推的"一村一品"、商业部推的"一县一品"（电商特产）强调在一个区域发现、挖掘、壮大一个特色优势产品或产业有异曲同工之妙。

但"一村一品""一县一品"强调的重点是将一个村、一个县的特色产业化"单产业突破"的区域公用品牌，更强调将一个区域中特色显著、具有一定产业规模的单一品类、单一产业的特色品牌化。并以该品牌化的单一产业延伸、价值延伸，支撑起一个区域的经济发展，甚至成为一个区域的形象表征。

（二）进行系统的符号化表达，注册相应商标，获得有效法律保护

农业农村部背书的地理标志农产品与原质监局背书的中国地理标志产品，均属于"部门规章"制度下的保护体系背书产品。虽然地理标志农产品也在2018年开始实施"中欧地理标志互认"，但互认的数量与已有的地理标志产品相去甚远（2018年互认了100个，2019年将互认100个；截至目前，全国登记、保护的地理标志农产品已有2594个）。单纯依靠"部门规章"保护的产品，还不能够构成全球市场范围的有效法律保护。

因此，中国地理标志产品应当在目前登记的文字名称（极少的地理标志产品有图形标志）的前提下，进行识别度、记忆度、国际化认知等更高效的图形标

志设计与系统性符号化表达，并将其注册为地理标志证明商标或国际商标，以获得其在国内外市场的有效法律保护。如此，当地理标志产品被假冒、被侵权时，能够拿起更有力的法律武器，形成更广泛的、更强的知识产权有效保护机制。

具体措施，可以继续根据 2004 年的相关文件，落实两部委之间的有效协同关系，并进一步构建在新的市场机制、新的国际竞争范畴下的新型协同关系，把地理标志农产品（农业农村部背书）、中国地理标志产品（原质监局背书）作为拥有"部门规章"背书的、一定范畴的知识产权，进一步实施地理标志证明商标与国际商标注册与保护，让地理标志产品在商标保护的基础上以品牌的方式运行。

（三）进一步构建与现代消费者的关系，形成真正具有品牌黏性的消费关系

大量的地理标志产品都是区域性消费产品，多数的地理标志产品均流连或徘徊在传统而老旧的利益诉求点、诉求方式上。事实上，多数的地理标志产品与现代消费者特别是 90 后、00 后等"X 世代"的消费者距离甚远，甚至如同完全存在于不同的星球世界。与工业品等其他消费品品牌一样，如果中国地理标志产品没有能够与"X 世代"消费者构成品牌关系，那么，地理标志产品将只能偏安一隅，无法推向更广阔、更具溢价可能的国际市场与新生代市场，甚至将越来越缩小其消费市场，最终导致稀缺物种、传统工艺濒临灭绝的后果。因此，中国地理标志产品应当通过构建与现代消费者的关系，形成新型的、真正具有品牌黏性的消费关系，才能真正得到保护、发展、提升，并延伸到更有价值的、更广阔的消费市场。

（四）深入挖掘区域特色价值，提升地理标志产品的品牌溢价

地理标志产品以区域为根本特征，区域公用品牌也以区域为根本特征。深入挖掘区域特色价值，才能够提升地理标志产品转型为区域公用品牌的品牌溢价。

如盐池滩羊，2005 年 6 月，获得国家工商行政管理总局商标局的地理标志证明商标注册，并在此后的品牌传播和推介中使用这一商标。近十年的时间里，该商标授权给区域内众多养殖户、合作社和企业使用，并形成了区域市场的消费认知和品牌影响力。2008 年获宁夏著名商标，2010 年获中国驰名商标，2013 年为宁夏最具公信力商标。但该地理标志产品的品牌影响力与品牌溢价，并没有能够得到更高、更广泛的提升，消费也局限于区域市场。

2015年,盐池滩羊进行品牌战略规划,充分抓取了该地理标志产品在六个方面的区域特征:气候难得。盐池地区冬长夏短,春迟秋早,昼夜温差大,冬季不太冷,日照充足,热量资源丰富,蒸发量为降雨量的8～10倍,有利于牧草营养和能量的积蓄;碱水难得。盐池草原盐湖环绕,水中碳酸盐、硫酸盐、氯化物多,硫磷钙等矿物质含量丰富,为盐池滩羊提供天然的弱碱性饮用水,有利于均衡肉质营养;饲草难得。在盐池县草原,生长着175种之多的优质牧草,其中有115种中药材。这些牧草不仅提供营养,也增强盐池滩羊体质,改善肉质;羊种难得。作为盐池县特有的肉羊品种,盐池滩羊外形和肉质特色鲜明,毛股天然卷曲,可生产滩羊裘皮;肉质细嫩,无腥膻味,脂肪分布均匀,含脂率低,营养丰富;育养难得。盐池滩羊一年繁育一胎,一胎一般只生一只羔羊,需农牧民小心呵护,精心养殖;产量难得。因上述各种难得,而导致其产量不高,年出栏量少,市场供不应求。通过提取以上六个方面的特定区域特征,提炼品牌的核心价值诉求:"盐池滩羊,难得一尝",彰显了产品的区域独特性和稀缺性。

同时,在保留原商标、延续原无形资产的前提下,以盐池滩羊的独特外形为基础,以产品名称为创意起点,重新为品牌创制超级符号,塑造差异化的品牌形象,丰富品牌符号体系。超级符号用"盐池滩羊肉"五个汉字勾勒盐池滩羊的特有形象,凸显了盐池滩羊腿短、尾大、毛卷的品种特征,弥补了商标识别度不高的问题。在图形中,以印章的形式加印宁夏两字,体现品牌的区域性特征,借助区域的信用背书价值(见图6)。

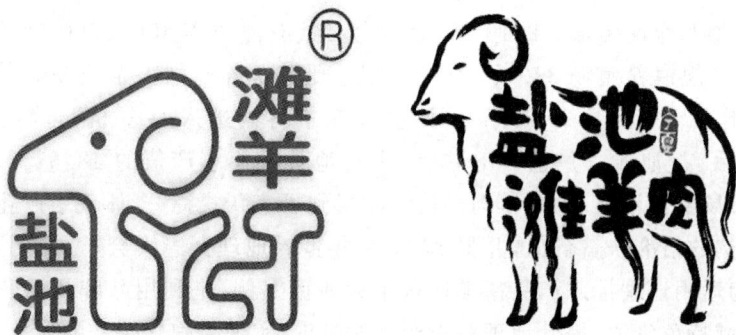

图6　盐池滩羊商标及独特核心符号设计

继而,以品牌符号创制为契机,对盐池滩羊整体的品牌形象和包装体系进行升级和重塑,形成统一的品牌形象、品牌调性,传达统一的品牌价值,提升盐池滩羊的品牌溢价能力；根据羊身上不同部位的羊肉在品质上、口感上和烹饪方法上的差异，设计不同色系的包装、开发不同烹饪方式的产品（如法式小羊排），以更好地对接消费认知与消费体验，提升品牌溢价（见图 7）。

图 7　盐池滩羊商标及独特核心符号设计的包装呈现

　　构建品牌识别之后，紧锣密鼓，拍摄品牌形象片，借助社群营销，实施 KOL 传播和全网传播。2016 年，盐池全县共有滩羊养殖户 8500 户，饲养量 305 万只，规模养殖场 320 个，全县登记注册滩羊养殖加工企业 397 家，农民专业合作社 508 家。2016 年 9 月，盐池滩羊得以进入 G20 杭州峰会国宴。2016 年底，盐池滩羊产值 6.8 亿元，占盐池县农业总产值的 48.57％。2017 年，在市场上供不应求，且羊肉溢价空间得到了飞跃式提升，体现了产业扶贫、品牌扶贫的精准扶贫价值，并得到"2017 年世界地理标志大会"全网网友的支持，成为运用地理标志产品精准扶贫十大典型案例，是利用品牌化运营，深入挖掘区域特色价值，提升地理标志产品的溢价，实现品牌化提升的典范。

　　（本文是笔者首发于《国际品牌观察》2019 年第 11 期的文章，是农业农村部中国绿色食品中心"地理标志产品的品牌化研究"、国家自然科学基金资助项目"基于区域化、网络化视角的农业品牌价值体系建构与管理策略研究"的成果之一。其中文献部分有陈清爽博士的贡献。）

# 创造"文脉品牌"的方法论

如前述,得到登记、注册保护的地理标志产品,一般都具有无法复制的文脉特征,因为其特定的产品品质特征必须主要来源于特定的地理生态环境与历史人文因素。因此,可以通过发现其文脉特征,并传承或重塑其文脉特征,创造独特的文脉品牌,衔接并创新文脉价值,提升品牌溢价。

## 一、创造"文脉品牌"的方法论

(一)撷取地理标志产品的相关文脉元素,进行与消费者"文脉心像"的同构共振,形成品牌识别与品牌传播的核心价值内容

撷取,即采集精华,语出宋代陆游的《东篱记》:"放翁曰:婆娑其间,掇其香以嗅,撷其颖以玩。"撷取的过程,就是对某个地理标志产品的区域文脉资源进行挖掘、盘点、选择、萃取的过程。我国各地历史源远流长,文脉众多,每一个地理标志产品都生长在不同的文脉体系当中,如何发现、辨析、撷取地理标志产品本身的文脉优势,与消费者的"文脉心像"进行链接,有效提供地理标志产品消费的文脉价值,成为一个专业问题。

如"户县葡萄"地理标志产品,2016 年,因其产品的核心价值"户太 8 号"品种被其他地区广泛种植,原本具有的品种优势丧失,在西安市场的销售又面临"户太 8 号"品种红海竞争,"户县葡萄"优势顿失。为了避开西安市场基于品种的红海竞争,"户县葡萄"意欲进入上海市场,与东部市场消费者对接。

为了对应上海国际化、时尚化的大市场,必须重新挖掘"户县葡萄"的优势。经过对户县的区域文化、产业特征等各方面的调研,发现除了"户太 8 号"品种优势之外,"户县葡萄"具有众多的文脉背景:历史文脉,文王故里,汉唐京畿,建制 2200 年,全真祖庭重阳宫、支招国家铸币厂所在地;地域文脉,西安近郊、秦岭北麓、农民画之乡;产品文脉,种植规模 8 万亩,研发葡萄品种"户太 8

号"。进一步考察各种文脉资源,探寻与消费者"文脉心像"的链接可能,发现在诸多的文脉资源中,有三个文脉资源值得重视:农民画之乡;户县地处秦岭山脉,而"秦岭"是人所共知的地标;葡萄上市期间正好是多个中国特色节庆时间。于是,品牌设计充分采用了种植葡萄的农民特殊的生活方式:白天种植葡萄,晚上画户县独特风格的农民画。将户县葡萄种植者的生活方式与消费者"文脉心像"进行链接,对"画家"与"种葡萄者"的双重身份这一文脉进行彰显。利用种植者的生活方式,强调种植葡萄与画画之间的艺术品关联、精细化专业精神关联,提出"户县葡萄"的品牌定位为"户县葡萄,农作艺术品"。同时,针对上海市场消费者不太了解户县的认知前提,提出"户县葡萄"的传播口号:"粒粒香甜醉秦岭",将"秦岭"这个中国人所共知的地标作为品牌所在的区域区位的指引,并增加生态环境价值的隐形联想诉求。

进一步,撷取其独特的系列元素、产品上市时间表中的节庆等,链接与"户县葡萄"的消费关系,形成了系列品牌形象包装设计:推出文化主题礼盒,如传统文化礼盒、民俗特色礼盒,选用农民画、鼓舞、道教文化等当地特有的符号元素,表现户县独特的民俗文化特征,并通过产品的特色包装,展示户县的旅游景点,实现农旅融合;在葡萄成熟季节(8—10月),推出节庆主题礼盒装:七夕节(8月)推出"浪漫七夕,情定户县"主题礼盒;中秋节(9月)推出"中秋佳节,团圆户县"主题礼盒;国庆节(10月)推出"普天同庆,相约户县"主题礼盒。

通过撷取"户县葡萄"在种植区域、种植过程、种植人等方面的文脉元素,为原来基于技术语言、单一的"户太8号"葡萄品种,增加了丰富而独特的文脉色彩、无形价值,使得其进入中国消费桥头堡市场——上海市场有了独特而足够的文脉底气、文化价值,获得了上海市场的好评。

如上可见,在撷取文脉的过程中,选择何种文脉与消费者"文脉心像"进行对接是关键。所选择的文脉元素必须具有真正的独特性、对产品品质的决定性作用力、对应消费者的"文脉心像",引发消费意向与消费期待。如"户县葡萄"的系统品牌设计,会引发消费者类似的评价:"像制作艺术品一样地种植葡萄,其葡萄一定是品质不一般的""在秦岭山脉种植的葡萄,一定得尝一尝"等等。作为地理标志产品的"户县葡萄"由此突破了区域限制,成为东部消费市场的新宠。

(二)移植地理标志产品的相关文脉元素,进行与消费者"文脉心像"的同构共振,形成品牌识别与品牌传播的核心价值内容

移植,其原意是将植物移动到别处种植,是一种科学术语。这里指的是将

区域文化或者一定语境范围的相关文脉移植到地理标志产品身上,体现其独特的形象、个性、精神气质、产品利益等。

移植文脉及其元素的基本前提,是其文脉与地理标志产品的生产、工艺等相关特质的匹配度。匹配度越好,说服力越强,传播效果越高。

陕西武功县生产的武功猕猴桃,是地理标志证明商标。从该产品生长的区位地理生态环境、种植历史、种植规模、市场影响力而言,武功县都无法与其周边的周至猕猴桃、眉县猕猴桃相比拟。

但武功猕猴桃有其他国内外猕猴桃产品所无法替代的地理标志产品特色:其一,种植生长在名为"武功县"的区域境内,"武功"一词,是中华文脉的重要元素,通过它,人们能够联想到武功猕猴桃与中华文脉的关系;其二,武功县是农业始祖后稷教民稼穑的圣地、中国农耕文明的发祥地之一;其三,武功猕猴桃产区,光照充足,全年光照时数为 2100 小时,为全国猕猴桃产区的最高值;武功猕猴桃产区土壤肥沃,有机质含量高出全省产区平均值 1.2%;其四,武功昼夜温差大,果实糖分积累多,境内水资源丰富,三条河流同属渭河水系,润泽全境。最值得关注的是,武功猕猴桃产业体系发展完善。在经营主体上,武功猕猴桃产业采取龙头企业、合作社为主导(其他国内猕猴桃产区大多为千家万户生产);在渠道建设上,初步实现"互联网+果业"发展模式;在标准化生产上,出台"武功猕猴桃标准综合体",加强猕猴桃标准化生产;在技术支撑上,积极与西北农林科技大学等科研单位交流,获得了坚强的技术后盾。

2016 年,武功猕猴桃提炼了自身背后的产业价值链特色。

农耕始祖:后稷教民稼穑圣地,中华农耕之源;天时地利:光照充足土质肥沃,纳天地之灵气;规范管理:标准化组织化管理,技术规范领先;监测溯源:果园精准监测溯源,保障安心品质;匠心守护:严格规定采摘时间,充分沉淀营养。

进而,针对消费者对"武功"的文脉联想,将"武功"这一源自区域名称的文脉移植到武功猕猴桃的产业与产品身上,确立武功猕猴桃的核心价值,提出品牌口号为:"下功夫,成好果"(见图 1),并将五大价值支撑进一步提炼为"下功夫"的"一招五式",阐释"下功夫,成好果"的具体内涵。

"下功夫,成好果","功夫"是核心重点,是和武功县内外兼具的链接点,亦是武功猕猴桃符号创意的出发点。将功夫元素和猕猴桃结合,通过拟人化的表达,进一步加深消费者对武功、对功夫、对品牌核心价值的认知。基此,创意武功猕猴桃的虚拟品牌代言形象——"武功小子"(见图 2)。

图 1 "武功猕猴桃"地理标志产品的品牌符号设计与品牌价值诉求

图 2 "武功猕猴桃"地理标志产品的"武功小子"在户外广告上

移植中华文脉中关于"武功"与"功夫"的惯性想象,实现与"武功县"的"武功"二字、武功猕猴桃生产过程中的"下功夫,成好果"的品牌链接(见图3)。进一步,以"比武"的概念,表达品牌的自信,让"武功小子"以互联网的方式进入电商市场(见图4)。

图 3 "武功猕猴桃"地理标志产品的"武功小子"品牌价值链表达

图 4　"武功猕猴桃"地理标志产品的"武功小子"进入互联网传播

2018 年初,武功县政府工作报告显示,2016—2017 一年间,"武功小子"打响了"武功猕猴桃"地理标志证明商标区域公用品牌,因销售势头好,在原有的 8 万亩规模的基础上,增加了 2 万亩,进入了"全球百大优质原产地 天猫直供"、成为"亚洲果蔬产业博览会 2018 年度中国最受欢迎的区域公用品牌"前三强。

(三)改造地理标志产品的相关文脉元素,进行与消费者"文脉心像"的同构共振,形成品牌识别与品牌传播的核心价值内容

改造,指选择、修改、完全改变旧的创造新的等意思。初现于《诗·郑风·缁衣》:"缁衣之好兮,敝,予又改造兮。适子之馆兮,还,予授子之粲兮。"这里是指,当地理标志产品的区域资源、地理生态环境因素、历史文化因素与现代的消费时代、消费观念、消费对象不能直接产生链接时,可以基于文脉原义实现适当的文脉改造,以实现良好的沟通对接。

文脉改造的前提,是不能够歪曲原文脉的原义,以免造成不尊重文脉、人为切断文脉的恶果,也避免引发认知不调和心态,导致对品牌态度、品牌价值观、品牌诉求的反感。

以湖北省十堰市地理标志产品"武当道茶"的文脉品牌化为例。十堰市的"武当道茶"产业,背靠著名的道教名山——武当山。因此,其地理标志产品名

曰"武当道茶"。当该产品进行品牌化时，如何定位自己与消费者的关系，如何创造"武当道茶"文脉与消费者"文脉心像"之间的同构关系等一系列问题被提了出来。审视"武当道茶"的区域生长环境可见，该地理标志产品生长于武当道教的祖庭——武当山系，究其生命历程，可见其每天都在"闻道而长"。武当道教的独特性在于其重视内丹修炼，强调忠孝、伦理、三教融合。上述分析可见，该茶具有以下特征。

法自然：500～1200米适宜海拔，尽情沐浴阳光，自在呼吸新鲜空气，与自然万物相偎相依；循心行：春雨温润，每一颗芽，经历风雨洗礼，芽叶肥壮，自由生长；静修炼：静谧山间，远离世俗凡尘，闻道而长，潜心积淀，散发回味醇香；严取舍：淳朴茶农，严格限制采摘时间，精挑细选，恪守品质优先；守方圆：杀青、过筛、烘焙、发酵，坚守制茶工艺方圆，承受更多锤炼；益心身：常饮此茶，修身养性，心平气舒，遇事宠辱不惊，闲看花开花落。

探寻武当道茶文脉的过程，也是探寻武当道教与当下消费者的价值观关系的过程，通过探寻发现其文脉内涵，进一步对接消费文化，强调品牌态度。

根据调研结果，当下消费者特别是互联网时代的原住民，其人与社会之间的关系现状是：积极寻求自由状态，但不想守规则。而武当道精神，是顺道、苦修。综合消费者需求与武当道文脉，将道家文化与武当精神转化为武当道茶的品牌价值基础，同时，将顺应自然的品质与追随内心的品格相融，实现哲学高度的辩证统一，确定"武当道茶，朴守方圆，循心而行"的品牌口号，以此亮相"武当道茶"的品牌态度：遵循规则，方得自由。同时，也以此隐喻"武当道茶"的品牌品格：按照高品质茶的制作规则，严修每一个环节，方成就了好茶（见图5）。

## 二、"文脉品牌"创造的注意事项

（一）首先，尊重文脉。在地理标志产品的品牌化过程中，产品制作者、品牌运营者要对文脉有发自内心的尊重。要在其独特文脉基础的前提下，尊重文脉、依赖文脉、传承文脉、张扬文脉，将文脉作为一个品牌的核心要素或核心依赖，并在品牌识别、品牌传播中令消费者感受到这种发自内心的尊重，引发消费者的文脉关注与文脉尊重。对独特文脉的尊重、传承、张扬便是一个品牌的内在生命力。

（二）文脉是多元或多重的，要善于发现、选择，并保护、坚守其文脉价值。地理标志产品生长于特定区域，而一个区域的文脉是多元、多重的。发现其多

图 5 武当道茶品牌标志及其户外传播

元、多重文脉前提下的文脉指向性、文脉价值差异、文脉与品牌的内在匹配性是关键。当一个地理标志产品成为某一有着独特价值文脉的传承者，那么，它的独特性也便不容置疑了。

（三）充分考虑地理标志产品文脉特征与消费者现代生活之间的关系。如何将悠久甚至古老的特色文脉在传承中链接国际化、时尚化、快节奏的现代生活？这是一个难题。大多地理标志产品都没有跨越文脉的局限性,有的甚至使文脉成为产品与消费者之间沟通的历史文化障碍。需要努力平衡两者之间的关系,既尊重文脉原义,又应对当下消费社会,让一个地理标志产品既表达历史、传达文脉特征,同时,又在其形式感、符号体系、价值延伸等方面,凸显与现代消费者的对应关系。

(四)文脉不是静态与固态的,它渐变于历史的长河之中。人类历史,就是一边传承、利用着文脉,一边创造着新的文脉,如此,才让文脉延续永远。在尊重文脉、协调历史文脉与现代生活关系的同时,品牌运营者要侧重于将文脉作为品牌创塑的灵感源泉、品牌的原型进行保护、坚守、传承基础上的整合创新;要将文脉及其各种元素进行撷取、移植、改造及有机整合,创造出新的品牌价值观、消费元素及其新的消费可能。在新文脉的创造过程中,古老的文脉灵魂存于新的形式中,成就新的品牌文脉内容,让品牌与时代大潮一起,不断开出生命之花,不断向前延伸。

(五)传承品牌老文脉、创造品牌新文脉的过程中,应当有国际化、未来性视野。随着地理标志产品"中欧地理标志互认"的进程,众多我国的地理标志产品将以地理标志产品的身份进入欧洲市场。未来,随着品牌影响力的扩大,将渗透全球大市场。面对全球大市场,不同国度的地域背景、文化特质、历史故事、人物个性、产品背书等因素,不仅是一个地理标志产品进入国际市场的整合背书,更是引发兴趣性、文化性、体验性消费的重要内容。选择对国际消费者更有吸引力,更能够诱发消费的文脉是有效路径。

独特的文脉是地理标志产品的天赋品牌资源,在创造差异化品牌的进程中,它具有独一无二的品牌营建价值,如何加强文脉利用,凸显文脉特征,提升文脉价值,创造品牌文脉新境界,这是地理标志产品品牌化中的重要命题,可以持续不断地研究。

(本文是笔者首发于《国际品牌观察》2019 年第 11 期的文章,原标题为"发现多重文脉价值创造独特文脉品牌",是农业农村部中国绿色食品中心"地理标志产品的品牌化研究"、国家自然科学基金资助项目"基于区域化、网络化视角的农业品牌价值体系建构与管理策略研究"的成果之一。收入本书时,有所修正删减。)

# 2020 年度

　　2020 年,在继续研究与实践农产品区域公用品牌的同时,笔者与团队进一步加大了"品牌强农""乡村全域品牌化"的社会推动,并在这一年,担任了 CCTV"强农品牌计划"的首席专业顾问。推动"品牌强农"的品牌传播向更高层级、更广泛区域发展。

　　《乡村全域品牌化将成重要着力点》一文,以笔者在 2019 年 12 月 20 日的"2019 中国区域农业品牌发展论坛"上的主题发言为基础,强调"乡村全域品牌化"的未来趋势与重要性。推动"乡村全域品牌化"的理念与实践,是笔者希望中国乡村能够与国际品牌竞争趋势产生协同发展。基于空间场域的品牌化与基于农业产业的品牌化、基于三产融合的品牌化,应当形成产业与区域的品牌生态融合,形成科学、有序的品牌生态结构。

　　《开启中国农业整合品牌传播新纪元》一文,以笔者担任中央广播电视总台"CCTV 强农品牌计划"首席专业顾问的致辞为底稿,提出中国农业整合品牌传播时代的到来,强调要跨越过去重生产轻传播、重在地节庆轻整合传播的历史,实现中国农业的整合品牌传播,以达到有效传播的目标。

　　奶山羊乳产业,属陇县的规模化产业,但一直以来品牌影响力弱,溢价不高。在"中国关山·国际奶山羊产业国际发展推进会"上,笔者从陇县奶山羊乳的五大特色出发,结合当前市场消费方式、消费需求、消费趋势、消费价值观的变化,为创新陇县羊乳品牌价值提出建议。

虽然中国果业规模巨大，但全球市场份额不大，甚至出现量价齐减现象，果业出口中的跨文化品牌传播成为重要问题。如何借助不同的策略进行跨文化传播，达到我国果业穿越国家地理边界的能力？在第六届中国果业品牌大会上，笔者的"中国果业的全球跨文化品牌传播"主题演讲提供了相关解决方案。

陕西茶业，有汉中仙毫、安康富硒茶、泾阳茯茶等支撑着，在中国茶业中拥有了一定的地位。但"陕茶"在中国茶界的地位有待整合、巩固、发展，笔者提供了相关战略构想，以指导"陕茶"的未来提升。

中国农产品区域公用品牌的运营主体问题，是品牌管理的关键。由于"区域公用品牌"特别是多品类区域公用品牌是新事物，运营主体的确定、运营方法的科学性等，都需要扎实研究。借助"第二届中国农业区域品牌运营闭门会"，笔者向全国的农产品区域公用品牌运营者提供了浙江模式，即：寻找区域适合的运营主体，并推出了"农合联"运营主体模式。

"象山柑橘"的高品牌溢价，高市场好感度，是中国果业中品牌发展的奇迹；锡林郭勒羊量大、富有特色，但品牌化刚刚开始。笔者借助演讲，为两个品牌的未来品牌运营提供了专业建议。

# "乡村全域品牌化"将成重要着力点

我国区域农业品牌创建过程是从单一的产品品牌到产品品牌、企业品牌，再到各种不同类型模式的品牌整体竞争的过程。现在，不同类型品牌的竞争格局已经呈现，区域农业品牌化的大势已然形成。在这样的基本格局下，我们看到各种不同类型的品牌已经产生。从产品、产业、产区方面来看，我国农业已呈现出三大特征。

第一，产品区域性强；第二，产业品牌多、规模小、标准化弱；第三，农产品产区多、小、散、特、高、贫、弱等特征明显。从消费者角度来看，消费者对品牌农产品的消费卷入度、忠诚度，已经有了很大程度的提升，农产品的品质消费已然形成。目前，我国农业已基本形成区域公用品牌、企业品牌、产品服务品牌协同发展生态圈。

我国农产品区域公用品牌创建模式，相对比较成熟的主要有单产业突破、全产业整合、全资源融合三种模式。单产业突破的农产品品牌发展模式是目前成效最为显著的模式之一。目前，单产业突破的农业品牌创建模式在我国已经有非常好的基础，比如"一村一品""一县一品"等。

全产业整合的农业品牌创建模式是我国在农业品牌发展上的有益探索，比如，丽水山耕作为全产业整合的区域农业品牌杰出代表，取得了良好发展成效。丽水山耕品牌创建的关键前提在于，它跟我国的多、小、散、特、高、贫、弱的产区、产业品牌的特质相符。在这样的条件下，我国山区农业没有办法只是打造单品类的或者单产业的区域公用品牌，但由于这样的地区具有区域整体的共性特征，因此，从某种程度上来讲，以丽水山耕为代表的全产业整合的品牌创建方式是在困境中寻找发展路径的完美诠释。

此外，全产业整合的品牌创建模式一般是以集体商标注册，形成政府推动，协会运营，整合企业会员单位、产业合作社、农场等生产主体共同参与的生

443

产机制，其突出特征就是整合区域内的所有相关的产业、资源结构、核心的产品体系等突出区域特色，最终达到人无我有、人有我优、人优我特的发展目的。另外，需要指出的是，全产业整合的区域品牌发展模式在品牌命名上并不一定是区域名加品类名，能够突出彰显自身优势及品牌特色才是最重要的。

全资源融合的区域农业品牌创建模式要有系统性的思维，目前，我国的全资源融合区域农业品牌相对比较少。全资源融合实际上是用乡村全域公共品牌加全区域农产品的商品化和品牌化来进行的资源融合。

在品牌创建过程中，最关键的问题在于我们该如何科学、合理地来规范管理、健康运营以上三种类型的区域农业品牌创建模式。区域农业公用品牌存在的价值是证明、认证、背书某个区域或者某个品牌相关成员的优质特色农产品，提携区域内农业企业、合作社、农场、农户等共同成长，和区域的整体形象之间互为背书。

未来，随着我国乡村经营和城乡融合发展走向的深入，乡村全域品牌化将成为我国区域农业品牌创建的一大着力点。

（本文是笔者在"2019 中国区域农业品牌发展论坛"上发言的摘编，首发于《中国品牌》杂志 2020 年第 1 期。）

# 开启中国农业整合品牌传播新纪元

2020年6月10日,中央广播电视总台在北京梅地亚中心举办发布活动,正式推出"CCTV强农品牌计划"。笔者受邀担任首席专业顾问并发表主题演讲,提出,乡村品牌化是乡村振兴的有效战略选择,中国应该聚焦中国"三农"而非单一的农业,应系统建立中国"三农"的国家品牌形象,建设中国乡村品牌及其生态结构,以下为演讲全文。

特别高兴能参加今天的发布活动,因为这是我期待已久的好事。在我看来,"CCTV强农品牌计划"是一场及时雨,因为中国农业品牌化发展到今天,需要一场真正的及时雨,就是在高位、权威、聚集、专业的传播中提升影响力,扩展品牌更多的可能性。

今天,我们开启了中国农业整合品牌传播的新纪元,可以逐步结束单一、传统的品牌传播模式。我相信,这里将成为一个专业融合平台,成为国家级的品牌金字塔,成为权威的智库和共享的家园。在这里,我们将实现权威平台上的创新联动和多度跨越。CCTV-17频道,这个一直以来把"乡村振兴,一起同行"作为自己宗旨的平台,我认为,它是中国"三农"的命运共同体。

在"CCTV强农品牌计划"(见图1)中,有多度的跨越,包括跨业协同、跨界链接、跨屏互动。以中国农业品牌金字塔为核心,该计划协同整合了媒体、金融、技术、传播和创意公司的相关支持系统。在这个平台基础之上,"CCTV强农品牌计划"还将延伸出新生的品牌,它是一个跨界链接的品牌计划,通过媒体平台的传播,整合品牌的营销导入、强农品牌的建立,促成过去从未有过的互动、互联。这也是一个跨屏互动的平台,通过内容传播、广告传播、营销导入,真正实现渠道互补、跨屏互动、内容联动的整合品牌传播,真正实现农产品的物流、信息流、消费流的互动整合。

在"CCTV强农品牌计划"实施和中国农业品牌建设进程中,我们可以从

图 1　CCTV 强农品牌计划发布

四个关键词来探索。

第一个关键词是"中国三农"。应该聚焦"三农"而非单一的农业，系统地建立中国"三农"的国家品牌形象，建构中国"三农"及支持系统的品牌金字塔。"CCTV 强农品牌计划"的终极目标是农业强、农村美、农民富。国际的品牌创建和竞争趋势从过去单一的产品品牌竞争进入多范畴的协同竞争生态，农业也是如此，在空间、产业、组织、个人的基础之上，形成了相得益彰、互动整合的品牌生态体系。乡村品牌化是乡村振兴的有效战略选择，系统建设中国乡村品牌及其生态结构，才能系统形成中国"三农"独特而深长的国家品牌形象及其品牌影响力。

第二个关键词是"顶层设计"。应当聚焦系统化的品牌战略，以顶层设计的规划设定强农品牌的传播内容，因为内容设计是传播效果的一个重要前提。高价值的品牌，均有高价值系统的品牌规划和顶层设计，才可以有显著的表达价值，产生亲和的消费关系。但是，中国"三农"的品牌化现状是，除了一些知名加工企业外，基本上没有系统的顶层设计和内容规范。今天是内容营销的时代，内容为王，必须要有精准的品牌价值整合，精准的品牌表达内容，整合的品牌传播结合，才能创造品牌真正的机会和真正的明天。

第三个关键词是"品牌经济"。要聚焦品牌经济而不是单纯的产品营销，特别是对"三农"品牌而言，要挖掘文脉品牌特色，提升优特品牌价值，创造品牌的溢价。品牌经济和传统经济有非常大的差异,品牌经济不仅仅局限于物质状态的功能价值,它更多的是创造符号经济、关系经济、价值经济,再造价值体系,构建消费关系。当人们的生活与需求已经呈现多元化、象征性、符号化、多阶层消费的同时,我们不能仅仅拘泥于产品营销,而应创造中国"三农"更高层级的价值,基于中国的文化创造我们自己的代言人,创造我们自己的 IP。

第四个关键词是"品牌价值观"。我们要聚焦中国"三农"的特殊性,弘扬并深广传播其品牌价值观,传输中华文明,引领价值消费。2015 年,我跟大家分享了中国农产品品牌传播的策略模型。在这个模型中,我强调整体品牌传播的主轴应该是文脉的传播,品牌的价值观是最深的文脉渊源。当我们用品牌价值观去对应消费者的文脉心像,去链接消费者的文脉心像,这时品牌的溢价才能出现,才能真正让品牌创造新价值,真正和消费者之间互动、认知,形成同盟关系。只有这样,我们的品牌才能真正有未来,我们的"三农"才能真正走到世界的前列。

期待我们一起探索,共同开启品牌强农的新征程。

(本文是笔者于 2020 年 6 月 10 日在中央广播电视总台北京梅地亚中心举办"CCTV 强农品牌计划"发布活动时的主题演讲实录,首发于中央广播电视总台官网,后转发于浙江大学 CARD 中国农业品牌研究中心官网、浙江永续农业品牌研究院微信公众号"农业品牌研究院",被芒种品牌管理机构等自媒体转载。)

# 诉求消费者价值观 创新羊乳品牌价值

2020年8月3日，中国关山·国际奶山羊产业国际发展推进会召开，笔者受邀进行"诉求消费者价值观 创新羊乳品牌价值"主题演讲。

图1 笔者在中国关山·国际奶山羊产业国际发展推进会上发表主题演讲

本次推进会由农业部原部长、国务院参事、国务院扶贫办原主任刘坚致辞开场，邀请了农业农村部咨询委员会副主任、中国农业大学原校长柯炳生，国际奶羊产业协会主席曹斌云，陕西陇县（中国生态乳都）县长赵甲宏，法国商务部特别顾问罗西尧（法）等国内外专家，从产业研究、区域政府管理、品牌研究、品种研究、饲草研究、国际市场研究等领域与专长出发，做主题分享。

笔者以"诉求消费者价值观 创新羊乳品牌价值"为题，从陇县奶山羊乳的五大特色出发，结合当前市场消费方式、消费需求、消费趋势、消费价值观的变化，为创新陇县羊乳品牌价值提出建议。

## 一、我国消费者价值观的变化趋势

现代产业发展与市场营销,当以消费者为核心导向,以消费趋势为产业方向,以消费价值为市场价值。品牌经济时代,当前,更是以消费价值为核心价值的时代。当前,中国社会进入后疫情时代,消费者价值观已经发生重要改变,尤其体现在如图 2 所示一些方面消费趋势的标志性变化。

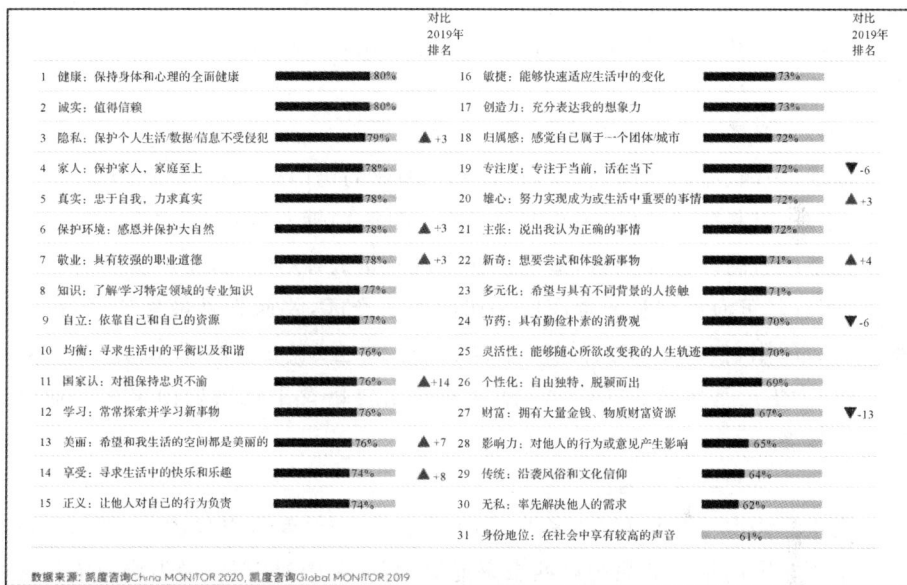

图 2 中国消费者价值观变化趋势(凯度咨询,2020)

(一)全球疫情改变了消费价值观

一方面,理性消费主义回归,身心健康、诚实真实、环境保护、民族自信加强;另一方面,消费者追求享受生命与美的体验。

(二)全球疫情与国际关系改变了消费方向

未来不确定性导致消费者对健康、家庭的关注与回归,健康(身心健康)与值得信赖的分值并列第一,而对财富等的关注大幅下降。

(三)全球疫情与互联网技术改变了消费方式

从线下消费真正转型为"R&V"虚拟与现实并举的消费方式特征。

以此为前提,观照国际羊乳产业竞争局势,在品牌消费、品牌竞争、品牌经济的 3B 时代，羊乳作为农产品及延伸加工品，要从品牌、产区、品种、养殖与产业链五个关键词进行考量。

### 二、从五个关键词看全球羊乳竞争局势

（一）从品牌竞争局势来看

无论是蓝河"春天羊"系列（新西兰）、佳贝艾特（荷兰）、巴布斯（澳大利亚）、可瑞康（新西兰）、风车牧场（荷兰）等国际品牌，还是伊利、蒙牛、牧羊人、卓牧、米慕羊、和氏乳业等国内品牌，都能看出，羊乳品牌已呈现激烈竞争态势。

（二）从产区分布现状来看

印度、中国、孟加拉国、巴基斯坦、尼日利亚的奶山羊数量最多，印度、孟加拉国、苏丹、巴基斯坦、法国的总产量最高，德国、白俄罗斯、法国、捷克、奥地利的平均单产最高。总体而言，呈现亚非产区总量大、欧洲产区单产高的特点。

在我国，黄河流域和云贵高原是奶山羊主产区，陕西省是最大产区，以富平、三原、泾阳、扶风、武功、蒲城、临潼、大荔、乾县、蓝田、秦都、阎良 12 个县（市、区）为生产基地县。2019 年，陕西省做出要培育千亿级奶山羊全产业链的决策部署。

（三）从品种特色来看

全世界奶山羊品种有 60 多种，例如萨能奶山羊、吐根堡奶山羊、阿尔卑斯奶山羊等。国内培育的品种有西农萨能奶山羊、关中奶山羊、崂山奶山羊和文登奶山羊等。

（四）从羊乳制品类别来看

主要有液体奶、羊奶粉和羊奶酪等其他乳制品三种类型。在年销量上，液体乳占绝大比例，乳粉大约是乳酪的两倍。

### 三、陕西陇县羊乳特色

进一步聚焦陕西区域，陕西陇县奶山羊产业及羊乳具有以下五大特色。

（一）羊乳与母乳的无缝链接。这意味着羊乳的功能价值在细分市场具有天然想象（见图 3）。羊乳更适用于婴幼儿与女性，因此在个性化消费背景下，羊乳的品质特征为未来品牌建设带来了消费细分的可能性。

（二）拥有关山草原——皇家天然牧场。关山草原因为由来已久的独特性

## 本草纲目

羊乳甘温无毒、补寒冷虚乏、润心肺、治消渴、疗虚痨，益精气、补肺肾气和小肠气。

## 食物本草

羊奶亦主清渴、治虚痨、益精气、补肺肾气、和小肠，合脂作羹，补肾虚，利大肠。

## 魏书

常饮羊奶，色如处子。

图 3　羊乳的功能发现

以及皇家天然牧场的地位，具有独特产地价值。

（三）既有引进的国外优质品种，又有自主研发的优良品种。品种培优，是品牌功能性价值的 DNA，关山良种特色显著。

（四）规模养殖标准化，全产业链发展，拥有婴幼儿产品、最新的技术支撑、特种配方。

（五）拥有诸多龙头企业、龙头品牌等。

### 四、创新陇县羊乳的品牌价值

基于以上五方面的特点，诉求后疫情时代的消费者价值观，创新陇县羊乳品牌价值可从以下四方面探索。

（一）全省联动区域整合，创造陕西—陇县羊乳品牌的生态结构价值

陇县羊乳品牌生态结构体系，上接陕西全省区域公用品牌"陕西羊乳"，形成陇县区域公共品牌"生态乳都"，皇家天然牧场区域公用品牌"关山草原"，产业园品牌"陇县羊乳产业园区"，龙头企业品牌"和氏""小羊妙可"等，区域公共品牌、区域公用品牌、企业品牌、产品品牌的整体品牌生态结构。可发展细分市场产品品牌"婴幼儿羊乳""女性保颜润年""礼品""特种医用"等细分市场。借助品牌生态结构体系，创新不同品牌类型的互动价值，可以良好应对在国家自信、文化自信、品牌自信提升后，消费者对品牌价值的新诉求。

(二)建构品牌识别系统,创造陇县羊乳品牌的差异化符号价值

对于陇县羊乳品牌而言,要基于品牌本源,用品牌符号创造差异,承诺利益,提供信用,提高溢价,提升价值。不仅要建立标准符号,更要将其塑造为超级符号、认知符号、心像符号,以增强品牌市场地位,获得更高的利润价值。

(三)建构品牌细分消费系统,创造不同羊乳产品品牌的关系价值

基于品牌本质,用品牌关系来提供利益、创造价值、相互信任、构成同盟、共同成长。通过整合品牌传播(IBC)建构消费者与品牌的关系,彰显羊乳的品类价值及其认知,推动消费者的自我爱护与家庭消费回归,表达消费者的国家认同与文化自信,满足消费者的体验快乐与美的期待,与品牌之间产生诚实、真实、环保、敬业、美丽、新奇等一系列价值认同的互动与共鸣。

对于陇县羊乳品牌而言,品牌—消费者关系仅仅停留在认知关系、买卖关系、利用关系是远远不够的。每一种消费行为后面都有消费价值观支撑,因此,品牌要通过提取产品核心价值、细分市场的方式,构建认同关系、忠诚关系:针对婴幼儿细分市场,提取产品核心价值,培育母乳关系,解决当代新生儿母亲的消费者困境;针对现代女性细分市场,提取产品核心价值,满足美丽期待,解决颜值早衰恐惧;针对礼品消费细分市场,提取产品核心价值,满足孝敬老人、社会交往、自我送礼的需求;针对特种医用细分市场,提取产品核心价值,发挥特殊功效,解决糖尿病患者等消费者的困境。

(四)建构不同的品牌个性,创造不同羊乳品牌的个性价值

品牌具有四重识别身份:作为符号表征/授权,是品牌之裳,呈现品牌意义;作为产品利益/体验,体现品牌之用;作为人/百年品牌、人格品牌,彰显品牌个性;作为组织/管理、收益,构建品牌家族。

对于陇县奶山羊羊乳区域公用品牌而言,同样也应具有四重识别身份(见图4):作为符号表征/授权,以天然、独特为基础,设计品牌之裳,表征区域独特的品牌意义;作为产品,体现其独特利益与消费体验,以真实、健康为内涵,细分不同的品牌消费市场;作为人/百年品牌、人格品牌,以共享、温暖为内核,彰显品牌个性;作为组织/管理、收益,以平等、环保为理念,构建品牌家族。

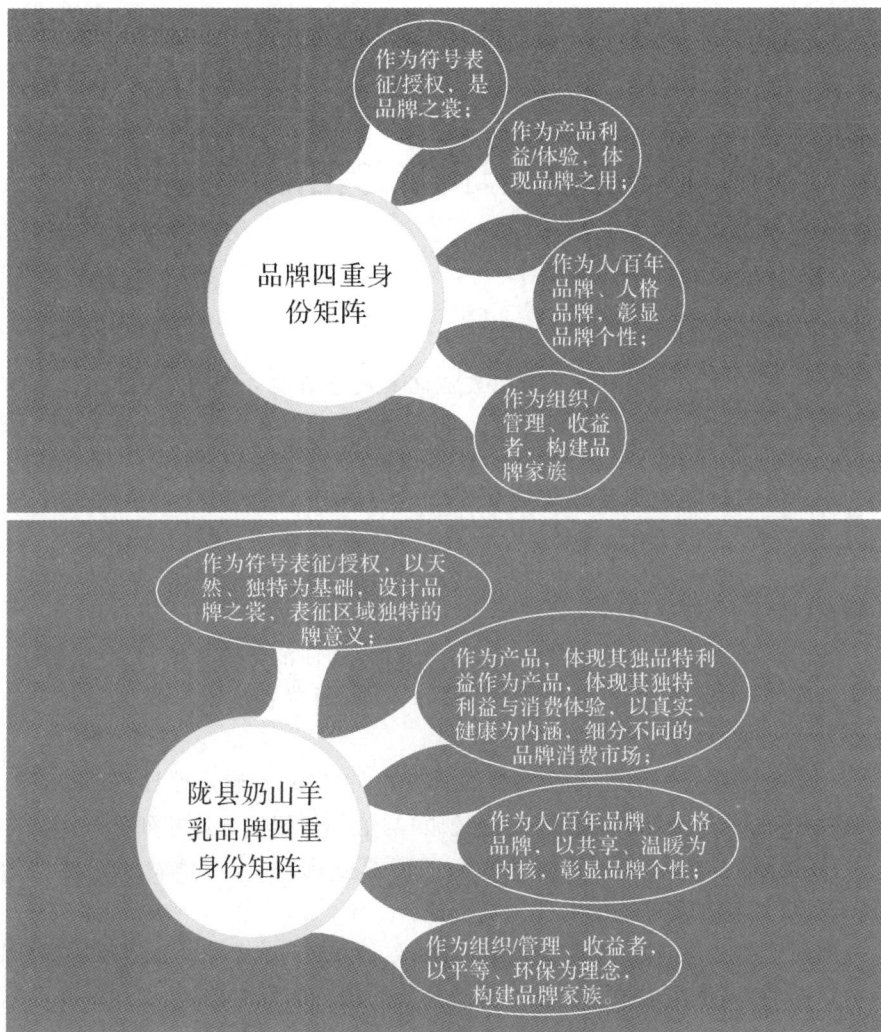

图 4　陇县羊乳区域公用品牌的四重身份特征

（本文为笔者于 2020 年 8 月 3 日在"中国关山·国际奶山羊产业国际发展推进会"上的主题演讲实录。后转发于浙江大学 CARD 中国农业品牌研究中心官网、浙江永续农业品牌研究院微信公众号"农业品牌研究院"，被芒种品牌管理机构等自媒体转载。）

# 中国果业的全球跨文化品牌传播

2020 年 9 月 9 日，第六届中国果业品牌大会在佛山召开，笔者受邀出席活动，并做"中国果业的全球跨文化品牌传播"主旨演讲，以下是演讲全文。

## 一、疫情时期的消费趋势变化

2020 年，新冠疫情推动新时代发端。全球消费者价值观发生改变，尤其体现在以下几个方面消费趋势的标志性变化。

（一）全球疫情改变了消费价值观：一方面，理性消费主义回归，身心健康、诚实真实、环境保护、民族自信加强；另一方面，消费者追求享受生命与美的体验。

（二）全球疫情与国际关系改变了消费方向：未来不确定性导致消费者对健康、家庭的关注与回归，健康（身心健康）与值得信赖的分值并列第一。

（三）全球疫情与互联网技术改变了消费方式：从线下消费真正转型为"R&V"虚拟与现实并举的消费方式特征。

面对这些变化，中国应对新时代的新政策为国内大循环为主体和国内国际的双循环，真正实现独立自主与对外开放的统一的双意图，从而达到联动双赢目标。

## 二、跨文化品牌传播障碍及其常规传播模式

我们这次大会的主题是"品牌提升国际竞争力"。当我们探讨"品牌提升国际竞争力"这个问题时，首先要解决全球跨文化品牌传播问题，提升品牌跨文化传播价值。实际上，从品牌价值角度而言，一个关键问题是，一个品牌是否具有穿越国家地理边界能力？如果一个品牌不具有跨文化传播的能力，也就意味着，这个品牌不具有穿越国家地理边界的能力。那么，我们的品牌也永

远不可能拥有国际竞争力。所以,我们要理解什么是跨文化传播。

跨文化传播源于霍尔在 1959 年发表的《无声的语言》[①]。跨文化传播是指具有不同文化观念和符号系统的人们之间进行的交流,文化观念与符号系统的不同,足以改变交流事件。引发跨文化品牌传播的双重含义,跨文化品牌传播是指具有不同文化观念和符号系统之间的消费者有关品牌的交流,各个文化体系都对各自的消费者有着潜在的品牌接受制约力,并形成容格的"集体无意识",即对品牌的集体无意识。这里,只要我们理解了上面这几句话,就能理解有些我们自认为品牌设计做得很好,但是在国际市场中很多人看不懂的困境。

跨文化品牌传播就是追求图 1 中两者重叠的领域。但创造该领域是非常困难的,当前全球跨文化品牌传播的障碍如下。

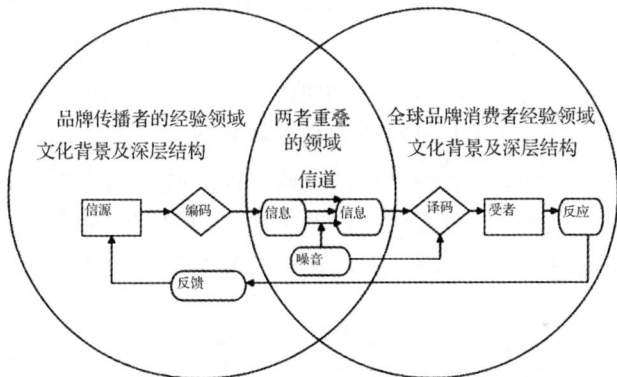

图 1　跨文化品牌传播的理论模型(胡晓云,2007)

(一)要应对各种文化体系的不同感知模式

感知模式指消费者认识世界包括认识自然、社会、品牌的模式。感知模式以信仰、态度、价值观和文化模式储存在人体中。其中,信仰,在消费者认识自然、社会、品牌时体现出巨大影响力;态度,消费者带着文化印记的评价与判断;价值观,消费者的价值判断;文化模式,消费者的生活方式。每一种消费行为后面,都有消费价值观支撑。如"华盛顿苹果"的关联营销传播(见图 2)就非常具有借鉴意义。"华盛顿苹果"的关联营销传播由健康轴和儿童轴构成,通过这两条关系链条来锁定健康生活这一核心诉求,并且依托于官方网站和社交

---

①　霍尔:《无声的语言》,何道宽译,北京大学出版社 2010 年版。

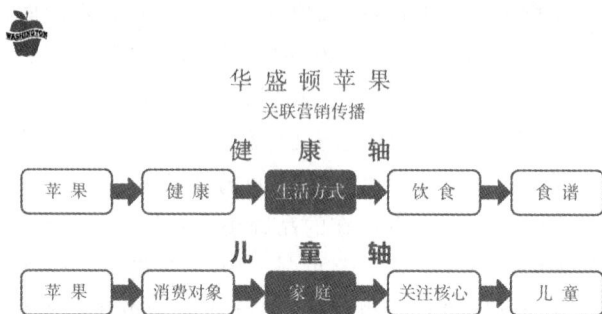

图 2 "华盛顿苹果"关联营销传播(胡晓云,2010)

平台这两个载体来进行数字化的品牌传播,将苹果养生这一概念烙进消费者的生活方式,使其成为一种流行,并且一步步地渗透进消费者的日常生活之中。

例如其官方网站推出"苹果养生"公益性知识普及、"华盛顿苹果食谱",营造一个与消费者共通的场景,潜移默化地影响消费者,从而使得"华盛顿苹果"这一品牌深入人心。针对儿童轴,"华盛顿苹果"通过完善、丰富卡通代言人形象,利用教师这一跳板来链接儿童群体,从而将儿童、家庭、生活方式之间的关系串联起来,例如,在其官方网站中就开辟了"教师园地"板块(见图3),教师可以借用其中的内容将"华盛顿苹果"这一品牌以及健康的生活方式传递给儿童群体。

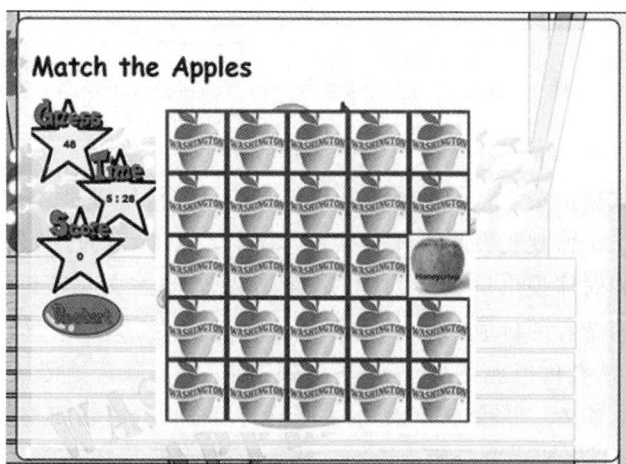

图 3 "教师园地"板块

　　值得一提的是,华盛顿苹果协会在 2019 年举办了首届全球华盛顿苹果周,全球 14 个国家的庆祝活动以"从枝头到餐桌"为主题,重点讲述华盛顿苹果种植者(华盛顿苹果品牌大使)的故事(见图 4)。互联网营销传播是一种虚拟状态,消费者在这种虚拟状态中难免会有一种距离感,但是当"华盛顿苹果"通过节庆活动来塑造群体 IP 进行代言传播时,这种距离感就很巧妙地被淡化了。

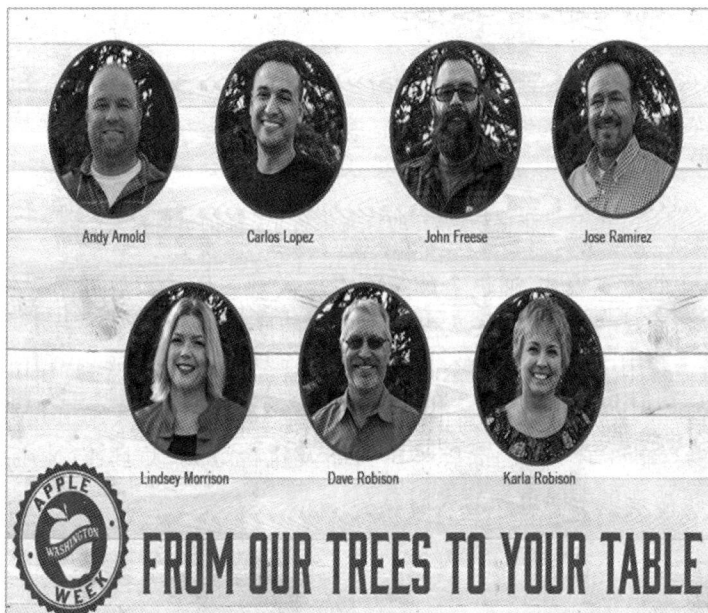

图 4　华盛顿苹果周主题活动——"从枝头到餐桌"

　　借鉴"华盛顿苹果"的跨文化品牌传播,可以得出如图 5 所列几点意义。

（二）要应对各种文化体系的不同思维模式

　　思维模式指人们在思考问题时的思维运动特征。由于人们所处的文化体系不同,在思维模式上会呈现出重大不同。全球化的经济与文化交流,使一些概念得到了新的演绎和提倡,为人性的共性构建了新的阐释平台。然而,由于地理因素带来的各个文化中心在不同的区域产生和发展的自我性,使得东西方文化仍然存在着或体现出重要的差异,这是不争的事实。所以,在当前地球村时代存在着两个悖论:第一个是第三种文化即网络文化的产生,第二个是源文化在新时代体现出更强的独特性。"新西兰奇异果 Zespri"品牌很好地应用

图 5　"华盛顿苹果"的跨文化品牌传播的借鉴意义

了不同文化的思维模式，通过全球策略本土实现的做法大放异彩。作为一款高端定位的产品，面对刚刚投入中国市场时的诸多障碍，Zespri 首先针对整套符号体系进行本土实现，推出全新的中文品牌名称"佳沛"，意为"佳境天成，活力充沛"；其次，打破"中国是一个市场"的概念，针对北京、上海和广州市场的区域性差异，制订了不同的品牌推广策略及执行方案，并且通过一张创意海报（见图 6）报敲开了中国市场的大门。

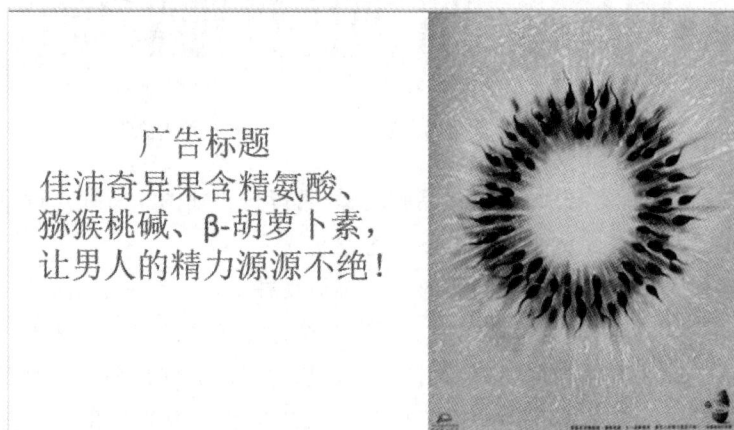

图 6　"新西兰奇异果 Zespri"进入中国市场的创意海报

（三）应对不同文化体系的不同人际模式及背后的深层结构

人际模式指人们会因文化、宗教信仰、职业范畴、政治派别、教育背景及其感知模式、思维模式等的不同，在人与人的交往目的、交往关系、交往方式等方面体现出不同的模式。不同的人际模式背后的深层结构主要是宗教、国家、家庭三大力量。东西方人际模式研究特别是中西人际模式研究得出结论，中国人重礼仪、讲面子，西方人重现实利益。因此面对同样的猕猴桃、苹果、橙子，拥有不同的思维模式、不同的文化样式、不同的人际模式的消费者往往会做出不一样的选择，而这背后是值得我们去思考的。

在当前国际跨文化品牌传播中，一般有以下三种模式：

（一）全球标准化品牌传播策略及其传播执行。通过针对人性这个人类的基本密码，针对地球村时代的"公共全球文化"，统一形象并降低成本。比如"可口可乐"。

（二）全球地方化品牌传播策略——全球策略与地方执行。统一核心价值与核心形象，应对地方表达，例如佳沛奇异果。但品牌传播投入相对较高。

（三）全球本土化品牌传播策略——本土策略与本土执行。认为全球市场是一个个市场的组合。该策略具有针对性强、品牌传播投入高的特点。

这三种模式各有利弊，各有长短，关键在于要了解自己的品牌处在哪一个层面，然后加以选择、应用。

### 三、全球跨文化品牌传播的基本方法

全球跨文化品牌传播的基本方法大致有以下六种。

（一）挖掘共通的人性因素进行品牌诉求。这就是刚才谈到的普遍价值。千万年来，人性是不变的，如健康、快乐、亲情、家庭、国家认同等。2008年，新奇士为庆祝品牌创立一百周年，在全球范围内开展征集"微笑活动"，新奇士借助微笑，更好地走进了世界各地。新奇士柑橘切片之后，形状上极似咧开嘴大笑的样子，借此使品牌符号化，并在社交网站上大力传播，形成全球传播效应。

（二）重视语言翻译，避免语意差异或误解。中国的果业品牌中，有很多的"龙"字，但在翻译中，把中国的"龙"字翻译为"dragon"。该翻译在英语环境里自古就是"恶魔"的象征，会产生重大的语言理解歧义。有学者曾对该翻译做过一个涉及850个翻译工作者的调查，发现占被调查者总数34.4％的被调查者认为"dragon"意为"可爱、独特、有趣"，26.8％被调查者看见该词时会想起"恶魔、伤害"等概念。许多中国人因为不喜欢"dragon"所表达的恶魔形象和

象征意义，支持把龙的英文改为"Loong"。而将"Sunkist"翻译为"新奇士"、"Zespri"翻译为"佳沛"的背后，恰恰体现了品牌传播者对于不同语境的考虑。

（三）分析并利用非语言符号的文化特征，避免不同文化的符号理解冲突。非语言符号是指采用肢体、表情、色彩等非语言文字形式的符号。非语言符号不像语言符号那样需要翻译，并且，非语言符号的可视性强、形象感强。为了避免各种不同的语言体系的困扰，我们一般强调多采用视觉语言表达。比如，不同的肢体语言，不同的表情和眼神，不同的色彩，甚至不同的构图特色，我们用它们来进行有效的国度或文化间的转移。但是，并不是所有的非语言符号都具有可转移性。同样的一个手势，在不同的国度里解释并不相同，同样的色彩，在不同的文化中具有完全不同的符号象征及场效应。例如，双手交叉胸前的姿势，可能意味着疏远、缺乏安全感，是一个防御的姿势。而在2019年一档节目中，美国前联邦调查局的特工称双臂交叉是自我安慰的意思，而并非抵御他人。

（四）注意各种文化的文脉因素，避免民族文化情结对品牌接受的影响。民族文化情结在跨文化传播的接受过程中，会产生重要的甚至决定性的影响。全球大品牌发生的众多侵犯性事件，都与侵犯了受众的民族文化情结有关。例如在2004年12月，耐克篮球鞋在中国境内各省（区、市）电视台播放的"恐惧斗室"广告，其中涉及许多的中国文化元素，在品牌故事的展开和情节叙述中，由代表美国文化的NBA球星詹姆斯击败了长袍老道、飞天龙、中国妇女形象三个中国文化的代表符号，并表现了在篮球板旁边出现的两条龙形象，二龙吐出烟雾并成为阻碍詹姆斯的妖怪。该品牌广告引起了中国受众极大的不满。

（五）寻找各文化范畴中最具代表性的元素，进行有效的本土文化嫁接。在本土文化较为顽强、独特的文化区域，如果能够努力利用本土文化范畴中最具代表性的元素，在一定程度上激活文脉因素，使受众共鸣，并进一步创造新的文脉，形成国际性和本土意义的双重编码，便能实施有效的本土嫁接。事实证明，许多国际大品牌在这方面做了许多努力。如肯德基、麦当劳等品牌，进行了多方面的尝试，获得了成功沟通，并构筑了新的品牌文脉。

（六）充分认识不同国度的品牌规制，尊重它文化的独立、正义、平等地位。跨文化品牌传播，由于涉及众多文化背景及其各文化背景下的交流、互动、沟通和说服，其策略的选择和制订、品牌创意的思维倾向、品牌表现的感知符号系统呈现等各方面，较之同一文化范畴内的品牌传播，难度要大得多。尊重各种文化的本质特征和地位,利用各种文化之间的共通性元素进行有效沟通,是我们要进一步探讨的课题。但是,尊重也并不意味着妥协,要在尊重的同时将富有特色的文化传递出去,从而在两者之间找到共同的话语体系。

国家与国家之间、民族与民族之间、文化与文化之间、语言与语言之间、所有的符号体系之间,都可能有疆界、有认知壁垒,每个果业品牌如果要进入不同文化领域的竞争,就必须解决上述一系列问题。只有解决了品牌沟通的全球化问题,一个品牌才能说具有了真正的全球竞争力。

(本文为 2020 年 9 月 9 日笔者应邀出席"第六届中国果业品牌大会"所做的主题演讲实录。后转发于浙江大学 CARD 中国农业品牌研究中心官网、浙江永续农业品牌研究院微信公众号"农业品牌研究院",被芒种品牌管理机构等自媒体转载。)

# 从评估数据看陕茶

## ——陕西省茶叶品牌建设战略构想

2020年10月29日下午,笔者应邀参加"第三届陕茶高质量发展论坛"
(见图1)并做题为"从评估数据看陕茶——陕西省茶叶品牌建设战略构想"的
主题演讲。

图1  第三届陕茶高质量发展论坛

### 一、"陕茶"代表性区域公用品牌的价值评估数据现状

泾阳茯茶、安康富硒茶、汉中仙毫是"陕茶"的代表性区域公用品牌,其品
牌价值评估数据可见图2。

三个"陕茶"代表性区域公用品牌的品牌价值总和已达到65.1亿元,品牌
收益(溢价)总和已达4.5亿元以上,品牌忠诚度因子均低于平均值,品牌强度
乘数在平均值上下区间。三个茶品牌中,汉中仙毫的品牌经营力接近最高值,
泾阳茯茶的品牌发展力高于其他两个品牌,安康富硒茶的品牌价值最高。另

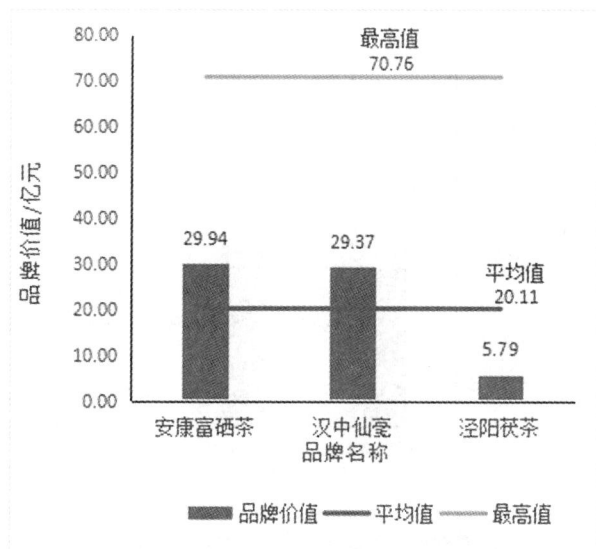

图2 三个"陕茶"代表性区域公用品牌的品牌价值现状

外,三个"陕茶"代表性区域公用品牌的品牌知名度、认知度较低,与最高值相差悬殊,而好感度与最高值接近,品牌发展力均高于平均值。

安康富硒茶和汉中仙毫两品牌的价值均在平均值(97个品牌)之上,但与最高值比较,存在较大差距。安康富硒茶首次参评,该品牌整合打造安康全市富硒茶品牌,规模加大,其品牌价值达近30亿元,略高于汉中仙毫。相对而言,泾阳茯茶品牌价值不高。

安康富硒茶、汉中仙毫的品牌收益均高于平均值,低于最高值;汉中仙毫的品牌收益较安康富硒茶高;泾阳茯茶相对较低,仅为整体平均值的1/2(见图3)。

三个"陕茶"代表性区域公用品牌的品牌忠诚度因子均低于平均值,三个品牌在近三年的市场价格波动较为明显,尤其是泾阳茯茶,品牌忠诚度因子仅为0.623(见图4)。

汉中仙毫的品牌带动力、品牌资源力、品牌经营力、品牌传播力这四力均高于另两个品牌,特别是品牌经营力,接近最高值。泾阳茯茶的品牌发展力较另两个品牌表现突出,老品牌焕发新春,近年发展较迅猛(见图5)。

三个品牌的品牌传播力均与最高值差距明显,有待加强(见图6)。进一步比较品牌传播力二级指标可见,汉中仙毫在知名度、认知度、好感度上均高于其余两个品牌,且均在平均值之上。与最高值相比,三个品牌的知名度差距

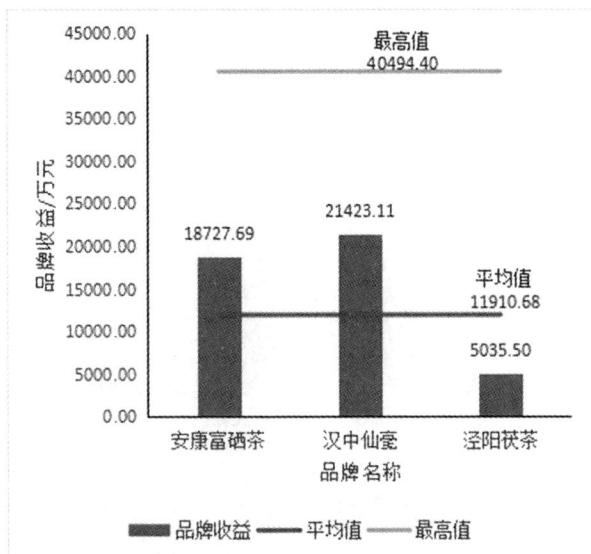

图3　三个"陕茶"代表性区域公用品牌的品牌收益现状

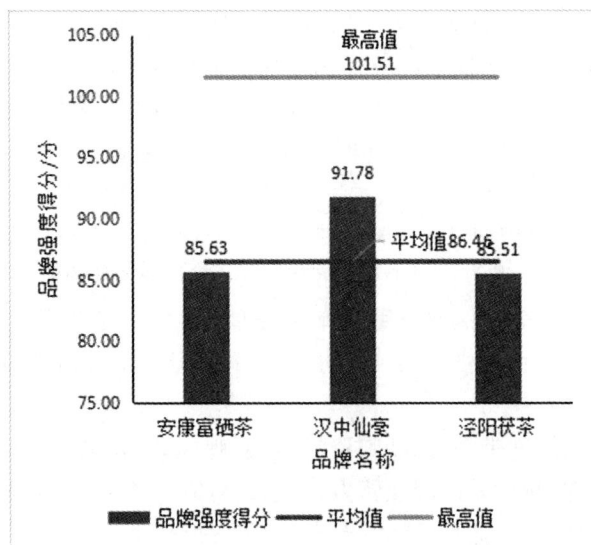

图4　三个"陕茶"代表性区域公用品牌的品牌强度乘数现状

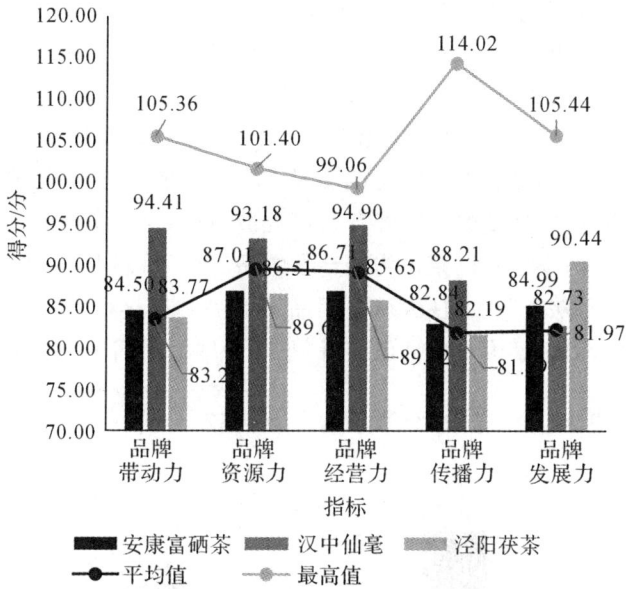

图 5　三个"陕茶"代表性区域公用品牌的品牌强度"五力"现状

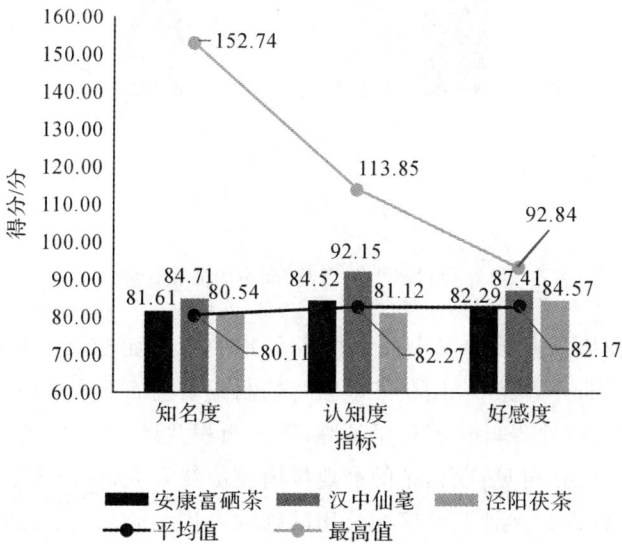

图 6　三个"陕茶"代表性区域公用品牌的品牌传播力现状

显著，其次是认知度。相对而言，好感度差距小。可见，陕西的三个茶叶品牌还未达到广泛的知晓度，还需进一步加强传播力度，提升传播效率。

上述数据得出系统的数据结论：三个"陕茶"代表性区域公用品牌的品牌价值总和已达 65.1 亿元；品牌收益（溢价）总和已达 4.5 亿元以上；三个"陕茶"代表性区域公用品牌的品牌忠诚度因子均低于平均值，品牌强度乘数在平均值上下区间；汉中仙毫的品牌经营力接近最高值；泾阳茯茶的品牌发展力高于其他两个品牌；安康富硒茶作为新整合的品牌新秀，起点高，规模大，品牌价值已显现；三个"陕茶"代表性区域公用品牌的品牌知名度、认知度较低，与最高值相差悬殊，而好感度与最高值接近，品牌发展力均高于平均值。

## 二、"陕茶"与"浙茶"的价值数据现状比较

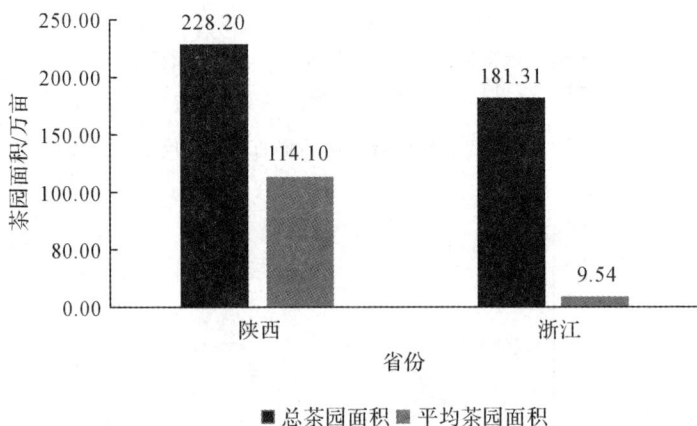

图 7 "陕茶"与"浙茶"的茶园面积比较

陕西仅安康富硒茶和汉中仙毫两个品牌的茶园面积就已超过了 200 万亩。泾阳县本身不种茶，泾阳茯茶以独特的制茶工艺而形成区域公用品牌；浙江参与评估的 19 个茶叶区域公用品牌，茶园面积共计 181.31 万亩，平均茶园面积不足 10 万亩，可见，陕西茶的产业规模较浙江省大（见图 8）。

陕西、浙江两地参评茶叶区域公用品牌的平均茶园面积、平均单位销量品牌收益比较可见，"陕茶"的土地投入—产出比（ROI）较"浙茶"低。两地获评的区域公用品牌的品牌收益、单位销量品牌收益最高值比较可见，浙江品牌高（见图 9）。

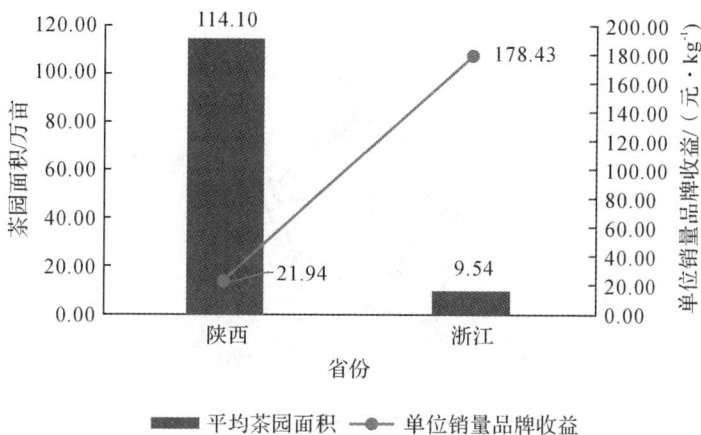

图 8 "陕茶"与"浙茶"的茶产业投入产出比比较

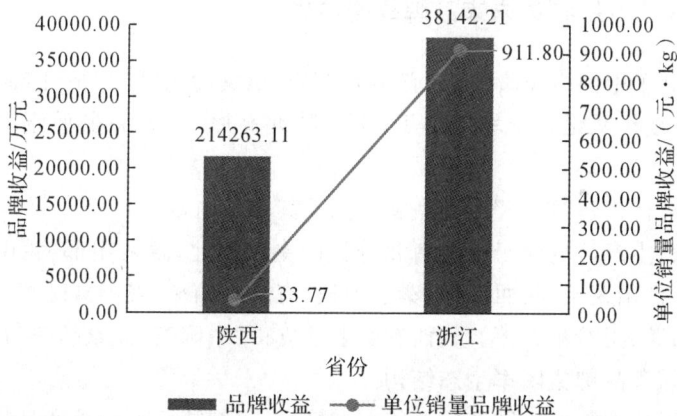

图 9 "陕茶"与"浙茶"的品牌收益比较

陕西茶叶品牌的其他指数逼近浙江,但品牌传播力远远落后于浙江参评品牌。

从上述茶园面积、茶产业投入产出比、品牌收益、单位销量品牌收益、品牌溢价、品牌强度五力等数据比较可见,相比于浙江茶业,陕西茶业具有茶资源独特,努力建设产业化、规模化的基础,品牌经营能力较强但品牌溢价水平不高,品牌好感度不低但品牌传播力低等特点(见图10)。

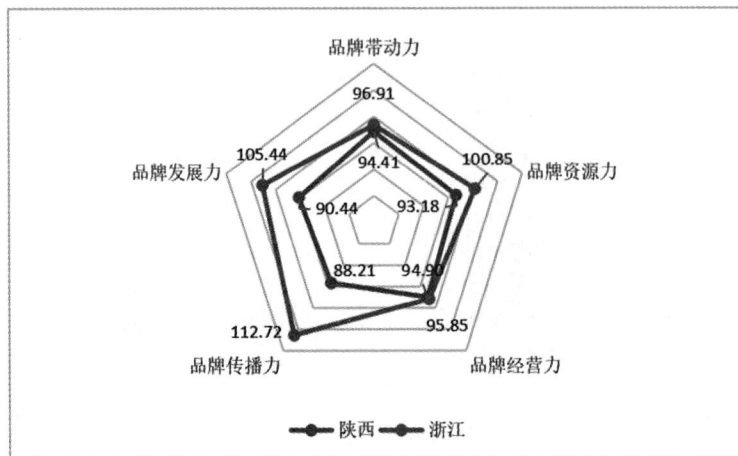

图 10  "陕茶"与"浙茶"的品牌强度五力比较

### 三、关于"陕茶"的未来品牌战略构想

陕西处于中国中原腹地,具有秦人气质,以秦岭为界,形成北部的麦黍文化、南部的稻作文化。全境上中下,上为陕北高原,中为关东平原,下为秦巴山地。

(一)支持构建"陕茶"区域品牌生态及其精神内核

"陕茶"生产区域处于中国南北分界的秦岭南北,陕西中部:关中平原,有咸阳茯茶、泾阳茯茶;陕西南部:秦巴山地,有汉中仙毫、安康富硒茶、平利女娲茶、秦汉古茶、秦岭泉茗等。陕西有必要建立以"中国茶"国家品牌为金字塔母品牌的区域茶品牌集团军生态结构。

(二)要挖掘陕西不同产区的特点和禀赋,了解陕西不同茶产品的特点,提炼"陕茶"共同的精神特质,形成人与自然共鸣和合的姿态。

"陕茶"产区与产品特质,以中国秦岭为地标。秦岭以北,以茯茶(独特工艺/金花/功效/文脉/IP/销售渠道)为核心及其价值体系构建,秦岭山南、秦巴河谷与山地以汉中仙毫、安康富硒茶、紫阳富硒茶、平利女娲茶、秦汉古茶、秦岭泉茗等为品牌生态,体现其独特生态/富硒/文脉/"汉茶"渊源等。

(三)以秦岭作为"陕茶"的最大 IP,联合各子品牌顶起"陕茶",形成"绿红茯古,各自安好"的发展生态。既保留不同茶品牌的个性,又让各个茶品牌融洽共生,共同塑造"陕茶"这一"茶叶品牌大厦"。

（四）"陕茶"各子品牌需要协同传播，达到"绿红茯古，各有特色，品牌之间各显春秋"的品牌发展状态，在竞合中发展。

（五）实现"陕茶"的国际跨文化传播，通过整合"陕茶"的精神特质，做到品牌共鸣，和合发声，形成统一的品牌形象走向世界。

中国茶，具有多重价值，曾是中国皇家闲情逸致的个性表达，也是中国文人吟赋作诗的重要道具；是中国茶人专心研磨的审美对象，也是中国人礼尚往来的情致雅品；是中国人生活方式的跨阶层元素，也是中国人宗教精神的表征物、中国人价值观的隐喻体系。"陕茶"作为"汉茶"先发地，自当成为"中国茶"的中流砥柱。复兴"陕茶"，是复兴汉唐时代的茶文化，发展新时代的茶业价值。

（本文为 2020 年 10 月 29 日下午笔者应邀参加"第三届陕茶高质量发展论坛"并做主题演讲的实录。后转发于浙江大学 CARD 中国农业品牌研究中心官网、浙江永续农业品牌研究院微信公众号"农业品牌研究院"，被芒种品牌管理机构等自媒体转载。）

# 探索，永无止境

## ——中国农产品区域公用品牌运营主体的浙江创新

2020 年 10 月 31 日，"2020'两山'价值转换与区域公用品牌建设研讨会暨第二届中国农业区域公用品牌运营闭门会"在衢州东方大酒店举行。260 多位来自全国各地的领导、专家学者和区域公用品牌运营代表共同参加了本次会议。笔者做了题为"探索，永无止境——中国农产品区域公用品牌运营主体的浙江创新"的主题报告。

图 1　主题报告现场

各位从全国各地远道而来、不辞辛苦的新老朋友们，大家上午好！

今天，我要跟大家交流的话题是"探索，永无止境——中国农产品区域公用品牌运营主体的浙江创新"。基于我们团队 2020 年间对浙江农合联系统的调查,为各位朋友带来农产品区域公用品牌运营的浙江经验和浙江建议。

本次话题背景是,基于这许多年来中国农业品牌化的研究与实践,至2017年,中国大部分农业区域进入了农产品区域公用品牌建设时代(见图2)。

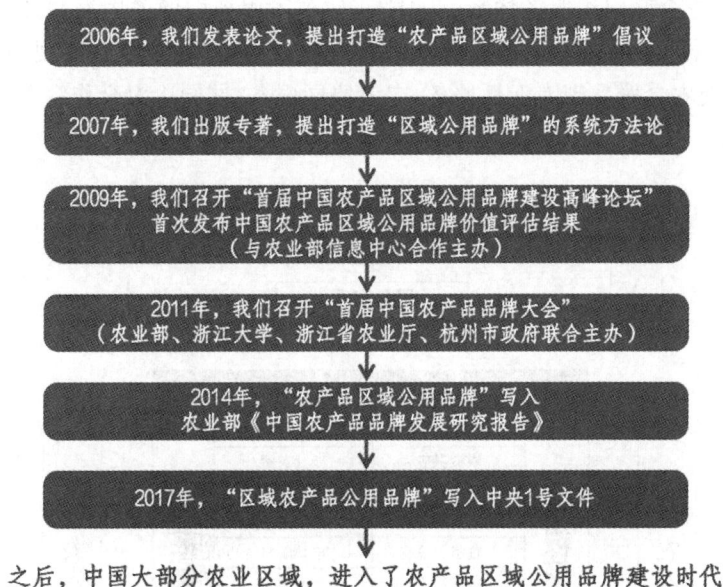

2006年,我们发表论文,提出打造"农产品区域公用品牌"倡议

2007年,我们出版专著,提出打造"区域公用品牌"的系统方法论

2009年,我们召开"首届中国农产品区域公用品牌建设高峰论坛"
首次发布中国农产品区域公用品牌价值评估结果
(与农业部信息中心合作主办)

2011年,我们召开"首届中国农产品品牌大会"
(农业部、浙江大学、浙江省农业厅、杭州市政府联合主办)

2014年,"农产品区域公用品牌"写入
农业部《中国农产品品牌发展研究报告》

2017年,"区域农产品公用品牌"写入中央1号文件

之后,中国大部分农业区域,进入了农产品区域公用品牌建设时代

图 2　中国农产品区域公用品牌化历程

我们看到,过去,中国农产品区域公用品牌主要有三类运营主体:区域政府及其农业职能部门授权下的国有企业经营、区域政府及其农业职能部门支持下的行业协会自主或授权经营、区域政府及其农业职能部门指导下的专业合作社自主经营。而这三类经营主体存在着一定的品牌运营难题:国有企业在区域资源整合中处于相对不利地位,中国的行业协会大多没有强势的品牌经营资源与经营能力,单一的专业合作社的资源利用有限。

是否有更合适的运营方式? 浙江的探索提供了新的经验:"由区域政府推动,区域农业部门创建品牌、由农合联运营品牌的多方协同运营机制。"

农合联是农民合作经济组织联合会的简称,是为"三农"提供社会化、集成化、市场化服务而构建的组织,是对原有专业合作社服务功能的再突破、再深化,实现了更大范围、更高层次的再联合、再合作。

众所周知,浙江是三位一体改革的发祥地。2005 年,浙江瑞安开始探索"三位一体"(生产/供销/信用)的"瑞安综合农协";2006 年,浙江省发展农村

新型合作经济工作现场会肯定了"瑞安实践"。由此，浙江省开始探索"三位一体"合作经济组织体系建设，2017年8月，浙江省、市、县、乡四级"农民合作经济联合会"建成。

浙江农合联组织服务体系（见图3），体现了服务资源的内聚和外联，形成了一种新型的农业社会化的服务体系。此体系中，区域农合联实现通用性服务，而产业农合联实现专业性服务，二者协同服务，共同应对合作社等会员、农户的需求。

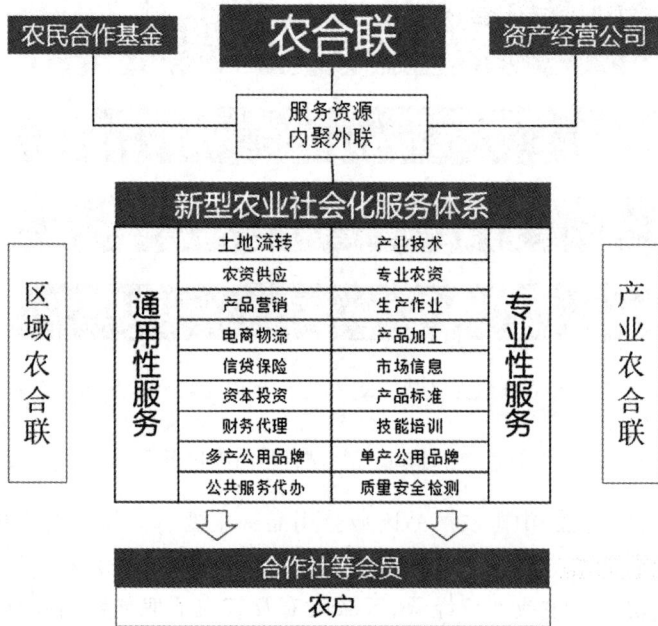

图3 浙江农合联组织服务体系

农合联形成了一个经纬架构的组织体系（见图4）。纬线从省、市，到县、乡镇；经线从省级产业农合联，市级产业农合联，到县、乡级的产业农合联，由此形成协同、有序的结构化生态体系。在经纬架构的组织体系之上，可以构建起经纬架构的品牌生态结构（见图5），即区域农合联与多品类区域公用品牌、产业农合联与单一品类区域公用品牌的关系。

2017年2月，"农产品区域公用品牌"写进中央1号文件；8月，浙江省、市、县、乡四级"农民合作经济联合会"建成。两者一拍即合，一些地区的"农合

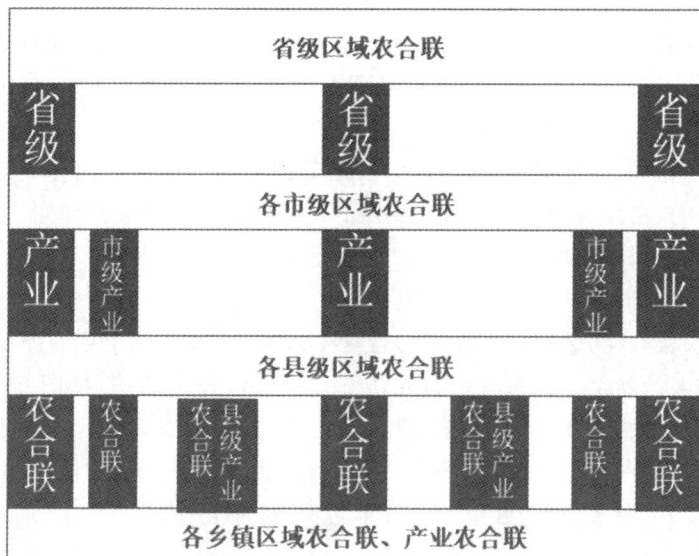

图4　农合联经纬协同的组织体系

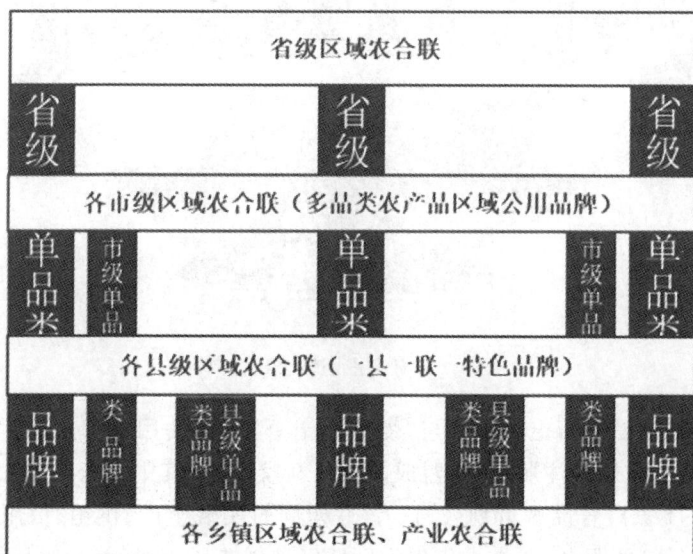

图5　经纬协同的区域公用品牌生态结构

联"成为农产品区域公用品牌的运营主体。逐渐形成农业部门规划并创建品牌、农合联运营品牌的优势互补/合力共建的新格局。这一创新格局适应了农产品区域公用品牌的本质特征，可集聚区域整合力量，实现生产/供销/信用/品牌运营等相关资源的整合赋能。

作为品牌的一种重要类型，区域公用品牌是指特定区域内相关组织和机构所共有的，在品牌建立的地域范围、品牌品质管理、品牌使用许可、品牌行销与传播等方面具有共同诉求与行动，以联合提高区域内外消费者的评价，使区域产品与区域形象共同发展的品牌。

以"农合联"为区域公用品牌的运营主体模式，在国际上已有不少类似的探索。如美国新奇士种植者协会和新奇士橙区域公用品牌（见图6）的关系。新奇士种植者协会相当于超级专业合作社联合社，即农合联。由该农合联组织65000多户的果农，成立超级专业合作社，实现生产、供销、信用、品牌运营"四位一体"的服务，创造并运营了百年品牌"新奇士"。

图6　新奇士橙区域公用品牌

又如美国爱达荷土豆联盟与"爱达荷土豆"区域公用品牌（见图7）。"爱达荷土豆"商标最初注册时，联盟成员包括9家企业，其中6家种植公司，2家运输公司，1家广告品牌策划公司。该联盟同时实现生产、供销、信用、品牌运营"四位一体"的服务，并在一年内为区域经济创造了45亿美元的品牌销售。

第三个是法国波尔多葡萄酒行业协会与"波尔多葡萄酒"区域公用品牌（见图8）。法国波尔多葡萄酒行业协会（CIVB），相当于葡萄种植与酿造专业

图 7 "爱达荷土豆"区域公用品牌

图 8 "波尔多葡萄酒"区域公用品牌

户、经纪人的专业合作社，即"农合联"。由该农合联组织专业种植与酿造者、经纪人，实现生产、供销、信用、品牌运营"四位一体"的服务，创造并运营了区域公用品牌"波尔多葡萄酒"。

第四个是中国台湾地区的农会模式（见图 9）。全台湾地区设立农会，垂直下设各地区农会，如仁爱乡农会，统一指导生产、技术把关、检测产品、分级包装，品牌统一背书。将农会作为一个农产品全品类区域公用品牌运营组织，进行各区域内相关产品的统一品牌背书与品牌运营。

同时，农合联成为区域公用品牌运营的新型主体，符合农合联"三位一体"改革发展的需要。在服务资源日趋集聚、健全的当下，"农合联"如何在传统服

图 9　中国台湾农会的标志

务之外,适应现代农业发展需求,进一步完善和拓宽服务功能呢?

　　作为一种全新的为农服务体系,农合联成为农产品区域公用品牌的运营主体,不仅能够增强服务能力,还能拓宽服务领域,提高服务的质量,是服务"三农"的抓手和突破口。换句话说,运营农产品区域公用品牌是品牌经济时代赋予农合联的新机遇。

　　近年来,农产品区域公用品牌建设逐渐走进国家高层的视野,成为现代农业的核心标志。2017年中央一号文件明确指出,"要推进区域农产品公用品牌建设,支持地方以优势企业和行业协会为依托打造区域特色品牌,引入现代要素改造提升传统名优品牌"。当年,浙江省委17号文件明确要求,"到次年底前,各地市至少要打造1个公用品牌"。自此,区域公用品牌建设在浙江大地如火如荼展开。

　　浙江省委所倡导的"公用品牌"——"品"字标,指的是全品类品牌。因此,实践中,全品类品牌的异军突起,成为浙江农业品牌化标志性的探索。该类品牌的盛行,与农合联的综合性组织特征有密切关系。

　　农合联和区域公用品牌之间有着适切的功能链接。农合联以供销合作社为执委会主任,前端提供生产服务,后端指向市场营销、信用服务。两者在组织特征和功能结构上完全匹配（见图 10）。

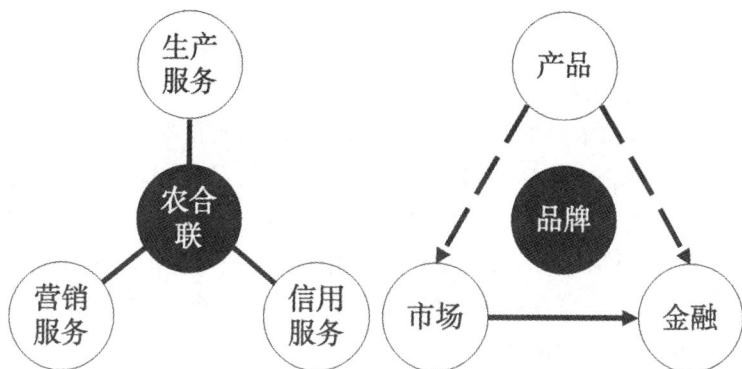

图 10 农合联与品牌之间的契合关系

正是基于这一适配性和服务内容的重合性，农合联组建成立后，很快成为农产品区域公用品牌运营的重要载体。在浙江省各地区域政府及其农业职能部门的推动支持下，农合联创建或管理、运营农产品区域公用品牌的情况越来越多，成为中国农产品区域公用品牌新型的经营主体。而农产品区域公用品牌，也成为"三位一体"改革的重要抓手。

据我们研究团队了解，截至当前，浙江省农合联创建、运营和正在创建的全品类农产品区域公用品牌已经超过 15 个，单品类农产品区域公用品牌约超30 个。

调研当中，我们发现浙江农合联体系在创建、运营农产品区域公用品牌过程中体现出四大特点。

**一、浙江省的农产品区域公用品牌运营已成为农合联"三位一体"改革的重要抓手**

2014 年，我们团队根据丽水市的产业特征、区域特征，规划了国内普通集体商标意义上的第一个多品类区域公用品牌"丽水山耕"。丽水市委、市政府专门成立了国有农投公司运营品牌。但在运营过程中，发现了许多困惑。品牌产品从哪里来？品牌基地在哪里？怎么样提高品牌授权企业的组织化、标准化、电商化水平？这一系列问题如果由丽水农投公司独家负责解决，必将产生巨大的外部交易和沟通成本。

而丽水市农投公司之所短，恰是丽水市农合联之所强。丽水市农合联要为广大会员提供服务,本身也迫切需要品牌作为抓手。基于这一共同需求,丽水市农合联创新组织载体,实行执委会的"双主任"制,即由供销社理事会主任和农投公司总经理共同担任执委会主任。在这一开放式的平台上,双方联袂合作,以品牌为核心,提供全方位的整合服务。

一方面,丽水市农合联鼓励、倡导会员加盟"丽水山耕"品牌,建立标准化生产基地,生产符合市场消费需求的高品质农产品;另一方面,以"丽水山耕"品牌为抓手,为旗下会员提供农资供应、渠道搭建、产品营销等一系列服务,让会员企业在母品牌背书下,找到更广阔的市场,实现更高的产品溢价。由此,丽水农合联的服务功能获得了拓展,服务能力获得了提升,作为组织存在的价值感得到了更为充分的体现。

### 二、初步形成"经纬交织"的农合联组织服务体系和品牌生态结构

如"丽水山耕",自发布以来,短期内实现爆发性增长,品牌影响力大。但如何落脚成了迫切需要解决的问题。除了农合联的支持之外,更需要各地的县级政府协同配合。丽水市青田县农合联专门成立稻鱼产业农合联后,推行"五统一"产销模式(统一规划、统一品种、统一种植标准、统一加工、统一包装),实现了稻鱼种养"百斤鱼、千斤粮、万元钱"的良好效益。同时,青田稻鱼米也积极融入母品牌"丽水山耕",构建良性互动的品牌结构。

在浙江省农合联"三位一体"改革实践中,类似的案例还有很多,如衢州"三衢味"多品类区域公用品牌与"常山胡柚"单一品类区域公用品牌联袂开展"一品一爆"电商项目,为利卿果业等会员提供电商销售服务,协助会员梳理电商销售流程。

### 三、初步形成了区域政府推动,农业部门创建品牌＋农合联运营品牌＋其他相关部门聚力共进的协同格局

农业部门主导现代农业发展、创建区域公用品牌,供销社作为农合联执委会和核心成员单位,既有政府背书,又是服务"三农"的主力军,是适合的品牌运营者。这种合作模式,一方面充分体现了政府顺应品牌农业发展趋势,弥补小农与市场经济衔接短板的责任与担当;另一方面也充分发挥各自优势,解决了品牌运营主体缺失的难题,符合区域公用品牌发展的内在规律。

**四、农产品区域公用品牌运营与管理方式八仙过海、各显神通，探索，无止境**

虽然品牌运营主体同为农合联，但根据不同的资源条件和优势，各地采取了不同的运营管理方式，进行多样化的探索和实践。

**1. 供销社与国企合资成立运营公司**

衢州市创建"三衢味"区域公用品牌（见图11）之后，成立了由衢州市供销社和衢州东方集团共同出资组建的衢州"三衢味"品牌发展有限公司进行品牌运营。公司将政府、行业、产业、渠道的力量整合在一起，迅速打开销售渠道。

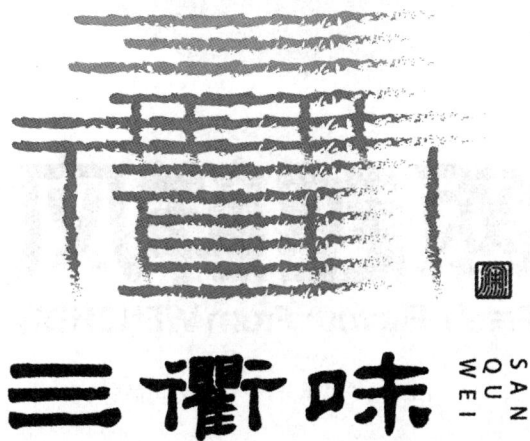

图 11 "三衢味"区域公用品牌

**2. 国有公司运营和农合联积极配合**

丽水市组建成立农业投资发展有限公司，承担品牌运营职责。在品牌运营中，丽水市农合联与丽水农投公司携手，为"丽水山耕"品牌提供生产、供销、信用"三位一体"的服务，使品牌既具有政府背书的权威性，又有行业协会的约束力。

**3. 委托第三方专业公司代运营**

由于短时间内难以组建成熟的品牌运营管理团队，一些地方通过采购第三方专业公司服务的方式进行品牌的管理运营。如"瓯越鲜风"（见图12），由温州市农业农村局主导完成顶层设计，2019 年 11 月发布品牌，随后，市政府

图 12 "瓯越鲜风"区域公用品牌

授权市供销合作社(市农合联)牵头成立农产品区域公用品牌运营中心,并通过公开招标的形式,面向全社会征求品牌运营机构。

4. 农合联组建公司进行品牌运营

此类方式有两种不同的模式。一种是余杭区农合联出资成立杭州禹上田园(见图 13)营销有限公司。由杭州余杭区供销合作社直接领导,聘用职业经理人,组建营销团队,扩展销售渠道,对接电商销售平台,开展品牌营销传播活动。二是平湖市农合联下属农合投资发展有限公司运营"金平湖"品牌。借助上海蔬菜集团打入上海农贸市场,建设品牌产品的现代物流园。

5. 农合联组织直接开展品牌运营

由于农合联组织承担着各种各样的服务职能,限于财力、物力、人力、精力等方面的约束,往往采用"轻资产"运营的方式,即由农合联制定品牌授权的准

图 13 "禹上田园"区域公用品牌

入标准，负责资质审核和授权，根据实际需要和上级主管部门的部署，举办有限的品牌展销和传播活动。如嘉兴市的"嘉田四季"品牌（见图 14）。

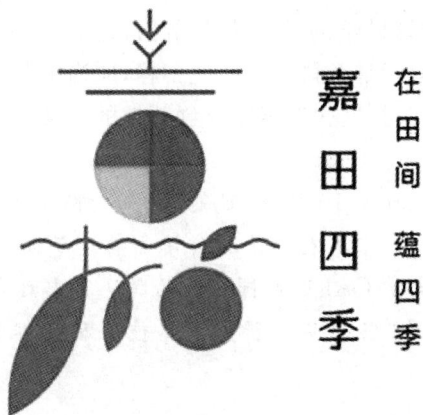

图 14 "嘉田四季"区域公用品牌

6. 供销社下属全资公司运营

2019 年，武义县"武阳春雨"品牌（见图 15）从单品类拓展至多品类，进行了品牌重塑。尽管茶叶类品牌商标依然在农业农村局，但其他品类的注册基本在供销社下属的全资公司武义县供销农业发展有限公司。该公司没有农合联其他会员的股份，但可以依托原有的销售渠道、传播资源、电商平台为会员产品提供供销服务，鼓励会员申请品牌授权，统一品牌形象。

图 15　"武阳春雨"区域公用品牌

　　中国特色的所有制制度、农业生产特征，决定了中国农业的品牌化，必须打造区域公用品牌，建设科学的品牌生态结构，建立中国特色的品牌运营机制。品牌创建与品牌运营是个科学的系统工程，应当不断地探索下去，永无止境。浙江一直在探索，并且这些探索富有创新性的意义，希望给全国各地带来新的启示。

　　（本文为笔者在 2020 年 10 月 31 日的"2020'两山'价值转换与区域公用品牌建设研讨会暨第二届中国农业区域公用品牌运营闭门会"上的主题演讲实录。后转发于浙江大学 CARD 中国农业品牌研究中心官网、浙江永续农业品牌研究院微信公众号"农业品牌研究院"，被芒种品牌管理机构等自媒体转载。）

# 新竞争局势下的"象山柑橘"品牌发展

2020 年 11 月 15 日,"中国·象山'红美人'产业发展与区域带动研讨会"召开,笔者应邀做主题演讲,以下为演讲节录。

尊敬的张庆丰副会长、各位领导、各位嘉宾,各位象山的父老乡亲们:

大家好!

很高兴,又一次来到美丽富饶、风情万种的象山。在东海之滨,我们载歌载舞,庆祝丰收。

## 一、三度赴象山,感受象山

这是我第三次来象山。

第一次,2016 年 8 月 5 日,应邀为象山柑橘、象山梭子蟹两个品牌做品牌规划调研。当时,被象山的人、产品、环境、产业所振奋。

经过数月研究,我们中心与象山各位一起,共同决策了"橘生山海间,味道自然甜""象山梭子蟹,原生蟹,十足鲜"的品牌定位与口号(见图 1),并制作了未来五年的品牌规划。

第二次,2019 年 7 月 20 日,应邀来调研,我们共同讨论了品牌运营中的许多问题。气氛非常热烈,大家的事业心令我非常感动。

这是第三次,应邀来到美丽的象山,参加"象山柑橘文化节"的高峰论坛。

我看到,这些年来,象山人民因为"象山柑橘",特别是明星产品——"象山红美人"的产业发展、品牌溢价,过上了美好生活。

## 二、象山柑橘发展的三组数据

2001—2020,20 年间。

图1　我们团队设计的"象山柑橘"品牌标志

（一）20年间，产业发展了。经过试验，2001年，我们在晓塘乡种下了第一棵"红美人"；2013年，经过13年的探索与推广，在定塘镇，建立了全国第一个红美人规模化栽培基地，30亩；2015年，全国12个省到象山参观，并引种；2020年，浙江省栽种面积达20万亩，全国栽种面积达50万亩。

（二）20年间，橘农富裕了：象山柑橘产业迅猛发展，橘农过上了小康生活。单单"象山红美人"，2020年种植面积为3.3万亩，投产1.5万亩，橘农亩均收入达5万~10万元，盛产园亩均产值达"万美元"之上，最高达20万元人民币。

（三）20年间，品牌成长了：从一颗种子、一棵母树、一个产业到一个品牌家园，"象山柑橘"已经创造了独立品牌价值24.55亿元（见图2），并成为占地少、品质高、品牌溢价高、品牌价值飞速提升的中国柑橘区域公用品牌（见图3、图4）。

分别较上年度增长了27.83%和16.13%，增长显著。

### 三、"象山柑橘"成长秘籍

（一）整合区域力量，强化政策扶持

品牌规划、品牌传播由政府决策，依托专业力量，规划顶层设计，实施基地建设、力量协同、传播推广。

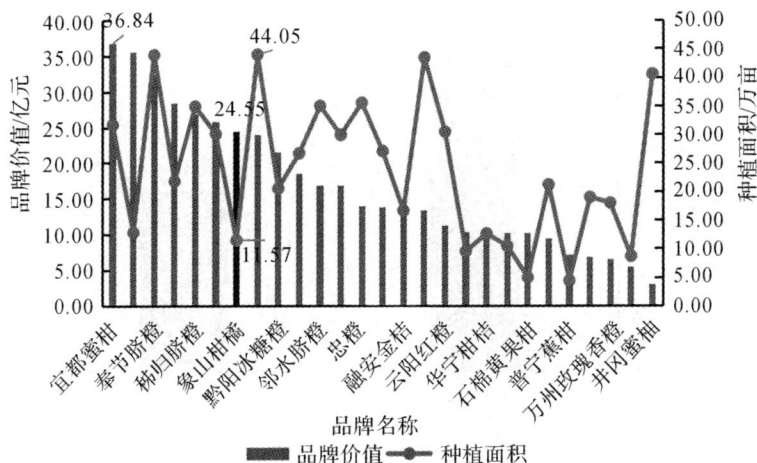

图 2  2020 年中国果品品牌价值评估中,27 个品牌的种植面积与品牌价值比较

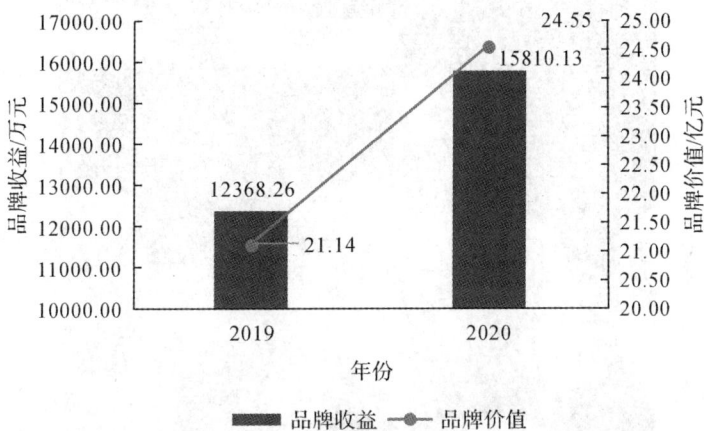

图 3  象山柑橘品牌 2019、2020 年的品牌价值、品牌收益数据,提升快速

(二)坚守核心价值,创新品牌管理

品质坚守、品种研发、核心价值储备、新价值创新,政府—联盟—龙头企业—橘农协力,形成品牌一条龙运营管理制度。

(三)加强品牌传播,提升品牌体验

利用农事节庆实施区域联动传播、文化植入与传播:上海的新闻发布会(见图 5)/柑橘文化节/影视明星代言等。

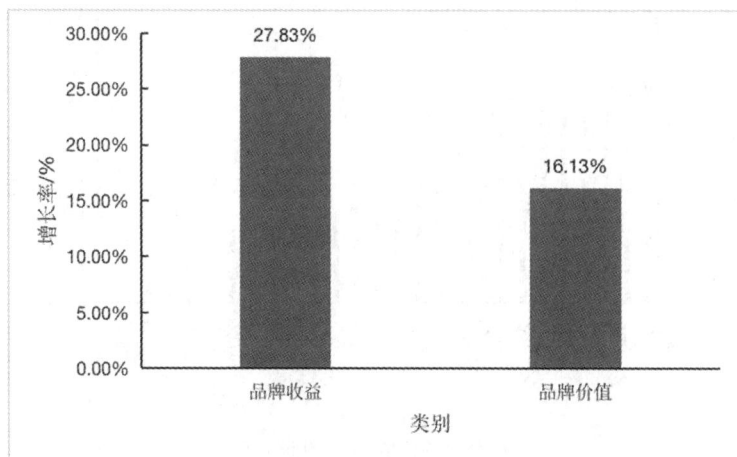

图4　2020年评估,象山柑橘的品牌收益和品牌价值

图5　2016年12月16日,象山柑橘、象山梭子蟹品牌新形象上海新闻发布会

象山县委县政府、农业局、象山柑橘产业联盟、企业、橘农一起,协力外部力量,创造了"一颗红美人,富裕千万家"的奇迹;创造了一颗种子,星火燎原,实现产业扶贫、品牌扶贫的奇迹;创造了区域各种力量整合驱动,坚守核心竞争力、提升品牌溢价力、提高品牌价值的奇迹。

### 四、新竞争局势下的象山柑橘品牌发展

(一)象山柑橘面临多重竞争挑战

1. 竞争加剧挑战

品种优势受到挑战,全国红美人种植面积有 50 万亩。逐利会导致盲目种植,竞争加剧;全国柑橘,参加 2020 中国果品区域公用品牌价值评估的,共计就有 27 个柑橘类区域公用品牌,覆盖福建、广东、广西、湖北、湖南、江西、陕西、四川、云南、浙江和重庆等 11 个省(区、市)。供大于求,迫切需要供给侧改革。

2. 消费提升挑战

消费者对品质生活的追求达到了新境界,价格高,但品质必须好,且口感必须符合新生代、新兴中产阶级的个性化需求。供大于求,消费者选择多。象山柑橘面临消费者关系的挑战。

3. 品牌经营挑战

品牌经营是一种顺应 3B(品牌消费、品牌竞争、品牌经济)时代的崭新探索,需要不断探索,不断吸纳新思维、新形式、新方法,才能使品牌立于不败之地。各地对品牌经营也高度重视。

(二)象山柑橘的品牌应对

1. 坚守核心价值,提升品牌价值

品种、品质、品牌。坚守品种、品质优势,同时,更要提高文化赋能、精神赋能,进一步植入区域精神与灵魂,表达区域文化价值,创造新的差异化,创造消费者关系的新境界。

2. 快速迭代创新,引领消费者新需求

过去,我们引种、研发、推广象山红美人,用了 13 年时间。消费者有耐心等着我们;未来,随着国际贸易、区域竞争加剧,产品的高度丰富,消费者会见异思迁。因此,必须加大品种研发,加快新品迭代。

同时,我认为,象山柑橘的核心价值,不单是红美人品种,不单是象山的地理优势,更是象山人执着的事业心。因为有了象山人民的敬业追求,不断推陈出新,才有"橘生山海间",才有"味道自然甜"。要用这种用心做产品的文化内核链接消费者的新关系。

### 3. 科学运营品牌，持续强化品牌

象山柑橘新的五年即将拉开帷幕。2021年，需要新的顶层设计、新的品牌规划，持续、系统地发展品牌，强化品牌，科学运营品牌，才能让象山柑橘成为象山人民永久的富裕果。

### 4. 持续科学传播，巩固品牌声誉

象山柑橘目前的品牌声誉很好（见图6、图7）。但基于竞争加剧挑战、消费提升挑战，需要持续实施科学的品牌传播，巩固品牌声誉。未来，品牌声誉是一个品牌最关键的竞争力。

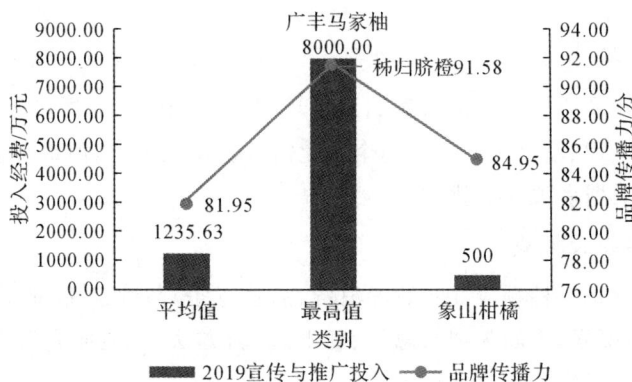

图6 2019年象山柑橘的品牌传播费用远低于平均值（27个柑橘区域公用品牌比较）

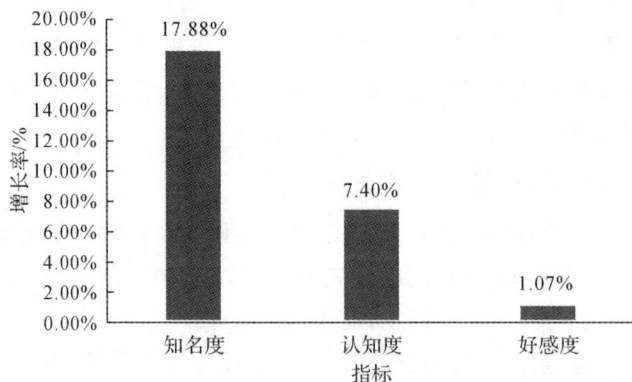

图7 2020年评估，象山柑橘的知名度提升快，认知度其次，好感度提升较低

　　我们常说,好的产品自己会说话,但在混乱、复杂的品牌传播环境中,应当高度重视传播对于消费者认知的控制与影响力,通过产品的体验传播,通过全方位的品牌科学传播,可以巩固品牌声誉,获得未来更好的品牌成长。

　　最后,期待象山人民能够持续创造出"一个象山柑橘,富裕千万家,甜美全天下"的奇迹。

　　(本文为 2020 年 11 月 15 日笔者在"中国·象山'红美人'产业发展与区域带动研讨会"上的主题演讲节录。后转发于浙江大学 CARD 中国农业品牌研究中心官网、浙江永续农业品牌研究院微信公众号"农业品牌研究院",被芒种品牌管理机构等自媒体转载。)

# 锡林郭勒羊,它让我们生活在诗与远方

2020 年 11 月 17 日,"内蒙古锡林郭勒羊区域公用品牌新形象发布会"在北京隆重举行,笔者应邀参加并致辞。

图 1　笔者团队的锡林郭勒羊区域公用品牌辅助图形设计

各位亲朋好友,大家好。

我们今天能够聚集在这里,听到发源于千里之外的蒙古长调悠扬的歌声,看到千里之外的锡林郭勒草原丰美宽广、充满诗性的色彩,感受到千里之外的牧民幸福而快乐的生活场景,这都应该感谢锡林郭勒羊,这一只草原上的领头羊。

**一、锡林郭勒羊,是"诗与远方"与"日常生活"的美好介质,它能够让我们勾连诗、远方与日常,让每一个品尝锡林郭勒羊肉的日常,都成为令人向往的诗与远方**

此时此刻,锡林郭勒羊,这一只草原上的领头羊,它就是电视台、手机、收音机,甚至是互联网;它就是一座活色生香的天桥、一条灵动宽阔的天路,成为我们所有在场与不在场的消费者,与锡林郭勒人民、锡林郭勒草原、锡林郭勒的诗与远方连接的媒介。

在座的各位,一定与我有同感。作为城市人的我们,多么渴望,有一天,能够驾车千里,摆脱城市生活的拥挤、紧张、喧嚣、乏味,投身锡林郭勒草原,那诗一般的远方。但是,由于各种原因,我们只能困居在城市,而对遥远的锡林郭勒诗一般的美好望洋兴叹。

于是,锡林郭勒人民,让这只来自世界大草原的羊,成为"诗与远方"和我们日常生活的链接媒介。只要吃一顿锡林郭勒羊肉,不用跋涉千里,就能够品味、想象、感受到来自远方的诗意生活。

这个时候,"诗歌、远方"不再与"日常生活"对立;这个时候,我们的"日常生活",也不再是"眼前的苟且",在鲜香的氛围中,诗与远方,就成为我们的日常。

所以说,锡林郭勒羊,是"诗与远方"与"日常生活"的美好介质,它能够让我们勾连诗、远方与日常,让每一个品尝锡林郭勒羊肉的日常,都成为令人向往的诗与远方。

这就是一个美好的农产品区域公用品牌,超越一般的企业品牌的价值。它不仅能够成为一个区域的产业平台品牌、富民品牌,还能够表征、传达一个区域的形象、区域的独特魅力,成为区域品牌的强大支撑。

由于越来越强大的技术参与,"万物皆媒"的时代已经来临。万物,都可以成为媒介。但是,并不是所有的物,都能够成为"诗歌、远方""日常生活"之间的媒介的。

而锡林郭勒羊,是美好远方走进日常生活最恰当的媒介。

这是因为——

**二、锡林郭勒羊,是锡林郭勒草原的骄子,它由独特的地理与人文因素双重造化而成。锡林郭勒羊,早已是由独特的地域生态环境与地域人文因素造化的地理标志证明商标**

(一)它生长于锡林郭勒这个世界级大草原。1987 年被联合国教科文组织"人与生物圈计划"接纳为世界生物圈保护区网络成员;2004 年成为"中国生物多样性保护基金会"自然保护区委员会成员;这个名副其实的世界大草原,长期以来得到了很好的保护,生长着野生种子植物和多达 1200 多种的优质牧草,其中饲用植物 670 多种,优质牧草 158 种,可供药用植物达到 400 种之多。

（二）它被20条河流日夜滋养。特别是母亲河——锡林郭勒河滋养。每天，它们喝的都是天赐的圣洁之水。这些水，蜿蜒在大草原，润泽牧草，润泽人间，润泽了锡林郭勒羊美善的身心。

（三）它拥有因保护生物多样性而快乐生活在草原的多个优秀品种。苏尼特羊、乌珠穆沁羊、察哈尔羊，它们各自都有因品种特征带来的特殊口味、特殊品质，能够满足人们对羊肉的多种饮食营养、饮食花样、温暖想象的多层次需求。

（四）它被善良的蒙古族牧民饲养。而蒙古族牧民的心性，与蒙古长调一样，拥有着辽阔的胸怀，道地的草原文化特质。

（五）它源于独特生动的蒙古族文化传奇。这些传奇故事，为这只草原上的领头羊着上了诗性的、梦幻的、古老的传奇色彩。

因此，锡林郭勒羊，被称之为"天之羊"，是草原上的领头羊。它能够成为追求美好生活的人们对美好想象、美好场景、美好生活的需求，成为诗意追求与日常生活的重要介质，成为锡林郭勒草原、人民、文化的使者。但是——

**三、锡林郭勒羊，如何持续地成为京津冀、长三角、珠三角核心市场，甚至国际消费市场的领头羊？持续成为具有消费能力的消费者进入"诗与远方"境界的媒介或载体？甚至成为一种日常生活通往诗性生活的重要仪式？这是一个重要的命题。**

我在这里谈四点建议。

（一）在新的竞争格局中，坚守生态特质，维护独特品质。只有不可替代的，才能够让消费者产生真正拥有的自豪与信任。如果锡林郭勒羊与盐池滩羊、呼伦贝尔羊、巴美肉羊、新西兰羊都只具有羊的共性，那么，锡林郭勒羊将失去自我。失去自我，意味着失去个性化的消费者，特别是那些老饕食客。要借助新理念、新技术，坚守锡林郭勒这个世界大草原的生态特质，维护锡林郭勒羊的本真品质。

（二）在新的消费趋势中，坚守核心价值，开拓多元价值。人们生活在多重、多元世界中，单一的价值已经无法满足多元的价值需求。同样是吃羊肉，人们吃的动机、吃的场景、吃的样式可能完全不同：吃营养、吃诗与远方、吃友情、吃爱情、吃豪气、吃传说、吃过瘾，都是一个吃，但体现了消费者需求价值的多元化。目前，锡林郭勒有三种代表性羊种，已经比别的羊品牌能够在更多层面上切合消费者的多重需求。未来，坚守核心价值的同时，开拓多样的消费价值同样重要，或者更为重要。

图 2　笔者团队为锡林郭勒羊区域公用品牌设计的 IP 符号群

（三）在新的营销趋势中，坚守品质为本，顺应消费心智。我相信，长三角、珠三角及其其他国度的消费者，并不能够非常清晰地认知到"蒙羊"已有那么多品种、那么多区域公用品牌，在大多数消费者的认知中，将内蒙古理解为一个区域、一种特征——"诗与远方"。"风吹草低见牛羊"，而羊，是这个区域的重要角色。锡林郭勒羊，只有持续地成为"诗与远方"的媒介，才能顺应消费心智，持续地保持"草原上的领头羊"地位。

（四）在人们新型的活法中，成为目标消费者的生活要素品牌。在品牌消费时代，每一个人由众多他（她）消费的品牌所表达。消费什么品牌，就意味着她们是怎样的人、怎样的品位、怎样的价值观与生活方式。因此，那些被消费的品牌，会成为每一个人的生命要素、生活要素、价值表达，在一个人的生命长河中，成为不可或缺的必备要素。

锡林郭勒羊，是草原上的领头羊，应当实现传统文明、现代科技更有效的融合，成为追求美好生活的消费者，他们生命长河中不可或缺的、必备的生活要素品牌，在他们的生活中存在，成为他们生命、生活、价值表达的生活要素。

如此，锡林郭勒羊，就不仅仅是草原上的领头羊，更是人们追求美好生活的生活要素品牌，与人们常伴美好，一起在"诗与远方"中沉浸。

谢谢大家。

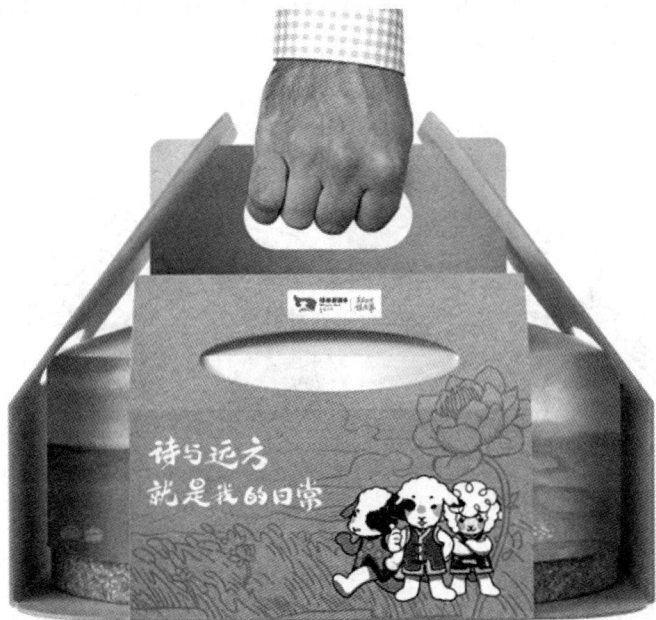

图 3　笔者团队为锡林郭勒羊区域公用品牌设计的羊肉礼盒

（本文为 2020 年 11 月 17 日笔者在"内蒙古锡林郭勒羊区域公用品牌发布会"上的主题演讲节录。后转发于浙江大学 CARD 中国农业品牌研究中心官网、浙江永续农业品牌研究院微信公众号"农业品牌研究院"，被芒种品牌管理机构等自媒体转载。）

# 2021 年度

2021 年,全球疫情肆虐第二年。常态化的封校、网课,无法外出调研,各种会议停开。基于现实的应用研究受到了相当程度的冲击,但我的研究依然坚定地持续着。

从 2010 年开始的"中国茶叶区域公用品牌价值评估研究"、从 2011 年开始的"中国茶叶企业产品品牌价值评估研究"依然持续进行,其研究成果持续发于《中国茶叶》杂志每一年的第五、第六期。

关于乡村全域品牌化问题的研究,进入了更深层次。笔者发于《中国名牌》杂志"专家观点"栏目的专题文章"乡村经营与乡村品牌化"一文,从四个方面提出了乡村经营中乡村品牌化的必要性价值、乡村振兴目标、典型案例探索、乡村品牌生态化管理等问题,率先将乡村品牌化、品牌生态化管理等提到议事日程上来。

关于品牌化引领、数字化赋能的双轮驱动发展问题,之前已经与阿里研究院等做过充分的交流、探讨甚至辩论。2021 年 4 月 22 日,借助浙江大学数字品牌研究所成立之际,笔者发表了如何通过双轮驱动,实现品牌数字化发展的观点,并通过解释研究所成立的两大前提、双轮驱动的必要性、研究所未来工作的建议三个方面,展现了未来研究方向。

关于中国特色的农业品牌发展之道,从 2004 年开始就在持续探索。但有关观点与理论成果,需要深入研究并推出新成果。《探索中国特色的农业品牌发展之道》一文,通过三个方面阐述了如何在"减法时代",打造中国特色的农业品牌,将绿水青山转化为金山银山。

这一年,农产品区域公用品牌研究与乡村全域品牌化研究实现了协同研究,产城融合、产镇融合、产村融合品牌打造及其生态化管理、数字化赋能,转化为深入的、重要的议题。

《中国知识产权报》因此对相关研究进行了专题报道。

# 乡村经营与乡村品牌化

图 1 《中国名牌》杂志专题文章《乡村经营与乡村品牌化》

从"质量兴农"到"品牌兴农",从"品牌扶贫"到"品牌强农",我们满怀期待。2020年12月28—29日,中央农村工作会议在京召开。会上,习近平总书记发表重要讲话强调,在向第二个百年奋斗目标迈进的历史关口,要巩固和拓展脱贫攻坚成果,全面推进乡村振兴,加快农业农村现代化。① 会议提出了战略目标:到2050年,乡村全面振兴,农业强、农村美、农民富全面实现。

① 新华社客户端,《全面推进乡村振兴,中央这样谋划——中央农村工作会议传递五大新信号》,2020年12月30日。

在 3B(品牌消费、品牌竞争、品牌经济)时代,要实现乡村全面振兴的目标,需要继续引入两个重要的战略概念:乡村经营、乡村全域品牌化。中国乡村应当实现乡村全域品牌化,通过全域品牌化解决更大层面、更高层面上的、更体现整体协同的品牌发展问题,因为中国已经走进了"乡村经营"新时代。

## 一、以乡村经营,达到全面乡村振兴的目标

乡村经营,指的是规划、设计、运营、管理、营销乡村,以达到全面乡村振兴的目标。乡村经营概念,在 2003 年 6 月 5 日浙江省千村示范万村整治工作会议中提出,会议强调,要根据各自的区位优势和经济条件,充分发挥各方面积极性和创造力,着力体现区域特点和地方特色,积极探索不同风格、不同特色的乡村建设模式;要树立经营村庄的新理念,把发展特色农业、特色工业、特色观光休闲业与建设特色村庄结合起来,把农村特色经济、绿色产业发展提高到一个新水平。[①]

由此,浙江省率先开始了乡村经营。但那时的乡村经营,更多更具体的,是落实在"新农村建设"上,从"生产、生活、生态"入手,改变农村的落后面貌,拉近城乡差距。

2008 年,浙江率先开始建设"美丽乡村",引入品牌理念,开始乡村的品牌建设。虽然距离欧美等国家(1982 年法国的"法兰西最美乡村联盟",包含 64 家"法兰西最美乡村",而今已达 150 多家;2003 年意大利等国设立"世界最美乡村联盟",在国际上进行最美乡村联盟运动;2006 年 4 月,在日本的北海道美瑛市等人口一万以下的 7 个市集合进行"日本最美乡村联盟"运动,"再造乡村"。该联盟的目标,指向守护日本乡村的景观、环境、文化,形成个体的特色,向世界展示日本乡村的魅力,创造日本乡村地域品牌)迟了些许年份(2 年至 20 多年不等),但中国的"美丽乡村"建设由此开始了十年旅程。

2011 年,"美丽乡村"的发源地浙江安吉,注册了"中国美丽乡村"商标(见图 2),成为中国"乡村经营"的重要标志,走出了乡村全域品牌化的品牌战略及商标注册第一步。也可以说,通过商标注册,初步完成了乡村全域品牌化初始的差异化路径——符号化及其知识产权保护。

2008—2018 十年间,"美丽乡村"建设不唯在浙江全省,更在全国开始了

---

① 参见"千村平台万村整治"工作协调小组办公室:《在"浙"里乡村,奔向共富共美生活》,浙江日报,2022 年 11 月 9 日。

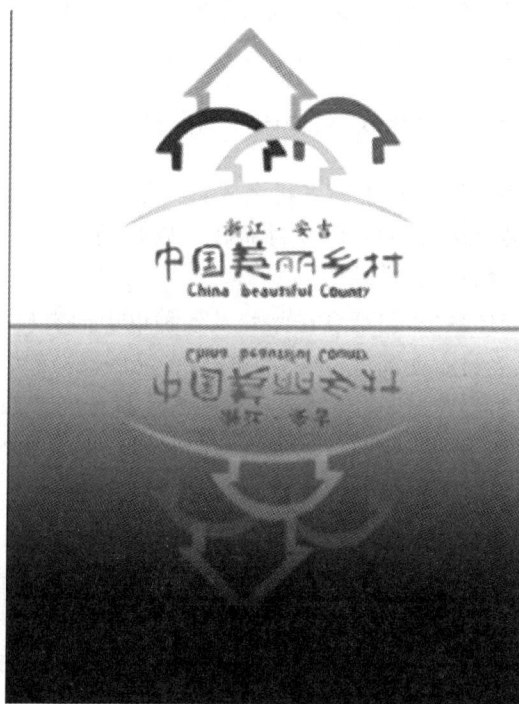

图 2 浙江安吉的"中国美丽乡村"

轰轰烈烈的"美丽乡村"建设运动,"美丽乡村"日渐成为"美丽中国"的基石。

但是,建设好"美丽乡村"之后,如何进一步通过"美丽乡村"创造"美丽经济",让中国的乡村持续地美下去,让中国的乡民持续安心地生活在美丽乡村?于是,采用市场理念,进行乡村建设与营销的"乡村经营"概念再次浮出水面。

乡村经营,实际上将实现乡村建设非常重要的转型。这个转型,从建设到经营,走向了中国乡村市场化的道路。目前,我国乡村能够营销的三大产品体系是:宜居(居住乡村当地的在地幸福感、归属感、存在感、获得感。如"美丽乡村——浙江安吉",清新空气,闲暇时间,休闲状态,满目青翠,自然与人类的和谐相处,安吉白茶与安吉竹编"一青二白"的产业支撑与农家乐收益;江南村落文化与文脉、习俗等);旅游(旅游者对乡村体验的惊喜、浪漫、怀旧、归属感、愉悦感、栖息地向往);美食(旅游者与当地人共同拥有的体验喜悦:特殊地域所有的特殊的食材、烹饪工艺、饮食方法、饮食文化)等。而要营销并提升上述特定产品的溢价,就要创造(再造、重塑)、表达、交易、消费经过乡村经营的"乡村价值"，要去发现、挖掘甚至去创造、再造、重塑"乡村品牌价值"，如此，才能够把乡村经营做起来，才能够使我们的乡村可持续发展。

## 二、以乡村全域品牌化战略，协同实现乡村振兴的宏大目标

2019 年，我们提出建议：借助乡村全域品牌化战略，实现乡村经营与乡村振兴。乡村全域品牌化，指的是以乡村品牌化战略，创造乡村全域品牌体系，以此实现乡村振兴的目标。

乡村全域品牌体系中，包括乡村品牌及各种以中国农村的集体所有制为基础的区域品牌、乡村企业品牌（产品品牌、服务品牌）的互动融合体系。乡村品牌化，就是在乡村经营时，将乡村用品牌的方式进行经营和营销，经营与营销乡村特定的场域。在这个场域中，所有空间、时间、文化习俗、物品、故事、人物等一系列的东西用品牌经营的方式呈现。

乡村品牌，从品牌认知的角度而言，指的是人们对一个乡村区域整体、区域产业、区域产品等的感知总和（印象、认知及其评价），是消费者与一个乡村区域整体、区域产业、区域产品等的相互关系。乡村品牌化，从品牌经营角度而言，指的是以品牌战略的理念及其方法规划、设计、运营、管理、营销乡村，创造"美丽经济"及"品牌经济"，以达到乡村持续美丽、乡民安心生活的目标。乡村品牌化，可以实现全域品牌化，通过打造系统的乡村品牌、农业品牌、乡村旅游品牌、乡村文化品牌等品牌集群，吸引品牌消费人群，振兴中国乡村。

由于广义的乡村，指的是以农业作为主导或支柱产业的区域，包括农业市县、乡镇、乡村。因此，乡村品牌化，不单单指狭义的乡村（自然村）品牌化，指的是以农业为主导产业的县（市）域及其乡镇、乡村等广义的乡村含义下的全域品牌化。

在打造乡村企业品牌、产品品牌的同时，乡村振兴要实现全域品牌化吗？回答是肯定的。

理由之一，在全球竞争时代，中国乡村已然处于市场竞争环境。随着国内外消费水平的提高，乡村游已经成为常态。因此，无论愿意不愿意，全球的乡村都已经进入市场竞争环境，如果能够吸引到游客，那么，可以得到更多的乡村集体经济收入，可以达到"农业强、农村美、农民富"基础上的乡村全面振兴。

虽然，目前我国全国都在建设"美丽乡村"，"美丽乡村"正在成为"美丽中国"的重要基石。但从全球市场竞争态势来看，中国乡村面临全球市场竞争：

新冠疫情之前的 2018—2019 年,中国游客出境赴法国、意大利、日本、韩国等国乡村游的数量激增,便是一个不争的事实。

理由之二,从国际品牌创建与竞争趋势上看,不同类型品牌的竞争与协同生态早已呈现,从单一的产品、企业竞争走向以区域全域品牌化为趋势的竞争态势已然形成。在产品品牌、产品加企业品牌竞争的同时,新世纪早已开启了城市品牌/国家品牌/不同区域范畴的品牌竞争/不同产业的区域品牌竞争。品牌竞争正在进入 4.0 时代(见图 3),不同类型品牌竞争格局/协同生态正在出现,全域品牌化的大趋势正在形成。

## 国际品牌创建与竞争趋势

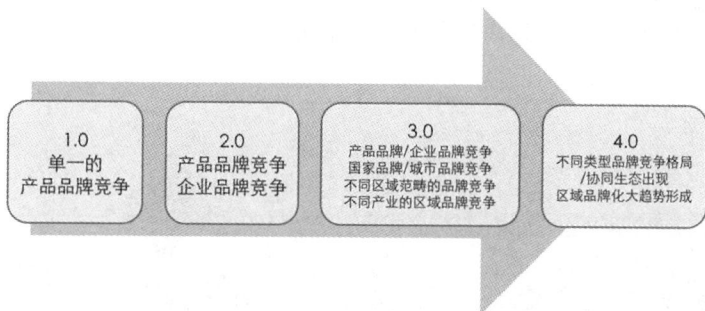

图 3　国际品牌创建与竞争趋势正在进入 4.0 时代

如图 3,回望国际品牌创建与竞争趋势可见,品牌竞争已经走过了 1.0 至 3.0 时代,正在进入 4.0 时代。品牌竞争的 1.0 时代,是单一的产品品牌竞争时代;2.0 时代,是产品品牌与企业品牌竞争时代;3.0 时代,是产品品牌、企业品牌、不同区域范畴、不同产业品牌的竞争时代;4.0 时代,是不同类型品牌竞争格局、协同生态出现,区域全域品牌化大趋势形成时代。

乡村全域品牌化,能够应对品牌消费时代。通过乡村品牌化,形成乡村个性化,满足多元化、高溢价的消费需求,即人们对美好生活越来越高的追求。乡村品牌化,能够创造出无形胜有形的品牌经济。基于产业经济、规模经济、体验经济等经济模式的品牌经济,正在占领经济形态的制高点,成为新经济的特征,甚至已经作为新经济的重要的、核心的经济形态出现,并成为竞争核心。

"美丽乡村"建设,能够达到第一个层面的乡村差异化——美丽。进一步通过"乡村品牌化",则能够实现更高层面的个性化与差异化,凸显独特的乡村

价值,吸引外来投资与游客,"美丽乡村"同时能够进一步创造"美丽经济"与
"品牌经济"。

如果为新中国成立以来的乡村发展划分阶段,我们看到,1.0 的计划经济
时代,我国乡村特征为"乡域自然发展+作为精神载体"的乡村,如,山西省大
寨村,是 1.0 时代的典型,实行的是非市场竞争动机的乡村发展理念,更多展
现的是摆脱贫困与精神层面的价值;2.0 的乡域工业化时代,以乡村的工业化
转型为主导,乡村会以失去自我的生态价值为代价,实现经济高速发展,如江
苏省华西村为代表的乡村发展;3.0 的美丽乡村时代,以浙江安吉"中国美丽
乡村"为代表,着眼乡村基础设施、新农村建设,强调乡村环境洁净、生态生活,
开启了生态文明新时代;4.0 的乡村经营时代,将开启生态化、市场化、个性
化、多元化、象征化的乡村品牌化时代,着眼在生态文明时代,实现两山价值转
化,通过品牌差异化战略,将"美丽乡村"转化为"美丽经济""品牌经济",并实
现城乡的互动发展。

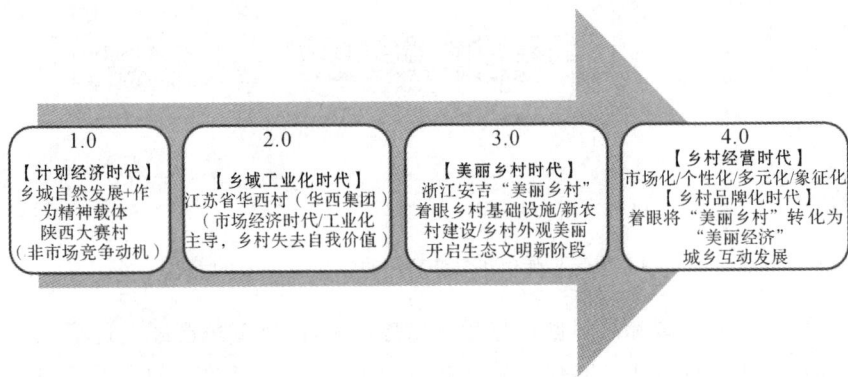

图 4　新中国乡村发展阶段的 4.0 演变

因此,中国应当根据国内外乡村竞争局势,实现乡村全域品牌化,通过品
牌化,达到产业兴旺、区域经济发展,富民强基,振兴乡村。同时,通过满足城
市消费者的"乡愁""乡恋"实现城乡互动的品牌化,推进城乡互动融合发展。

### 三、探索并创造不同类型的我国乡村区域品牌

长期以来,中国乡村,以集体所有制为基本所有制形式,以集体经济为基
本的经济形态。同时,随着联产承包责任制的实施,中国乡村的农业呈现千家

万户生产的基本格局。基于中国乡村的所有制、经济形态及其生产方式特质，2006年，我提出了"打造农产品区域公用品牌"概念，强调以"区域公用品牌"搭建平台品牌，推动农产品企业、产品品牌的整合与竞争力提升，并在2006—2020年间，实践了"丽水山耕"等四种不同的区域品牌发展战略。研究与实践证明，各种不同类型的品牌均有成为强势品牌的可能，包括农业企业品牌、农业产品品牌等，而基于中国乡村的集体所有制基础的四种区域品牌的创建及价值再造模式，更符合中国乡村的集体所有制、基本生产组织特色，具有独特地提升区域品牌形象、创造区域品牌经济价值的作用。

区域品牌，指的是人们对一个区域整体、区域产业、区域产品等的印象、认知及其评价，是人们或消费者与一个区域整体、区域产业、区域产品等的相互关系。区域品牌与普通的企业品牌、产品品牌之间最关键的差异，是区域品牌具有"准公共品"特征，对区域整体、区域产业、区域产品形成直接的品牌影响，能够使区域产业、区域产品与区域整体达到共同发展。

根据以往国内外的涉农品牌创建经验，并依据我们在2006—2020年间的研究与探索可见，中国乡村的全域品牌化，可以形成区域品牌与企业品牌、产品品牌的共赢格局。从区域品牌的视角而言，中国乡村可以创建以下区域品牌类型。

全资源融合的区域公共品牌。区域公共品牌是基于特定行政区域范畴，由官方或政府控制、主导的品牌。此类品牌由区域内多主体共同创造、共同使用、共同分享品牌带来的利益，由多主体在政府主导下实现共同的品牌化进程。区域公共品牌是区域内多主体共同使用的品牌，同时，更是具有"公共品"性质与价值的品牌。如国家品牌、城市品牌、城镇品牌、乡村品牌等，均属于区域公共品牌范畴。

如我们2019年探索构建的浙江杭州的"禹上稻乡"品牌，属于全域共建、塑造的区域公共品牌，实现融合全域发展，成为乡村全域内各类企业品牌、产品品牌、村庄品牌的信用背书，而8个属于"禹上稻乡"（见图5）范畴内的村落，各自体现了村落特色，整合满足消费需求。"阿里以西，十分钟""禹上稻乡，稻色新，永安心"的品牌诉求，应对了城市消费族群以及附近互联网人群的"乡愁""乡恋"需求。

全产业整合的区域公用品牌。区域公用品牌是指特定区域内相关组织和机构所共有的，在品牌建立的地域范围、品牌品质管理、品牌使用许可、品牌行销与传播等方面具有共同诉求与行动，以联合提高区域内外消费者的评价，使

图5　杭州"永安稻香小镇"品牌标志

区域产品与区域形象共同发展的品牌。

2014年，该定义被原农业部（现农业农村部）有关研究报告采用，2017年"区域农产品公用品牌"概念被当年"中央一号文件"采用。农业、农产品相关的产业品牌，是基于特定的地理区域范畴，由特定行政区域、地理区域内的产业集群、产品类别等形成的，由行业协会等组织拥有并运营，由特定行政或地理区域范畴之内的产业相关机构、企业与个人多主体共同创建、共同使用、共同享受品牌带来的利益，由多主体在行业协会组织等主导下实现共同品牌建设的品牌，因此属于区域公用品牌。

此类品牌的商标所有权、经营权、使用权分离，对区域公共性的影响，均通过产业发展、产品形象等形成，而非直接的区域公共性政务服务。因此，该类品牌授权使用的"公用性"，不能与区域公共品牌的"公共性"相提并论，但因其对区域形象、区域经济等的支持，属于"准公共品"性质，合力搭台，整合塑造区域公用品牌，构建产业大平台品牌，提携小、散的子品牌。我们2014年以来探索的"丽水山耕""济宁礼飨""天赋河套"等多品类农产品区域公用品牌（见图6），实现了区域农产品资源集聚，打造了平台品牌，并成为具有相当影响力的富民品牌。

单产业突破区域公用品牌。指的是一个乡村区域，集中力量塑造单一产业的区域公用品牌／协同产业集群子品牌／带动其他产业的发展。此类品牌，基于地理标志产品或单一产品、单一产业的"一县一品""一村一品"的基本产业规模，实施品牌突破。如2016年探索的宁夏盐池县的"盐池滩羊"品牌再造（见图7），通过品牌化，该地理标志农产品创造了"品牌扶贫"的产业经典案例。2017年，"盐池滩羊"地理证明商标被评为全国商标富农和运用地理标志精准扶贫十大典型案例。2019年，"盐池滩羊"再次入选"一县一品"品牌强县

图 6 浙江丽水市的"丽水山耕"/内蒙古巴彦淖尔市的"天赋河套"农产品区域公用品牌标志

图 7 盐池滩羊的超级符号

经典案例。

城乡全域联合品牌。指的是将创建城市全域公共品牌与区域产业品牌、企业品牌、产品品牌等实现联动的品牌类型。全域公共品牌联动产业公用品牌,带动区域内企业、产品品牌的提升与发展,达到共赢。如 2019 年探索的浙江衢州市城市品牌"衢州有礼"与全品类农产品区域公用品牌"三衢味"的城乡联合品牌打造模式(见图 8),两年下来,让衢州不仅推广了城市品牌,同时也形成了农产品区域公用品牌与城市品牌的联动发展,达到了前所未有的区域知名度提升、区域品牌经济升维的效果。

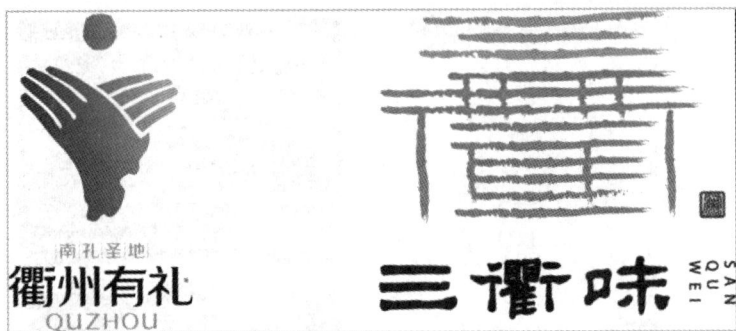

图8　城乡全域联合品牌创造的探索案例，构建有序、有效的乡村品牌生态组织结构

　　乡村经营要借助乡村全域品牌化创造乡村美丽经济与品牌经济，达到乡村全面振兴、全面实现的目标，应当构建有序、有效的乡村品牌生态组织结构，建设多种品牌类型协同、交互、竞合发展的格局。

　　今天的国际品牌竞争生态中，我们看到，一些巨无霸的企业品牌，已经掌控了品牌竞争的规则。在品牌世界，似乎留给我们的机会不多。但事实上，如果我们分析其每一个企业品牌、产品品牌的背后，可见其强大的品牌支撑体系，如国家品牌、城市品牌等区域品牌。

　　中国特色之一，是中国乡村的行政组织化程度高。借助我国乡村治理的组织化程度，依据"品牌生态学"相关研究成果，创造"适者生存"的品牌生态组织结构，借助乡村特色品牌生态组织结构，创新中国乡村的品牌价值，创造中国乡村品牌经济，提高中国乡村的国际竞争力，应当成为我们未来的品牌版图与品牌指向。

　　中国乡村品牌生态组织结构，应由各种不同类型的品牌形成整体的品牌生态体系，各种不同类型的品牌之间，形成相互支撑、共同发展的新的价值格局，构成品牌内在的生态组织结构。

　　在这个品牌生态组织结构中，中国乡村拥有共同的背书品牌——国家品牌"中国"，而在各个中国乡村区域，又形成不同的乡村区域公共品牌，提升区域品牌形象，提高区域品牌竞争力，形成品牌组织化竞争力，为乡村区域公用品牌、乡村企业品牌、乡村个人品牌做区域信用、区域个性的背书；而每一个乡村区域公共品牌，又由下列各种不同类型的品牌形成支撑结构，形成具体的品牌产品、品牌体验、品牌个性魅力。

　　根据"品牌生态学"的理念，每一个品牌都处于适当的品牌生态位，相互之间构建科学的品牌生态系统,能够创造更高的品牌价值。

如图 9 所示,乡村品牌的基本生态结构,第一个层级基本上有四个类别,第二个层级可以有更多的类别。在全域品牌化的前提下,基本类型可分为四大类型:区域公共品牌、区域公用品牌、企业(产品)品牌、个人或群体品牌。

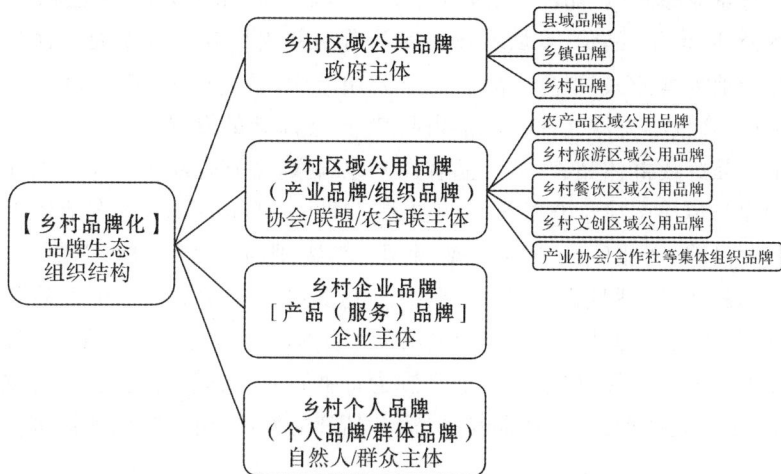

图 9 乡村全域品牌化的品牌生态组织结构图例

乡村全域公共品牌,指位于特定乡村区域范畴之内,以行政区划为划分基准的区域公共品牌。Public,指公有的、公用的,即共同拥有,共同使用。乡村全域公共品牌强调政府或官方机构对品牌的控制性,具有多主体分享品牌、多主体呈现品牌的特征。

区域公共品牌针对的是公共区域、公共服务领域,同时是区域内所有组织与个人公有、公用的品牌,具有"公共品"的特征,也是乡村区域政府公共服务的一个重要内容。这几种不同类型的建设主体都应当是政府及其相关的职能部门,而不是推及其他。所以,这是政府应当承担起来的责任。县域品牌、乡村品牌、乡镇品牌这三种类型的品牌都是乡村全域公共品牌,也是乡域形象品牌,是政府主导创建的品牌,体现政府公共服务功能,支持乡域内各类品牌的发展。

区域公用品牌,有更多类别,这个类别的特征是,它们是支持乡域公共品牌的产业品牌。所以,其品牌主体一般前提下应是协会、相关的组织机构,而不是政府。现在,有一些政府作为品牌主体在打造产业区域公用品牌,这个现状有待商榷。产业区域公用品牌应当是以协会（浙江有地区采用农合联组织）、联盟等为主体，授权区域内符合标准企业等使用品牌商标，带动区域产业内企业品牌和产品服务品牌成长，属于产业背书品牌。品牌的体系、类型和区域公共品牌不同。

乡村企业品牌（产品品牌、服务品牌等），是以企业主为品牌主体的品牌，以乡域公共（形象）品牌、乡域产业品牌为背书并支撑其品牌发展。这些品牌借助原产地乡域公共（形象）品牌/产业公用品牌，获得企业（产品、服务等）品牌的发展，并核心支撑起原产地形象品牌/产业品牌的发展。

个人品牌或群体品牌，这类品牌在其他国家，特别是欧美国家的农业产业品牌创建与传播中属于非常核心的要素。即可以自成品牌，更多地作为一个区域公共品牌、产业区域公用品牌、企业（产品、服务）品牌的核心要素品牌。但在中国的乡村品牌创建与品牌传播中，这类品牌非常缺失。个人品牌和群体品牌/组织的品牌，以个人或群体为品牌主体，以乡域公共（形象）品牌为背书并支撑其品牌发展，以乡域产业品牌为背书并支撑其品牌发展，核心支撑原产地形象品牌、产业品牌、产品品牌、服务品牌的发展。比如，山西凤翔县的曹儒先生。

目前，我国还没有形成以乡村区域公共品牌，乡村区域公用品牌，乡村企业品牌（产品品牌、服务品牌），乡村个人品牌、群体品牌构成的乡村品牌生态组织结构，也没有形成各品牌类型之间相互依存、相互支持、相互合作的乡村区域品牌协同竞争生态。甚至是浙江安吉，中国美丽乡村的发源地，虽然在"中国美丽乡村"基础上做了一些探索，并获得了一定的成果，如乡村区域公共品牌，形成了"中国美丽乡村"背书下的进一步品牌化，但基本类型、各品牌之间的互动协作还需要加强。

## 四、乡村全域品牌化的生态化管理

乡村全域品牌化需要构建体系化品牌生态结构，便需要实现体系化品牌生态管理。

（一）首先，要改变过去"乡村建设"的传统模式，以品牌战略为乡村经营战略。传统乡村建设路径从乡建规划、设计施工、招商引资、投资商进入再到品牌建设，品牌进入的时机十分滞后。如果从乡村品牌经营的战略和路径思考，应当是品牌规划先行，然后是品牌运营商入驻，再是乡建设计施工、对外招商、各类品牌与产业协同联动发展，进行可持续发展运营。这两种不同的程序与运行结构，看上去好像没有大的差异，实际上有重大的差异（见图10）。

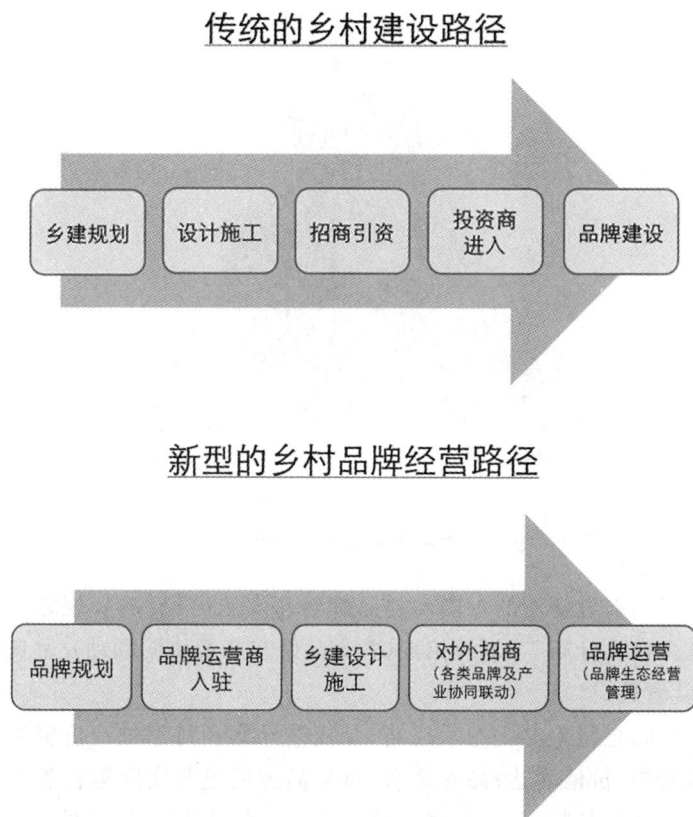

## 传统的乡村建设路径

乡建规划　设计施工　招商引资　投资商进入　品牌建设

## 新型的乡村品牌经营路径

品牌规划　品牌运营商入驻　乡建设计施工　对外招商（各类品牌及产业协同联动）　品牌运营（品牌生态经营管理）

图 10　传统的乡村建设与新型的乡村品牌经营程序差异

　　如图10，传统的乡村建设实施路径为：乡建规划、设计施工、招商引资、投资商进入、品牌建设与传播。这一路径的问题在于，乡村建设更多地从一个区域或乡村的整洁统一提升、改变原来的落后面貌着手，没有更多地从多重消费者的角度出发，其乡村定位、功能保障、场景设计、文化提炼、资本引进、业态布局、公建设施等方面，会有失偏颇。乡村品牌化，不仅仅要满足在地居民美好、安心的居住生活，同时，也要兼顾其持续发展、保障美好生活的动力与能力配备，让乡村持续美丽下去。

　　因此，乡村经营前提下的乡村品牌建设，要满足三重消费者的需求：在地居民、旅游者、投资者,实现在地居民持久美好生活、旅游者乐于来访消费、投资者乐于投资的目标(见图 11)。

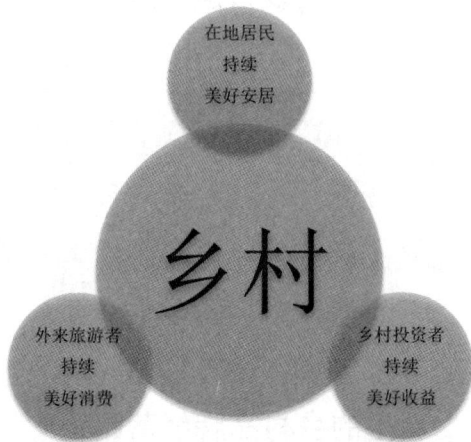

图 11　乡村全域品牌化的共赢模式

由此,应当引进新型的中国乡村品牌经营实施路径:品牌规划、品牌运营机构入驻、乡建设计施工、对外招商(各类品牌与产业协同联动)、品牌运营(品牌生态经营管理)。

品牌规划,立足差异化竞争战略,寻找差异化乡村定位与价值发现、价值提炼、价值升维、价值表达;品牌运营,负责品牌创建与实际运营管理;乡建设计施工,根据乡村品牌定位与价值体系,进行配套设计建设;对外招商,根据乡村品牌定位与产业优势、品牌运营需要,进行相关配套产业、机构的招商活动。乡村的品牌运营者对品牌运营拥有赋权产生的运营权,同时,具有实际的品牌运营责任。

(二)第二,因地制宜,创造独特的乡村品牌生态结构。图 9 的乡村品牌化的基本类型与品牌生态结构只是从普遍意义上所做的模型结构,各地要因地制宜,根据当地的特征进行品牌类型选择与品牌生态结构设计。比如在有的乡村,地理标志农产品就可以是乡村品牌化的核心价值。它的品牌化可能会成为一个地区在乡村全域品牌化、乡村形象构造、产业品牌、企业品牌、个体(群体)品牌塑造等系统中一个非常聚焦的元素。只要抓住一个核心元素,整体资源全部聚集到一个点上,就可以创造出更新的品牌生态价值。所以,品牌生态结构不在于大而全,而在于整体的特色、个性的呈现,结构之间资源的整合、资源的创造和新型的生态互动结构的产生。

(三)第三,品牌互动,创新乡村品牌生态价值。各类品牌之间要产生品牌互动,创建乡村品牌的生态价值。这个生态价值要在各种不同品牌的关系中创新,形成不同品牌类型的相互依存、相互支持、相互溢价的生态结构关系,才能创新乡村品牌生态价值。如果任凭乡域公共(形象)品牌、产业品牌和个体品牌、企业品牌之间内斗、恶性竞争,可能"公用地灾难"就会出现。中国乡村,在传统传承、所有制、生产方式、价值观体系等方面均具有与其他国度不同的中国特色。因此,中国乡村的振兴,需要找到一条与国际接轨的道路,更要立足这片特殊的土地,选择乡村振兴的战略路径及其方法。希望未来,所有的相关研究与实践者,能够真正把脚落在中国大地上,为中国的乡村振兴提供行之有效的品牌研究与实践成果,让中国乡村成为富有全球竞争力的乡村品牌及其品牌生态,达到提升中国乡村的品牌形象、创造中国乡村的品牌经济的目的,让中国乡村持续地美下去,真正达到"产业兴旺、生态宜居、乡风文明、治理有效、生活富裕"的乡村振兴目标,建构出我们理想的田园牧歌胜景。

**参考文献**

[1] 习近平:《大力实施"千村示范万村整治"工程 开创我省农村全面建设小康社会的新局面——在全省"千村示范万村整治"工作会议上的讲话》2003 年 6 月 5 日。

[2] 朱海洋:《中国乡村品牌化"凤凰计划"启动》,央广网,2019 年 12 月 6 日,https://author. baidu. com/home? from = bjh _ article&app _ id =1568331104387389。

[3] 胡晓云:《以乡村全域品牌助力乡村振兴》,中国品牌网,2019 年 12 月 23 日。https://www. sohu. com/a/362181196_786687。

[4] 胡晓云:《乡村全域品牌化将成重要着力点》,《中国品牌》2020 年第 1 期。

[5] 中国产业信息行业频道:2019 年国内旅游收入、入境旅游人数及出境旅游人数[图],2020 年 5 月 15 日,https://www. chyxx. com/industry/202005/863224. html。

[6] 胡晓云等:《中国农产品的品牌化——中国体征与中国方略》,中国农业出版社 2007 年版。

[7] 中共中央、国务院：《关于深入推进农业供给侧结构性改革 加快培育农业农村发展新动能的若干意见》2016 年 12 月 31 日。

[8] 康轩山：《盐池滩羊的崛起"密码"》，腾讯网新闻，2021 年 3 月 3 日，https://new.qq.com/rain/a/20201028A0COQV00。

[9] 王兴元：《品牌生态——隐喻研究的方法、意义及动态》，《企业经济》2008 年第 1 期第 56-57 页，转引自胡晓云：《中国农业品牌论》，浙江大学出版社 2021 版，第 231 页。

[10] 胡晓云：《中国农业品牌论》，浙江大学出版社 2021 年版，第 208 页。

（本文首发于新华社《中国名牌》杂志 2021 年第 2 期，后转发于浙江大学 CARD 中国农业品牌研究中心官网、浙江永续农业品牌研究院微信公众号"农业品牌研究院"，被芒种品牌管理机构等自媒体转载。转发时内容有所增加。）

# 双轮驱动,实现品牌数字化发展

2021 年 4 月 22 日上午,"数字品牌研究所"揭牌仪式在浙江大学城乡规划设计研究院举行。笔者被聘为数字品牌研究所名誉所长,并做主题发言。

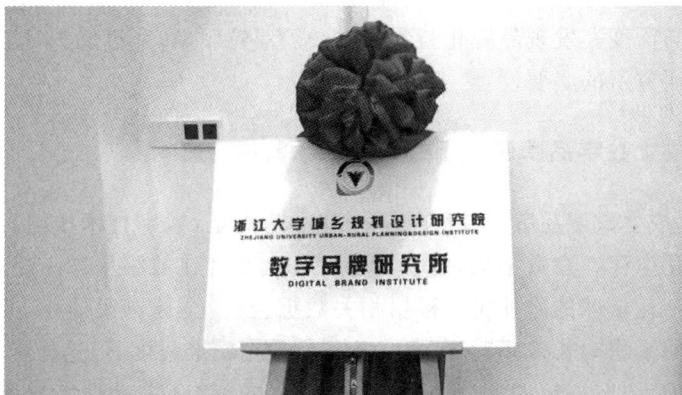

图 1  浙江大学数字品牌研究所揭牌

欢迎和感谢各位领导、专家的到来。

今天,我想从数字品牌研究所成立的战略意义上跟大家交流一下。

2004 年,我们团队开始专注于农业领域的品牌战略、品牌规划、品牌传播等研究工作。2004—2006 年期间,我们完成了浙江省的社科课题——"现代农业与品牌化的关系研究",并在 2006 年底发表相应的论文成果。

我们得出结论,品牌化是中国农业现代化的关键目标。只有品牌化,才能创造超越实体经济的符号经济,创造农产品溢价。中国农业品牌的打造方式与其他国家应当有重大差异。其他国家的农业更多建立在私有制的基础上,重点建设企业品牌。中国农业基本建立在多种所有制,特别是集体所有制的前提下，由千家万户从事农业生产。所以我们提出，中国农业在打造企业品牌、产品品牌的同时，亦要构建产业平台品牌——农产品区域公用品牌。2007年，我们出版了专著《中国农产品品牌化——中国体征与中国方略》（中国农业出版社，2007），明确提出了"农产品区域公用品牌"概念，受到农业部市场司等相关部门的高度重视。

2009年，团队联合农业部信息中心在北京召开"中国首届农产品区域公用品牌高峰论坛"。在论坛上，与会者得出两个重要共识：一是中国农业在打造企业品牌、产品品牌的同时，更要加强农产品区域公用品牌建设；二是我们要科学地打造农业品牌，实现品牌价值。第二个共识，是支撑我们这么多年来发起中国农产品区域公用品牌价值评估的意义所在。品牌价值评估的目的并不是排行，而是通过品牌价值研究，引导品牌建设者科学地打造品牌。

探索过程中，我们不断地与外部的优质团队交流互动，不断延展品牌化研究的广度与深度。发现品牌化与数字化必须双轮驱动，并进发展，这就是成立数字品牌研究所的必要性。

### 一、成立数字品牌研究所的两个基本前提

首先，成立数字品牌研究所的两个基本前提是：数字技术成熟，消费者都已经数字化生存。在数字化时代，几乎所有人都得在数字星球上生存。年轻人都是数字化星球的原住民。根据相关数据统计，全球网民达 46.6 亿，中国人每天上网平均时长 5 小时 22 分。且不论数据精准程度，但这显示了品牌的关系对象，只要有一定的文化水平、消费能力的，都已进入数字化生存状态。我们称此为 R（现实社会）&V（虚拟多重世界）的生产状态、生活方式。我们生存在现实社会与虚拟多重世界并行的状态下，甚至更多地在虚拟世界中生存，满足虚拟世界中产生的需求。

1996 年，我读了尼葛洛庞帝的《数字化生存》一书。作者从传播角度、传统媒体生存角度探讨数字化问题，并提出，如果未来传统媒体不顺应进入数字化时代，必将面临死亡局面。数字化将改变未来人们的工作、娱乐等生活方式。

同年，读到日本未来社会学家古田隆彦《未来消费趋势的九个世界》，书中提到马斯洛需求层次理论将在未来社会中发生变革，在 R&V 环境中交互存在，会出现象征世界与人类构建意义的世界。

2005 年，绿盛集团将绿盛牛肉干产品植入天畅游戏，构建虚拟世界消费

场景，这是数字化在早期营销中的简单应用。如今，数字化构建了无数消费可能。通过天猫、京东等互联网大厂的虚拟平台经济，不断诞生三只松鼠、百草味、御泥坊等互联网原住民品牌。

由此，我们可以看到，当所有的人、所有的行业、所有的空间区块都进入数字化生存状态时，品牌打造亦必须顺应时代，否则将面临死亡。

### 二、品牌化与数字化双轮驱动的必要性

其次，品牌化与数字化双轮驱动的必要性：实现品牌引领、数字实现，才能够让品牌与消费者建立起互动关系，才能立于不败之地。过去的品牌打造，我们更侧重物质产品的生产、销售、消费，但在 R&V 的生存结构中，今天以及未来的人不仅会去生产、销售、消费物质产品，更重要的是将这种行为理解成生活的意义、生活的价值以及个人个性化的外化呈现。

人在日常状态中存在，人在社会交互环境中存在，人在虚拟的、象征的、只有语言和数字符号构成的世界中存在，这体现了象征意义的存在。通过多层次的价值赋予、价值开发、价值消费，能创造品牌的影响力。

在今天的时代，品牌为了满足数字化居民的需求，必须借助数字化技术，形成一键化解决方案，构建虚拟世界的品牌生态、产品结构、服务体系，满足需求，提供象征性消费价值；品牌必须构建与消费者、公众的数字化关系，达到超越物质状态的象征世界构建，象征意义的创造。

具体到农业品牌化、乡村振兴战略实施，只有实现全链数字化的品牌化，才能真正立于时代潮流，利用数字化技术赋能，达到品种优化、品质管控、品牌打造，提供高品质产品，迅速回应需求的可能。

### 三、数字品牌研究所未来的工作

数字品牌研究所未来的工作，是打造基于双轮驱动的各种品牌，包括乡村全域品牌、产业品牌集群、企业品牌集群等。数字研究所要研究如何通过数字化解决品牌自身管理、品牌自身成长，品牌与消费者链接，品牌如何满足消费需求，品牌如何发现并激发消费需求等问题。

数字品牌研究所服务中国的品牌化国家战略，通过双轮驱动，创新中国农业品牌、乡村品牌的数字品牌模式，协同创造我国强大的数字农业品牌、数字乡村品牌集群，数字乡镇、县域品牌集群，三产融合品牌集群，实现乡村振兴。

在工业时代，中国的品牌竞争没有强大的优势。欧美的工业品牌抢占先机，每一年的世界品牌价值评估，仅有华为等凤毛麟角的中国品牌进入。

在数字时代，我国打造数字品牌具有技术优势、平台优势、流量优势，因此，对数字品牌领域的领先，我充满信心。

期待未来。相信在充满激情、奋斗精神的袁康培院长的领导下，数字品牌研究所能够创造奇迹。

（本文是 2021 年 4 月 22 日笔者在浙江大学数字品牌研究所成立时的发言实录，后转发于浙江大学 CARD 中国农业品牌研究中心官网、浙江永续农业品牌研究院微信公众号"农业品牌研究院"，被芒种品牌管理机构等自媒体转载。转发时内容有所增加。）

# 探索中国特色的农业品牌发展之道

中国的农业生产与农产品销售正面临全球市场竞争。无论是否愿意,中国农业已经全面进入全球经济竞争格局。而欧美等发达国家的农业竞争,早已进入品牌化时代。在产品品牌层面,如土豆,美国的"爱达荷土豆"品牌全球领先,如牛肉,日本的"神户牛肉"全球领先;在国家与产业品牌层面,日本精致农业、法国地标产品管理、新西兰以国家力量成就"佳沛"品牌的影响力,在国际、国内市场均得到了消费者首肯。

处于全球国际竞争时代的中国农业,不得不面对国际竞争中的 3B(品牌消费、品牌竞争、品牌经济)时代所带来的品牌竞争局势,也不得不应对日益发展的国际、国内消费者的品牌消费需求。如何才能走出一条中国特色的农业品牌发展之道?

## 一、探路中国农业品牌化

中国的农业生产与农产品特质,具有区域性特征。"橘生淮南则为橘,生于淮北则为枳",与工业品不同,农产品的生产依赖于产地的土壤、环境、文脉等因素,具备天然的区域差异性。与此同时,尽管中国农业已有现代农业技术参与,现代农业生产方式可实现设施农业,达到大棚栽种、错季生产,但我国绝大多数地区的农业生产,依然受到区域的自然生态环境、传统农耕方式及农耕文化的作用与制约。因此,中国不同的农村区域,有不同的农业生产基础、农业生产方式、农产品制作工艺、特色种质资源以及民族的、区域的文化背景。这使得绝大多数中国境内生产的农产品,依然具有自然风物、区域独占、区域内相关资源共享等特征。区域性决定了农产品品质的独特性、资源的稀缺性和丰富性。

与此同时,日趋兴盛的网络化消费,日益加速的数字化农业技术参与,令中国农业不得不面对越来越"去中心化"的个性化、多元化、差异化、象征性的消费趋势，不得不面对数字化农业技术参与所带来的生产、销售、消费等一系列过程的翻天覆地的变化。

中国农业的区域性特征，所面临的互联网时代、全球竞争格局，逼迫着中国农业要走一条品牌化与数字化联动的"双轮驱动"道路，探索出一种符合中国特色、中国农业特色的竞争模式。然而，中国的农业生产与农产品营销，长期持续着以下特质。

传统农业生产方式占比高，农产品的品种、工艺、品质、特色、文化背景的区域性制约强，现代化、企业化程度相对较弱；千家万户生产的生产模式占比多，虽然有国家级及各级农业龙头企业，但具有国际竞争力的大中型企业集团少，中国农业的基本单位规模小；中国地大物博，农业生产遍及人口占全国70%、山区占全国70%的农村地区，农产品的品种多、品类散，中小型企业及合作社多，但中国农村的经济水平相对落后，中国农村的社会影响力、知名度相对较低，中国农业因此处身于相对贫、弱的山地区域。

一直以来，中国"三农"存在着"多、小、散、特、高、贫、弱"的基本特征，令中国农业无法如欧美国家实现大规模生产、大机械作业、大企业经营、大品牌营销，也无法简单地如日本等东亚国家，实现以国家补贴为主的小规模、精致化生产与小众品牌化经营。

但中国农业不仅决定着中国"三农"的未来，也决定着中国的未来。近9亿农民的生存与发展，14亿人口的生存与发展，均基于中国农业的未来。因此，中国农业必须闯出一条适合自身发展的品牌化道路。

这个问题，早已得到中央政府及相关职能部门的高度重视，20世纪末叶21世纪初，特别是1999年至2005年间，中国农业就经历了三次品牌化浪潮，以日本的"一村一品"为模本，进行中国农业的品牌化探索。

三次浪潮最直接的成果，是注册了前所未有的农产品商标数量。据《人民日报》有关报道，2006年初，中国农产品商标注册达到19万件，而驰名商标只有80件；据"中国商标网"可见，2006年5月7日前，国家工商总局商标处已注册171件地理标志农产品商标。但是，这些商标大多是中小型企业、产品商标，从当时农产品驰名商标只有80件这一信息，可见一斑。

### 二、"减法时代"集中打造优势品牌

商标并不等于品牌。农产品商标虽然多了，但如果没有知名的、具有市场

影响力的品牌,依然无法解决中国农产品的市场占领与品牌竞争问题。如何建立中国特色的农业品牌理论体系?如何让研究成果成为具体实施的有效指引?一系列问题被提出。

2007年,时任浙江省委书记的习近平提出:"我国农业人口多、耕地资源少、水资源紧缺、工业化城镇化水平不高的国情,决定了发展现代农业既不能照搬美国、加拿大等大规模经营、大机械作业的模式,也不能采取日本、韩国等依靠高补贴来维持小规模农户高收入和农产品高价格的做法,而必须探索一条具有中国特色的现代农业发展之路。""发展高效生态农业,必须积极推动农业科技创新和体制创新,做优做强区域化、特色化、品牌化的主导产业,大力培育专业化、规模化、产业化的现代生产经营主体,积极推广集约化、标准化、生态化的生产模式,着力构建信息化、多元化、社会化的新型服务平台,全面推进农田园林化、水利化、机械化的现代农业基础建设和装备建设,形成具有高土地产出率、劳动生产率和市场竞争力的现代农业产业体系。""实施高效生态农业发展规划,着力打造一批有区域知名品牌、有相当市场知名度和市场份额、在当地农业产业中占有较大比重、拥有连片镇村基地的特色农业强县。"[①]习近平站在全球视野,分析中国农业现状,以浙江省为落脚点,在2005年提出"努力打造品牌大省"前提下,看到了中国农业的道路,系统阐述三化(区域化、特色化、品牌化)问题,强调应当做优做强区域化、特色化、品牌化的主导产业,打造区域知名品牌。

2004—2006年间,笔者开展浙江省社会科学基金项目研究,对当时我国29个省份进行了相关调研,得出有关结论:中国农业要进入"减法时代",集中打造优势产业优势品牌,要科学理解"一村一品",将农产品特色整合、品牌整合、做强做大;中国农产品品牌类型要区域公用品牌与企业品牌、产品品牌互动发展;中国农业品牌化要"政府做"与"市场做"一起来,在中国农业产业分布及企业数量"多、小、散"的前提下,政府更要整合区域力量,打造区域公用品牌。书中,笔者界定了"区域公用品牌"概念定义:"区域公用品牌是指某一区域内的商品或服务,联合提高区域内外消费者的评价,使区域形象与区域共同发展的品牌。"[②]

2009年,"首届中国农产品区域公用品牌建设论坛"在京召开,笔者主持

---

① 习近平:《走高效生态的新型农业现代化道路》,《人民日报》2007年3月21日。
② 胡晓云:《中国农产品的品牌化——中国体征与中国方略》,中国农业出版社2007年版,第11页;胡晓云:《中国农业品牌论》,浙江大学出版社2021年版,第97页。

的"中国农产品区域公用品牌价值评估"研究成果首次发布。在之后的一系列研究成果中，笔者进一步探讨了"农产品区域公用品牌"的发展、品牌价值及其评估模型、品牌价值评估研究报告等成果。2011年，"首届中国农产品品牌大会"在杭州召开，笔者发布了有关农产品品牌建设、以构筑农产品品牌为目标的农事节庆影响力研究等成果，并在2009年至2013年间对"中国农产品区域公用品牌价值评估"研究基础上，于2013年出版相关专著，进一步为"农产品区域公用品牌"细化定义："农产品区域公用品牌是指，特定区域内相关机构、企业、农户等所共有的，在生产地域范围、品牌使用许可、品牌行销与传播等方面具有共同诉求与行动，以联合提高区域内外消费者评价，是区域产品与区域形象共同发展的农产品品牌。"①该定义及相关成果被农业部（现农业农村部）市场与经济信息司采用并发表。

2014年，农业部市场与经济信息司发布《中国农产品品牌发展研究报告》，提出了"品牌化是农业现代化的核心标志"这一核心观点，并在笔者团队的研究基础上，提出有关农产品区域公用品牌创建的相关指导性意见。由此开始，中国农业的品牌化特别是中国农产品区域公用品牌热潮，以席卷神州大地的趋势出现。

这一热潮亦体现在政策制度方面：其一，中国农业的品牌化问题持续得到国家领导人的重视。2013年，中央农村工作会议再次提出要大力培育食品品牌，用品牌保证消费者对产品的信心②；2014年5月，强调"中国产品向中国品牌转变"③；2015年7月，在吉林考察时，习近平谈到，大米也要打造品牌。④其二，近年来的"中央一号"文件，均包含相关内容：2015年，明确"要大力发展名特优新农产品，培育知名品牌"⑤；2016年，提出要"创建优质农产品和食品品牌""让农民共享产业融合发展的增值收益，培育农民增收新模式"⑥；2017年，提出"开展特色农产品标准化生产示范，建设一批地理标志农产品和原产地保护基地。推进区域农产品公用品牌建设，支持地方以优势企业和行业协会为依托，打造区域特色品牌，引入现代要素改造提升传统名优品牌""支持新

---

① 胡晓云等著：《中国农产品区域公用品牌发展报告》，中国农业出版社2013年版，第2页。
② 新华网：《中国农村工作会议在北京举行》，2013年12月24日。
③ 人民网：《学习时节/实现中国产品向中国品牌转变》，2014年5月10日。
④ 新华社：《这件大事，总书记始终惦念》，2020年7月23日。
⑤ 新华社：《2015年中央一号文件发布（全文）》，2015年2月2日。
⑥ 新华社：《2016年中央一号文件（全文）》，2016年1月28日。

型农业经营主体申请'三品一标'认证,推进农产品商标注册便利化,强化品牌保护"[1];2018 年,提出"深入推进农业绿色化、优质化、特色化、品牌化""实施产业兴村强县行动,推行标准化生产,培育农产品品牌,保护地理标志农产品,打造一村一品、一县一业发展新格局"[2];2019 年,提出要"加快发展乡村特色产业。因地制宜发展多样性特色农业,倡导'一村一品''一县一业'""健全特色农产品质量标准体系,强化农产品地理标志和商标保护,创响一批'土字号''乡字号'特色产品品牌"[3]。

### 三、让绿水青山成为金山银山

中国农业品牌化问题得到了高度呼应。从政府主管部门——农业农村部(原农业部)到省市县(区)等各级政府职能部门、各类协会、各类农口企业、合作社、农户,相关文件先后颁发,各种会议轮番召开,各类机构先后登场,各地需求纷至沓来,各个规划得以实施,各地品牌创新上马。

2013—2019 年间,笔者在之前理论研究的基础上,同时实践、探索了多个基于区域化的中国特色农业品牌战略规划。在各种专题讲座、理论探讨、实践探索中,提炼出单一产业区域公用品牌、多品类区域公用品牌、全区域公共品牌、区域联合品牌四种农产品区域公用品牌创建与运营模式;提出"互联网时代中国农产品区域公用品牌传播模型";提出"基于'消费八识'的'品牌八识'建构模型"等。

一个不争的事实出现——农产品区域公用品牌成为农业品牌化进程中重要的品牌类型争相出现,亦成为各地政府整合区域资源、促进农民增收增效、促成农业升级转型的有力抓手。由笔者担纲品牌规划的"丽水山耕"品牌获得"中国十大社会治理创新奖",被界定为"两山理论价值转化"典范,寻找到了"绿水青山转化为金山银山"的价值转换桥梁——农产品区域公用品牌。

与此同时,随着"农产品区域公用品牌"类型创建与重塑浪潮的强势深入,人们对"农产品区域公用品牌"的战略价值、市场意义、品牌定位、品牌特征、运营主体、品牌类型、运营模式、传播方式等方面的理论阐述需求也越来越强烈。特别是在我国全面推进乡村振兴、加快农业农村现代化的大背景下,中国农业

---

① 新华社:《2017 年中央一号文件(全文)》,2016 年 12 月 31 日。

② 新华社:《2018 年中央一号文件发布(全文)》,2018 年 1 月 2 日。

③ 中国农民合作社,《头条/2019 年中央一号文件发布(全文)》,2019 年 1 月 3 日。

**品牌化必将迎来重大机遇期！**

（本文首发于《中国名牌》杂志 2021 年第 6 期，第 86-89 页，后转发于浙江大学 CARD 中国农业品牌研究中心官网、浙江永续农业品牌研究院微信公众号"农业品牌研究院"，被芒种品牌管理机构等自媒体转载。转发时内容有所增加。）

# 探路农业品牌化 乡村振兴谱新篇

图 1　专题文章图

"农业品牌作为我国品牌方阵中的重要组成部分,承担着推介中国特色农业、传递中国特色农业形象、提高中国农业品牌价值等重要角色,为擘画中国农业现代化和乡村振兴添彩。"浙江大学中国农村发展研究院(CARD)中国农业品牌研究中心主任胡晓云在其一本专著中这样说。

近20年来,她与团队一起,在农业品牌理论研究、制度建设、模式创新、实践探索等领域持续深耕,把论文写在中华大地上,为中国农业品牌化理论建设提供了重要支撑。此外,她还带领团队与地方政府、协会、企业以创新发展新模式,探索中国农业品牌建设的实践,积累了丰富的经验。近日,本报记者采访了胡晓云,细细探寻她在农业品牌理论研究和实践方面的从业经历,以期为行业提供更多思考借鉴。

**一、锚定方向 坚持研究**

1983年,胡晓云以优异的成绩从杭州大学毕业并留校任教。1994年,胡晓云进入广告教学领域。而后,她远赴日本东京经济大学访学,当时日本的精致农业、"一村一品"等现象引起胡晓云的高度关注。她在研究过程中逐步意识到中国农业品牌化势在必行。回国后,胡晓云一头扎进品牌研究中。"我想用自己的研究和实践来证明我的判断是正确的。"胡晓云表示。

"当时,中国农业经营主体有高度分散、缺乏创建品牌的实力等特点。"胡晓云认为,只有推行区域公用品牌,采取"母子品牌模式",以产业协会等创建的区域公用品牌带动经营主体的"子"品牌,才能在市场营销上占据主动地位。"区域公用品牌是一种公共背书,解决的是品牌的共性认知问题;企业主体品牌或产品品牌解决的是品牌的个性化、差异化认知问题。这正如国家品牌、行业品牌、企业品牌、产品品牌之间的关系一样。"胡晓云说。为此,她广泛研究了国际品牌价值评估理论模型及指标体系,最后搭建出符合中国实际情况和农业特点的理论模型,并依据这一模型,先后在高等院校中组建专门的农业品牌研究中心,提出"农产品区域公用品牌"等概念,并持续进行纵深的理论研究与战略规划实践。

浙江省丽水市曾是地处浙南山区的贫困地区,随着生态文明时代的到来,丽水的发展迎来新的转机。依据丽水山区农耕文化特点,胡晓云和团队以农业品牌的区域性、公共性特征为基础,与丽水市人民政府探索打造一个全区域、全品类的农业区域公用品牌"丽水山耕",深入挖掘农业品牌价值链,形成该品牌创造的整体战略规划体系。"丽水山耕"品牌创建后,累计产品销售额达到 199.4 亿元,平均溢价 33%,带动整个丽水农业转型升级和农民增收致富。2020 年,丽水市低收入农户人均可支配收入超万元,同比增长近 15%。如今的"丽水山耕"已经成为一个覆盖全区域、全品类、全产业链的公用农业品牌,一张区域生态农业的金名片。

除此之外,在实践探索的基础上,胡晓云还带领团队先后出版《中国农产品的品牌化——中国体征与中国方略》《中国农产品区域公用品牌发展报告(2009—2012)》等数十本专著和调研报告,发表品牌研究相关论文 40 余篇,主持各种研究课题、多个省市区域公用品牌、企业品牌、产品品牌战略规划课题近百项,在中国农产品区域公用品牌价值评估模型、中国"品牌新农村"建设指标、中国区域公用品牌网络影响力、中国农业品牌理论体系研究等领域取得了丰硕成果。

### 二、注重实践 回归初心

胡晓云坦言,她本有多条路可走,但却选择了难走的一条。作为一位品牌战略与传播研究学者,她敏锐地洞察到了中国农业品牌化的不足。在政府大力推进的新农村建设中,评价体系五大指标里就包含了农业农村品牌率。胡晓云从 2006 年以来主导的农产品品牌化研究为此提供了理论支持。她对我国的 29 个省、自治区、直辖市进行了调查,用大量的一手数据和资料描述了中国农产品品牌化的现实和具有中国传统文化特色的农业特征。

1995 年,陕西省榆林市横山区开始大力发展羊产业,虽然养殖规模迅速扩大、产品品质口碑不错,但因没有响亮的品牌,在与其他地区羊肉的竞争中,横山羊肉始终处于弱势地位,富民效应难以发挥。2015 年胡晓云和团队通过调研、策划、创意,很快构建出"横山羊肉"区域公用品牌形象。品牌引领市场,当年每斤羊肉的价格便高出了周边县区。随着市场逐步打开,横山羊肉产业发展进入良性轨道。2018 年,横山区共扶持 2656 户贫困户发展养殖业,羊的饲养量超过 220 万只,实现产值 11.72 亿元。

在胡晓云看来,区域公用品牌目前已经在乡村获得认可,"品牌扶贫"在全国贫困地区的脱贫致富过程中体现了理论输出、实践探索的价值,而乡村区域品牌化将进一步把中国乡村振兴与品牌、商标研究联动起来,发挥更大的作用。"如何进一步扩大品牌知名度,提升品牌认知度,增强品牌美誉度,培育品牌忠诚度,创造更大的品牌溢价空间等,已成为中国农业品牌后续运营管理要面对的共同课题。"胡晓云说,她愿与业界同人、各地农业品牌管理者、建设者、研究者一道，进一步从专业视角探索中国乡村品牌化、中国农业品牌化的战略传播与有效路径，为实现乡村振兴的梦想砥砺前行。

　　（本文首发于 2021 年 9 月 2 日《中国知识产权报》，是记者采访文章，后转发于浙江大学 CARD 中国农业品牌研究中心官网、浙江永续农业品牌研究院微信公众号"农业品牌研究院"，被芒种品牌管理机构等自媒体转载。转发时内容有所增加。）

# 推动中国农业品牌化的"拓荒者"

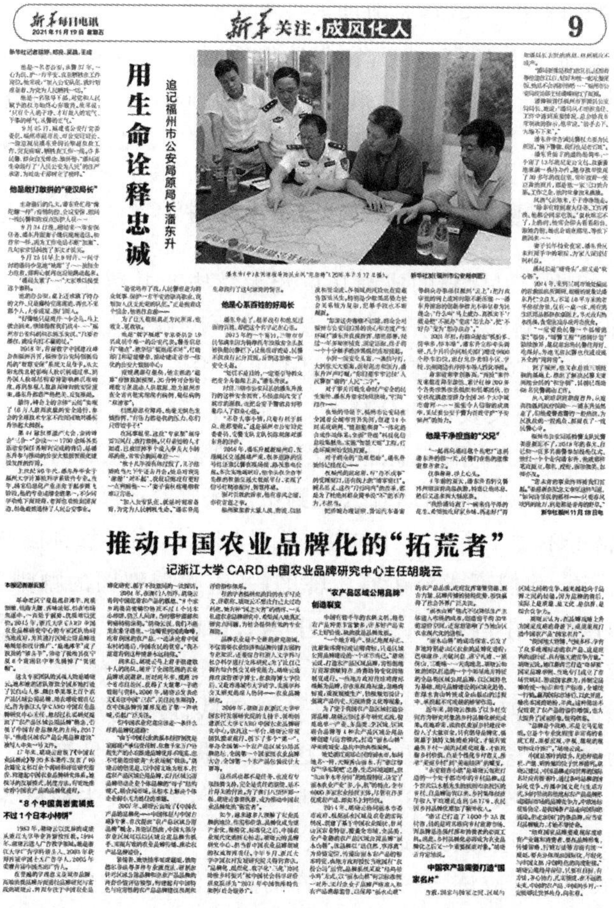

新华每日电讯 2021年11月19日 星期五

新华关注·成风化人 9

用生命诠释忠诚

追记福州市公安局原局长潘东升

推动中国农业品牌化的"拓荒者"

记浙江大学CARD中国农业品牌研究中心主任胡晓云

图1　刊发于《新华每日电讯》"新华关注"版

革命老区宁夏盐池县的滩羊，肉质细嫩，低脂无膻，香味浓郁，但在市场角逐中一直处于弱势，优质难以优价。2015年，浙江大学CARD中国农业品牌研究中心的专家团队协同当地政府，为其进行区域公用品牌战略规划和设计推广，"盐池滩羊"成了脱贫的"领头羊"，带动了盐池县在宁夏8个贫困县中率先摘掉了"贫困帽"。

这支专家团队的灵魂人物是胡晓云。她和她的团队帮助全国多地打造了长白山人参、烟台苹果等上百个农产品区域公用品牌，助农增收数百亿元。作为浙江大学CARD中国农业品牌研究中心主任，她经过扎实研究，提出了"农产品区域公用品牌"概念，引领了中国农业品牌化的方向。2017年，"推进区域农产品公用品牌建设"被写入中央一号文件。

17年来，胡晓云出版了《中国农业品牌论》等20多本著作，发表了40余篇论文和百余个调研和评估研究报告，构建起中国农业品牌研究体系。她探寻的发展模式、制度方法，有效地推动着中国农产品的品牌化进程。

### "8个中国黄岩蜜橘抵不过1个日本小柿饼"

1983年，胡晓云以优异的成绩从杭州大学毕业并留校任教。1994年，胡晓云进入广告教学领域。她是浙江大学广告学科领头人，2003年获评首届中国十大广告学人，2005年荣膺首届中国杰出广告人。

在普遍的学理意义及城市品牌、高端消费品牌方面进行品牌研究与实践的胡晓云，转而专注于中国农业品牌化研究，源于不经意间的一次探访。

2004年，在澳门八佰伴，胡晓云看到中国优质农产品的尴尬，"8个家乡的黄岩蜜橘价格抵不过1个日本小柿饼，仍乏人问津，当时那种震撼和刺痛特别深刻。"胡晓云说，我们不能坐在象牙塔里，一边喝着别国的咖啡，吃着别国的农产品，一边谈论着中国农村的落后、中国农民的贫穷。"我不愿意看到这种情景永远持续。"

回来后，胡晓云马上着手组建数十人的团队，展开了全国范围的农业品牌状况调研，历时两年多，横跨29个省（区、市），获得了大量第一手的数据与资料。2006年，胡晓云发表论文《关注中国"三农"，关注民生期待》，在中国品牌传播界发出了第一声呐喊，引起广泛关注。

但中国农业究竟应该走一条什么样的品牌化道路？

"由于中国农业的基本经营制度是家庭联产承包责任制，依靠千家万户分散生产的小农推进品牌化并不现实，也不可能效仿欧美'大农场制'做法。"胡晓云的创见是，以中国文脉为根本，打造农产品区域公用品牌，实行区域公用品牌带动企业个体品牌的"母子"结构模式，联合闯市场，从根本上解决个体企业弱小无力胜任的难题。

2007年，胡晓云出版了《中国农产品的品牌化——中国体征与中国方略》（中国农业出版社，2007）专著，首次提出"农产品区域公用品牌"概念，并论证指出，中国大部分农业区域可以以区域公用品牌为抓手，实现有效的农业品牌传播，推动农产品品牌溢价。

紧接着，她继续率领课题组，借助德尔菲法等多种专业调查法，研制出针对区域公用品牌和企业产品品牌的两套价值评估模型，构建起有中国特色与应用性的农产品品牌建设预测和评价指标体系。

有的学者搞研究的目的在于写论文、评职称，胡晓云不想让自己太过功利化，她有种"国之大者"的情怀，一头扎进农业品牌研究中，希望深入地真正研究一些问题，为社会提供有效的专业帮助。

品牌农业是个全新的研究领域，不仅需要农业经济和品牌传播方面的专业知识，还要综合利用人文学科与社会科学进行立体研究。为了让自己拥有综合性交叉研究能力，胡晓云选择攻读管理学博士，在获得博士学位后，又赴香港城市大学访学，实施学科交叉研究的深入协同——农业品牌研究。

2009年，胡晓云在浙江大学中国农村发展研究院的支持下，领衔创建浙江大学CARD中国农业品牌研究中心。依托这一平台，胡晓云带领团队摸索前行，创下了多个"第一"：举办全国第一个农产品区域公用品牌论坛、全国第一个国家级农业品牌大会、全国第一个农产品包装设计大赛等。

这些活动都不是任务，也没有专项经费支持，完全是责任的驱使，是不计得失的付出。为了澳门八佰伴那一眼，胡晓云靠着执着，成为推动中国农业品牌化的"拓荒者"。

如今，越来越多人理解了农业品牌的地位、作用和价值，品牌化成为继产业化、规模化、标准化之后，中国农业现代化的核心标志。胡晓云的品牌研究中心，担当着中国农业品牌领域的权威智库责任。2021年9月，浙江大学中国农村发展研究院又得到喜讯，"品牌化、组织化、数字化'三化'协同助推乡村振兴"被中国社会科学评价研究院评为"2021年中国智库特色案例（社会服务）"。

### "农产品区域公用品牌"创造裂变

中国有数千年的农耕文明,特色农产品种类丰富繁多,许多好产品卖不上好价钱,缺的就是品牌效能。

"一个地方特产,登记地理标志,注册集体商标或证明商标,只是区域公用品牌建设的一个环节而已。"胡晓云说,打造农产品区域品牌,需根据地方资源禀赋特点、消费趋势变化因地制宜进行。一些地方政府往往将商标理解为品牌,存在重视商标量,忽略商标质;重视规模生产,轻视规划设计;强调产品历史,无视消费文化等现象。

为了便于我国农产品区域打造公用品牌,胡晓云经过多年研究实践,提炼出单一产业、多品类、全区域、区域联合品牌等 4 种农产品区域公用品牌创建与运营模式。打造"丽水山耕"(见图 2)带来的裂变是其中的典型案例。

图 2 "丽水山耕"区域公用品牌 logo

地处浙江南部山区的丽水市,如同地名一样,天赐秀山丽水,有"浙江绿谷""华东氧吧"之誉,生态环境超群。但"九山半水半分田"的地貌特征,决定了丽水农业产业"多、小、散"的特点,全市 6000 多家农业经营主体,尽管有许多优质农产品,却卖不上好价钱。

2014 年,胡晓云协同丽水市委市政府,根据丽水区域及农业的实际情况,创建了基于中国农业现状、针对山区农业特征,覆盖全市域、全品类、全产业链的农产品区域公用品牌"丽水山耕"。该品牌以"法自然 享淳真"为价值定位,传递出丽水农产品的根本特征,由地方政府授权当地国有"农投公司"运营。品牌系统采取"母鸡带小鸡"方式,以"丽水山耕"标识标准统一对外,实行企业子品牌严格准入和农产品溯源监管,以保障"丽水山耕"的农产品品质。

政府发挥集聚资源、整合力量、品牌传播的独特优势,很快赢得了社会各界广泛关注。

"丽水山耕"模式不仅降低了生产主体进入市场的成本,创造出平均33%的溢价空间,还深刻影响了当地山区农业现代化的进程。

"丽水山耕"的成功探索,引发了多地特别是山区农业的品牌化进程:巴味渝珍、天赋河套、济宁礼馐、一座保山、三衢味(见图3)……天南地北,胡晓云

图3　胡晓云老师和团队打造的全品类区域公用品牌(部分案例)

和她的团队打造的一个个彰显地方特征的全品类区域公用品牌，以区域特色为基础，顺应品牌建设的区域化趋势，在绿水青山转化成金山银山的过程中，承担起不可或缺的桥梁作用。

近年来，胡晓云推出了以乡村空间作为研究对象的乡村品牌化研究成果。在她看来，政府在美丽乡村建设中投入了大量资金，只有倡导品牌化，强调基于独特文脉的差异化，才能有效避免千村一面的同质化现象，才能挖掘乡村价值，凸显个性化乡村意义，推动"美丽乡村"到"美丽经济"的蝶变。

"禹上稻乡"是胡晓云领衔打造的一个处于都市中的乡村品牌（见图4）。这个世代以水稻为生的杭州市余杭区的乡村，自品牌运营以来，乡村集体经济年收入平均增长达到 56.17%，农民因乡村品牌化增加了额外收入。

图 4　"永安稻香小镇"品牌 logo

"浙江已打造了 1000 个 3A 级村落，目的是将其推向乡村旅游市场，而品牌是连接村落和消费者的必需工具。因此，乡村品牌化必将成为农业品牌化之后又一个重要探索对象。"胡晓云肯定地说。

**中国农产品需要打造"国家名片"**

当前，国家与国家之间、区域与区域之间的竞争，越来越趋向于品牌之间的较量。因为品牌的背后，实际上是质量、是文化、是信誉、是综合竞争力。

胡晓云认为，在品牌战略上升为国家战略的背景下，亟须重视打造中国农产品"国家名片"。

"我国地大物博、气候多样，孕育了众多地理标志的农产品，这是世界的通行证，具有强大的竞争力量。"胡晓云说。她以新西兰打造"奇异果"国家品牌举例，当地专门成立了市场营销局，形成国家推力，并制定品牌的统一标识和生产标准,全球统一行销。赢得国际市场后,以此开道,输出本国的奶粉、羊肉。这种做法不仅收获了农产品的溢价增值,也大大提升了国家形象,值得借鉴。

"品牌是个战略,不是立马见效的。它是个专业化程度非常高的系统工程,需要宏观、中观、微观的规划和设计推广。"胡晓云说。

中国是茶叶的故乡,无论种植面积、产量还是销售量,均位于世界前列。胡晓云建议,中国品牌走向世界的国际名片应首推茶叶,通过茶叶品牌的国际化竞争,传播中国文化与生活方式,同时带动其他地标农产品品牌形成国际市场的品牌竞争力。中欧地标贸易协定,是我国茶产品走向国际的通途。但走出国门的茶品牌,应当富有品牌魅力,才能不辱使命。

"培育国家品牌要重视深度培育产业链和消费者,要在品牌形象、传播策略、行销方法等方面有统一规划,要充分体现出国际化、年轻化与中国文脉、中国特色的高度衔接。"胡晓云期待并深信,只要有目标、有方法、齐心协力、扎实推进,在不远的未来,中国的农产品、中国的乡村,一定能够让世界转身,向东看。

(本文作者为《新华每日电讯》记者谢云挺,本文刊发于《新华每日电讯》2021 年 11 月 19 日)

**2022 年度**

2022 年，三年大疫的最后一年。春上，随着春茶上市，笔者与团队持续研究并发表中国茶叶品牌价值评估相关报告之外，增加了有关政府工作报告的专业解读、乡村品牌及茶叶、蔬菜等产业区域公用品牌的研究。

研究重点之一，乡村品牌化运营。借助在新华社新华网论坛发言，将"乡村品牌化运营：从发端到目标"的十四个问题进行了阐述，这是国内迄今为止最早的、最系统的有关乡村品牌化运营的研究表达。借助"醉三都"这个浙江省三都镇的镇域品牌的发布会，笔者从四个方面分析并提出了作为镇域品牌的区域公共品牌在价值体系建构、符号体系建构、意义体系建构及表达、品牌主体责任及区域联动关系等方面的特征。这是乡村品牌化经营的个案研究与理论提炼。明晰了乡村品牌作为区域公共品牌在品牌形象、品牌价值、品牌意义、品牌主体、品牌责任、品牌利益等方面的独特性，强调"区域公共品牌，是乡村共富的创新模式"。

研究重点之二，延续对地理标志品牌、农业品牌的研究。借助年初的政府工作报告解读、国际茶日、潇湘茶文化节、世界绿茶大会、中国美术学院学术讲座、《茗边》杂志采访等，继续探讨作为地理标志品牌、农业特色品牌茶叶区域公用品牌的品牌创建与传播、运营、管理模式，探索"中国茶再出海"的战略、路径与方法。

关于加强品牌打造，促进蔬菜产业高质量发展的论文，是应《中国蔬菜》杂志之约所做的"农业生产'三品一标'专家系列解读"之一。关于中国蔬菜的品牌打造，许多年前在对涪陵榨菜、苍山蔬菜、章丘大葱等品牌的研究与规划实践时就有所深入。但近年没有特别将蔬菜类品牌打造作为研究重点。该文重新将我们的研究视线拉回到中国蔬菜产业的品牌化问题，并根据现状研究，提出了五个方面的针对性解决方案。

# 区域公共品牌，乡村共富的创新模式

　　2022年1月13日上午，浙江省"醉三都"区域公共品牌发布会举办。笔者于发布会现场就"醉三都"区域公共品牌建设发表点评，充分肯定了"醉三都"区域公共品牌，也对"醉三都"品牌在共建、共享、共富和共荣等品牌运营方面提出了建议和期待。

图1　"醉三都"区域公共品牌发布会现场

　　大家上午好，非常高兴能够出席本次"醉三都"区域公共品牌发布会并与大家分享。

　　三都镇以品牌引领全镇发展，不仅符合"3B时代"的竞争特点与趋势，还体现了品牌思维而非产业思维。产业思维，以产业为核心；品牌思维，以消费为中心，只有站在消费者的角度，开发出消费者接受且买单的产品，且有持续购买意向的产品，才能实现满足消费，引领消费。

## 一、"醉三都"区域公共品牌的价值体系建构与表达

"醉三都"品牌掌握了科学的系统化品牌塑造方法。"醉三都"的品牌名称，第一印象虽然会给消费者造成一定程度的误读，让消费者误以为三都镇以酒为主业，但通过专业品牌战略团队的品牌价值建构，提炼品牌核心价值，形成了完整的品牌价值体系，让人们理解到，这个醉，不仅仅是醉酒，而是"醉于三都"，是被陶醉，然后沉醉其间，沉醉不知归处，将三都镇作为"归处"。"醉三都"品牌用五大价值支撑起了陶醉、沉醉不知归路，以三都镇为归处，构建起了品牌内生动力价值结构，让品牌有着源源不断的发展驱动力。这五大品牌价值体系包括"五醉"（见图2）：醉，诗画山水观自在；醉，自然盛宴乐丰收；醉，渔舟唱晚见风华；醉，身心归处享悠然；醉，寻梦三都筑未来。将三都镇的自然环境（富春江、新安江、兰江三江交汇）、民俗文化（水上婚礼）、丰硕物产（香榧、柑橘、西红花）、百姓宜居（醉美田园，美好账本）、乐业之地（江南秘境，投资热土）进行了提炼与价值建构。并通过品牌口号"醉有来处，亦有去处"体现了"醉身于山水，归心于田园"的消费期待，"心有所往，亦有所归"的诗意哲学。

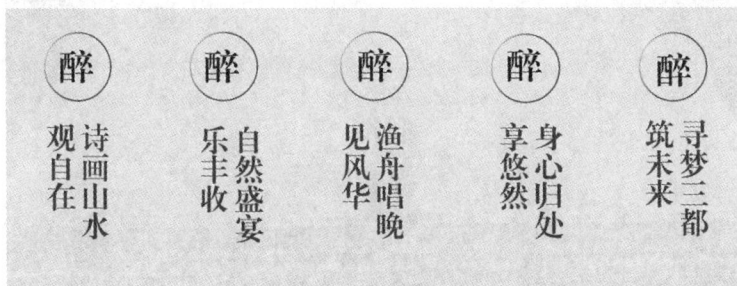

图 2　"醉三都"区域公共品牌的"五醉"价值体系

## 二、"醉三都"区域公共品牌的符号体系与意义体系

符号体系方面，"醉三都"区域公共品牌通过符号设计形成品牌主形象（见图3），充分展现了作为江南的三都镇的独特韵味。符号体系从场景、意境、心境三个层次，透析了"醉三都"区域公共品牌的青山秀水（见图4）、风雅江南（见图5）、悠然自得（见图6），十分诱人。简单清晰的字体标志，三江汇流的区域特色，"红绿灯"的物产点缀，蕴藏了三重品牌意境。

醉三都

亦有归处
醉有来处

图3 "醉三都"区域公共品牌的主形象

醉有来处·亦有归处
——
两岸绿树凝滴翠
翠色随人欲上船

图4 青山秀水的秘境

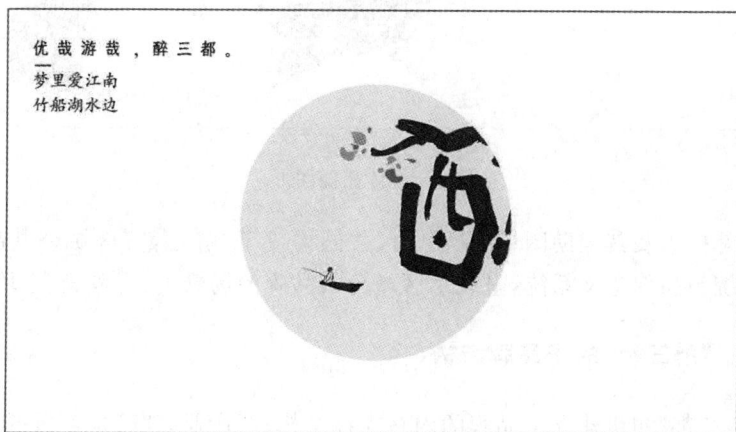

优哉游哉，醉三都。
——
梦里爱江南
竹船湖水边

图5 风雅江南的意境

图 6　悠然自得的心境

图 7　主体拓展图形

　　品牌标志及其辅助图形（见图 7），共同构成了"醉三都"区域公共品牌的符号系统与品牌意义系统，呈现了区域公共品牌的场景美、意境美、心境美。

### 三、"醉三都"的子品牌结构

　　"醉三都"初步建立了品牌的内在支撑结构。"产业兴旺"是乡村振兴的基本前提。将三都柑橘（见图 8）、三都香榧（见图 9）、三都西红花（见图 10）这三种三都镇的本土产业作为支撑"醉三都"镇域品牌形象与利益的产业，实现了三都镇的产业联合，初步建立了品牌内在的生态结构，能够借助产业发展，支撑"醉三都"品牌未来的稳步发展。

图 8　三都柑橘产业的场景优势及特色产品支撑

图 9　三都香榧产业的生态图景及特色产品支撑

因此，我认为，今天发布的"醉三都"区域公共品牌，初创了品牌形象，构建了品牌个性，联动了产业特色，构建了初步的品牌生态结构和产品体系（见图11）。

但是，品牌不仅仅属于品牌主体，更属于社会公众与相关利益者。产品是物质的，品牌是认知的。在未来，三都镇要持续不断地进行系统化、一致性的

图10 三都西红花的珍贵属性与美感支撑

图11 作为区域之礼的"醉三都"品牌产品套装

品牌传播,形成广泛的品牌影响力。只有我们拥有了消费者,才能真正拥有品牌。否则,品牌只是一个空壳,一个没有品牌价值的商标。

## 四、品牌主体及其责任

作为一个三都镇的镇域公共品牌,其品牌责任的主体是三都镇政府。为了品牌持续发展,三都镇政府未来要做到换人不换品牌,换人不换品牌主张。否则,"醉三都"就不是镇域公共品牌,而是某个领导的个人意志表达,不能够真正体现一个区域公共品牌的公共性意义和公共性价值。

区域公共品牌，是公共品，是区域政府为区域内民众实施公共服务的重要内容。未来应当根据三都镇发展的内在逻辑，进一步完善品牌、发展品牌，让"醉三都"品牌能够真正地不断地延续下去，产生区域品牌影响力，产生农文旅的消费价值，并反哺区域民众，造福百姓，藏富于民。一个个区域公共品牌起来的时候，也就是伟大祖国乡村振兴的时候。

区域公共品牌是公共品。因此，"醉三都"品牌是全镇共建、共享、共富、共荣的品牌，是全镇所有部门、单位、企业、个体的公共事业及重要抓手。每一个三都镇人都有责任，要致力实现有担当的参与，开展有温度的交流，打造有特色的活动，推动"醉三都"区域公共品牌走出去，打响专属于三都镇的特色品牌。

区域公共品牌，是区域共富的创新模式之一。期待未来，三都镇能够掀起全镇打品牌、护品牌、兴品牌、强品牌的热潮，达到品牌兴镇、富民的目标。

谢谢大家！

（本文是笔者于 2022 年 1 月 13 日在"醉三都"区域公共品牌发布会上的发言实录。后整理发于浙江大学 CARD 中国农业品牌研究中心官网、浙江永续农业品牌研究院微信公众号"农业品牌研究院"，被芒种品牌管理机构等自媒体转载。转发时内容有所增加。）

# 树立先进的品牌理念,提升区域竞争力

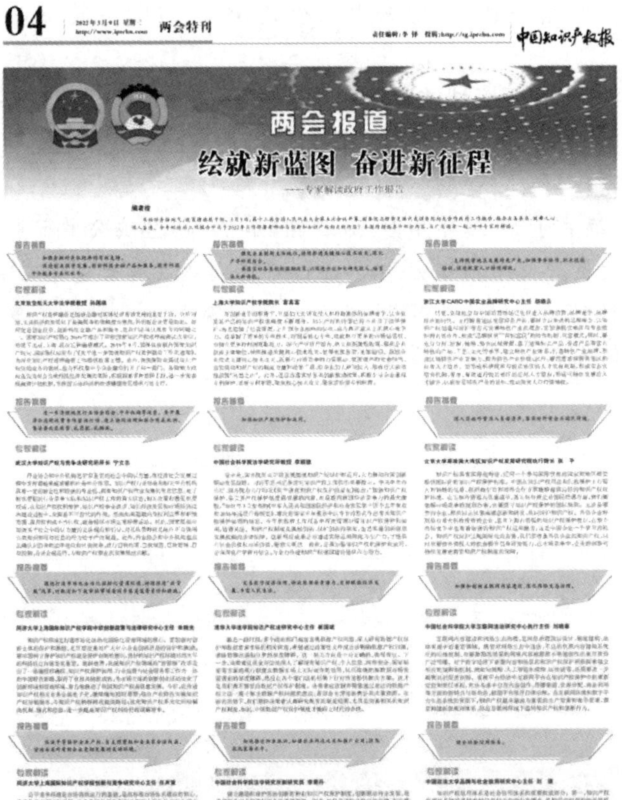
04 两会特刊 中国知识产权报

两会报道

绘就新蓝图 奋进新征程

——专家解读政府工作报告

图 1 《中国知识产权报》解读政府工作报告专版

2022年3月5日，第十三届全国人民代表大会第五次会议开幕，国务院总理李克强代表国务院向大会做政府工作报告，《中国知识产权报》选摘了政府工作报告中有关创新和知识产权相关的内容，邀请专家进行解读，笔者受邀发言。

目前，全球社会与中国消费市场已先后进入品牌消费、品牌竞争、品牌经济的时代。支持脱贫地区发展特色产业，要树立以先进的品牌理念、以知识产权创造与保护等方式发展特色产业的理念，要加强脱贫地区与专业组织的有效合作，形成"品牌扶贫""商标富民"的协作机制、共富模式；同时，要充分分析、挖掘、梳理、整合区域资源，基于地理标志产品、非遗产品等富有特色的产品、工艺、文化传承等，建立特色产业体系，打造特色产业品牌，形成区域特色产业竞争力，提升特色产业价值；此外，要高度重视脱贫地区的自有人才培养。要形成科研院所与脱贫地区的人才共育机制，形成常态化培育机制，有序、有效进行脱贫地区的应用人才培育，形成可持续发展的人才储备，达到发展特色产业的目标，推动脱贫人口持续增收。

（本文是笔者应《中国知识产权报》邀请解读政府工作报告的摘要。首发于《中国知识产权报》2022年3月9日专版，后转发于浙江大学CARD中国农业品牌研究中心官网、浙江永续农业品牌研究院微信公众号"农业品牌研究院"，被芒种品牌管理机构等自媒体转载。）

# 向世界，送上富有中国特色的文明力量

2022 年的世界，全球疫情徘徊不去，俄乌战争令人担忧，似乎有些阴云密布的感觉。然而时间依然迈着它的脚步，不停歇地往前奔流，来到了"国际茶日"。

自 2019 年第 74 届联合国大会宣布设立至今，今天是第三个"国际茶日"。"国际茶日"的设立目的，是赞美茶叶对经济、社会和文化的价值。这是以中国为主的产茶国，首次成功推动设立的农业领域国际性项目。

在今天这个以茶为主角的日子里，我想就有关"中国茶再出海"议题，提出我的思考与建议，希望给这个国际性的茶节带来回望、期待与温暖："向世界，送上富有中国特色的文明力量。"

## 一、中国茶的出海历程

（一）从无到有

中国是茶的故乡。自西汉（公元前 206 年至公元 8 年）开始，中国茶开始销往东南亚各国，随着丝绸之路、茶马古道、万里茶路的开辟与兴盛，至明朝 17 世纪初期，中国茶已经远销至东西欧各国。其中，1607 年荷兰海船自爪哇来澳门运载绿茶，并于 1610 年转运欧洲，标志着中国茶叶正式输入欧洲。①

1635 年，英国第一艘货船来到广州后，瑞典、丹麦、西班牙等国的货船接踵而至，前来中国运载茶叶回国。由此，亚洲人对于身体、物质、健康、精神的观念随着茶叶传到大西洋世界的众多地方。彼时，茶所具备的药用价值被欧洲的医生们广泛认可，并配合禁酒运动，实现了转移消费，茶叶在欧洲日渐传播与盛行（见图 1）。

---

① 陈椽：《中国茶叶外销史》，台湾碧山岩出版公司 1993 年版，第 47 页。

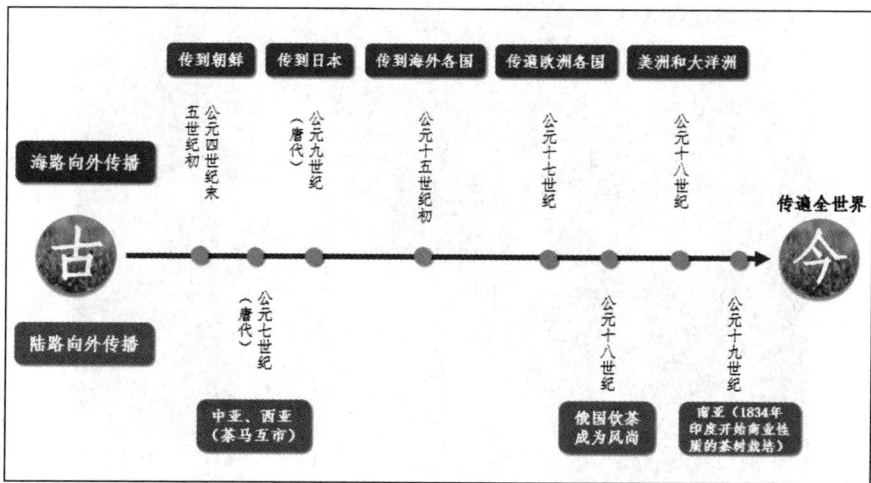

图 1　中国茶的出海历程(胡晓云,2022)

(二)市场评价

"做一位英国女人就意味着喝茶。"[1]茶叶本身所蕴含的节制、顾家、理性、阴柔、平等等茶性,与欧洲人对具有神秘色彩的东方国度的向往之间所形成的内在关联,使得茶叶成为欧洲的新消费文化与文明象征。[2]17 世纪末与 18 世纪初的整个大西洋世界,教育阶层和富人都把茶叶当作亚洲的药物和身份地位的象征,中国茶叶成为欧洲贵族的消费品(见图 2),商业作为文明教化的媒介,被应用到了茶叶上。到了 1834 年,英国仍然是中国茶叶最大的出口国,据统计,当年英国近 4000 万磅的茶叶全部进口自中国。

(三)贸 易 困 境

然而,在中英贸易中,主要是茶叶输入、白银输出的英国认为自己一直处于不利地位。随着利益矛盾的不断激化、国家意识形态的日渐介入、民族消费心理的日益盛行,英国开始寻求中国茶叶的替代品。1834 年,英国东印度公司成立了茶叶委员会,开始分析阿萨姆茶作为商业产品的潜力;1838 年,东印度公司的阿萨姆茶出产,并得到了英国皇家的许可与推介;1939 年,12 箱 350磅阿萨姆茶在伦敦商品交易所拍卖,同年,"阿萨姆股份公司"在伦敦成立。

---

①②　埃丽卡·拉帕波特著,宋世锋译:《口味如何塑造现代世界——茶叶与帝国》,北京联合出版公司 2022 年版,第 17 页、第 21 页。

图 2　英国贵族饮茶成风尚

　　英国通过在印度、锡兰等英属殖民地引入中国的茶种、茶树、技术知识,并依托廉价劳动力制度,实现了大型种植园模式。而这种区别于中国自耕农体系的大型种植园生产,推动了茶叶向着标准化的方向不断发展,创建并逐渐形成了全球工业化的食品体系。尤其是,随着品牌意识的出现与崛起,英国政府开始对广告等实施税收支持政策。茶叶广告的大量投放,使得英属殖民地茶作为英国本土产品的品牌认知,为欧洲消费者带去了熟悉度与亲切感(见图3)。通过持续传播,"英国产的茶"这一概念深入消费者心智,并产生了新的茶叶消费文化与新的大众口味。这种集体广告,也逐渐形成了有关的文化和制度框架,使英国在未来的日子里,能够决定国际市场的茶消费观念、商品流通和知识传播,也即"全球化"。由此,至19世纪二三十年代,印度茶叶逐渐被视为一系列环环相扣的全球性问题的解决方案。欧美消费者理解,阿萨姆能够提供全球廉价而健康的茶叶,为英国政府提供稳定收入,并且日渐取代了中国茶在国际贸易上的地位。

　　19世纪中后期,随着鸦片战争的爆发与绵延,西方对东方文化及中国进行了重新定位。由此,中国茶被不同程度污名化、"纯正茶叶"概念的推出、全球化广告运动的认知植入胜利、相关立法及其实施等原因,导致了中国绿茶出口的日渐衰落。尤其是近代以来,在战争与民族危亡的特殊时期,即便有着像

图 3　东印度茶叶公司

吴觉农等茶人的不懈努力,也难以力挽中国茶叶的颓势。中国茶园凋敝,茶产量急剧下降,据统计,1949 年,全国茶园面积仅约 15.30 万公顷,出口贸易几乎停滞,出口量不足 1 万吨。

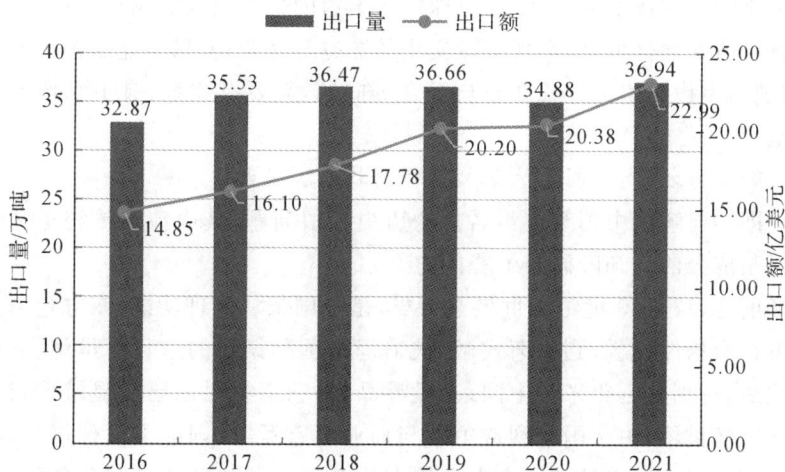

图 4　2016—2021 年中国茶叶出口情况统计

数据来源:中国茶叶流通协会

（四）重新出海

新中国成立以来，中国茶叶开始有序地恢复发展。茶园面积与茶叶产量不断提升，2020年开始，在全球60多个种茶国家中，中国茶树种植面积、茶叶生产量均位居世界第一。随着茶文化、茶产业、茶科技三者统筹发展的不断深入，中国茶产业竞争日趋走向品牌化与国际化。

据中国茶叶流通协会的统计，2021年，中国茶出口量达36.94万吨。在此背景之下，如何进一步促进中国茶的发展，实现中国茶出口的复兴，打造"中国茶"品牌，走向国际市场，成为当前重要的课题。

## 二、中国茶再出海的五大障碍

结合实际，以问题为导向，基于多维度分析，我认为，当前我国要实现"中国茶再出海"，并持续实现量价齐增，主要存在着以下五大障碍。

（一）障碍之一：国家地理文化边界障碍及穿越能力

在疫情来临之前，基于全球化贸易体系的日臻成熟，以及"一带一路"的全球推进，我国茶叶出海的地理穿越障碍问题正在逐步得到解决。但是，不同民族国家之间的文化边界，以及种族偏见该如何穿越与修正，仍然需要花大力气进行深入探索。与此同时，中国茶穿越国家地理边界的能力也亟须加强。凭借数字化时代的技术平台，实现全球销售渠道的架设及其穿越；凭借东方文化的独特价值并融合世界，实现全球文化的穿越与融合；凭借专业组织的专业表达，实现新生代的生活方式穿越与融合等问题，需要有体系、有组织地专项研究实施。

（二）障碍之二：中国茶的认知障碍及其化解能力

也即如何解决中国茶被污名化的历史遗留问题，其中涉及传统工艺以及中国绿茶成分的认知障碍与解释能力。

如前述，17—20世纪的世界茶历史，是中国茶从药理功能、东方色彩方面被西方社会倍加赞誉，到日渐式微，被迫退出国际舞台的过程。虽然，新中国成立之后，特别是近年来，"中国茶、世界品"的新消费风尚已初显端倪，但是，长达4个多世纪，由于国家利益争端与商业利益竞争，国际上其他国家，特别是西方国家对中国茶的认知存在着重大的误区。可以说，4个世纪的历程，是中国茶被逐步污名化的历程。冰冻三尺非一日之寒。要打破贸易坚冰，必须深入研究、充分评估中国茶在国际市场的认知障碍，拥有化解能力，矫正认知障碍。

（三）障碍之三：中国茶个性发展与国际茶共性建设的能力

中国茶种植区域广泛、茶叶品类繁多，且每种茶都有着自己独特的种植及加工工艺。迄今为止，中国茶主要的生产要素是人，人工管理、采摘、加工；中国茶的品牌生态基于各地区的区域公用品牌与企业品牌、合作社、茶农的协作。因此，相较基于高工业化体系所生产出来的国际知名茶品牌（如立顿）等而言，其自身的标准化水平及能力较弱，存在着非标产品与国际标准化之间的矛盾（见图5）。

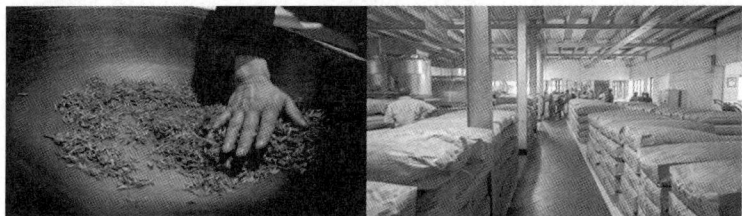

图 5　非标产品与国际标准的矛盾

由于17—20世纪以英国为主的全球化茶叶销售策略的长期实施，标准口味的拼配茶得以盛行。中国茶"一山一味"甚至"一人一味"的非标、小众特征，难以突破国际标准口味的贸易壁垒与消费习惯。如何辩证看待中国茶的个性特征，并与国际茶标准实现互动互补，创新茶的共性价值，需要加大研发力度，实现突破。

（四）障碍之四：中国茶消费习惯模式与国际消费新模式的链接能力

中国茶，从神农氏传奇开始，走过了药用—食用—饮用的漫长的消费磨合过程。特别是唐代的"贡茶"、宋代的"点茶"之后，中国茶蕴含着浓厚的文化、艺术特征。今天的中国茶，不仅仅局限于饮用的生理层面，更承载了深厚的中华传统文化底蕴，蕴含着宽广的精神境界。因此，当中国茶的消费定位、消费习惯模式遇上被工业文明所影响、追求方便快捷的国际茶消费新模式时，自然就产生了仪式感与适用性之间的冲突。

如何传承中国茶的消费习惯模式，并链接数字化时代国际消费的新模式？这个问题虽经"茶里""喜茶"等新茶饮的系列开发，但在国际市场上，链接，依然存在较大的障碍。

（五）障碍之五：东方茶性的定位表达与国际传播能力

中国茶文化，经过上千年的沉淀，已经渗透社会，深入中国的诗词、绘画、书法、宗教、医学等领域，可谓源远流长、博大精深。因此，在向国际社会传播中国茶的品牌文化、品牌个性与价值时，涉及如何将底蕴深厚的茶文化进行有效传达的问题，也即中国茶文化定位与国际化表达之间关系的整合梳理。东方茶性曾经以节俭、理性、平等、顾家、阴柔等特征而被西方社会所赞誉，那么，在今天与未来的国际市场上，中国茶应当如何通过国际传播抵达人心？不同国家、不同文化之间存在的语言障碍、认知障碍、价值障碍、审美障碍、消费习惯障碍等，都期待中国茶的国际传播能力能够破圈。

### 三、中国茶再出海的策略思考

基于以上对中国茶出海历程的梳理以及出海障碍的分析，未来，中国茶在再出海时，可以考虑以下五个方面的策略应对。

（一）策略之一：组建国家级专班，集中打造"中国茶"国家品牌

根据中国茶叶流通协会梁晓、梅文的《2021中国茶叶产销形势报告》可见，目前，中国茶叶生产遍及全国，仅18个主要产茶省（自治区、直辖市）的茶园总面积已有4896.09万亩，可采摘面积超过300万亩的省份有5个，分别是云南省、贵州省、四川省、湖北省、福建省。未开采面积超过100万亩的省份有2个，分别是四川省、湖北省。

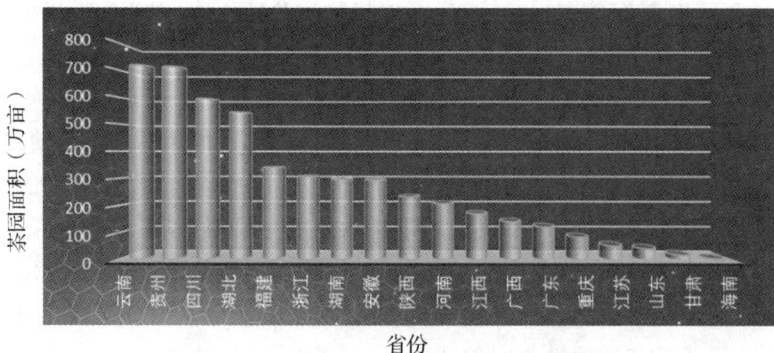

图6　2021年中国各主要产茶园总面积

数据来源：中国茶叶流通协会，2022

因此，中国茶叶的供应力将越来越强，必须在深挖国内市场的同时，加大开拓国际市场力度。

分析17—20世纪中国茶的国际贸易历程可见，如何穿越国家地理边界，

突破国际市场栅栏，成为重中之重。

建议在国家层面，组建工作专班，加大"中国茶再出海"的国家级以及各级相应专门部门的建设。专门部门的工作职责，即为集中打造"中国茶"国家品牌。在国家层面、国际舞台上，重新建立、有序传播、有效表达，推动"中国茶"的品牌化、国际化进程；协同各区域政府主管部门、产业协会、龙头企业、合作社、茶农等，实现国家力量、产业组织、企业能力、产品价值、人文要素等的组织化、系统性聚合创新；推动"中国茶"国家品牌在国际市场的品牌进入、品牌深入、品牌与国际消费者的持续友好互动关系的建立。

（二）策略之二：穿越国家地理文化边界，以茶性创新和谐的价值观

我之前提出的"消费八识"模型中，"藏识"是关键，即人的本心本源所在，人的价值根源所在。"藏识"是人感觉、认知万物时的方向盘。只是一味地创造场景、创造体验、创造态度，发掘人与物的对应关系，并不能解决有关"藏识"的深层次问题。只有实现价值观的诉求与同构，获得本心认同、价值认同，才能够真正影响到品牌态度、品牌意愿、品牌忠诚。

中国茶再出海，首先需要解决的一个前提是：在国际平台上，中国茶到底是什么？如果把"中国茶"作为一个国家级的产业品牌打造，其核心价值、品牌特征、文化属性是什么？在国际市场上、生活方式中、人们的消费中，中国茶又该以什么样的角色存在？如果这些问题不解决，"中国茶"在国际平台上的品牌传播就没有内容、没有故事，展示就没有统一的品牌形象与精神气质，也就无法实现产品的消费植入。

中国茶，具有并表征着中华民族的精神特质，那就是"包容性"。在这片土地上，中国开发有七大茶类（传统的六大茶类外加紫茶），世代研发了众多传统的或新选育的品种，有丰富而富有特色的产地和产地文脉、生产工艺，发掘了众多的饮用方式和场景嵌入。它们丰富多彩地存在着，各有各的个性特色，共同构成了繁荣、和谐的中国茶文化体系。这就是中华民族的包容精神、博大胸怀，也是中国茶性的表现。而这种茶性，即是中国文化的最重要特质，也是世界人民所遵循的价值观。

价值观得以同构为前提的消费，才是真正发自内心的消费需求，才能形成真正的消费忠诚。

（三）策略之三：以"品牌集群"模式走向国际市场，应对品牌竞争

"品牌集群"模式，即指以"中国茶"为中国茶产业的国家形象，并以产地为基础的区域公用品牌与企业品牌、产品品牌协同，进而形成具有不同资源融

合、不同市场针对性的品牌生态结构与品牌方阵。中国茶的"品牌集群"中,根据多种不同维度,例如茶类、产区、工艺、文化、生活方式、民族特质、原型等进行多元划分,并基于品牌集群生态结构的重新组合、排列,将国际消费市场进行精准定位,通过打造一个个集群品牌,既整合力量,又可针对不同国家、不同区域、不同市场,实现局部本土化营销。

借此,可以提高"中国茶"的国家品牌影响力,推动"品牌集群"中各层级、各种特色品牌的联袂出海,向世界奉上系列中华好茶、各种不同茶饮体验的同时,解决中国茶过去多数只作为"英国产的新口味"拼配原料的原料竞争格局,形成中国茶的品牌化国际竞争与国际融合生态体系,提高中国茶在国际市场中的品牌消费地位与品牌溢价能力。

(四)策略之四:加大中国茶文化传播力度,实现中国元素世界表达

中国茶,遍植于中华大地,具有独特的地理生态基础、历史文化要素。且"中国茶"国家品牌所囊括的众多茶叶区域公用品牌,多数是国家地理标志产品,近80个,已加入中欧贸易协定。因此,与国际上其他国家的茶长期以来诉求"英国产的"不同,中国茶具有独特的文脉内涵、中国元素。

建议未来,我国能够加快建设基于文脉传播、符号传播、消费体验传播、场景体验传播以及媒体互联传播的整合营销传播体系,开展共同价值前提下的本土化传播策略。在未来"中国茶"的国际品牌传播中,既尊重共性并表达个性,既表达个性并尊重差异,并加大跨国境、跨文化的传播力度,用正确的信息诉求解决污名化问题,用人性化信息传播中国茶人气质与茶文化本质,彻底解决中国茶的沟通障碍,进而实现从物到人、文化、意义、价值等,立体开发中国茶的价值传播。

基于原型理论,中国茶在国际传播中要高度重视"集体无意识"的沟通障碍,实现传统与现代的有机融合、中国元素与世界表达的有效结合,以包容的茶性,打破宗教、种族、国家、文化、心理的边界。

(五)策略之五:重视"中国茶"品牌价值的整体升维

未来的日子里,我们应当重视"中国茶"的品牌价值整体升维。融合茶产业、茶科技、茶文化,实现品牌化、数字化、组织化的三化创新互动。创造富有中国特色且融合世界通用表达的符号,表征"中国茶"品牌的独特形象;生产富有中国特色且满足各国消费口味的高品质产品,提供"中国茶"品牌的独特品位;提供富有中国特色且融合国际标准化的服务,连接"中国茶"独特的情感体验;创新富有数字化先进性且具有东方祥和氛围的场景,构建"中国茶"品牌的

独特消费家园；设置富有仪式感的节庆活动链接独特文脉，表现"中国茶"仪式消费，并链接适用性消费需求；采用情感与理性并重传播，构建"中国茶"品牌的国际消费新关系、新世代消费新关系；联动有价值的国际平台，实现独特的"中国茶"国家品牌、产业品牌、国际公益组织平台背书；创新共同价值观，彰显"中国茶"品牌的独特价值体系。

茶，绝不仅仅是一种植物、一种饮品、一种生活方式，而是一种解决我们人类个体身体、国家与世界性问题的文明力量。这一观点，道出了茶的本质特征。

中国茶再出海，既是中国茶产业转型升级，高质量发展，满足国内、国际消费市场的趋势性需求，也是"中国茶"用自己的文明力量，抚慰不确定世界的有效途径。

我相信，无论世界如何变幻，中国茶，依然将给世界送上节俭、理性、平等、柔和的文明抚慰之力，让世界变得更美好。

（本文是笔者应邀为 2022 年"国际茶日"写的相关文章，2022 年 5 月 21 日首发于浙江大学 CARD 中国农业品牌研究中心官网、浙江永续农业品牌研究院微信公众号"农业品牌研究院"，后被网易、腾讯、中国教育网、搜狐、人民阅读、芒种品牌管理机构、《茗边》、普洱茶网、福鼎白茶网、茶友网等广泛转载。）

# 乡村品牌化经营：从发端到目标

为进一步贯彻落实中共中央、国务院关于实施乡村振兴战略的重大决策部署，由新华社指导、新华网和《小康》杂志社共同主办的"全国乡村振兴高峰论坛"于 2022 年 6 月 16 日上午在线举行。论坛上，笔者应邀进行了题为《乡村品牌化经营：从发端到目标》的主题发言。

各位领导、新老朋友，大家好！首先，恭喜新华社新华网"全国乡村振兴高峰论坛"顺利召开。乡村振兴，需要探索有效的方法。

目前，中国乡村，正在经历从建设乡村（新农村建设、美丽乡村建设）到经营乡村（将乡村作为消费产品、商品）再到经营品牌（将乡村作为品牌打造，以获得品牌经济）的发展历程。

实施乡村品牌化经营，从竞争发端到终极目标，需要厘清许多问题。下面，我提纲挈领讲十个方面。

**一、乡村品牌化经营，要以乡村区域发展的内在驱动为发端**

乡村是一个与城市对比的区域概念，今泛指农村，包括以从事农业为主的区域（县域、乡镇、村）。区域，指的是特定的空间、时间、文脉、产业、人群等汇集而成的特定地域及其内在发展。

目前，我国乡村经营中销售最多的三大产品体系是：旅游、美食、宜居（见图 1）。

而要销售并提升特定区域特定产品的溢价，就要创造（再造、重塑）、表达、交易、消费经过乡村经营的乡村价值，要通过乡村全域品牌化，构建品牌新生态，发现/实现乡村品牌价值。乡村品牌化，是乡村振兴的有效战略选择。这个观点，我在 2018 年 8 月 23 日的"中国区域品牌创新峰会"、2018 年 11 月 20 日的"中国国际（休闲）发展论坛"、2019 年 6 月 9 日的"浙江大学西湖学术论

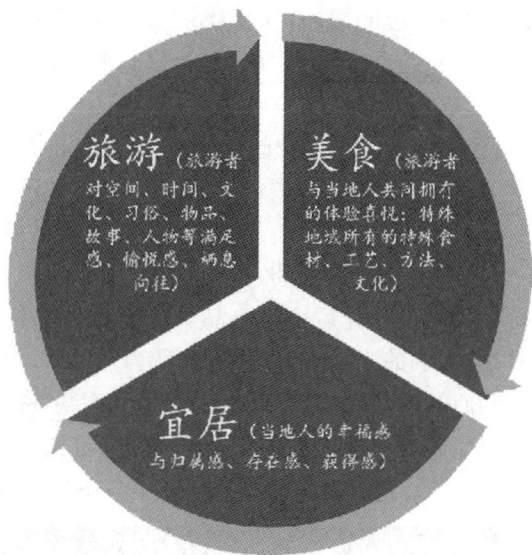

图1　目前中国乡村经营中销售最多的三大体系

坛"、2019 年 10 月 20 日农业农村部农经学会的"2019 乡村振兴（太谷）论坛"、2019 年 12 月 6 日的"第三届中国农业百县大会"、2019 年 12 月 20 日市场监督管理局《中国品牌》杂志社主办的"中国区域农业品牌发展论坛"上都有相关观点发表。

我们要通过乡村品牌化，应对 3B（品牌消费/品牌竞争/品牌经济）时代；通过乡村品牌化，实现乡村振兴的 20 字方针："产业兴旺、生态宜居、乡风文明、治理有效、生活富裕。"

（一）竞争变迁

这是因为，竞争变迁从商品竞争发展到企业竞争，再发展到了区域竞争，包括城市竞争、国家竞争等，竞争已经处于多样化、多角度、多层次、多范畴、区域性的整合性竞争趋势之中。

（二）竞争新生态

我们生活于 3B 时代。趋势显著的 BC 时代（BC-Brand Consumption，品牌消费）、C2B 的时代，象征、多元、个性消费催生品牌竞争战略的诞生，世界正处于各类品牌激烈竞争的时代，品牌竞争已是全球经济及国家竞争的核心话语体系。

基于产业经济、规模经济、体验经济等经济模式的品牌经济，正在占领经济形态的制高点，成为新经济的特征，如前述第二点，品牌价值排行成为风向标。品牌经济已经作为新经济的重要的甚至是核心的经济形体出现，并成为竞争核心。

品牌价值评估盛行，国际知名品牌的品牌经济创造能力令人咋舌，如苹果手机等。1992 年开始，英国英特品牌集团（国际品牌集团，Interbrand Group）便开始进行品牌价值评估研究，并由《金融世界》发布评估结果。1999 年开始，世界品牌实验室（World Brand Lab）开始发布"世界品牌 500 强"。之后，各种不同的品牌价值评估活动先后出现。品牌价值评估，成为国际竞争的风向标。品牌价值评估，强调的不是大而是强，创造强势品牌。但品牌竞争中的重要构成部分，品牌知识产权、品牌溢价，都是目前我们缺乏的。

从 2021 年"世界品牌 500 强"前 10 名品牌排名（见图 2）、入选数最多的国家前 10 名（见图 3）可见，我国品牌的价值与欧美日等国还有相当距离。

### 2021年《世界品牌500强》前10名品牌

| 2021排名 | 2020排名 | 品牌英文 | 品牌中文 | 品牌年龄 | 国家 | 行业 |
|---|---|---|---|---|---|---|
| 1 | 2 | Google | 谷歌 | 23 | 美国 | 互联网 |
| 2 | 1 | Amazon | 亚马逊 | 26 | 美国 | 互联网 |
| 3 | 3 | Microsoft | 微软 | 46 | 美国 | 软件 |
| 4 | 4 | Apple | 苹果 | 45 | 美国 | 计算机与通信 |
| 5 | 9 | Walmart | 沃尔玛 | 59 | 美国 | 零售 |
| 6 | 8 | AT&T | 美国电话电报 | 144 | 美国 | 电信 |
| 7 | 11 | McDonald's | 麦当劳 | 66 | 美国 | 餐饮 |
| 8 | 5 | Mercedes-Benz | 梅赛德斯-奔驰 | 121 | 德国 | 汽车与零件 |
| 9 | 6 | Toyota | 丰田 | 88 | 日本 | 汽车与零件 |
| 10 | 7 | Nike | 耐克 | 49 | 美国 | 服装服饰 |

制表：世界品牌实验室（WorldBrandLab.com）

图 2 2021 年世界品牌 500 强前 10 名品牌

（三）乡村竞争破解之法

中国事实上已经走进了"乡村经营"的时代。20 世纪 70 年代开始了法国乡村拯救运动。1982 年法国"法兰西最美乡村联盟"成立，而今已达 150 多家。2003 年，意大利等国设立"世界最美新村联盟"，在国际上进行最美乡村联盟运动。2006 年 4 月，在日本的北海道美瑛市等人口 1 万以下的 7 个市集合进行"日本最美乡村联盟"运动，"再造乡村"。该联盟的目标，指向守护日本乡村的景观、环境、文化，形成个体的特色，向世界展示日本乡村的魅力，创造日本乡村地域品牌。"日本最美乡村"的联盟运动，将调和了自然和人类之间

| 排名 | 国家 | 入选数量 | | | 代表性品牌 |
|---|---|---|---|---|---|
| | | 2021年 | 2020年 | 2019年 | |
| 1 | 美国 | 198 | 204 | 208 | 谷歌、亚马逊、微软、苹果、沃尔玛 |
| 2 | 法国 | 48 | 45 | 43 | 路易威登、香奈儿、迪奥、欧莱雅、爱马仕 |
| 3 | 日本 | 46 | 44 | 42 | 丰田、本田、花王、索尼、佳能 |
| 4 | 中国 | 44 | 43 | 40 | 国家电网、腾讯、海尔、中国工商银行、五粮液 |
| 5 | 英国 | 37 | 40 | 44 | 联合利华、英国石油、沃达丰、普华永道、汇丰 |
| 6 | 德国 | 26 | 27 | 27 | 梅赛德斯-奔驰、宝马、思爱普、大众、敦豪 |
| 7 | 瑞士 | 17 | 18 | 21 | 雀巢、劳力士、瑞信、万国、欧米茄 |
| 8 | 意大利 | 15 | 15 | 14 | 古驰、葆蝶家、法拉利、菲亚特、普拉达 |
| 9 | 荷兰 | 9 | 9 | 9 | 壳牌、飞利浦、喜力、荷兰国际集团、毕马威 |
| 10 | 韩国 | 8 | 7 | 6 | 三星、现代汽车、起亚、乐金、乐天 |

**2021年《世界品牌500强》入选数最多的国家前10**

制表：世界品牌实验室（WorldBrandLab.com）

图 3　2021 年世界品牌 500 强入选数最多的国家前 10 名

关系的美丽风景设计为品牌标志。将来,该标志载有有着辉煌溢价价值的观光地,作为文化印记让世人认知。

21 世纪开始的中国新农村建设,也于 2003 年提出了"经营村庄"。2003 年 6 月 5 日,习近平在题为"大力实施'千村示范万村整治'工程开创我省农村全面建设小康社会的新局面的浙江省千村示范万村整治"工作会议上的讲话中提出,要根据各自的区位优势和经济条件,充分发挥各方面积极性和创造力,着力体现区域特点和地方特色,积极探索不同风格、不同特色的乡村建设模式。要树立经营村庄的新理念,把发展特色农业、特色工业、特色观光休闲业与建设特色村庄结合起来,把农村特色经济、绿色产业发展提高到一个新水平。

由此,浙江省率先开始了乡村经营。但那时的"乡村经营",基本落实在乡村建设方面。2008 年开始建设"美丽乡村"。虽然比欧美日等国迟了两年,但"美丽乡村"建设由此轰轰烈烈开展起来。而今,浙江以省委办公厅、省政府办公厅名义发文,命名杭州市余杭区等 11 个县(市、区)为 2018 年度浙江省美丽乡村示范县。"美丽乡村"走向全国,并成为"美丽中国"的坚实基础。从某种意义上,"美丽乡村"是通过乡村建设,实现外观、环境等第一个层面的乡村差异化。

目前,浙江省在推行的"未来乡村",是通过乡村"三化九场景建设"实现人本化为目标、生态化为基础、数字化为工具的包括九个场景的乡村建设。应当通过品牌战略实现更高层面的个性化与差异化,才能凸显独特的乡村价值。在 3B 时代,没有品牌经营就没有未来。

全球处于移动互联网消费时代。研究证明,网络消费更需要品牌作为诚信保障,艾媒咨询《2020 中国新春消费趋势研究报告》证明,中国新春消费中,57.4%的网民偏好知名大品牌。研究证明,品牌是认知的产物。传统消费模式从注意→兴趣→欲望→记忆→行动,网络分众消费模式从注意→兴趣→搜索→行动→分享,移动网络消费模式从共鸣→确认→参与→共享扩散,三种消费行为模式共存。

中国应当实现"乡村全域品牌化",才能解决可持续发展问题。乡村品牌化,以乡村区域发展内在驱动为发端。2019 年我们重提"乡村品牌化",希望借助品牌化,提升中国乡村的独特价值、独特个性、独特形象、独特产业、独特品牌意义,使之获得可持续发展和实现高品质生活。

顺应我国城乡融合发展战略,中国应当实现"乡村全域品牌化"同时的"城乡互动品牌化"。通过品牌化,达到产业兴旺、区域经济发展,达到富民脱贫和乡村振兴。

**二、乡村品牌化经营,以无限升维乡村多维意义为价值**

乡村品牌化经营,要持续升维乡村五大独特的多维意义,如图 4"乡村品牌多维价值结构图"所示。

(一)功能性意义(重构乡村意义,获得区域发展,满足城乡多层次独特消费需求)。

(二)社会性意义(创造乡村空间、产业、产品等的品牌溢价,形成共创/共融/共富/共享/共荣/共同永续发展"六共"价值体系;改变小农生态特征,形成品牌组织,倒逼组织化、标准化、科技化,提升人口素质)。

(三)情感性意义[满足四类消费者(原乡人、归乡人、新乡人、旅乡人)的多维情感需求]。

(四)认知性意义(乡村的认知价值,民族的文化原型与特色、生活方式、价值观)。

(五)情景性意义(场景输出:自然、建筑、人文、虚拟场景、艺术情景、审美意义)。

形成乡村独特优势的品牌意义、品牌溢价、区域发展,让每一个乡村成为可永续发展的个性品牌。

研究日本乡村发展模式可见,从"一村一品"、农产品品牌化(精致农业)到乡村再造[魅力再发现,开发旅游市场与引进外地人、跨界合作(女性教育、老人康养)、发挥女性力量、引进农业科技],以民间创新为主、官方跟进协助的模式,最终成为日本"乡村振兴"的主要模式,成为日本乡村地域发展的主要思路,如"乡土创业事业计划",宫崎县的"青年返乡计划"。

图 4   乡村品牌多维价值结构图(胡晓云,2022)

### 三、乡村品牌化经营,以创建乡村公共无形价值为焦点

乡村品牌化,不是乡村建设,而是乡村品牌化经营,非拘泥于物质建设。大拆大建大并、设施硬件硬上等,都不是品牌化战略属性。品牌化战略倚重于创新无形价值,提升实体经济、资源经济的价值。绝大多数乡村已有长期的传承,乡村品牌化,并非创造一个新品牌,而是在承继的基础上,进行重塑、再造。

(一)已有资源发现:调研,发现文脉、民俗、价值观、生活方式、工艺传承、产业特色、特产地标、非遗等已有资源。

(二)探讨已有资源的价值:评估已有资源是否能够达到乡村品牌化经营目标。第一目标:满足消费需求。满足城乡消费者对乡村的基本需求、特殊需求,对某乡村的独特需求;第二目标:凸显乡村自身特质,区隔竞争对手,重构乡村意义;第三目标:创造乡村的空间、产品、服务的品牌溢价,平衡产业与生态关系,以品牌溢价助力创新生态价值转换机制(例如淳牌有机鱼,控制鱼产量,保证水淳净);第四目标:获得共建、共融、共富、共享、共荣、共同永续发展的六共发展目标。

物性(资源禀赋、服务质量、硬件设施等)是打造品牌的基础,但并非必然条件,许多品牌都是创造出来的。如浪漫山川,无资源,但通过占有资源的公共性构建了"浪漫",实现文化原型的呈现,构建与赋能特定的文化、调性、气质、精神、信仰等无形价值。

品牌是优秀社区公民,是利益创造者与贡献者;品牌体现共建、共融、共富、共享、共荣、共同永续发展的机制,提升无形价值以形成品牌价值。

因此,乡村品牌化,倚重于通过发现、创新一个乡村空间内的无形价值(文脉、民俗、价值观、生活方式、工艺特色等),提升乡村的区域竞争力。

如日本合掌村,以合掌村的房屋建筑特色,提炼"合掌"精神,鼓舞士气,体现文脉,传承灵魂,开发产品(清酒节、共建合掌房活动),发展旅游业,获得可持续发展。

### 四、乡村品牌化经营,以乡村产业兴旺为品牌经济基础

产业兴旺,是乡村全域品牌化的基础。没有扎实的产业基础,就没有乡村的经济基础。

这个经济基础,可以是基于乡村独特的物产、文脉、虚拟、体验、场景等多种价值的产业经济、实体经济、无形价值,进一步通过产镇融合、产村融合,打造产业品牌,各种农产品、民宿等区域公用品牌的打造形成乡村的符号经济、关系经济、品牌经济。

### 五、乡村品牌化经营,强调以乡村文脉赋能,重构乡村新意义

(一)利用原型符号(各乡村的图腾崇拜、元素传承、意义新解),创新乡村新意义。

如利用乡村不同的富有特色的原型符号,进行乡村品牌标志品标、命名、商标、品牌影响力、品牌意义的建构与表达,创新乡村的意义系统。

(二)利用乡村原型,对应集体无意识、图腾崇拜、元素传承、意义新解,创造乡村新动能。

（三）利用民俗民风与原生态生活方式,对应乡村消费者的认知与消费习惯。

（四）利用深厚的村落文化,对应乡村消费者的文化归属感。

（五）利用乡村文脉价值,对应消费者的寻根意识与根脉意义……重构乡村意义,链接新生代消费,做到牵着根,连着情,走进心,向未来。

如乌克兰艺术家詹娜·卡德罗娃(Zhanna Kadyrova),从基辅撤离到乌克兰西部的山村中,开始收集河里的石头,制作成石头"面包",这组艺术品名为*Palianytsia*,在乌克兰语中指"一块圆面包"。塑造食物表达了詹娜·卡德罗娃对日常与和平的渴望。战争爆发时,她觉得艺术像梦一样脆弱,而现在她相信艺术能让人们听到她的心声。*Palianytsia*被赶在大地艺术祭开幕前送到越后妻有村里山现代美术馆中,这组作品出售所得也将捐赠给乌克兰公民的消费,让人们再度关注越后妻有村(见图5)。

纸艺家布施知子在一栋艺术再生茅屋"うぶすなの家"二楼茶室的折纸作品"うぶすなの白",她将白纸折成螺旋、塔等雕塑形态,颇为神圣,以此表示对居住在这一空间里的灵魂的敬意(见图6)。

图5　一块圆面包与和平意愿的表达(日本越后妻有村)

图 7　折纸作品与神圣感塑造（日本越后妻有村）

## 六、乡村品牌化经营，以城乡融合发展定位城乡关系

（一）城乡融合前提下的乡村

乡村，界定为以农业为主导产业的县域、乡镇、村域，这些区域要生存下去（不被拆并）、获得存在感（存在意义发现）、发展（竞争获胜），就必须实施乡村品牌化。这是乡村发展的内在驱动。

（二）乡村与城市的关系定位

1. 乡村是城市的母亲（是城市的文化原型），蕴藏着文化母体的内在影响力、寻根规定性；

2. 乡村是城市的童年与童话（是城市的发展基因），承载了人类生命初期的淳正与单纯；

3. 乡村是城市的回望与记忆（是城市的集体无意识、审美理想），留存着人类善良的、人性的光芒；

4. 乡村是城市的生态保护场（是人类宜居的阴阳平衡结构），供养着城市人的生存与发展的基本需求。

（三）城乡融合前提下，乡村对城市的功能及其价值表达

①作为文化原型的安定感觉（生存母体）；②作为人类童年的自在感受（发展基因）；③作为城市回望的美好想象（审美理想）；④作为人类宜居的生态场景（生态生活）；⑤作为人类发展的永续价值（永续价值），安定的、美好的、自在的、有为的。

（四）城乡融合前提下乡村的生态价值

达到五生发展:生物(多样化、绿色循环),生态(天人合一、品牌生态结构),生产(满足各种需求),生活(日常与诗性相结合),生命(无上价值的载体)。日本案例:城乡关系协调融合的乡村发展,20世纪70年代,启动"一村一品"。

1993年,提出"第六次产业"(一、二、三产业联动),1999年,颁布"新农业法"(农业是社会产业/以村落为依托实现文化振兴/小农组织化);2003年,东京电视台"来,去乡下去住一晚",推动返乡热潮;2014年,制定"城市人工作创生法",保障城市人返乡的合法权益,设置"地方创生本部"专门单位,提出"U-Turn"(掉头)、"I-Turn"(转弯),推动乡下生活方式,描述人们想要一个全新的安静自在的生活环境,可以享有美好的自然生活等等。

海士町,日本离岛小乡镇,距离本州3小时;自然风光好,物产自然;生存长期依靠公共支撑,曾被人口稀少化与财政危机逼到穷途末路、人口仅2300人的小镇。面对困境,全岛开始了再造过程:首先,全员选择,岛上民主,决策"不合并自己再造"的主张,成立综合地方创生机构"岛的幸福论";其次,唯一预算用在导入冷冻食品新技术CAS上(Cells Alive System)(CAS是指不破坏海产的细胞直接冷冻的技术),借此,顺利将真空包装的岛上的海产推广到全国各地;其三,进行商品开发:"岛生岛长"的"隐岐牛",在资源丰富的自然环境中生长;淡雅清香的"福木茶";用保保见湾海水、以手工细心制作的天然盐"海士乃盐"。其四,引进"掉头回乡人员",开展实习生制度,使之成为具有"I-Turn"(原本与此地区没有关系的人们移居上岛)现象的城镇。尤其是年轻人的移居为小镇注入了活力。岛民成功地将岛上的特产接二连三地商品化,被喻为地方创生的典范(见图7)。

图7　海士町的地方创生

### 七、乡村品牌化经营，以区域永续的差异化战略为特征

实现差异化塑造、差异化生存、差异化发展、差异化满足，寻找并发现已有资源的独特性，创造或重塑资源，实现差异化。着力扩造乡村对于城市的共性功能，更强调共性基础上的个性差异价值。如丽水——秀山丽水，养生福地；衢州——南孔圣地，衢州有礼，体现结构定位中的共性价值，发掘或创造每个区域（县域、乡镇、乡村）的独特价值。

### 八、乡村品牌化经营，以激发人的乡村原型心智为关键

（一）品牌是认知的产物。过去，一个新产品、新品牌出来，强调"抢占消费心智"，抢占的消费心智，或顺应，或引导，甚至于造梦。

（二）乡村原型心智。对于乡村的价值、功能、与人之间的关系等，消费者已经有一定的心理定位：中国"桃花源"，美国"瓦尔登湖"，法国"波尔多""普罗旺斯"，日本"北海道""长野""熊本""箱根"等。乡村品牌化经营，要激发消费者的乡村原型心智；乡村品牌化战略，应顺应消费者心目中有关乡村的心理定位，激发消费心智，占领其心智中的独特生态位。

（三）心智占领与偏好固化：类别第一；独特性第一；新品牌要实现心智固化，占据消费者心智货架，固化心智偏好。

（四）文脉与文脉心像：从神话原型到集体无意识，形成双向联动。

### 九、乡村品牌化经营，以协同城乡的品牌生态场为蓝图

（一）以宏观品牌结构为乡村品牌背景。品牌的宏观背景是国家品牌—区域品牌—城市品牌—乡村品牌的品牌结构。

（二）以乡村空间为乡村品牌生态范畴。构建乡村公共品牌、乡村产业品牌、乡村产品品牌、个人品牌及组织品牌。

（三）以特色乡镇为乡村品牌生态的顶梁柱。将特色乡镇作为乡村品牌生态结构中的顶梁柱，上达县域品牌，下至村庄品牌。

如打造以农业产业强镇为基础的特色乡镇品牌；古镇的文脉传承与特色差异显著，可创造认知延续（欧洲、日本等的案例）；特色小镇以产业为主体特征，已形成空间—产业—企业—产品的品牌生态与一定的消费影响力（中国农业特色强镇）；新型文旅小镇，以农耕为基础的新空间、新产业、新人群基础上

的新乡镇品牌(农文旅、永安稻香小镇)。

(四)以村庄为乡村品牌的基本单位,形成组合生态结构。如浙江安吉基于产业特色的美丽乡村:白茶第一村——溪龙乡黄杜村,竹木加工村——报福镇彭湖村,风景名胜村——天荒坪大溪村,生态大观园——开发区横山坞村,昌硕文化村——鄣吴镇鄣吴村,龙舞民俗村——昆铜乡上舍村,畲族风情村——章村镇郎村,农业观光村——皈山乡尚书圩村,书画特色村——良朋镇迂迢村,农家乐特色村——上墅乡董岭村等,以实有产业的"一村一品"为基础建设美丽乡村。

(五)建构乡村区域空间的品牌生态自治系统。国家(品牌)—区域(品牌)—产业(品牌)—产品(品牌)—社群(品牌)—组织(品牌)—个人(品牌)—国家(品牌)—人类(品牌)。

(六)以系统化品牌工程实施为支撑,形成战略规划—策略创新—工具创意的基本程序,实现系统化定位、系统化布局、系统化生存,形成区域系统化的品牌生态自治体系。

### 十、乡村品牌化经营,以低成本投入创造高效益为运营策略

(一)中国乡村的财政压力较大,大多脱贫不久,刚进入"乡村振兴"阶段,目前并无富足的品牌打造资金。

(二)乡村品牌化的本质策略应当是低成本、高效益。

(三)ROI(投入产出比)是乡村品牌化运营的基础预算前提。"投入产出比"中的"投入"是指项目全部静态投资额;"产出"是指项目全部运行寿命期内各年增加值的总和。用公式表示为:$R=K/IN=1/N[1]$,其中,$K$ 为投资总额,$IN$ 为项目寿命期内各年增加值的总和,$N=IN/K$,$N$ 值越大,项目经济性价值越高。

乡村品牌,与快消品等的品牌营销完全不同,它的存续时间越久越好,而非短时间内获利,然后变成冷地,无人问津,自生自灭。要低成本高效益,打造百年品牌乡村,实现长尾溢价,而非即时爆发性溢价。

### 十一、乡村品牌化经营,以在地化、共创型的品牌运维为有效路径

乡村品牌化,功成于在地化共创型品牌规划运营。

（一）在地化运营:在消费洞察、品种研发、品质管控、品牌建设、消费关系建立与维护、品牌维护等一系列程序上,都需要以在地资源基础做精细化运营。

（二）细分化市场:进行关键细分(核心市场、核心人群),然后引爆其余市场。

（三）利益相关者共创:互动平台、互动媒体、互动建构品牌意义。引进消费者,建设消费场,满足学习、娱乐、健身、社群等需求。

乡村区域空间＋互联网社交媒体时代,原乡人消费者是天然的共创者(合作生产),公民行为,成员互动集于一身的消费者;归乡人、新乡人、旅乡人之间需要建立合作生产虚拟＋实有空间,形成成员互动平台。"原乡人、归乡人、新乡人、旅乡人"四种人,都是"产消者"(prosumer)角色。

（四）创设双化空间:乡村实体场景＋虚拟社交空间,形成顺应未来人生存与发展的数字化模式,创造实有经济＋虚拟经济、实有品牌＋虚拟品牌的双化互动结构,生成"数字身体",实现"远程虚拟在场",对应"产消者"(prosumer)新角色。

### 十二、乡村品牌化经营,以满足多元需求获得永续发展为终极目标

乡村品牌化,是将乡村打造成为品牌,将乡村作为消费品,满足四种人的需求(见图8)。

| 原乡人 | 归乡人 |
|---|---|
| 安居安心感、获得感、幸福感、归属感、荣誉感 | 怀旧、惊喜、骄傲、共生、共荣 |
| 新乡人 | 旅乡人 |
| 安居乐业、营商环境、区域潜力、愿景憧憬、共生归属、共融关系、共荣价值 | 猎奇、怀旧、浪漫、自在、共情（集体无意识、神话力量） |

图 8　乡村品牌化的消费者需求满足矩阵

品牌化建设要自外而内(从消费者出发,观照资源及其产品生产),最终获得城乡及四种人的共创、共融、共富、共享、共荣、共同永续发展,创造"六共"价值。

### 十三、乡村品牌化的基本类型与生态结构

在 2019 年的"第三届中国农业品牌百县大会"上，我已经推出了"中国乡村品牌化的基本类型与生态结构"（见图 9）。乡村品牌的生态结构中，区域公共品牌、区域公用品牌、企业品牌、产品品牌、组织品牌、个人品牌等，形成整合、互动的相互背书的科学的生态结构，以达到区域的"六共"发展。

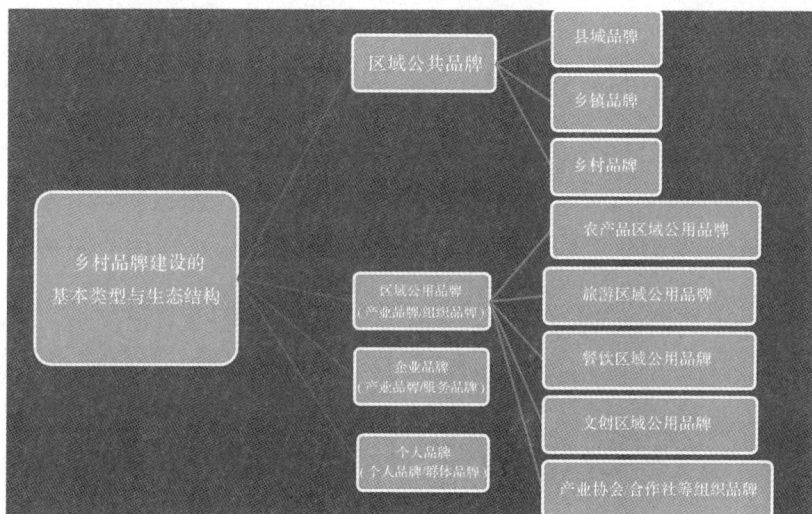

图 9　乡村品牌化的基本类型与生态结构

### 十四、乡村品牌化的四类品牌塑造模式

如何通过乡村品牌化，达到乡村振兴与"六共"价值提升与发展？我们近二十年的探索实践证明，全资源融合、全产业整合、单产业突破、全区域联合四种品牌打造模式行之有效（见图 10）。

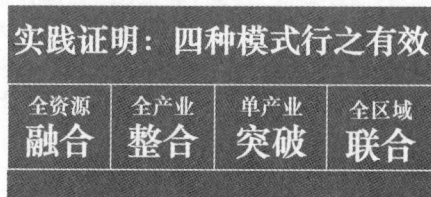

图 10　四种乡村品牌打造模式（胡晓云，2022）

（本文是笔者应邀于 2022 年 6 月 6 日上午在由新华社指导、新华网和《小康》杂志社共同主办的"全国乡村振兴高峰论坛"在线会议上的主题报告。首发于 2022 年 6 月 17 日新华网等媒体，并转发于浙江大学 CARD 中国农业品牌研究中心官网、浙江永续农业品牌研究院微信公众号"农业品牌研究院"，被澎湃新闻、法治网、《小康》杂志、网易芒种品牌管理机构等广泛转载。）

# 符号消费与设计赋能

2022 年 8 月 28 日,第二届世界绿茶大会在深圳召开。在其中的第六届中国(深圳)国际茶包装设计论坛上,笔者应邀,做了题为《符号消费与设计赋能——当下中国茶叶区域公用品牌的价值再造》的主题演讲(见图 1)。

演讲从品牌本源符号、品牌本质关系、品牌类型、区域公用品牌性质定位、区域公用品牌的权限与利益关系、区域公用品牌的多重价值等角度阐释了茶叶区域公用品牌与消费者之间的新型关系,品牌表达的八条路径以及中国茶叶区域公用品牌在当下的重要价值与独特意义等内容。

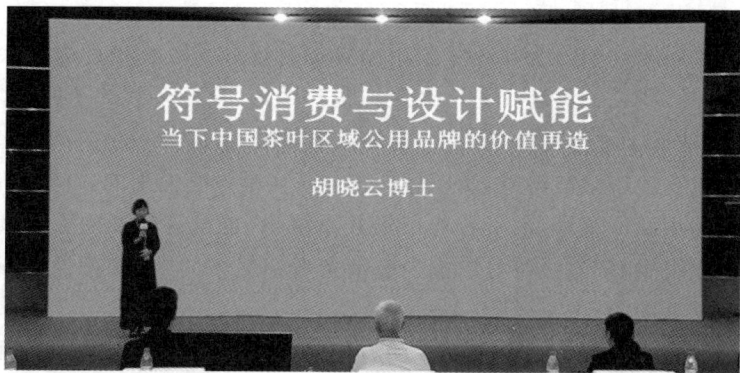

图 1 第六届中国(深圳)国际茶包装设计论坛主题演讲

各位茶人、专家,大家好。

众所周知,茶的身份变迁与衍化进程,说明了茶在越来越多角度地满足人们的需求。

根据人类学家的研究,21 世纪,随着生活水平日趋提高,消费者已经进入了"新生活世界模式"。这个模式说明,消费者已经呈现出多元消费并存、象征消费盛行的消费格局中。消费者即是"生物人"，具有作为"生物人"的需求，但消费者中越来越盛行进入"社会人""符号人"的"现实世界""象征世界"的消费。

品牌消费，属于人作为"社会人""符号人"的消费，在消费物的同时，更消费产品与服务的意义与价值。[相关研究成果参见日本古田隆彦专著《成熟消费社会的九个角度》（日文版），1987；胡晓云论文"21世纪的中国广告：以'新生活世界模型'观照中国消费者"，2000年；胡晓云专著《安静思想》，2013]

## 一、当前中国茶叶品牌建设的六大现状

**（一）品牌本源为符号，但有效符号不多**

从品牌起源可见，品牌本源于符号生产与符号消费。通过标识等创造，创造品牌的差异，向消费者承诺利益并提供消费信用，以此提高品牌溢价，提升品牌价值。

从品牌结构三角模型中，我们看到，品牌由符号表征、产品生产、消费体验共同构建品牌的三角关系。

因此，品牌本源在于符号，品牌以符号表征产品特质、产品体验、消费意义。

问一个问题："中国茶叶区域公用品牌都有符号了吗？"也许大家会回答："有的。"但是，我说："没有。"为什么这样说？因为，我们多数的茶叶区域公用品牌，即便注册了地标商标，有了一定的标准符号，但因为平时的产品包装、设计其实都没有使用标准符号，所以标准符号其实是没有使用的。同时，由于没有很好地运用商标符号，消费者与市场并不认识，也没有较高的关注度、忠诚度，因此，也很少有"超级符号"，也少有消费者记忆中的"认知符号"和存于消费者心智深处的"心像符号"。

我国的茶企品牌也是少有真正的有影响力的符号的。别的不说，即便是"中茶"这个符号，虽然早在20世纪50年代就注册了商标，设计也非常具有中国特色——八个中国红的"中"字环绕一个绿色的"茶"字，中国风格显著（见图2），但该符号并未广泛传播，更少与年轻人交流，因此，也许更多的国内年轻人并不了解这个商标，可能更了解"立顿""川宁"等品牌的符号。倒是"大益""竹叶青""八马"等的符号，越来越深入人心（见图3）。

**（二）品牌本质是关系，但深入消费者心智的茶叶品牌不多**

打造品牌是为了更好地创造价值，与消费者之间建立起相互信任、构成同

图 2 "中茶"品牌的符号表达

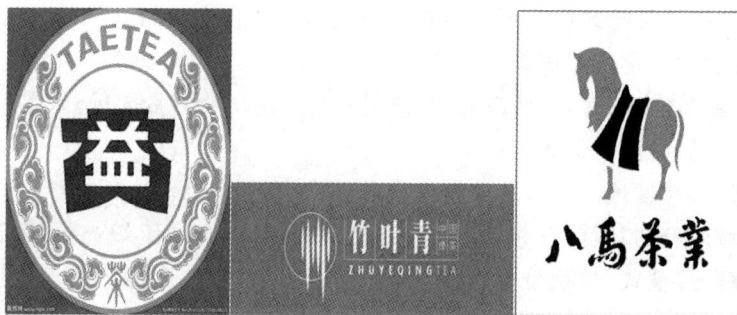

图 3 "大益""竹叶青""八马"三个茶企品牌的符号表征

盟、共同成长的长期关系。

问题二:"中国茶叶品牌都与消费者构成了明确、良好的关系了吗?"回答:"没有。"一个茶叶品牌与消费市场的关系,至少有认知关系、交易关系、使用关系、认同关系、忠诚关系等关系构成与层次。

我们大量的茶叶区域公用品牌,尚未与消费市场,特别是青年人市场、国际其他国家市场等构建起上述关系。

（三）品牌类型结构化才是有效的品牌生态，但目前尚未形成

茶叶区域公用品牌、企业品牌、产品品牌的法律保护，是注册普通商标、地标证明商标、地标集体商标等。区域公用品牌强调一个区域内茶产品的共性价值发现、公用地灾难规避；地理区域特征与人文因素特征的挖掘、发现与传播；平衡品类公共特征与品牌个性特征，体现母品牌共性和授权企业的子品牌个性。

问题三："我国茶叶区域公用品牌经营与国有企业品牌经营的差异？"回答："几乎没有。"茶叶区域公用品牌是一个特定区域的先进性资源，如果认识到区域公用品牌的产业逻辑和区域关系，就不会将区域公用品牌与国企品牌经营相提并论，或者说，只强调企业品牌，而没有认识到区域公用品牌对茶产区的共富、共荣价值。反过来，也不会只强调区域公用品牌，而不为企业品牌提供"准公共品"的平台价值。

因此，茶叶区域公用品牌与茶叶企业品牌、产品品牌之间，要形成合理的生态结构，才能规避公用地灾难。

（四）茶叶区域公用品牌的性质定位为"准公共品"，但了解的品牌运营者少

问题四："茶叶区域公用品牌的性质定位是'准公共品'。那么，'准公共品'的品牌性质定位意味着什么？"

回答："这意味着，区域政府'超前引领'，经由协会力量的运营，实现'强政府＋强市场'的竞争优势。"

（五）茶叶区域公用品牌的权限与利益关系复杂，尚未梳理清晰

区域政府的"超前引领"职责与强政府支持、协会的组织与授权机制、三权/四权分置模式（协会注册/商标所有权或协会授权/商标经营权与政府监管、协会主管与经营者协商/品牌收益权、授权市场主体/商标使用权）等，体现并形成了茶叶区域公用品牌的特殊权限，与区域政府、区域产业、区域内茶叶企业、茶叶合作社、茶农等的相关、共同的利益关系。

问题五："目前，各地茶叶区域公用品牌的权限与利益关系清晰度如何？"我的回答是"不够清晰。国际上其他国家的商标管理一般属三权分置，我国基于区域经济、集体经济范畴的四权分置探索等，正在进行"。创建、管理一个茶叶区域公用品牌，须厘清多个机构、组织、个体之间的多重权限与利益关系，这个品牌才能真正起到发展区域茶叶经济的作用。

（六）茶叶区域公用品牌的多重价值，尚未实现

茶叶区域公用品牌是区域形象的支撑品牌，是区域三产融合的基础品牌，是区域产业产品的平台品牌，是区域经济的富民品牌，是区域经济的先进性资源品牌（独立价值／授权赋能）。

问题六："茶叶区域公用品牌的价值体系得到构建，多重价值得到体现了吗？"

我的回答是"还没有"。要有多重价值意识。一个具有高价值的茶叶区域公用品牌，拥有社会价值、经济价值，属于区域先进性资源价值（知识产权价值）。

因此，我今天将话题中心放在"符号消费与设计赋能——中国茶叶区域公用品牌的价值再造"上。

## 二、符号消费与设计赋能

回溯本源：茶本是一片东方树叶。

中国是茶树的原产地。中国西南地区为茶树原产地的中心。中国被称为"茶的故乡"，世界上许多国家的饮茶、种茶习惯，均直接或间接地从中国传入。

世界各国称茶为"Cha"或"Tea"，即是中国茶传到外国时，由中国语言翻译而来。中国的英文名——"China"，除了被翻译成"瓷器"之外，在茶人中广泛流传的另一种说法，是由"茶"的读音转化而来。

作为一个多民族国家，同样的"茶"字在发音上也有方言差异。如福州发音为"ta"，厦门、汕头发音为"te"，长江流域及华北各地发音为"chai""cha"等，少数民族的发音差别较大，如傣族发音为"la"，贵州苗族发音为"chu""ta"。

归纳各国茶发音，可以发现，茶叶是从中国海路传播到西欧等国，茶的语音大多近似中国福建等沿海地区的"te"音和"ti"音。如英国的"tea"、法国的"the"、荷兰的"thee"、意大利的"te"、德国的"tee"、南印度的"tey"、斯里兰卡的"they"等。茶叶由中国陆路向北、向西传播去的国家，茶的语音近似中国华北的"cha"音，如俄罗斯的"чай"、土耳其的"chay"、蒙古国的"chai"、伊朗的"chay"、波兰的"chai"、阿尔巴尼亚的"chi"、朝鲜的"sa"、希腊的"tsai"、阿拉伯的"chay"等。

中国也是世界上最早发现和利用茶的国家。据考证，茶树起源至今已有6000万—7000万年历史。我国古代文献中曾有许多关于茶的记载，并大多将茶的发现时间定为公元前2737—2697年。"茶"字的起源，最早见于我国的神

农氏的《神农本草》一书，东汉时集成。它是世界上第一部药物书。从湖南长沙马王堆汉墓的随葬品中，发现茶叶和记载有茶的别称"槚"的简文、帛书。

（一）茶的身份变迁

中国茶之路，走过漫长历史，衍化出多重身份。

1. 茶的初始身份，只是中国地域生长的一片东方树叶（生物学意义）。茶的功能身份：可以药用的树叶（生物学意义）。茶的功能身份：可以饮用的树叶（生物学意义）。

2. 茶的产品功能身份，使得茶成为中国的饮品元素。从药饮（神农本草是药书）到清饮、新茶饮（公元前 1 世纪西汉始做初级饮料），1980 年代后出现快消茶饮料。

随着历史发展，茶文化出现。儒家与茶——礼：温、良、恭、俭、让；道家与茶——自然：虚、静、恬、淡，天人合一；佛教与茶——修行：禅茶一味，梵我一如；中国茶道"物我玄会"，日本茶道"和敬清寂"。

3. 茶的文化身份。成为中国文化的符码。茶从一片茶叶，成为药用、饮用的茶饮料。消费者在生产、饮用过程中，形成了茶的生活方式，成为一种文化表征。茶因此成为文学的对象，拥有了文化功能身份。茶不仅仅是百姓的"柴米油盐酱醋茶"，也成为中国文人墨客的座上宾。"琴棋书画诗酒茶。"茶拥有了几千年的茶文化，并与酒文化、咖啡文化形成消费者阶层、消费场合、消费意义与价值的比较。

茶是中国文人吟赋作诗的重要道具。2800 年前的《诗经·邶风·谷风》中有"谁谓荼苦，其甘如荠"；《出其东门》中说："有女如荼。"西晋文学家张载《登成都白兔楼》中"芳茶冠六清，溢味播九区"之语，成为巴蜀茶流播于大江南北的重要依据。

茶是中国皇家闲情逸致的个性表达。如《大观茶论》作者宋徽宗，如喜欢龙井茶的乾隆等。

茶是中国茶人专心研磨的审美对象。唐代开始，大诗人如李白、白居易、刘禹锡、柳宗元都曾为茶倾情高吟，其中最为著名的是皎然和卢仝。皎然的《饮茶歌·诮崔石使君》："一饮涤昏寐，情来朗爽满天地。再饮清我神，忽如飞雨洒轻尘。三饮便得道，何须苦心破烦恼""孰知茶道全尔真，唯有丹丘得如此"，成为中国首篇提到"茶道"一词的诗歌。茶是中国人礼尚往来的情致雅品。从唐宋时期开始，中国雅士便好以茶送人，喜坐雅集。茶是中国人生活方式的跨阶层元素。从柴米油盐酱醋茶到琴棋书画诗酒茶，各色人等都有与茶伴生。

茶是中国人宗教精神的表征物。寺院茶是各地茶的缘起。茶是中国人价值观的隐喻体系,喝茶之人,是淡雅之人,甚至延伸到对人的品级的判断。

4. 茶的经济与金融身份,是中国经济一脉。茶的经济身份,随着经济发展,得以多视角开发。茶物质产品形成的经济价值、茶相关体验形成的经济价值、茶加工品形成的经济价值、茶文创衍生品形成的经济价值、茶的金融身份形成的经济价值等。由此,构成了中国茶的产业地位:中国茶,是世界茶产业的发源地,是世界茶种、茶产业、茶文化的发源地,是世界茶的母亲。

如今,中国茶在世界茶产业中,种植面积第一、产量第一、销售额第三,这是中国茶饮料产业的基础。中国也是世界茶产业重要的原料供应国,且正在开发中国茶的金融价值。2016 年,陆羽茶交易系统上线,意味着茶的金融属性被开发、被确定。茶成为金融的符号象征产品。

5. 茶的国际交流身份。早在公元 16 世纪,中国已有茶叶出口。从海上、陆路向南、北等方向输出。南,福州;北,中俄万里茶路。历史上,俄罗斯的第一片茶叶由中国传入,中俄万里茶道更为两国经贸往来开辟了重要商务通道。

17 世纪初,中国驻俄使节曾以茶叶为礼品赠送沙俄皇帝。1689 年签订的《尼布楚条约》,标志着中俄长期贸易的开始。自此,由张家口经蒙古国、西伯利亚至俄国,贩运茶、丝为主商品的俄罗斯商队日趋活跃起来,茶叶输出量不断增加,茶叶迅速普及俄罗斯各个阶层。

17 世纪,湖北羊楼洞的青砖茶在俄国、欧洲已经培育出一个庞大的消费群体,中国茶逐渐风靡俄国,乃至整个欧洲,尤其是西伯利亚一带,以肉奶为主食的游牧民族,必须依靠饮茶消食化腻。"宁可一日无食,不可一日无茶。"中国茶,成为中国文化使者、中国经济国际化的重要一员。

6. 消费者的身份象征。不同茶品牌也对应不同的消费人群,象征着消费者的品德与身份。如立顿,茶的快消品,象征年轻人生活方式;小罐茶,象征经典茶消费模式;千岛湖茶,专门针对游客核心人群;大益茶,诉求"茶有益,有大益"概念;八马赛珍珠,消费者诉求态度同构:"用恒心,做好茶。"

茶的身份与角色,在历史发展的过程中,经过了系列变迁,并拥有了多重角色,实现了多元并举,角色衍化。从一片树叶,到一杯饮料,到一杯有品牌的饮料,到一瓶加工茶饮料,到品牌茶饮料,到一种文化象征,到一种符号象征,最后,到一种信仰与价值载体。

茶的身份衍化:从一片树叶到金融符码;茶的消费演化:从一杯药到符号

消费。

（二）如何通过符号设计赋能，满足符号消费需求，形成独特价值结构

消费者与茶之间，本属两个互不相关的世界。品牌产品的特征，应当与消费者声息相依，成为生活资料（功能），为消费者彰显个性，成为生活角色（元素），增加消费者消费价值，提升生活意义（仪式）。

价值观是最深的文脉渊源。找到茶叶消费者的"文脉心像"中的价值观，链接茶叶消费者"文脉心像"中的价值观，茶品牌的溢价也就出现了。

1. 探索案例之一：西湖龙井茶，从过去的八个字诉求"色绿香郁味甘形美"，到取自宋徽宗《大观茶论》中的"凡卓绝之品，真香灵味，自然不同"。提出新口号："真香灵味，自然不同，西湖龙井。"

2. 探索案例之二：大佛龙井茶。发掘深山里种的龙井茶的特质，提出品牌主题口号："居深山，心自在"（见图4）与传播副口号："一杯好茶，万事新昌。"

图4 大佛龙井茶的品牌主题口号："居深山，心自在"

3. 探索案例之三：安吉白茶。根据安吉白茶的品种特征，提出品牌口号："纯粹好茶，安吉白茶"，直观展现安吉白茶纯粹的优异品质，链接纯粹自由的生活方式与人生观，形成纯粹的产品品质与生活方式相结合的消费关系（见图5）。

图 5　安吉白茶的品牌辅助图形

4. 探索案例之四：安康富硒茶。根据安康富硒茶的特点、"安康"区域名称、中国文化中"安康"二字的汉字符号意义解释等，提出品牌口号："安康富硒茶，常饮常安康。"（见图 6、图 7）

5. 探索案例之五：江华苦茶。以江华苦茶的种植区域、种植人群的瑶族民族特色、茶产品的生态好茶特征，提出品牌主口号："江华苦茶，瑶山好茶。"并以瑶族富有民族特色的元素进行品牌标志的符号设计（见图 8、图 9、图 10、图 11）。

6. 探索案例之六：梧州六堡茶。根据梧州六堡茶种植区域的地理位置、历史名茶的声誉、黑茶工艺特色、越存越有保健养生功能价值等特征，提炼出品牌主题口号："梧州六堡茶，梧有好茶，历久弥香"，并用品牌标志展示梧州六堡茶辉煌的海上之路走向国际的历程（见图 12）。

7. 探索案例之七：崂山茶。破"崂山道士"的负面传说，利用崂山的北国地理位置，提出主题口号"北茶之尊，崂山茶"，并辅以"一杯崂山茶，万般青岛美"的传播口号，以表达崂山茶在享有美誉的青岛的表征意义，海报及包装设计截取了崂山典型场景进行表达（见图 13）。

8. 探索案例之八：武当道茶。挖掘道家、武当道教文化渊源，"臣以神遇而不以目视，官知止而神欲行"（《庄子·养生主》），"从心所欲，顺理而行"（道家学者成玄英），应对当下消费者的生活状态与价值观，提出品牌口号："朴守

图 6　安康富硒茶品牌辅助图形用线描插画表现
"城在水上、山在城边、茶植山腰"的区域特征

图 7　安康富硒茶的包装设计符号

图 8 江华苦茶的品牌标志符号设计

图 9 江华苦茶传播辅助图形 1 采用了瑶族姑娘形象与服饰特征表达

图 10　江华苦茶传播辅助图形 2 采用了瑶族民间农耕文化元素

图 11　江华苦茶的瑶家礼——喜礼设计

方圆,循心而行",以此表现武当道茶的高品质,并提供了生活价值反思(见图 14)。将品牌价值支撑体系构建为：

　　法自然,500～1200 米适宜海拔,尽情沐浴阳光,自在呼吸新鲜空气,与自然万物相偎相依;循心行,春雨温润,每一颗芽,经历风雨洗礼,芽叶肥壮,自由生长;静修炼,静谧山间,远离世俗凡尘,潜心积淀,散发回味醇香;严取舍,淳

图12　梧州六堡茶的品牌标志设计——"茶船"

图13　崂山绿茶的系列海报设计

朴茶农,严格限制采摘时间,精挑细选,恪守品质优先;守方圆,杀青、过筛、烘焙、发酵,闻道而长,朴守方圆,承受更多磨炼;益众生,常饮此茶,修身养性,心平气舒,遇事宠辱不惊,闲看花开花落。

图 14　武当道茶的"道"汉字元素变形设计、披着茶的武当山景

　　上述案例，我们在探索过程中，均是希望通过设计赋能，满足消费者符号消费需求，形成每一个中国茶叶区域公用品牌独特的价值结构与表达。

　　［本文是笔者在 2022 年 8 月 28 日第二届世界绿茶大会第六届中国（深圳）国际茶包装设计论坛上的主题演讲实录，后以新闻形式节选发于浙江大学 CARD 中国农业品牌研究中心官网、浙江永续农业品牌研究院官方公众号等，并被各茶类相关媒体转载。］

# 实现"六个转变",达成中国茶品牌的价值升维

图 1  "茗家访谈"海报

各位茶人朋友,大家好,非常感谢《茗边》杂志今天对我的访谈。我知道,在这个金秋的 9 月,大家都在等待一个好日子,就是 24 号、25 号的第八届中华茶奥会。

《茗边》的记者告诉我,希望我能够和大家交流一下关于茶叶品牌创建的问题。我想,中国茶叶区域公用品牌的创建,或者说企业品牌、产品品牌的创

建，其实有一个共同的问题需要去解决。这个问题就是，我们要怎样去进行换挡、加速、重塑秩序，创造我们中国茶叶的品牌价值升维。

我认为，我们现在要做的一个非常重要的事，就是要通过"六个转变"实现中国茶产业的换挡加速。下面，我就谈一下这"六个转变"是什么。

①第一个转变，是茶产业经营立场的转变。要从单纯的生产获利到满足、引领消费需求。要从消费者需求出发，进行茶叶的生产过程的管理和新产品开发。

②第二个转变，是茶产业经营思维模式的转变。要从产业思维转向到品牌思维。产业思维的特点是规模化、标准化，而品牌思维的特点是着重消费的价值观。所以，我们可以从消费的价值观、消费的体验价值着手，进行思维模式的转变。

③第三个转变，是茶产业竞争战略的转变。要从过去重视手工业竞争，到未来的多元价值的差异化竞争，在同类产品中凸显个性、形象、调性等一系列的文化差异。

④第四个转变，是要实现茶品牌竞争定位的转变。从区域特种资源竞争转变到心智价值定位，从大众原料日用品的定位到多层次、多角度的价值开发定位，形成选购品、奢侈品、珍藏品的多角度开发。

⑤第五个转变，是茶品牌竞争策略的转变。从单一物质产品销售到新型的产业链差异化经营。比如说茶旅融合、新标准的设计、以茶为主题的茶修目的地旅游等。

⑥第六个转变，是茶品牌竞争方法的转变。从单链到天地人和。因为我们目前面临的是"3B+I+C"（品牌消费、品牌竞争、品牌经济＋互联网数智时代＋消费中心主义）这样一个时代。在这个时代中，我们要针对消费者的价值观进行诉求，针对消费者的需求进行相关的开发，比如药饮功能价值的开发等。

通过实现"六个转变"，加速实现竞争效益的转变，从单一的物质层面的产品价格，到全价值的价值溢价。如果能够实现六个转变，那么我们就能够真正地达到换挡加速、重建秩序，实现我们中国茶产业的品牌价值升维，实现中国茶品牌的品牌价值升维。

（本文是笔者在 2022 年 9 月 22 日接受《茗边》杂志采访时的视频演讲节录。首发于《茗边》视频号，后以新闻形式节选发于浙江大学 CARD 中国农业品牌研究中心官网、浙江永续农业品牌研究院官方公众号等，并被各茶类相关媒体转载。）

# 从评估数据看潇湘茶的品牌成长与未来发展

图 1　主题演讲现场

2022 年 11 月 4 日,第二届潇湘茶文化节召开。笔者应邀参加开幕式,并在"品牌强茶　乡村振兴"高峰论坛中,做了题为"从评估数据看潇湘茶的品牌成长与未来发展"的主题演讲。这是笔者受刘仲华院士邀请,第二次参加潇湘茶文化节。

主题演讲首先全面分析了"湘茶"的地理标志商标数量、分布版图(见图 2),强调湖南省是具有悠久产茶历史,独特的茶产业、茶科技、茶文化的区域。中国茶叶地理标志中,湖南省境内就有 49 个,位列全国第五位。

潇湘茶的商标、茶叶地理标志情况可见,湖南省茶叶品牌建设促进会自 1989 年起开始申请"潇湘茶"相关商标(见图 3),目前已有注册茶叶类(国际分

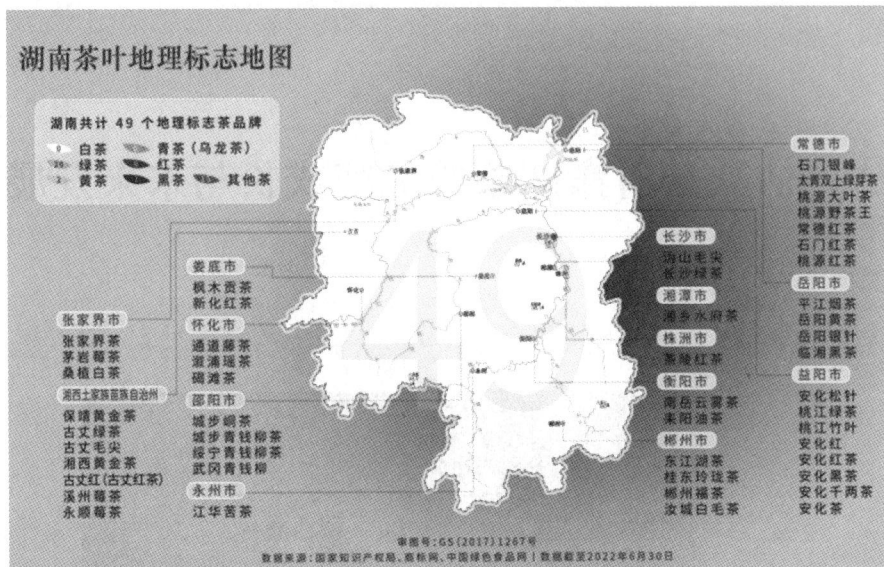

图 2 "湘茶"的地理标志商标数量、分布版图

图 3 潇湘茶商标设计

类 30)商标 7 个。近年来,商标注册更加快了速度,并呈现品类的多样性。

　　六年来,潇湘茶这个"大湘西茶产业集群品牌",集聚区域力量,以茶产业、茶科技、茶品牌带动神秘、美丽但欠发达地区"大湘西",走出"产业脱贫""品牌强农""品牌致富"的道路。潇湘茶长期推出"神韵大湘西,生态潇湘茶"的品牌诉求,最近又征集了品牌口号"茶出东方,醉美潇湘"。

### 一、有关"潇湘茶"的品牌价值评估数据

大家都知道,自 2010 年开始,我们浙江大学 CARD 中国农业品牌研究中心联合中国茶叶研究所等机构,开展中国茶叶区域公用品牌价值评估活动。因为,品牌价值是品牌运营的核心,是品牌溢价的基础。

因为需要商标注册后三年的数据,"潇湘茶"直到 2021 年才开始参加"中国茶叶区域公用品牌价值评估研究"课题。

首先,请看"潇湘茶"在 2022 年品牌价值评估中的具体数据。

数据显示,近三年来,"潇湘茶"的面积、产量、授权企业等指标都在快速上升(见图 4)。

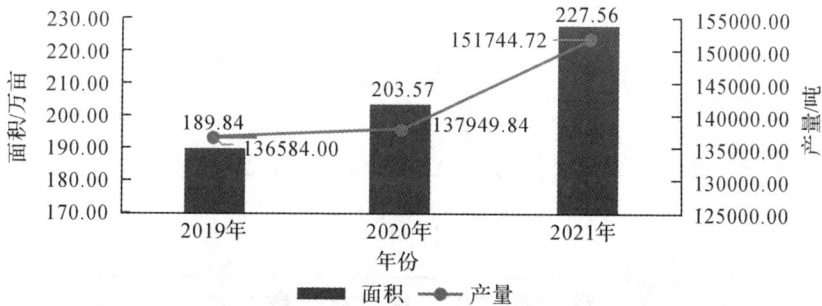

图 4　2022 年评估中显示的潇湘茶种植面积、产量及其增长

"潇湘茶"在中国茶叶区域公用品牌价值评估中位列第四,品牌价值达 68.42 亿元(见图 5)。

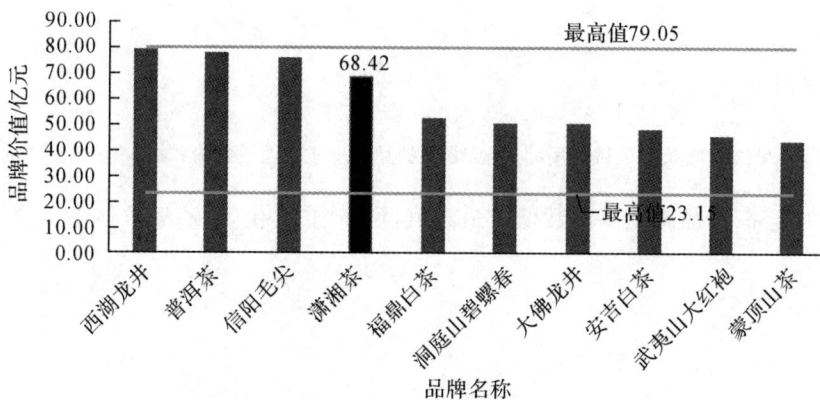

图 5　潇湘茶品牌价值数据

在品牌价值位于前 10 位品牌的比较中,"潇湘茶"的品牌收益位列第五位(见图 6),品牌忠诚度因子位列第 1 位(见图 7),品牌强度位列第 10 位(见图 8);近三年来,潇湘茶出口销售额、电商销售额均得到快速提升。

图 6 可见,"潇湘茶"虽与最高值福鼎白茶距离大,但位于前 5 位,且远高于整体平均值。

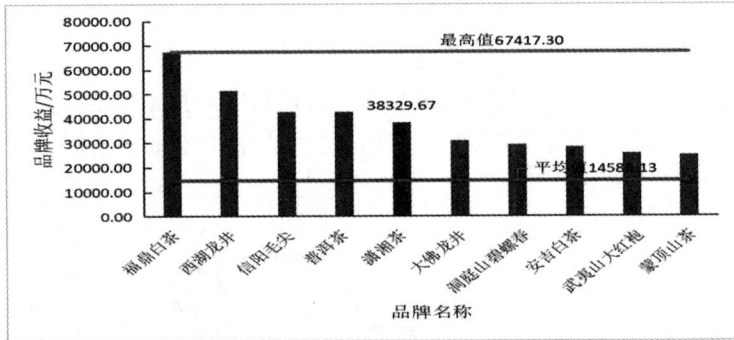

图 6　2022 中国茶叶区域公用品牌前 10 强的品牌收益比较

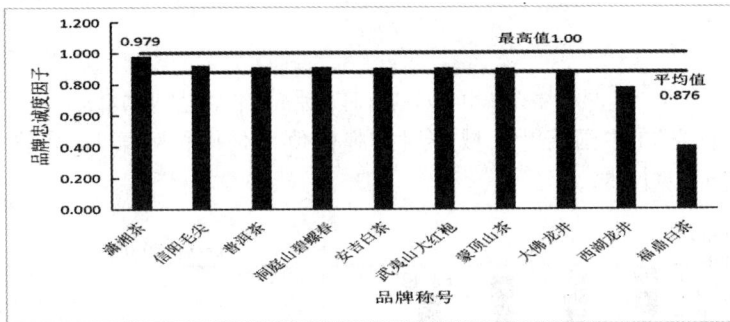

图 7　2022 中国茶叶区域公用品牌前 10 强的品牌忠诚度因子比较,潇湘茶位于第 1 位

"潇湘茶"品牌强度乘数低于最高值,位于前 10 位,但高于整体平均值(见图 8)。

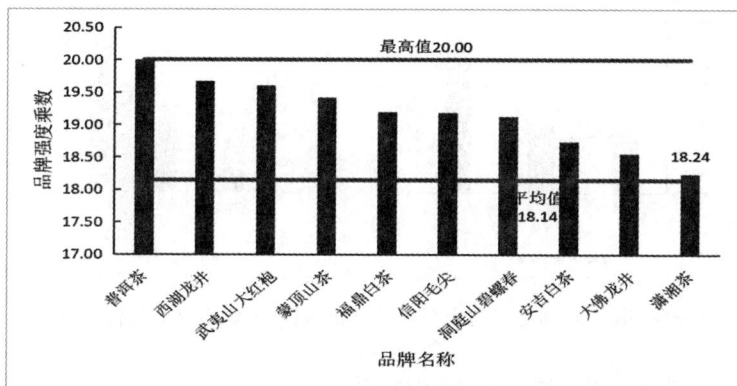

图 8　2022 中国茶叶区域公用品牌的品牌强度乘数前 10 强比较

"潇湘茶"的品牌知名度、认知度略高于整体平均值,但与最高值相比,还有待进一步提升(见图 9)。

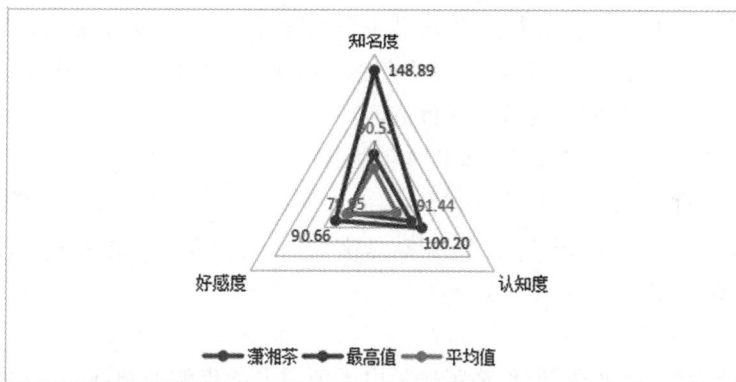

图 9　2022"潇湘茶"品牌传播力三级指标与最高值、平均值比较

近三年,潇湘茶的出口销售额快速提升,国际市场的溢价显著(见图 10),与其品牌强度、品牌传播力提升均有重大关联。

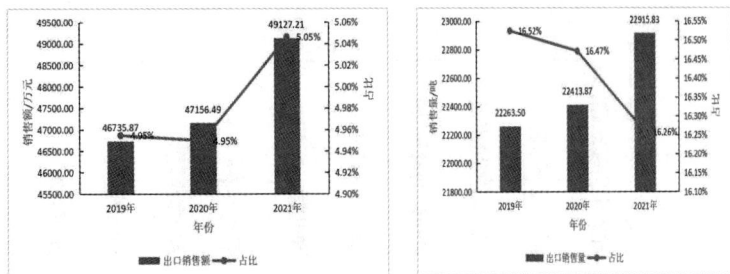

图 10　近三年,潇湘茶的出口销售额快速提升,国际市场的溢价显著

## 二、数据揭示的"潇湘茶"品牌现象

(一)现象一:品牌价值增长快

这是因为,掌握了创造品牌经济的科学规律与方法。"潇湘茶"不仅聚焦生产端的整合、科技投入、产业体系梳理与标准化建设,更进一步完善了品牌符号体系、创新品牌意义体系、传播品牌价值体系,充分理解了品牌经济是以实体经济为基础的符号经济,以消费者心智占领为目的的关系经济,以产品与符号的意义构成与阐释为价值的价值经济。

(二)现象二:"潇湘茶"整体品牌收益较高

以"大湘西"为地域与认知背书,实施大湘西资源集聚,形成适度规模经济效应,形成三茶融合(茶产业、茶科技、茶文化)、三化互动(品牌化引领、数字化赋能、组织化创新)的新格局。

(三)现象三:"潇湘茶"的品牌忠诚度因子高

说明当前"潇湘茶"的价格定位吸引了消费者的忠诚消费,同时,消费者认同合理区间的价格提升。

(四)现象四:"潇湘茶"的品牌强度特别是品牌传播力需要进一步提升

从品牌强度乘数及品牌传播力三级指标的数据说明,"潇湘茶"的系统性传播及传播效能应当进一步加强。

## 三、有关"潇湘茶"品牌的未来发展建议

(一)借助促进会的组织创新,整体提升会员的品牌运营能力

"潇湘茶"的品牌管理主体湖南省茶叶品牌建设促进会的重要价值,是组织创新、资源集聚。促进会已经授权了 203 家企业、300 万茶农。借助促进

会,实现茶产业组织的品牌经营培训与品牌运营能力提升,整合掌握品牌价值升维的基本方法,实现基于"六个转变"的竞争效益的转变:从单一产品价格到全价值链发展,整合掌握品牌价值升维的基本方法。

进一步创造"潇湘茶"的品味独特性,要有实有品味、诉求品味、想象品味、情绪品味、期待品味的独特性。

进一步创造"潇湘茶"的符号意义。标准符号有了,但要创造超级符号、认知符号、心像符号。

深入研究消费者的九个消费世界关系、三个消费圈层关系,并提供八大品牌认知体系,运用表1的八种品牌价值升维艺术方法,提升潇湘茶的品牌价值。

#### 表1 品牌价值升维基本方法

| |
|---|
| 用产品提供独特品味 |
| 用符号表征独特形象 |
| 用服务渲染独特体验 |
| 用场景营造独特氛围 |
| 用节庆链接独特文脉 |
| 用传播构建独特关系 |
| 用平台联动独特背书 |
| 用数字创建独特家园 |

(二)科学营造母子品牌生态结构,协同升维品牌价值

"潇湘茶"作为母品牌具有整合"潇湘"的平台品牌价值,旗下涉及"安化黑茶"等数十个区域公用品牌范畴,数百个企业品牌会员、中国顶级的科研品牌、产业服务组织品牌、意见领袖及各层级、各具特色的个人品牌,需要对相关资源进行有效的品牌内部生态结构架构,有效架构不同品类、不同子品牌的结构关系,凸显支柱性子品牌的价值,并协同升维母品牌的品牌价值。

(三)发挥"大湘西"的IP形象及认知价值,创造特色文脉品牌

品牌文脉,指的是一个品牌的脉络体系与根脉渊源。当"文脉"一词与品牌相关时,我们强调的是一个品牌与其他品牌、事物、人、环境、历史、文化等之间的各种渊源关系及其故事性。

文脉心像是消费者心目中有关品牌的文脉资源与文脉消费价值倾向。根据以消费者为中心的品牌塑造原则,"潇湘茶"要发现文脉价值,首先要研究、

发现消费者的文脉心像，然后看品牌本身是否有相关的文脉资源，并进行相关整合、传播表达，并经由消费者认知印证（confirm，消费者认可这一文脉对自身的价值），形成品牌的独特价值（unique value）。

文脉不仅仅是品牌本身有关的脉络或渊源，还是品牌发生、生长的"语境"（包括地域文化、地理特色、价值观等），更是消费者的"文脉心像"。茶叶品牌特别是区域公用品牌依赖于特定的农耕文化、特定的区域文脉、特定的自然与社会环境。其品牌构筑、品牌价值观、品牌文化意涵、品牌个性及其差异化等方面较之工业品牌，更可以从有到有，通过已有的文脉挖掘、文脉传承、文脉改造、文脉创新，创造品牌文化，提升品牌溢价。

"潇湘茶"背后的"大湘西"，是一个有关"潇湘茶"茶叶生产的实际区域，也是消费者的认知区域。是"潇湘茶"的独特文脉，具有神秘、悠久、独特的悬念；是通过沈从文的文字流淌出去的"田园牧歌"与"神秘故乡"；是具有相对恒定的"文脉心像"中的"诗与远方"。

因此，要立足"大湘西""潇湘"，打造文脉品牌。价值诉求"神韵大湘西 生态潇湘茶"是基础，"茶出东方，醉美潇湘"，对"大湘西""潇湘"文脉要进行深度解读。

（四）持续进行有效品牌传播，牢固品牌关系

"潇湘茶"近三年的国际贸易数据、电商贸易数据说明，品牌影响力到了一定的高度。但是，品牌强度/传播力数据、近三年的品牌运营投入数据让我们看到，传播投入需要进一步加强而不是减少。品牌经济是认知经济，是心智经济，不传播，无品牌。基于国际/国内不同的市场基础、认知环境、消费特征等，实施分屏式、在地化传播。在国际上侧重中国茶污名化的障碍消除、与全球茶叶标准的共性价值挖掘与传播；国内传播，则重视品质生活及茶性价值的多元化、个性化传递。

（五）科学处理"四权分置"的管理格局

"潇湘茶"作为区域公用品牌，其性质定位是"准公共品"，而非纯粹的公共服务品。需要政府、产业组织、企业、茶农等联袂进行系统化、协同式品牌经营。区域公用品牌的多重价值包括区域形象的支撑品牌、区域三产融合的社会性基础品牌、区域产业产品的平台品牌、区域经济的富民品牌、区域经济的先进性资源品牌（独立价值/授权赋能）。因此，需要系统运筹、系统化管理。

"潇湘茶"区域公用品牌的未来发展，当以"大湘西"为品牌认知核心，成为区域形象的支撑品牌、区域三产融合的社会性基础品牌、区域产业产品的平台

品牌、区域经济的富民品牌、区域经济先进性资源品牌（独立价值/授权赋能），"湘茶"中的集群性领军区域公用品牌，"中国—世界"具有独特、强势的品牌价值的区域公用品牌。

### 四、换挡加速、重建秩序的茶叶品牌探索案例

近年，我们团队为西湖龙井、六堡茶、安吉白茶以及前些年为湖南"大湘西"的"江华苦茶"做了品牌规划设计等探索。2019 年，为"江华苦茶"所做的品牌系统规划，深受当地品牌运营者的喜爱。规划强调，在茶品牌的消费对接中，"藏识"发现与诉求对接是关键，品牌价值观是一个品牌获得尊重的核心价值。

"潇湘茶"的未来，当以"大湘西"为品牌认知区域，以"潇湘"为底蕴与"文脉心像"，打造并传播东方品牌美学，输出东方品牌价值观，以达到品牌经营的多重意义：功能性、情感性、社会性、经济性、场景性、精神性意义的创造，形成品牌个性，创新品牌价值，提升品牌溢价，成为湖南品牌强农、乡村振兴的排头兵。

最后，祝"潇湘茶"品牌发展越来越好，并希望未来能够一起探索，一起精彩。

图 11　与会嘉宾合影

（本文为笔者在 2022 年 11 月 4 日第二届潇湘茶文化节"品牌强茶乡村振兴"高峰论坛中的主题演讲实录。后以新闻形式发于浙江大学 CARD 中国农业品牌研究中心网站、浙江永续农业品牌研究院官方公众号等。）

# 品牌创造:从差异化符号到差异化价值

图1　中国美术学院品牌跨界理论讲座海报

　　2022年11月28日下午,笔者应邀在中国美术学院做了题为"品牌创造:从差异化符号到差异化价值"的学术讲座。该讲座是中国美术学院"品牌跨界理论"系列讲座中的第一讲。笔者从品牌创造的时代背景、品牌创造的起源与本质、品牌创造——从差异化符号到差异化价值三个板块与师生进行了互动分享。

### 一、品牌创造的时代背景

我们处于"3B+I+C"时代。3B时代,即"品牌消费、品牌竞争、品牌经济"时代;I时代,即"数智时代";C时代,即"疫情及疫情后时代"。

(一)3B(brand consumption/brand economy/brand competition)是消费去中心化时代,多元消费及象征消费立体交叉存在,多阶层生活形态出现,符号消费托起符号经济时代。

1. 这是一个 CF(consumers first,消费者至上)时代,从批判的视角,看见"消费主义"的存在与滥觞;从建构的视角,应当以人为本,引领并满足消费需求。

农夫山泉,诉求"大自然的搬运工",但事实上,农夫山泉不仅仅是水,而是通过差异化符号,向消费市场推出了农夫山泉的品牌品味、品牌态度、品牌价值、品牌理想、品牌美学(见图2)。因为品牌消费,这个时代的饮用水,其品类卷入度已经由低到高,达到了极高的状态。喝不同品牌的水,意味着不同的阶层、生活方式与价值观。

图2　农夫山泉饮用水的外包装设计:符号及其价值观

茶,不仅仅是茶。懂茶人说,真正的喝茶,是茶本身;消费者说,我要我觉得是茶。于是,"茶颜悦色"新茶饮品牌出现在长沙街头,并响遍全国年轻人阶层;于是"tea'stone"纯茶美学品牌出现,从年轻、时尚的茶生活体验、全新的茶美学生活方式入手,让中国好茶与年轻人走在了一起,共同演绎"中国茶,新腔调"(见图3)。

2. 这是一个 BE(BE-brand economy,品牌经济)时代,基于产业经济、规模经济、体验经济、平台经济等经济模式,更高形态的品牌经济正在占领经济领域的制高点,成为新经济的特征,品牌经济已作为新经济重要的,甚至是核

图 3　两个针对年轻人的茶品牌标识设计

心的经济形态出现，并成为竞争核心。"国潮来袭"与"消费暗示"同时存在，并形成了胶着状态。品牌经济对决传统经济。传统经济概念中，经济指的是整个社会的物质资料的生产和再生产，指社会物质生产、流通、交换等活动，是人类社会的物质基础，是构建人类社会并维系人类社会运行的必要条件。品牌经济概念中，经济是基于一定的资源体系、实体经济、规模经济等，进一步通过符号生产、关系生成、价值赋予等无形价值的生产过程，形成以独特价值为核心的经济形态。品牌经济，通过符号经济、关系经济、价值经济的创造，构成诚信体系，表达消费承诺，成为消费信用。

3. 这是一个 BC（BC-brand competition，品牌竞争）时代。世界早已处于品牌竞争时代，且越演越烈。各种品牌（国家品牌/城市品牌/区域品牌/企业品牌/组织品牌/品类品牌/产品品牌）在争夺消费者，进入消费者生活、心智、信仰。

（二）这是一个 I"数智时代"。数智化，2015 年北京大学等相关单位的定义说，数智化是对"数字智商"（digital intelligence quotient）的阐释，而其最初的定义是数字智慧化与智慧数字化的合成，体现了以下特征。

1. 数字智慧化。云计算＋"算法"，利用人的智慧进行大数据的分析、增值。

2. 智慧数字化。利用大数据管理人类，实现智能化的人类管理。

3. 数字智慧化＋智慧数字化，人机对话，人机一体，形成人与机器的新生态。

4. 人与人的"思频互联"，人的思维与万物一样得以互联，形成人与人、人与机器、人与万物的互联。信息社会乃是编码社会，人工智能、基因工程、合成生命等是其标志。

数智时代是对"数智"的应用时代，以云计算、区块链、大数据、物联网与人工智能等技术为标志的"数智化时代"已经到来。

古德曼认为，没有符号的艺术则仅限于无主题的艺术。这里所指的符号主要指的是再现性符号。

在皮尔斯那里，每一个对象——因为符号可能具有好多个对象——可能都是一个单一的已知存在物，或者是已知品质、已知关系、已知事实。在皮尔斯的体系里，再现体与对象的关系足够丰富，以致可以包括古德曼这里的再现、表现和例证。

若使用皮尔斯"再现体（representation）—对象（object）—解释项（interpretant）"的三分法易产生混淆，因此虽然皮尔斯的三元模式更为开放，但在唐小林的眼里，数字化时代存在着倒立的符号三角关系（见图 4），人们从 R&V 到了 V&R。智能就是获取与解释意义的能力，人工智能便是重建元意识。

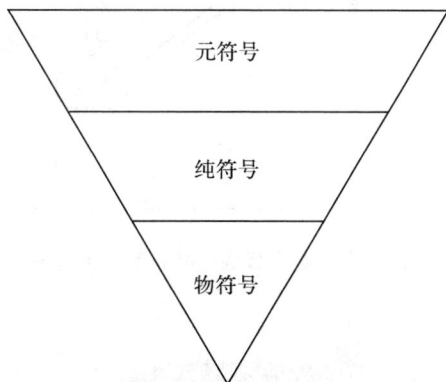

图 4　数字化时代倒立的符号三角关系①

人工智能主要有符号主义、联结主义、行为主义三条进路，弱人工智能和强人工智能两种类型，以及被动与自由两种符号主体。人工智能有遗传性、学习性和意向性这三条获取意义的途径，前两条都是带有本能特点的智能，依然是一种被动符号主体。意义的意向性获得必须依赖于自由符号主体的建立，这只有超级人工智能才能实现，可一旦实现，自然进化的人类就面临终结的危

① 唐小林：《信息社会符号学》，科学出版社 2022 年版，第 146 页。

险，人开始离场，意义逐渐消失，人类由此走向后人类。

所以，利用数字智能，实现品牌系统化管理，从研发到消费者，可以解决之前无法解决的品牌管理与保护问题（见图5）。如西湖龙井茶区域公用品牌的品牌管理，利用数字智能技术，解决西湖龙井茶的品质及正品追溯问题，并正在开发"全生命周期数智化品牌管理系统"。对于草原上的领头羊——锡林郭勒羊，也在尝试采用区块链技术、基因技术追溯品牌产品的来源（见图6）。

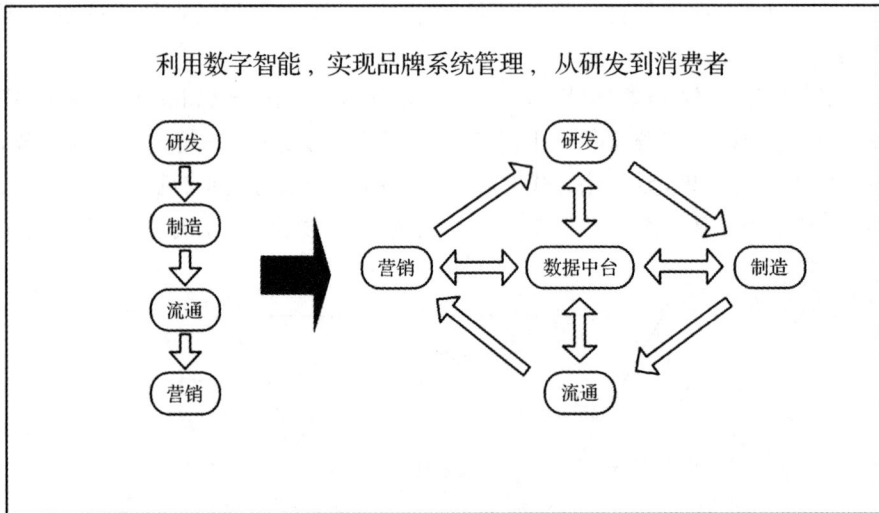

图5　利用数字智能的品牌系统化管理

图6　锡林郭勒羊品牌标志，2021年注册

2020 年,疫情当前,大佛龙井茶放弃了线下茶文化节,开展了"云上茶文化节",以 H5 微场景、海报、长图、视频、互动游戏、小程序等等实施线上展示,塑造虚拟茶人,实现了线上文化节与消费者的互动(见图 7)。

图 7　大佛龙井茶的云上文化节(2020 年)

(3)这是一个 C(疫情)时代。这是一个防疫常态化时代。根据凯度调研可见,健康是中国消费者的第一诉求(见图 8)。

中国唐宋时期盛行的"围炉烹茶""户外茶""露营茶""茶百戏"等消费方式、消费体验、消费场景成为这个深秋与寒冬的风景(见图 9)。

上述三个时代背景,构成了当下与未来品牌创造的时代背景。

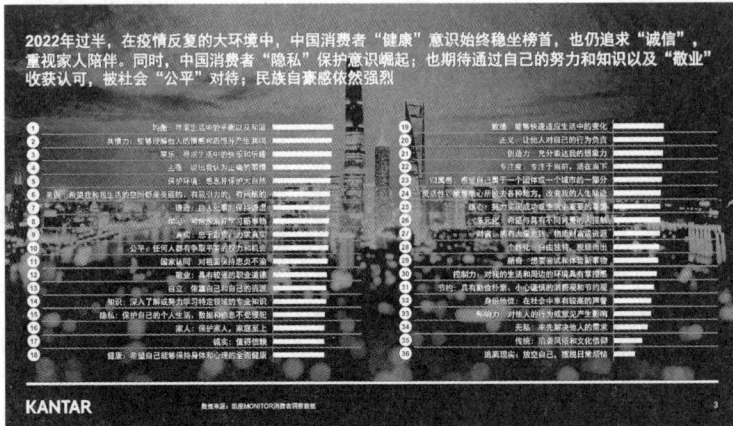

图 8　凯度调研的 2022 年消费者价值观评价

图 9　围炉煮茶盛行

## 二、品牌创造的起源与本质

关于品牌起源有三种说法：欧洲地窖的酒标、美洲西部的猪屁股烙印、东方中国陶器底部的刻画。品牌在中国的起源，也可追踪到约 8600 年前，现在中国河南贾湖附近的人们，在自己制作的陶器上刻下了类似"十"字符号。他们为什么要刻上标记，现在已经没有办法解读了。约 7000 多年前，从浙江省余姚河姆渡文化遗址出土的文物中可见，在陶器上也刻了"十""⊕"符号。在当时，刻在陶器上的符号意味着一种标识，体现和陶器之间的所有关系，如某人的，某家的。在陶器上刻标志，也许并不是什么商业行为，但这些标识能够帮助主人识别出，形成和他人产品之间的差异。"差异化"获得，这与目前的品牌认识基本一致。这是品牌的商标的起源。就在我们杭州，浙江良渚文化遗址（5300—4000 年前）出土的陶器上刻着的符号。烙印与契刻的动机，不外乎三：实现差异化，同类产品的符号、形象差异化，个性表达；实现权益保护，区分产品的权属关系，确立所有权；实现消费承诺，便于消费者区分，减少消费选择困难。

因此，从品牌起源可以看到几个事实：品牌不是新鲜事，随着市场经济的诞生而产生；品牌在中国也不是新事物，老祖宗早就开始涉及；品牌是一种信用制度与信用体系，品牌是权利所有与诚信标志，在我国，早有"物勒工名，以考其诚"的品牌管理制度。

春秋时期的典籍《礼记·月令》篇（约成书于公元前 620 年前后）、《吕氏春秋》卷十《孟冬纪》（成书于公元前 240 年前后，由秦王嬴政的相国吕不韦主编）中均有记载，当时的规制规定，生产者须在产品上刻上生产者或产地的名称，并设置"大工尹"这一职位考查产品质量。

品牌起源，与原始农业、畜牧业社会具有密切关系，无论是美国西部的猪、欧洲的藏酒具，还是中国的陶器，都属于农业生产范畴，品牌并非起源于工业化时代。长期以来，在理论与言论、实践方面均存在着误区：中国无品牌，中国有品类无品牌，品牌从工业化时代开始，品牌就是注册商标，品牌就是包装设计等，众说纷纭。

随着市场经济的发展，竞争加剧，竞争复杂性程度越来越高，品牌不再只是一种区分的方法与工具，仅仅一个标志不能够区分品牌的丰富性，也不能够应对复杂的竞争环境。

同质化产品增多、供过于求的竞争生态出现，品牌必须建立与消费者之间的关系：利益的、情感的、价值的、生活方式的……品牌必须有其不可替代的利益与价值体系。因此，从各种品牌定义可见，关于品牌的定义越来越复杂，品牌所包含的内容也越来越丰富，品牌的作用也越来越大。从符号论到关系论、价值论、情感论、整合论，品牌的竞争越来越趋向整合。

只是一个标志并不是品牌，只喊口号只能解决品牌知名度等浅层次问题；品牌是商标持有者与消费者共同创造的王国；品牌必须是基于产品或服务的一整套的利益载体、价值系统、信用体系，品牌是系统性战略；品牌是一种竞争战略；品牌在竞争中产生，是为了利于竞争而采用的历久弥新的战略；品牌战略是差异化竞争战略，以区分形象、个性、内涵、价值、消费意义、产品特质、消费者等，从而产生更大的价值、更高的溢价。

### 三、品牌创造：从差异化符号到差异化价值

（一）方法论及其理论逻辑

1. 物符号的意义化：用产品提供独特品味

品牌产品是品牌存在的理由，是品牌消费理由，是品牌核心利益，是品牌体验价值。有人说，雅韵是"西湖龙井"的独特韵味。那么，雅韵靠什么支撑？产区（自然生态＋人文历史）、品种（龙井群体种及龙井43）、品质（十大手法）。

"西湖龙井"茶品牌有产品了吗？当然有，而且是非遗工艺的产品。但西湖龙井茶只有实有品味（十大手法制作：豆香）、诉求品味"色绿　香郁　味甘　形美"、想象品味"真香灵味，自然不同"，通过产品加强情绪品味、期待品味，则将更具吸引力。

目前，中国茶叶区域公用品牌的品牌口号如表1所示。

表1　中国茶叶区域公用品牌的口号整理（2020年中国国际茶叶博览会上收集）

| 单位 | 展馆 | 品牌口号 | 单位 | 展馆 | 品牌口号 |
|---|---|---|---|---|---|
| 中国农垦 | 中国农垦茶 | 良品生活源自农垦 | 陕西馆 | 陕茶馆 | 山水大秦岭陕茶传千年 |
| 安徽省 | 安徽馆 | 皖美徽茶迎客天下 | 陕西馆 | 陕茶馆 | 陕西好茶品行天下 |
| 安徽省 | 安徽馆 | 画里安徽梦里徽茶 | 四川省 | 天府龙芽 | 天府龙芽品质川茶 |
| 福建省 | 福建馆 | 茶和世界多彩闽茶 | 西藏自治区 | 喜马拉雅圣茶 | 西藏好茶世界好茶 |
| 广东省 | 广东馆 | 岭南山水美广东邀品茗 | 云南普洱 | 普洱茶 | 共赏天赐普洱品道世界茶源 |
| 广西壮族自治区 | 广西馆 | 长寿茶乡生态广西 | 云南省 | 云南馆 | 云茶走天下云茶醉天下 |
| 广西壮族自治区 | 广西馆 | 壮美广西，富硒长寿 | 重庆市 | 重庆馆 | 山水重庆巴渝好茶 |

| 单位 | 展馆 | 品牌口号 | 单位 | 展馆 | 品牌口号 |
|------|------|----------|------|------|----------|
| 中国农垦 | 中国农垦茶 | 良品生活<br>源自农垦 | 陕西馆 | 陕茶馆 | 山水大秦岭<br>陕茶传千年 |
| 贵州省 | 贵州绿茶 | 干净黔茶<br>全球共享 | 广东江门 | 五邑和茶 | 五邑和茶<br>侨乡有礼 |
| 湖北省 | 湖北馆 | 灵秀湖北<br>生态好茶 | 广西梧州 | 六堡茶 | 一品六堡<br>天下梧茶 |
| 湖北省 | 湖北馆 | 请你喝杯湖北茶 | 河南信阳 | 信阳毛尖 | 好茶与世界共享 |
| 湖北省 | 湖北馆 | 鄂有好茶<br>礼谢天下 | 湖北恩施 | 恩施硒茶 | 恩施硒茶<br>和而不同 |
| 湖南省 | 湖南馆 | 三湘四水<br>五彩茶香 | 湖北十堰 | 武当山茶 | 武当山茶<br>自然精华 |
| 湖南省 | 湖南馆 | 神韵大湘西<br>生态潇湘茶 | 湖北襄阳 | 襄阳高香茶 | 襄茶香天下 |
| 山东省 | 山东馆 | 茶世界的山东味 | 湖北宜昌 | 宜昌宜红 | 宜山宜水宜红茶 |
| 山西省 | 山西药茶 | 一杯山西药茶<br>中华百草精华 | 湖南安化 | 安化黑茶 | 安化黑茶<br>健康大业 |

从上述诉求口号可见,多数茶叶区域与用品诉求重点在产品的物的符号价值。

2. 纯符号的功能化:用符号表征独特形象

品牌符号是品牌形象的独特表达,是品牌意义的独特传递,是品牌利益的独特外衣,是消费同好的独特暗号,是品牌信用的独特保障。因此,品牌经营者应当重视符号的设计、创造、传播,并进行适时修正、完善,如苹果的标志便经过多次修正。小罐茶也在 5 年中进行了三度符号调整(见图 10)。

3. 情感的符号化投射:用服务渲染独特体验

品牌服务是情感的符号化投射,独特体验是品牌黏度的保障,独特体验是品牌态度的表现。如"丸久小山园"与"伊藤久右卫门"两个子品牌都是著名的宇治茶老店(见图 11)。但由于品牌服务不同,表达了不同的情感投射价值。如丸久小山园西洞院店茶房"元庵"的"300 年不忘初心",伊藤久右卫门的极致的茶产品延伸服务与体验。

图10　中国"小罐茶"茶叶品牌的符号表达变化

图11　不同服务体验形成的品牌情感印记不同

### 4.空间符号创气氛美学:用场景营造独特氛围

品牌场景是品牌共享空间,是品牌对话场所,是品牌独有城堡,是品牌体验时光。TWG专门的场景形象片、中国门店的设计形成五感链接营造,其消费规定性"一个人一壶茶、不续水"等,都通过空间符号创造了气氛美学。

### 5.仪式感与语境创设:用节庆符号群链接独特文脉

节庆创造独特品牌仪式,节庆设计独特品牌场景,节庆赋予独特品牌体验,节庆唤起独特品牌归属,节庆移植独特品牌文脉。节庆的符号群设计,创设特定语境与仪式感。如图12所示,"径山茶宴"的设计、复原、创行,对经营产生了重要支撑。

### 6.符号传达与心智渗透:用传播构建独特关系

品牌传播是品牌与消费者的桥梁,是品牌意义的系统演绎,是品牌利益的告知说服,是圈层社会的建构工具。因此,在传播内容、传播风格、传播渠道、传播频度等方面都需要实现符号传达与心智渗透。

图 12　中国径山的"径山茶宴"

### 7. 符号联动与意义共筑：用平台联动独特背书

平台联动是品牌背书，选择平台等于表明品牌态度，联合品牌平台，实施符号联动与意义共筑。如伊藤久右卫与雀巢的 Kit-Kat 巧克力威化合作，推出宇治抹茶风味的饼干，口味微苦醇香，中和了威化的甜腻感，吃起来醇厚但有清香。与巧克力威化的巨头合作，既保证了合作产品的品质和口味，同时也拓展了自身的国际知名度，提升了品牌形象。又如 2022 世界杯战袍品牌三分天下，耐克、阿迪达斯、彪马场外"掰手腕"，都是因为懂得如何通过符号联动产生意义共筑效果。

### 8. 元符号与元意识链接：用数字创建独特家园

生活方式决定一切。消费者数字化生存是常态，虚拟空间是精神家园。2020 年大佛龙井的云上文化节实验，以及现在的全生命周期数字化管理系统探索，将实现元符号、元意识、元宇宙的链接，创建独特的品牌家园。

### 9. 元符号及其价值观表达：用价值理念实现独特价值认同

挖掘元符号、表达深层价值观，并寻找价值观认同，创造价值观认同诉求模式，用价值理念实现一个品牌独特的价值认同。价值观是最深的文脉渊源，要找到"文脉心像"中的价值观，链接"文脉心像"中的价值观。

如苹果品牌，传递的"Think different（非同凡响）"的价值理念与寻找认同。其广告文案如表 2、图 13 所示。

表 2　苹果电脑的［**Think different(非同凡响)**］的广告文案

| Here's to the crazy ones. | 向那些疯狂的家伙们致敬 |
|---|---|
| The misfits. | 他们特立独行 |
| The rebels. | 他们桀骜不驯 |
| The troublemakers. | 他们惹是生非 |
| The round pegs in the square holes. | 他们格格不入 |
| The ones who see things differently. | 他们用与众不同的眼光看待事物 |
| They're not fond of rules. | 他们不喜欢墨守成规 |
| And they have no respect for the status quo. | 他们也不愿安于现状 |
| You can praise them, quote them, disagree with them. | 你可以赞美他们,引用他们,反对他们 |
| disbelieve them, glorify or vilify them. | 质疑他们,颂扬或是诋毁他们 |
| About the only thing that you can't do is ignore them. | 但唯独不能漠视他们 |
| Because they change things. | 因为他们改变了事物 |

又如华为品牌的广告文案,在中英文不同的语境里,诉求着同样的价值观,以便与年轻人进行深层次的交互。

中文文案:他们说前面没有路了/我说是吗？/路不在脚下/在这条叫做可能的路上 在心里/我早已做好决定/无视挑战和质疑/把难关当作前进的动力 Obstacles can be the impetus/把逆境化作开山劈道的勇气 Difficulties can inspire courage 一步一步 不惧不退/将不可能变做可能——Make it possible。

英文文案:Impulsive can be passionate./Reckless can be creative/Playful can be interesting/Nave can be brave./Trouble marker can be inspirational./Dreamer can be dream maker/We are youth power/—Make it possible.

中文文案,一直在强调青年人要不惧困难,要努力奋斗。英文文案,一直都在表现一群年轻人爱玩,但却在玩中寻找梦想,就和中国的文化不同。

两则文案虽不是直接互译,但广告的核心价值观一致。

品牌创造,从差异性符号到差异性价值,获得品牌溢价及独立价值获得,

图 13　苹果品牌 35 张系列"Think different(非同凡响)"海报

才算使命必达。

未来可以共同探索的研究话题:品牌符号学研究与应用、品牌原型研究与应用、品牌传播研究与应用、品牌类型创新研究与应用、品牌创建工具体系研究与应用、品牌价值创造及评估研究与应用、乡村品牌化及其产业品牌化研究与应用等,期待一起探索。

（本文为笔者 2022 年 11 月 28 日下午在中国美术学院做的学术讲座内容。）

# 品牌打造，促进蔬菜产业高质量发展的新赋能

为适应我国消费结构不断升级的需要，优化农业生产结构和产品结构，提升农产品绿色化、优质化、特色化、品牌化水平，农业农村部于 2021 年 3 月发布了《农业生产"三品一标"提升行动实施方案》。该方案既保留了原"三品一标"（无公害农产品、绿色食品、有机农产品和农产品地理标志）的内涵，又在原基础上进行了深化、拓展，是一种理论与概念的创新，可称为新"三品一标"，即品种培优、品质提升、品牌打造和标准化生产。[①] 新的"三品一标"中，品牌培育是目标，品种培优是基础，品质提升是关键，标准化生产是有效路径。无论是品种培优、品质提升还是标准化生产，严格来说都是为了确保数量、多样、质量，培育、树立、打造农业品牌。[②] 作为一类重要的农业品牌，农产品地理标志品牌在促进区域特色经济发展、推动乡村振兴、助力脱贫攻坚等方面发挥了巨大作用。WTO（世贸组织）知识产权协议《与贸易有关的知识产权协议》（简称TRIPS 协定）将地理标志定义为："地理标志是指证明某一产品来源于某一成员国或某一地区或该地区内的某一地点的标志。该产品的某些特定品质、声誉或其他特点在本质上可归因于该地理来源。"[③]2007 年发布的《农产品地理标志管理办法》所称的农产品地理标志，是指标示农产品来源于特定地域，产品品质和相关特征主要取决于自然生态环境和历史人文因素，并以地域名称冠名的特有农产品标志。[④] 截至 2022 年 9 月底，农业农村部登记农产品地理

---

① 张德纯，徐东辉：《解读新"三品一标"促进蔬菜产业发展》，《中国蔬菜》2022 年第 4 期，第 1-3 页。

② 金发忠：《加强农业品牌培育保护 推进农业高质高效发展》，《中国食品》2021 年第 16 期，第 26-29 页。

③ 国家保护知识产权工作组办公室编：《与贸易有关的知识产权协议》（TRIPS 协议），《保护知识产权干部读本》，2006 年 3 月 18 日。

④ 中华人民共和国农业部令第 11 号，《农产品地理标志管理办法》，2007 年 12 月 25 日。

标志产品总数达 3510 个,其中种植业产品 2713 个、畜牧业产品 524 个、渔业产品 273 个,分别占登记产品总数的 77.29%、14.93% 和 7.78%。根据全国农产品地理标志查询系统分类方式,本文涉及数据分别包含蔬菜类(569 个)、食用菌类(81 个)及粮食—根块类(80 个),总计 732 个。本文以我国农业农村部自 2008 年至今登记的农产品地理标志为基础,进行蔬菜类农产品地标品牌的相关研究阐述。

**一、我国蔬菜类农产品地理标志品牌的发展现状**

从产品种类和数量上看[①],蔬菜类农产品地理标志产品 559 个,占种植业产品的 21.01%,占农产品地理标志总数的 16.24%。产品数量从高到低依次为根菜类(27%)、葱蒜类(16%)、椒类(12%)、水生类(11%)、茄果类(4%)、芹菜类(4%)、瓜类(3%)及其他(23%)。可见,不同类别的蔬菜类农产品地理标志的生产数量、相同品类数量相差悬殊。从供求关系而论,供给充分的同时会带来产品的市场竞争加剧。因此,不同类别的蔬菜类农产品地标产品的竞争环境、竞争格局、竞争态势不同。从生产地域上看,我国蔬菜类农产品地理标志排名前五的为山东、江苏、河南、湖北和湖南,区域分布差异巨大,体现出显著的区域供给与区域消费之间的不匹配关系。例如,根菜类福建最多(14个),葱蒜类山东最多(17 个),椒类主要是贵州、湖南(均为 9 个),水生类江苏、浙江、湖北均为 8 个;茄果类和芹菜类以山东最多(6 个和 11 个),瓜类湖南、江苏、山东均占 3 个。另外,食用菌类排名前五的为黑龙江、陕西、吉林、福建和河北。食用菌中木耳类数量最多(29 个),其次为香菇(18 个)。其他食用菌数量均在 5 个及以下。食用菌类产品过去归类为蔬菜类,因此从消费视角而论,也是蔬菜类产品的替代品。食用菌类农产品地理标志的分布,同样呈现区域分布极度不均衡的状态。对于薯类,根据农产品地理标志查询系统 2022年的分类可见,已将红薯、土豆归入种植业产品中的粮食类。从生产地域上看,排名前五的为河南、山西、陕西、四川和内蒙古。80 个根块类粮食中,有 16个产品已注册证明(地理标志)商标,1 个产品注册集体(地理标志)商标,1 个产品注册了集体商标。与食用菌的情况类同,在我国长期以来的日常生活逻辑中,薯类特别是土豆,与蔬菜的定位及食用功能无异。因此,在市场关系中,

---

① 赵坤等:《我国蔬菜类农产品地理标志发展 SWOT 分析及对策建议》,《中国蔬菜》2021 年第 2期,第 1-6 页。

也处于蔬菜类消费竞争关系中。

农业农村部登记的蔬菜类农产品地理标志,已拥有以《农业法》为上位法的部门法规知识产权保护。同时,我们看到,拥有相关标志的主管部门或运营主体,也同时会加大商标注册的力度,借助商标的知识产权保护力度,对农产品地理标志进行双重保护。截至 2022 年 9 月底,蔬菜类的 569 个产品中,有 158 个产品已注册地理标志证明商标,1 个产品注册地理标志集体商标(随州泡泡青)。我国蔬菜类农产品地理标志中,不同类别的商标注册情况不同。总体上看,根菜类最多,但从比例上看,芦笋类最高。另外,81 个食用菌类农产品地理标志中,有 22 个已注册为地理标志证明商标,2 个注册为地理标志集体商标。在 79 个根块粮食类农产品地理标志中,有 16 个产品已注册为地理标志证明商标,1 个注册为地理标志集体商标,1 个注册为集体商标。商标注册情况说明,我国蔬菜类农产品地理标志的拥有主体,已经不同程度地认识到双重知识产权保护的必要性,拥有了一定的品牌保护意识及品牌保护行为,但保护意识与保护行为呈现出不同的程度与现状。

## 二、我国蔬菜类农产品地标品牌的品牌建设现状与特征

我国的农产品地理标志登记制度具有严格的规定性。[①] 近年来,各地基于农产品地理标志的区域公用品牌建设蔚然成风,农产品地理标志的品牌化程度越来越高,涌现出一大批具有影响力的、富有特色的,对区域经济、农民富裕产生重要作用的区域公用品牌。蔬菜类农产品地标品牌也不例外。根据本文作者的文献研究与实际考察可见,我国的蔬菜类农产品地标品牌的品牌建设现状可以概况为如下特征。

(一)区域性特征强,属于单一品类的区域公用品牌

区域性特征强,指蔬菜类农产品地理标志具有特定区域的地理、文化等属性。首先是生产区域性。这些品牌均在特定的区域范畴内生产、加工。不同区域范畴有不同的风土、物种、工艺、人文等诸多方面的差异性,并衍生出品种独特、产品限量、品类单一等特征。我国蔬菜类农产品地理标志呈现了区域性强、区域之间不均衡的两大特征。总体上,由于登记制度本身就要求其必须具有区域生态因素、人文因素为基础的产品特征,因此,区域性特征显著。其次,区域之间,由于各区域的风土不同,对登记制度的反应不同,导致有的地区多、

---

① 中华人民共和国农业部令第 11 号,《农产品地理标志管理办法》,2007 年 12 月 25 日.

有的地区少的不均衡情况。

如蔬菜类中拥有最密集的农产品地标品牌的是山东（见表1）。山东省不仅风土独特，更因其农业产业化、农业标准化程度、农业品牌化均走在全国前列而拥有了最多的数量。其中芹菜就有11个，茄果类、水生类光莲藕就有6个。11个芹菜地标品牌中，有两个注册了地理标志证明商标，其中，马家沟芹菜的市场影响力大，被称为青岛著名特产，品牌价值已高达7.2亿元；鲍家芹菜也溢价显著。只有极少数的品牌，经过区域公用品牌的打造，形成了蔬菜类大类别的综合品牌。如山东临沂的"苍山蔬菜"区域公用品牌。品牌旗下有"苍山大蒜""苍山辣椒""苍山牛蒡"等单一品类的农产品地标品牌作为子品牌，形成品牌结构关系。"寿光蔬菜"注册为集体商标，以寿光市为产地，范畴内的寿光羊角黄辣椒、寿光独根红韭菜、浮桥萝卜、寿光大葱等众多的农产品地标品牌均与其构成母子品牌关系。

**表1 山东省芹菜类农产品地标品牌分布情况**

| 分类 | 品牌名称 | 登记年份 | 商标类型 |
|------|----------|----------|----------|
| 芹菜 | 桂河芹菜 | 2009 | 证明（地理标志） |
| | 鲍家芹菜 | 2011 | / |
| | 跋山芹菜 | 2011 | / |
| | 马家沟芹菜 | 2011 | / |
| | 涛雒芹菜 | 2012 | / |
| | 鲁村芹菜 | 2012 | / |
| | 高庄芹菜 | 2014 | / |
| | 新泰芹菜 | 2014 | 证明（地理标志） |
| | 祁家芹菜 | 2015 | / |
| | 茶坡芹菜 | 2018 | / |
| | 金口芹菜 | 2020 | / |

（二）地缘依赖性强，具有相对独特的系统差异性价值

基于区域性特征而产生的蔬菜类农产品地标品牌，其地缘依赖性强。不仅仅是对一方风土的地理范畴、自然生态环境的依赖，同时，立体、系统地呈现出对地缘文化、工艺、品种、生产者特征等的依赖。这种地缘依赖，生发了每个品牌独特的系统差异性。具体表现如下。

品牌名称地缘性：其品牌名称均由产品所生产的地理区域名称、产品品类通用名称两者协同构成。前两字为地理区域名称，后两字为产品品类通用名称。因此，其命名具有直接的地缘依附性、地缘联想性。看到产品名称便可联想到地缘特征，便于记忆，便于产生品牌联想。如"马家沟芹菜"，显而易见，是出名后的"马家沟芹菜"让人们知道世界上还有一个名叫"马家沟"的村庄。许多地区，本不知名，因为有了蔬菜类农产品地标品牌，得以跨出区域，闻名海内外。

产品及品质的差异性：基于地域风土的品种独特性、原材料特色、特殊工艺、特殊人文因素等各种因素带来的产品及品质独特性。由于生产的独特区域性，产品的独特环境、工艺等特征，自然带来品质差异性。所谓的"橘生淮南则为橘，生于淮北则为枳"即为此意。如全国各地 46 个品类冠以"辣椒"的农产品地标品牌中，27 个品牌拥有自己的本地原产或自主培育的独特品种。独特品种加上独特的风土、独特工艺等，造就了产品及品质的差异性。

工艺传承与文化差异性：蔬菜类农产品地标品牌限定了生产的区域范畴，而不同的区域范畴内，其社会演变、工艺发展都将体现其不同特征。一般而言，大多由区域内先民们长期探索、留存下来的不同的工艺手法，并通过师徒授艺、家传秘方等方式得以传承。如庆元香菇是人工香菇栽培发源地，自先民吴三公发明剁花法种植香菇技艺开始，香菇就融入了庆元发展的血脉，800 多年生生不息，从不间断。孕育形成的菇民戏、菇山话、菇神庙会、香菇功夫等香菇农耕文化，成为当地百姓的文脉基因。

（三）品牌管理"四权分置"，公用性成为潜在危机

蔬菜类农产品地标品牌的生产资源（区域风土、工艺、品种、品质特征、历史文脉等）具有公共资源特性，品牌所有权者受区域政府监督管理，品牌使用者、品牌运营者受区域政府职能部门与品牌所有者外部与内部的双重监管。因此，蔬菜类农产品地标品牌的生产经营监管权、品牌所有权、品牌使用权、品牌运营权大多"四权分置"。而"四权分置"的局面，从正面来看，可以集聚、协同区域内政府、协会、生产者、品牌专业人士等的多方力量；从反面上看，会导致"公有地灾难"的潜在危机。生产经营权利具有公用性，指的是所有经过审批通过的被授权者（区域内的相关企业、合作社、农户等）在其相关产品的品牌包装设计、企业品牌宣传上可以使用农产品地理标志或商标，而地理标志证明商标、地理标志集体商标、地理标志产品的授权，均属于集体性私权。"四权分置"的管理模式，会给各方的管理、协调工作预设相关困难，而使用的公用性，

会给品牌的知识产权保护、品质管控、竞争自律、市场影响力等带来系统困难。如"寿光蔬菜"，2017年的"毒大葱吃死羊"事件，引发公众对"寿光蔬菜"农残问题的高度关注。因此，避免品牌的管理体系与市场影响的"公用地灾难"，成为品牌保护中重要的管理原则。

同时，蔬菜类农产品地标品牌的登记制度，决定其具有政府背书性特征。目前来看，各级各地政府、协会等职能部门、机构对蔬菜类农产品地标品牌的背书正面效果显著，并积极地推动了蔬菜类农产品地标品牌的科学、有效发展。如我国"农产品地理标志保护工程"项目开展之后，众多的蔬菜类农产品地标品牌获得了新的发展空间，在品种保护、品质管理、品牌传播等方面，均加大了投入力度，使一些蔬菜类农产品地标品牌保护了原产地及原生品种，扩大了规模，提升了市场溢价。如"兰州百合"，2019年成为第一批获得"农产品地标保护工程"项目的支持，经过三年连续发展，2022年入选农业品牌精品培育计划和国家地理标志助力乡村振兴典型案例。

此外，相较于茶叶类、果品类等农产品地理标志类别，蔬菜类农产品地理标志产品由于对新鲜度的专项要求，受其销售半径、销售渠道（大多为批发、分销）、销售方式（多为农贸市场、超市，极少专卖）等的影响，品牌经营起步较晚，品牌管理专业化程度较弱，具有跨区域影响力的知名品牌也相应较少。近些年来，因新旧"三品一标"的持续实施，互联网营销与交通便利性加强，各蔬菜类农产品地标品牌主体的品牌理念提升，越来越多的品牌突破了销售半径，走出区域，走向全国及国际市场。

### 三、我国蔬菜类农产品地标品牌建设的未来突破

#### （一）进一步转变立场，系统掌握品牌思维与方法论

品牌战略是差异化竞争战略，竞争制胜靠的是差异化特征。如上述，区域性生态与人文因素，导致众多蔬菜类农产品地标品牌均具有品种、品类、品质及其文化的独特性。这种独特性，即是品牌差异性特征的基础保障。因此，从这一意义上，农产品地标品牌比借助设施农业造就的品牌、引进品种及生产技术而打造的品牌，更具有先天的差异化竞争优势，并因其区域化优势，产生稀缺性价值。

从消费者立场与角度出发理解、体验品牌的独特性，从消费者需求角度造就品牌的独特认知，需要品牌运营者进一步转变立场，改变以产品为中心的经营理念，转向以消费为中心的品牌理念，系统掌握品牌思维，创造系统的品牌

经营方法论，推进蔬菜类农产品地标品牌从"地里到心里"的转变。如美国的"爱达荷土豆"，在品牌符号体系、品牌价值体系、品牌传播体系等方面系统进行品牌塑造的同时，针对人们对土豆成分、对体型胖瘦影响力的误解，持续推出"吃土豆更健美"系列年度传播活动，其目的，就是解决消费者心目中对土豆的非科学认知，进一步消费土豆特别是爱达荷土豆。

（二）突破区域性限制，多角度探索品牌集群效应

区域性特征能够创造稀缺性优势，但同时会导致原产地规模受限问题。原产地范畴小，直接制约品牌的适度规模化发展。研究发现，这已成为许多蔬菜类农产品地标品牌的发展瓶颈。如何突破区域性限制？本文认为，可以在保护原产地、提高蔬菜类农产品地标品牌的品牌溢价的同时，多角度探索品牌的集群效应。

第一种探索，将同一省域内的同类地标品牌实施品牌集聚。如前文所述，山东省境内有11个芹菜地标品牌，可以以集体商标注册，形成类似"山东芹菜"等省级区域公用品牌，集聚11个芹菜品牌的特色与规模力量，满足消费者多角度、多层次消费同一品类产品的立体需求。第二种探索，将同一省域内的特色蔬菜类农产品地标品牌进行高层级聚合。通过不同类别蔬菜类农产品地标品牌的特色集聚，提高其品类规模、品类独特性、品类形象的影响力，凸显并诉求其规模及特色价值。第三种探索，以规模、品类、集聚性适度的区域为主体，进行蔬菜类农产品地标品牌集成品牌创建，如我国的"莘县蔬菜"，注册了集体商标，并以"莘县蔬菜"品牌为主线，先后注册"莘县蘑菇""莘县韭菜"地理标志证明商标，成为"中国蔬菜第一县"。第四种探索，打破行政区划界限，以产品的自然生态特征与人文特征为主要标准，形成品牌互动效应，破除规模障碍与行政区划障碍。如可尝试创建"天目山山核桃"。第五种探索，借助命名的区域特征，形成与区域形象联合打造的蔬菜类农产品地标品牌，形成互为表征、相辅相成的互推作用。

（三）实现组织化创新，打造富有特色的全国蔬菜品牌生态结构

从国际、国内的品牌竞争趋势来看，品牌竞争已从单一的商品竞争发展为商品、企业、产业、区域（洲际、国家、城市、乡镇、村落）等综合竞争的态势。蔬菜类农产品地标品牌需要建立起国家—区域—产业—企业—商品的系统品牌生态结构。

在"中国蔬菜"的国家品牌体系中，"蔬菜类农产品地标品牌"群体应当成为最具有中国特色的蔬菜集团军，拥有共同的中国特色和"各美其美"的区域

特征、品类特性、品牌个性差异特征,多角度、多层级、多元化地满足消费者对中国特色蔬菜的需求。同时,更进一步实现各种不同类别的蔬菜类相关品牌的合纵连横,开发蔬菜类农产品地标品牌的产业品牌平台性价值,协同发展地标品牌与企业品牌在生产(生产企业与农户)、运输(运输企业与冷链系统制造)、销售(农贸市场、超市、批发、专卖经营)、产业链衍生(餐饮、大集团客户,专业研究机构等)等方面的品牌相互支撑关系,形成有效协同的系统品牌生态。目前,从体量上看,"中国蔬菜"中,"蔬菜类农产品地标品牌"的产量占比并不占优势,但从特色差异上看,地标品牌拥有更重要的传承价值、独特消费价值。因此,全国蔬菜品牌生态结构中,应当注重"蔬菜类农产品地标品牌"及其相关企业、商品品牌的独特生态意义与多元市场价值,以其为核心价值,实施整体品牌生态布局。因此,要加大政策支持力度进行组织化创新,打造富有特色的全国蔬菜品牌生态结构,系统化配置、协调各蔬菜品类结构,并形成有序、有效的"四权分置"的品牌运营模式,加速推动品牌提升与价值创造。

(四)强化中国特色资源价值,充分认识"三品一标"之间的科学关系

打造"蔬菜类农产品地标品牌",须科学理解并处理好新"三品一标"和"地标"之间的关系。保护并培优地标产品的原生品种,保障原生品种的独特性并进行科学优化;保障传统工艺的"原汁原味",并进行科学合理、符合消费需求的品质提升;在体现"匠人精神"与个体特色的同时,保障地标产品的标准化生产,以保障地标品牌产品的品质一致性,这是品牌打造、品牌成长、品牌溢价的重要保障。

科学实施"三品一标"会遇到一定的阻力与难度。一方面是原生品种、传统工艺的传承性,另一方面是新技术的应用。在工艺传承与新技术开发之间,体现了一个区域对传承与新技术的不同的文化反应。如伊春黑木耳的大棚种植技术,推进了品牌的规模化发展,但同时,随着新技术的参与,工艺传承也受到强烈的挑战,各地特别是经济发达地区存在着不同程度的难度,需要以"中国式现代化"的战略思维去理解、去保护中国特色的核心价值。同时,科学理解"三品"关系,将"品种培优"与"品质提升"作为打造具有独特价值的消费者品牌的先决条件;处理好传统工艺与现代技术的关系,从量化指标提升、转型为质化指标,保障品质优势,并从单纯追求产量牺牲原生特色转型为以独特品种、品质特征提高品牌的差异化,满足消费者的独特需求,提高品牌的溢价效应。唯有充分认识"三品一标"的科学关系,才能认识到不同类别蔬菜的不同市场对应关系与价值。作为蔬菜类农产品地标品牌,应当坚持并科学保护、开

发、利用特种资源的原生特色,并进行科学、合理的新型标准化生产,才能满足消费的特色需求,完成地标品牌打造的目标——以小博大,以少取胜,以低成本(土地、人工、渠道等成本)获得高效益。

(五)提高品牌传播投入,加强品牌传播效能

没有传播便没有品牌。蔬菜类农产品地标品牌走向消费市场、链接消费认知的重要手段,是品牌传播。虽然扶贫公益广告、"农产品地理标志保护工程"等项目实施并带动了各地标品牌的传播,但与工业品等其他产业的品牌传播投入相比,还是差距悬殊。加强政策引导,提高品牌传播投入,让本来只有区域性消费认知的品牌通过传播扩大知名度、提高认知度、加强消费沟通,才能借此扩大品牌影响力,形成消费认知,提高品牌消费的可能性。同时,借助现代新型媒体载具,实施低成本、高效益的传播策略与传播方法,可以极大提高品牌传播效能。作为富有文脉渊源的地标品牌,对于加大文脉传播力度,加强地方特色的现代化传播方法,应当大力提倡。

[本文首发于 2022 年第 12 期《中国蔬菜》杂志,得到了孙志永、徐东辉先生的邀约与鼎力支持。后转发于中国蔬菜网(https://www.cnveg.org/CN)、参考网等。]

# 参考文献

## 一、核心参考文献

1. 安迪·派克(Andy Pike)编,邓龙安译:《品牌与品牌地理化》,经济管理出版社 2016 年版

2. 陈云贤、顾文静著:《中观经济学——对经济学理论体系的创新与发展》,北京大学出版社 2015 年版

3. Don E. Schultz, Beth E. Barnes, *Strategic Brand Communication Campaigns*, NTC Business Books,1999

4. 胡晓云著:《品牌代言传播研究》,浙江大学出版社 2012 年版

5. 胡晓云著:《品牌价值评估研究》,浙江大学出版社 2013 年版

6. 胡晓云主编:《价值再造》(1)(2),浙江大学出版社 2016 年版、2019 年版

7. 胡晓云著:《中国农业品牌论——基于区域性前提的战略与传播研究》,浙江大学出版社 2021 年版

8. 凯文·莱恩·凯勒著,李乃和等译:《战略品牌管理》,中国人民大学出版社 2003 年版

9. 科特勒、弗沃德著,李戎译:《要素品牌战略:B2B2C 的差异化竞争之道》,复旦大学出版社 2010 年版

10. 田村正纪:《品牌的诞生——区域品牌化实现之路》,千仓书房,2011 年第 1 版,2013 年第 2 版;胡晓云、许天译:《品牌的诞生——区域品牌化实现之路》,浙江大学出版社 2017 年版

11. 唐·E. 舒尔茨,等著,沈虹、郭嘉等译:《重塑消费者—品牌关系》,机械工业出版社 2015 年版

12.赵卫宏著：《基于资源与制度的区域品牌化研究——驱动要素、作用机制与管理启示》，经济管理出版社 2018 年版

## 二、重点参考文献

1.艾·里斯、劳拉·里斯等著，寿雯译：《互联网商规 11 条——互联网品牌圣经》，机械工业出版社 2013 年版

2.保罗·藤甫诺（Paul Termporal）著，牛国朋译：《高级品牌管理——实务及案例分析》，清华大学出版社 2004 年版

3.布鲁斯特克尔著，信任译：《品牌赋能——打造超级爆品的 9 大逻辑》，北京联合出版公司 2019 年版

4.戴维·阿克（Aaker.D. A）著：《管理品牌资产》，机械工业出版社 2007 年版

5.戴维·阿克（Aaker.D. A）著：《创建强势品牌》，中国劳动社会保障出版社 2004 年版

6.戴维·阿克（Aaker. D. A）/爱里克·乔瑟米塞勒（Erich Joachimsthaler）著：《品牌领导：管理品牌资产 塑造强势品牌》，新华出版社 2001 年版

7.戴维·阿克（David A. Aaker）著，雷丽华主译：《品牌组合战略》（*Brand Portfolio Strategy*），科文前沿品牌译丛，中国劳动社会保障出版社 2005 年版

8.达里尔·特拉维斯著，唐菁译：《情感品牌——如何让客户为你的产品所动？》，新华出版社 2003 年版

9.大卫·艾克等著，高登第译：《品牌管理·哈佛商业评论》，台湾天下远见出版公司 2001 年版

10.大卫·艾克等著，高登第译：《品牌管理·哈佛商业评论》，台湾天下远见出版公司 2001 年版

11.John Fiske 著，张锦华译：《传播符号学理论》（第九版），台湾远流出版公司 2005 年版

12.玛格丽特·马克、卡罗·S. 皮尔森著，许晋福等译：《很久很久以前：以神话原型打造深植人心的品牌》，汕头大学出版社 2003 年版

13.马谋超等著：《品牌科学化研究》，中国科学出版社 2005 年版

14.舒咏平、郑伶俐著：《品牌传播与管理》，首都经济贸易大学出版社

2008 年版

　　15. 文武文编著:《方法——国际著名广告公司操作工具》,线装书局 2003 年版

　　16. 星亮著:《演进与演绎——营销传播学理论演进研究》,暨南大学出版社 2014 年版

### 三、相关参考文献

　　1. 阿久津聪、石田茂著,韩中和译:《文脉品牌——让你的品牌形象与众不同》,上海人民出版社 2005 年版

　　2. 岸志津江等著:《ブランド構築と広告戦略》,日经广告研究所 2002 年版

　　3. 艾·里斯著,寿雯译:《品牌的起源:揭示打造品牌的最基本法则》,山西人民出版社 2010 年版

　　4. 安霍特著,于正东译:《如何打造区域品牌》,国家行政学院出版社 2010 版

　　5. 埃利诺·奥斯特罗姆著,余逊达、陈旭东译:《公共事物的治理之道》,上海译文出版社 2012 年版

　　6. 保罗·A. 郝比格著,芮建伟等译:《跨文化市场营销》,机械工业出版社 2000 年版

　　7. 八卷俊雄著:《世界の広告 12 使徒——さようなら西洋　今日東洋》,ブラト—出版社 2004 年版

　　8. 巴茨著,赵平译:《广告管理》,清华大学出版社 2003 年版

　　9. 陈耀南著:《中国文化对谈录》,广西师范大学出版社 2004 年版

　　10. 程士安著:《消费者洞察》,中国轻工业出版社 2003 年版

　　11. 曹顺庆、赵毅衡主编:《符号与传媒》,四川大学出版社 2017 年版

　　12. 丹·E. 舒尔茨著:《全球整合营销传播》,中国财经经济出版社 2004 年版

　　13. 大前研一著,吕丹芸译:《未来消费新形态》(新しい消费者),上海译文出版社 2021 年版

　　14. F. 约瑟夫·莱普勒,林恩·M. 帕克著,苏德华译:《品牌整合战略》,西南财经大学出版社 2003 年版

　　15. 古田隆彦著,杨朝阳译:《观察成熟消费社会的九个角度》,台湾朝阳堂

2000 年版

16.古田晓等著:《異文化コミュニケーションキーワード》,有斐閣双書2003 年版

17.黄合水主编:《品牌与广告的实证研究》,北京大学出版社 2006 年版

18.胡晓云、李一峰著:《品牌归于运动》,浙江大学出版社 2003 年版

19.胡晓云等编著:《品牌传播效果评估指标》,中国传媒大学出版社 2007年版

20.胡晓云等著:《中国农产品的品牌化——中国体征与中国方略》,中国农业出版社 2007 年版

21.胡晓云等编著:《品牌传播智慧》,中国农业出版社 2011 年版

22.胡晓云主编,郑丽萍、苏元一、蔡建梅、金小科、李一峰等著:《品牌榜样》系列丛书七本,浙江大学出版社 2003—2004 年版

23.胡晓云等著:《现代广告学》,浙江大学出版社 2007 年第 1 版,2021 年第 2 版

24.胡晓云:《安静思想——胡晓云自选论文集》,浙江大学出版社 2013年版

25.乔均著:《品牌价值理论研究》,中国财政经济出版社 2007 年版

26.季羡林等:《畅谈东方智慧——季羡林、蒋忠新、池田大作鼎谈集》,商务印书馆 2004 年版

27.井口典夫编著:《成熟都市のくりえいでィブなまちづくり》,宣伝会議 2007 年版

28.斯科特·拉什、约翰·厄里著,王之光、商正译:《符号经济与空间经济》,商务印书馆 2006 年版

29.卢泰宏等著:《蔚蓝智慧——读解十大跨国广告公司》,羊城晚报出版社 2000 年版

30.里克·莱兹伯斯等著,李家强译:《品牌管理》,营销教材译丛,机械工业出版社 2004 年版

31.李怀祖著:《管理研究方法论》(第二版),教育部研究生工作办公室推荐研究生教学用书,西安交通大学出版社 2007 年版

32.迈克尔·波特著,陈小悦译:《竞争战略》,哈佛商学经典译丛·名著系列,华夏出版社 1997 年版

33.蒙勒·李、卡拉·约翰逊著,林恩全等译:《广告原理》,延边人民出版

社 2003 年版

34. 马丁·林斯特龙著,赵萌萌译:《感官品牌》,天津教育出版社 2011 年版

35. 米兰达·布鲁斯-米特福德、菲利普·威尔金森著,周继兰译:《符号与象征》,生活·读书·新知三联书店 2015 年版

36. 马尔科姆·巴纳德著,常宁译:《理解视觉文化的方法》,文化和传播译丛,商务印书馆 2005 年版

37. 尼葛洛庞帝(Negroponte)著,胡泳译:《数字化生存》,海南出版社 1997 年版

38. 片平秀贵著,林燕燕译:《超级品牌本质》,东方出版社 2007 年版

39. 青木贞茂:《文化の力》,NTT 出版 2008 年版

40. 清水公一著,胡晓云等译:《广告理论与战略》,北京大学出版社 2005 年版

41. 桑德拉·黑贝尔斯著,李业昆译:《有效沟通》,华夏出版社 2004 年版

42. 舒咏平、吴希艳编著:《品牌传播策略》,北京大学出版社 2007 年版

43. 萨姆·希尔,克里斯·莱德勒著,白长虹等译:《品牌资产》,哈佛商业图书精选,机械工业出版社 2004 年版

44. 泰玛·利贝斯(Tamar Liebes)、埃利胡·卡茨(Elihu Katz)著,刘志勇译:《意义的输出——〈达拉斯〉的跨文化解读》,华夏出版社 2003 年版

45. 唐小林著:《信息社会符号学》,科学出版社 2022 年版

46. 吴志勇编:《管理学名著精华》,上海译文出版社 2004 年版

47. 威廉·阿伦斯著,丁俊杰等译:《当代广告学》,华夏出版社 2001 年版

48. 王原君著:《象征资本》,线装书局 2015 年版

49. 于宁著:《城市营销研究——城市品牌资产的开发、传播与维护》,当代经济前沿文库,东北财经大学出版社 2007 年版

50. 伊卓里斯·穆提著,吕奕欣译:《60 分钟品牌战略》,晨星出版社 2009 年版

51. 叶舒宪等:《文学与符号经济》,广东人民出版社 2012 年版

52. 张立文著:《和合学概论——21 世纪文化战略的构想》(上、下),首都师范大学出版社 1996 年版

53. 郑也夫著:《后物欲时代的来临》,世纪出版集团、上海人民出版社 2007 年版

54.张平、张晓晶等著:《直面符号经济》,社会科学文献出版社 2010 年版

55.マーチン.リンストとローム(martin lindstrom),ルディー和子訳:五感刺激のブランド戦略(五感刺激的品牌战略——超越消费者理性判断的情感力),ダイヤモンド社,2005 年版

56.亀井昭宏(かめい　あきひろ)、疋田聡(ひきた　さとし)著:《新広告論》,東京:日経広告研究所発行、日本経済新聞社発売 2005 年版

57.乔尔·科特金著,王旭等译:《全球族:新全球经济中的种族、宗教与文化认同》,社会科学文献出版社 2010 年版

## 四、参考网站

1.国际品牌观察杂志社,国际品牌观察网,http://www.c-gbi.com

2.国家知识产权局网,https://www.cnipa.gov.cn

3.世界品牌实验室网站,http://brand.icxo.com/

4.农业品牌研究院,腾讯微信公众号

5.浙江大学 CARD 中国农业品牌研究中心网站,中国农业品牌研究网,http://www.brand.zju.edu.cn

6.中国区域经济研究网,http://www.rreca.com

7.中华人民共和国农业农村部官网,http://www.moa.gov.cn